행 정 학 개 론

한올에듀올

머·리·말

2013년 행정사시험이 최초로 시행되면서 많은 수험생들의 관심과 도전이 시작되고 있습니다. 우리 인간들의 생활은 늘 변화를 요구하거나 변화합니다. 변화하지 않으면 변화 당한다'는 마이크로 소프트사 빌게이츠 회장의 말처럼 현대는 지식, 인간, 기술, 환경 등 모든 부분에서 급속히 변화하고 있으며, 이번 행정사 시험도 그 좋은 예라고 볼 수 있습니다. 빙산의 일각만을 보고 전체를 보지 못한 채 닥쳐올 미래를 대비하지 못한다면, 스스로 창의와 쇄신을 포기하는 퇴보된 존재로 전락될 것이다. 주어진 순간순간에 최선을 다하여 오늘보다 내일을 향한 끊임없는 도전과 노력이 변화를 수용하고 변화를 만들어 갈 것이며, 늘 그런 사람이나 조직이 미래를 주도하리라고 봅니다.

변화하는 학문인 행정학을 '탈' 또는 '후기' 라는 말로 흔히 쓰곤 한다. 탈행태론, 탈관료제, 후기 산업주의 후기인간관계론, 후기관료제 등이 그것입니다. OECD의 개혁과 변화는 행정학의 많은 변화를 가져왔고, 또 다른 탈바꿈으로 변화를 요구하기 시작하고 있기에 새로운 시대의 도래는 신사고(新思考), 신세계, 신지방화, 신정보화, 신시민 사회라는 요구와 변화를 수반하고 있습니다.

새로운 행정사 시험에 대비하기 위해 최근의 신이론이나 경향을 정부조직개편과 더불어 변화된 내용을 꼼꼼히 수록하였으며, 특히 새로 개편된 조직론, 재무, 인사, 지방부분을 체계적으로 다루었으며, 최근 지식정보화사회에 요구되어지는 행정의 방향과 이슈에 초점을 맞춰서 시대적 감각에 따른 고득점 전략을 나름대로 제시하였습니다.

'나에게 8시간 동안에 나무를 베라고 한다면 나는 6시간은 도끼의 날을 갈겠다.'라고 말한 링컨과 같이 맹목적으로 열심히 하기보다는 일을 시작하기 전에 먼저 깊이 있게 생각하고 최적의 대안을 선정하는 합리적인 사고로 가장 효율적인 일을 추진하는 학도가 되시기를 바랍니다.

끝으로 이 책을 위해 여러모로 격려해주시고 조언을 아끼지 않으신 많은 분들과 출판에 힘써주신 임직원에게 감사를 드립니다.

제1회 국가공인 행정사(行政士)

1. 국가공인 행정사란?

「행정사」란 민원인의 부탁에 의하여 보수를 받고 행정기관에 제출하는 서류나 주민의 권리·의무 사실 증명에 관한 서류의 작성 및 대리 제출 등을 업무로 하는 전문 자격자를 말한다. 행정사 자격증은 지난 1961년에 도입되었으며, 1995년에 '행정서사'에서 '행정사'로 명칭이 바뀌었다. 그 동안 행정사는 10년 또는 5년(6급 이상)을 근무한 공무원 출신만 취득할 수 있어 사실상 퇴직 공무원들이 독점해 왔었다. 그러나 행정사가 되고자 하는 사람의 직업선택의 자유를 침해한다는 이유로 전원합의체 위헌판결(헌재 2010.4.29)이 나오면서 앞으로는 **일반인도 행정사 자격시험을 통해 행정사 자격증을 취득할 수 있게 되었다.** 행정 업무가 전문화되고 다문화 주민이 급증하는 등 행정기관을 상대로 한 각종 민원 행정업무가 증가하고 있고 특히 **외국인 출입국·자동차 등록 관련 대행**은 수요가 많아 전망이 밝다.

2. 행정사 자격사의 수요와 활용전망

사회가 발달하면서 법적 절차가 복잡해지고 인구가 증가하기 때문에 행정기관을 상대로한 각종 민원행정업무는 증가하고 있으므로 그에 따라 이러한 업무를 처리해 주는 인력수요는 증가할 것이라 전망 된다. 행정서사법 제 6조 규정의 의해 행정서사의 시, 구별 정원제를 실시하고 있음. 이는 주민등록인구 10만까지는 30인 이내로 하고, 인구 10만을 초과하는 경우에는 인구5천을 초과할 때마다 1인의 정원을 추가하고 있다.

행정 업무가 고도화·전문화되고 다문화 주민이 급증하는 등 행정기관을 상대로 한 각종 민원 행정업무가 증가하고 있으므로 행정사 제도가 정착할 수 있는 기반은 폭 넓게 조성되어 있다. 특히 외국인 출입국 자동차 등록관련 대행은 수요도 많아 전망이 밝다고 할 수 있다. 기존 행정사들은 연금 생활자인 퇴직 공무원들이 대부분이라 소일거리로 치부해 온 측면이 크지만, **단순히 대서소로 인식되는 낡은 이미지를 벗고 업무 영역을 적극 개척해 나간다면 고수익을 올릴 수도 있을 것으로 보인다.**

3. 행정사 수입(연봉)

행정사 수입구조는 천차만별이라 할 수 있다. 업무영역이 광범위하며, 업무영역과 능력과 사안에 따라서 수입은 다르다. 단순히 자동차등록사업소에서 차량등록 대행업무로는 건당 1.5~2만원의 비용을 받고 있으며, 복잡·다양한 업무로는 환경분쟁, 보험금추심, 토지수용 등이 있으며, 토지수용의 경우는 군사통제지역이나 토지용도변경을 통해 증가액의 0.4~0.8%까지 받지만 그 증가액수는 적게는 몇 억에서 몇 백억이 될 수도 있다. 하지만 그만큼 시간과 노력이 들어간다. 딱히 얼마라고 추정하기 힘들며, 자신의 업무능력과 노력에 따라 용돈벌이가 될 수도 있는 반면, 정년이 없는 진정한 고소득으로도 갈 수 있다고 생각된다.

4. 행정사 시험일정, 응시자격, 합격 및 시험과목

구 분			내 용
시행기관			한국산업인력공단이 시험시행(주관부처인 행정안전부장관이 시·도지사를 통해 교부)
시험일정			매년 1회 실시(시행 60일전까지 일간신문, 관보, 시험시행기관 홈페이지 등에 게재 공고)
응시자격			학력·경력·연령·성별 제한 없이 누구나 응시가능
합격기준			행정사자격증 합격기준은 매 과목 40점 이상(100점 만점), 전 과목 평균 60점 이상이다. 행정사 자격시험에는 최소합격인원제도를 적용해 합격자 수가 부족할 경우에는 60점 이하라도 점수에 따라 합격이 된다. 행정사 시험은 한국산업인력공단에서 위탁시행하고 있으며 행정사자격심의위원회에서 중요사항을 심의한다. 행정사로 활동하려면 해당 시·도에서 하는 실무교육을 4주 이상을 받고 사무소 소재지 도지사나 시장, 군사, 구청장 등에 신고하면 된다.
행정사 시험과목	1차 시험 (객관식)		민법(총칙), 행정법, 행정학 개론(지방자치행정 포함)
	2차 시험 (주관식)	공통	민법(계약), 행정절차론(행정절차법 포함), 사무관리론(민원사무처리에관한법률 - 사무관리규정 포함)
		선택	·일반행정사(행정사실무법 - 행정심판사례, 비송사건절차법) ·기술행정사(해사실무법 - 선박안전법, 해운법, 해상교통안전법, 해양사고의 조사 및 심판에 관한 법률) ·외국어번역행정사(영어, 일본어, 중국어, 스페인어, 프랑스어, 독일어, 러시아어는 민간검정으로 대처)

※ 외국어번역행정사는 2년 이내에 실시한 해당외국어시험의 쓰기과목 시험이 취득한 성적으로 대체함

구 분	내 용
일반 행정사	1. 행정기관(국가 또는 지방자치단체)에 제출하는 각종 민원서류의 작성 　※ 진정서, 탄원서, 건의서, 질의서, 청원서, 이의신청서, 호적관련신고서류, 자동 　　차등록 관련서류, 합의서, 광업권등록관련 서류 　※ 농어촌관계 : 토지형질변경, 농지전용허가, 하천부지불하, 임야훼손, 군사동의 　　서 등 2. 개인 및 법인간 또는 국가나 지방자치단체와 개인 간의 각종 거래에 관한 서류의 작성 　※ 계약서, 협약서, 확약서, 청구서 등 3. 권리의무에 관한 각종 서류 또는 일정한 사실관계가 존재함을 증명하는 각종 서 　류의 작성 　※ 채권양도증서, 부동산매도증서, 전세금 및 보증금양도증서, 유채동산 매도증 　　서, 자동차매도증서, 지불이행각서, 재산상속지분권포기각서, 상속재산의 분 　　할협의서, 전부채권포기각서, 사실확인보증각서, 내용증, 통고서 등 4. 타인의 위촉을 받아 행정기관 등의 일정한 행위를 요구하는 일을 대리하는 일 　※ 인가서류, 허가서류, 면허서류, 승인서류, 신고서류 등 5. 행정관계 법령 및 제도, 절차 등 행정업무에 대하여 설명하거나 자료를 제공하는 일 6. 행정심판 청구서류의 작성 　※ 국무총리, 시도행정심판위원회 7. 소청심사 청구서류의 작성 　※ 행정안전부, 지방 소청심사위원회 8. 환경분쟁조정 재정신청 서류의 작성 　※ 중앙, 지방환경분쟁조정위원회 9. 토지수용에 관한 이의 및 재결신청 서류의 작성 　※ 중앙, 지방토지수용위원회 10. 개인정보 분쟁 조정신청 서류의 작성 　※ 개인정보분쟁조정위원회(정보통신부 소관사무로서 인터넷의 생활화가 급증 　　함과 동시에 분쟁이 급증) 11. 공무원 연금 심사청구 서류의 작성 　※ 공무원연금시사위원회, 장애요양급여심사청구 등 12. 국민연금 심사 청구서류의 작성 　※ 국민연금심사위원회 13. 국민건강 심사 청구 서류의 작성 　※ 국민건강보험심사위원회, 요양비 등 급여청구, 국민보험수가산정청구 14. 공정거래 이의신청 서류의 작성 　※ 공정거래위원회

일반 행정사		15. 심사 및 이의신청 서류의 작성 　※ 국민고충처리위원회 16. 소비자 피해구제 청구 서류의 작성 　※ 소비자분쟁조정위원회 17. 국가유공자 등록 신청서류의 작성 　※ 보훈심사위원회 18. 감사처분 심사청구 서류의 작성 　※ 감사원의 감사위원회 19. 단체, 조합, 법인설립 서류의 작성
기술 행정사	항만 분야	1. 항만관리에 관한 업무 2. 선원수첩 고입고취 업무 3. 일반선박(여객선, 유조선, 화물선 등)에 관한 업무
	수산 분야	1. 어업권(양식면허)과 선박의 어업허가권 이전에 관한 업무 　※ 어업권은 토지권에 준용함 2. 어선에 관한 업무 　※ 매매(임대차)계약서 작성 　※ 어선의 등록신청서 작성 및 제출대행 　※ 어업허가신청서 작성 및 제출대행 　※ 어업권 이전에 관한 약정서 작성 　※ 어선의 건조(개조)발주허가신청서 작성 및 제출대행 　※ 어획물운반선 등록신청서 작성 및 제출대행 　※ 해상화물 운송사업등록(면허)신청서 작성 및 제출대행 　※ 어선검사증서개서 신청서 작성 및 제출대행 　※ 어선의 소유자 및 선적항변경 등록신청서 작성 및 제출대행 　※ 해운 및 해난심판 청구서류 작성
외국어번역 행정사		번역행정사는 행정사법에 의하여 경력에 의한 자격이 있거나 번역행정사 시험에 합격한 자중에서 정부에 행정사업 신고를 필한 자를 말합니다. 번역행정사는 행정사의 자격으로 고용될 수 없으므로 개인사무소를 개설하여 번역행정사의 업무를 하여야 한다. 1. 행정기관 등에 제출하는 각종 서류를 번역 2. 타인의 위촉에 의하여 행정기관에 제출하는 진정, 건의, 질의, 청원, 이의신청 및 호적에 관한 신고 등 민원사무에 관한 각종 서류의 번역 및 위촉자를 대행하여 행정기관 등에 제출 가족관계, 내용증명, 각종 계약서 작성, 보상금 증액, 운전면허취소 구제, 영업정지취소 구제, 유공자 등록 등과 관련된 업무 및 외국인의 출입국 사무, 귀화 등 외국인의 체류 자격과 관련된 업무뿐만 아니라 행정기관에 대한 탄원서나 진정서 작성, 이의신청, 청원 같은 행정심판과 관련된 업무도 많이 하고 있다. 법령에 규정된 내용을 기준으로 살펴보면 다음과 같다.

외국어번역 행정사	**1. 행정기관에 재출하는 서류의 작성** 행정기관에 제출하는 서류의 작성은 일반 행정사와 기술 행정사의 업무예요. 예외적으로 외국 정부 기관에서 발급한 서류를 번역하여 혼인신고, 출생신고, 사망신고 등을 할 때에는 외국어번역 행정사도 행정기관에 제출하는 서류를 작성할 수 있다. **2. 권리 의무나 사실 증명에 관한 서류의 작성** 권리 의무에 관한 서류의 작성은 일반 행정사의 업무입니다. 그러나 외국어로 된 사실증명과 번역확인 증명서의 작성은 외국번역 행정사의 업무이다. **3. 행정기관의 업무에 관련된 서류의 번역** 행정기관의 업무에 관련된 서류의 번역은 외국어번역 행정사만의 업무이다. 따라서 일반 행정사와 기술 행정사는 3에 규정한 번역을 할 수 있다. 행정기관의 업무에 관련된 서류라 함은 행정기관에 제출하는 서류와 행정사법 제35조에 의한 서류를 말한다. **4. 인가, 허가 및 면허 등 행정기관에 제출하는 신고, 신청, 청구 등의 대리** 외국 서류의 번역과 관련된 인가, 허가 및 면허 등 행정기관에 제출하는 신고, 신청, 청구 등의 대리 행위는 외국 어번역 행정사의 업무이다. **5. 행정 관계 법령에 및 행정에 대한 상담 또는 자문** 외국어번역행정사는 외국의 행정 업무와 관련된 법령 및 행정에 대한상담 또는 자문을 할 수 있어요. 예를 들면 외국어번역 행정사는 섭외사법에 의한 호적 관계 업무의 상담 및 자문 업무를 할 수 있다. **6. 다른 사람의 위임에 의하여 행정사가 작성하거나 번역한 서류를 위임자를 대행하여 행정 기관에 제출하는 일** **7. 법령에 따라 위탁 받은 사무의 사실 조사 및 확인** 법령에 의하여 위탁 받은 사무의 사실 조사나 확인을 행하고 그 결과를 서면으로 작성하여 위탁한 사람에게 제출하는 일

6. 제1회 국가공인 행정사시험은 어떻게 준비해야 하나?

행정사시험준비로 문의들이 많다.

제2회 행정사시험이라, 인터넷상에서의 행정사정보, 행정사시험공부전략 등이 사실상 부족하다.

행정사시험을 특별히 준비할 학원이 마땅치 않다.

우선 에듀한올 등 인터넷(에듀한올)을 통한 행정사 동영상 강의로 준비하여야 한다.

행정사 자격 시험에 대해 전문적으로 다루고 있는 행정사 전문교육원인 한올아카데미 교육원(02-306-1508)을 찾으면 된다.

에듀올 행정사 인터넷동영상강의는 행정사시험일까지 기초강의는 무제한 이용이 가능하고 이론 못지 않게 중요한 응용학습은 학습자료실을 통해 모의고사 이용을 통해 가능하다.

1 : 1상담뿐만 아니라 합격을 위한 준비과정을 학습자료실을 통해 준비할 수 있다.

한올 인터넷 강의(www.eduall.org)를 잘 활용하기 바란다.

차 • 례

제5편 ••• 인사행정론

제 **1** 편

행정학의 기초이론

제 **01** 장

행정현상과 행정학

01 | 행정의 개념과 특성

1. 행정의 개념

① 행정(Public Administration)을 한마디로 정의 하기는 매우 어려우며, 한 문장으로 정의내리는 것이 오히려 실패를 초래할 수도 있을 것이다. 행정개념은 복잡성, 유동성, 다양성과 정치·경제·사회·문화적 제약성 때문에 단일의 개념을 정의하는 데는 합의를 보지 못하고 있다. 오늘날 행정이 너무나 방대하고 다양하기 때문에 E. Forsthoff는 "행정은 정의될 수 없고 단지 묘사될 수 있을 뿐이다."라고 행정의 정의를 내리기 어려운 점을 지적하고 있다.

② 행정에 대한 개념적 접근은 역사적으로 볼 때 서구근대국가의 등장과 더불어 권력분립론에 입각한 J. Locke「시민정부이원론-1690」, Montesquieu「법의 정신-1748」에 의한 삼권분립론(三權分立論)을 배경으로 입법·사법과 대립되는 개념으로서 성립·발전되어 왔다. 미국을 중심으로 하는 현대 공공행정학자들은 행정을 정치와의 관계 등을 중심으로 다양한 행정개념을 제시해 왔다.

행정의 개념

	개 념	범 위	정치와 행정
광의의 개념	공·사의 모든 조직의 협동적 행위	공공부문과 사부문 포괄	이원론 입장
협의의 개념	행정부와 공무원 조직의 협동적 봉사행위	공공부문의 정부조직 중심	일원론 입장
일반적 개념	공익목적 달성의 제반 행위	공공서비스 활동조직 중심	통합론 입장

2. 행정학적 행정개념

1) 행정관리설(1880 − 1930년대, 경영학적 접근)

19세기말 이후 1930년대까지의 행정학이 수립되던 초기의 대표적인 입장이며, 그 대표적인 학자로는 윌슨(Woodrow Wilson), 화이트(Leonard D. White), 굿노우(Frank J. Goodnow) 등을 들수 있다. 이 개념은 행정을 이미 수립된 법이나 정책을 구체적으로 집행·관리하는 기술적 과정내지 체계로 파악하는 것으로 행정과 경영을 동질적인 것으로 보며, 일명 기술적 행정학 또는 정치·행정 이원론이라고 한다.

2) 통치기능설(1930 − 1940년대, 정치학적 접근)

경제 대공황 이후 1930년대 후반부터 주창되기 시작한 것으로, 대표적인 학자로는 디목(Marshall E. Dimock), 애플비(Paul H. Appleby) 등을 들 수 있다. 이는 행정의 본질을 정치와의 밀접한 관계에서 파악하는 관점으로, 행정을 정치 또는 통치기능의 일부로 이해하고, 단순한 정책 집행뿐만 아니라 정책결정 및 입법기능까지도 수행하는 것이라고 본다. 따라서 이 개념은 정치행정 일원론 내지는 공사행정 이원론, 그리고 기능적 행정학이라고도 한다.

3) 행정행태설(1940년대 − 1960년대 초, 심리학적 접근)

1940년대 중반이후 등장된 학설로 대표적인 학자로는 사이먼(Herbert A. Simon), 바나드(Chester I. Barnard) 등을 들 수 있다. 이 개념은 공행정(公行政, 행정)과 사행정(私行政, 경영)을 구별하지 않고 행정을 사회적 집단행동으로 파악하여, 공동의 목표를 합리적으로 달성하려는 협동적인 집단행동이자 의사결정과정의 연속이라고 보는 견해로서 인간의 행동 및 태도에 연구의 주된 관심을 두고 있다. 아울러 가치판단을 배제하고 순수한 과학성을 추구한다. 공·사행정의 본질적인 차이를 인정하지 않는다는 점에서 이 학설은 행정관리설과 유사하나, 인간의 협동적 집단행동과 행정연구의 과학화를 강조한다는 점에서 차이를 보이는 정치·행정 새 이원론이라고도 한다.

4) 발전기능설(1960년대, 행정의 절대적 우위)

1960년대 이후 대두된 학설로서 대표적인 학자로는 에스만(Milton J. Esman), 와이드너(Edward W. Weidner) 등이 있다. 이 학설은 신생국의 국가발전을 뒷받침하기 위한 이론으로 등장하였는데, 행정이란 국가발전을 위한 정치적·경제적·사회적 목표 설정에 적극적으로 참여하고 그에 일치되는 정책과 계획을 수립하고 집행·관리하는 기능으로 파악한다. 발전기능설은 능동적으로 발전정책을 추진하려는 것과 행정의 환경변동 대응능력을 강조한다는 점에서 통치기능설과는 차이가 나는데, 따라서 전통적인 정치우위 보다는 행정우위를 강조하는 행정우위의 정치행정 일원론이며, 공·사행정 이원론적 입장이라고 할 수 있다.

5) 정책화 기능설(1970년대)

정책형성기능을 강조하는 입장으로서, 1970년대 이후 데이비스(J. Davis), 샤칸스키(Ira Sharkansky) 등에 의해서 체계화된 학설이다. 이 학설은 행정이란 공공목적을 달성하기 위하여 인간과 물자를 조직하고 관리하는 것에 관한 정책결정 또는 정책결정의 과정이라고 보고 있어, 통치기능설과 일치하는 입장을 취하고 있으나, 행정의 핵심을 정책결정과정 자체라고 보는 점과 정책결정과정상의 갈등문제를 중시한다는 점에서 차이가 있다.

6) 신공공관리론(1980년대, NPM)

1980년대 등장하기 시작한 전통적 국가의 관리 방식에 반기를 들고 나온 신공공관리론은, 사상적 배경에는 근본적으로 민간부문의 관리기법이 공공부문의 그것 보다 우월하며, 공공부문과 민간부분의 관리가 본질적으로 다를 것이 없다는 신념이 깔려있다. 신공공관리론은 크게 ① 시장주의(작은정부, 민영화)와 ② 신관리주의로 크게 두 개의 페러다임으로 살펴볼 수 있다. 즉 그동안 서구의 복지국가들이 직면했던 공공재정의 구조적 위기에 의한 비효율, 각종 문제의 계층제적인 해결을 위한 처방 등은 오히려 많은 문제(정부실패, 정부에 대한 국민의 불신)점을 초래하였고, 이의 해결을 위해서 정부는 인사나 예산 등의 측면에서 내부통제(계층적 통제)를 대폭 완화하여 일선 관리자에게 재량을 주고 일선 관리자가 책임을 지고 성과를 향상시키고 고객을 만족시키도록 행정을 관리하는 이론의 도입이 나타나게 되었다.

7) 신국정관리론(1990, New Governance)

신국정관리론은 성과만을 중시하는 논리는 참여의 과정의 정당성을 상실함으로써 민주적인 참여와 신뢰를 저해 할 수 있다고 보고 국정운영에 다양한 참여를 강조한다. 공동체를 바탕으

제01편

제02편

제03편

제04편

제05편

제06편

제07편

로 구성원간의 신뢰를 통한 네트워크, 공생, 파트너십을 통한 참여 민주주의를 주요 핵심가치로 등장시키고 있다.

✎ 대표유형문제 ··········

협의의 행정개념으로 볼 수 없는 것은?

① 행정관리설 　　　　　　　　② 국가목적실현설
③ 통치기능설 　　　　　　　　④ 행정행태설

정답 ②

해설 국가목적실현설은 행정법학적 행적개념이다. 협의의 행정개념이란 행정학적 행정개념을 지칭한다.

3. 행정의 특성

행정의 개념에 포함된 특성은 다음과 같다.

① 행정은 공식적 권위를 지닌 행정기관에 의하여 수행하는 활동이다.

② 행정은 규범적으로 공공성 또는 공익을 지향한다.

③ 행정은 공공재(公共財) 및 공공서비스의 생산과 공급, 분배와 관련된 모든 활동을 의미한다.

④ 행정은 정치과정과 밀접하게 연계되어 있다.

기타 행정의 특징

① 평등성, ② 책임성, ③ 비배제성, ④ 목적의 다원성, ⑤ 비시장성, ⑥ 규범성, ⑦ 외연성(외부효과성), ⑧ 무형성 ⑨ 그 외 협동성·집단행위성, 권력성, 합리성과 기술성, 안정성과 계속성, 변동대응성 등이 있다.

✎ 대표유형문제 ··········

행정의 특성으로 볼 수 없는 것은?

① 행정은 국가 공권력을 배경으로 한다.
② 규범성을 지닌 행정은 공공성을 지닌다.
③ 행정은 배제성과 경합성을 띠기에 무임승차가 가능하다.
④ 행정은 협동적과 집단행위성을 지닌다.

정답 ③

해 설　행정은 소비에서 돈을 지불하지 않는다고 해서 추방할 수 없는 비배제성과 기존 소비에 새로운 소비가 첨가 되더라도 기존 소비자에게 피해를 주지 않는 비경합성을 지닌다.

02 | 행정학의 의의와 성격

1. 행정학의 의의

1) 현대 행정의 개념

오늘날은 대체로 정치 행정 일원론의 입장에서 정책 집행뿐만 아니라 정책 형성까지도 중요한 영역으로 파악하며, 최근 공공 문제의 해결과 관련된 활동에 초점을 맞추는 경향이 있다.

2) 행정의 특성과 변수

(1) 행정의 일반적 특징: 행정 개념의 일반적 특징으로는 공공성·공익성, 합리성·기술성, 권력성·강제성, 안정성·계속성, 정치성·통치성 등을 들 수 있다.

(2) 공공재로서의 행정의 특징: 공공재란 사적재와 대립되는 용어로서 비경합성과 비분리성(비배제성)이라는 특징을 갖는 재화를 말한다.

공공재로서의 행정의 특질		
1. 비배제성과 무임 승차성	2. 공동소비성과 비경합성	3. 비축적성
4. 무형성	5. 비시장성	6. 파생적 외부 효과

(3) 행정의 변수: 행정변수에는 보통 행정구조, 행정인, 기능, 행정환경, 기관과 태도 등이 제시되고 있으나, 일반적으로 행정의 3대 변수라고 할 때에는 행정구조, 행정인, 행정환경 등을 들고 있다.

행정의 3대 변수	행정의 4대 변수	행정의 5대 변수	조직혁신의 4대 변수	조직구조의 기본변수	인사행정의 3대 변수	정책의 3대 변수
인간, 구조, 환경	인간, 구조, 환경, 기능	인간, 구조, 환경, 기능, 이념	구조, 기술(절차), 인간(행태), 업무(기능)	복잡성(수직적 분화, 수평적 분화, 장소적 분산), 공식성, 집권성	임용(모집), 능력발전, 사기	정책목표, 정책수단, 정책대상 (4대변수: 정책결정 주체 추가)

2. 행정학의 학문적 성격

(1) 사회과학으로서의 행정학

행정학에서 연구대상으로 삼는 행정현상은 사회현상의 일부에 속한다. 행정학은 정치학·경제학·경영학·인류학 등과 마찬가지로 사회과학의 한 분과학문이라고 할 수 있다.

(2) 응용과학으로서의 행정학

응용과학이란 행정학이 순수한 기초과학이 아니라 기초적인 분과학문들이 이루어 놓은 이론과 지식을 응용하여 행정현상을 연구하고, 실제의 행정이 안고 있는 문제해결에 응용하는 실용적·임상적(臨床的)인 학문에 해당하는 것이다.

(3) 행정학의 과학성(science)과 기술성(art)

어떤 학문이 과학과 기술 중 어느 측면에 더욱 중점을 두느냐에 따라 그 학문의 과학성과 기술성이 논해질 것이다. 행정학에서 기술성이나 전문성을 강조했던 Waldo도 과학성을 부인하지는 않았으며, 동시에 과학성을 강조하였던 Simon도 행정학의 기술성을 인정하였다.

행정의 과학성과 기술성의 비교

과학성(Science)	기술성(Art)
Why 중심	How 중심
순수과학, 이론과학	응용과학·실천과학
원리·법칙의 모색	원리·법칙의 적용
Sein(존재론)	Sollen(당위론)
설명적·서술적(Descriptive)	처방적·응용적(Prescriptive)
가치중립적(Value-Neutral, Free)	가치지향적(Value-Oriented)
정치·행정이원론	정치·행정일원론

(4) 전문직업적 성격

행정학은 공공행정에 관련된 전문행정가, 일반관리자 및 행정실무자를 양성하는데 상대적으로 더 큰 비중을 두는 학문이다. 그러한 점에서 행정학은 의학, 법학, 경영학, 사회사업학 및 신학 등과 마찬가지로 전문직업성을 지니는 학문이라고 할 수 있다.

(5) 종합학문적 접근

제학문의 인접학문들은 행정현상의 연구와 행정문제의 해결에 서로 관계를 이루어 작용한다. 이러한 현상은 의학이 생물학 및 화학을, 법학이 논리학과 윤리학을, 건축학이 물리학·수학

제01편

제02편

제03편

제04편

제05편

제06편

제07편

을 기초로 하면서 각각의 근본적 목적 내지 가치(예를 들면 의학은 질병의 치료에 그 목적과 가치를 둠)에 공헌하는 것과 같은 것이다.

(6) 행정학의 보편성과 특수성

사회과학 분야에서 시간과 공간의 범위를 초월하여 진실로 받아들여질 수 있는 보편적 법칙을 찾기란 극히 어렵다. 사회현상이란 흔히 특정한 역사적 상황이나 문화적 맥락속에서 이루어지기 때문에 그 나름의 독특한 성격을 갖기 마련이다. 따라서 이러한 역사적·문화적 특수성을 초월한 일반이론을 구축하기란 쉽지 않다.

(7) 행정학의 가치판단과 가치중립성

행정학은 현실의 문제를 해결하려는 실천적 성격을 강력히 띠고 있으므로 행정학 연구는 경험적 사실 관계에 관한 체계적인 지식은 물론 올바른 가치판단에 기초를 두어야 할 것이다. 즉 행정학을 위시한 사회과학의 연구에서 가치판단을 배제할 수 없을 뿐 아니라 배제하는 것이 바람직하지도 않다.

(8) 행정(공행정)과 경영(사행정)의 관계

행정과 경영의 유사점은 ① 목적달성을 위한 수단성, ② 관료제적 성격, ③ 협동행위, ④ 관리기술, ⑤ 합리적 의사결정, ⑥ 봉사성, ⑦ 개방체제가 있고 차이점은 아래 표와 같다.

행정(공행정)과 경영(사행정)의 차이점

기 준	공행정	사행정
정치적 성격	강함.	약함.
권력수단	강제적·일방적 권력	공리적·쌍방적 권력
능률 측정	곤란	용이
법적 규제	기속행위 많음(강함).	재량행위 많음(약함).
평등성	엄격한 평등	차등의 인정(고객우선)
독점성	독점성 인정	경쟁성 보장
공개성	공개행정 원칙	비공개 경영
자율성	약함.	강함.
획일성	강함.	약함.
주 체	공공기관	민간기업
목 적	공익·다원적 목적	사익·일원적 목적
영향력의 범위	광범위	제한적
긴급성	강하게 요구됨.	공행정에 비해 약함.
신분보장	강함.	약함.
노동권 제약	강함.	약함.
기대수준	높음.	낮음.

✏️ 대표유형문제 ‥‥‥‥‥‥‥‥‥‥‥

1. 행정과 경영의 차이점에 관한 설명으로 옳지 않는 것은?

2013. 행정사 기출

① 행정은 공익추구를 핵심가치로 하지만, 경영은 이윤추구를 핵심가치로 한다.
② 행정은 경영보다 의회, 정당, 이익단체로부터 더 강한 비판과 통제를 받는다.
③ 행정은 공익을 추구하기 때문에 경영보다 법적 규제를 적게 받는다.
④ 행정은 경영보다 더 강한 권력수단을 갖는다.
⑤ 행정은 모든 국민에게 법 앞에 평등원칙이 지배하지만 경영은 고객에 따라 대우를 달리할 수 있다.

정답 ③

해설 행정은 국가전체를 대상으로 공익을 추구하기 때문에 공권력의 사용이 불가피하다. 그러다보니 경영에 비해 법적 규제라는 강제수단을 동원하는 정도가 크다.

2. 행정(학)에 관한 설명으로 옳지 않은 것은?

2013. 행정사 기출

① 행정은 민주성, 능률성, 합법성, 효과성, 형평성 등을 추구한다.
② 행정학은 행정현상의 과학화를 목적으로 하기 때문에 이론과 실제를 분리하여 연구하는 학문이다.
③ 행정학은 시민사회, 정치집단, 시장과의 상호작용 속에서 공공가치의 달성을 위해 정부가 수행하는 정책이나 관리활동에 대한 지식과 이론을 연구대상으로 한다.
④ 좁은 의미의 행정은 행정부의 구조와 공무원을 포함한 정부 관료제를 중심으로 이뤄지는 활동을 의미한다.
⑤ 행정학은 정치학, 경제학, 경영학, 사회학, 법학, 심리학 등의 이론과 지식을 접목하여 사용하고 있다.

정답 ②

해설 행정학은 사회과학으로서 종합학문적 성격을 지닌다. 그래서 과학성의 이론과 기술성의 실제(처방)를 종합적으로 연구하는 학문이다. 즉, 존재론적인 과학성과 당위론적인 기술성을 잘 조화시켜서 변화하는 환경에 능동적으로 대응해 나가는 것이 행정학이다.

3. 행정의 과학성과 기술성에 대한 내용으로 잘못된 것은?

① 행정의 과학성은 서술성과 설명성을 지닌다.
② 행정의 기술성은 처방성으로 실천성을 지닌다.
③ 행정의 과학성은 존재론을 통한 인과관계를 중시한다.
④ 행정의 기술성은 행정에 관한 객관적인 분석 위주의 연구를 중시한다.

정답 ④

해설 행정의 기술성은 객관적인 분석보다는 가치문제, 문제해결 지향성, 처방성, 실천성 등을 강조하였으며, 과학성 위주의 기존 행정학은 현실문제를 해결할 수 없는 적실성이 결여된 학문 이라고 비판하였다. ④는 과학성에 대한 설명이다.

제 02 장

행정이념(行政理念)

01 본질적 행정이념

공익(public interest)

1. 공익(公益)의 의의

공익은 Platon 이후 오늘에 이르기까지 수많은 사람들에 의해서 연구되어 왔으나 아직도 이렇다 할 개념이 정리된 바가 없으며, 개념과 내용이 모호하기 때문에 악용될 가능성도 많다(독재정권들도 공익을 위한다는 명목으로 통치함).

① 공익은 가치함유적인 불확정의 개념이다.

② 공익은 사회문화·전통, 특히 정치적 상황에 영향을 많이 받는다.

③ 공익 개념은 시대와 논자에 따라 다르게 인식되어 일반적 개념정의가 어렵다.

2. 공익의 개념

① 공익은 불특정 다수인의 이익이다.

② 공익은 일반성과 보편성을 띤 이익이다.

③ 공익은 일반대중의 배분적 이익이다.

④ 공익은 외부효과가 큰 재화나 용역이다.

⑤ 공익은 집합소비성(공공재)을 지닌다.

⑥ 공익은 미래의 이익 및 유용성 등의 특성을 지닌다.

3. 공익에 대한 관심의 대두요인

① 정치·행정일원론의 대두 : 정책결정기능이 중요시 됨으로써 정책결정기준으로 공익 중시

② 공무원의 재량권 확대 : 재량권 행사에 윤리나 가치판단의 문제가 개입됨으로써 공익 중시

③ 신행정론의 대두와 행정철학의 중시 : 사회적 형평 내지 사회정의 실현은 공익과 관련

④ 행정행태의 준거기준의 필요성 : 규범적·윤리적 행동기준으로서 공익 중시

⑤ 행정관의 변천과 쇄신적 정책결정의 추구 : 변동을 유도할 수 있는 규범적 기준이 필요

⑥ 행정인의 적극적 역할 기대 : 공익의 수호자로서의 역할 담당

⑦ 미국 행정학에 대한 반성과 토착화의 노력 : 미국 행정학의 과거사에 대한 반성과 행정학의 참신한 분위기 조성과 토착화를 위한 기준으로 공익이 제기되면서 관심이 고조됨.

4. 공익의 특징 및 기능

(1) 공익의 특징

① 사회의 기본적 가치로서의 성격 : 평등·정의·공정성·복지·인간존중

② 역사적·동태적 성격 : 시대와 장소, 사회의 범위에 따라 달라짐.

③ 규범적 성격 : 공무원이 지켜야 할 최고의 행동규범

④ 불확정성·상대적 성격 : 사회의 변화에 따라 변모될 수 있음.

⑤ 공동이익과 배분적 성격 : 불특정 다수를 위한 이익과 배분

(2) 공익의 기능(유용성)

① 행정목표와 정책집행의 방향설정과 집행기준이 된다.

② 관료제의 일탈을 규제하는 수단이 된다.

③ 공무원의 책임성 증진에 도움이 된다.

④ 정책이나 프로그램의 평가기준이 된다.

⑤ 정책의 최고이념으로서 역할을 한다.

⑥ 국가가 개인에게 요구하는 행위를 정당화시키는 역할을 한다.

⑦ 다원화된 세력 간의 공존체계를 구축하여 광범위한 일반이익 추구에 도움이 된다.

* 공익결정의 변수 가치관, 정치이념, 경제체제, 사회체제, 정책유형

🔖 공익의 본질

1. 실체설(적극설)

이 학설은 사익(私益)을 초월한 이상으로서 공익이 고유하게 존재한다는 입장으로서, 공익은

선험적 혹은 도덕적, 규범적인 존재로서 간주되는 공공선(公共善), 이성, 양심과 같은 것이다. 인간이란 단순히 자기의 개인적 이익만을 위하여 결사(結社)를 만드는 것이 아니라 보다 나은 공동생활을 위해서 결사를 만드는 사회적 존재이며, 이러한 공동체의 선이 공공선(公共善)인데 이것은 공동생활을 보다 원활하게 한다. 따라서 이러한 공공선(公共善)이 모든 정책을 평가하는 기준이 되어야 하며 바로 공공선(公共善)이 공익이다(백완기, 1996: 410). 예를 들면 플라톤의 '철인왕(哲人王)의 정치'이론이나 루소의 '일반의지(general will)', 헤겔의 '절대이성'의 개념과 같은 것이다.

(1) 내용
① 공익을 사익의 단순한 총체가 아닌 실체적 개념으로 본다. 사익과는 구별되는 절대적 가치가 존재하는 것으로 보며, 그 절대적인 가치를 공익으로 본다.
② 공익은 사익과 구별되는 도덕적·규범적 정의, 양심, 자연법, 선, 일반의지인 것으로 본다(절대적 윤리설).
③ 공익은 사익과 별개로 독자적으로 존재한다고 보며, 사익과는 대립 및 충돌관계에 있다.
④ 공익의 존재를 선험적(先驗的)으로 인정한다.
⑤ 주요학설로는 계약설, 공리설, 정의설, 인간존중설이 있다.
⑥ 주요 학자로는 Platon, Rousseau, Bentham, Kant, Rawls, Held, Redford, Lippman 등이 있다.
⑦ 투입기능이 활성화되지 못한 전체주의(동양 및 대륙계, 개발도상국) 입장이다.
⑧ 합리모형이나 Elite모형적 성격을 띠며, 국방이나 외교정책 등과 관련된다.
⑨ 공익이란 그 시대의 정치적 결단이나 이데올로기의 산물로 이해된다.

(2) 비판
① 지극히 추상적·비과학적이며, 조작적 개념화가 어렵다.
② 인간의 규범적 가치관에 따라 공익이 무엇인가에 대한 정의가 다르다.
③ 누구의 공익관이 우선시 되는지에 대한 의견차이가 불가피하다.
④ 모호한 공익관 등으로 국민의사를 외면하는 구실을 제공할 수 있어, 현실적으로 실질적인 공익관에 기여하지 못한다는 비판이 제기된다.
⑤ 소수 Elite의 공익결정으로 비민주적이며, 평등이념에 배치된다.
⑥ 국가가 공익을 제시하면서 국가가 원하는 방향으로 사회를 이끌어가려 하는 개발도상국적 사고가 발생하게 된다.

2. 과정설(소극설) - 절차적 공익관, 현실해석적 공익관(명목론 입장)
이 학설은 선험적, 도덕적 실체 또는 최고의 윤리기준으로서의 공익의 존재를 부정하고, 공익이란 사익의 총합이나 집단과정에서 나타나는 특수한 집단이익의 총합으로 파악하고, 그것은 개인 또는 집단 간의 타협과 조정의 산물에 불과하다고 본다. 오늘날 민주사회의 다원적인 정치과정에서 산출되는 법이나 정책결정이 대표적인 예이다.

(1) 내용

① 공익은 상호경쟁적·대립적인 다원적 이익이 조정되고 균형이 달성된 결과(공익과 사익은 대립되지 않으며, 갈등·타협을 통한 조정이 가능하다고 보는 현실주의 입장)로 본다.

② 사회집단의 특수이익이나 사익과 본질적으로 구별되는 사회전체의 이익 내지 기본적 가치는 존재하지 않는다. 상호협의 과정 자체를 공익으로 본다.

③ 투입기능이 활발한 다원주의(선진국형) 입장이며, 공익은 특수이익(사익)이 민주적 조정과정을 통해 조정되는 경험적 과정으로 본다.

④ 개인주의적(영미계)이고 구체성을 띠며, 후천적 공익관이다.

⑤ 주요 학자는 Sorauf, Lindblom, Harmon, Schubert, Bentley, O. Key 등이 있다.

⑥ 다원적 집단모형이나 점증모형적 성격을 띠며, 교육이나 복지정책과 관련된다.

(2) 비판

① 특수이익·사익(私益) 이외의 국가이익이나 공동이익을 고려하지 않는다.

② 상호간의 이익이 대립될 때, 이를 평가할 수 있는 기준을 제시하지 못한다.

③ 규범적·도덕적 요인을 무시하며, 행정인의 역할이 소극적이다. 토의·협상·경쟁과정이 발달되지 못한 신생국가에서는 적용이 곤란하다.

④ 조직화되지 못한 일반시민이나 잠재집단의 이익, 사회적 약자의 이익반영이 곤란하고 집단이기주의의 폐단이 발생할 가능성이 높다.

⑤ 특수이익 간의 경합·대립을 일반이익·공익으로 전환하려는 기계적 관념이다.

3. 절충설(중간설)

(1) 내용

① 사익의 집합이 아닌 공익의 존재를 인정하면서도 사익과 관련시켜 이해하는 입장이다.

② 사익과 관련된 사회이익을 공익이라고 보며, 전체이익과 개체이익의 중간인 소비자이익을 추구한다.

③ 주요 학자는 Herring, Friedrich, Buchanan, Tullock, Appleby 등이 있다.

④ 소비자 이익(국가전체의 이익과 개개인의 이익의 중간형태)을 공익으로 본다.

(2) 비판

① 단지 혼합적인 이론에 불과하다.

② 공익과의 구별기준을 명확히 설정하기 어렵고 국민일치의 소망을 분별해 내기가 곤란하다.

③ 급격한 변동에 대응하는 공익의 적절한 평가기준이 미비하다.

🏸 대표유형문제

1. 공익의 실체설에 대한 설명으로 옳은 것은?

① 공익은 여러 집단의 타협의 산물이다.

② 공익은 한 나라의 개인들의 이익의 총합이다.

③ 공익은 개인들의 사적 이익을 초월하여 존재한다.

④ 대개 개인주의적 입장의 학자들이 주장한다.

정답 ③

해설 실체설은 사익의 집합을 공익으로 보지 않으며 사익을 초월한 국가실체를 공익으로 본다

2. 절차적 공익관에 대한 내용으로 잘못된 것은?

① 다원주의 사회와 관련이 있다.　　　② 사회약자의 이익이 잘 반영된다.

③ 현실적 공익관이다.　　　　　　　　④ 기계적 공익이라는 비판을 받는다.

정답 ②

해설 절차적 공익관을 과정설이라고 한다. 이 공익관은 논의과정에서 사회 약자의 이익이 간과되고 강자위주의 이익이 형성될 가능성이 높다.

🦪 J. Rawls의 정의 이론(The Theory of Justice)

1. 의의

　'세인트 하버드'로 애칭 되는 금세기 최대의 정치철학자이자 윤리학자이며 '정의론(1971)'의 저자 J. Rawls의 정치철학은 한마디로 '정치적 구성주의(철학적 사변)'에 속한다. 그는 '실천적 이성'과 '원초적 입장'이라는 장치를 중시하였는데 '실천적 이성'은 Harbermas가 지적한 대로 의사소통에 의한 상호인식작용에 가까운 것이고, '원초적 입장'이란 공적 문제 또는 정의의 원칙을 이끌어내기 위한 합의의 장치로서 그 핵심은 '무지(無知)의 베일'(합의 당사자의 타고난 재능, 가치관, 지위 등을 모르게 한다는 가상적 장치)이다.

2. 정의의 원리

1) 정의의 제1원리(동등한 기본적 자유의 평등 원리)

모든 사람은 다른 사람의 유사한 자유와 상충되지 않는 한도 내에서 최대한의 기본적 자유를 누릴 수 있는 평등한 권리가 인정되어야 한다.

2) 정의의 제2원리(정당한 불평등의 원리)

사회적·경제적 불평등은 다음의 두 가지 원리에 의해서만 분배 및 재분배되어야 한다.

① 공정한 기회균등의 원리(Equal opportunity principle) : 사회·경제적 불평등은 그 모체가 되는 모든 직무와 지위에 대한 기회균등이 만인에게 공정하게 개방된 조건하에서만 그 직무나 지위에 부수해서 존재할 수 있다는 원리이다.

② 차등의 원리(difference principle) : 불평등은 가장 불리한 입장(극빈층)에 있는 사람에게 최대한 이익이 되도록 조정되어야 하며, 그 경우에만 차등조정은 정당하게 된다는 원리로서 일종의 '최소극대화(Maxmin)의 원리'라 할 수 있다.

롤스는 의무론적(절대론적) 가치론 추구

(1) **목적론(상대론)적 가치론** : 보편적 가치판단기준은 존재하지 않으며 행위의 '결과'를 기준으로 옳고 그름을 판단해야 한다는 것인데 최선의 결과를 가져오는 행위는 옳고, 그렇지 못한 행위는 그르다는 입장이다. 소수가 손해를 보더라도 더 많은 사람의 이익이 증진되면 된다는 결과중심의 공리주의(功利主義)가 대표적이다.

(2) **의무론(절대론)적 가치론** : 결과에 관계없이 옳고 그름을 판단하는 보편적 원칙이나 기준이 선험적으로 존재한다고 믿는 입장으로 행위의 '동기'를 기준으로 도덕적 의무나 법칙에 일치하는 행위는 옳고 어긋한 행위는 그르다는 입장이다. 사회적 정의나 형평성이 대표적이다.

---

3. 평가

롤스는 위의 두 가지의 원리가 충돌할 때에는 제1원리가 제2원리에 우선하고, 제2원리 내에서도 충돌이 생길 때에는 기회균등의 원리가 차등원리에 우선되어야 한다고 한다. 롤스는 원초적 상태, 즉 각 구성원이 동등한 결정권을 갖고 있으나 자원이 적절한 부족상태에 있고, 사회의 어떤 조건이 자신에게 유리한지를 모르는 무지(無知)의 베일(veil of ignorance)에 가리워져 있는 상태에서 합리적 인간은 최소극대화(maximin)의 원리에 입각해서 공정한 사회적 규칙을 선택하리라고 본다.

* 롤스는 그의 정의의 두 원리가 정당하다는 것을 입증하기 위해, 정의의 원리가 도출되는 상황을 현실사회의 구체적 상황이 아닌 가설적 상황으로 설정하고 이를 '원초 상태(original position)'라 칭했다. 원초 상태란 과거, 현재, 미래의 어떠한 실제적 상황을 표현하는 것이 아니고, 어디까지나 조작 개념, 즉 결정이 공정하고 전원 일치의 합의를 이룩할 수 있도록 조건 지어진 이념적·가설적 상황이다.

📎 대표유형문제

1. 롤스(Rawls)가 말하는 정의(justice)에 관한 설명으로 옳지 않은 것은?

① 다른 사람의 유사한 자유와 상충되지 않는 한도 내에서 개개인의 기본적 자유권이 평등하게 인정되어야 한다.

② 가장 불우한 사람의 편익을 최대화해야 한다.

③ 사회·경제적 불평등은 그 모체가 되는 모든 직무와 지위에 대한 기회균등이 공정하게 이루어진 조건 하에서 직무나 지위에 부수해 존재해야 한다.

④ 차등 조정의 원리가 기본적 자유의 평등 원리에 우선해야 한다.

정답 ④

해설 정당한 불평등의 원리 또는 차등 조정의 원리(정의의 제2원리)보다 기본적 자유의 평등 원리(정의의 제1원리)가 우선해야 하고, 차등조정의 원리 중에서도 기회균등의 원리가 차등의 원리에 우선해야 한다.

2. 롤스(Rawls)의 정의와 관련한 설명으로 가장 거리가 먼 것은?

① 정의를 공평으로 풀이하면서 배분적 정의가 평등원칙에 입각해야 함을 강조한다.

② 정의의 제1원리로서 기본적 자유의 평등원리를 들고 있다.

③ 기본적 자유의 평등원리와 차등조정의 원리가 충돌할 때는 차등조정의 원리가 우선한다.

④ 원초적 상태에서의 인간은 최소극대화 원리에 입각하여 규칙을 선택하는 것으로 가정한다.

정답 ③

해설 기본적 자유의 평등원리(정의의 제1원리)와 차등조정의 원리(정의의 제2원리)가 충돌할 때는 기본적 자유의 평등 원리(정의의 제1원리)가 우선한다.

🫧 사회적 형평성

(1) 사회적 형평성의 개념

① 정치적·경제적·사회적으로 불리한 입장에 있는 자를 위해 국가가 특별히 배려하여야 한다고 본다. J. Rawls의 사회정의 원칙과 공평중심의 이념이다.

② 일반적으로 공정성(fairness) 혹은 사회정의(social justice)의 개념과 거의 같은 의미로 쓰인다.

③ 법적·실체적·객관적 개념이라기보다는 도의적·윤리적 개념으로써 사회적 재화와 용역의 공정한 배분, 즉 행정의 적극적인 가치주의의 실현으로 배분적 정의를 강조한다.

	수평적 · 수직적 · 이전적 평등
수평적 평등	① 대등한 자에 대한 대등한 대우 ② 아리스토텔레스의 평균적 정의 ③ 자유주의로 보는 입장 : 기회를 같게(동일기회 제공, 기회의 공평)–다수적 입장 ④ 사회주의로 보는 입장 : 결과를 같게(동일결과 보장, 결과의 공평) *통설은 자유주의 입장으로 봄 예) 보통선거권의 부여

수직적
평등
	① 상이한 자에 대한 상이한 대우
	② 아리스토텔레스의 배분적 정의
	③ 사회주의로 보는 입장 : 기회를 다르게(동일결과를 보장하기 위하여 약자에게
	  더 많은 기회 제공)–다수적 입장
	④ 자유주의로 보는 입장 : 결과를 다르게(능력이 다르면 결과도 다르게, 결과의
	  차이 인정)
	*통설은 사회주의 입장으로 봄 예) 누진세, 가난한 자에 대한 조세감면

이전적 평등	① 상황변동에 따른 새로운 평등기준을 적용 ② 수몰이주민에 대한 적절한 보상

(2) 사회적 형평성의 한계

① 개인의 선택권을 박탈하는 자유주의에 반한다.

② 개인의 국가에 대한 의존성을 높임으로서 개인의 주체성을 떨어뜨리는 형식적 민주주의 조장을 할 수 있다.

③ 체제의 위험을 줄이기 위해 체제유지비를 조작할 우려가 있다.

02 | 수단적 행정이념

🌑 합법성(合法性)

행정이념으로서의 합법성은 행정 과정이 법률 적합성을 지녀야 하고 합법적이어야 한다는 것을 의미한다. 이는 행정의 재량성이 아무리 강조되어도 법의 테두리를 벗어날 수 없다는 것을 말한다. 합법성은 행정권의 자의적인 발동을 억제함으로써 국민의 권리 및 자유의 보장과 법적 안정을 찾으려 한 것이다.

오늘날 행정권의 강화, 위임 입법의 증대, 행정의 전문화에 기인하여 현대 행정국가에서 합법성은 최소의 준거로 인식되면서 합법성의 비중은 저하되고 있다. 그러나 이러한 합법성에 대한 인식의 변화가 곧 행정이념으로서의 합법성의 가치를 떨어뜨리는 것은 아니다(박수영 외 공저, 2000: 93-94).

* 합법성의 한계(합법성을 지나치게 강조할 경우의 문제점) : 동조과잉(Merton이 강조), 형식주의, 과잉준수, 무사안일주의, 책임회피, 선례답습, 창의력 결여, 목표전환 등의 현상이 나타난다.

능률성(能率性)

능률(efficiency)이란 투입에 대한 산출의 합리적 비율로 정의할 수 있다. 즉, 일정한 투입에 의해서 얻어진 성과, 소득, 편익을 극대화시키며 제한된 자원으로 행정목표를 최대로 성취할 수 있는 대안을 선택하는 것을 의미한다.

1930년대 이전에는 생산성을 높이는 데 비용, 시간, 인력 등의 자원을 극소화하자는 소위 기계적 능률(mechanical efficiency)의 입장을 취하였다. 그러나 디목(M. E. Dimock)은 이러한 능률의 개념을 비판하면서, 사회적 능률(social efficiency)을 제창하고 있는데, 사회적 능률성의 내용은 인간적 능률, 합목적적 능률, 상대적 능률, 장기적 능률로 구성된다.

구 분	기계적 능률	사회적 능률
행정이론	과학적관리론(1880), 관료제이론	인간관계론·통치기능설(1930~1940)
유사개념	대차대조표적 능률(Simon), 수치적 능률, 금전적 능률, 물리적 능률, 양적 능률, 단기적 능률, 절대적 능률, 몰가치적 능률, 객관적 능률, 사실적 능률, 가외적 능률, 수단적 능률, 운영상의 능률, 좁은 의미의 능률성	인간적 능률, 비합리적·비공식적 능률, 대내적 민주성, 상대적 능률, 장기적 능률, 발전적 능률, 가치적 능률(가치와 능률의 조화), 질적 능률, 합목적적 능률, 넓은 의미의 능률성
대두요인	행정기능의 확대·변동 및 과학적 관리론의 영향	과학적 관리론 및 인간의 기계화에 대한 노조측 반대
비판	인간적 가치 무시	능률의 본질을 애매화, 시간·비용·노력의 남용(변명구실)
학자	Gulick : 가치체계의 첫째 공리이며, 기본적 선(善)이라고 주장(타산적, 합리적, 산출적)	`E. Mayo, M. E. Dimock

📌 민주성(民主性)

　민주성이란 민주적인 행정을 말하며, 국민의 의사를 행정에 반영하고 국민을 위한 행정을 수행하자는 것이다. 행정이 대외적으로는 행정 과정의 민주화로서 국민 의사를 행정에 반영하고 국민에게 책임을 지는 행정을 의미하며, 대내적으로는 행정관리의 민주화로서 인간 욕구의 충족과 직장생활의 질을 향상시키고자 하는 것을 뜻한다.

대내적 민주화	대외적 민주화
① 공무원의 민주적 행정행태의 확립 ② 행정체제의 분권화(위임행정), 참여적 조직관리(MBO) ③ 행정인의 능력발전(교육, 자기실현 욕구) ④ 민주적 가치관의 형성 ⑤ Y이론에 따른 인간관계 ⑥ 제안제도, 상담제도, 고충처리, 하의상달(上向的) 등 ⑦ 직무확충, 직무충실 ⑧ 비공식적 집단 활용 ⑨ 집단토의의 장려 ⑩ 자체적인 자기평가	① 책임행정과 행정통제(입법·사법통제, 옴부즈만제도, 민중통제) ② 행정윤리(정치적 중립, 충성, 부정의 배제, 업무수행의 공정성) ③ 행정참여(사전행정 절차, 시민참여) ④ 행정구제제도(행정쟁송제도, 손실전보제도, 옴부즈만제도) ⑤ TQM, 리엔지니어링, 공공선택이론 ⑥ 공개행정 : PR 등을 통해 국민의 알 권리 충족 ⑦ 관료제의 대표성 ⑧ 시민참여 ⑨ 정치적 분권화(지방자치) ⑩ 시민헌장 ⑪ 관·민 협동체제

📌 합리성(合理性)

(1) 합리성의 의의
① 목표달성에 필요한 최적 행동대안을 정확하게 계산하여 선택하는 행동의 특성이다.
② 목적과 수단의 적합성, 권한과 책임의 합치, 조직과 방법의 결합, 능률과 절약의 확보 등으로 이해 할 수 있다.

(2) 합리성의 종류
① M. Weber의 합리성
　㉠ 이론적 합리성 : 현실의 경험에 대한 지적 이해, 연역과 귀납, 인과관계의 규명 등
　㉡ 실천적(실제적) 합리성 : 주어진 목표성취를 위한 가장 효과적인 방법
　㉢ 실질적 합리성 : 민주주의, 쾌락주의, 자유주의 등 일련의 가치전제를 표준으로 하는 행위

ⓔ 형식적 합리성 : 특수성을 배제하고 법의 보편적 정신을 목표로 함
　② Simon의 합리성 : Simon은 목표-수단의 관계와 인간의 인지능력에 중점을 두고 내용적 합
　　　리성과 절차적 합리성을 구별하고 있다.
　　　㉠ 내용적 합리성 : 경제학적 개념으로서 목표 달성에 기여하는 행위
　　　ⓛ 절차적 합리성 : 어떤 행위가 의식적인 사유과정의 산물이거나 인지력과 결부되어 있을
　　　　때 인정
　③ Mannheim의 합리성
　　　㉠ 실질적 합리성 : 지적 통찰력을 나타낼 수 있는 이성적 사고작용을 중심으로 특정상황
　　　　에 있어서의 여러 사건이나 구성요인 간의 상관관계를 밝히는 것
　　　ⓛ 기능적 합리성 : 기능적 합리성은 목표성취와 관련하여 이미 정해진 목표의 성취에 순기
　　　　능적인 행위를 할 때에 나타나는 가장 일반적 개념의 합리성
　④ P. Diesing의 합리성
　　　㉠ 정치적 합리성 : 정책결정구조의 합리성을 의미하며 가장 비중이 높은 합리성
　　　ⓛ 경제적 합리성 : 비용과 편익을 측정·비교하여 목적을 선택·평가하는 과정과 관련
　　　ⓒ 사회적 합리성 : 사회 내에 있는 여러 가지 힘과 세력들이 질서 있는 방향으로 원만하게
　　　　타협·조정
　　　ⓔ 법적 합리성(legal rationality) : 인간행위를 법적으로 예측가능하게 하고 행정의 공식적
　　　　질서를 탄생
　　　ⓜ 기술적 합리성 : 목적·수단의 연쇄관계 내지 계층적 효과성에 따라 평가

합리성의 종류

구 분	이성적·인지적 사고작용 판단을 통한 합리성	목표달성에 순기능적 행위를 하는 수단
M. Weber	실질적 합리성	형식적 합리성
H. A. Simon	절차적 합리성	내용적 합리성
K. Mannheim	실질적 합리성	기능적 합리성
P. Diesing	정치적·사회적 합리성	기술적·경제적·법적 합리성

(4) 합리성의 한계
　① 인간의 가치선호갈등 문제　　　② 인간의 감정적 요소
　③ 기존에 확립된 가치관　　　　　④ 새로운 의식적인 사고를 저지하는 과거의 습관
　⑤ 보다 나은 결과 추구　　　　　⑥ 소요경비의 과다 등

Lineberry의 합리성

합리성을 상호 대립적인 ① 개인적 합리성, ② 집단적 합리성, ③ 사회적 합리성으로 나누고 이들 개념이 서로 일치하지 않음을 죄수의 딜레마나 공유재의 비극이라는 모형을 활용하여 설명하고 있다.

1. 죄수의 딜레마

(1) 합리적 행동이 항상 전체적인 최적의 결과를 가져다주지는 않는다. 죄수의 딜레마 상황에서는 두 사람의 죄수가 각각 합리적인 이기적 전략을 추구하면 모두 나쁜 결과를 초래하게 된다.

(2) 개인의 합리적 선택이 정부관료제 내지 사회 전체에는 오히려 집단적 비합리성을 가져다 줄 수 있다는 것을 보여주는 개념이다.

(3) 시장실패와 관련, 대립과 협력의 가능성, 우리나라 지역적 이기주의 문제 등이 있다.

> **예** 공범인 갑과 을이 경찰서에서 진술을 한다고 했을 때
> · A안 : 둘 다 자백을 하지 않고 상대를 끝까지 신뢰(둘은 징역 2년)
> · B안 : 갑은 자백, 을은 신뢰(갑은 1년, 을은 징역 10년) 또는, 갑은 신뢰, 을은 자백(갑은 10년, 을은 1년)
> · C안 : 둘 다 자백(둘 다 징역 5년)이라고 가정
> 갑과 을 모두에게 가장 합리적 대안은 A안이지만, 갑과 을 개인적으로 가장 합리적인 대안은 각자 자백하는 방안이 되어 결국 C안이 우월전략의 균형이 된다.

(4) 담합의 불안정성 : 위의 사실에 대해 정보가 있었다면 갑과 을은 절대 자백을 하지 않고 신뢰를 지켰을 것이다. 그러나 자신이 자백하고 상대가 신뢰를 지키면 본인이 유리하기 때문에 항상 신뢰를 지키겠다는 약속은 파기될 가능성이 크다.

2. 공유재(공유자원)의 비극

(1) Hardin의 공유재의 비극 : 자연물인 공유재 소비를 방치하면 결국 모두 소진되어 버린다는 것으로, 정부가 과잉소비를 하지 못하도록 일정한 규제를 가할 것이 요청된다.

(2) 개인적 합리성과 집단적 합리성의 갈등을 지적하는 것으로, 공유지에서 농민이 양(羊)을 많이 사육할수록 개인의 이익은 늘어나지만 과중한 방목으로 목초지가 모두 황폐되어 버린다는 것이다.

✎ 대표유형문제

합리성에 대한 설명으로 옳지 않은 것은?

① Weber는 관료제를 형식적 합리성의 극치로 설명하고 있다.
② 개인적 합리성의 추구가 반드시 집단적 합리성으로 연결되는 것은 아니다.
③ 합리성은 본질적 행정가치보다는 수단적 행정가치에 포함된다.
④ Simon의 절차적 합리성은 목표에 비추어 적합한 행동이 선택되는 정도를 의미한다.
⑤ Diesing의 기술적 합리성은 목표와 수단 사이에 존재하는 인과관계의 적절성을 의미한다.

효과성(效果性)

행정에서의 효과성(effectiveness)이란 목표의 달성 정도를 의미한다. 효과성은 투입과 산출의 비율은 따지지 않고 목표의 달성 정도만을 따진다는 점에서 능률성과 다른 개념이다. 능률성은 수단을 목적으로 부터 제한한 상태하에서 제한된 자원과 중립적인 수단을 사용하여 산출의 극대화를 기하는 것을 의미하는 정태적·기계적·경제학적 개념인데 반하여, 효과성은 목적과 수단을 연결한 상태하에서 현실적인 산출이 당초의 목적을 어느정도 충족시켰는가 하는 목표의 성취도를 의미하는 동태적·기능적·사회학적인 개념이다. 즉, 능률성은 수단적인 개념 또는 하위 목표적인 개념인데 비하여 효과성은 목적적인 개념 또는 상위 목표적인 개념이다. 그러나 효과성은 목표 성취만을 강조한 나머지 주요한 절차를 무시함으로써 비민주성의 위험도 내포하고 있다는 점에 유의하여야 한다(박연호, 2001 : 41).

(1) 효과성의 의의

효과성을 행정의 목표를 어느 만큼 달성하였는가 하는 목표의 달 성도로, 결과지향적이며 계량적·질적 개념이다.

(2) 효과성의 개념에 대한 제 견해

① 목표모형 : 목표의 달성도(가장 일반적인 개념)

② 체제모형 : 조직의 장기적인 생존능력과 자원의 획득능력

③ 기능모형 : 조직과 관련된 사회적 욕구의 충족정도

④ 조직개발모형 : 문제해결능력과 창의력

⑤ 생태학적 모형 : 환경에 대한 적응능력

⑥ 주민만족도 모형 : 주민의 만족도

✎ 대표유형문제

행정의 효과성을 평가하기 위한 접근방법 중 특정 목표보다 달성 수단에 따라 조직 효과성이 평가되어야 한다는 입장을 제시하고 있는 것은?

① 목표달성 접근법   ② 체제 접근법(체제자원모형)

③ 이해관계집단 접근법   ④ 경쟁적 가치 접근법 중 합리적 목표모형

🥄 가외성(加外性, Redundancy) – 1960년대

(1) 가외성의 의의

① 일반적으로 남는 것, 초과분, 없어도 되는 것을 의미한다.

② M. Landau가 정보과학, computer, cybernetics의 가외성이론을 행정에 도입, 정치행정상의 모든 제도를 가외성으로 본다.

③ 전통적 행정이론 : 비경제적, 비능률적, 불필요한 것으로 여겼다.

④ 현대행정이론 : 장기적으로 창의성, 신뢰성을 증대시키는 요소로서 매우 중시된다.

⑤ 가외성의 예 : 삼권분립의 견제와 균형, 연방주의, 계선과 막료, 삼심제, 위원회제, 자동차의 브레이크, 거부권 제도, 예비전력, 복수목표, 보조엔진, 분권화, 스페어타이어, 내부결재, 순차적 결재 등

(2) 가외성의 특징

① 중첩성(overlapping) : 하나의 기능이 여러 기관에 의해 혼합적(상호의존적)으로 수행
　예 음식물이 여러 소화기관 경유

② 반복성(duplication) : 한 기관의 역할은 다른 기관의 역할과 완전분리 내지 독립(대신 동일한 기능을 여러 기관이 독립하여 수행)
　예 자동차 브레이크(이중브레이크), 다수의 정보기관을 두는 경우

③ 동등잠재력(equipotentiality, 등전위현상) : 주된 조직이 제기능을 수행하지 못할 때 보조기관이 대신 수행하는 수평적 교체현상
　예 주엔진과 보조엔진, 스페어타이어, 정전에 대비한 자가 발전기, 대통령 유고시 국무총리가 권한 대행

(3) 가외성이 정당화되는 근거

① 정책결정의 불확실성 상태 : 모든 행위의 오류 대비

② 조직의 신경구조성 : 광범위하고 복잡한 통신망 등의 잡음이나 위험성 및 미비점을 보완

③ 조직의 체제성 : 특정 하위체제의 불안정성이 전체로 파급되는 것을 차단할 수 있다.
　예 부품의 불완전성이나, 이탈가능성에 대한 보완

④ 협상의 사회 : 협상은 단 한 번의 의사표시로 이루어지지는 않는 것이며 이는 중복성과 가외성을 내포, 조직의 다양한 이해관계의 조정, 갈등과 의견 불일치에 대비하여 행정의 종합성, 융통성을 확보할 수 있다.

(4) 가외성의 기능(효과)

① 조직의 안전성과 신뢰성 증대 : 가외성의 증가는 실패확률을 감소시킨다.

② 조직의 적응성 증진 : 등전위현상과 같은 경우 위험사태에 대한 적응성이 증진된다.

③ 창조성의 증가 : 중첩·반복적인 상호작용으로 창조성이 증가한다.

④ 정보의 정확성 확보 : 경쟁과 다원적인 정보체계에서는 정확성이 확보된다.

⑤ 목표전환 현상의 완화 : 다양한 접근으로 왜곡을 극복할 수 있다.

⑥ 수용범위의 한계 극복 : 외부자극을 수용할 수 있는 범위가 증가한다.

⑦ 정책오류방지에 효과적이며, 가외성이 제로(zero) 상태가 가장 능률적이다.

(5) 가외성의 한계

① 비용·효과상의 한계 : 가외성의 설치비용이 높은(비능률) 경우가 있다.

② 기능중복의 문제(운영상의 한계) : 기능상의 충돌·대립가능성을 내포한다.

③ 자원동원능력 : 필요한 재원을 확보할 수 있는 능력을 갖고 있는가가 문제가 된다.

④ 감축관리와 조화문제 : 감축관리와 어느 정도 조화가 가능한가가 문제가 된다.

✎ 대표유형문제 ···

가외성의 효용과 기능에 대한 설명이 잘못된 것은?

① 불확실한 상황 하에서 행정의 신뢰성을 제고시킨다.
② 환경에 대한 적응성을 높인다.
③ 비용 절감과 갈등 감소에 기여한다.
④ 협상과 타협을 유도한다.

정답 ③

해 설   가외성은 행정의 남는 부분, 여분, 초과분을 의미한다. 불확실성에 대비하여 조직의 안정성을 증가시킨다는 장점
이 있는 반면, 조직 유지비용이 많이 소요되며 조직 간 기능중복으로 갈등이 발생할 수 있다는 단점이 있다.

···

🖊 생산성(효율성)-능률성+효과성

(1) 생산성의 개념

① 1970년대 이후 대두되고 1990년대 신자유주의 논리와 함께 강조된 이념으로써 능률성과
효과성을 내포하는 개념(공공부문의 생산성은 Epstein에 의하여 강조)이다.

② 능률성과 효과성은 상호병행하나 항상 일치되는 것은 아니다. 능률성은 목표달성 과정을
중시하고, 효과성은 목표달성 자체를 중시한다. 따라서 양자는 상충될 소지가 있으며, 이
를 적절히 조화시키고자 하는 것이 생산성이다. 즉, 효율성은 최소 비용과 노력으로 최대

제01편

제02편

제03편

제04편

제05편

제06편

제07편

의 산출물을 얻으면서도 산출물이 당초의 목표를 어느 정도 달성했는가를 나타내는 척도
로서 능률성과 효과성의 조화를 추구한다.

(2) 생산성 측정의 이점
① 인력수급계획과 고용예측의 합리화
② 원활한 조정 및 효과적인 통제수단 제공
③ 행정서비스의 향상과 예산절약
④ 동기부여 개선과 조직활력의 강화

(3) 공공부문에서 생산성 측정의 난점
① 양적·계량적 측정에만 치우친 나머지 질적 측정이 망각될 수 있다.
② 행정의 공공성, 권력성 등의 특수성으로 인한 생산성 측정이 곤란하다.
③ 명백한 공적 산출물의 단위가 없으며, 명백한 생산함수가 존재하지 않는다.
④ 행정은 질적, 동태적, 다목적적 기능을 가진다.
⑤ 행정업무의 호혜적 외부성(한 기관의 업무는 타 기관과의 상호작용관계를 갖고 있어 단일
   기관의 생산성은 의미가 없으며 정부전체의 생산성 측정은 더욱 어려움)을 지닌다.
⑥ 적절한 정보나 자료가 없고 서비스의 제공 주체와 객체가 직접적이지 못한 경우가 많다.

중립성(中立性)

행정에서의 중립성이란 주로 정치적 중립성을 말한다. 다시 말해서 행정은 정치의 소용돌이에
휘말려서도 안되고 정치권력자의 사병이나 도구로 사용되어서도 안된다는 것이다. 행정은 선거
운동에 개입해서도 안되고 특정의 정치인을 당선시키기 위해서 행정력을 동원해서도 안된다. 행
정은 어떠한 정치과정에 대해서도 공정한 중립성을 지켜야 한다. 행정이 중립성을 지키지 않을
때에 정치과정에서 선의의 경쟁을 기대할 수 없다는 것은 말할 것도 없다. 이와 달리 행정이 중립
성을 지킴으로써 행정의 안정성·계속성·합리성 및 능률성을 확보할 수 있는 것이다.

신뢰성과 사회적 자본

1. 신뢰성(信賴性)

(1) 신뢰성의 의의
① 신뢰성은 사회적 자본으로서 개인이나 집단 상호간의 관계에서 발생하는 조직적 특성이
   나 규범이다.

② 상호 호혜·협조·신뢰, 정직, 도덕, 공동체정신이나 이러한 규범을 생산해 내는 상호관계 또는 행동양식을 말한다.

(2) 신뢰성의 기능

① 경제활동의 용이   ② 조직적인 기술혁신의 용이   ③ 상호간의 의무와 협력 강화

(3) 주요 학자의 신뢰성 개념정리

① 신뢰의 사회자본으로서 논의는 프랑스 정치학자인 Alex Tocqueville이 1835년 미국사회를 서술하기 위해 처음으로 사용하였다.

② Francis Fukuyama의 신뢰성 : Francis Fukuyama(1996)는 「Trust(신뢰)」라는 저서에서 사회적 자본(자발적 사회성)은 한 사회 또는 그 특정부분에 신뢰가 정착되었을 때 생긴다고 주장하면서 신뢰를 기반으로 하는 공동체는 더 이상의 계약과 구성원의 관계에 대한 법적 규제가 필요하지 않다고 주장하였다.

③ Putnam의 신뢰 : 다원민주주의의 문제점인 집단행동의 딜레마를 극복할 수 있는 대안으로 신뢰를 강조하였다.

④ Cohen의 신뢰 : 신뢰가 윤활유가 되고 상호성의 규범이 개인이익을 완화하며 단결을 도모한다는 것은 인정하나 조직 외부로 확산되는 것에 대해서는 부정적인 견해를 견지한다.

🏺 사회적 자본(社會的 資本)

1. 사회적 자본(social capital)의 의의

사회적 자본에 대한 연구는 크게 두 가지 부류가 있는데 부르디외(P. Bourdieu)와 콜만(Coleman)의 업적을 계승한 미시적 맥락의 연구(구성원의 능력이나 자산 등 개인적 속성을 강조하는 입장)와 푸트남(Putnam)의 업적을 계승한 거시적 맥락의 연구(협력적 네트워크를 강조)가 그것이다. 부르디외(P. Bourdieu)는 사회적 자본을 미시적 맥락에서 서로 알고 지내는 사이에 지속적으로 존재하는 관계의 네트워크를 통하여 얻을 수 있는 실제적이고 잠재적인 자원의 합계로 정의하였다.

사회적 자본은 1990년대 이후에 적극적으로 도입된 개념으로 종전의 인적·물적 자본에 대응되는 개념으로서 사회구성원들이 공동의 힘을 합쳐 목표를 추구하고 공동의 이익을 위한 상호조정과 협력을 중시하는 이론이다. 사회적 조직의 상호신뢰, 협력적 네트워크, 친사회규범을 사회적 자본은 핵심적 구성요소로 본다.

2. 사회적 자본의 속성과 기능

(1) 공동체주의 (2) 호혜주의 (3) 친사회적 규범 (4) 상호신뢰 (5) 자발적 Network (6) 정치·경제발전의 윤리적 기반 (7) 국력과 국가경쟁력의 실체 (8) 규율 (9) 기타 : 사회적 자본은 담론적 민주주의 실현, 집단행동의 딜레마 극복, 지식정보화사회에서 지식혁신 촉진, 자발적 공동체에 의한 진정한 자치, 거래비용 감소 등의 순기능을 지닌다.

3. 사회자본의 특징

(1) 사회적 자본은 관계 속에 존재하는 자본이다.

(2) 사회적 자본은 이익이 공유되는 특성을 보인다.

(3) 사회적 자본은 소유주체가 지속적으로 유지하려는 노력을 투입해야 하는 자본이다.

(4) 등가물의 교환이 아니다. 경제적 거래처럼 동등한 가치를 지닌 물건의 교환이 아니므로 주는 것만큼 줄고 받는 것만큼 느는 제로-섬(negative-sum)관계가 아니라 당사자가 사용하면 할수록 총량이 더욱 증가하는 포지티브-섬(positive-sum)관계이다.

(5) 사회적 자본의 교환은 동시성을 전제하지 않는다. 물적 자본의 교환은 시간적으로 동시에 주고받는 관계이지만 사회적 자본은 그렇지 않다.

4. 사회자본의 역기능

(1) 집단의 신뢰에 초점을 맞추면 집단이기주의, 폐쇄주의, 민족주의, 국수주의 등 집단 간 갈등이나 균열발생이 우려된다.

(2) 정부정책의 비판결여로 정부정책의 합리성이 약화될 우려가 있다.

(3) 사익의 희생을 통한 공익증대는 집단규범의 강요수단이 될 수 있다.

✎ 대표유형문제 ···

사회자본(social capital)에 대한 설명으로 옳지 않은 것은?

① 부르디외(P. Bourdieu)는 서로 알고 지내는 사이에 지속적으로 존재하는 관계의 네트워크를 통하여 얻을 수 있는 실제적이고 잠재적인 자원의 합계로 정의하였다.

② 사회자본은 물적자본 및 인적자본과는 구분되는 자본으로 사회적 관계 속에 존재하는 것이다.

③ 사회자본은 사용할수록 점차 감소하기 때문에 소유주체가 지속적으로 유지하려는 노력을 투입해야 한다.

④ 후쿠야마(F. Fukuyama)는 국가의 복지수준과 경쟁력은 사회에 내재하는 신뢰수준이 결정한다고 보았다.

정답 ③

해설　사회적 자본은 당사자가 사용하면 할수록 더욱 증가하는 포지티브—섬(positive—sum) 관계로 나타난다. 즉, 경제자본과 달리 동시성을 전제하지도 않으며, 등가물의 교환도 아니다. 반면, 인적·물적 경제자본은 사용할수록 감소되는 네거티브—섬(negative—sum) 관계이다.

💧 적합성과 적절성

(1) 적합성(appropriateness)

① 적합성이란 어떤 정책이 의도하는 목표나 가치가 바람직한 것인가와 관련되는 이념으로 주어진 상황에서 문제와 목표설정이 제대로 되었는가를 평가하는 개념이다.

② 예를 들면 경기가 불황으로 접어들 때 경제정책목표를 소득개선정책에다 우선 목표를 설정할 것인가 아니면 구조적 경제문제해결에 목표를 설정할 것인가의 문제와 관련한다.

(2) 적절성(adequacy)

적절성 또는 적정성이란 목표달성수준의 충분성을 말하는 것으로 주어진 문제를 해결하기 위한 수단의 충분성과 관련한 개념이다. 적절성은 적합성보다는 하위이념으로서 목표달성수준의 적정성을 의미하며 이는 목표를 어느 수준으로 설정하느냐에 따라 달라진다.

03 ┃ 행정이념간의 우선순위 및 상호관

행정이념 간의 조화·상반관계

조화관계	상반관계
① 합법성과 민주성	① 기계적 능률성과 민주성
② 사회적 능률성과 민주성	② 민주성과 효과성
③ 능률성과 효과성	③ 합법성과 효과성
④ 능률성과 정치적 중립성	④ 민주성과 정치적 중립성
⑤ 형평성과 민주성	⑤ 형평성과 능률성
⑥ 민주성과 책임성	⑥ 능률성과 가외성
⑦ 민주성과 공익성	⑦ 합법성과 대응성

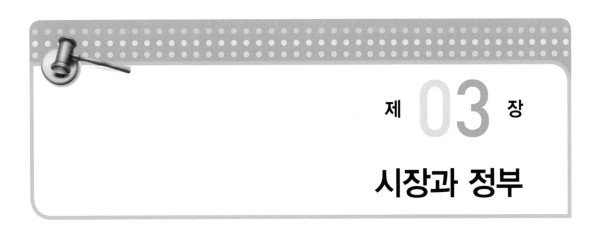

제 **03** 장

시장과 정부

01 정부규제와 시장실패

🔖 정부규제의 의의

규제(Regulation)는 행위를 강요하고 금지하는 행위로서 인간의 자유를 구속하는 행위라고 할 수 있다. 규제에는 전통적인 규제와 현대적인 규제가 있는데, 전통적인 규제는 주로 산업 또는 경제분야를 규제하는 것으로서 경제적 규제라고 하고, 현대적 규제는 주로 공공복지분야를 규제하는 것으로서 사회적 규제라고 하는데 노동자나 소비자의 건강과 안전을 보호 하는 것이 여기에 해당된다.

🔖 규제의 발생근거

1. 시장실패

시장실패(market failure)란 규모의 경제, 외부성(외부효과 : externalities), 공공재의 존재, 불완전한 정보 등으로 인하여 자원이 최적 배분이 되지 못한 상태를 말한다. 즉, 시장실패란 개인의 사적 이익추구가 자원의 최적 배분이 되지 못한 상태를 말한다. 시장이 자율적으로 사회적 최적 상태에 도달하지 못하게 되므로 정부규제를 통하여 사회적 최적 상태를 달성할 수 있도록 한다. 시장실패가 일어나는 원인으로는 다음과 같이 ① 공공재의 존재, ② 외부효과, ③ 불완전한 정보, ④ 규모의 경제, ⑤ 불완전경쟁(독과점) 등을 들 수 있다.

완전경쟁시장

1. 시장이 수많은 수요자와 공급자로 구성되어 있기 때문에 어떤 수요자나 공급자도 시장가격의 형성에 결정적인 영향을 미칠 수 없다.
2. 해당 시장에서 거래되는 재화는 동질적이어서 사는 사람은 파는 사람을 차별할 수가 없다.
3. 파는 사람과 사는 사람 모두 팔거나 사려고 하는 재화에 대한 정확한 정보를 가지고 있어야 한다.
4. 해당 재화나 서비스의 공급자 수가 이윤의 정도에 따라 신축적으로 변할 수 있도록 해당산업에의 진입과 퇴거가 자유로워야 한다.

1) 공공재(Public goods)의 존재

공공재는 비경합성(특정인의 소비가 다른 사람의 소비를 방해하지 않는 것), 비배제성(가격을 지불하지 않더라도 소비에서 배제시킬 수 없는 것)과 비분할성(개인만의 소비를 인정하지 않는 것)의 성격을 보유한 재화로서 국방·치안·교육·방송 등이 공공재의 대표적인 예이다. 이러한 공공재는 사용자부담원칙이 제한되며, 무임승차자(free rider : 공공재를 가격을 지불하지 않고 공짜로 이용) 문제, 비축적성의 문제가 발생하여 시장에서 적정한 수준의 공급이 이루어지지 못하게 된다. 따라서 시장실패가 발생하게 되는 바, 이러한 시장실패는 정부의 시장개입을 정당화시키는 근거(강제적으로 조세를 징수하거나 직접 공급)가 된다.

(1) 재화의 종류
① 사적재(private goods) : 경합성(개별소비)과 배제성(요금을 지불하지 않으면 사용 못함)으로 시장기능에 따른 수요·공급의 법칙에 따라 자동적으로 공급되는 재화
② 요금재(tool goods) : 비경합성(공동으로 소비)을 지니지만 요금을 지불하지 않으면 사용을 못하는(배제성) 것으로 공기업이나 시장에서 공급될 수 있는 재화(교통, 통신, 가스, 전기, 상하수도, 유선텔레비전 등)
③ 공유재(공동재, common-pool resources) : 경합성과 비배제성으로 구성원 모두가 공유하는 자연자원(강, 호수 등의 자연자원, 수석, 바다 속의 물고기, 동·식물 등)을 말한다.

공유지(공유재)의 비극

1. 공유지 비극의 개념
    1) 공유지의 비극은 1968년 사이언스지에 T. Hardin이 처음으로 발표하였으며, 과잉소비로 인해 사적 극대화가 공적 극대화를 파괴하여 구성원 모두가 파멸하는 공유지의 비극(개인적

제01편

제02편

제03편

제04편

제05편

제06편

제07편

으로는 합리적이라고 생각하는 소비가 사회전체적으로는 불합리한 소비가 되는 것)이 발생할 수 있어, 정부규제의 정당성이 필요하다는 이론이다. 공유재는 분할성과 경합성이 존재하나 배제성이 곤란하여 무임승차(free rider's)가 가능하다. 또한 공유재는 재화가 유한성을 지니며, 소유권의 불분명화로 아껴 쓸 유인이 부족하기에 우선 쓰고 보자는 인간의 이기적 심리가 작동하며 비극을 초래하게 된다.

2) 공유재는 하천, 물고기, 수석 등 주로 자연물을 말하는데 이는 희소성을 지니고 있어서 정부는 과잉소비를 막아 후세대에게 전달하려는 의도가 있다. 하지만 사용에 배제하기 힘든 비배제성과 개인적 소비가 가능한 분할성, 소비의 증가는 기존 소비자에게 피해를 주는 경합성이 존재한다.

2. **공유지 비극의 실례**

1) 구명보트의 윤리배반현상 : 구명보트에 한정된 인원이 초과하여 너무 많은 사람이 탑승함으로써 결국 보트가 가라앉는 이론이다.

2) 농민의 목초지 확대 : 농민이 양(羊)을 많이 사육하고자 목초지를 넓힐 경우 개인의 이익은 늘어나지만 산림훼손이나 산사태, 홍수 등의 문제를 야기시켜 결국은 모두 황폐화되어 버린다는 것이다.

3) 공유재 비극은 개인적으로는 합리적이라고 생각하지만 사회전체적으로 보면 매우 불합리한 현상으로 시장실패의 원인이 된다.

3. **공유지 비극 요약** : ① 공유재는 분할성, 경합성, 비배제성을 지님, ② 아껴 쓸 유인이 부족하여 광잉소비, ③ 인간의 이기적 행동에서 비롯, ④ 정부규제의 정당성의 근거, ⑤ 사적 소비의 증대는 공적소비의 공멸 초래

④ 가치재(worthy goods) : 최소한 일정수준 이상 소비하는 것이 바람직한 재화나 서비스를 의미하는 것으로서 공공재와 동일하지는 않으나, 국가가 일부 공급(최소수준)하기도 하고 민간도 일부 공급하는 재화를 말한다(의료, 교통, 주택, 교육 등). 가치재는 온정적 간섭주의적 성격[국가가 기본적인 수준에 대해서 시혜(은혜를 베품 : 施惠)를 띠지만 소비자 주권주의(구성원의 자유로운 선택에 맡김)와는 상충된다.

구 분	사적재	중간재		공공재
		요금재	공유재	
예	옷, 신발, 책, 자동차, 빵	전기,가스, CATV, 교통	동·식물, 강, 호수, 수석 등	일기예보, 화재 예방, 국방
배제성	가능	가능	비배제성	비배제성
분할성(경쟁)	가능	비분할성	가능	비분할성
공급상 문제	문제없음	자연독점	과잉소비	무임승차
경합성	용이	낮음(곤란)	높음	낮음(곤란)

(2) 공공재(public goods : 집합재, 사회재)의 특성(R. A. Musgrave)

① 비경합성 : 한 사람의 소비가 다른 사람의 소비량을 감소시키지 않는 것이다.

　　예 등대, 시계탑, 정보 등

② 공동소비성(비분할성) : 모든 소비자가 공동으로 소비하는 것이다.

③ 비배제성 : 특정인을 소비에서 배제할 수 없는 것으로 수익자부담의 원칙이 지켜지지 않는다.

　　예 라디오 방송, 군대유지, 조세미납자 국외로 추방 못함 등

④ 무임승차자 문제 : 소비자의 자발적 선호표시가 없어도 소비로부터 배제되지 않기 때문에 공공재의 소비대가를 지불하지 않으려는 현상을 발생시킨다.

⑤ 외부경제성 : 경제주체의 행위가 시장기구를 통하지 않고 다른 경제주체에 이익을 주는 행위로서 이 때 사적 비용과 사회적 비용의 원리로 자원의 최적 배분은 저해받게 된다.

　　※ 파생적 외부효과 의도하지 않은 잠재적 효과(제3의 효과)나 부작용으로써 정치적 개입에 의한 졸속행정이 그 원인이 된다.

⑥ 비축적성 : 공공재는 생산과 소비가 동시적으로 이루어져서, 생산되자마자 곧 소비되어 축적되지 않는 성격을 띠기 때문에 공공재의 생산은 항시적으로 이루어지는 특성을 나타내어 시장실패의 요인이 되는 바, 이는 정부의 시장개입 정당성의 근거로 작용하게 된다.

⑦ 등량소비성 : 많은 사람들이 동일한 재화를 동시에 소비하여 동일한 이익을 얻을 수 있다.

⑧ 순수공공재 : 재화의 소비로부터 얻는 편익이나 효용이 국민 개개인에게 분할될 수 없는 집합재를 말하며 무임승차가 발생한다. 이 재원은 일반회계예산에서 제공하며 국방이나 치안이 이에 해당한다.

⑨ 준공공재 : 소비의 편익이 부분적으로 분할될 수도 있고, 그 소비를 부분적으로 배제할 수도 있는 집합재이다. 그 재원은 특별회계예산과 기금에서 제공하며 교육, 철도, 통신, 양곡관리, 도로사용료 등이 이에 관련한다. 준공공재의 소비에서 국민은 최소한의 대가를 요금으로 지불해야 한다.

⑩ 무형성

⑪ 소비자 선호 파악 제한

✎ 대표유형문제 ·········

1. 다음 중 공공재의 특성과 관련이 없는 것은?

① 무임승차자의 문제　　　　　　　② 비배제성과 비경합성

③ 소비자 선호 파악의 제한　　　　④ 축적성과 유형성

정답 ④

해 설 국방·치안·교육·방송 등은 공공재의 대표적인 예로서, 이러한 공공재는 비경합성(특정인의 소비가 다른 사람의 소비를 방해하지 않는 것), 비배제성(가격을 지불하지 않더라도 소비에서 배제시킬 수 없는 것)과 비분할성(개인만의 소비를 인정하지 않는 것–일기예보를 특정인에게만 방송하지 못하는 것), 사용자부담원칙의 제한, 무형성, 무임승차(free rider : 공공재를 가격을 지불하지 않고 공짜로 이용) 문제 발생, 비축적성(생산과 소비가 동시적으로 이루어져서 생산되자마자 곧 소비되어 축적되지 않음) 등으로 비시장성–시장에서의 공급상 한계(시장가격에 의해서는 도저히 생산이 어렵기 때문에 충분한 양을 생산하기 곤란)–이 있어 시장실패의 원인이 된다. 소비자의 선호가 그대로 표출, 반영되는 소비자 선호원리는 시장에서 공급되는 사적재와 관련된다.

2. '공유지의 비극'에 대한 설명 중 옳지 않은 것은?

① 사적 극대화가 공적 극대화를 파괴하여 구성원 모두가 공멸하는 비극을 말한다.

② 공공재의 기본적인 이론으로 정부의 규제나 개입이 필요하다는 것을 설명하는 이론이다.

③ 무임승차와 상반되는 이론으로 William Ouchi가 제안한 개념이다.

④ 구명보트에 너무 많은 사람이 탑승하여 결국 보트가 가라앉는 '구명보트의 윤리배반현상'과도 관련된다.

정 답 ③

해 설 공유지의 비극은 1968년 사이언스지에 T. Hardin이 처음 발표한 것으로 자연물인 공유재 소비를 방치하면 결국 모두 소진되어 버린다는 것으로 정부가 과잉소비를 하지 못하도록 일정한 규제를 가할 것이 요청되는 것을 말한다. 공유재는 분할성과 경합성이 존재하나 배제성이 곤란하여 무임승차(free rider's)가 가능하다.

2) 외부효과(Externality)의 문제

① 외부효과(외부성)는 각 개인의 행동이 의도하지 않은 상태에서 다른 개인에게 이득이나 손해를 끼치는 현상이다. 행정학에서 각 개인(각 정부)의 의사결정이나 정책결정이 스스로는 의도하지 않았지만 다른 개인(다른 정부)에게 영향을 끼치는 경우 외부효과로 볼 수 있다.

② 외부효과가 존재하는 경우 시장에서 사회 최적인 가격이 결정될 수 없게 되어 시장실패가 발생하게 된다.

③ 외부경제(외부편익효과, +) : 경찰·소방, 자연경관 제공, 맑은 공기, 홍수방지, 양봉과 과수, 일기예보, 교통정리, 연구개발, 거리청소 등과 같은 공공재는 외부경제를 창조한다. 예를 들면 임업자는 장래 임산물을 얻을 수익만 생각하고 산림을 조성하였으나, 임업자의 의도와는 관계없이 많은 사람들에게 간접적으로 많은 이익을 주게 되는 경우가 해당된다.

* 개인적 편익 〈 사회적 편익, 개인적 비용 〉 사회적 비용 ⇨ 과소공급문제 발생

④ 외부불경제(외부비용효과, -) : 환경오염과 공해는 '부(負)의 공공재(Public Bads)'로서 외부불경제를 유발하게 된다. 외부경제적 경제활동은 사회적으로 바람직한 수준(사회적 최적수준)보다 훨씬 적은 양의 공급이 이루어지기 때문에 장려·촉진해야 하고, 외부불경제적 경제활동은 시장기구에만 맡길 경우에는 사회전체에 해(害)를 끼치면서 과다하게 이루어지기 때문에(외부불경제 〉 사회적 최적수준) 이를 해소시키기 위해서라도 정부의 개입·규제(Pigouvian Tax ; 사회적 적정 생산량을 위한 조세, 벌과금, 보조금, 저작권의 부과)는 필요하게 된다. 왜냐하면 외부효과를 만들어 내도 이에 대한 대가를 치르는 것도 아니고 받는 것도 아니므로 이로운 외부효과

를 만들어 내는 사람은 많이 만들어 내려 하지 않는 한편 해로운 외부효과를 만들어 내는 사람도 생산을 억제하려 하지 않기 때문이다. 공해, 고성방가, 불법주차, 도로무단점유, 끼어들기 등

* 개인적 편익 〉 사회적 편익, 개인적 비용 〈 사회적 비용 ⇨ 과다공급문제 발생

3) 정보의 불확실성

완전경쟁시장은 시장정보가 완전하다는 가정에서 출발하고 있다. 그러나 시장의 원리에만 맡겨놓으면 서비스의 공급을 받지 못하는 지역이나 사람이 발생할 수 있기 때문에 정부의 규제가 필요하다. 기술, 소비자 선호, 경기침체 등 미래에 대한 정보부족으로 불확실성이 야기되고 시장정보의 불완전성은 인적·물적 자원배분이 왜곡된다. 시장의 불완전성은 주로 정보의 비대칭성 때문에 발생하게 되는데, 여기에 대한 보완책으로 정부의 규제가 요구되는 것이다.

4) 규모의 경제(Economies of Scale)

일반적으로 생산설비를 확대해서 생산량을 증대시키면 평균비용이 저하한다. 이와 같이 평균비용이 저하되는 현상을 규모의 경제 또는 대규모생산의 법칙이라 한다. 규모의 경제가 존재하는 이유에는 두 가지가 있다.

① 기업 내부의 요인 : 기계화, 신기술의 도입, 기타 경영의 합리화 등 대규모 설비의 경제성, 이와 같은 방법으로 생산비가 저하되는 것을 내부경제라고 한다.

② 기업 이외의 요인 : 대량 구입에 따른 운임이나 원료비의 저하, 산업일반의 발달로 인한 타 기업에 지불하는 비용감소 등 이와 같이 기업 외부의 요인에 의해 평균비용이 저하하는 현상을 외부경제라고 한다. 이와 같은 규모의 경제가 있을 경우에는 시장이 독과점화되는 시장실패가 발생하여 사회적으로 합리적인 가격결정이 이루어지지 못하게 된다.

③ 규모경제의 한계 : 기업의 규모가 어떤 일정한 수준을 넘어서면 그것의 통제와 조정이 곤란(비능률 노동의 사용, 저질원료의 사용, 경영관리의 복잡성 등)하여 생산이 비효율적으로 되고 단위당 생산비가 상승하게 된다.

5) 시장의 불완전경쟁(독과점)

완전경쟁에서 각 기업들은 경제적 초과이윤도 손실도 없는 균형상태에서 생산활동을 한다. 그러나 만일 기업이 생산시설을 확대하여 평균생산비를 감소시킬 수 있다면, 모든 기업들은 규모의 경제를 통한 독과점과 같은 불완전경쟁을 실현시킴으로써(경제주체가 가격 순응자가 아닌 가격 설정자로서 가격 담합행위가 발생) 자원배분의 효율성을 저해하게 될 것이다. 이러한 독과점 및 불완전경쟁상태를 해소하고 경쟁의 유도·촉진을 위해서 정부의 시장개입은 요구된다.

6) 불확실성(uncertainty)

시장기능의 효율성은 모든 것이 확실하다는 암묵적 가정에 의해 이루어지는 것이나 불확실성이 개입하게 되면 시장의 기능은 그 의미를 잃는다.

제01편
제02편
제03편
제04편
제05편
제06편
제07편

보통 정부에 의한 시장개입의 정당성은 해당 재화를 시장에 맡겨 놓았을 때 나타나는 부작용, 즉 시장실패에 있다. 다음 중 시장실패가 발생하는 경우로 옳지 않은 것은?

① 비배제성과 비경합성의 특성을 갖는 공공재의 생산
② 전력, 상하수도 등 고정비용이 변동비용에 비해 매우 높은 자연독점 상태의 서비스 제공
③ 불완전한 정보가 제공되는 식품의 유통
④ 계약에 의한 민간위탁

정답 ④

해설 계약에 의한 민간위탁은 정부의 비효율로 인한 정부실패에 대한 대응이다. 시장실패인 ①은 공공재의 존재, ②자연독점, ③은 불완전한 정보이다.

2. 배분적 형평의 문제

아무리 시장의 실패 없이 파레토 최적 상태에 도달하였다 하더라도 그것만으로 한 사회가 바람직한 후생의 상태에 도달하였다고 볼 수 없으며, 경제적 효율성 이외에도 배분적 형평이라는 또 다른 변수가 고려되어야 한다. 자유경쟁시장 하에서 이루어지는 소득의 분배는 부익부 빈익빈 등의 문제가 발생하여 공정하지 못하다고 볼 수 있는데, 이러한 배분의 불공평 문제를 시정하기 위하여 정부의 역할과 규제가 요구된다.

🎯 정부규제의 목표 및 방법

1. 정부규제의 목표

① 경쟁의 증진, ② 공정성의 확보, ③ 외부효과의 해소(특히 부정적 외부효과, 즉 외부불경제의 해소), ④ 소득분배 시정, ⑤ 안정성 확보, ⑥ 정보제공(정보불완정성의 폐단 시정-즉 기업이 소비자에게 고의적으로 정보를 은닉·왜곡하는 것을 방지), ⑦ 중소기업의 육성정책, ⑧ 공공재의 원활한 공급(예 : 의료보험), ⑨ 자원배분의 왜곡현상 시정, ⑩ 경제정책의 지지(경제안정과 성장을 추구)

2. 정부규제의 방법

(1) 시장의 자율에 맡기는 방법 : 시장의 실패나 소득 분배상의 문제가 발생하여 정부의 규제가 필요할 때, 비용과 편익을 비교·분석하여 규제비용이 더 크면 규제하지 않고 민간부문에서 시장의 힘에 의하여 자율적으로 문제가 해결되도록 하는 탈규제, 불간섭정책이다.

(2) 시장기능의 효율성을 제고시키는 방법 : 상품의 등급을 설정하고, 전문직종의 전문가들에게 자격증을 발급하거나 정보의 흐름을 도움으로써 시장기능을 향상시켜 시장이 보다 효율적으로 운영되도록 도와주는 것이다.

(3) 직접규제 : 정부가 특정한 방안을 택하도록 요구하는 방법인데, 가격승인·규제·품질자체의 규제·공해방지시설의 설치·작업장의 안전과 위생시설기준을 요구하는 것과 같이 정부가 직접적인 규제를 취하는 것이다. **예** 환경영향평가, 교통영향평가

(4) 간접규제 : 정부가 직접적인 세세한 지시나 규제보다는 어떤 인센티브를 제공함으로써 민간부문의 의사결정이나 행동에 간접적으로 영향을 주려고 하는 규제방식이다. 외부효과가 존재하는 경우, 긍정적 외부효과가 있을 경우에는 보상과 보조금의 지불을 통한 유인을 제공하고, 부정적인 외부효과(환경오염 등)가 존재하는 경우에는 벌과금, 세금을 부과하여 간접적으로 영향을 미치는 것을 말한다.

(5) 직접재화를 제공하는 방법 : 정부가 직접 경제활동의 주체로서 참여하여 공공재를 생산하는 것으로서, 국방이나 오지의 열차운행 등을 사례로 들 수 있다.

(6) Positive System과 Negative System

① Positive System : 금지·불허를 원칙으로 하고 제한적으로만 허용하는 규제방식이다.

② Negative System : 허용을 원칙으로 하되 필요한 경우에 한해서 금지·불허 등의 제한을 두는 방식이다.

* 시장실패가 정부개입의 충분조건이 아닌 필요조건 시장의 실패가 있을 경우 정부가 개입할 수 있다는 것이지 당연히 개입해야 한다는 것은 아니다. 정부개입으로 인해 민간부문의 자유로운 의사결정을 교란시키는 결과를 가져오기 때문에 효율성에 부정적인 영향을 미칠 수 있다. **예** 모든 조세는 민간부문의 의사결정을 교란시켜 초과부담(excess burden)을 일으키는 원인이 되기 때문이다.

(7) 규제영역별 명령지시적 규제와 시장유인적 규제

구 분	명령지시적 규제 – 기준, 규칙 등	시장유인적 규제– 유인, 표시, 공개 등
환경규제	·환경기준의 설정 - 기술기준[1] - 성과기준[2] ·규칙의 제정	·공해배출 부과금 제도[3] ·공해권 경매(거래)제도[4] ·보조금제도
산업안전 및 보건규제	·안전기준 설정과 공장검사 ·보건기준 설정과 공장검사	·안전정보의 제공 ·상해세의 부과[5]
소비자안전 및 보호규제	·물품의 안전기준 설정 ·허위·과장광고 규제 ·불공정 거래행위 규제	·정보공개 : 표시, 공시 ·품질인증제도, 등급 사정 ·제품 표준화
차별규제	·차별금지 입법 ·고용기준 및 쿼터의 설정 (할당임용제)	·정부계약을 통한 유도[6] ·사적 권리의 보호[7]

제 01 편

제 02 편

제 03 편

제 04 편

제 05 편

제 06 편

제 07 편

* 1) 엔진규격, 처리시설 등 오염방지시설기준을 설정하는 일명 투입기준(설계기준)
  2) 방법이나 투입은 민간에 일임하고 성과만 규제하는 방법으로 아황산가스농도를 몇 ppm 이하로 할 것 등
  3) 공해배출시 배출량에 대해 단위당 부담금이나 부과금 등 불이익을 주는 제도(일명 공해세)
  4) 총량범위 내에서 공해를 합법적으로 배출할 수 있는 권한을 인정하되 공해배출권을 거래할 수 있게 하는 제도
  5) 근로자의 작업상 상해에 대하여 고용주에게 부과하는 부과금(세금의 일종)
  6) 차별을 일삼는 기업은 정부입찰계약에서 불이익을 주는 방법
  7) 본적이나 학력 표시 금지

3. Wilson의 규제정치모형

(1) 집단행동의 딜레마 : 집단구성원이 공통의 이해관계가 걸려있는 문제를 스스로의 노력으로 해결하지 못하는 현상을 말한다. 예컨대 공공재의 경우 비배제성으로 인하여 구성원이 특별한 노력을 들이지 않아도 해택을 보게 되므로 공공재의 공급에 누구도 자신의 노력을 제공하지 않으려는 무임승차자의 문제가 발생하는데, 이러한 '집단행동의 딜레마'를 해결하기 위하여 정부의 개입이 필요하게 된다.

(2) 규제정치 모형 : James. Q. Wilson에 따르면, 특정 정책으로부터 기대되는 비용과 편익의 귀속에 대한 의식에 따라 참여자도 달라지게 되고, 상호작용의 유형도 다양할 뿐 아니라 결과적으로 산출물인 정책의 내용물도 달라지게 된다. Wilson은 규제의 정치적 상황을 이익집단들이 감지하는 편익과 비용의 강도에 따라 4가지 유형으로 분류하고 있다.

구 분		규제편익	
		집 중	분 산
규제비용	집 중	이익집단정치	기업가적 정치(운동가의 정치)
	분 산	고객의 정치	다수의(대중적) 정치

(Wilson, 1989)

① 고객의 정치 : 고객이란 정부규제를 받는 산업으로 기존 산업이나 직종에 종사하는 자들은 높은 이익을 얻으나, 신규사업자들의 진입은 많은 비용이 소요된다.
  예 농산물에 대한 최저가격제, 수입규제, 각종의 직업면허, 각종의 산업인가 등 대부분 경제적 규제

② 기업가적 정치(운동가의 정치) : 기업가란 공익운동가, 언론기자, 의회의원, 정치가 등을 말한다. 비용은 소수의 동질적 집단에 집중되어 있으나 편익은 불특정다수인에게 확산되어 있는 경우이다. 예컨데 환경오염규제, 자동차안전규제, 산업안전규제, 위해물품규제 등으로 사회적 규제가 이에 해당된다.

③ 이익집단정치 : 비용과 편익이 모두 소수의 동질적 집단에 국한되고 그 크기도 대단히 크게 느껴져서 쌍방이 막강한 정치조직적 힘을 바탕으로 첨예하게 대립되는 경우이다.

예컨데 의약분업정책에 있어서 의사와 약사의 대립, 중소기업 간의 대립 등이 이에 해당한다.

④ 대중적 정치(다수의 정치) : 규제의 비용과 편익이 모두 이질적인 불특정다수인에게 돌아가는 경우이다. 예컨대 신문·방송·출판물의 윤리규제, 독과점 및 불공정거래에 대한 규제, 낙태, 사회적 차별, 종교활동 등에 대한 규제이다.

규제의 유형

1. 경제적 규제(전통적 규제)

경제적 규제란 민간경제 주체의 자유로운 판단에 의한 경제활동에 정부가 직접 개입하여 사회적으로 바람직한 방향에 부합되도록 하는 인위적 규제방식을 말한다. 특정산업분야에 대한 진입이나, 생산제품, 서비스의 가격, 품질 등을 규제한다.

(1) 독과점금지 및 불공정거래 규제 : 경제 전체의 경쟁적 체질을 증진시키기 위하여 기업의 독점적 행위나 불공정한 거래행위를 방지하고 시장경제의 건강한 경쟁상태를 유지하려는 것이다. 미국은 Sherman법(1890)과 Clayton법(1914)의 제정으로 독점금지 및 불공정거래의 규제가 확립되었다. 우리나라는 '독점규제 및 공정거래에 관한 법률'(1980)의 제정과 공정거래위원회의 설치로 제도적 규제장치가 마련되었다.

(2) 진입규제와 퇴거규제

　　㉠ 진입규제(entry regulation) : 어떤 사업이나 직종에 참여하여 사업을 할 수 있는 영업자유를 제약하는 규제로서 각종 사업에 대한 인·허가를 들 수 있다(. 자연독점산업, 중소기업고유업종 선정, 전파이용권, 광업권, 어업권, 특허와 수입규제, 직업면허의사, 약사 등).

　　㉡ 퇴거규제(exit regulation) : 진입규제와 정반대의 경우로서 사업에 대한 참여가 아니라 특정지역이나 특정계층의 소비자를 보호하기 위하여 기왕에 하고 있는 사업에서 물러나지 않도록 하는 것이다.

(3) 가격규제 : 시장의 수요·공급 메커니즘에 의한 가격결정이 공익에 위배된다고 생각되는 경우 일반가계가 제공하는 생산요소의 가격과 기업이 생산하는 제품이나 가격을 직접 규제하는 것이다. 예컨대 최저임금제, 공시지가, 공공요금규제, 최고·최저가격제 등이다.

(4) 품질규제

생산자가 시장에 공급하여 유통되는 재화와 서비스의 질을 규제하는 것이다.

2. 사회적 규제(현대적 규제)

사회적 규제(social regulation)란 시장메커니즘에 의하여 적절하게 다루어지지 않는 가치와 집단을 보호하고 사회적으로 바람직하지 않은 결과를 초래할 수 있는 기업의 행동을 통제하여 기업의 사회적 책임을 강제하기 위한 규제를 의미한다.

예 인간의 삶의 질 향상, 인간의 기본권 신장, 경제적 약자 보호와 사회적 형평 확보

(1) 소비자보호규제 : 독과점이나 기업간 담합으로 소비자가 입게 될 물질적·경제적 손실을 방지하고 기업의 부당행위로부터 소비자를 보호하기 위한 규제이다.

(2) 환경규제 : 산업화와 기술발전 등으로 환경오염이 심각해지면서 환경보호를 위한 규제가 중시되고 있다. 환경규제로부터 얻게 되는 편익과 소요비용을 어떻게 균형시키느냐의 문제가 제기된다.

(3) 직업안전과 보건규제 : 안전하고 건강한 작업조건에서 근로자가 일할 수 있도록 근로자의 생명·건강을 보호하기 위한 규제이다.

(4) 사회적 차별에 대한 규제 : 고용·임금 등에서의 남녀차별, 장애자에 대한 고용차별, 학력이나 출신지역에 따른 차별 등을 하지 못하도록 하는 규제이다.

경제적 규제와 사회적 규제의 비교

구 분	개혁목표	규제의 효과	규제실패 우려	규제개혁 방향	역사	예
경제적 규제	부패방지, 경쟁 촉진	개별 기업	높음	완화	오래 됨	진입규제, 퇴거규제, 가격규제, 품질규제, 불공정거래규제, 합병규제, 경제력집중 억제 등
사회적 규제	삶의 질 향상, 인간의 기본권 신장, 경제적 약자 보호와 사회적 형평 확보	광범위	낮음	강화	최근	의약품규제, 식품안전규제, 자동차안전규제, 범죄자규제, 산업안전규제, 보건규제, 환경규제, 차별규제 등

3. 정부규제의 문제점

(1) 민간활동의 위축

(2) 규제행정상의 실책 : 민의 수렴 실패, 형평성 상실, 포획, 특수이익과 융합

(3) 과다한 비용 : 재정압박 및 규제의 상대방에 발생하는 손실과 비용이 문제

(4) 전통적 규제방식 문제 : 지시적 방식으로 인한 경직화 초래는 세계화에 역행

(5) 규제의 제국 건설 : 앞으로만 돌아가는 규제의 톱니바퀴(regulatory rachet)

(6) 검증되지 않는 전제 : '독점업체들이 생산가격에 지나치게 높게 가격설정을 할 것이다.'라 고 하는 전제가 검증되지 않음.

1) 시장실패의 원인별 대응방식

시장실패를 교정하기 위한 정부의 역할은 공적 공급(公的供給) 또는 정부의 직접공급, 보조 금 등 금전적 수단을 통해 유인구조를 바꾸는 공적 유도(公的誘導), 그리고 법적 권위에 기초한 정부규제 등으로 구분해 볼 수 있다. 공적 공급은 행정조직을 시장개입의 수단으로 활용하며, 공적 유도는 보조금을, 정부규제는 법적 권위를 시장개입의 수단으로 활용한다.

구 분	공적 공급(조직)	공적유도(보조금)	정부규제(공적규제, 권위)
불완전 경쟁			요구
공공재의 존재	요구		
정보의 비대칭		요구	요구
자연독점	요구		요구
외부효과의 발생		요구	요구

자료 : 새행정학, 이종수 외 다수, 대영문화사, 2004. p.96~97 재인용

2) 코즈(Coase)의 정리 – 정부개입의 불필요 주장

(1) 개요

① 코즈는 외부효과의 존재가 자원의 효율적인 배분을 저해하는 이유 중의 하나로 소유권의 부재를 지적하였다.

② 소유권(재산권)의 설정이 이루어질 경우 시장기구가 스스로 외부효과의 문제를 해결할 수 있다고 주장하였다. 즉 사적 교섭이 외부효과를 내부화시켜 효율적 해결책을 낳을 수 있 어 외부효과에 대한 사적 대응이 가능하다는 것이다.

(2) 내용

소유권(재산권)이 명확히 설정되어 있고, 거래비용(협상비용)이 무시할 정도로 작다면 외부성 에 관한 재산권이 누구에게 귀속되는지(어느 경제주체에 있든)에 관계없이 당사자 간 협상을 통 하여 효율적인 자원배분을 달성할 수 있다.

① 만약 피해를 입은 측은 재산권을 부여하고 가해자가 피해자를 보상토록 하는 법적 보상 제도가 확립되어 있다면 외부효과에 의한 자원배분의 왜곡현상은 교정될 수 있다.

② 만약 해를 가한 가해자 측에 재산권이 부여되고 따라서 피해자 측이 가해자에 대하여 손해 배상청구를 할 수 없게 되어 있다고 하더라도 양측 간의 자발적인 협의를 통해 적정 균형 상태에 도달될 수도 있다. 바로 이러한 경우를 '코즈(Coase)정리'라고 한다.

(3) 현실적용상의 문제

다음과 같은 이유로 현실에서 코즈정리를 통하여 문제가 해결되는 것은 한계가 있다.

① 협상비용(거래비용)의 과다, ② 외부성 측정의 어려움, ③ 이해당사자가 누구인지 모호하고 많은 사람들이 무임승차의 위치에 있으려는 경향 때문에 대규모조직에서 부적합, ④ 정보의 비대칭성(두 사람이 합법적인 밀실거래를 하는 경우), ⑤ 협상능력의 차이

(4) 평가

① 위에서 지적한 현실적용상의 문제점 때문에 자발적인 협상을 통하여 외부효과가 해결되는 것은 매우 어렵다.

② 코즈정리는 외부성 문제를 법적·제도적인 측면에서 접근하였다는 점에서 큰 의의를 지니고 있다.

✎ 대표유형문제

1. 다음 중 행정규제와 관련한 설명으로 타당하지 않은 것은?

① 등록제도는 미약한 형태의 진입규제로 간주한다.

② 일반적으로 사회적 규제의 경우 기업에 의무를 부과하되 그 방법에 대해서는 기업의 재량을 인정하는 시장유인적 방법이 일괄적인 행위기준이나 규칙에 근거한 명령지시적 방법보다 정책의 효과성이 적은 것으로 알려져 있다.

③ 직업면허는 소비자의 선택의 범위를 제약한다.

④ 독과점 및 불공정거래 규제는 정부가 시장경쟁을 대치하는 경우로서 경제적 규제완화의 우선적인 초점이 되고 있다.

정답 ④

해설 독과점금지 및 불공정거래 규제란 경제적 규제의 일환으로서, 경제 전체의 경쟁적 체질을 보전·증진시키기 위하여 기업의 독점적 행위나 불공정한 거래행위를 방지하고 시장경제의 건강한 경쟁상태를 유지하려는 것이다. 시장경쟁을 대치하고자 하는 것이 아니라 시장경쟁이 제대로 형성되도록 하는 것으로, 현대사회에서 규제 강화가 요구되고 있다.

제01편

제02편

제03편

제04편

제05편

제06편

제07편

2. 윌슨(J. Q. Wilson)의 규제정책을 분류하고 있는 다음 표에 의할 때 윌슨의 규제정책에 관한 추론으로 옳지 않은 것은?

		편익	
		집중	분산
비용	분산	고객 정치	대중 정치
	집중	이익집단 정치	기업가적 정치

① 네 가지 유형의 정치상황 중에서 로비활동이 가장 약하게 발생하는 것은 고객 정치상황이다.
② 비용과 편익이 분산되는 경우보다 비용과 편익이 집중되는 경우에 정치활동이 활발해진다.
③ 비용과 편익이 분산될지라도 관련 정책에 관한 공익활동을 하는 단체가 있다면 정치활동이 활발해질 수 있다.
④ 편익이 분산되고 비용이 기업에 집중되는 환경규제정책은 정책형성과 집행이 쉽지 않다.

정답 ①
해 설 고객의 정치는 비용은 국민다수가 분산하여 부담하지만 편익은 소수 철의 삼각이 가져가기 때문에 편익수혜집단은 해당규제가 이루어지도록 포획 또는 지대추구 등의 방식으로 조직화된 강력한 로비를 하게 된다.

3. 존 윌슨의 규제정치모형에서 규제의 감지된 비용은 분산되고 편익은 집중되어 규제기관이 포획되는 현상이 발생하는 유형은?

① 대중적 정치유형
② 고객정치유형
③ 형식가적 정치유형
④ 이익집단 정치유형

정답 ②
해 설 존 윌슨은 규제의 비용과 편익의 집중과 분산을 기준으로 대중적 정치유형, 고객정치유형, 형식가적 정치유형, 이익집단 정치유형으로 분류하였다. 고객정치유형은 특정 고객에게 편익이 집중되는 반면 비용은 국민 모두가 부담하여 분산된다. 따라서 이 유형에서는 비용이 분산되어 정책의 저항이 거의 발생하지 않으며, 편익을 집중되는 기업의 적극적인 로비가 이루어지게 된다.

4. 환경규제를 위한 정책수단을 명령지시적 규제와 시장유인적 규제로 나눌 경우, 시장유인적 규제수단에 해당하지 않는 것은?

① 부과금제도
② 공해권제도
③ 성과기준제도
④ 보조금제도

정답 ③
해 설 ③은 명령지시적 규제에 해당한다. 명령지시적 규제는 일반적으로 명령,처분,기준,규칙 등에 의한 직접적·강제적 규제로서 환경규제 등 사회적 규제에서 설득력이 높고, 시장유인적 규제는 지도,지원,보조금 등 유인책을 사용하는 간접적·우회적 규제를 말한다. 명령지시적 규제는 주로 사회적 규제에 사용되지만 사회적 규제에도 명령지시적 규제와 시장유인적 규제가 있는데 이를 세부영역별로 나누어 구체적인 내용을 구분·예시해 보면 다음과 같다.

02 | 정부의 팽창(공공재 과다공급)과 정부 실패

🔹 정부의 팽창

1. 정부의 팽창요인

(1) 도시화와 바그너의 법칙(Wagner's Law) : 국가경제의 성장에 따라 공공부문의 규모도 확대되고 도시화의 진전과 사회의 상호의존관계의 심화는 정부개입의 강화를 촉구하게 된다. 19세기의 독일 경제학자인 바그너는 이러한 현상을 정부성장요인으로 파악하는 바그너의 법칙(Wagner's Law)을 제시하였다. 도시화 사회는 농촌 사회보다 훨씬 더 많은 정부지출을 필요로 하게 된다는 것이다.

(2) 전쟁·전란의 영향과 대체효과 : 전쟁·경제공황과 같은 중대한 사회적 분쟁은 정부의 세입·세출을 대폭 증가시키고 새로운 증세정책을 촉진시키는 계기가 된다. Peacock와 Wiseman은 비상시에 증액된 조세는 위기가 끝난 후에도 단속적 효과가 발생하여 새로운 재원이 새로운 사업계획을 추진하는데 이용되는 대체효과가 작용한다고 주장하였다.

(3) 정부서비스의 노동집약적 성격 : 정부서비스는 노동집약적 성격이 강하며 정책결정자는 징세에 의하여 공공지출을 증가시키거나 혹은 공공서비스를 감축시켜야 하는 선택을 해야 한다. 공공부문은 상대적으로 낮은 생산성인 보몰병(Baumol's disease : 적정재고)에 의하여 확대되며 정부는 노동집약산업이므로 자본지출을 통한 생산성향상을 거의 이루지 못하는 경향이 있어 비용절감이 힘들고 정부지출의 규모가 점차 커질 수밖에 없다.

(4) 이익집단의 영향 : 각종 이익집단은 목표·이익을 달성하기 위하여 정부를 이용하려고 한다. 이에 따라 정부규모가 팽창되며 납세자의 돈으로 사적 목적에 공공지출이 발생하게 되는 것이다.

(5) 관료제의 발달 : 정부의 제4부로 일컬어지기도 하는 공공관료제는 일단 확립되면 강력한 자기팽창세력으로 변신하여 강력한 지구력을 발휘하면서 팽창하게 된다는 것이다. Kaufman은 정부조직 불멸론을 주장하였다.

(6) 사회복지제도의 확산 : 경제여건이 좋을 때 행하여졌던 사회보장·의료보험·주택보조 등 사회복지를 위한 각종 공공지출은 경제불황시에도 폐지될 수 없으며 특히 목적세에 의하여 지출되는 경우에는 삭감이 곤란하다. 대다수의 선진산업국가는 고령화사회이므로 연령구조의 급격한 변동이 진행되는 가운데 연금·의료비에 소요되는 지출이 급증하고 있다.

(7) 과학기술의 비약적 발달 : 새로운 과학기술의 발전에는 막대한 투자가 요구된다. 이러한 투자는 민간부문이 감당하기 어려우므로 정부가 주요한 투자자·소비자·구매자의 역할을 담당하게 된다.

(8) 관료적 제국주의 : 조직의 관리자들은 자기 부하의 수와 자기 부서의 예산 및 기구들을 무조건 늘리려고 하는 성향이 있다. 이것은 투입보다는 산출이 낮아지는 비능률성을 초래하며, 조직이 비대화되는 문제점을 낳게 된다.

(9) 후기자본주의의 쇠퇴 : 자본주의 체제에 내재하는 본질적 모순을 극복하기 위하여 사회복지계획추진을 함으로써 공공지출이 증가된다는 맑스주의적 이론이 있으나, 냉전종식 후에는 역사적 의미가 있을 뿐이다.

2. 공공재의 과소공급설(정부축소)과 과다공급설(정부팽창)

공공재가 과소공급되고 있는가 과다공급되고 있는가의 문제는 행정의 존립근거와 관련되며, 행정의 업무수행이 현재 효율적으로 이루어지고 있느냐는 평가기준이 되기도 한다.

과소공급설과 과다공급설

과소공급설	Galbraith의 의존효과	공공재는 선전이 이루어지지 않아 공적 욕구를 자극 못함
	Duesenberry의 전시효과	민간재는 체면유지 때문에 실제 필요한 지출보다 더 많이 지출 (과시효과)
	Musgrave의 조세저항	국민들의 조세저항(재정환상))이 공공재의 과소공급을 유도 (지불비용보다 편익을 적게 누린다는 착각)
	Downs의 합리적 무지	합리적 개인들은 공공재에 대해서 적극적 정보 수집을 하지 않음
과다공급설	Wagner의 경비팽창의 법칙	도시화에 의한 행정수요 팽창
	Peacock & Wiseman의 전위효과·대체효과	전쟁 등 위기시 국민의 조세부담증대의 허용수준이 높아짐 (공적지출이 사적지출을 대신)
	보몰병炳 (Baumol's Disease)	정부부문은 노동집약적 성격으로 인하여 생산비용이 빨리 증가
	Niskanen의 예산극대화모형	자기부서이익극대화를 위한 예산과잉 확보
	Buchanan의 리바이어던가설	투표의 거래나 담합(log-rolling)에 의한 사업 팽창
	지출한도의 부재	종결장치 및 가시적인 길항력(拮抗力) 부재
	양출제입의 원리	지출수요에 따라 수입 확대
	간접세 위주의 국가재정구조	조세저항이 회피되어 재정팽창(재정착각)

파킨슨(Parkinson)법칙

1. 파킨슨법칙의 개념

공무원 수는 업무량의 증감과 관계없이 일정비율로 증가하며, 심지어는 업무량이 감소해도 공무원 수는 증가한다(실제로 파킨슨이 측정한 결과 매년 평균 5.75%의 비율로 증가한다는 것).

2. 파킨슨법칙의 내용

(1) 부하배가의 법칙(제1공리) : 자신의 지위강화와 권력신장을 위해 상관은 동료가 아닌 부하의 수를 늘린다는 법칙 ⇨ 부하들 간의 상호경쟁을 통해 상관에 대한 충성심·통제력·권위보호에 용이하기 때문이다.

(2) 업무배가의 법칙(제2공리) : 복수 부하의 충원에 따른 파생적 업무의 증가는 업무의 과중을 초래하여 또 다시 부하배가의 법칙에 따라 부하를 증가시킨다. 파생적 업무란 부하들을 통솔하기 위하여 지시·협조·감독업무를 말하며, 본질적인 업무란 새로운 행정수요를 말한다. 제2공리에 의하여 배증된 업무량 때문에 다시 제1공리인 부하배가현상이 나타나고 이는 다시 업무배가현상이 창조되는 순환과정을 거침으로써 본질적 업무량과는 관계없이 정부규모가 커져 간다는 것이다.

3. 파킨슨법칙의 평가

(1) 파킨슨법칙은 인간심리학적 접근을 시도했다는 점은 높이 평가할 수 있으나, 격동기나 전쟁 등 위기시의 행정업무와의 관련성을 간과하고 있다는 점에서 비판을 받고 있다.

(2) 공무원 증가는 심리뿐만 아니라 문화, 정치, 경제 등의 다수 요소가 영향을 미침을 간과하고 있다.

(3) 기구 축소나 정원 감축 등 감축이 발생할 경우 설명이 곤란하다.

(4) 영국이라는 특정국가의 통계자료에만 의존하고 있다.

🏸 대표유형문제

1. 공공서비스의 과소·과다공급설에 대한 다음 설명 중 타당한 것은?

> ㄱ. 주민들은 대체로 민간재보다 공공재를 더 선호하기 때문에 과다공급한다.
> ㄴ. 조세에 대한 부정적 인식으로 인하여 과소공급된다.
> ㄷ. 정치적 계약이나 협상으로 인하여 과다공급된다.
> ㄹ. 공공서비스의 편익에 대한 투표자의 무지 때문에 과소공급된다.
> ㅁ. 다수결 투표제로 인하여 과소공급된다.
> ㅂ. 조세—소비간의 연계가 불분명하기 때문에 과다공급된다.

① ㄱ, ㄴ, ㄷ   ② ㄴ, ㄷ, ㄹ
③ ㄷ, ㄹ, ㅁ   ④ ㄹ, ㅁ, ㅂ

정답 ②

2. 공공재의 적정 공급규모에 관한 논의 중 정부기능이 축소되었다는 입장으로 올바르게 나열된 것은?

㉠ Galbraith의 의존효과	㉡ Musgrave의 조세저항
㉢ Peacock & Wiseman의 전위효과	㉣ Baumal's Disease
㉤ Niskanen의 예산극대화 모형	㉥ Downs의 합리적 무지

① ㉠ ㉡ ㉥　　　　　　　　　　　　　② ㉢ ㉣ ㉤

③ ㉠ ㉢ ㉥　　　　　　　　　　　　　④ ㉡ ㉣ ㉤

과소공급설과 과다공급설

과소공급설	Galbraith의 의존효과	공공재는 선전이 이루어지지 않아 공적 욕구를 자극 못함
	Duesenberry의 전시효과	민간재는 체면유지 때문에 실제 필요한 지출보다 더 많이 지출 (과시효과)
	Musgrave의 조세저항	국민들의 조세저항(재정환상)이 공공재의 과소공급을 유도 (지불비용보다 편익을 적게 누린다는 착각)
	Downs의 합리적 무지	합리적 개인들은 공공재에 대해서 적극적 정보 수집을 하지 않음
과다공급설	Wagner의 경비팽창의 법칙	도시화에 의한 행정수요 팽창
	Peacock & Wiseman의 전위효과 · 대체효과	전쟁 등 위기시 국민의 조세부담증대의 허용수준이 높아짐 (공적지출이 사적지출을 대신)
	보몰병炳 (Baumol's Disease)	정부부문은 노동집약적 성격으로 인하여 생산비용이 빨리 증가
	Niskanen의 예산극대화모형	자기부서이익극대화를 위한 예산과잉 확보
	Buchanan의 리바이어던가설	투표의 거래나 담합(log-rolling)에 의한 사업 팽창
	지출한도의 부재	종결장치 및 가시적인 길항력(拮抗力) 부재
	양출제입의 원리	지출수요에 따라 수입 확대
	간접세 위주의 국가재정구조	조세저항이 회피되어 재정팽창(재정착각)

🍂 정부실패의 원인

1. 일반적 요인

(1) 정보의 불완전성과 예측의 곤란성 : 공공분야에서 불완전한 지식이나 정보를 가지고 정책을 결정하는 경우 결정 자체가 상당한 흠을 지니게 되는데, 이로 인해 정부실패의 가능성은 커지게 된다.

(2) 규제수단의 비효율성 혹은 불완전성 : 정부가 대안을 선택함에 있어서 비용-편익분석과 같은 기법을 이용하여 객관성을 높이고자 노력을 하지만, 잘못된 대안·수단의 선택은 정부사업의 실패요인으로 작용하게 된다.

(3) 정부활동의 독점성(제한된 경쟁) : 정부의 활동은 독점적이기 때문에 공급에 있어서 경직성을 초래하게 되고, 그 경직성은 결국 사회적 여건의 변화에 따른 주민의 요구에 대해 행정이 신축적인 재화와 서비스의 공급을 저해하는 원인으로 작용하게 된다.

(4) 비용부담자와 수혜자의 불일치(비용과 수익의 절연) : 정부활동은 수요-공급의 가격 메커니즘으로 이루어지는 것이 아니라(급부 對 반대급부, 즉 수혜자와 비용부담자의 일치), 집합적 의사결정 메커니즘과 조세에 의존한다. 따라서 비용부담자는 그 부담을 회피하는 것이 가능하고 무임승차자(Free-Rider)가 되기를 희망함으로써 결국 불필요한 자원소요와 비효율적인 자원사용으로 정부실패의 원인이 된다.

(5) 내부조직목표와 사회적 목표의 괴리(내부성) : 정부조직에서는 정부정책 및 활동에 대한 수요와 공급특성으로 인해 관료자신의 개인적 이익이나 내부조직목표 이익을 우선적으로 고려함으로써 사회적 목표와는 괴리현상이 있을 수 있어 정부실패가 야기될 수 있다. 사회적 목표와 괴리되는 내부조직 목표로는 예산의 극대화, 정보의 획득과 통제, 관료의 이익추구, 최신기술에의 집착 등을 들 수 있다.

(6) 파생적 외부효과 : Wolf가 '비시장의 실패'에서 말한 것으로 정부활동의 결과로서 나타나는 잠재적·비의도적 파급효과와 부작용으로 이는 시장실패를 교정하기 위한 목적에서 이루어지는 정부개입이 또 다른 문제를 낳고 있음을 보여주는 것이다. 파생적 외부효과는 단기적으로 나타나기보다는 상당한 시간이 경과된 뒤에 나타나며 주로 정치적 개입에 의한 졸속행정이 주원인이 된다.

> **예** 그린벨트 지정해제는 재산권 보호가 목적이지만 부동산 투기를 발생하여 의도하지 않는 효과가 나타난다.

(7) 규제기관의 포획현상 : 포획(Capture)이란 공익목적을 위하여 존재하는 규제기관이 본래의 의도와는 달리 소수 피규제집단의 이해에 봉사하거나 피규제집단의 선호와 일치되는 방향으로 동조·영합하는 현상으로서, 이는 규제행정의 공평성을 저해하게 되어 실패의 가능성을 유발하게 된다. 포획의 원인으로는 ① 외부신호 의존성향(대통령과의 친밀하고 막강한 권력·재력을 갖고 있는 피규제집단의 반응과 눈치를 살피는 현상 등), ② 개혁해야 할 행정적 폐단이 기대한 경우, ③ 개혁대상조직에의 의존성과 개혁추진체의 취약성(정보와 인력, 예산 등), ④ 개혁대상조직과 마찰을 회피하려고 동화되거나 그 결과 개혁목표의 대치 현상 등이 나타날 경우, ⑤ 부패가 개혁추진자들의 사익에 영합하는 경우 등이다.

(8) X-비효율성(기술적 비효율성) : 배분상의 비효율성 개념과는 달리 정부운영(관리)과 관련되어 나타나는 비효율성으로 이는 작은 정부의 근거로 작용하게 된다.

제01편
제02편
제03편
제04편
제05편
제06편
제07편

1. 도덕적 해이(moral hazard)

도덕적 해이는 정보의 비대칭으로 인해 정보제공자의 도덕적 불감증이나 윤리적 문제로서 어떠한 일이 벌어진 이후에 나타나는 경향이 있다. 도덕적 해이는 경제학뿐만 아니라 사회적으로 다양한 영역에까지 적용하여 볼 수 있다.

2. 역선택(adverse selection) – 사전적

자기선택 또는 반대선택이라고도 하며 자신만이 가진 정보에 기초하여 행동함으로써 결과적으로 정상 이상의 이득을 챙기거나 타인에게 정상 이상의 손해 또는 비용을 전가하는 행위 일반을 가리킨다.

3. 정보의 비대칭을 줄일 수 있는 방법(도덕적 해이와 역선택을 줄일 수 있는 방법)

(1) 행정정보 공개(조직 내 정보체계나 공동지식을 구축)
(2) 정책결정과정에서 주민참여(주민소송제도, 주민소환제, 주민투표제)
(3) 입법예고제, 행정예고제　　(4) 공청회　　(5) 내부고발자 보호　　(6) 행정과정법 제정
(7) 주인이 대리인을 통제　　(8) 성과중심의 인센티브 제도
(9) 신호발송(대리인 스스로가 학력과 경력 등을 통하여 자신의 능력과 지식에 관한 정보를 주인에게 드러내는 방법)
(10) 선별(주인이 차별화된 복수의 계약을 제공하여 대리인으로 하여금 선택하게 함으로써 능력과 지식에 관한 정보를 얻는 방법)
(11) 경쟁을 강화하는 방법

🖋 대표유형문제

1. 대리인이론은 국민이 정부를 제대로 통제하지 못하는 원리를 설명하여 준다. 다음 중 공공부분에서 대리인이론을 극복하기 위한 제도적 장치로 가장 적합한 것은?

① 공무원의 교육훈련 강화를 통해 전문성을 제고한다.
② 권한위임을 통해 부하직원의 권한을 강화하고 분권화를 실시한다.
③ 연금제도의 정착을 통해 직업의 안정성을 보장한다.
④ 성과급 제도의 도입을 통해 인센티브 장치를 강화한다.

정답　④

해설　공공부문에서 대리손실을 줄이기 위해서는 대리인에게 성과중심의 인센티브(보수)를 강화할 필요가 있다. 대리손실의 극소화방안은 다음과 같다.

1. 정보의 균형화 : 주인이 대리인에 대한 정보를 가지고 감시를 강화(공공부문에서 정보의 균형화를 위한 행정정보공개제도, 주민참여, 입법예고제도, 내부고발자보호제도 등의 활성화가 중요하다.)
2. 성과중심의 대리인 통제 : 사소한 절차보다는 결과중심의 통제가 필요
3. 충분한 인센티브 제공 : 성과급 등 대리인에 대한 충분한 인센티브 제공

2. 대리인 이론(principal-agent theory)에 관한 설명으로 옳지 않은 것은?

① 행위자들이 이기적인 존재임을 전제하며 위임자와 대리인 간의 정보불균형, 불확실성 그리고 대리인을 움직이는 유인에 대한 역할을 중시한다.

② 위임자는 위임업무처리에 관하여 대리인보다 우월한 능력을 가지기 때문에 대리인은 위임자의 재량에 의존하는 바가 커지게 된다.

③ 조직 내의 인간이 일하게 되는 이유를 설명하고 조직의 병리를 설명하는 데 도움을 주며 조직 내부 관리문제 외에 다양한 분야에도 적용될 수 있다.

④ 민간부문보다 정부부문에 적용하는 것이 더 어렵다.

정답 ②

해설 주인 대리인이론은 주인이 대리인을 제대로 통제하지 못한 통제 실패이론이다. 왜냐하면 대리인이 대부분의 정보를 독점하고 있어 주인에게 정보를 주지 않아 통제가 어렵기 때문이다. 따라서 주인은 대리인의 재량에 의존하는 바가 커지게 되며 대리손실문제로 이어지게 된다.

효율성

1. X-효율성과 X-비효율성

(1) X-효율성 : X-효율성이란 Leibenstein이 말하는 기업이나 정부의 경영측면에서 제기되는 효율성을 말한다.

(2) X-비효율성

① X-비효율성은 개인이나 기업이 경영효율성을 추구하기 위한 노력이나 유인의 감소로 인해 나태해지거나 방만해짐으로써 발생하는 비효율성을 말한다.

② 경제학에서 평균비용곡선보다 높은 비용으로 생산되는 비효율(기업은 퇴출이 가능하나 행정은 곤란하여 더 큰 비효율이 발생)이다.

③ 독점으로 인한 경영합리화의 실패(독점은 경쟁을 피할 수 있으나 그 때문에 경영자원을 능률적으로 사용할 유인을 상실하여 인적 자원을 낭비)로 X-비효율성이 발생한다.

2. 배분적 비효율과 기술적 비효율에 기인한 낭비

(1) 배분적 비효율에 기인한 낭비 : 비용편익분석 등 합리적인 분석의 결여로 사업의 우선순위를 무시한 결과 (수요와 공급의 불균형)사업이나 대안 간에 효율적인 자원배분이 안되어 낭비가 초래되는 것이다.

(2) 기술적 비효율에 기인한 낭비 : 최신의 기술을 사용하지 못하거나 관료들의 잘못된 의식구조나 행태에 기인하여 발생하는 Liebenstein의 관리상의 비효율성(X-비효율)에 의한 낭비이다.

(3) 양자는 별개의 관계로서 한쪽이 높아도 다른 쪽이 낮거나 높을 수 있다.

---

(9) 최저선과 종결 메커니즘의 결여 : 민간기업의 경우에는 손익계산서가 불량하면 기업은 도태된다. 그러나 정부부문의 경우에는 활동이 부진하고 효과성이 없어도 최저선과 해체시킬 수 있는 종결 메커니즘이 없어서 지속적 비효율이 존재하게 된다.

제01편

제02편

제03편

제04편

제05편

제06편

제07편

(10) 관료예산극대화가설 : Niskanen의 관료예산극대화가설이란 관료는 자신들의 이익을 추구하기 위하여 예산을 팽창시키려 한다고 보았다. 효율적인 예산 크기보다 2배 정도의 예산확보를 하려고 한다.

(11) 3자연맹(Iron Triangle)-하위정부론 : 국가의 중요한 정책이 행정부, 이익집단, 국회의 상임위원회가 연계되어 서로의 이익을 보장해주는 방식으로 결정하게 된다고 한다.

(12) 지대추구이론(Rent Seeking) : 공공선택론자의 지대추구이론에서의 지대란 정부의 규제에 의하여 반사적으로 발생하는 독점적 이익으로 독점권을 획득하기 위한 사회적 비용(로비비용, 로비자금)을 말한다. 이러한 지대의 존재로 정부가 중립적인 입장에서 국민 전체의 공익을 추구하는 것이 아니라, 피규제자의 사익을 편파적으로 추구하는 현상이 발생된다.

(13) 기타 : 선거구민에 치중된 입법, 주기적 선거로 인한 시간의 제약, 매몰비용 및 전례에 따른 한계, 지나친 공무원 보호로 인한 비신축성, 관료제 병리현상, 파킨슨법칙 등이 정부실패의 원인이 되고 있다.

2. 정부의 비대응성으로 인한 실패

(1) 대의제도의 불완전성 : 정부는 민주적인 절차를 통해 선출된 정치인들로서 구성되고 이들은 국민의 완전한 대리자로서 국민의 정책선호를 정책에 정확하게 반영하게 될 것으로 기대되지만 현실적으로 이런 이상적 민주주의는 존재하지도 않고 그 실현을 기대하기도 어렵다.

(2) 다수결 원칙(majority rule) : K. Arrow의 불가능성 정리에 의할 때 투표나 다수결의 원칙에 의해서는 사회적으로 바람직한 최적 선택이 이루어질 수 없다(투표의 역설 등).

(3) 이익집단의 개입 : 잘 조직화된 이익집단에 의한 정치체제의 잠재적 과점현상도 원인이 된다.

(4) 정치권력의 집중 : 미첼스의 과두제의 철칙에서처럼 정부규모의 팽창과 그에 따라 나타나게 된 정치권력의 집중 및 과점현상이 정부실패를 가져온다.

3. 정부개입의 수요와 공급(비효율성 및 불공평성)으로 인한 실패

(1) 정부실패를 야기시키는 정부개입의 수요 특성(국민의 요구나 관료의 부정적 사고)

① 정치적 결정과정에서의 팽창 : 정치사회의 민주화와 민권의 신장으로 공공정책에 대한 수요가 팽창하게 되는데, 정부의 개입을 요구하는 몇몇 목소리 큰 사람의 주장에 흔들려 정부기능이 팽창된다.

② 정치적 보상체계의 왜곡 : 시장에서는 매 시간 평가가 이루어지지만 정치영역에서는 주기적인 평가만 이루어지므로 정부활동에 대한 감독과 평가가 어렵다. 따라서 정치인들이 갖는 시간할인율은 사회의 시간할인율보다 높은 것이 일반적이다. 그들은 정치·경제·사회문

제 등의 해악을 강조하고, 문제해결의 당위성만을 강조함으로써 얻을 수 있는 정치적인 보상 때문에 무책임하게 정부활동을 확대하는 경향이 있다.

③ 정치인의 단기적 결정 : 정치인은 장기적인 목표보다는 재선가능성에 관심을 기울이기 때문에 장기적 이익과 손해의 현재가치를 낮게 평가하고 단기적 이익과 손해를 더 높게 평가한다.

④ 이익과 비용의 분리(절연) : 어떤 경우는 불특정 다수가 부담한 재원으로 소수집단에 이익이, 어떤 경우는 소수가 부담한 재원으로 불특정 다수의 이익이 향유되기도 하여 초과수요가 발생한다.

(2) 정부실패를 야기시키는 정부개입의 공급 특성

① 독점적 생산 : 경쟁의 부재로 효율성 제고를 위한 노력이 부족하고, X-비효율성이 발생된다.

② 정부산출의 정의 및 측정 곤란 : 공공서비스의 추상성(무형성)으로 산출이 곤란하고 계량화가 곤란함으로 인해 목표대치 현상이 발생된다.

③ 생산기술의 불확실성 : 정부부문의 생산성과 효율성을 높이기 위해 어떤 측면에서의 개선이 요구되는지를 파악하기가 어렵고 모호하며, 서비스 생산의 기술이 불명확하여 이를 개선하기 위한 노력이 부족하다.

④ 최소수준과 종결 메커니즘의 결여 : 정부활동의 경우 성과에 대한 평가가 어렵고, 한 번 시작한 활동은 효과성이 없다하여 정부기관을 해체시킬 수 있는 종결 메커니즘이 없다.

🖋 대표유형문제

정부실패에 관한 다음 서술 중 타당하지 않은 것은?

① 선거를 의식한 정치인의 시간할인율은 사회의 시간할인율에 비해 낮게 나타나는 경향이 있기 때문에 단기적 이익과 손해의 현재가치를 낮게 평가한다.

② 정부규제로 인해 발생하게 될 비용은 이질적인 불특정 다수인에게 작은 부담으로 돌아가게 되나 그것의 편익은 동질적인 소수인(소수기업)에게 크게 귀속되는 고객정치적 상황에서는 규제기관의 포획현상이 발생하기 쉽다.

③ 어떤 정책의 채택으로 인해 이득을 보게 될 집단이 절대다수이고, 이런 정책의 비용을 부담해야 할 집단이 소수인 경우에도 정치적 이유에 의해 정부개입의 초과수요를 초래할 수 있다.

④ 정부수입의 많은 부분은 정부가 제공하는 서비스와는 관계없이 부과되는 조세수입으로 이루어지며, 결국 비용과 수입이 직접적으로 연관되지 않음으로써 자원배분이 왜곡될 가능성이 그만큼 높다.

정답 ①

해설 정부실패의 원인으로는 정보의 불완전성, 규제수단의 불완전성, 정부의 독점성, 비용부담자와 수혜자의 불일치, 내부 목표와 사회적 목표의 괴리, 파생적 외부효과, 규제기관의 포획현상, X-비효율성 등이 있다. 또한 정치인이 재선가능성에 가장 큰 관심을 기울이기 때문에 장기적 이익보다는 단기적 이익과 손해를 더 높이 평가하는 정치인의 단기적 결정성향도 정부실패의 원인이 될 수 있다.

🥄 우리나라 정부규제의 문제점 및 정부실패의 대응방안

1. 우리나라 정부규제의 문제점

(1) 경제적 규제에 과도하게 치중하였으며, 사회적 규제는 미약하였다.

(2) 규제가 행정편의, 특정집단의 이익증진, 정치적 목적 하에서 추진되었다.

(3) 형평성보다는 효율성을 우선시하여 이루어졌다.

(4) 규제기준의 합리성 및 기준해석의 일관성이 결여되었다.

(5) 6공화국 이후 정부는 규제완화를 위해 다양한 노력을 하였으나, 공무원의 경직된 자세, 건수위주의 형식적인 완화, 단편적인 완화, 민간의견 수렴이 없이 규제완화가 이루어졌다.

2. 정부실패에 대한 대응방안

최근에 정부는 신자유주의적 시장체제로의 회귀 또는 시장기능의 복원이라는 기본방향에 입각하여 민영화 및 민간위탁, 보조금 등 정부지원의 삭감 또는 폐지, 규제완화 등을 추진하고 있다.

그러나 정부실패가 발생할 경우 이를 교정하기 위해 정부의 역할을 다시 시장부문에 이양하는 것은 또 다른 시장실패를 유발할 수 있다.

(1) 민영화 : 공급주체를 정부에서 민간경제주체로서 전환하여, 정치과정과 경영을 분리함으로써 시장의 경쟁체제에 의한 자아혁신의 효율화를 도모한다.

(2) 정부원조의 삭감 : 보조금과 같은 재정상의 정부관여를 축소함으로써 재정의존의 체질을 개선하고, 민간활동의 자체적인 기초구축에 이바지하게 된다.

(3) 규제완화 : 정부규제를 완화하는 목적은 정부실패의 폐해 시정, 시장기구의 자율성 확립, 정부기능의 축소, 경제 민주화, 국가경쟁력 강화, 기회의 불평등 해소, 국제적 마찰의 해소 등이다.

구 분	규제완화	민영화	정부보조 삭감
권력의 편재	요구	요구	
사적 목표설정		요구	
파생적 외부효과	요구		요구
X-비효율성 · 비용체증	요구	요구	요구

자료 : 새행정학, 이종수 외 다수, 대영문화사, 2004. p.96~97 재인용

이러한 문제를 해결하기 위해 최근 시장실패와 정부실패를 함께 교정할 수 있는 새로운 제도로서 네트워크 또는 네트워크 거버넌스가 제시되고 있다. 이것은 시장과 정부를 완전히 대체하는 새로운 제도라기보다는 이들과 상호 기능적으로 보완하는 관계에 있다고 할 수 있다. 네트워크 거버넌스 관점에서 보면, 정부와 시장 또는 정부와 기업은 서로 대립적인 존재가 아니라 상호간에 협력하고 신뢰하는 존재로 파악한다.

특히 자원배분을 위한 새로운 제도적 장치인 네트워크는 현재 공동생산(co-production), 공공-민간부문 간 협력체제(public-private partnership) 등의 형태로 활용되고 있다. 이 과정에서 정부는 공공서비스의 생산자와 공급자에서 네트워크 조정자로 변모해 가고 있다.

🖋 대표유형문제

정부와 시장의 상호 대체적 역할분담 관계를 설명하는 시장실패와 정부실패 이론에 대한 설명으로 옳지 않은 것은?

① 시장은 완전경쟁 조건이 충족될 경우 가격이라는 보이지 않는 손에 의한 조정을 통해 효율적 인 자원배분을 달성할 수 있다.

② 완전경쟁시장은 그 전제조건의 비현실성과 불완전성으로 인해 실패할 수 있다. 이러한 시장 실패의 요인으로는 공공재의 존재, 외부효과의 발생, 정보의 비대칭성 등이 제시되고 있다.

③ 정부는 시장실패를 교정하기 위해 계층제적 관리 방법을 통해 자원의 흐름을 통제하게 되는데, 정부의 능력은 인적·물적·제도적 제한으로 실패할 수도 있고, 이러한 정부실패의 요인으로는 내부성의 존재, 편익향유와 비용부담의 분리, 예측하지 못한 파생적 외부효과 등이 제시되고 있다.

④ 정부실패가 발생할 경우 이를 교정하기 위한 정부의 대응방식은 공적 공급, 보조금 등 금전적 수단을 통해 유인구조를 바꾸는 공적 유도, 그리고 법적 권위에 기초한 정부규제 등이 있다.

정답 ④

해설 ④는 정부실패가 아니라 시장실패에 대한 정부의 대응방식이다.

시장실패에 대한 정부대응방식			
원인/대응방식	공적공급	공적유도	공적규제
공공재의 존재	O		
외부효과의 발생		O	O
자연독점	O		O
불완전경쟁			O
정보의 비대칭성		O	O

정부실패에 대한 정부대응방식			
원인/대응방식	민영화	정부보조 삭감	규제 완화
사적목표 설정	O		
X-비효율·비용체증	O	O	O
파생적 외부효과		O	O
권력의 편재	O		O

제 **04** 장

행정의 환경

01 | 일반적 환경

📍 내적 환경

행정조직은 목표를 달성하기 위하여 정책활동을 하게 되는데, 이 경우에 직접적으로 관련을 하게 되는 것이 행정의 1차적 환경이며, 내적 환경이라고 할 수 있다. 이러한 내적 환경은 일반국민, 입법부, 행정부, 사법부, 대중매체, 고객집단 등이 있다. 이 중에서 입법부와 이익집단, 그리고 국민 대중을 중심으로 살펴보고자 한다(박수영 외 공저, 2000: 60-65).

1. 입법부

입법부는 정치 체제 안에서 정책형성과 법률 제정이라는 역할을 하지만, 정부의 의사를 정당화시켜 주는 통과의례에 불과한 입법부도 존재한다. 그러나 일반적으로 입법부가 행정부에 대하여 관여하는 대표적인 것으로는 인적자원과 물적 자원에 대한 통제라고 할 것이다. 즉 인사 부문에서 고위공무원의 임명은 입법부의 동의를 요하며, 예산안의 심의와 결산은 입법부만의 고유 권한이다. 그런데 이러한 입법부와 행정부의 관계는 삼권분립에 근거하여 대등한 상호작용을 한다.

2. 이익집단과 정당

입법부와 행정부, 그리고 사법부가 공식적인 정책 과정의 행위자라면, 이익집단과 정당, 그리고 국민 대중은 구속력 있는 정책결정을 할 법적 권한을 갖지 못한 비공식적 행위자로서의 역할을 한다.

3. 국민 대중

행정은 공공 목적을 위한 것이므로 결국 일반 국민을 위한 것이다. 특히 정부 내의 모든 구성원은 국민 대중으로부터 충원된다.

외부적 환경

일차적 환경이 행정이 직접적으로 관계하는 체제들과 관련된 것이라면, 2차적 환경으로서의 외부적 환경은 행정에게 직접적으로 관련하는 것은 아니지만, 전체적으로 행정을 규율한다는 측면에서 직접적 환경인 내부적 환경에 못지 않게 중요한 의미를 갖는다. 여기에는 정치·행정문화와 경제적 여건, 사회적 여건 등을 들 수 있겠다.

1. 정치·행정 문화

정치·행정문화란 "정부가 무엇을 해야 하며, 어떻게 운영되어야 하는가에 관한 가치와 신념, 태도 및 시민과 정부간의 관계"라고 정의될 수 있는데(박수영 외 공저, 2000: 60-65), 이러한 정치·행정문화는 개인이 부모, 친구, 교사, 정치지도자, 상급 관료 등과의 경험을 통하여 정치·행정과 관련된 가치, 신념 및 태도를 배우는 사회화 과정에 의하여 습득되어 그의 심리적 기질의 한 부분이 되며, 그의 행동을 통하여 나타나 정치적 행동의 형성을 돕는다. 우리나라의 대표적인 정치·행정문화는 권위주의와 연고주의, 그리고 정적 인간주의와 운명주의 등을 들 수 있다.

2. 경제·사회적 여건

행정은 끊임없이 사회적 요인과 경제적 요인과의 관계 속에서 이루어지게 된다. 그런데, 이 경우에 어느 일방이 영향만을 미치는 것이 아니라, 양자는 서로 영향을 주고받게 된다. 물론, 행정과 가장 직접적인 영향을 주고받는 것은 정치일 것이다. 그러나 이것은 행정의 환경이라고 하기보다는 정치로부터 행정이 출발하였다는 점에서 동일한 몸체로서 생각하는 것이 바람직하다고 생각된다.

제01편

제02편

제03편

제04편

제05편

제06편

제07편

과학적관리론(科學的管理論)

(1) 과학적 관리론의 개관(19세기 말 미국)

① 일명 테일러(F. W. Taylor)에 의해 체계화되었기 때문에 흔히 Taylor System이라 칭하며 표준적인 업무절차를 만들어 업무의 생산성·능률성을 향상시키고자 하는 방법에 관한 관리기술이다.

② 과학적 관리론은 최소의 투입(시간·노력·자원·내용)으로 최대의 산출을 올릴 수 있는 최선의 방법을 탐구하는 것이다.

(2) 과학적 관리론의 성립배경

Taylor의 실험과 연구가 결실된 '공장관리론(1903)'과 '과학적 관리법의 원리(1911)'가 출간됨으로써 최초의 관리운동이 성립되고 지속적인 발전을 위한 기초가 확립되었다. 그 후 Gantt의 '과업상여제도', Gilbreth '동작연구', Emerson의 '표준원가이론' 등에 의하여 더욱 심화·발전되었으며, Fayol(전체관리)과 Ford(동시관리)는 과학적 관리법의 영향 아래 경영합리론을 발전시켰다.

(3) 과학적 관리론의 내용

① 특성 : 과학적 관리는 노동자와 고용주의 번영을 위한 기본 시각에서 출발하여 과학적 기준과 업무분담에 의한 행정의 전문화·과학화·객관화·합리화에 기여하였다. 사무의 자동화 등을 통한 능률과 절약을 중시하였다.

② 변수 : 공식구조에 따른 직무·권한·책임의 분담 틀, 즉 계층제나 분업체계, 인력관리 등을 중시했고, 관료제모형을 토대로 한 공식구조가 최적의 업무수행을 보장해 준다고 보았다. 또한 과학적 관리는 상의하달을 통한 하향적 체계를 중시하였다.

③ 인간관 : X이론적인 인간관을 취하여, 인간(행정인)을 명령이나 지시, 경제적 보상에 따라 움직이는 피동적이고 기계적·경제적·합리적 존재로 가정하였다. 인간을 경제적 욕구에만 자극 받는 단순한 존재 및 기계 부품으로 취급하는 정태적 인간관을 취하였다.

④ 이념 : 기계적 능률(투입에 대한 산출의 합리적 비율, 가치중립, 공식구조 중시, 절대적·단기적·전술적·유형적 능률) 및 원리접근(법, 제도, 구조 중심)을 중시했다.

⑤ 동기부여의 수단 : 외재적인 자극에 의해 동기부여가 된다고 보고, 인간을 경제인으로 가정함으로써 경제적·물질적 자극을 유일한 동기부여의 수단으로 간주하였다.

⑥ 환경관 : 조직내부관리에 치중함으로써 외부환경이나 비공식요인을 고려하지 않는 경직화된 폐쇄체제로 보았다.

(4) 과학적 관리론이 행정학에 미친 영향

① 정치·행정이원론, 기술적·능률적 행정학의 성립에 기여
② 행정의 능률운동과 과학화 촉진
③ 고전적 행정이론의 확립
④ 행정개혁의 원동력(1906년 뉴욕 시정연구소 Taft위원회, Brownlow위원회, Hoover위원회, 예산회계법)
⑤ 실적주의 및 직위분류제 확립의 이론적 기초 제시(구조·분업화·직제)
⑥ 합리적·경제적 인간관에 기여

(5) 과학적 관리론의 비판과 평가

① 과학적 관리론의 비판
　　㉠ 인간의 기계화, ㉡ 비공식구조의 경시, ㉢ 경제적 동기만 강조, ㉣ 행정에의 적용한계, ㉤ 환경적 요인을 간과한 폐쇄적 보수성, ㉥ 가치와 철학이 배제된 수단적 능률관, ㉦ 인간해석상의 편향성 초래, ㉧ 인간조종의 기술적 성격을 띤 관리자를 위한 이론
② 과학적 관리론의 평가
　　㉠ 인간관계론의 출현 촉진, ㉡ 민주적 목표의 능률성 달성, ㉢ 생산성 향상운동의 촉진, ㉣ 관리과학의 발달 촉진

인간관계론(人間關係論)

(1) 인간관계론의 개념

① 인간의 감정적·정서적·사회적 요인에 입각하여 인간을 관리함으로써 생산성·능률성을 향상시키려는 이론이다.
② 인간을 감정·정서·비합리성·사회성을 지닌 존재로 간주하고, 인간을 관리하는데 있어 민주화 내지 인간화를 강조한다.

(2) 인간관계론의 성립배경

① 인격상실을 초래한 과학적 관리론에 대한 반발과 노조의 반발(전국노동자총연맹, 1913)은 과학적 관리론에 대한 4가지 비인간화를 지적하였다.

제01편
제02편
제03편
제04편
제05편
제06편
제07편

      ⊙ 소유로부터 비인간화 : 소유와 경영의 분리

      ⓒ 작업으로부터 비인간화 : 기계부품화

      ⓒ 동료로부터 비인간화 : 경쟁체제

      ⓔ 직장으로부터 비인간화 : 감시체제

② Hawthorne의 실험 내용 : 조명실험(조명강도 조정 ⇨ 생산량과 직접 관계 없음), 계전기 조립실험(여직원 6명 대상으로 노동시간 단축, 사내급식의 실시 등 ⇨ 직접적인 생산량과 관계 없음), 면접실험(불만조사 ⇨ 인간적 감정은 생산량과 어느 정도 관련), 뱅크배선 관찰실험(고참순으로 배석, 2개의 비공식집단 형성 ⇨ 작업 능률과 관련 있음)

(3) 인간관계론의 내용

① 특성 : 인간관계론의 중간목표는 민주성이며, 궁극적인 목표는 생산성 제고에 있다. 또한 인간관계론은 사회적 성격을 중시(협동과 인화·단결에 의한 생산성 중시, 민주화·사회화·인간화 중시)한다.

② 구조 : 비공식적 조직(혈연·지연·욕구·흥미·취미 등을 중심)을 중시한다.

③ 보상 : 사회적·비경제적 동기가 생산성을 결정한다고 보아, 비경제적·사회심리적 보상과 제재를 중시한다.

④ 인간관 : 귀속감·일체감·집단사기·대인관계·팀워크·의사소통과 참여를 중시한다. 조직 내에서 인간적 요인을 중요한 변수로 보고 인간중심의 유연한 관리를 강조한다.

⑤ 리더십 : 구성원의 귀속감, 집단사기 중시(Y이론적 인간)에 따른 민주적 리더십의 중요성을 강조한다.

⑥ 이념 : 투입에 따른 산출의 합리적 비율뿐만 아니라, 인간의 심리나 가치를 고려한 사회적 능률을 중시한다.

(4) 인간관계론이 행정에 미친 영향

① 인간관의 변화 : 경제인 ⇨ 사회인 , X이론 ⇨ Y이론

② 조직관의 변화 : 공식조직 ⇨ 비공식조직

③ 행정관리(인간관리)의 인간화·민주화 : 통제중심의 인사 ⇨ 적극적 인사행정에 기여(제안제도, 고충처리, 상담제도, 브레인스토밍 등)

④ 인간에 대한 관심으로 행태과학의 발전에 간접적 영향을 미쳤다.

⑤ 중간관리층의 역할이 중시(매개적 역할)되었다.

⑥ 집단중심의 사기가 앙양되었다.

(5) 인간관계론의 비판

① 이원론적 조직(합리적·비합리적, 공식적·비공식적 조직을 대립적으로 파악), 인간의 감정 논리를 지나치게 중시한다.

② 인간관리의 기술적 한계(조직구성원의 다양한 욕구·가치·신념·태도로 인한 한계)가 나타났다.

③ 사회적 인간관의 지나친 강조로 경제적 동기를 무시한 지나친 감정주의에 빠질 우려가 있다.

④ 외부환경을 무시한 폐쇄체제이론이다.

⑤ 연구대상에서 관리층을 제외시킴으로써, 관리자에 의한 인간조정의 술책에 불과하다.

⑥ 생산성과 구성원 권익의 실질적 향상은 곤란하다.

⑦ 조직 내부에서 갈등의 순기능을 고려하지 못하였다.

⑧ 사회적 능률에 의한 능률개념의 모호화 및 변명의 구실이 되었다.

젖소의 사회학

'젖소의 사회학'이란 표면적으로 보면, 인간관계론은 합리성만 추구하는 조직을 인간화시킬 수 있다고 하지만, 내면적으로는 오히려 조직의 생산성 향상시키기 위해 조직구성원들을 착취하는 도구로 사용되었다고 비판이 일고 있다. '젖소의 사회학'에서는 만족한 젖소가 더욱 많은 우유를 생산해 내듯이, 만족한 근로자들이 더욱 많은 생산을 한다는 논리를 주장한다. 인간관계학파는 종업원을 돌봐줘야 할 대상으로 간주하고 업무자체보다는 근로조건과 복리 후생을 통해 종업원의 마음을 달래려고 했으며 이를 만족한 소로부터 젖을 짜내려는 '젖소의 사회학'이라고 혹평한다. 인간관계론을 백색사회주의라고 비판하는 입장과도 상통한다.

---

(6) 인간관계론과 과학적 관리론의 비교

가) 유사점

① 조직목표와 개인목표의 양립 및 조화 인정

② 환경을 무시한 폐쇄체제이론

③ 수단화된 인간가치, 일선직원을 효과적으로 다루기 위한 작업관리 기술

④ 기계적 능률·사회적 능률 등의 능률성 향상 추구

⑤ 동기부여방식 동일(양자는 외재적 요인에 영향)

⑥ 인간행동의 피동성, 관리자에 의한 꼭두각시

⑦ 양자의 궁극적 목적은 생산성 제고

⑧ 정치·행정이원론(공·사행정일원론)

나) 차이점

구 분	과학적 관리론	인간관계론
조직관	인위적·합리적·기계적모형으로 파악하고 공식적 조직을 중시	자율적 관계와 사회심리적 측면, 비공식적 조직 중시
공식·비공식	공식조직 중시	비공식·소집단 중시
능률관	기계적 능률관	사회적 능률관
인간관	인간을 기계적 존재로 인식, 합리적 경제인관에 입각	인간을 감정적 존재로 인식, 사회적 인간관에 입각
행정이념	능률성 향상에 기여	민주성 확립에 기여
의사전달	하향적	상향적·하향적
보수체계	직무중심의 직무급(성과급)	인간중심의 생활급
관리방식	X이론	Y이론
구성원의 동기	경제적 욕구의 충족	비경제적·사회심리적 욕구충족
조직과 개인 간의 목표 균형	저해요인 제거 시 자동적 균형	적극적 개입(의식적) 전략으로 균형
연구방법	Taylor System	Hawthorne실험

🦪 행태론적 접근방법

1. 행태론의 의의

(1) 행정행태론(行政行態論 ; Behavioralism)은 과학적 관리론의 기계적 인간관을 비판하면서 대두된 인간관계론을 이어받아 이를 발전시킨 이론으로서, 인간의 행태(행동과 태도 ; 외면적 행태)를 중심으로 행정현상을 과학적·체계적으로 설명한 이론이다.

(2) 종전의 이념, 구조, 제도보다는 인간이 어떤 가치관·태도·동기를 가지고 있는가를 알아보기 위하여, 면접이나 설문조사 등 사회심리학적 접근을 통하여 개인의 행태(관찰가능한 외면적 행태)를 객관적·실증적으로 분석하는 이론이다.

2. 행태론의 가정 및 특징

1) 행태론의 기본적 가정

(1) 접근방법 : 사회심리학적 접근(자연과학적 접근)

(2) 인간관 및 이념 : 종합적 인간관(경제인과 사회인의 절충), 종합적 능률관(기계적+사회적)

(3) 조직관 : 공식구조와 비공식구조를 절충하는 구조론적 접근으로 집단적·협동적인 의사
    결정 과정 중시

(4) 연구대상 : 논리적 실증주의(가치와 사실을 분리)

(5) 분석 : 순수과학성, 검증가능성, 체계성, 계량화, 규칙성 등

(6) 합리성 : 절대적 합리성과 비합리성을 절충시킨 제한된 합리성 추구

2) 행태론의 특징

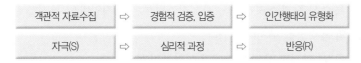

(1) 인간행동의 규칙성 전제 : 실제 자료의 객관적·계량적인 입증을 거쳐 인간행태에 대한 통일
    성·규칙성·인과성·유형성을 발견하고자 한다. 이론의 일반화(이론화)가 가능하다고 본다.

(2) 입증(verification) : 일반화(이론화)를 경험적으로 입증한다.

(3) 계량화(quantification) : 자료 분석 및 사실 진술은 계량적으로 접근한다.

(4) 기술(technique) : 자료의 정확한 분석은 기술조사의 발전에 필요하다.

(5) 가치(value)와 사실(fact)의 분리 : 경험적·과학적 연구는 주관적인 가치가 배제되어야 하
    므로 사실 중심의 외면적 행태나 심리적 경향에 대한 경험적 연구에 국한하는 가치중립을
    추구한다.

(6) 체계화(systematization) : 이론과 연구는 밀접히 관련된 하나의 지식체계이다.

(7) 순수과학(pure science) : 자료의 입증이나 검증을 위해 자연과학이나 순수한 과학적인 신
    실증주의 기법을 활용한다.

(8) 종합과학적 성격[학문적 통합(integration)] : 행태론 연구를 위한 자료수집이나 분석에는
    심리학·사회학·사회심리학·문화인류학 등이 광범위하게 활용된다. 따라서 행태론은 연합
    학문적 성격으로 행정학 및 타 인접 학문과의 통합이 요구된다.

(9) 집단행태(집단규범) 중시 : 구조적·제도적 측면보다 행정인의 행태·상호작용 및 행정인의
    행동을 규제하는 집단행태를 중시한다.

(10) 행정문화의 중시, 협동과학적 성격, 객관 시 되는 현상만을 연구한다.

(11) 분석수준은 미시적이며, 환경에 대한 결정론적 입장과 복잡인간관(표준화된 획일적 인간
    의식을 부정하며 인간을 복잡인으로 간주), 방법론상 개체주의(인간의 사고나 의식은 그
    가 속한 집단적 특성에 따라 결정되지 않고 각자 다르다는 입장)를 취한다.

3. 행태론의 비판과 평가

(1) 행태론의 비판

① 기술에 지나치게 치중 : 행정의 본질보다 연구방법의 신뢰성이나 기술에 치중한다.

② 가치판단배제 : 가치를 배제시킴으로서 비현실성과 보수주의의 경향이 나타난다.

③ 연구대상과 범위의 지나친 제약 : 방법의 신뢰성에 치중한 나머지 연구범위가 지나치게 제약(단편적, 미시적)된다.

④ 공행정의 특수성을 과소평가 : 공·사행정일원론은 행정일반의 특징을 규명하는 데 급급하여 행정의 특수성을 무시하기 쉽다.

⑤ 외부환경 무시 : 환경과 유기적 관계를 설정하지 못하였다.

⑥ 지나친 객관주의·조작(수치)주의, 계량주의 : 객관화할 수 없는 인간의 내면세계 등 주관적인 영역을 직접 다루지 못하며 자료조작의 가능성도 높다.

⑦ 폐쇄적·이중구조적 사회(개도국)에 적용이 곤란하며, 복잡하고 유동적인 사회에도 적용이 곤란하다.

⑧ 공행정의 특수성을 과소평가함으로써 가치판단의 배제로 현실적인 행정문제의 해결에 적실성이 결여된다.

⑨ 가치나 철학의 결여로 정책조언에 유용하지 못하며 위정자에 의한 어용학설로 이용당할 우려가 있다.

(2) 행태론의 평가

① 행정학의 과학화에 기여하였다.

② 새로운 행정학의 접근법을 시도하였고, 행정학의 정체성 위기극복에 기여하였다.

③ 다른 접근방법과 보완적 활용 시 유용하다.

④ 발전행정을 추구하는 개도국 적용에 한계가 있다.

✎ 대표유형문제 ···

행정학의 행태론적 접근방법의 특징에 관한 설명으로 틀린 것은?

① 행태의 규칙성, 상관성, 및 인과성을 경험적으로 입증할 수 있다고 본다.

② 연구에서 가치와 사실을 구분하고 가치중립을 지키고 있다.

③ 행정현상을 자연적, 사회적 환경과 관련시켜 이해하려고 한다.

④ 집단의 고유한 특성을 인정하지 않은 방법론적 개체주의 입장을 취한다.

제 01 편

제 02 편

제 03 편

제 04 편

제 05 편

제 06 편

제 07 편

해설 행태론은 원리주의(이념, 구조, 제도)보다는 인간이 어떠한 가치관, 태도, 동기를 가지고 있는 가를 알아보기 위하여 면접이나 설문조사 등 사회심리학적 접근을 통하여 개인의 행태를 객관적·실증적으로 분석하는 이론이다. 행태론적 연구에서는 마치 동물에 대한 실험과 같이 인간에 자극을 주고 그에 대한 반응을 경험적으로 조사·관찰함으로써 인간 행태변수들 간의 상관성과 인과성을 경험적·실증적으로 명백히 밝힐 수 있다고 가정한다. 또한 인간의 사고나 의식은 그가 속한 집단적 특성에 따라 결정되지 않고 각각 다르다는 방법론상 개체주의를 취한다. 행태론은 자연현상에 적용되는 것이 사회현상에도 그대로 적용될 수 있다고 보는 순수과학적 입장을 취하지만 외부환경(사회적 환경)을 무시하는 폐쇄체제로 환경과 유기적 관계를 설정하지 못한다.

🌢 생태론적 접근방법

1. 생태론의 의의

1) 생태론의 개념

1940년대 후반부터 1950년대 초반에 대두된 이론으로서, 행정을 환경과 관련시켜 환경이 행정에 미치는 영향을 중시하는 이론이다.

2) 행정과 환경의 관계

생태론에서는 환경이 행정에 미치는 영향을 중시하며, 행정이 환경에 미치는 영향에 대해서는 아직 논의되지 못한다. 행정은 환경으로부터 영향을 받는 종속변수로서 소극적인 개념이다.

2. 생태론의 내용

1) J. M. Gaus의 생태론 – 「행정에 관한 반성(1947)」

미국의 정부 및 행정에 영향을 미치는 환경적 요인은 ① 주민(국민), ② 장소, ③ 물리적 기술, ④ 사회적 기술, ⑤ 욕구와 이념, ⑥ 재난, ⑦ 인격 등 7가지이다.

주민(people)	행정의 대상이 되는 주민의 연령, 계층, 지역적 분포 등
장소(place)	물적·인적 자원의 지역적 변동, 행정이 처한 장소의 위치 등
물리적 기술(physical technology)	장비, 통신, 교통, 도로건설 등 물리적 기술상의 변화
사회적 기술(social technology)	사회제도, 풍속, 사회적 장치의 변화와 계속적인 영향
욕구와 이념(wishes and ideas)	국민의 욕구, 사회적 가치관, 규범 등
재난(catastrophe)	전쟁, 홍수, 지진 등의 재난과 긴급사태
인격(personality)	특정인의 인격, 가치관, 경험, 태도 등

2) F. W. Riggs의 분류

분류 환경요인	농업사회(미분화 사회)	산업사회(분화 사회)
경제체제	· 자급자족적 경제체제 · 정부는 질서유지, 징세에만 관심	· 복잡한 시장제도, 고도의 상호의존적 경제체제 · 정부는 보다 많은 징세, 기능 복잡
사회구조	· 혈연적, 지연적, 공동사회 · 폐쇄적, 1차 집단, 개별적	· 목적적 · 기능적, 이익사회 · 개방적, 2차 집단, 업적주의
이념적 요인 (상징제도)	· 육감 · 직관의 선험적 방법 · 지식의 단일성 · 일반행정가(문인관료) 중시	· 과학적 · 기능적 · 경험적 방법 · 지식의 다양성 · 전문행정가(기술관료) 중시
의사소통	· 지식의 다양성 대단히 미약 · 정부와 국민 간에 거의 없음. (행정PR, 하의상달이 안됨)	· 의사소통의 유동성 · 동화성 높음. · 정부와 국민 간에 많음. · 정부 내의 종 · 횡적 의사전달이 잘됨.
정 치	· 정치권력의 근거를 천명에서 구함. · 실제로 행사되는 권력 방대	· 정치권력의 근거를 국민에게서 구함. · 실제 행사권력 작음.

* **세속성(secularity)** 국민 개개인의 현실적 이익과 주장이 정책에 용이하게 반영되는 다원적이고 민주적인 행정으로서 선진국의 행정과 관련된다.

3) Riggs의 프리즘적 사회(prismatic society)

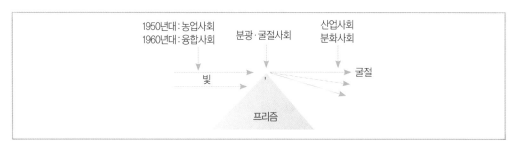

(1) 사회삼원론

① 사회구조 : 단선적 진화론 ⇨ 이전 · 전이 · 과도사회 ⇨ 산업사회

② 기능 : 융합적 ⇨ 프리즘적 ⇨ 분화적

③ 역할 : 미발전 ⇨ 발전도상 ⇨ 발전적

④ 분화의 정도 : 미분화 ⇨ 반분화 ⇨ 분화

⑤ 관료제모형 : 안방 · 빈청(chamber) ⇨ 사랑방(sala) ⇨ 사무실(office)

(2) 프리즘적 사회의 특징

① 고도의 이질혼합성 : 전통적 요인과 현대적 · 분화적 특징이 혼합되어 있는 현상

② 기능중복 : 양립되기 어려운 공식적·합리적 행정행태와 비공식적·비합리적 행정행태가 병존하며, 분산된 기능과 분산되지 않는 기능이 중복

③ 연고우선주의 : 가족관계·친족관계에 의한 관직임용방식이 널리 답습

④ 형식주의 : 공식적 행동규범과 실제 적용 간에는 현격한 불일치 현상

⑤ 다규범주의 : 전통적 규범과 현대적 규범이 혼재하여 일관된 규범이 부재

⑥ 다분파주의와 파벌도당 : 씨족적·종파적·지역적 유대에 의하여 결속함으로서 파벌도당적 성격이 강함.

⑦ 가격의 불확실성 : 전통사회의 보답성·의리성 등 시장외적 요인의 작용으로 시장가격이 불확정성·신축성을 띔.

⑧ 양 초점성 : 권력보다 법이 우선해야 하나 현실은 권력행사가 우선

⑨ 의존증후군 : 권력자가 생산에 공헌하는 것은 별로 없으면서 권력을 이용하여 생산자로부터 재화를 수탈하는 등 이들의 노력에만 의존하려는 성향이 강함.

⑩ 천민자본가 : 자본은 부족하나 행정관료들은 그 자본을 생산적으로 활용하지 않고 정략적으로만 활용하는 경우가 많음.

⑪ 상향적·하향적 누수체계와 전략적 지출(예산누수, 부정부패), 바자캔틴(bazaar-cantee ; 형식적으로는 시장과 유사하나 실제로는 전통적인 경제와 같이 작용하는 프리즘적 사회의 경제적 생태를 말한다.)

⑫ 신분·계약의 혼합관계, 가치의 응집(사회가치가 분화되지 못하고 소수 엘리트가 독점), 정부기구의 확대와 관직의 증가, 권한과 통제의 불균형

4) 생태론의 평가

(1) 생태론의 공헌

① 행정체제를 개방체제로 파악하였다.

② 행정을 보편적 이론으로 보지 않고 정치·경제·사회·문화적 환경에 따라 특수성이 다르게 나타나는 것으로 보았다.

③ 사회과학 지식을 광범하게 활용(인류학·사회학 등)하는 종합적·포괄적 연구를 하였다.

④ 후진국의 행정 실상을 설명하는 데 크게 기여하였다.

(2) 생태론의 비판

① 결정론적 입장에 따라 행정을 환경의 종속변수로서 피동적으로 파악하였다.

② 숙명론적 결정으로 후진국 발전이나 근대화 전망에 대해 비관적이다.

③ 발전도상국에서 창조적 엘리트의 환경변동역할을 경시하였다.

④ 정태적 균형이론으로 사회변동의 설명이 불충분하다.

⑤ 이데올로기 기능을 경시하였고, 서구 중심적인 편협한 시각을 지녔다.

⑥ 행정현상을 집합적이고 거시적 측면에서 설명하였다(개별적 행위단위를 간과).

(3) 생태론의 평가

생태론은 행정이 환경으로부터 영향을 받는 종속변수적 측면을 강조하고 행정이 환경에 영향을 미치는 독립변수적 측면을 무시한다. 행정이 환경에 영향을 미친다고 보는 발전행정론을 탄생시키는 과도기적 역할을 수행하였다.

🌀 체제론적 접근방법

1. 체제의 의의

1) 체제의 개념

체제란 복수의 구성요소가 상호의존성·상호작용성과 질서·통일성을 가지면서 환경과 끊임없이 주고받는 실체이다. 또한 체제는 실재라거나 응용이라기보다는 모형이자 유추이며 논리적 사고라 할 수 있다. 체제 간 또는 체제 내 구성요소들 간에는 공통점과 상이점이 동시에 존재(Isomorphism : 異質同像, 類質同狀, 同型異性)한다. 일반체제이론을 집대성한 선도적 역할자는 Bertalanffy이다.

2) 체제론적 관점(접근방법)

(1) 게스탈트(Gestalt) : Gestalt란 뭉치식 가설을 가진 게스탈트 심리학을 말한다. 전체는 부분의 합 이상의 것이라는 인식이다. 이러한 인식론은 독일에서 시작되어 Kurt Lewin의 장이론으로 세련화되었는데, 마치 인간을 시스템적 관점으로 파악해 볼 때 인간이란 뼈+근육+신경+장기로 구성된 것이 아니라 그 이상으로서 생명력을 지닌 통일적 유기체의 의미를 갖는다고 볼 수 있다.

(2) 목적론적 관점 : 살아 있는 모든 유기체의 적응적·목적 추구를 강조한다.

(3) 총체주의적 관점 : 모든 체제는 하나의 총체 또는 전체로서 그 구성부분들의 단순한 합계와는 다른 그 이상의 특성을 지니기에 총체적이고 거시적 분석이 필요하다는 것이다.

(4) 시간 중시의 관점 : 개방체제를 이해하는데 도움이 되는 것으로 체제들은 시간선상에서 움직여 나가는 동태적 현상이라고 이해한다. 그러한 움직임은 하급의 단순한 수준에서 고급의 복잡한 수준으로 이어지는 계서적 연속성을 따라 진행된다고 본다.

(5) 계서적 관점 : 일련의 현상 사이에 형성되는 관계의 배열이 계서적이라고 보는 관점으로 체

제의 발전방향을 시사해 주는 것이다. 즉 체제는 하급의 상태에서 복잡한 고급의 상태로 진전되어 나간다는 견해를 내포한다.

(6) 관념적 모형 : 체제는 광범위한 관념적 모형에 의해 모든 과학을 통합시키려는 접근방법이라고 볼 수 있기 때문에 경험주의적 관점이 전제라고 볼 수 없다.

3) 체제의 특징

(1) 체제는 상위체제와 하위체제로 구성되며, 상위체제는 여러 하위체제로 구성되어 이들은 상호의존 및 상호작용 관계에 있다.

(2) 경계를 기준으로 폐쇄체제와 개방체제로 구분한다.

(3) 체제는 정태적 균형을 유지할 수도 있고 동태적 균형을 유지할 수도 있다.

(4) 부정적 엔트로피(negative entropy)와 생존을 유지하려는 항상성(恒常性)을 가진다.

(5) 체제는 투입 ⇨ 전환과정 ⇨ 산출 ⇨ 환류를 가진다.

(6) 체제는 목표달성을 위해 자원·정보·에너지를 가진다.

(7) 체제는 목표달성에 기여하는 순기능과 목표달성을 방해하는 역기능을 동시에 지닌다.

(8) 연구대상을 상징으로서 취급하기 때문에 추상적이며, 구조가 중요시되지 않는다는 점에서 전체론적이며 포괄적이다.

(9) 목표는 능률보다 환경에 대한 적응과 생존을 더 우선시한다.

> * **Entropy** 열역학적 용어로서 폐쇄체제 내에서는 열손실이 발생하여 열을 획득할 수 없기 때문에 결국 그 자체는 소멸 내지는 해체되어 버리는 법칙이다. ⇨ 생물학적 유기체의 필연적인 해체, 소멸을 강조하였다(클라우디스).

4) 폐쇄체제와 개방체제

(1) 폐쇄체제

① 환경과 무관하고, 자급자족적인 실체로 파악

② 기계적 사고방식

③ 정태적·단방향적

④ 보수적 성향

⑤ 전통적 조직이론(구조주의적 입장)

(2) 개방체제(Katz & Kahn)

① 전체성 : 체제를 전체적으로 단일한 실체로 봄.

② 구조적 분화 : 환경에 의해 야기된 긴장과 변화에 대처, feedback을 통해 전문화와 분화의 적정수준을 정함.

③ 불확실성 : 장래 상황은 고정적이 아니라 불확정적

④ 부정적 엔트로피(negative entropy) : 모든 형태의 조직이 해체·소멸로 움직여가는 과정인 entropy의 작용을 부정함.

⑤ 정보투입·제어피드백 : 정보투입을 통해 체제로 하여금 그 진로를 이탈하는 것을 방지

⑥ 안정성·동적 항상성 : 에너지의 유입과 생산물의 유출은 계속되지만 체제의 특징은 변하지 않으며 안정적이고, 환경과의 불균형을 해소하기 위해서 동태적 적응을 하면서 균형 유지

⑦ 등종국성(equifinality) : 시작조건이 서로 다르고 여러 가지 상이한 진로를 가도 동일한 최종성과를 나타냄(동일귀착성, 이인동과성).

⑧ 자기규제력과 적응력 증대 : 체제의 다양성을 증진시켜 환경의 도전과 기회에 대처할 수 있는 능력을 촉진하는 진화적 성향

⑨ 통합과 조정 : 개방체제의 사회조직은 단일화를 성취함에 있어서 두 가지의 다른 통로, 즉 통합과 조정 추구

2. 행정체제의 과정 및 기능

1) 체제의 과정

환경	행정체제를 둘러싸고 있는 정치·경제·사회·문화·교육체제, 고객, 수혜자, 압력단체, 경쟁조직, 이익집단, 관습, 정치상황
⇩ 투입	요구, 희망, 적대감, 무관심, 비판, 즉 정부의 정책·법률·재화·봉사·규칙 등에 대한 시민 및 행정기관의 지원 및 반대, 정보제공
⇩ 환경	행정수반이나 행정관의 개인적 경험·자질·개성 등에 의한 정책결정과정, 구조기구, 인간의 행태, 결정자의 이익, 관료제의 병폐 등이 작용(D. Easton은 전환과정을 black box로 표현)
⇩ 산출	가치의 권위적 배분으로서 수혜자나 고객을 위한 재화, 용역, 봉사, 정책, 법령, 제안 및 조언
⇩ 환류	행정체제의 과정은 연속적·계속적·순환적 과정이 됨

* black box 전체나 결과를 중시한 나머지 체제 내에서의 부분적 요소나 구체적인 전환과정의 설명이 미흡한 것

---

feedback의 유형

1. **내적 환류(internal feedback)** : 체제내부 또는 하위체제 간의 환류
   - **예** 보고제도, 계획의 평가, 감사·심사분석제도
2. **외적 환류(external feedback)** : 체제외부의 환류로써 체제의 목표와 기능이 재조정
   - **예** 입법, 사법, 국민, 여론, 이익집단에 의한 통제
3. **부정적·소극적 환류(negative feedback)** : 목표의 오차수정으로 목표의 변화, 체제의 구조 변화에 대한 고려가 적음.
   - **예** 통제, 평가, 시정조치
4. **긍정적·적극적 환류(positive feedback)** : 목표와 체제구조의 변화를 수반하는 환류
   - **예** 목표의 전환, 쇄신, 문화변화

🖋 대표유형문제

1. 정책과정 중 정책결정단계는 이스턴(D.Easton)의 체제이론에서 어느 단계에 해당되는가?

① 환경   ② 투입   ③ 전환   ④ 산출

정답 ③

해설 체제이론은 정책이나 행정과정을 환경의 변화 → 투입 → 전환 → 산출 → 환류 단계로 설명한다. 전환이란 환경으로부터 투입을 받아 산출을 내기 위한 체제내의 작업절차로서 목표를 설정하고 필요한 정책을 결정하 는 과정이다.

2. 이스턴(D.Easton)이 정치체제(political system) 모형에서 주장하는 '가치의 권위적 배분'과 가장 관련이 깊은 것은?

① 투입(input)   ② 산출(output)   ③ 전환(conversion)   ④ 요구와 지지(demand & support)

정답 ②

해설 정치체계론자 D. Easton은 기본적으로 정책을 정치체계가 '사회가치를 권위적으로 배분하는 활동'이라고 정의한다. 또한 '정책'이란 정치체계가 환경의 요구(투입)에 대응하여 환경으로 내보내는 '산출'로 본다. 정책의 핵심은 일정한 사람에게는 가치를 부여하고 일정한 사람에게는 부여하지 않는데 있다고 보고 따라서 어떠한 정책이든지 수혜자와 피해자가 있게 된다는 것이다.

---

2) 체제의 기능(Talcott Parsons ⇨ AGIL)

(1) **적응기능(A : Adaptation)** : 공무원 모집, 채용, 징세, 예산조달, 국민요구에 대한 반응

(2) **목표달성기능(G : Goal Attainment)** : 정치·행정체제가 담당

(3) **통합기능(I : Integration)** : 행정지도, 기획, 조정, 행정질서유지

(4) **잠재적 형상유지 및 긴장관리기능(L:Latent Pattern Maintenance Tension Management)** : 공무원의 교육훈련, 보수·연금제도와 상벌제도의 운영, 복지·후생시설의 관리

3. 행정체제론의 장단점

1) 장점

(1) 환경과 행정의 상호작용을 파악하고, 하위체제 간의 상호작용을 파악게 함으로써 종합적·거시적 시각을 제공한다.

(2) AGIL은 행정체제의 생존능력을 평가하는 데 유용하다.

(3) 환경 ⇨ 투입 ⇨ 전환 ⇨ 산출 ⇨ 환류과정은 행정현상을 체계적으로 설명해 준다.

(4) 다양한 각국의 행정체제를 분석하는 데 있어 비교분석의 일반적 기준을 제공해 준다.

(5) 행정현상에 대한 체계적인 설명과 이해를 높이며 행정학 연구의 과학화에 기여한다.

2) 단점

(1) 투입을 전제로 한 산출을 설명하고 있으며 체제 간 또는 환경과 체제 간에 지나친 균형을 중시하는 정태적 균형관이다. 따라서 정태적인 선진국에서는 유용하나 동태적인 발전도 상국에서는 적용하기가 곤란하다(생태론의 범주를 탈피하지 못함).

(2) 하위체제 간의 명확한 구분과 비중·영향력의 파악이 곤란하다.

(3) 상위체제는 하위체제 간의 균형에 의해서만 가능하다고 봄으로써 현상유지적이다. 사회 개혁을 위한 처방이나 역동성·발전성 문제에 대한 설명이 미흡하다.

(4) 인간의 성격이나 개성, 가치, 심리, 감정, 리더십, 정치권력이나 갈등 등 질적 요소를 과소평 가하고 환경적 요인을 중시한 나머지 행정체제나 행정인을 환경의 종속변수로 취급하는 결정론을 취함으로서 조직을 지나치게 물화(物化)시켰다는 비판을 면하지 못하고 있다.

✎ 대표유형문제

아래 제시된 비판들은 행정학의 접근방법 중 어떤 접근방법에 대한 비판인가?

- 행정과 환경의 교호작용을 강조하지만 개발도상국과 같이 변화하는 행정현상을 연구하는데 한계를 지닌다.
- 거시적인 접근방법을 취함으로써 구체적인 운영의 측면을 다루지 못한다.
- 행정의 가치문제를 고려하지 못한다.
- 현상유지적 성향으로 인해 정치·사회적 변화를 설명하지 못한다.

① 생태론적 접근방법　　　　　　　② 행태론적 접근방법
③ 현상학적 접근방법　　　　　　　④ 체제론적 접근방법

정답 ④

해설 위 내용은 체제론적 접근방법의 비판에 대한 설명이다. 체제론은 체제 간 또는 환경과 체제 간에 지나친 균형을 중시하는 정태적 균형관이며, 정태적인 선진국에서는 유용하나 동태적인 발전도상국에서는 적용하기가 곤란하다. 체제론은 거시적 접근방법으로서 인간의 성격이나 개성, 가치, 심리, 감정, 리더십, 정치권력이나 갈등 등 질적 요소를 과소평가하고 있다.

🎣 비교행정론과 발전행정론

1. 비교행정론

1) 비교행정론의 의의

(1) 비교행정론의 개념

비교행정이란 서로 다른 문화적 환경이나 국가의 행정체제를 비교하여 어느 나라에도 공통적으로 적용될 수 있는 일반법칙적이고 과학적인 행정이론을 개발하여 행정현상을 체계적으로 비교·연구하려는 이론이다.

(2) 비교행정의 발달요인

① 문화횡단적 비교행정론 대두 : 미국중심의 대내적·주관적·지역적 행정이론의 한계점을 수정하고 각 국가가 처해 있는 사회·문화적인 환경을 중심으로 구조기능적 접근이나 문화횡단적 접근을 통해 상이한 국가의 행정을 연구함으로써 행정연구의 과학화·객관화를 추구하였다.

② 비교정치론의 영향 : 2차 대전을 중심으로 신생국 정치발전을 위한 비교정치론의 발달

③ 비교정치론의 연구방법상의 전환과 영향 : 제도론적 연구방법에서 기능론적 관점으로 전환

④ 후진국에 대한 경제·기술원조 : 후진국에 대한 기술원조계획에 많은 행정학자들이 참여하여 이를 평가함으로서 비교행정에 대한 관심이 더욱 가중됨.

⑤ 유럽학자들의 학문적 영향 : 유럽학자 ⇨ 미국이주(Marx, Weber)이론 소개 ⇨ 더욱 고무시킴.

⑥ 비교행정연구회(CAG : Comparative Administration Group) 활동 : 미국행정학회 산하에 설치된 CAG는 Riggs 주도로 연구지 발간, 세미나 개최 등 다양한 활동을 통해 후진국 원조 사업의 계획과 실천을 이해하는 데 크게 기여

(3) 비교행정 연구의 목적

① 다양한 나라의 여러 행정체제의 특성을 규명

② 문화별·국가별 관료제 행태의 차이를 설명

③ 관료제의 능력을 개선할 수 있는 방안 모색

④ 행정특징이 나라마다 다르게 작용하는 요인 발견

⑤ 사실적인 지식보다는 개념적인 지식을 정립하는 데 연구의 목적을 둠.

⑥ 행정체제에 영향을 미치는 정치적·사회적·문화적 요인을 분석

2) 비교행정의 접근방법

(1) F. Riggs의 분류

① 규범적 방법(이념, 가치) ⇨ 실증적 방법(유일한 최선의 방법으로 있는 그대로의 사실을 연구)

② 개별적 방법(한 나라의 제도 및 행정연구) ⇨ 일반법칙적 방법(여러 나라의 행정을 비교·연구)

③ 비생태론적 방법(행정과 환경의 무관) ⇨ 생태론적 방법(행정과 환경 관련)

(2) Heady의 분류

① 수정전통적 접근방법 : 전통적 접근방법을 수정하여 조직, 인사, 재무행정 등과 같은 다양한 행정체제를 비교·연구

② 발전지향적 접근방법 : 비교행정이 사회적 변화를 충분히 고려하지 않고 지나치게 포괄적, 추상적, 종합적이라고 비판하고 발전행정을 별개의 연구대상으로 할 것을 주장

③ 일반체체적 접근방법 : 행정을 하나의 체제로 간주하여 이에 영향을 미치는 인사, 지방, 재무행정 등은 물론 환경적 요인들까지 고려하여 행정의 모든 측면을 분석·연구하려는 방법

④ 중범위이론 : 일반이론의 추상성과 포괄성에 대한 대안으로 주장

* **중범위이론(middle range theory)** Merton이 제창한 이론으로 거시조직과 미시적 개인의 중간정도인 개별조직 중시

선진국과 후진국의 행정체제의 특징

선진국	① 행정조직의 기능적 분화 ③ 국가에 대한 국민적 일체감 형성 ⑤ 관료제의 기능과 행정기능의 한계 명확 ⑦ 공직의 전문직업화	② 정책결정과정의 합리성 ④ 정치권력의 정통성 ⑥ 국민의 광범위한 정치·행정참여
후진국	Riggs의 특징	① 형식주의와 표리부동성(表裏不同性) ② 이질혼합성과 기능의 중복 ③ 다분파주의 및 파벌 ④ 연고우선주의 및 신분·계약 혼합관계 ⑤ 권한통제의 불균형 ⑥ 다규범주의 ⑦ 가격의 불안정성과 전략적 지출의 과다 ⑧ 권력주의적 충원 ⑨ 관료주의적 예산배정 ⑩ 양초점성(Bi-Focalism) ⑪ 이기본위적 무규범성
	Heady의 특징	① 모방적 행정체계 구축 ② 발전지향적 인재의 부족 ③ 공직부패의 만연 ④ 관료제 운영의 자율성 ⑤ 변동에 대한 저항 ⑥ 형식과 실제의 괴리

제01편

제02편

제03편

제04편

제05편

제06편

제07편

······································

비교행정론에 대한 설명 중 옳지 않은 것은?

① 미국의 신생국에 대한 경제원조 실패가 발달요인이다.

② 행정의 과학화에 대한 요구가 있었다.

③ 환경을 지나치게 강조하여 신생국의 발전에 비관적이다.

④ 발전행정론에 반박하여 이론을 전개해 나갔다.

정답 ④

해설 비교행정론은 1950년대 등장하였고, 발전행정론은 1960년대 등장한 것으로 비교행정론이 오히려 발전행정론에 의하여 반박되었다.

·······································

3) 비교행정의 평가

(1) 비교행정론의 공헌

① 정치와 행정의 설명에 있어 가장 중요한 비교의 공통기준인 기능을 규명하였다.

② 1950년대의 기능주의 탄생에 기여하였다.

③ 행정학의 과학화에 기여하였다.

(2) 비교행정론의 비판

① 환경을 지나치게 강조하여 행정의 독자성을 과소평가하였다.

② 생태론의 수준에서 크게 벗어나지 못하였다.

③ 엘리트 기능을 충분히 파악하지 못하였다.

④ 정치적·보수적 이론이다.

2. 발전행정론

1) 발전행정의 의의

(1) 발전행정이란 행정체제가 국가발전목표를 달성하기 위하여 행동계획을 수립·집행하고 변동대응능력을 증진시키며 계획적·인위적 변화를 유도하는 것이다.

(2) 발전행정은 발전의 행정과 행정의 발전을 포함한다(행정발전·발전행정·국가발전). 발전 행정은 발전을 위한 행정이라는 적극적 개념인데 반해, 행정발전은 '행정자체의 발전'을 의미한다. 따라서 행정발전은 발전행정의 전제조건으로 선행되어야 한다.

2) 발전행정의 등장원인

(1) 비교행정론은 정태적 이론으로서 처방적·실질적 대안을 제시하지 못한다는 한계가 있었다. 따라서 실용적·목표지향적·규범적·동태적인 행정이론이 모색되었다.

(2) 비교행정연구회(CAG)의 Ford 재단이 후원(발전행정이라는 용어는 포드재단의 G. Gantt가 제의), 동서문화센터(East West Center : 하와이대학부설), 국제적인 기술지원계획(UN기술지원계획) 등이 발전행정의 성립에 기여하였다.

3) 발전행정의 특징

(1) 계획적·의도적으로 사회변동을 유도하여 문화적·인간적·물적 환경을 바람직한 방향으로 재형성하려는 정부의 적극적 활동
(2) 국민형성, 사회적·경제적 진보 등 국가발전목표를 달성하려는 행정
(3) 사회변동에 대응하여 행정자체가 지속적으로 그 능력을 증진하여 나가는 행정의 능력증진(민주성, 형평성, 효율성, 합법성 등을 향상) 중시
(4) 선량주의적(엘리주의) 관점 : 능동적이고 변동지향적인 이념과 능력을 가진 변동추진집단이 변동을 인도해 나가야 한다는 논리
(5) 국가주의적 관점 : 국가 또는 행정체제가 국가발전을 위해 주도적인 역할을 해야 한다는 입장이다.
(6) 경제성장주의적 관점 : 발전행정은 사회통합이나 분배보다는 경제성장에 초점을 두고 발전전략과 제도들을 연구하였다.
(7) 경제이론과 고전적 행정이론의 결합 : 국가발전목표 가운데 경제적 국면에 집착하였으며, 국가목표를 추구하는데 있어 고전이론에 입각한 합리적 관료제를 처방하였기에 구조주의적이고 기술주의적인 접근방법을 따랐다.
(8) 능동적 입장 : 발전행정은 행정을 국가의 하위체제로 보고 다른 하위체제를 유도하며, 행정학의 관점을 기술성(Art)에 두었다. 또한 발전행정은 미래지향적, 창의적, 쇄신적 태도를 취하며, 방법론상 실용주의와 체제의 능력을 중시한다.

4) 발전행정의 내용

(1) 행정우위의 새정치·행정일원론의 입장 : 행정을 국가발전의 목표달성을 위한 정책과 계획의 수립·집행과정으로 파악하고 행정이 정치를 유도한다는 행정의 절대적 우위를 강조한다.
(2) 행정의 과학성보다 기술성 강조 : 행정이 국가발전을 위해서 무엇을 해야 할 것인지를 중시함으로써 사회문제 처방을 위한 기술성(처방성)을 강조한다.
(3) 독립변수로서의 발전인 중시(행정인의 가치관, 태도) : 발전행정인을 창의와 쇄신, 강한 성취욕구, 발전지향을 추구하는 독립변수로 보고, 행정인(발전행정인)의 문제해결능력·자원동원능력·위기관리능력을 중시한다.

(4) 목표지향적 이론으로 효과성 중시 : 새로운 목표를 설정하고 그것을 달성하는 목표달성도를 의미하는 효과성을 새로운 행정이념으로 중시한다.

(5) 비교행정이론의 계승과 사회체제적 불균형적 전략 : 비교행정과의 단절이 아니라 연구의 방법에 차이가 있을 뿐 비교행정이론과 같은 계보를 갖는다.

(6) 기관형성(institution building) 중시

5) 발전행정의 평가

(1) 공헌 : 1960년대 이후 발전도상국가의 사회경제적 발전과 국민형성을 위한 동태적 이론발전에 기여했으며, 실천적인 국가발전전략과 정책개발에 공헌하였다.

(2) 비 판

① 발전이라는 개념 자체가 다의적이고 모호하며, 변화·진보·성장 등의 개념과 혼동되기 쉽다. 또한 서구화를 발전이라고 보는 것은 서구적 편견이다.

② 가치배분의 공정성과 사회적 형평성의 확보가 곤란하다.

③ 가치판단에 너무 치우침으로서 처방성·규범적 성격이 강해 이론적 과학성이 미흡하다.

④ 행정의 비대화로 독선에 따른 민주주의 저해 우려, 정책결정에 참여 배제로 투입기능이 경시된다.

⑤ 예산낭비와 부패가 우려된다(관료의 막대한 자원배분과 행사 ⇨ 예산낭비와 부정·부패 초래).

⑥ 행정의 외형적인 목표수치의 달성에만 주력한다.

⑦ 행정의 주도적 역할로 입법부의 지위가 약화되고, 시민권이 제약되며, 국민의 피동화를 초래한다.

비교행정론과 발전행정론의 비교

비교행정론	발전행정론
① 1950년대 기능주의 체제의 특징 중시	① 1960년대의 실용주의 체제의 능력 중시
② 정태적·보수적·비현실적 성격(행정의 독자성 과소평가)	② 동태적·목표지향적·독립변수로서의행정 강조
③ 보편성·일반성·합법성·능률성·민주성 중시	③ 특정성·전문성·합법성·능률성·민주성 이외에, 효과성·생산성 강조
④ 균형이론·전이적 변화의 행정	④ 변동·불균형이론, 계획된 변화의 행정
⑤ 과학성·진단 차원	⑤ 기술성·처방 차원
⑥ 체제분석을 분석지침으로 함.	⑥ 체제분석·정책분석을 지침으로 함.
⑦ 종속변수로서 행정발전에 대한 비관주의	⑦ 독립변수로서 행정성장에 대한 낙관주의
⑧ 행정인의 자격으로서 지식·정보의 양만을 중시	⑧ 지식·정보 외에 쇄신과 성취지향성을 중시

제01편

제02편

제03편

제04편

제05편

제06편

제07편

📄 신행정론(新行政論)

1. 신행정론의 개요

1) 신행정론의 의의

신행정론(NPA; new public administration)은 40년대의 행태주의, 50년대의 생태론, 비교행정론의 보수성과 정태성에 대한 반발과 60, 70년대 미국 후기산업사회의 현실을 배경으로 그에 알맞은 적정한 행정이론의 정립과 이론의 현실적 적용을 내용으로 하는 행정이론의 새로운 사조로서 사회적 형평성, 인본주의적 경향, 탈행태주의 등을 특징으로 한다.

신행정론에 대한 제 학자들의 견해

1. D. Waldo : 적실성, 적응성, 고객중심주의, 사회적 형평성
2. F. Marini : 탈행태주의, 소용돌이 환경에 적응, 새로운 조직형태, 고객지향적 조직, 현상학적 접근
3. H. G. Frederickson : 대응성, 의사결정에 직원과 시민참여, 사회적 형평성, 시민선택
4. F. A. Nigro : 사회적 형평성, 고객중심의 행정, 탈관료제화(탈계층화), 민주적 의사결정 및 분권화
5. A. Schick : 적실성, 당위성, 사회적 형평 및 변동

---

2) 신행정론의 대두배경

(1) 대두원인 : 1968년 Minnowbrook회의에서 Waldo를 중심으로 주창(1차 회의 : 과학적 방법의 현실적합성 약화 비판)되었으며, Johnson대통령의 임기 후반의 제문제가 제기되면서 이를 해결하기 위한 행정의 적실성 도모를 위하여 신행정학이 대두되었다.

① 정치적 측면 : 워터게이트 사건(반대당 선거사무실인 워터게이트 건물에 Nixon대통령 참모들이 도청장치를 설치-1972년 Nixon 대통령 사임), 월남 패망(미국의 국제적 신고립주의)

② 경제적 측면 : 풍요 속의 빈곤, 경기침체와 물가 상승 및 실업증대(stagflation)

③ 사회적 측면 : 소수민족 문제의 확산, 신·구세대 간의 갈등(1968년 대규모 흑인 폭동 등에 의한 흑백문제의 심각화), 통일교 문제 등 격동기의 미국 사회문제 해결 시급

④ 행정학적 측면 : 행정의 독자성 요청, 후기행태주의 대두, 정책과학 발전 등의 이론적 배경과 더불어, 종래 행정학의 보수적 경향에 대해 반발하는 젊은 신행정학자들이 미국행정학회(ASPA)의 운영을 주도하는 자리에 올라서게 됨으로써 촉진

(2) 대표학자 : J. C. Charlesworth, D. Waldo, F. Marini, H. G. Frederickson, C. J. Bellone, M. M. Harmon 등

(3) 2차 Minnowbrook 회의(1988년) : 기존의 행정과의 단절이나 전면 부정을 의미하는 것은 아니며, 기존의 것을 바탕으로 이를 비판·발전하여 새로운 행정의 지평을 추구하는 것이다. 그러나 혁신적인 주장은 후퇴하고, 보수적이며 온건한 입장이 주도하였다.

2. 신행정론의 내용

1) 신행정론의 특징

(1) 사회적 형평과 능동적 행정 추구 : 행정인은 구조적 사회불평등을 제거하기 위해 적극적으로 개입해야 하고, 사회적 약자의 정치적 지위와 경제적 이익을 보장할 수 있는 보다 나은 행정서비스를 제공해야 한다.

(2) 적실성의 추구 : 격변하는 환경에 적절하게 대응하기 위한 적극적인 행정인의 역할이 필요하다.

(3) 문제지향성의 강조 : 의사결정보다는 문제해결을 중시하며, 장기적·거시적·발전지향적 문제해결을 지향하였다.

(4) 행태론의 지양과 규범주의의 추구 : 가치중립적이고 보수적인 행태론이나 실증주의를 비판하면서 현상학적 철학사유에 기반을 두고 사회적·총체적 인식에서 구체적 구제책을 제시하려는 규범주의를 지향한다.

(5) 고객중심의 행정 : 서비스 수혜자의 참여를 통해 그들이 원하는 서비스를 제공하는 수익자지향성을 지닌다.

* 기관·수익자지향성
1. 기관지향성(institution-oriented) : 조직편제 시 행정편의주의
2. 수익자지향성(custom-oriented) : 조직편제 시 국민, 고객, 수익자편의주의
   예 야간민원실, 이동민원실, 이동보건소

(6) 탈계층제적 입장과 새로운 조직형태의 모색 : 베버의 관료제론을 중심으로 하는 전통적 조직이론을 비판하면서 탈계층적·반관료제적 성향을 띤다. 그리고 그 대안으로서 계층제의 철폐, 분권화, 조직구성원과 고객의 참여를 강조한다. 또한 프로젝트 조직, 팀 조직, 매트릭스 조직 등 구조적 동태성을 중시한다.

(7) 행정학의 위기 극복 : 행정학 주체성의 위기를 극복하기 위하여 Waldo는 전문직업주의의 확립을 역설하였고, Ostrom과 Henry는 패러다임의 설정을 강조하였다.

(8) 현상학적 접근법의 중시 : 인간의 내면세계, 내부주관성, 감정을 중시하였다.

(9) 신행정론의 3E : Equity(형평성), Efficiency(효율성), Effect(효과성)

신행정론과 신공공관리론의 비교

구 분	신행정론	신공공관리론
차이점	① 급진성 약(弱) ② 인본적이고 민주적 행정제도의 획립과 전문적인 능력에 관심 ③ 큰 정부 ④ 비(非)시장적 정부모형 ⑤ 정치·행정일원론 ⑥ 정치적 성향 강(强)	① 급진성 강(强) ② 개인적 선택 가치, 인센티브 제공, 경쟁의 활용 ③ 작은 정부 ④ 친시장적 정부모형 ⑤ 정치·행정이원론 ⑥ 정치적 성향 약(弱)
유사점	① 탈관료제에 입각한 행정의 적실성·대응성 강조 ② 고객지향적 행정 중시 ③ 민주적·참여적 관리와 리더십 중시 ④ 공생산과 공·사 협력체제 선호 ⑤ 변화에 대한 필요성을 주요 주제로 다룸	

2) 신행정론의 문제점

(1) 가치지향성을 지나치게 강조할 경우 정치적 불안정, 행정의 통일성·능률성 저해 우려

(2) 비계층제적, 비관료제적 조직모색이 현실적 타당성이 있는가의 문제

(3) 참여의 증대가 반드시 공익 실현이나 사회적 형평 실현과 직결되는 것은 아니며, 사회적 형평이나 생활의 질보다는 국민경제발전에 더 역점을 둔 후진국에의 적용은 한계

(4) 사회적 형평개념에 대한 합의 곤란, 역차별의 문제

(5) 수익자 집단의 특수이익과 행정기관의 공익 추구가 대립하여 문제해결 곤란

(6) 지나친 급진적 사고로서 비현실적인 측면이 있고 경험적 검증이 부족

3) 신행정론의 평가

(1) 신행정론은 기존의 모든 행정이론을 완전히 부정하는 이론체계라기보다는 기존 이론과 상호보완의 관계에 서서 기존 이론의 단점을 지적하는 이론이다.

(2) 윤곽이나 내용이 명확한 것은 아니지만 행정이론이 지향해야 할 방향을 제시해준다.

(3) 1970년대 격동기 미국의 사회문제 해결을 위해 윤리성을 강조하였다.

(4) 삶의 질(Quality of Life)을 향상시켜 사회적 형평성, 사회정의를 구현하고자 하는 데 의의를 둘 수 있다.

1. 아래 기술된 항목 중 후기행태주의적 접근 방법에 관한 설명으로 짝지어진 것은?

> ㄱ. 배경은 1960년대 흑인에 대한 인종차별, 월남전에 대한 반전데모 및 강제징집에 대한 저항 등 미국 사회의 혼란이라고 볼 수 있다.
> ㄴ. 1960년대 중반부터 존슨 행정부가 위대한 사회의 건설이라는 기치를 내걸고 하류층– 소외계층의 복지 향상을 위하여 사회복지 정책을 추진하면서 이의 추진에 지적 자원을 제대로 제공하지 못했던 정치학에 대한 비판
> ㄷ. 인간을 경제적 이윤을 추구하는 합리적 존재로 가정하고 행정의 원리들을 발견하는데 주된 관심을 기울임
> ㄹ. 사회과학자들은 그 사회의 급박한 문제를 연구대상으로 삼아서 사회의 개선에 기여하기보다는 과학적 방법을 적용할 수 있는 것을 연구대상으로 삼아야 한다.
> ㅁ. 가치평가적인 정책연구보다 가치중립적인 과학적 연구를 지향하고 있으며 정책학의 발전과는 무관하다.

① ㄱ, ㄴ 　　　　　　　　　　　② ㄴ, ㄷ
③ ㄹ, ㅁ 　　　　　　　　　　　④ ㄱ, ㄴ, ㅁ

정답 ①

해설　후기행태주의(Post–behaviouralism)는 1960년대말 미국 Johnson대통령 집권말기 격동기(turbulent field)의 국내 문제를 해결하기 위하여 대두된 이론으로 신행정론의 핵심적인 내용이다. 후기행태주의는 가치중립적인 과학적·실증적 연구보다는 가치평가적인 정책연구를 지향하고 있으며, 정책과학(1970년대)의 발전에 견인차 역할을 했다. 행정학 분야에서도 1960년대 말부터 미국 사회의 격동기의 문제를 해결하기 위하여 신행정론자들에 의해서 후기행태주의 접근방법이 도입되기 시작했는데 이로써 가치판단의 문제, 바람직한 사회를 위한 정책의 목표에 관한 문제, 새로운 행정이념으로서의 사회적 형평성, 행정의 실천성 및 적실성 등의 문제에 깊은 관심을 갖게 되었다. 후기행태주의는 정치체계론자 D.Easton에 의하여 행정학에 도입되었는데 한마디로 행정의 정책지향성 내지는 가치지향성, 실행(Action)과 적실성(Relevance)을 강조하며 정책 과학, 현상학 등과 함께 신행정학(NPA)의 중심위치를 차지하게 되었으며 나아가 비판행정학이나 담론이론 등 후기산업사회 행정이론의 계기가 되었다고 할 수 있다.

2. 〈보기〉 중 신행정론에 관한 사항으로만 묶인 것은?

> ㄱ. Frank Marini　　　ㄴ. 분권화 지향　　　ㄷ. 정책지향적 행정론　　　ㄹ. 실천적 적실성
> ㅁ. 가치중립적 관리론　　ㅂ. 합리성 중시　　　ㅅ. 시민참여 강조　　　　ㅇ. 정치행정이원론

① ㄱ, ㄷ, ㅁ 　　　　　　　　　② ㄴ, ㄹ, ㅂ
③ ㄷ, ㄹ, ㅅ 　　　　　　　　　④ ㄹ, ㅁ, ㅂ, ㅅ

정답 ③

해설　신행정은 가치지향적이고 합리성보다는 형평성을 중시하며, 정치행정일원론의 성격이 강함으로 ㅁ, ㅂ, ㅇ은 틀리고 나머지는 맞다.

제01편
제02편
제03편
제04편
제05편
제06편
제07편

4) 발전행정론과 신행정론의 비교

발전행정론과 신행정론의 비교

구 분		발전행정론	신행정론
차이점	시 대	1960년대 대두	1970년대 대두
	대 상	신생국을 위한 이론	선진국을 위한 이론
	행정이념	효과성	사회적 형평성
	행정변수	발전행정인	적극적 행정인
	초 점	성장·발전 위주	공정한 분배 위주
	접 근	거시적·체제적 접근	현상학적 접근
	기관형성	기관형성 중시	기관형성 비판
	행 정	전문관료 위주의 행정	참여위주의 행정
유사점		① 정치·행정일원론 ③ 행정학의 기술성 강조 ⑤ 변화를 중시, 학제적 성격	② 인간변수 강조 ④ 행정학 주체성의 위기 극복 노력 ⑥ 사회변혁기에 대두, 과학성 결여

🌀 현상학적·비판론적 접근방법

1. 현상학적 접근방법

1) 현상학의 의의

(1) 현상학(現象學 ; phenomenology)은 20C 독일철학자 E. Husserl 중심의 철학운동으로 시작되었으며, 행정학에서는 행태론의 비판적 입장을 취한 M. Harmon(행동이론, 조직행위이론을 행정에 도입), L. Kirkhat 등이 현상학적 접근을 하였다.

(2) 현상학이란 '현상에 대한 개개인의 지각(知覺 : perception) 또는 의식(意識)으로부터 그의 행태(behavior)가 나온다.'고 주장하는 철학적·심리학적 접근방법이다.

(3) 현상학은 주지주의(intellectualism-의식적인 것, 감정적인 것보다는 지성적·합리적·이론적인 것을 중시하는 입장을 취하는 것)가 아닌 주의주의(voluntarism-지성이 아닌 인간의 의지(의식)를 중시하는 입장으로서 의지를 심적 생활의 근본기능으로 보는 입장)를 취한다.

④ 물상화(인간이 목표달성을 위한 물적 수단으로 전락되는 것)를 비판하였다.

2) 현상학의 내용 및 평가

(1) 현상학의 내용

① 실재론보다는 유명론 추구

유명론과 실재론

1. **유명론(唯名論 ; nominalism)**
   (1) 유명론 또는 명목론은 개인주의와 자유주의가 토대가 된 것으로 사회에 대한 개인의 우월성을 강조하고 개인 이외의 전체 사회의 존재나 그 구조적 특성은 인정하지 않았다.
   (2) 참으로 실존하는 것은 개개의 물체뿐이고 보편이라는 개념은 개개 물체의 공통점을 추상하여 나온 일반적 이름에 지나지 않는다고 주장하였다.
2. **실재론(實在論 ; realism)** : 의식이나 주관으로부터 독립하여 객관적으로 존재하는 것만 인정하는 것으로 개인보다는 사회가 더 근원적인 실재자이며, 개인들은 사회를 구성하는 부분에 불과하고 개인보다는 전체 사회가 우위에 있다.

---

② 반실증주의, 반객관주의, 반과학주의

③ 일반법칙적 연구를 부정하고 개별중심적인 연구에 치중

④ 행태가 아닌 행동을 관찰 ⇨ 주체나 주관적 의미를 강조하며, 능동적 자아추구

⑤ 행위자의 동기가 무엇인가에 관심 ⇨ 외부로부터 표출된 단순한 행태가 아닌 의미가 부여된 행위를 중시

⑥ 동기부여의 원천 ⇨ 사람, 상호간의 성취욕구

⑦ 자신을 타인의 입장에서 관찰할 수 있는 능력 중시(감정이입)

⑧ 상호주관성(간주관성), 철학도 생산적인 것이며, 철학·도덕 등도 엄격한 경험과학으로 재정립 가능

행태론과 현상학의 비교

행태론	표출된 행위	객관적	양적	형이하학
현상학	의도된 행위	주관적	질적	형이상학

* 해석학(딜타이 주장) 대상을 이해하는 방법 적용

(2) 현상학의 평가

① 인간 및 사회에 대한 이해의 폭 증대

② 폭넓은 철학적 사고와 준거를 제공

③ 주관과 객관의 관계 및 생활세계의 규명

행태론적 접근방법과 현상학적 접근방법의 비교

구 분	행태론적 접근방법	현상학적 접근방법
존재론	실재론(realism)	유명론(nominalism)
인식론	논리적 실증주의	반실증주의
연구방법론	일반법칙적 연구	개별문제중심적 연구
분석단위	개인, 조직, 국가, 체제	대면적 만남에서 나타나는 현상
패러다임의 목적	행정현상의 설명, 예측, 연구의제의 구체화	이론의 범주 통합, 규범적 · 실제 행정의 개선
설명의 초점	행태(behavior)	행동(action)
설명양식	원인, 체제의 기능 · 목적	행위자의 동기
동기부여의 원천	자기의 이익, 체제의 존속	사람, 상호간의 성취욕구
인 간	결정론(도구주의)	자발론(인본주의)
이 념	합리성, 능률성	대응성, 책임성
사회관	사회현상과 자연현상 일치	사회현상과 자연현상 불일치
행정패턴	표준화 · 유일최선의 방식 추구	다양화된 행정패턴

✎ 대표유형문제

다음 중 현상학적 접근방법에 대한 설명으로 적합하지 못한 것은?

① 현상학적 접근방법은 주관적 접근방법에 해당된다.

② 현상학적 접근방법은 행태주의를 보완하는 차원에서 등장하였다.

③ 현상학적 접근방법은 실증주의를 비판한다.

④ 현상학적 접근방법은 인간성에 대해 결정론적 입장을 취한다.

정답 ④

해 설   현상학은 도구주의적인 결정론보다는 인본주의에 입각한 자발론에 기인하고 있다. 연구방법에서는 종전에 행태론이 취한 논리실증주의나 일반법칙적 방법보다는 개별문제중심적이고 반실증주의적 입장을 강구한다.

🖋 포스트모더니즘과 담론이론

1. 모더니티와 포스트모더니즘

1) 모더니티(modernity)

모더니티의 구체적인 기원을 밝힐 수는 없으나 과거 약 500년 간 모더니티가 서양의 사고(思

考)를 지배해 왔다고 말할 수 있을 것이다. 모더니티는 인간의 이성(理性)에 대한 믿음을 가진 시대로서 과거의 전통이나 초자연적인 속박을 거부하고 인간이 세상의 중심에 있다는 생각을 가진 시대이다. 이러한 인간중심적인 사고의 대표적인 특징이 합리주의이다.

(1) 합리주의 : 합리주의는 과학주의와 기술주의를 장려해 왔다. 학문영역이 분화되고 전문화 (특수주의)될수록 더 합리적이라고 보았다. 그러면서도 학문적인 언명은 보편적이어야 한다는 생각을 가지고 있다.

(2) 과학주의 : 과학주의는 세상의 현상을 인간의 이성과 실증적 연구에 의하여 파악할 수 있다는 생각이다.

(3) 기술주의 : 기술주의는 인간의 필요에 의하여 자연을 정복할 수 있다는 생각이다. 이러한 과학주의와 기술주의는 비정한 인간관계하에서 정실의 개입을 거부하고 객관적 계산에 의하여 일을 처리함으로써 능률과 효과를 높인다고 생각한다. 실제로 이러한 합리성이 과거 500년 간 정치·경제·사회·문화의 여러 분야에 걸쳐서 서양의 눈부신 발전을 도와주었다는 것이다.

(4) 특수주의 : 학문의 영역이 분화되고 전문화될수록 더 합리적이다. 그러면 학문적인 언명은 보편적이어야 한다는 생각을 말한다.

(5) 해석학 : 행정에서 합리적인 것을 추구하는 것은 유용하다.

(6) 근본주의 : 메타이론(보편적 원리) 추구

(7) 기업과 기업가 정신

2) 포스트모더니즘(postmodernism)

(1) 포스트모더니즘의 의의

탈현대주의 혹은 포스트모더니즘은 1960년대 들어 미국과 유럽에서 일어난 문화운동이면서 정치·경제·사회의 모든 영역과 관련되는 한 시대의 이념이라 하겠다. 다양한 변화의 실험을 그 특징으로 하는 이 운동은 미국과 프랑스를 중심으로 사회운동과 전위예술, 그리고 해체주의 혹은 후기구조주의 사상으로 시작되어 오늘에 이른다. 해체주의는 지금까지의 서유럽의 전통적 형이상학을 철저하게 비판하고 그 사상의 축이 되었던 것을 모두 상대화시킴으로써 새로운 사상을 구축하려 한 하나의 사조였다. 그 때 먼저 비판의 대상이 된 것은 미리 주어진 것으로서 존재하는 '전체성'이라는 사고방식이었고 다음이 그 배후에 있는 신이라는 궁극적 존재를 지주로 하는 서구의 '전통적 형이상학'이었다.

(2) 포스트모더니즘의 지적 특징

① 구성주의 : 객관주의를 배척하고 사실적 현실이 우리들의 마음속에 구성된다고 보며, 언어의 중요성을 강조하기에 언어주의라고도 한다.

② 인식론적 상대주의 : 사회구조들의 서로 다른 특성을 존중하고, 인식론적 · 윤리적 · 심미적 상대주의를 받아들인다.

③ 해방주의 : 사람들은 서로의 상이성을 인정하고 각자 자기 특유의 개성을 가질 자유를 누려야 한다고 본다.

④ 행동과 과정의 중시 : 모더니즘이 안정된 존재와 결과를 강조한다면 포스트모더니즘은 정체된 존재가 아니라 행동과 만들어져가는 과정을 중시한다.

(3) 포스트 모더니티의 행정이론의 특징

① 상상(imagination) : 부정적으로 볼 때는 규칙에 얽매이지 않는 것이고 긍정적인 볼 때에는 문제의 특수성을 인정하는 것

② 해체(deconstruction, 탈구성) : 텍스트(언어, 몸짓, 이야기, 설화, 이론)의 근거 해부

③ 영역해체(deterritorialization, 탈영역화, 학문영역 간의 경계파괴) : 지식의 고유영역과 경계 타파

④ 타자성(alterity) : '즉자성'(I-ness ; 타인의 존재를 인정하지 않는 자족적 상태)과 대비되는 개념으로 타인을 대상으로서가 아니라 도덕적 타인으로 인정하는 상호 개방적인 인간관

(4) 포스트모더니즘 사회의 특징

① 사람들이 추구하는 이상향이 다양해지며, 탈계층화의 경향으로 동태적 구조가 일반화된다.

② 사회와 조직의 인위적 구조에 의한 통제를 꺼리며, 모든 의사결정을 공동체에게 개방한다.

③ 포스트모더니즘사회는 사회와 조직의 인위적 구조에 의한 통제를 싫어하고 각기의 상이성을 중시하는 개인들로 구성되는 원자적 · 분권적 사회이다.

④ 경계를 초월한 제반 현상들이 발생하고, 인간생활은 점점 세계화되어 가며 세계주의와 국지주의가 갈등한다.

⑤ 다품종 소량생산체계가 확산되며, 제품의 수명이 짧아진다.

⑥ 포스트모더니즘의 속성은 상상, 영역해체와 행정이론이 타자성(他者性)을 중심으로 변화한다.

2. 담론이론(Discourse Theory)

담론이론은 Fox & Miller가 연구한 것으로 정책의 형성 · 집행 · 평가 등에서 참여하는 사람들을 통해서 업무를 수행해야 한다고 보는 이론이다. 그동안 대의민주주의가 시민의 의견을 제대

로 반영하지 못하자 이에 대한 대안으로 제시되었다. 담론이론의 핵심은 관료제도의 바탕이 되는 대의민주주의의 한계극복을 위한 대안(참여적 공동체주의, 입헌주의, 담론이론) 중의 하나로 제시된 이론으로서 3가지 대안 가운데 관료제도의 한계를 극복하는데 기여할 수 있는 가장 적합한 대안으로 제시된 이론이다.

(1) 시민들은 정책결정자와 직접 협상 가능하다고 보기에 참여를 통한 의사소통이나 토론을 중시한다.

(2) 담론은 포스트모더니즘을 통해서 행정학을 접근하며, 현상학은 담론이론을 전개하는데 이론적 기반이 된다.

(3) 지식이나 정보의 포괄적 이용과 관료기구와 이를 구성하는 제도를 해체하며, 정책결정은 분석을 통한 문제해결능력이 아니라 상호 합의할 수 있는 대안창출을 중시한다.

📝 대표유형문제

1. 포스트모더니즘 행정이론에 대한 설명 중 틀린 것은?

① 우리가 발견할 수 있는 객관적 사실이 있다고 보는 객관주의를 배척한다.

② 포스트모더니즘의 세계관은 상대주의적이며 다원주의적인 것이다.

③ 해체의 개념을 통해 타인을 하나의 대상으로서가 아니라 도덕적 타인으로 인정하고 개방적인 태도를 가져야 한다는 점을 강조하고 있다.

④ 포스트모더니즘은 해방주의적 성향을 지닌다.

정답 ③

해설 타인을 하나의 대상으로서가 아니라 도덕적 타인으로 인정하고 개방적인 태도를 가져야 한다는 점을 강조하는 것은 해체개념이 아니라 '타자성(他者性)'과 연관된다. 상상(imagination)은 부정적으로 볼 때는 규칙에 얽매이지 않는 것이고 긍정적으로 볼 때에는 문제의 특수성을 인정하는 것이다. 해체(deconstruction, 탈구성)는 텍스트(언어, 몸짓, 이야기, 설화, 이론)의 근거를 파헤쳐 보는 것이고, 영역해체(deterritorialization, 탈영역화, 학문영역 간의 경계 파괴)는 모든 지식은 그 성격과 조직에 있어서 '고유'영역이나 경계가 해체된다는 의미이다.

2. 행정학의 주요 이론에 대한 설명으로 가장 적절하지 않은 것은?

① 신공공관리론(New Public Management)은 전통적 관료제에 의한 정부운영방식의 한계를 극복하고 효율성을 확보하기 위해 민간기업의 운영방식을 공공부문에 접목하고자 한다.

② 피터스(B. G. Peters)는 전통적 형태의 정부모형에 대한 대안으로서 시장적 정부모형, 참여적 정부모형, 신축적 정부모형 및 탈내부규제 정부모형 등을 제시하였다.

③ 포스트 모더니즘(Post-Modernism)은 이성, 합리성, 및 과학 등에 기초한 모더니즘(Modernism)을 비판하면서, 상상, 해체, 영역파괴, 타자성 등의 개념을 중심으로 한 거시이론, 거시정치 등을 통하여 행정현상을 설명하고자 한다.

④ 신공공서비스론(New Public Service)에서는 행정가가 업무수행의 효율성을 제고시키기 보다는 모든 사람에게 더 나은 생활을 보장하여야 한다고 주장한다.

해 설　포스트 모더니즘(Post-Modernism)은 인간이 사회의 중심에 서야 한다는 인본주의를 추구하므로 거시이론이라기
　　　보다는 다시 미시이론이다. 탈현대주의 혹은 포스트모더니즘은 1960년대 들어 미국과 유럽에서 일어난 문화운동
　　　이면서 정치·경제·사회의 모든 영역과 관련되는 한 시대의 이념이라 하겠다. 다양한 변화의 실험을 그 특징으로
　　　하는 이 운동은 미국과 프랑스를 중심으로 사회운동과 전위예술, 그리고 해체주의 혹은 후기구조주의 사상으로
　　　시작되어 오늘에 이른다. 해체주의는 지금까지의 서유럽의 전통적 형이상학을 철저하게 비판하고 그 사상의 축이
　　　되었던 것을 모두 상대화시킴으로써 새로운 사상을 구축하려 한 하나의 사조였다. 그 때 먼저 비판의 대상이 된
　　　것은 미리 주어진 것으로서 존재하는 '전체성'이라는 사고방식이었고 다음이 그 배후에 있는 신이라는 궁극적 존
　　　재를 지주로 하는 서구의 '전통적 형이상학'이었다.

3. 비판론(批判論)적 접근방법

1) 비판론의 의의

(1) 비판론의 개념

비판이론은 왜곡 없는 의사소통과 담론(談論)으로 공공행정의 위기로 대두된 참여배제, 인간
소외, 권력과 정보의 비대칭, 왜곡된 의사소통을 극복하고자 대두되었다.

① 1960년대 말 이후 행정학 연구의 경향이었던 실증주의적 행정학의 연구방법에 대한 문제
　점의 제기 및 그것을 극복하려는 학문활동이 나타났는데, 그 중 하나는 실제적·해석적 이
　성에 근거한 현상학적 연구방법이고 또 하나는 비판이성(혹은 해방이성)을 표방하고 이를
　도입·적용하려는 비판론적 연구방법이다.

② 비판이론은 Kant의 비판철학과 Marx의 이데올로기 비판에 근거를 두고, 무엇이 인간의 자
　율성을 억압하고 예속시키는가를 규명하는 데 학문적 관심을 둔다.

③ Horkheimer : 베버의 가치중립성에 반대하며, 사회과학은 사회적 존재의 향상을 위해 사회
　변화에 대해 공개적으로 언급할 것을 주장하였다.

④ J. Harbermas : 비판과학은 현상학에 바탕을 두고 구성원 간에 자유로운 의사소통에 의한
　감정이입작용(간주관성)이나 현실의 왜곡된 의사소통과정을 담론분석을 통해 확인하려
　는 이론적 틀을 마련하였다.

(2) 비판론의 가정

① 존재론적 가정 : 현실세계를 인간 의식의 산출물로 이해

② 인식론적 가정 : 상대주의, 반실증주의

③ 주의주의적 인간성 : 인간성을 능동적이고, 자율적인 것으로 간주

④ 방법론 : 개별기술적 접근, 인간 주체를 더 강조

제01편

제02편

제03편

제04편

제05편

제06편

제07편

2) 비판이론의 행정학 적용

(1) 행정의 연구에 비판이론의 시작이 도입된 것은 1970년대 후반부터이다.

(2) R. Denhardt : 관료와 시민 간 이익의 불일치가 왜곡된 의사전달에서 기인된 것으로 이해하고 의사전달에 실제 구조적 한계성을 비판적으로 분석하였다.

(3) Forester와 Dunn의 비판이론

　　① 관료제의 권력집중을 비판하고 재규정하였다.

　　① 능률성보다는 사회관계의 민주화에 주안을 둘 것을 강조하였다.

　　③ 소외의 원인을 규명하여 조직생활의 질을 개선할 것을 주장하였다.

　　④ 기술적 합리성의 극복을 강조하였다.

(4) 합목적적·합리적 행위를 중시하며 지식의 목적을 인간의 통제에 둔 실증주의 접근방법인 도구적 이성을 비판하고 비판적 이성을 강조하였다.

(5) 공공부문의 축소하고, 지식과 이해 간의 적정한 관계를 유지하였다.

3) 비판론의 특징 및 평가

(1) 비판론의 특징

① 총체성 : 사회는 고립된 부분이 아니라 전체적인 연관이며 주관적 세계와 객관적 세계를 망라하여 정치, 경제, 문화, 주관, 객관 등 모두 포함.

② 의식 : 의식은 사회적 현상을 규정할 뿐만 아니라 창조한다고 보며, 인간의 내면적인 이성을 중시

③ 소외 : 인간 자신 속에서 주체와 객체 혹은 객관화된 세계 간의 분리현상을 경험하는 상태를 소외라고 보며, 이러한 인간의 무력감, 고독, 물상화 등의 소외를 극복하려는 인본주의 입장을 중시

④ 비판적 이성 : 사회적 권력에 대한 획일화·타율화·절대화를 부정하고 비판하는 비판적 이성을 중시

⑤ 상호담론(談論) : 왜곡 없는 자유로운 의사소통으로 참여배제, 인간소외, 권력과 정보의 비대칭성, 왜곡된 의사소통 등을 극복해야 한다고 주장

(2) 비판론의 평가

관료제 및 조직과 관련된 의미와 실상을 냉엄하게 비판함으로써 관료제와 조직의 병리를 밝히고 이를 개선하려는 대안을 제시하고 있으나, 아나키즘(anarchism-무정부주의)적 사고를 가져올 수 있다는 점에서 비판을 받는다. 따라서 비판이론은 아직까지 이상적인 대안을 체계적으로 제안하지는 못하고 있다.

공공선택적 접근방법

1. 공공선택론의 의의

1) 공공선택론의 개념

(1) 공공선택적 접근방법(public choice theory)은 공공부문의 시장경제화 필요성, 시민 개개인의 선호 중시 등 미시경제이론과 민주정치이론을 기반으로 정부의 공공재 공급에 대하여 정치경제학적으로 접근하고자 하는 것이다. 공공재의 공급을 위한 의사결정방법과 조직배열을 중시한다. 공공선택모형은 공공서비스의 공급과 소비에 연관된 이기적인 개인들(투표자, 관료, 이익집단, 정치인)이 자신들의 이익을 위하여 어떻게 정치적·경제적으로 행동하는지를 연구하여 정부실패를 설명하려는 모형들로 구성된 이론이다.

(2) Dennis Mueller는 공공선택론을 "비시장적 의사결정에 대한 경제학적 연구 혹은 정치학에 경제학적 접근을 응용하는 연구"라고 정의하였다. 공공선택모형은 공공분야의 의사결정에 경제적 분석의 시각을 원용하고자 하는 정치·경제학적 접근이다.

(3) 공공선택론은 경제학에서는 1963년 Buchanan과 G. Tullock에 의해서 시작되었고, 행정학에서는 1970년대에 V. Ostrom에 의해서 도입되었다.

2) 공공선택론의 성립배경

(1) 전통적인 정부관료제의 한계   (2) 공공부문의 시장경제화
(3) 시민 개개인의 선호 중시   (4) 파레토 최적의 실현

3) 방법론상 특징

(1) 방법론상 개체주의 : 개인의 행동, 특성 ⇨ 기본적인 분석단위

(2) 합리적이며 이기적인 경제인의 가정 : 정치인은 득표극대화(Downs와 Tullock), 관료는 예산극대화(Niskanen), 이익집단은 이익극대화(Olsen)한다.

(3) 연역적 이론화와 수학적 공식의 사용 : 복잡한 정치행정현상을 몇 가지 가정으로 단순화시키고 수학적 공식에 의한 연역적 추론을 강조하기 때문에 수리정치모형이라고도 한다.

(4) 정치행정체제와 제도의 조정 : 재화, 인간, 의사결정 등에 영향을 미치는 바람직한 제도적 장치가 필요하다.

(5) 민주주의에 의한 집합적 결정 중시 : 많은 정보의 제공, 설득과 합의를 통한 정치적 타협은 정치적 비용을 극소화 하는 방안이 될 수 있다.

(6) 권한의 분산(분권화) : 급변하는 환경에 대응하기 위해서는 의사결정의 다원화로 권한을 분산할 필요가 있다.

(7) 관할권의 중첩 : 거부권을 가진 여러 기관에 권위가 배분되어야 하며, 복합적 명령관계와 다수 기능을 내용으로 하는 중첩적·동태적 조직구조형성(다중 공공관료제, 신제도론적 접근방법)

(8) 다른 기관 간의 조정 : 다른 기관과의 조정은 상호이익을 위한 경쟁, 계약 등에 의하여 이루어지며, 이론의 다양성, 대응성 중시, 고객선호, 경쟁이용, 사회적 능률을 중시(민주성)

(9) 파레토 최적 기준점(Point of Pareto Optimality) 추구 : 더 이상 나갈 수도 , 물러설 수도 없는 최적의 자원배분상태를 축구한다.

(10) 이론의 다양성과 대응성을 중시하고, 정책의 파급 효과를 중시한다. 또한 재화나 용역의 공공성을 강조한다.

(11) 공공선택론은 지방자치에서 지역주민의 반대로 쓰레기 매립장 등의 건설이 안 되는 이론이나 님비(NIMBY)현상 등 공공서비스의 외부효과 처리에 대한 문제를 해결할 수 있는 가능성을 제시한 이론이다.

🖋 대표유형문제

1. 공공선택론(public choice theory)의 접근방법에 관한 설명으로 옳지 않은 것은?

① 방법론적 개인주의에 입각하고 있으며, 인간은 철저하게 자기이익을 추구한다 고 가정한다.
② 인간은 모든 대안들에 대하여 등급을 매길 수 있는 합리적인 존재라고 가정한다.
③ 정당 및 관료는 공공재의 소비자이고, 시민 및 이익집단은 공공재의 생산자로 가정한다.
④ 뷰캐넌(J.Buchanan)과 털럭(G.Tullock)이 대표적인 학자이다.

정답 ③
해설 공공선택이론은 공공부문의 경제학적 관점을 도입하려는 접근법으로 행정을 공공재의 공급과 소비관계로 파악하고 정당 및 관료는 공공재의 공급자이고 시민 및 이익집단은 공공재의 소비자로 가정한다. 모든 인간은 자신들의 이익을 추구하는 합리적 경제인으로 가정하는 방법론적 개체주의에 입각하고 있다.

2. 공공선택론적 행정학 연구의 특징이 아닌 것은?

① 합리적 경제인으로서의 개인
② 방법론적 개체주의
③ 정치는 합리적 개인들 간의 자발적 교환작용
④ 제도적 장치의 경시

정답 ④
해설 공공선택이론은 정부실패의 원인을 분석하고 그 해결책을 모색하기 위한 시도였으며, 이를 위해 공공부문에 시장

제01편

제02편

제03편

제04편

제05편

제06편

제07편

원리 및 경쟁개념을 도입하여 시민들의 다양한 요구와 선호에 민감하게 부응할 수 있는 제도적 장치 (관할구역을 중첩시키고 권한을 분산시키는 다중공공관료장치 등)의 강구를 중시한다.

2. 공공선택론의 주요 이론

1) 애로우의 불가능성 정리

Arrow의 불가능성 정리(不可能性定理)는 각각의 개인이 합리적으로 최선의 선택을 할 때, 사회적으로도 최적의 선택이 이루어지는 것은 불가능하다는 정리이다. 개인의 합리적인 선택이 사회적으로 합리적인 선택을 보장하지 못하게 되므로 시장실패가 발생하게 된다.

2) 중위투표자 정리(median voter Theorem) – Hotelling의 원칙

(1) Downs에 의하면 양당정치에 있어서도 중위투표자 정리가 적용된다. 보수와 진보적인 이념을 가진 두 정당은 과반수 지지를 확보하기 위하여 극단적인 이념을 버리고 중위투표자의 이념적 선호에 맞추어 정강을 제시하게 된다. 따라서 양 정당의 이념은 서로 접근하게 되며 정당간의 이념상의 차이는 최소화된다(Hotelling 원칙). 이 경우 극단적인 선호를 가진 투표자들은 자신의 선호와 합치되는 지지정당을 상실하게 된다.

(2) 선호체계가 다봉형일 때에는 중위자의 선호에 부응했을 때 반드시 지지를 더 많이 확보한다는 보장이 불확실하게 되어 오히려 차별화된 정강정책을 내세우게 됨으로 중위투표자정리가 나타나지 않게 된다.

3) 투표의 교환(Log-rolling)

(1) 투표교환의 의의 : '투표의 거래'라고도 하며 담합에 의하여 자신의 선호와는 무관한 대안에 투표하는 행동을 보이는 집단적 의사결정행태를 말한다.

(2) 투표교환의 내용

① 예컨대 A와 B 두 대안은 각각 1명 갑·을의 찬성자가 있으나 2인의 반대자가 있어 통과되기 어려울 때 갑과 을이 상호지지를 약속하고 담합을 하면 두 대안 모두 통과가 가능하게 되는 전략을 말한다.

② Log-rolling은 '투표의 역설 현상'을 극복해 주는 장치가 된다. 투표의 역설이란 여러 대안에 대한 각 개인의 선호는 분명하지만 실제 투표를 해보면 개인의 선호대로 결과가 선택되지 않는 것을 말한다.

4) 티보가설(Tiebout Hypothesis)

(1) 티보가설의 의의

C. M. Tiebout는 주민들이 자신이 선호하는 지방공공재를 공급하는 지방자치단체로 이사하는 이른바 '발에 의한 투표'(voting by foot : 발은 시장가격 기능)가 지방자치단체의 지방공공재의 배분을 효율화하는 하나의 시장기구의 역할을 한다고 주장하였다. 이러한 시장배분적 과정을 통하여 지방공공재의 공급의 적정규모가 결정될 수 있다고 본다. 이 이론은 공공재 적정공급이 국민의 선호와는 관계없이 정치적 과정을 통하여 중앙정부 차원에서 공공재가 공급된다는 전통적인 Samuelson 공공재이론에 대한 반론에서 제기되었다.

(2) 티보가설의 전제조건

① 주민들의 지역 간 이동에 아무런 제약이 없으며, 실제로 자신들의 욕구가 가장 잘 충족되는 지역으로 이동한다.

② 주민들은 각각의 지방자치단체의 재정지출과 세입구조에 어떠한 차이가 있는지를 완벽하게 숙지하고 있다.

③ 주민들이 선택할 수 있는 지방자치단체의 수는 주민들의 선택권을 보장할 정도로 다수이다.

④ 거주지를 선택함에 있어 고용기회의 제약으로 인한 영향은 없기 때문에 모든 주민은 배당소득으로 생활하고 있다고 가정하여도 무방하다.

⑤ 민간기업의 생산비용을 최소화하는 생산규모가 존재하는 것과 마찬가지로 각각의 지방자치단체는 공공재의 평균공급비용을 최소화하는 최적상태의 지역규모를 가지고 있다.

⑥ 공공재의 공급은 외부경제 또는 외부불경제를 발생시키지 않는다.

⑦ 최적 규모 이하의 지방자치단체는 새로운 주민들을 받아들임으로서 공공재의 생산비용을 감소시키려 하는 반면 최적 규모 이상의 단체는 주민을 전출시킴으로서 최적화를 도모하게 된다. 최적 규모와 비슷한 수준의 인구를 보유하고 있는 단체는 현상유지를 위해 노력하게 된다.

(3) 티보가설의 문제점

① 사람이 이사하거나 하지 않는 요인에는 복합적인 것이 작용하는 데, 이를 충분히 설명하지 못하고 있다.

② 지방자치의 당위성을 옹호하는 이론으로서 경쟁의 원리에 의한 지방행정의 효율성은 높아지지만 형평성은 저해될 우려가 있으며, 지역 간 이동에 따른 응익주의(수익자부담주의)를 저해할 우려가 있으므로 이에 대한 탄력적인 대처가 필요하다.

3. 공공선택론의 평가

1) 공공선택론의 공헌

(1) 공공재외 공공서비스의 효율적인 공급을 가져오기 위한 실증적이고 규범적인 설명을 제공하였다.

(2) 행정의 분권화와 탄력성 및 대응성을 제고시킴으로써 민주행정의 실현과 자원배분상의 효율성을 달성할 수 있게 한다.

(3) 시민들의 다양한 요구와 선호에 민감하게 부응할 수 있는 제도적 장치를 마련하였다.

(4) 합리모형의 방법론적 엄격성을 유지하면서 동시에 국민의 대표적 참여 및 동태적·상황적응적인 정책구조를 강조하였다.

2) 공공선택론의 비판

(1) 현실세계가 전적으로 효용극대화를 추구하는 개인들로 구성되었다고 보는데, 이는 현실적이지 못하다(인간의 본성과 행태에 관한 지나친 경제학적 가정의 편협성).

(2) 자유시장의 논리를 공공부문에 도입하려는 이 접근방법은 시장실패라는 한계가 있다.

(3) 경쟁시장의 논리는 그 자체가 현상유지와 균형이론에 집착하는 것이라는 비판을 받는다.

(4) 가외성이 필요한 공공재의 생산과 관리를 소홀히 하였다. 즉, 공공선택이론은 경제학적 관점에 의하여 합리성을 중시하기 때문에 여유분의 가외성이나 형평성 같은 경제학적 관점으로는 설명할 수 없는 공공부문의 속성과 충돌된다.

🌑 신제도론적 접근방법(New Institutionalism)

1. 신제도주의의 의의

1) 신제도주의의 의의

(1) 신제도주의의 대두배경 : 2차 세계대전 이후 사회현상을 과학적이고 실증적인 방법에 입각하여 합리적 개인들의 행태를 분석하는 행태주의 접근방법에 이의를 제기한 March와 Olsen의 연구와, Parsons의 기능주의적 조직론을 비판하면서 관료제적 합리성을 신화와 의식의 차원에서 이해해야 한다는 주장이 Meyer와 Rowan에 의해 제기되면서 신제도주의가 싹트기 시작하였다.

(2) 제도의 의의 : 제도란 개인행위에 영향을 미치는 구조적 제약요인이다. 제도는 규칙, 법률 등 공식적인 제약요인, 규범이나 가치체계 등 비공식적 제약요인, 공동체 구성원들이 공유

하는 의미체계를 포함한다. 제도의 영향력 하에서 인간행위는 안정성(균형점)과 규칙성을 띄게 된다. 즉, 제도가 존재하는 경우 개인행위나 개인 간 상호작용은 무작위적으로 이루어지는 것이 아니라 일정한 패턴을 보이게 된다.

(3) 신제도주의의 개념 : 1960년대와 1970년대 사회과학연구의 중심개념이 집단이었고, 1980년대에는 국가에 대한 논의가 활발했다면, 최근에는 제도(institution)가 사회과학연구의 중심개념으로 등장하고 있다. 이 최근 '제도'를 중심으로 정치, 경제, 사회현상을 설명하고자 하는 학문적 흐름을 신제도주의라 한다.

2) 신제도주의와 종전의 접근법들과의 차이

① 행태주의나 다원주의 : 행태주의는 상당히 미시적이며, 비역사적(非歷史的) 방법을 활용하며, 다원주의와 같이 제도를 하나의 부수적인 현상으로 간주하여 제도가 개인의 선택과 행위에 미치는 영향을 분석하지 못했다.

② 구제도주의
  ㉠ 구제도주의는 주로 정치학에서 활용되는 것으로서 대통령중심제, 내각책임제 등의 국가기관의 공식적인 구조와 법체계에 초점을 맞추는 것으로서 특정한 정치체제의 특징을 구체적으로 '기술하는 차원'에 머물러 있다.
  ㉡ 구제도주의는 단순한 제도의 특성을 기술하는 정치학적 기술이다.
  ㉢ 정부에 의해 일방적·인위적으로 만들어진 공식적인 제도에 중점을 둔다.

③ 신제도주의
  ㉠ 신제도주의는 정책의 거시적 또는 중범위적 차원의 접근, 역사적 배경과 변화과정에 대한 연구, 개인적 선호보다는 개인적 선호를 제약하고 선호에 영향을 미치는 제도나 정책들을 연구한다. 또한 조직을 둘러싸고 있는 문화적·인지적 측면의 개방된 환경을 강조하며, 인식론적 기초는 현상학, 인지심리학, 민속학적 방법론을 중시한다.
  ㉡ 신제도주의는 개인행위를 제약하는 제반의 요소들을 총칭함으로써 제도의 범주를 훨씬 광역화시킨다(예를 들어, 고스톱을 칠 때 그 판에 참여하는 사람들의 행위를 제약하는 규칙들도 제도의 범주에 넣는다).
  ㉢ 신제도주의는 제도를 국가정책이나 사회현상을 설명하기 위한 핵심변수로 설정하는 행정학적 기술이며, 제도의 공식적·구조적 측면에 초점을 맞추지만, 이를 통해서 개인의 행위를 설명하려는 목적을 지닌다는 점에서도 구제도주의와 차이가 있다.
  ㉣ 신제도주의는 정책의 차이와 변화를 설명하기 위한 중범위 수준의 변수들을 제시해줌으로써 미시적 또는 거시적 행정학이 갖고 있는 한계를 보완해주고 있다.

제01편

제02편

제03편

제04편

제05편

제06편

제07편

2. 신제도주의 접근방법

구제도론과 신제도론의 차이

구 분	구제도론	신제도론
제도의 개념	공식적인 법령	공유하고 있는 규범
제도의 특성	외생적 요인에 의해 결정	제도와 행위자 간의 상호작용으로 형성
구조적 접근	공식적·구체적	비공식적·상징적·도덕적·문화적
거시와 미시	거시주의	거시와 미시의 연계적(절충설)
접근법	정태적	동태적

신제도주의의 유형

구 분	역사적 신제도주의	합리적 선택의 신제도주의	사회학적 신제도주의
제도의 개념	역사적 특수성과 경로의존성	개인의 합리적 계산	사회문화 및 상징
초 점	국가중심	개인중심	사회중심
제도의 측면	공식적 측면	공식적 측면	비공식적 측면
학문적 기초	정치학, 역사학	경제학	경제학, 사회학
중 점	·동일목적의 제도가 나라마다 다르게 형성되는 경로의존성 중시 ·개인의 행위를 결정하는 국가(정치체제)의 자율성 강조 ·권력관계의 불균등성 중시	·개인들의 전략적 행위에 의하여 제도가 형성 ·제도의 균형 중시	·개인의 행위를 제약하는 의미구조 ·상징,인지적·도덕적 기초, 사회문화 중시 ·사회적 정당성을 얻기 위해 제도적 동형화 나타남 ·동형화(isomorphism)를 중시
제도의 범위	넓음	좁음	넓음
접근법	귀납적	연역적, 방법론적 개체주의	귀납적
개인의 선호	내생적 : 집단의 선호를 결정하는 '정치체제'가 개인선호를 재형성	고정, 외생적 : 개인의 고정된 선호가 전체선호를 결정	내생적 : 사회문화 및 상징이 개인선호를 결정

✎ 대표유형문제

1. 다음 중 신제도주의에 설명으로 옳지 않는 것은?

① 합리적 선택의 신제도주의에서는 제도의 형성과 변화 과정에서 개인의 합리적이고 전략적인 선택을 중요시하였다.

② 역사적 신제도주의는 경로의존성과 권력의 불균형성을 중시하였다.

③ 사회적 신제도주의는 제도의 형성과 변화 과정에서 사회적 동형화(isomorphism)를 중시하였다.

④ 사회적 신제도주의는 제도의 형성과 변화 과정에서 공식적인 과정을 중시하였다.

정답 ④

해설 사회적·문화적 신제도주의는 제도를 사회문화나 비공식 관행으로 보므로 제도의 형성과 변화과정에서 공식적인 과정을 중시하는 합리적 선택의 신제도주의나 역사적 신제도주의와 달리 비공식적인 과정과 측면을 중시하였다.

2. 신제도주의에 대한 다음 설명 중 가장 옳은 것은?

① 합리적 선택의 제도주의는 사례연구와 비교연구를 통하여 효율적이지 못한 제도는 도태된다는 이론을 전개하였다.

② 역사적 신제도주의와 사회학적 신제도주의에서 개인의 선호체계는 주어진 것으로 가정한다.

③ 신제도론적 접근방법은 행정부·입법부·사법부 등 제도 간의 관계에 관해 법규를 중심으로 연구를 진행한다.

④ 역사적 제도주의가 제도의 종단면적 측면을 중시하면서 국가간의 차이를 강조한다면 사회학적 제도주의는 횡단면적으로 국가 간 또는 조직 간 어떻게 유사한 제도의 형태를 취하는가에 관심을 갖는다.

정답 ④

해설 역사적 제도주의는 각 나라에서 경로의존성에 따라 제도가 형성되어 온 역사적, 시간적 경로 즉, 종단면적 측면을 중시하면서 국가간의 차이를 강조한다면, 사회학적 제도주의는 종단면적이 아니라 횡단면적으로 국가 간 또는 조직 간 어떻게 유사한 제도의 형태를 취하는가에 관심을 갖는다.

① 합리적 선택의 제도주의는 연역적 접근법을 사용하며, 사례연구와 비교연구는 역사학적 신제도주의에서 사용하는 접근법이다.

② 역사적 신제도주의와 사회학적 신제도주의에서는 개인의 선호체계를 주어진 것으로 가정하지 않는 내생적 선호를 전제하며, 이에 반해 합리적 선택의 신제도주의는 개인의 선호를 주어진 것으로 보는 외생적 선호를 전제한다.

③ 행정부·입법부·사법부 등 제도 간의 관계에 관해 법규를 중심으로 연구를 진행하는 것은 구제도론적 접근법이다.

🔰 신자유주의(新自由主義)

신자유주의란 케인즈 경제학 이후 유럽 좌파에 의하여 지지되어 오던 행정국가와 복지국가 사상이 비효율, 저성장, 고실업, 개인의 도덕적 해이 등의 한계에 부딪히게 되자, 1980년대 서방유럽국가의 우파정권에 의하여 그 대안으로 모색된 시장지향적 통치노선으로서 영·미 서방선진국을 중심으로 OECD·IMF 등의 국제기구가 주도한 일종의 정신혁명이다.

신자유주의의 기본정신은 세계화·시장화·지방화를 기치로 '작은 정부, 큰 시장'을 주창하며, 정부규제 완화, 정부역할 축소, 공공부문의 시장화, 노동의 유연화 등을 추구하여 왔으며, 이러한 신자유주의는 새로운 행정관리전략으로 신공공관리론을 탄생시켰다.

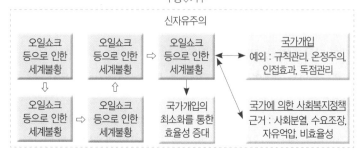

신자유주의의 개념도

케인스 주의
국가에 의한 재분배정책, 공공투자정책 등을
유효수요 등에 투입하여 고용증대

수용⇕거부

신자유주의

| 오일쇼크 등으로 인한 세계불황 | 오일쇼크 등으로 인한 세계불황 | ⇨ 오일쇼크 등으로 인한 세계불황 | 국가개입 예외 : 규칙관리, 온정주의, 인접효과, 독점관리 |
| 오일쇼크 등으로 인한 세계불황 | ⇨ 오일쇼크 등으로 인한 세계불황 | 국가개입의 최소화를 통한 효율성 증대 | 국가에 의한 사회복지정책 근거 : 사회분열, 수요조장, 자유억압, 비효율성 |

🔵 신공공관리론(NPM)

1. 신공공관리론의 특징

신공공관리론(New Public Administration)은 신자유주의에 기반을 두고 집권하게 된 보수적 정부들과 학자들에 의해 제기되어, 아직은 이론적 취약성이 있지만, 대체로 신관리주의와 기업 가적 정부모형으로 대별된다(박수영 외 공저, 2000: 35-36). 이러한 신공공관리론은 1980년대와 1990년대에 걸쳐 각국이 비능률과 재정위기 등에 봉착하게 되면서 정부 규모의 지나친 비대화가 비판받게 되고, 정부 능력에 대한 불신이 심화되면서 이른바 '작은정부'를 추구하는 움직임의 일 환으로 등장하였다.

오스본(David Osborne)과 개블러(Ted Gaebler)는 그들의 공저인 「Reinventing Government」 에서 기업가적 정부의 10대 원칙으로서 다음과 같이 제시하고 있다.

기업가적 정부의 10대 원칙

기업가적 정부의 10대 원칙	주요 내용
고객지향적 정부	관료제가 아닌 고객요구의 충족
지역사회가 주도하는 정부	중앙정부가 아닌 지역사회가 주도
경쟁적 정부	서비스제공에 경쟁 활용
사명지향적 정부	규칙 중심 조직을 업무 중심으로
성과지향적 정부	투입이 아닌 성과에 연계한 예산배분
촉진적 정부	정책과 집행을 분리하고 정부는 방향설정정책 중시

기업가적 정부	지출보다는 수익 창조
미래에 대비하는 정부	치료보다는 예방
분권적 정부	위계조직에서 참여와 팀워크 중시
시장지향적 정부	시장기구를 통한 변화 촉진

출처 : 오스본(David Osborne)과 개블러(Ted Gaebler)「Reinventing Government」

2. 신공공관리론의 문제점 및 평가

(1) 신공공관리론의 문제점

① 행정의 관리기능을 새로운 각도에서 보았을 뿐이며 공공부문과 민간부문의 환경 간에 근본적 차이가 있다는 것을 도외시하고 있다.

② 엘리트그룹인 고위관리자의 이익에 봉사하는 수단일 뿐 보편성이 없고 조직문화의 진정한 변화는 오랜 시간이 소요된다는 점을 과소평가하고 있다.

③ 정부와 관료제에 대한 가차 없는 계속적 비판은 공무원의 사기에 나쁜 영향을 미치며 공직에 대한 불신을 초래한다.

④ 공공서비스의 공급을 정부기관 밖에서 하면 심각한 윤리적·관리적 책임문제가 제기될 수 있다(공공재의 상품화 강조는 시민이 행정에 요구할 수 있는 권리인 시민의 정치적 요구를 저하시키며, 개인 간의 불평등을 합리화시킴).

⑤ 기업가적 정부론이 주창되지만 시장 중심적 해결이 모든 상황에 효과적이라 할 수 없다. 즉 기업가 정신의 강조는 행정의 책임성 약화초래, 결과(성과)중심으로 절차적 정당성이나 민주성 저해, 수익자 중심으로 형평성이나 공익을 저해할 우려가 크며, 작은 정부구현에 따른 구조조정과 기구축소 등으로 공무원의 사기를 저하시킬 우려가 크다.

⑥ 외재적 동기부여에 치중할 경우에 내재적 동기부여를 약화시킬 수 있다.

⑦ 공공조직의 분권화 주장은 기능적 분화로 인한 정책과정의 복잡성 증가 및 국가정책의 조정과 통합에 곤란하다.

⑧ 산출과 효과 강조는 결과적으로 좁은 의미의 책임을 강조하여 행정업무에서 법적 책임과 정치적 책임이 취약해진다.

⑨ 투입 대 산출을 지나치게 강조함으로서 과정인 절차적 정당성을 간과하고 있다.

(2) 신공공관리론의 평가

공공관리론은 공공서비스가 비생산적이며 오히려 국민경제구조에 낭비를 초래하고 정부 자체는 공동체의 요구를 충족시킬 수 있는 수단으로서의 기반을 상실하였다는 인식에 입각하고 있다. Bozeman은 신공공관리론이 ① 처방적 성격을 띠고 있고, ② 공공관리와 공공조직의 공공성에 중점을 두며, ③ 과정보다 문제를 중시하고, ④ 이론적 지식보다 경험적 지식에 역점을 두며, ⑤ 전략과 다조직 문제에 초점을 맞추고 있다고 지적하고 있다.

🌑 신국정관리론(New Governance)

1. 특징

신국정관리론은 신공공관리론보다 더 최근에 사용되기 시작하여 다양한 형태로 논의되고 있어, 아직도 학자들간에 보편적인 의미가 없다. 그러나 1990년대부터 일반적으로 사용되는 신국정관리의 개념은 정부가 담당하여야 할 공적 문제를 정부만이 아니라 준정부기관(準政府機關, quasi-government)이나 비정부기관(非政府機關, non-government) 및 개인들에 의해서 공동으로 추진되는 현상을 지적하고 있다(박수영 외 공저, 2000: 41).

신국정관리론은 기존의 국정관리(governance) 개념을 보다 구체화시킨 개념이라고 할 수 있는데, 기존의 국정관리의 개념은 '무수한 이해당사자들을 정부의 정책결정과정에 참여시키는 새로운 정부운영 방식'을 의미하는 것으로서, 결국 국정관리의 개념은 무엇보다도 전통적인 정부 이미지와는 대조되는 새로운 방식의 통치에 대한 다의적인 개념이다. 이는 다시 협의의 의미와 광의의 의미로 구분해 볼 수 있다. 우선 협의의 국정관리란 오래 전부터 국가나 시장 메카니즘과는 별도로 존재해 왔던 조정양식의 원형으로 파악하여 복합조직 또는 네트워크(network)라 불린다. 한편 광의의 국정관리 개념은 정부중심의 공공조직과 민간조직의 경계가 무너지면서 나타난 새로운 상호협력적인 조정양식을 의미한다. 즉 국가와 시장 및 시민단체 간의 파트너십을 통한 새로운 협력 형태를 말하는 것으로서, 소위 최소국가론(minimal state), 신공공관리론 등을 포함하는 개념이다.

국정관리 이후의 개념으로 1990년대부터 일반적으로 사용된 신국정관리는 '제3섹터 조직들과 전문가, 행정관료조직과 연결되어 공공활동에 관여할 때, 이들이 구성하는 네트워크'를 지칭한다. 즉 1980년대 이후 크게 주목을 받고 있는 공공서비스의 연계망(network)을 초점으로 삼는다. 여기서 서비스 연계망은 크게 세가지 측면이 있다. 첫째, 정부기관만이 아니라 많은 비정부조직이나 기관들이 공공서비스의 공급에 참여하고, 둘째 이들 사이에 계층제적이 아닌 서비스 연계망이 형성되고, 셋째 연계망의 구성조직들은 서로 신뢰의 기반 위에서 협조하는 관계를 유지한다는 것이다(정정길, 2000: 536-537). 결국 신국정관리라고 하면, 정부가 책임을 지고 공공서비스 연계망의 활동을 바람직스럽게 하도록 관리하는 것을 의미한다고 할 수 있다.

관료제와 신공공관리론 · 신국정관리론의 차이

구 분	관료제	신공공관리론	신국정관리론
관리방식	규칙위주	고객지향	임무중심
서비스	독점공급체계	민간위탁 및 민영화	시민, 기업참여(공동공급)
관료의 역할	일반행정가	공공기업가	매개자(조정자)
정부역할	방향잡기, 노젓기	방향잡기	방향잡기
관리가치	능률성 중시	결과 중시(효율성, 생산성)	신뢰와 과정 중시(민주성, 정치성)
작동원리	내부 규제	부문 간 경쟁(시장 메커니즘)	부문 간 협력체제(파트너십)
관리기구	계층제	시장	연계망
인식론적 기초	현실주의	신자유주의	공동체주의, 참여주의
분석수준	조직 내	조직 내	조직 간

시장주의와 참여주의

구 분	시장주의(신우파)	참여주의(신좌파)
인간관	이기적·합리적 인간	이타적인 인간도 인정
철학적 기초	신자유주의와 신보수주의	진보주의
정부의 역할	방향잡기(steering)로 민간유도	각종 조직들과 공동생산
행정서비스 시정장치	공급자 변경	항의와 참여
기존행정의 핵심문제점	정부에 의한 독점 공급	행정의 비민주성(폐쇄성)
작동의 기본원리	경쟁원리와 고객주의	참여와 타협
분권화이후 결정주체	일선관리자(책임자) 중심	일선관료(서비스전달자) 중심
공동체주의에 대한 관점	자원봉사자 활용	시민주의적 참여

참 고

좋은 거버넌스(Good Governance)

좋은 거버넌스는 신공공관리와 자유민주주의를 결합한 것으로 정부보다 넓은 의미로서 내·외 정치적 및 경제적 권력의 배분을 포함한다. 유엔개발계획(UNDP)과 세계개발은행(IBRD)이 후진국을 도와주면서 조건으로 내세운 것이 좋은 거버넌스이다.

(1) 합당한 목소리(Legitimacy and Voice)

    ㉠ 참여   ㉡ 합의 지향

(2) 지도(Direction) : 전략적 비전으로 리더와 공공영역은 인류발전과 좋은 거버넌스에 대한 폭넓은 장기 비전을 가진다. 그러한 발전이란 사람들의 역사적·문화적·사회적 공통의 정서에 기반을 둔다.

(3) 과업의 책무(Performance Responsiveness)
  ㉠ 모든 이해당사자들을 위한 제도와 프로세스
  ㉡ 실효성과 능률 : 최상의 자원 활용과 필요를 충족하는 결과

(4) 책임성(Accountability)
  ㉠ 책임성 : 정부, 사기업, 시민사회의 정책입안은 대중적 책임을 가진다. 그 책임성은 그 조직의 지위와 결정의 범위(내부·대외적)에 따라 다르다.
  ㉡ 투명성 : 정보의 자유로운 흐름을 위해 필요하다. 제도와 정보는 원하는 사람들이 언제든지 접근할 수 있어야 한다.

(5) 공정성(Fairness)
  ㉠ 동등 : 모든 사람들은 자신의 행복을 증진하고 유지할 기회를 가진다.
  ㉡ 입법 : 법적 프레임워크는 공정하고 편파적이지 않아야 한다. 특히, 인권에 대한 법은 더욱 그렇다.

(6) 사회적 인공지능체계 : 사회세력 및 이익집단들 간에 균형을 잡고 사회행위자들과 체계들이 스스로 조직화하도록 이끌며, 상호이해 및 신용, 공동책임의 수용, 사회로부터 정치적 참여 및 지지에 의존한다.

(7) 신공공관리 : 신관리주의(사부문의 경영방식을 공공부문에 도입하려는 것)와 신제도주의 경제학(시장경쟁과 같은 유인체제를 공공서비스 제공에 도입하려는 것)의 결합이라 할 수 있다.

(8) 자기조직화 연결망 : 연결망 거버넌스는 계층제와 시장의 중간지대이다.
  예 영국 : 국가의 속 비우기, 공동화하기, 신공공관리, 정부간 관리 등이 연결망개념에 포함된다.

2. Peters(1996)의 뉴거버넌스에 기초한 4가지 정부개혁모형

Peters(1996)는 다양한 행정개혁의 대안들을 시장정부모형, 참여정부모형, 신축적 정부모형, 탈규제적 정부모형 등 4가지 정부개혁모형으로 유형화하여 설명하고 있다.

Peters가 제시한 국정관리모형

구 분	전통적 정부모형	시장적 정부모형	참여적 정부모형	신축적 정부모형	탈내부규제 정부모형
문제의식	전근대적 권위	관료적 독점	관료적 계층제	조직의 영속성	내부규제
조직개혁	계층제	분권화 (독점구조 혁파)	수평적 평면조직	가상조직, 위원회	특정한 제안 없음
관리개혁	직업공무원제, 절차적 통제	성과급, 민간 기법	TQM, 팀제, 권한부여	융통성 있는 인사관리	관리의 재량권 확대

정책결정 개혁방안	정치·행정 구분	내부시장, 시장적 유인	분권적의사결정(협의, 협상)	모험적 정책실험(정책도박, 실험)	기업형 정부
공익기준	안전성, 평등	저비용, 시민의 서비스 선택권 향상	관료의독립적 의사결정권확대, 시민참여, 협의	저비용, 더 혁신적이고 덜 경직된 정부	적극적신속·능률적활동, 창의성
조정방안	상의하달식 명령통일	보이지 않는 손	하의상달	조직개편	관리자의 자기이익
오류수정	절차적 통제	시장적 신호	정치적 신호	오류의 제도화 방지	보다 많은 오류 수용
공무원제 개혁방안	실적제	시장기제로 대체	계층제 축소	임시고용 활용	내부규제 철폐
책임 확보	대의정치	시장에 의존	소비자불만에 의존	명확한 제안 없음	사후통제 의존

자료 : Ott & Goodman(1998)을 토대로 구성

보수주의와 진보주의 – 이념에 따른 정부관

1. 의의

사회에는 이념상의 스펙트럼이 있기 마련이다. 대별한다면 '진보주의-중도-보수주의'로 구분할 수 있다. 진보주의는 좌파, 보수의는 우파로 부른다. 정당은 이러한 정치적 이념을 중심으로 결성된 정치적 결사체이다. 미국의 민주당, 영국의 노동당, 일본의 사회민주당 등은 진보주의 정당이라고 볼 수 있으며, 미국의 공화당, 영국의 보수당, 일본의 자유민주당 등은 보수주의 정당이다. 진보주의와 보수주의 간에는 인간관, 가치 판단, 시장과 정부에 대한 평가 등에서 차이가 있다(이종수 외).

2. 보수주의와 진보주의 정부관의 비교

구 분	보수주의 정부관	진보주의 정부관
이 념	효율성(수평적 공평)	공평성(수직적 공평)
인간관	합리적이고 이기적인 경제인관 인정 (Hobbes의 인간관)	·경제인 인간관 부정(Lock의 인간관) ·욕구, 협동, 오류가능성 여지가 있는 인간이라는 관점

가치판단 (이데 올로기)	·기회평등과자유(간섭이 없는 소극적 자유, 정부로부터 벗어나는 자유)를 강조 ·소득, 부(富) 또는 기타 경제적 결과의 평등 은 경시 ·교환적(평균적) 정의로 거래의 공정성강조, 우파주의	·자유를 열렬히 옹호(무엇인가를 할 수 있 는 적극적 자유, 정부에로의 자유) ·결과의 평등을 증진시키기 위해 실질적인 정부 개입 허용 ·배분적 정의 (부의 공정한 분배), 좌파주의
정책방향	·소외집단 지원정책 비선호(非選好) ·정부규제 완화와 시장지향 정책 선호 ·낙태금지를 위한 정부권력 사용 찬성 ·공립학교에서의 종교교육 찬성	·소외집단을 위한 정부의 적극개입 선호 ·공익목적의 정부규제정책 ·낙태금지를 위한 정부권력 사용 반대 ·공립학교에서의 종교교육 반대
재분배정책	재분배 정책 비선호, 조세감면, 완화	조세제도를 통한 소득재분배 선호
정부규제	경제적 규제완화, 시장지향 정책을 선호하 며, 정부개입을 비선호(非選好)	시장실패 치료를 위한 정부규제 선호, 번영과 진보에 대한 자유시장의 잠재력 인정
과세제도	기업 성장을 저해하는 세법을 꺼림	소득 재분배 정책으로 선호
시장과 정부에 대한 평가	·자유시장에 대한 신념 ·정부불신(정부는 개인자유를 위태롭게 하 고 경제조건을 악화시키는 전제적 횡포)	·효율과 공정, 번영과 진보에 대한 자유시장 잠재력 인정 ·시장실패는 정부치유책에 의해 수정 가능
비 고	자유방임적 자본주의	혼합자본주의, 복지국가, 규제된 자본주의, 개혁주의

* 진보주의적 정부관은 번영과 진보에 대한 자유시장의 잠재력은 인정하나, 자유시장이 제 기능을 못했을 때 국가의 적극적 개입을 인정한다. 따라서 자유시장에 대한 신념이 보수주의적 정부관만큼 강하지 않다. 시장의 개인이나 인간은 합리적이고 완전한 존재가 아니므로 행동의 오류가 있고 그 결과로서 불평등이 나타나며 이 경우 국가가 조세제도 등을 소득 재분배 정책으로 이를 시정해 주어야 한다는 것이 진보주의적 정부관이다.

 대표유형문제 ·····

1. 뉴거버넌스와 신공공관리론은 서로 다른 가치를 갖고 있으나, 공통점도 있다. 다음 중 뉴거버넌스와 신공공관리론의 공통점인 것은?

① 정부역할
② 관리기구
③ 관료역할
④ 서비스

정답 ①

해설 둘 다 '방향잡기'라는 정부역할을 중시한다는 점에서는 같다. 나머지는 다르다.

2. 행정학의 주요 접근방법과 그 내용을 연결한 것으로 옳지 않은 것은?   2013, 행정사 기출

① 뉴거버넌스론 – 로즈(R.A.W.Rhodes) – 민관협력네트워크
② 생태론 – 리그스(F.W.Riggs) – 행정체제의 개방성
③ 공공선택론 – 오스트롬(V.Ostrom) – 정치경제학적 연구
④ 후기행태주의 – 이스턴(D.Easton) – 가치중립적·과학적 연구 강조
⑤ 신공공관리론 – 오스본(D.Osborne)과 게블러(T.Gaebler) – 기업가적 정부

신공공서비스론(NPS; newpublic service)

1. 신공공서비스의 의미

J. Denhardt와 R. Denhardt가 제시한 신공공서비스론(NPS)은 폭넓은 담론과 논의를 통해 모든 사람들이 공유할 수 있는 공익개념을 추구할 의무가 관료에 있다고 보고, 시민의 요구와 이해관계에 반응하는 실체로서 봉사하는 입장에 있어야 한다고 주장한다. 이를 위해 시민들에게 신뢰와 협동관계를 구축하는 데 초점을 두어야 한다고 본다. 신공공서비스론의 이론적 원류는 ① 민주적 시민이론 ② 포스트모던 행정이론 ③ 조직인본주의 ④ 신행정학 등이다.

(1) 신공공서비스론은 시민정신, 공동체주의, 시민사회, 조직적 인간주의 및 포스트 모더니즘을 기저로 하고 있는 것으로 이해된다고 주장하고 있다. 이 견해에 따를 경우 신공공서비스는 신공공관리에 대한 비판적(대안적) 개념이 된다.

(2) 정부의 책임은 시장지향적인 이윤추구를 넘어서, 헌법, 법률, 공동체의 가치, 정치규범, 전문직업적 기준, 시민들의 이해 등에 이르기까지 광범위하다고 본다.

(3) 신공공서비스론에서는 정부의 효율성과 대응성을 제고하는 데 있어 시민이 고객임을 중시하고 시장원리와 경쟁원리를 추구한다는 시장주의적 신공공관리론(NPM) 입장을 비판한다.

(4) 신공공서비스론에서는 신공공관리론은 정부의 소유주가 시민임에도 불구하고 그 시민은 배제한 채, 정부라는 배를 두고 관료들이 방향잡기와 노젓기 중 어디에 치중해야 하는가와 같은 문제에만 관심을 두어 온 결과 오히려 관료들의 권력만 강화시켜 왔다고 지적한다.

2) 신공공서비스의 기본원리와 특성

① 방향잡기가 아닌 서비스 제공자로서의 정부 : "조종하기보다 시민에게 봉사"

② 담론을 통한 공익의 중시 : "공익은 부산물이 아니라 목표이다"

③ 전략적 사고와 민주적 행동 : "전략적으로 생각하고 민주적으로 행동한다."

④ 시민에 대한 봉사 : "고객이 아니라 시민 모두에게 봉사한다."

⑤ 책임의 다원성 : "책임은 단순하지 않다".

⑥ 인간존중 : "생산성만을 중시하는 것이 아니라 사람을 존중한다."

⑦ 시티즌십과 공공서비스의 중시 : "기업가정신보다 시티즌십과 공공서비스를 중시한다."

✎ 대표유형문제 ···

1. J. Denhardt와 R. Denhardt가 제시한 신공공서비스론에 관한 설명으로 옳지 않은 것은?

① J.Denhardt와 R.Denhardt는 기업가적 신관리주의가 평등성·공정성·대표성·참여 등의 가치를 약화시킨다고 설명하고 있다.

② 신공공서비스론의 이론적·학문적 뿌리는 시민행정학, 인간중심 조직이론, 신행정학, 포스트모던 행정학 등이라고 할 수 있다.

③ 신공공서비스론에서는 단순한 생산성보다 사람에 대한 가치 부여를 중요하게 여긴다.

④ 신공공서비스론은 규범적 가치에 관한 이론 제시뿐만 아니라, 이러한 가치들을 구현하는데 필요한 구체적 처방을 제시하고 있다는 점에서 의미가 있다.

정답 ④

해설 신공공서비스론은 공공부문의 일방적 축소를 주장한 신공공관리론을 비판하고 평등성·공평성·대표성·참여 등 새로운 규범적 가치에 관한 방향과 이론을 제시하였을 뿐, 이러한 가치들을 구현하는 데 필요한 구체적 처방을 제시하고 있지 못하다는 비판을 받는다.

2. Denhardt의 신공공서비스(New Public Service) 이론의 원류가 아닌 것은?

① 민주적 시민이론　　　　　　　　　② 포스트모던 행정이론

③ 조직인본주의　　　　　　　　　　④ 공공선택이론

정답 ④

해설 Denhardt의 신공공서비스론은 민주적 시민이론 및 신행정학으로부터 유래된 후기산업사회의 조직인본주의를 대표하는 이론이다. ⑤의 공공선택이론은 신공공서비스나 인본주의보 다는 신공공관리론의 이론적 토대가 된 이론으로 시장중심의 효율성을 강조하는 경제학적 관점의 이론이다.

···

제 **2** 편

▌정책이론

제1장 정책의 개념과 정책과정

제 **01** 장

정책의 개념과 정책과정

🖋 정책의 본질

1. 정책의 의의

1) 정책의 개념 및 성격

정책(政策, policy)이라는 용어는 매우 포괄적이면서도 다의적(多義的)이어서, 보는 사람의 시각과 연구하는 관점에 따라 매우 다양하게 개념 정의되고 있다. 또한 정책은 행정실무자나 심지어 학자들 사이에서도 사업, 시책, 프로그램, 계획 등의 용어와 서로 혼용해서 사용하는 경우도 있다.

(1) 정책의 개념

① Lasswell

  ㉠ 정책이란 '사회변동의 계기로서 미래탐색을 위한 가치와 행동의 복합체', '목표와 가치, 그리고 실제를 포함하고 있는 고안된 계획'이다. ⇨ 정책과정단계를 건의, 처방, 종결단계로 구분하였다.

  ㉡ 정책학이란 정부부문과 민간부문의 정책결정에 필요한 지식을 다루는 학문이며, 문제해결 및 변화를 유도하고 정책결정의 합리화와 인간의 존엄성을 구현하는 학문이다.

② Dror : 정책이란 '매우 복잡하고 동태적인 과정을 통하여 주로 정부기관에 의해 만들어지는 미래지향적인 행동지침'을 말한다. 공식적으로는 최선의 가능한 수단을 통하여 공익을 달성할 것을 목적으로 한다.

(2) 정책의 성격

① 규범적·가치배분적 성격 : 정책의 결정과 집행은 바람직한 상태로 가려는 규범성과 가치배분적 성격을 지닌다.

② 목표지향적 : 정책은 이상이나 바람직한 상태를 실현하는 목표지향성을 내포한다.

③ 문제해결지향성 : 정책은 사회가 당면하고 있는 문제를 해결하려는 문제해결지향성을 지닌다.

④ 공식성 : 정부에 의해 공식적 절차나 과정을 강조한다.

⑤ 강제성과 제약성 : 정책이 그것을 채택한 조직의 구성원들에게 강제나 제약을 가한다는 것이다.

⑥ 행동지향성, 동태적(변동대응성):바람직하지 않는 상태를 바람직한 상태로 만들려는 행동지향과 변동대응성을 지닌다.

⑦ 결정수준의 상위성 : 정책결정은 다른 집합적 의사결정보다 최상위층에서 이루어진다.

⑧ 의사결정망의 포괄성 : 정책은 의사결정망에 의하여 어떤 행동이 산출되거나 의사결정이 이루어지는 과정을 지니므로 포괄성을 갖는다.

⑨ 인과성:정책을 원인으로 보면, 정책의 시행으로 개선되거나 해결되는 사회상태는 그 결과 또는 효과라 할 수 있다.

⑩ 합리적 분석·선택과 협상의 산물로서의 양면성 : 정책은 대안선택을 위한 합리적인 분석과 비교평가를 통한 최적 행동노선의 선택에 의하여 만들어진 산물이며, 이해관계를 달리하는 집단들 간의 역동작용을 통한 협상의 산물이다.

⑪ 수단지향성 : 정책은 사회를 어떻게 만들겠다고 하는 것을 결정하는 것이기 때문에 정책에는 만들고자 하는 사회를 실현할 구체적인 수단과 방법이 내포되어 있다.

2. 정책문제의 중요성 및 특성

1) 정책문제의 중요성

① 정치·행정이원론의 퇴조와 정책결정역할의 변화　② 공공부문의 확대와 복잡화

③ 국민생활과 정책과의 불가분성(不可分性)　④ 발전사업은 정책을 통하여 추진

2) 정책문제의 특성

① 정책문제의 상호의존성 : 정책문제는 사회의 다양한 요소와 관련된다.

② 정책문제의 주관성 : 문제를 유발하는 외부적 상황은 선택적, 해석하는 방법은 주관적이다.

③ 정책문제의 인공성 : 인간주관성+인공성 ⇨ 정책문제에는 사회가 그 자체 내에서 스스로 만들어 내는 '자연적 상태(natural state)'는 없다. 정책문제는 인공적으로 만들어낸 것이다.

④ 정책문제의 동태성 : 상황변동에 따른 신축적, 동태적 대응을 한다.

3) 정책문제 정의 시 고려요소

정책문제의 정의는 정책문제의 구성요소, 원인, 결과 등을 규정하여 무엇이 문제인지를 밝히는 것이다.

① 관련 요소 파악 : 정책문제를 유발하는 사람들과 사물의 존재, 상황요소를 찾아내는 작업

② 가치 판단 : 문제의 심각성을 파악하고 피해계층이나 피해집단을 파악하여 관련된 사람들이 원하는 가치가 무엇인가를 판단

③ 인과관계 파악 : 관련 요소들의 관계를 원인, 매개, 결과로 나누어 파악

④ 역사적 맥락 파악 : 관련 요소들의 역사적 발전 과정, 변수들 사이의 관계의 변화 과정 파악

✎ 대표유형문제 ·····················

정부의 정책문제는 해결해야 할 문제를 어떤 관점에서 보는가에 따라 정책목표의 구체적인 내용과 정책수단도 달라진다. 다음 중 정책문제의 속성에 관한 설명으로 옳지 않은 것은?   2013. 행정사 기출

① 정책문제는 공공성이 강하다.

② 정책문제는 주관적이며, 정치적 성격이 강하다.

③ 정책문제는 복잡·다양하며, 상호의존적이다.

④ 정책문제는 역사적 산물인 경우가 많다.

⑤ 정책문제는 정태적 성격이 강하다.

정답 ⑤

해설 정책문제는 불특정 다수와 연관되기 때문에 고여 있거나 정체되어 사라지지 않고 환경의 변화와 여건에 따라 끊임없이 변화되는 동태적 성격을 지닌다.

·····················

3. 정책의 유형

1) Lowi의 분류 - 의사결정론에 입각

(1) 배분(분배)정책[Non Zero-sum : 비영화(非零和)]

분배정책은 특정한 개인, 기업체, 조직 지역사회에 공공서비스와 편익을 배분하는 것이다. 수출 특혜 금융, 지방자치단체에 대한 국가보조금 지급, 주택자금의 대출, 택지분양 등이 그런 정책이며, 분배정책으로 혜택을 보는 수혜자들은 서로 더 많은 것을 얻기 위해 경쟁한다.

① 개념 : 국민들에게 권리나 이익, 또는 서비스를 배분하는 내용을 지닌 정책이다. 배분정책은 정부가 적극적으로 국민들이 필요로 하는 재화나 서비스를 산출·제공하는 것을 그 내용으로 한다.

② 특징

　　㉠ 배분정책은 여러 가지 사업들로 구성되는데, 사업 상호간에 밀접한 연계 없이 독립적으로 집행될 수 있다. 따라서 이러한 세부사업들의 집합이 하나의 정책을 구성한다. 즉, 배분정책은 정책의 내용이 쉽게 하위 세부단위로 분해되고 다른 단위와 개별로 또는 일반 원칙과 독립적으로 처리될 수 있다.

　　㉡ 배분정책의 세부의사결정은 그 결정과정이 Pork Barrel(돼지구유통)식 갈라먹기 다툼이라는 특징을 지닌다. 예를 들어 저수지 건설에서 후보지 구간의 싸움을 벌이는 것과 같이 갈라먹기 다툼이 있지만, 배분정책상 승자와 패자가 정면 대결을 벌일 필요는 없다.

　　㉢ 자원을 각 사회 각 부문 간에 분배하는 정책으로서 경제발전(경제성장)을 위한 사회간 접자본시설이나 국가의 직접적인 서비스 생산 등이 포함된다.

　　㉣ 분배정책에서는 Log-rolling(담합)이 발생하고, 이익의 분배와 관련되기에 철의 삼각이 나타난다.

　　　예 국유토지정책, 자원정책, 하천·항만사업, 군수품의 구매, 연구개발사업, 노동조합, 기업, 농민 등 수혜자 집단을 위한 서비스 등

(2) 규제정책

① 개념 : 규제정책은 개인이나 일부집단에 대해 재산권행사나 행동의 자유를 구속 억제하여 반사적으로 많은 다른 사람들을 보호하고자 하는 정책이다.

② 특징

　　㉠ 정책의 불응자에 강제력을 행사하고, ㉡ 국민의 대표기관인 국회의 의결로 하는 법률형태로 규제하여 남용을 방지하며, ㉢ 정책으로부터 혜택을 보는 자와 피해자를 정책결정시에 선택하게 된다.

　　　예 경제적 규제, 사회적 규제, 독과점 규제, 근로기준법, 식품위생법 등

(3) 재분배정책

　재분배 정책은 돈이나 재산, 권력, 권리들을 많이 소유하고 있는 집단으로부터 그렇지 못한 집단으로 이전시키는 정책이다. 누진 소득세나 영세민 취로사업, 임대주택의 건설 등의 정책이 이에 속하며, 재분배정책은 계급 대립적 성격을 띠고 있기 때문에, 사회적 합의를 이끌어내는 것이 중요하다.

① 개념 : 재분배정책은 고소득층으로부터 저소득층으로의 소득이전을 목적으로 하는 정책이다.

② 특징

    ㉠ 계급대립적 성격(소득의 실질적인 변경이 일어남으로 인해서 정치적 갈등, 계급대립이 높아짐), 이념적 성격(결정과정에서 이념적 성격이 강하게 나타남), 엘리트론적 정치과정(엘리트의 시각에서 설명)의 성격을 지닌다.

    ㉡ 규제정책에서나 분배정책에서와는 달리 재산권 행사에 관련된 것이 아니라 재산자체를 문제로 삼는다.

    ㉢ 평등한 대우가 문제가 아니라 평등한 소유를 문제삼고 있다.

        예 누진세 제도 ⇨ Zero-sum(零和), 사회보장정책, 공공근로사업, 통합의료보험제도(지역의료보험+직장의료보험)

(4) 구성정책, 헌정적 정책(Constitutional Policy)

구성정책은 정치체제에서 투입을 조직화하고 체제의 구조와 운영에 관련된 정책으로 정부기구의 구조와 기능상의 변화를 목적으로 하는 정책으로서, Gerrymandering과 관련된다. 선거구의 조정, 정부의 새로운 기구나 조직의 설립 및 변경(재정경제부와 기획예산처를 통합하여 기획재정부가 탄생)뿐만 아니라 공직자 보수와 군인 퇴직연금에 관한 정책을 모두 포함한다. 정부는 조직 내부적으로 유리한 기관구성을 위하여 총체적이고 권위적으로 게임의 규칙의 원리로 정책을 시행해 나간다.

2) Almond와 Powell의 분류 – 체제이론에 입각

① 추출정책 : 체제의 존립을 유지하기 위하여 징세, 준조세 갹출, 징집(병역) 노역정책(노력동원), 모집, 성금모금, 토지수용 등 일반 국민에게 인적·물적 자원의 부담을 안기는 정책으로 자원을 민간부문에서 추출해 내는 산출활동이다. Mitchell은 이를 동원정책이라 하였다.

② 규제정책 : 정부가 부과하는 통제와 관련된 정책으로 경제규제와 사회규제등과 관련한다. 정책결정은 수혜자와 피해자를 선택하게 되는 것으로 갈등이 크다.

    예 형벌, 의무, 면허, 허가, 각종 제한 및 통제

③ 분배정책 : 정부가 각종 물품, 서비스, 명예, 지위, 기회 등을 사회 내의 개인이나 집단에게 배분하는 것으로 도로, 공원, 비행장, 항만 등 사회간접자본 건설이나 기업에 대한 보조금 지급, 국유지나 택지불하·공급, 택지분양, 주택자금 대출, 벤처기업 창업지원금, 우수지방대 육성지원(NURI) 등이 해당된다.

④ 상징정책 : 국가나 정부의 정당성 확보 및 신뢰성을 제고하고 국민의 통합성을 증진시키기

위한 정책으로 국내외 환경에 산출시키는 이미지나 상징(symbol)과 관련된 정책 또는 주된 정책의 홍보를 위하여 보완적으로 사용되는 정책을 말한다.

예 엘리트에 의한 가치의 확인, 국기게양, 분열식 등의 군대의식, 왕족이나 고관의 방문, 정치지도자들에 의한 정책 천명, 광화문 복원(궁궐복원의 상징성), 축제, 스포츠 행사, 특정인물의 영웅화, 국화의 제정, 대전엑스포, 광주비엔날레, 동상, 2018년 평창 동계올림픽 등이 있다.

대표유형문제

다음은 로위(Lowi)가 제시한 정책유형의 하나이다. 어떤 정책에 해당하는가?

·공직자 보수와 군인 퇴직연금, 게임의 규칙, 총체적 기능, 권위의 성격, Gerrymandering

① 분배정책   ② 규제정책

③ 재분배정책   ④ 구성정책

정답 ④

해 설 구성정책은 정부기관의 신설 또는 개편이나 관할구역의 조정과 관련된 정책으로 일명 체제정책이라고도 한다. 조직 내부적으로 유리한 기관구성을 위하여 조직 간 게임의 규칙 등이 나타난다. 구성정책(constituent policies)에 속하는 정책들은 '게임의 규칙들(rules of game)'에 관한 것이며, 그들은 정부의 총체적 기능(overhead function)에 초점을 맞추고 따라서 구성정책에서 정부는 권위적 성격(nature of government authority)을 띤다(정책학원론, 노화준 p.66).

3) Ripley와 Franklin의 분류 – 규제목적에 입각

Ripley와 Franklin의 분류는 분배정책, 경쟁적 규제정책, 보호적 규제정책(분배정책보다는 재분배정책에 더 가까움), 재분배정책 순으로 발달하였으며, 이 순서대로 갈수록 이데올로기의 갈등 및 반발이 심하여 집행이 어렵다고 주장하였다. 규제정책은 그 내용에 따라 경쟁적 규제정책과 보호적 규제정책으로 구분하는데, 보호적 규제정책은 정부가 규제장치를 마련하여 관련된 일부의 사람들을 규제함으로써 반사적으로 다수의 일반 국민을 보호하자는 의도가 들어있는 것이며(예 독과점 규제), 경쟁적 규제정책은 많은 이권이 걸려있는 서비스나 용역을 특정한 개인이나 기업체, 단체에게 부여하면서 이들에게 특별한 규제 장치를 부여하는 정책이다(예 이동통신 사업자 선정).

(1) 분배정책 : 로위 및 알몬드와 포웰의 배분(분배)정책과 같음

(2) 경쟁적 규제정책(Competitive Regulatory Policy) : 많은 수의 경쟁자 중에서 몇몇 개인이나 집단만이 일정한 재화나 용역을 공급할 수 있도록 제한하려는 정책이다. 승리한 경쟁자에게 공급권을 부여하는 대신에 공공이익을 위해서 서비스 제공의 일정한 측면을 규제한다. 이 정책은 배분정책적 성격과 규제정책적 성격을 동시에 지니고 있는데, 그 목표가 대중의

보호에 있고 수단에 규제적인 요소가 많기 때문에 규제정책으로 보는 것이 일반적이다. 경쟁적 규제정책은 정책 자체에 내포된 재화나 서비스가 아니라 전달과정상 부대이익 때문에 정책순응이 이루어진다. 사업자에게 TV 또는 라디오의 방송권을 부여하고 윤리규정을 준수하도록 하는 것이 좋은 예이다.

　　　예 낚시면허증, 항공노선허가권, 운전면허증, 약사·의사면허증, 이동통신 사업자선정 등

(3) 보호적 규제정책(Protective Regulatory Policy) : 사적인 활동을 제약하는 조건을 설정하여 일반대중을 보호하고자 하는 것이다. 대중에게 해로운 것은 금지되고 도움이 되는 것은 요구된다.

　　　예 최저임금제, 근로시간의 제한, 환경보호를 위한 규제, 임금·가격규제, 항공·철도요금 등의 정책, 식품첨가물에 대한 규정, 농수산물 원산지 표시 등 대부분의 규제정책이 이에 속함.

(4) 재분배정책

분배 · 경쟁적 규제 · 보호적 규제 · 재분배

구 분	분 배	경쟁적 규제	보호적 규제	재분배
안정적 집행의 제도화 가능성	고	중	저	저
집행에 대한 논란 및 갈등의 강도	저	중	고	고
집행결정에 대한 반발의 정도	저	중	고	고
관련자의 동일성과 관계의 안정성	고	저	저	고
정부활동의 감소 위한 압력	저	중(고)	고	고
성공적 집행의 상대적 어려움	저	중	중	고
집행을 둘러싼 논쟁에 있어 이데올로기의 정도	저	중(고)	고	고

(5) 외교국방정책 : 분배, 경쟁적 규제, 보호적 규제, 재분배정책 등은 국내 정책을 분류한 것이고 외교국방정책을 별개의 것으로 보고 구조정책, 전략정책, 위기정책 등으로 나누었다.

✎ 대표유형문제 ···

1. 정책과 정책유형이 바르게 짝지어진 것은?

ㄱ. 영세민을 위한 임대주택 건설	ㄴ. 재정경제부와 기획예산처를 기획재정부로 통합
ㄷ. 기업의 대기오염 방지시설 의무화	ㄹ. 광화문 복원

	ㄱ	ㄴ	ㄷ	ㄹ
①	분배정책	구성정책	추출정책	상징정책
②	상징정책	추출정책	규제정책	구성정책
③	규제정책	재분배정책	추출정책	상징정책
④	재분배정책	구성정책	규제정책	상징정책

정답 ④

해설 ㄱ의 영세민을 위한 임대주택 건설은 사회적으로 소외된 빈곤층을 위한 재분배정책이고, ㄴ의 재정경제부와 기획예산처를 기획재정부로 통합한 것은 정부조직을 신설하거나 개편하는 구성정책에 해당되며, ㄷ의 기업의 대기오염 방지시설 의무화는 환경오염에 대한 사회적 규제와 관련이 있다. 또한 ㄹ의 광화문 복원은 궁궐복원이라는 상징성을 지닌다. 따라서 정답은 ④가 된다.

2. 다음 중 연결이 타당하지 못한 것은?

① 직접규제정책 – 환경오염에 대한 부담금 부과   ② 재분배정책 – 누진세제도
③ 보호적 규제정책 – 최저임금제의 실시   ④ 간접규제정책 – 조세의 감면

정답 ①

해설 ①의 경우 환경오염에 대한 부담금은 직접규제가 아니라 간접규제에 해당한다.

3. 리플리와 프랭클린(R. B. Ripley & G. A. Franklin)은 정책유형이 달라짐에 따라 정책형성과정과 정책집행과정도 달라진다고 주장한다. 다음은 그들이 제시한 정책유형 중 어떤 정책에 관한 설명인가? 2013. 행정사 기출

> 정부는 특정 전문지식과 자격을 갖춘 몇몇 개인이나 기업(집단)에게 특정한 기간 동안 사업을 할 수 있도록 허용하되 일정한 기간 후에는 자격조건을 재심사하도록 함으로써 경쟁력을 높이고 공익을 위해서 서비스 제공에 대한 규정을 지키도록 하는 것이다.

① 경쟁력 규제정책   ② 보호적 규제정책
③ 상징정책   ④ 분배정책
⑤ 재분배정책

정답 ①

해설 리플리와 프랭클린은 분배정책, 재분배정책, 경쟁적규제정책, 보호적규제정책을 제시하였다. 제시문은 경쟁적 규제정책이다. 경쟁적 규제정책(Competitive Regulatory Policy)은 배분정책적 성격과 규제정책적 성격을 동시에 지니고 있는데, 그 목표가 대중의 보호에 있고 수단에 규제적인 요소가 많기 때문에 규제정책으로 보는 것이 일반적이다. 경쟁적 규제정책은 정책 자체에 내포된 재화나 서비스가 아니라 전달과정상 부대이익 때문에 정책순응이 이루어진다. 사업자에게 TV 또는 라디오의 방송권을 부여하고 윤리규정을 준수하도록 하는 것이 좋은 예이다. 예) 낚시면허증, 항공노선허가권, 운전면허증, 약사·의사면허증, 이동통신 사업자선정 등

4. 정책의 과정 및 한계

1) 정책의 과정

정책의제형성 ⇨ 목표설정 ⇨ 정책분석 ⇨ 정책결정 ⇨ 기획 ⇨ 정책집행 ⇨ 정책평가 ⇨ 환류(Feedback)

* 정책과정의 순환성 Nakamura와 Smallwood는 정책과정을 정책형성, 정책집행, 정책평가의 3단계로 나누고 이 세 단계 간의 순환성을 강조하면서 정책변동을 정책평가단계로 포함시키고 있다. 즉, "정책과정은 형성과 집행이 상호작용을 할 뿐만 아니라 집행과 평가가 영향을 주고받으며, 평가와 형성이 상호작용을 한다."는 것이다.

2) 정책의 한계

(1) 사회문제규정의 상대적 성격 : 사회의 다양성과 복잡성으로 인하여 사회문제는 한쪽에서의 이익이 다른 쪽에서는 손실이 되는 등 상대적인 성격을 띤다. 따라서 문제의 명확화가 곤란하다.

(2) 국민기대수준의 상승 : 시간이 경과할수록 국민이 요구하고 기대하는 수준이 높아져 여기에 대응하는데 한계가 있다.

(3) 문제해결의 불완전성 : 국민이 바라고 요구하는 문제를 해결하면 또 다른 파생적 문제가 발생한다.

(4) 사회변동기능에 따른 한계 : 사회는 끊임없이 변화하기에 이에 대한 대응에 한계가 있다.

(5) 문제의 복잡성 : 정책문제는 여러 문제와 관련성이 높아 완전한 문제해결이 곤란하다.

(6) 정책결정의 비합리성 : 정책결정은 결정자의 주관성이 개입되기에 합리적 결정에 한계가 있다.

✍ 정책의제설정(policy agenda setting)

1. 정책의제설정의 의의 및 관련 집단

1) 정책의제설정의 의의

(1) 도입배경: 1960년대 초반 흑인폭동과 더불어 도입하게 되었는데, 정책의제설정과정은 정부에 의해서 공식적으로 정책문제(policy issue)가 설립되는 과정인데, 왜 어떤 문제는 정부에서 해결하려고 노력하는데 다른 문제는 공식적인 거론도 없이 방치되는가의 문제이다. 무의사결정론(신엘리트이론)은 이러한 질문에 대한 답변으로 시도되었다.

(2) 개념: 여러 사회문제 중에서 정부가 해결해야 할 공적 문제를 궁극적으로 채택하는 과정을 정책의제설정이라고 한다.

(3) 의의: 정책의제설정은 정부가 심각성을 인정하여 적극적인 해결책을 모색하려는 정책문제로서 정책과정의 첫 단계이며, 정책형성·결정·집행·평가, 그리고 정책종결 단계에도 계속적인 영향력을 미친다는 점에서 중요한 의의를 가진다.

2) 정책망(Policy Network)모형

정책망의 특성은 다음과 같다.

① 비공식적 의사결정이며, 분권적이고 분산적 체제에서 대두된다.

② 정책망은 정책문제별(사안별)로 형성된다.

③ 정책망은 공식이든 비공식이든 다양한 참여자가 있다.

④ 정책망은 교호작용을 통한 연계(linkage)가 형성된다.

⑤ 정책망은 시간의 흐름에 따라 외재적·내재적 요인에 의해 가변적이고 동태성을 띤다.

⑥ 정책망의 제도는 참여자들의 상호작용을 규정하는 규칙의 총체이다.

정책참여자모형

구 분	참여자의 수	주된 참여자	의존성	배제성	지속성
Iron Triangles (철의 삼각)	제한적	정부관료, 의회 상임위원회, 이익집단	높다	높다	높다
Policy Community (정책공동체)	비교적 제한적	정부부처, 약간의 관련 전문가 집단들	높다	높다	보통
Issue Networks (이슈네트워크)	제한 없음	정부부처, 많은 수의 관심이 있는 집단	낮다	낮다 (개방적)	낮다 (유동적)

자료 : 한국행정학보, 1995년

정책공동체와 사안(Issue)연결망의 특성

구 분		정책공동체	Issue연결망
구성원	참여자의 수	제한적, 일부집단의 의도적 배제	다수
	이익집단의 종류	경제적, 전문가의 이익집단이 지배적	관련 이익집단의 범위를 포괄
통합성	상호작용의 빈도	빈번함, 정책사안에 관련된 모든 문제에 대해 모든 집단이 상호작용	접촉의 빈도와 강도가 유동적
통합성	지속성	멤버십·가치·산출이 지속적	접근이 매우 가변적
	합 의	모든 참여자가 기본적 가치 공유하며, 산출의 적법성을 수용	어느 정도 합의 존재, 갈등 상존
지원	연결망 내에서의 자원배분	모든 참여자가 자원배분, 교환관계가 기본	일부 참여자가 자원을 가질 수 있으나 제한적, 기본관계가 합의적
	참여조직내의 자원배분	계층제적, 지도자의 구성원 통제 가능	구성원에 대한 배분과 규제능력 다양
	권 력	구성원 간 권력 균형, 지배적인 집단도 지속성을 위해 positive-sum 게임	불균등한 자원과 접근을 고려할 때 불균등한 자원을 갖는 zero-sum 게임
	Log-rolling	Log-rolling을 통해 사회후생이 증가함으로 긍정적으로 봄, 총편익〉총비용, non zero sum game	Log-rolling이 사회전체의 후생을 감소시킴으로 부정적으로 봄, 총편익〈총비용, negative sum game

자료 : 현대국가의 행정학, 정용덕, P.589 재인용

1. 정책결정의 참여자에 관한 주요 이론 중에서 '이슈연결망(Issue Network)'을 설명하고 있는 것은? ^{2008. 국회 8급}

① 의회스태프, 타 행정기관의 관료, 사회과학자 등 다양한 관련행위자들이 비제도권적인 통로를 통해 유동적이고 불안정하게 상호작용한다.

② 정책결정이 부문별 행정관료, 이익집단, 의회위원회 간의 연대에 의해 배타적으로 주도되는 현상을 지칭한다.

③ 특정 이익보다는 다수의 이익에 기여하는 주장을 하는 집단의 의견이 정책결정에 반영된다.

④ 관료와 군부 그리고 기업엘리트를 권력의 세 축으로 보는 권력엘리트 모형의 견해와 흡사하다.

정답 ①

해설 이슈네트워크란 다양한 견해의 대규모 참여자들을 함께 묶는 불안정한 지식공유집단으로서 의회스 태프, 타 행정기관의 관료, 사회과학자 등 다양한 관련행위자들이 비공식적·비제도권적인 통로를 통해 유동적이고 불안정하게 상호작용한다. ②는 철의삼각(하위정부모형), ③은 이익집단론에 대한 반론인 공공이익집단론. ④는 엘리트 모형 중 Mills의 지위접근법이다.

2. 다음 중 정책네트워크모형(policy network model)에 대한 설명으로 옳지 않은 것은? ^{2007. 경북}

① 정책과정에 참여하는 공식·비공식의 다양한 참여자들 간의 상호작용을 중시하는 모형으로 등장하였다.

② 사회학이나 문화인류학의 연구에 이용되어 왔던 네트워크 분석을 정책과정의 연구에 적용한 것이다.

③ 1960년대에 등장한 하위정부론이나 1970년대 후반에 등장한 이슈네트워크이론이 정책네트워크이론의 기원이 된다.

④ 미국에서는 정당과 의회를 중심으로 정책과정을 파악하여 왔던 한계를 발견하고 정책네트워크모형을 발전시켜 왔다.

정답 ④

해설 미국에서는 하위정부론이나 1970년대 후반에 등장한 이슈네트워크이론(Heclo)을 기원으로 하여 정당과 의회를 중심으로 정책과정을 파악하여 왔으나, Rhodes 등을 중심으로 영국에서는 이처럼 정당과 의회를 중심으로 하는 논의의 한계를 발견하고 정책공동체(policy network)를 중심으로 정책네트워크모형을 발전시켜 왔다. 정책망모형은 정책과정에 참여하는 공식·비공식의 다양한 참여자들 간의 상호작용을 중시하는 모형으로 처음 미국에서 등장하였고(①), 사회학이나 문화인류학의 연구에 이용되어 왔던 네트워크 분석을 정책과정의 연구에 적용한 것이며(②), 1960년대에 등장한 하위정부론이나 1970년대 후반에 Heclo에 의하여 등장한 이슈네트워크이론이 정책네트워크이론의 기원이 된다(③).

2. 정책의제설정이론

1) 체제이론(體制理論)

Easton 등의 체제이론가들은 사회체제도 능력상 한계를 지니고 있다고 본다. 이러한 한계는 문제에 대한 주의집중 능력뿐만 아니라 문제해결에 소요되는 비용에 대한 제약도 포함한다. 또체제의 과중한 부담을 피하기 위하여 소수의 사회문제만을 정책문제로 채택하게 된다.

체제의 문지기(Gate Keeper)는 정책문제의 채택에서 결정적인 역할을 한다. 체제의 문지기는 공식적 정치제도 속에서 중요한 역할을 수행하는 대통령, 고위행정관료, 국회의원 등이다. 즉, 체제이론에서는 체제의 과중한 부담을 회피하기 위하여 소수의 사회문제만을 정책문제로 채택하게 되며, 문지기의 선호가 정책문제의 채택을 결정한다고 본다.

2) 권력이론(權力理論)

(1) 엘리트이론

① 선량주의(選良主義 : Elitism) : 소수의 권력 Elite가 정치체제나 일반대중을 지배한다고 보는 이론으로서, 소수의 정치적 Elite집단에 권력이 집중되고 국가정책은 Elite집단의 이익을 대변한다고 본다.

② 유럽의 고전적 엘리트이론 : 엘리트가 허용하는 소수의 문제만이 정책의제화된다고 본다 (G. Mosca, V. Pareto, R. M. Michels).

③ 1950년대 미국의 엘리트이론

㉠ W. Mills의 군산복합체(Military-Industry Complex) : 군장성과 중용산업체가 서로 연결되어 미국사회를 주도 ⇨ 미국사회는 군산복합에 의한 엘리트주의

㉡ Hunter의 명성접근법 : 애틀랜타 주를 연구해 "권력·명예·부"에 대한 설문조사에서 특정집단이 모든 것을 독점하고 있다는 결론이 나옴. ⇨ 사회적으로 유명인사(명성 있는 자)들이 중요한 역할 담당

④ 신엘리트이론 : Dahl의 다원론을 비판한 Bachrach와 Baratz의 무의사결정론이 대표적으로, 엘리트가 다른 사회집단의 요구를 억누르고 있다.

(2) 다원론

제1차 세계대전을 전후해 라스키(Laski), 맥카이버(Maciver) 등이 제창한 다원적 국가론을 비롯하여, 벤틀리(Bentley)와 트루만(Truman)에 의해 발전된 집단이론(이익집단론─맹아적 다원론), 달(Dahl)과 폴스비(Polsby) 등의 지역사회 권력연구 등을 포함하는 개념이다. 다원론자들은 일반대중이 정책의제설정을 비롯하여 정책과정에서 상당한 영향력을 행사한다고 보며, 그 중요한 제도적 장치로서 선거나 조직의 효과성을 강조한다. 일반대중이나 이익집단들이 정책과정에 어떤 행태로든 참여한다고 보기 때문에 다원적 사회에서는 모호하고 다목적적인 정책결정이 이루어진다. 즉, 정치적 영향력 및 권력이 사회 각 계층에 골고루 분산되어 있다고 주장한다.

제01편
제02편
제03편
제04편
제05편
제06편
제07편

다원론은 "어떠한 사회문제든지 정치체제 내로 진입할 수 있으며(기계론적 정부관), 이익집단의 자유로운 이익투사활동(협상과 타협)을 통하여 정책문제는 외부에서 무작위적으로 채택된다."는 이론으로써 고전적 민주주의에서 출발한다.

① 고전적 민주주의 : 긍정적, 낙관적 측면에서 민주주의를 보는 견해이다.

② 고전적 다원주의론(초기다원론)

    ㉠ 잠재이익집단론 : 고전적 다원론의 핵심으로 정책결정자는 잠재된 이익집단의 이익을 고려하기 때문에 활동성이 강한 소수 이익집단만의 특수이익이 추구되기는 곤란하다.

    ㉡ 중복회원이론 : 이익집단의 구성원은 여러 집단에 중복 소속되어 있기 때문에 한 집단의 특수이익만을 극대화하지는 않는다.

    ㉢ 공공이익집단론 : 특수이익보다는 공익에 가까운 주장을 하는 이익집단의 이익이 정책에 반영될 것이라고 주장하였다.

        * **이익집단자유주의론** 고전적 다원론에 대한 비판(이익집단에 대한 반발)적 입장으로서 이익집단의 자유로운 활동에 맡기면 영향력이 강한 다수집단의 이익이 정책에 반영되고 조직화되지 않은 집단의 이익은 정치과정에서 배제될 것이라는 비판적 입장이다. 침묵적 다수보다는 활동적 소수의 이익만이 반영될 것이라고 주장하였다.

③ R. Dahl의 다원론 : 엘리트이론을 강력하게 비판하면서 엘리트는 대중적 요구에 민감하게 반응하며 행동한다고 주장하였다.

④ 신다원주의론(수정다원주의) : 신다원주의는 고전적 다원주의가 기업가의 특권적 지위를 제대로 고려하지 못했다는 점을 비판하고 기업가 집단이 가진 특권적 지위가 현실의 정책과정에서 나타나고 있음을 인정하고 있다. 또한 신다원주의는 정부를 중립적 조정자가 아닐 수 있음을 인정하여 정부는 기업의 이익에 더욱 반응적이며 불평등 구조를 심화시킨다고 본다. 그리고 정부가 수동적으로 이익집단에 반응하기보다는 전문화된 체제를 갖추고 능동적으로 기능하는 정부관을 보인다고 본다. 다원주의에 대한 비판은 다음과 같다.

    ㉠ 다원주의는 지나치게 집단의 중요성을 강조하는데, 집단의 영향력 활동과는 상관없이 자유스럽게 정책을 결정할 수 있는 능력을 정부가 가지고 있기 때문이다. 즉 정부는 소극적인 역할에 머무르는 것이 아니라 관료의 이익 또는 정부의 의지에 따라 이익집단의 영향력 행사에 구애되지 않고 독자적으로 정책을 결정할 수 있다.

    ㉡ 다원주의는 정책과정에서 이데올로기의 역할을 고려하고 있지 못하다. 이데올로기는 정책의 본질을 규정하는데 그리고 정책과정에 어떤 집단들이 접근성을 보장받고 있는가에 중요한 영향을 미친다.

    ㉢ 다원주의는 정부에 가해지는 외적인 환경이나 구조적인 제약 등을 고려하고 있지 못하다(세계적인 경제환경의 변화).

② 잠재적 집단이나 정부부처 간 견제 균형이나 특수이익이 지배하지 못한다는 것은 의문의 여지가 있다.

이러한 비판을 수용하여 새로운 다원주의 관점으로 제시된 것이 신다원주의이다.

다원주의와 엘리트이론의 제모형

다원주의	풍향계정부	국가는 사회 내 이익집단 간의 힘의 균형을 반영하는 풍향계이다.
	중립국가관	국가는 조정자, 심판자, 개입자로서 중립적 공익을 추구한다.
	브로커형 국가	국가는 자기이익을 추구하는 공식·비공식적 조직들로 구성된다.
엘리트주의	외부통제모형	국가는 외부 엘리트에 의해 통제되는 하나의 기구로 이해한다.
	자율적 행위모형	국가는 외부에 의해 통제되기보다 행정엘리트의 선호를 반영한다.
	조합주의적 망	국가는 외부 엘리트들이 하나의 통제체제로 통합된 망과 같다.

🖋 대표유형문제

다원주의적 민주국가의 정책과정에 대한 설명으로 옳은 것은?

① 정책의제설정은 대부분 동원모형에 따라 이루어진다.
② 사법부가 정책결정과정에서 담당하는 역할이 미미하다.
③ 엘리트가 모든 정책영역에서 지배적인 권력을 행사한다.
④ 각종 이익집단은 정책과정에 동등한 정도의 접근기회를 갖는다.

[정답] ④

[해설] 다원주의(Pluralism)란 일반대중이 정책의제설정을 비롯하여 정책과정에서 상당한 영향력을 행사한다고 보며, 그 중요한 제도적 장치로서 선거나 조직의 효과성을 강조한다. 일반대중이나 이익집단들이 정책과정에 어떤 행태로든 참여한다고 보기 때문에 다원적 사회에서는 모호하고 다목적인 정책결정이 이루어진다. 즉, 정치적 영향력 및 권력이 사회 각 계층에 골고루 분산되어 있다고 주장한다. 다원론은 "어떠한 사회문제든지 정치체제 내로 진입할 수 있으며(기계론적 정부관), 이익집단의 자유로운 이익투사활동(협상과 타협)을 통하여 정책문제는 외부에서 무작위적으로 채택된다."는 이론으로써 고전적 민주주의에서 출발한다. 또한 다원주의에서 각종 이익집단은 영향력은 서로 다르지만 차별적 접근을 허용하는 것은 아니며 정책과정에 동등한 정도의 접근기회를 갖는 것이 특징이다.
①은 동원형이 아니라 외부주도형이라고 해야 맞다. ② 미국 등 다원주의 사회에서는 행정부보다 사법부가 정책결정과정에서 담당하는 역할이 강한 편이다. ③은 다원주의가 아니라 엘리트이론에 대한 설명이다.

3. 정책의제형성과정

정책의제의 형성은 정책과정이 시작되는 단계로서, 정부가 해결하고자 하는 사회문제를 정부 내에서 논의하는 주제인 정책의제(政策議題)로 채택하는 행위의 과정을 말한다. 여기서는 정책문제의 성격에 따라 정책담당자가 정해지며, 이들의 구체적인 역할을 제시해주는 첫 단계라 할 수 있다. 이러한 정책담당자는 의제의 성격을 검토하는 과정에서 일종의 문지기(gate-keeper) 역할을 수행한다.

따라서 정책의제의 설정과정은 일반적으로 개인문제로부터 출발하여 사회문제로, 다시 사회문제는 쟁점(issue)으로 변화되고 언론의제(press agenda)나 공중의제(public agenda)를 거쳐 정부의제로 채택된다(개인문제 → 사회문제 → Issue화 → 언론의제 → 공중의제 → 정부의제). 그러나 대부분의 정책의제 형성은 사회문제 → 사회적 이슈 → 공중의제 → 정부의제의 패턴을 지닌다.

1) 사회적 문제

문제성격이나 문제 해결방법에 대해 집단들 사이에서 의견일치를 보기 어려운 사회문제이다.
예 1. 장애인 의무고용율 확대 : 경제인연합과 장애인단체 간의 의견불일치
　　2. 의약분업 : 의사집단과 약사집단

2) 사회적 이슈

문제해결방법에 따라 영향받는 집단이 달라지기 때문에 채택될 해결방법의 종류에 대해 집단들 간의 견해차이가 있게 되고 갈등과 논쟁발생하고, 이러한 논쟁이 상당한 규모에 달하면 사회적 이슈가 된다.

* 사회적 이슈의 요소
1. 주도자 : 사회문제를 쟁점화
2. 점화장치 : 사람들의 주목을 끌만한 사건
　　예 의약분업반대에 대한 의사들의 시위 시 의사협회가 주도자가 되고, 의사들의 집단 진료 거부가 점화장치가 된다.

3) 체제의제(공중의제 · 토론의제 · 확산의제)

일반대중의 주목을 받을 만한 가치가 있으며 정부가 문제해결을 하는 것이 정당하다고 인정되는 사회문제이다.

예 장애아동의 교육에 대해 정부의 개입이 당연시되므로 공중의제가 된다.

* 공중의제 요소
1. 많은 사람들이 관심을 가지는 문제
2. 많은 이들이 정부조치가 필요하다고 주장하는 문제
3. 문제해결이 정부의 권한이라고 많은 사람들이 믿는 문제(그 문제는 정부가 처리해야 할 문제라고 하는 인식이 공유됨)

4) 기관의제(정부의제 · 공식의제 · 제도적 의제 · 행동의제)

(1) 정부의 공식적인 의사결정으로 사회문제해결을 위해서 심각하게 고려하기로 명백히 밝힌 문제이다.
(2) 정책의제설정활동의 산출물로 도출되는 좁은 의미의 정책문제로서, 체제의제에 비해 구체적 · 한정적인 사항으로 구성된다.
(3) 이 정부의제가 등장하는 과정이 의제설정과정이다.
　　예 장애아동의 교육의무화, 무상교육

5) Cobb-Elder의 정책의제형성과정

(1) 사적문제 ⇨ 사회적 이슈 ⇨ 체제의제 ⇨ 기관의제

(2) Cobb과 Elder는 1976년 저술에서 이슈(issue)의 경로를 문제 제기(initiation : 문제나 고충의 표출 및 발생) ⇨ 구체화(specification : 제기된 불만이나 고충이 좀더 구체적인 방법 – 집단 민원제기 등) ⇨ 확장(expansion : 일반공중에게 확산되어 널리 인식되게 하는 이슈화, 쟁점화단계로서 이 단계를 거쳐 사회문제가 공중의제화 됨) ⇨ 진입(entrance : 공중의제가 정부에 의하여 공식의제로 채택 또는 전환되는 과정) 단계로 설명하였다.

✎ 대표유형문제

다음 중 공중의제에 대한 설명으로 올바른 것을 모두 고르면?

> (가) 일반대중이 정부가 해결방안을 강구해야 한다고 공감하는 일련의 이슈를 의미한다.
> (나) 문서화되거나 공식화되지 않은 의제이다.
> (다) 사회문제의 성격이나 그 해결방안에 대하여 논란이 벌어지면 공중의제가 된다.
> (라) 일단 공중의제가 되면 그 사회문제는 해결될 가능성이 매우 높아진다.

① (가), (나)   ② (가), (다)
③ (가), (나), (다)   ④ (가), (나), (라)

정답 ①

해설 가, 나만 옳고 다, 라는 틀리다.
　　　다. 논쟁의 대상이 되는 것은 공중의제가 아니라 사회적 이슈화(쟁점화)이다. 사회적 이슈(social issue)란 그 해결책에 관해서 의견의 불일치가 있는 문제이다. 공중의제는 의견의 불일치나 논란을 넘어서서 공중(일반국민)이 그 문제가 정부의 소관사항으로서 해결책이 강구되어야 한다고 믿는 일련의 이슈이다. 다만, 정부에 의하여 문서화된 것도 아니고 구체적으로 공식화된 의제는 아니다.
　　　라. 문제해결의 가능성이 높아지는 것은 공중의제(체제의제)가 아니라 정부의제(제도의제)이다. 정부의제는 예컨대 문제의 해결을 위하여 의안(법안)이 국회로 제출되는 것인데 공중의제가 모두 정부의제화하는 것은 아니며 또한 정부의제로 채택이 되어도 정부의제가 모두 정책결정으로 이어지는 것도 아니다. 그러나 일단 공식의제(정부의제)로 채택이 되면 그 문제에 대한 해결책이 강구될 가능성이 높다고 볼 수는 있다.

4. 정책의제형성의 세 가지 모형

Cobb, J. Ross & M. Ross가 1976년 3월에 「미국 정책과학의 재조명 – 비교정책과정으로서 의제형성」이라는 저서에서 외부주도, 동원, 내부주도의 정책의제형성모형을 제시하였다.

1) 외부주도모형(배양형; outside initiative model) – 평등사회, 정치참여모형

이 유형은 정책담당자가 아닌 정부기관 외부 사람들의 주도에 의해 정책문제의 정부 귀속화가 이루어지는 경우로서, 물론 외부에서 이슈를 제기하였다고 해서 모두 다 정책문제로 채택되는 것

은 아니다. 문제의 당사자로 구성되거나 문제를 겪는 사람들을 대변하는 외부 주도집단의 활동으로 문제를 제기한 후 구체화시키고, 구체화된 문제를 관심집단에게 제공함으로써 문제 인식을 사회 전체적으로 확산시켜서 공중의 관심을 이끌어 내어 정부가 이에 반응하게 되는 수순을 밟아가게 된다. 따라서 이 유형은 국민의 소리에 민감하고 여론을 존중하는 선진 민주주의 사회에 가장 잘 적용되며, 구체적인 예로는 임대차보호법의 제정, 대구의 페놀사건 이후 환경규제의 강화, 6·29선언 등을 들 수 있다. 그러나 이 유형은 주민의 욕구에 민감하고 민의를 존중한다는 면에서 큰 장점이 있으나 선동가에 의하여 중우정치로 흐를 위험성도 높다(박호숙, 2002: 39). 또한 사회적 강자에 의하여 여론이 주도되어 말없는 다수의 의견이 소외당할 가능성도 있다.

(1) 의의

외부집단에 의하여 이슈가 제기되고, 제기된 이슈가 확대되어 공중의제를 거쳐 공식의제가 되는 경우(사회문제 ⇨ 사회적 이슈 ⇨ 공중의제 ⇨ 정부의제)로서 사회적 쟁점화를 시키는 주도자가 중요하다. 다원화된 선진국에서 일반적으로 나타나는 정책의제형성과정이다.

(2) 특징

① 정책의제설정, 정책결정, 정책집행 등 정책과정 전반에서 외부집단이 주도한다.
② 정책결정과정이 점증적이며, 이익집단의 발달, 정부가 외부의 요구에 민감한 반응을 보이는 정치체제(다원주의, 민주주의)에서 많이 나타나고 언론기관이나 정당의 역할이 중요하다.
③ 정책은 대립되는 이해관계자들의 타협·조정의 산물이므로 정책내용이 상호 충돌·모순적이며, 단기적·단편적이다.
④ 다른 어느 모형보다 공중의제가 공식의제로 되는 데에 많은 시일이 소요된다.
⑤ 외부주도형은 사회문제당사자인 외부집단이 주도하여 정책의제채택을 정부에 강요하는 것으로, 허쉬만(Hirshman)은 이를 "환경에 의하여 강요된 정책문제"라고 하였다.

> **예** 지방자치제 실시, 금융실명제, 그린벨트 지정완화, 여성채용목표제, 한·일어업협정, 1987년 6·29선언, 4대강 수질개선, 벤처산업육성, 전자거래제도, 개방형 임용제, 소비자 보호, 양심적 병역거부, 외국인 근로자 보호, 동강댐 건설백지화, 한·미간 쇠고기 재협상 등.

2) 동원모형(mobilization model) – 계층사회, 행정참여모형

이 유형은 일반 국민들이 문제를 제기하지 않더라도 정책담당자들이 스스로 정책의제화하는 경우이다. 다시 말해서 이는 정부 내에서 먼저 문제를 제기하고 구체화시킨 후 매스컴 등을 통한 홍보활동을 전개하여 사회적인 공감대를 형성한 후 다시 정책의제로 설정되게 하는 과정으로 국민의 관심을 유도하는 의미를 부각시켜 '동원형 의제설정'이라고 부른다. 이 유형의 특징은 문제가 정부의제로 먼저 채택되고 정부의 의도적인 노력에 의해서 공중의제로 확산된다는 점이다. 이 유형은 관존민비 사상이 강하거나 정치권력이 집중되어 있는 후진국에 잘 적용되는 유형으로써, 우리나라의 경부 및 호남고속철도, 가족계획, 새마을운동, 경차우대정책 등이 그 대표적 예이다.

(1) 의의

정부 내의 정책결정자들이 의제설정을 주도하는 경우로, 거의 자동적으로 정부의제가 된 후에 정부의 PR을 통하여 공중의제가 된다(사회문제 ⇨ 정부의제 ⇨ 공중의제).

다만, 성공적인 집행을 위하여 이슈를 공중의제로 전환시키는 점화자의 역할이 중요하다. 정부의 힘이 강한 후진국에서 나타나는 일반적인 유형이다.

(2) 특징

① 정부의 힘이 강하거나 카리스마적 지도자가 있는 경우 활용될 가능성이 높고, 민간 이익집단이 취약한 관존민비적(官尊民卑的) 후진국에서 많이 나타난다.
② 정책결정과정이 보다 분석적이며, 전문가의 영향력이 매우 크다.
③ 정책의 내용이 종합적·체계적·장기적이다.
④ 정부가 제시한 이슈에 대한 국민적합의 실패, 리더십 실패 등으로 인하여 정부의 의도가 수정될 수 있으므로 여론의 반영노력에 충실해야 한다.

> 예 부실기업에 대한 공적 자금 투입, 교통정책, 제2건국운동(1998년 광복 50주년 기념), 월드컵·올림픽 유치, 가족계획사업, 새마을운동, 전자주민카드제, 의료보험제도, 의약분업, 원자력 폐기물 처리장 설치, 세종시 건설, 경차우대정책, 한·미 FTA, 4대강 사업, 중국 불법어선에 대한 단속 강화정책 등.

3) 내부접근모형(inside access model) – 음모형

이 유형은 정부 내부의 주도에 의해 발의, 구체화되어 바로 정책의제로 선정되는 경우를 말하는데, 동원형과 유사하지만 공중의제로의 확산과정을 거치지 않는다는 점에서 다르다. 국민이 사전에 알면 곤란한 문제를 다루거나, 시간이 급박할 때, 의도적으로 국민을 무시하는 정부에서 나타날 수 있다. 일반적으로 부와 권력이 집중된 나라에서 흔히 나타나는 유형이며, 주로 외교·국방정책의 경우에 비교적 많이 나타난다. 내부접근형은 '국익수호'와 '국민의 알권리'를 어떻게 조화시키느냐 하는 것이 커다란 쟁점으로 부각된다(박호숙, 2002: 41).

(1) 의의

정부기관 내의 관료집단이나 정책결정자에게 쉽게 접근할 수 있는 외부집단이 최고정책결정자에게 접근하여 문제를 정부의제화하는 경우이다. 주도 세력이 낮은 지위에 있는 고위관료이며, 또 공중의제화하는 것을 막으려 한다는 점에서 동원형과 구별된다. 주도집단이 정책의 내용을 미리 정하고 이 결정된 내용을 그대로 또는 최소한의 수정만으로 집행하려 하며, 반대 가능성이 높은 사람들에게는 이를 숨기려 한다. 일반적으로 부와 권력이 집중된 나라에서 많이 나타나나 선진국에서도 무기구매계약, 외교·국방정책 등에서 나타나고, 후진국에서는 경제개발계획 등에서 많이 나타난다. 정부조직 내의 집단에 의하여 이슈가 제기되고 공식적 의제가 되도록 충분한 압력을 가하는 경우로서 일종의 음모형이다(사회문제 ⇨ 정부의제(공중의제화 억제).

(2) 특징

① 동원모형과 달리 이슈가 공중에게 확산되어 공중의제가 되기를 원하지 않으며, 자신들의 영향력에 의하여 정책결정과 그 후의 성공적인 집행도 가능하다고 본다.

② 부와 지위가 집중되어 있는 사회, 즉 엘리트 사회일수록 내부주도모형에 의존할 가능성이 높다.

③ 사회적 지위가 높은 집단일수록 내부주도모형을 활용할 가능성이 높다.

④ 정책결정자에게 쉽게 접근할 수 있는 외부집단에 의해 주도되며, 최고 정책결정자에게 접근하여 문제를 정부의제화시키는 유형이다.

⑤ 주도집단이 정책의 내용을 결정하고, 최소한의 수정만으로 집행하려 한다.

⑥ 예로는 국방부 무기매입(국방정책), 외교정책, 마산수출자유지역 설치, 고속전철건설, 초고속통신망사업, 벤처기업 특별법, UFO나 외계인 사건 등이 있다.

동원형과 음모형의 차이

구분	주도세력	정책의제형성 과정
동원형	고위정책결정권자	정부의제결정 후 정부 PR활동을 통해 공중의제화
음모형	하급 고위관료	공중의제화하는 것을 오히려 방해

4) 포자모형(胞子模型)

곰팡이의 포자가 적당한 환경이 조성되지 않으면 균사체로 발전하지 못하듯이 영향력이 없는 집단의 이슈의 경우 이슈촉발계기(triggering device : 예상치 못한 사건이나 사고에 의해 인식되지 못하던 이슈가 갑자기 공공의제로 부각되어 급속하게 정책대안이 마련되어야 하는 상황)가 없으면 정부의제로 발전하지 못한다는 모형을 말한다.

정책의제형성모형별 비교

구분	외부주도모형	동원모형	내부접근모형
전개방향	외부 ⇨ 내부	내부 ⇨ 외부	내부 ⇨ 내부
사회·문화배경	평등사회	계층사회	편중된 사회
공중의 참여도	가장 높음	높음	참여배제
공공의제의 성립	구체화·확산단계	확산단계에서 성립	성립 안 됨
민주적 공개성	가장 높음	높음	비공개
공식의제 성립	진입단계	주도단계	주도단계

제02편

✎ **대표유형문제**

피터 메이의 정책의제설정모형에 관한 설명이다. 보기 중 다음의 설명에 가장 알맞은 모형은?

> 비정부집단에서 이슈제기 ┉➤ 공중의제화 ┉➤ 공식적인 의제화

① 외부주도형
② 내부주도형
③ 굳히기형
④ 포자모형

정답 ①

해설 설문은 외부주도형(outside initiation)에 해당한다. P. J. May(1991)는 의제설정모형을 외부주도형, 동원형, 내부주도형, 굳히기형(대중적 지지가 필요하지만 대중적 지지가 높을 것으로 기대될 때 국가가 의제설정을 주도하는 모형)의 네 가지로 구분하였다. ②의 내부주도형(inside initiation)은 내부접근형과 같은 의미로 사용되었다.

5. 무의사결정(non-decision making)

무의사결정을 추진하는 대표적 수단을 제시하면, ① 폭력의 행사, 즉, 엘리트들의 기득권에 도전하는 정치적 이슈가 제기되지 못하도록 테러행위를 하는 방법이다. ② 권력의 행사, 즉, 상대편을 위협하는 것으로부터 새로운 이익으로서 매수하는 것 등 다양한 형태가 있다. ③ 편견의 동원, 즉, 엘리트들의 기득권을 위협하는 요구에 대해서는 이를 반사회적, 비애국적, 비도덕적이라는 이유를 들어 이를 억압하거나 눌러 버리는 것이다. ④ 편견의 강화·수정, 즉, 기존의 규범이나 규칙, 절차 등을 수정하거나 보완·강화하여 새로운 요구를 봉쇄하는 방법이다.

1) 무의사결정의 의의

(1) 바흐라흐(Bachrach)와 바라츠(Baratz)에 의해 제기된 무의사결정은 정책의제로의 채택이 실패되는 현상으로서, 정부가 정책의제로 고려하지 않는다는 결정을 의미한다. 무의사결정은 1960년대 대규모 흑인폭동을 계기로 발전된 것으로, 의사결정자가 자신의 가치나 이익에 반대되는 잠재적인 도전을 억압하고 방해하는 과정에서 초래된다.

무의사결정은 왜 어떤 문제는 정책의제로 채택되고 어떤 문제는 방치·기각되는가에 대한 의문에서 출발한 이론으로 모든 사회문제가 정책의제화되지 못하는 현상을 설명하고자 한다.

(2) 사회의 현존 이익과 특권 분배상태를 변화시키고자 하는 요구가 표출되기도 전에 질식·은폐되거나 또는 그러한 요구가 의사결정의 장에 접근하기 전에 소멸되는 경우로서, 사회적 요구가 정책결정 및 집행단계에서 파괴되어 버린다. 무의사결정론은 다원주의, 점증주의적 입장을 비판한 신엘리트주의 이론이다.

* 권력의 두 얼굴(1962)
Dahl의 모형이 권력의 밝은 얼굴은 보았으나, 어두운 얼굴은 보지 못하였다고 비판
1. 밝은 얼굴 : 정책문제를 해결하기 위해 정책결정과정에서 영향력을 행사하는 것
2. 어두운 얼굴 : 정책결정과정에 선행하는 정책문제의 채택과정에서 영향력을 행사하는 것

2) 무의사결정의 발생이유

(1) 지배엘리트에게 이로운 것이 아니라는 두려움(공개적으로 또는 은밀하게 억압)

(2) 공무원(행정관료)이 특정의 안(idea)에 대해 엘리트들이 별로 호감을 갖지 않을 것이라 예상하여 포기(기득권 옹호, 이슈의 억압)

(3) 지배적인 가치와 신념에 부정적으로 작용할 때

(4) 동조과잉 및 과잉충성이 발생할 때

(5) 편견의 동원(환경문제, 노동문제 제기자를 공산주의자라는 사고)

(6) 정책문제 포착을 위한 정보, 지식, 기술의 부족

3) 무의사결정(신엘리트주의)을 위한 전략

(1) Edwards 3세와 Sharkansky의 견해

① 강제력 행사 : 시민권 옹호운동자라든가 반전시위자들에 대한 정부의 억제조치

② 문제제기자에게 특혜 : 특혜제공의 근본목적은 문제의 해결이 아니라 문제의 은폐

③ 제기된 문제가 비공식적 성질인 것처럼 보이도록 함 : 문제와 관련된 집단의 성격이 전문적이라기보다는 사적인 것으로 규정한다든가, 어떤 정책요구를 비국가적인 것으로 특징 지움으로써 공공의 관심이 부여되지 못하도록 하는 것

④ 지연전략 : 지속적으로 정책결정자에게 압력을 가할 수 없는 조직력이 약한 집단의 요구에 대해 연구라는 미명 하에 연구위원회에 회부시키는 것

⑤ 잡무의 미궁(labyrinch of routines)에 빠뜨리는 방법 : 문제에 대한 고려를 연기시킨다든가 협력하는 듯한 인상을 보임으로써 정치적 압력을 줄여 버리는 것

(2) Bachrach와 Baratz의 견해

① 폭력사용 : 정치체제에 도전하는 학생·재야인사 투옥

② 권력행사 : 반대세력에 금융·세제혜택 거부, 세무사찰 실시

③ 지배적 규범이나 절차 강조 : 복지정책, 노동정책, 환경오염방지정책 등이 과거에 경제발전 제일주의라는 정치이념에 밀려 정책문제화되지 못한 것

④ 규범·규칙·절차 자체를 수정·보완 우회적으로 봉쇄 : 계속적으로 경제제일주의를 강화 시키는 것

4) 우리나라의 무의사결정의 사례

우리나라의 경우 내부주도형이 지배하여 여러 분야에 걸쳐 무의사결정을 경험하였는데, 1960-70년대에 노동·인권·환경·복지문제 등이 경제성장과 안보이데올로기라는 정치이념에 억눌려 정책의제화 되지 못하였고, 1980-90년대에는 통일문제, 지역감정문제 등에 관한 일반국민들의 의견이 광범위하게 정책의제화 되지 못하였다.

✎ 대표유형문제

무의사결정(Non-decision making)에 관한 다음 설명 중 타당하지 않은 것은?

① Bachrach와 Baratz가 잠재집단의 개념을 이용하여 기득권의 이익을 옹호하는 엘리트론으로 주장하였다.

② 정책결정자의 지배적 가치에 대한 도전을 억압하고자 할 때 발생하기도 하며, 특정 쟁점이 '결정'을 위한 고려대상이 되지 못하게 하는 것도 무의사 결정에 포함된다.

③ 정책대안의 범위·내용을 한정시켜 상징에 그치는 대안을 채택하기도 한다.

④ 문제를 기각·방치하여 결과적으로 정책대안을 마련하지 않는 경우도 많다.

정답 ①

해설 무의사결정론은 왜 어떤 문제는 정책의제로 채택되고, 어떤 문제는 정책의제로 채택되지 못하고 방치되는가에 대한 의문에서 시작된 것으로, 정책의제설정에서 지배엘리트의 이해관계와 일치하는 사회문제만 정책의제화된다는 이론이다. Bachrach와 Baratz 등이 다원론을 비판하며 제시한 신엘리트론적 이론이다. ① 잠재이익집단론은 정책결정자들이 잠재집단(potential group)을 염두에 두기 때문에 소수의 특수이익이 정책을 좌우하지 못한다는 다원론적 이론이다.

5) 무의사결정이 발생하는 과정

미시적으로 무의사결정은 체제의제(공중의제)에서 기관의제(공식의제·제도의제)로 넘어가는 과정에서 발생하며, 이 결정과정에서 사회적 약자의 이익이 무시될 수 있다. 거시적 측면으로 보면 무의사결정은 정책곳곳에서도 발생할 가능성이 있다.

🔹 행정의 목표

1. 행정목표의 변동

1) 목표의 전환(대치, 도치, 전치, 전도)

(1) 목표전환의 개념

① 목표의 전환이란 조직이 정통적인 목표를 포기하고 다른 목표를 선택하는 것을 말한다. 즉, 기존의 목표가 다른 목표에 의하여 변경되거나 종속되는 현상을 지칭하는 것으로, 보통 다른 목표로 대치되는 것이 일반적이다.

② 목표와 수단 간의 우선순위가 바뀌는 것으로서, 수단이 목표가 되고 목표가 수단이 되어 목표가 수단에 의해 희생(목표를 왜곡하는 현상)

(2) 목표전환의 발생요인

① 소수간부의 권력·지위 강화 경향 : 과두제의 철칙(R. Michels) - 1949(최초로 주장)

② 정책·규칙·절차에 대한 집착 : 동조과잉(Merton) - 1957년

③ 유형적 목표의 추구 : 복잡하고 창의적인 무형적 목표보다 전문성이나 능력의 부재로 형식적인 유형적 목표에만 집착

④ 조직내부문제 중시 : 환경무시(국민요구, 사회현상 등)

⑤ 목표의 과다측정 : 목표가 너무 많을 경우 무엇이 중요한지 망각

⑥ 할거주의 : 자기가 속한 부서의 목표나 이득만을 중시하는 입장

과두제의 철칙	동조과잉	목표의 과다측정
·과두제란 소수지배가 타락한 형태, 철칙이란 예외가 없는 법칙 ·소수간부의 독재현상 ·권력을 집중·장악한 소수는 본래 목표보다는 자신의 권력이나 지위강화에 조직을 이용	·원인은 규칙(법), 절차를 지나치게 강조함으로써 비롯 ·수단에 불과한 규칙·절차를 목표가치보다 더 존중하고 중시하는 것	·조직관리자가 조직의 효과성을 측정하기 위하여 무형목표보다 유형목표를 강조하게 되는 현상 ·목표의 수치화경향이 심화되면 의식하지 못하는 가운데 목표전환이 나타남.

(3) 목표전환에 대한 학자들의 견해

① Selznick : 전문화의 무능, 할거주의 ② Blan : 조직의 경직성(개성의 상실)

③ Truman : 활동적인 소수 ④ Laski : 무사안일주의 지적

⑤ Warner, Havens : 상위목표보다 하위목표를 더 중시

⑥ Etzioni(1964) : 목표의 과잉 측정

⑦ Jenkins(1977) : 조직의 목표가 급진적 방향으로 대치되는 현상을 지적

🖊️ 대표유형문제

관료제 병리현상의 하나인 '목표의 대치(displacement)'에 관한 다음 설명 중 옳지 않은 것은? ^{2006. 중앙위}

① 목표의 대치 현상을 처음으로 언급한 학자는 독일의 사회학자 막스 베버(Max weber)로서 조직 구성원들의 성향변화가 그 원인이 될 수 있다고 지적하였다.
② 행정개혁과정에서 자신들의 조직이 축소·변화되는 것을 막기 위하여 관료들이 새로운 목표를 만들어 개혁에 저항하는 것은 '목표의 대치' 현상으로 볼 수 있다.
③ 머튼(Robert K. Merton)은 조직이 과도한 형식주의로 흘러 절차나 규칙자체를 목표로 삼는 현상을 과잉동조(overconformity)라고 하였다.
④ 목표의 대치 현상은 조직 전체적인 문제나 외부환경의 변화보다는 조직 내부 문제를 보다 중시하기 때문에 발생한다.

정답 ①

해설 막스 베버(Max weber)는 관료제의 순기능만을 중시했으며, 병리에 대해서는 언급하지 않았다.

2) 목표의 승계

(1) 목표의 승계란 원래의 목표가 달성되었거나 달성 불가능한 경우, 조직의 생존을 위하여 새로운 목표를 발견하는 것 또는 본래 목표가 같은 유형의 다른 목표로 교체되는 목표 전환
(2) 동태적 보수주의 초래(목표달성 후에도 조직이 목표를 변경하여 존속하게 됨.)
(3) 미국 F. D. Roosevelt 대통령이 설립한 소아마비구재재단, 미국재향군인회 등
  예 1. 미국의 소아마비재단의 목표는 소아마비 퇴치였으나 왁찐이 개발되어 목표가 달성되자 관절염, 류마티스, 다른 절름발이형, 출신장애 등으로 목표 승계
  2. 1960년대 국민재건운동본부 ⇨ 1990년대 같은 유형의 제2건국준비위원회
  3. 올림픽조직위원회 ⇨ 국민체육시설관리공단

3) 목표의 다원화(추가)

종래의 목표에 새로운 목표를 추가하는 것으로 목표의 수가 증가하는 질적 변동이다.
  예 1. 대학 : 교육·연구목표, 사회봉사목표
  2. 종교단체 : 신앙목표, 사회봉사목표

4) 목표의 확대

목표의 범위를 확장하는 것으로 목표의 수에는 변함이 없이 목표의 범위만 넓어지는 경우로서 목표의 양적 변동으로, 목표달성이 낙관적일 때 일어난다.

예 1. 신문사의 일간지 발행 ⇨ 일간지, 주간지, 월간지, 계간지 발행

　　2. 경제성장률 3%로 목표설정 ⇨ 상황호조로 경제성장률 5%로 확대

5) 목표의 비중변동

① 다수의 동일유형 목표들 간 우선순위나 비중이 달라지는 것이다.

② 조직 내의 집단 간의 세력변동, 정책의 변화, 환경의 압력에 의해서도 발생한다.

　예 1. 조직의 기술여건과 고객의 요청이 달라짐에 따라 조직목표 간의 비중변동 발생

　　2. 1960년대 효과성 ⇨ 1970년대 형평성 ⇨ 1980년대 생산성

🎯 목표관리(MBO : Management By Objectives)

1. 목표관리의 의의

1) 목표관리(MBO)의 개념

MBO는 조직단위와 구성원들의 참여를 통해 생산활동의 단기적 목표를 명확하고 체계있게 설정하고 그에 따라 생산활동을 수행하며, 활동의 결과를 평가·환류시키는 관리체제이다.

2) 목표관리(MBO) 도입

1954년 드러커(Peter. Drucker)가 「관리의 실제」에서 기업의 계획행태를 개선하는데 역점을 두고 MBO를 관리계획의 한 접근방법으로 소개하였으며, 1973년 닉슨 대통령이 MBO 실시를 지시함에 따라 공공기관에 도입되었다.

3) MBO의 과정

상사와 부하의 행동

2. MBO의 장단점 및 비교

1) MBO의 장단점

(1) MBO의 장점

① 기본적인 가치는 업적평가와 계획행태를 개선하고 조직참여자의 직무만족도를 높임으로

써 조직의 효율성을 제고하는 데 있다.

② 생산활동을 조직의 목표성취에 지향시킴으로서 조직의 효율성을 제고시킨다.

③ MBO는 관리자로 하여금 업무계획을 세우도록 강제하고 또 그것을 돕는 역할을 한다.

④ 조직참여자의 사기를 제고하며, 조직의 인간화와 조직발전에 기여하고 직무의 안정감을 향상시킨다.

⑤ 개인의 능력에 맞는 목표설정을 가능하게 하므로 인적자원 활용의 효율화를 기할 수 있다.

⑥ 역할의 모호성과 역할 간의 갈등을 감소시킴으로써 책임한계의 명확성을 지닌다.

⑦ 업적평가의 객관적 기준을 제공하며, 훈련수요의 결정에 도움을 준다.

⑧ 관리상의 문제인지를 용이하게 한다. 여기서 문제란 목표달성을 가로막는 장애를 말한다.

⑨ 최종목표와 중간목표 사이의 연결이 명백하며, 의사소통의 원활화로 목표와 성과가 연결되어 효율성을 증진한다. 또한 참여적 방법에 의해 목표평가 및 책임수락을 용이하게 하며, 최고관리층의 명확한 관리역량이 기대된다.

⑩ MBO는 일과 사람을 조화시킬 수 있다. 즉, 직무중심적 관리방식과 인간중심적 관리방식을 적절히 통합시킬 수 있다.

⑪ 관료제의 부정적인 속성을 제거하는 데 도움을 준다. MBO는 분권화와 참여관리를 촉진하기 때문에 이를 도입하면 관료화된 조직 특히 정부관료제에 나타나는 경직성, 집권적 구조, 권위적 행태 등 전통적 특성을 타파하는 데 기여할 수 있다.

(2) MBO의 단점

① 목표설정과 성과를 측정하는 일이 항상 용이하거나 가능한 것은 아니다. 환경이 복잡하고 변화가 많을 경우 목표설정지침으로 활용하기 어렵고 명백한 목표설정이 곤란하다.

② MBO는 측정가능한 목표에 치중함으로써 장기적·질적 목표보다는 단기적·양적 목표에 치중한다.

③ MBO를 도입하고 운영하는 데는 많은 시간이 걸리고 관리자들은 과중한 서류작업(red-tape)에 시달리게 된다. 목표설정과 성과보고는 부담스러운 서류작업을 수반함으로써 관료주의적 타성이 나타난다.

④ 관리상황이 유동적인 곳에서는 MBO가 기대된 성과를 거둘 수 없다. MBO는 조직 내외의 상황이 상당히 안정되어 있고 그에 대한 예측가능성이 높아야 성공할 수 있다.

⑤ 인간중심주의적 내지 산출중심적 관리방식에 노출된 경험이 없는 조직에 MBO를 도입하려 하면 강한 저항에 봉착하게 된다.

⑥ MBO가 업적평가에 객관적인 기준을 제공한다고 하나 그러한 기준의 용도는 제한되어 있고 흔히 오도되는 경우가 많다. MBO는 목표성취 결과를 측정하는 데 치중하기 때문에 사람들이 높은 수준의 목표설정을 회피하고 계량적으로 결과를 파악하기 쉬운 업무에만 주력하는 문제가 발생할 수 있다.

⑦ 목표설정 시 최고관리층과 중간관리층의 갈등이 심화될 수 있다.

2) MBO와 다른 제도의 비교

MBO와 PPBS의 비교

비교변수	MBO	PPBS
발생의 근원	관리기술	예산제도개혁
기 획	부분적	종합적
구 조	분권적이고 계선기관에 치중	집권적이고 막료기관에 치중
전문기술	일반적 관리기술	통계적 관리기술
프로그램	내적이고 산출량에 치중	외적이고 비용·편익에 치중
예산범위	부분적·개별적·후원적	종합적 자원배분

MBO와 OD의 비교

비교변수	MBO	OD(조직발전)
목 적	단기적 목표성취와 관리기법의 변화	전체적 발전, 실적과 효율성 제고
추진층	상향적(상부에 지휘본부), Y이론	하향적(고위층의 의지), Y이론
담당자	특별한 전문가가 아닌 계선·실무자	특별한 외부전문가 영입
발전관리	상식적 관리기법	인간행태변화(감수성, 과정상담 등)
성 향	단순성	다각적 성향

🥄 정책분석(plicy analysis)

1. 정책분석

1) 정책분석의 개념

정책분석은 정책결정의 합리성을 제고시키려는 것으로 인간의 이성과 증거를 토대로 하는 상식적·합리적 검토작업을 말한다.

정책분석은 정책결정단계에서만 필요한 것이 아니라, 정책의 초기단계인 욕구발견에서부터 정책집행과 실천에 이르는 정책의 전체과정에서 분석이 필요하다. 즉, 정책분석은 정책이 가져올 사실상 혹은 잠재적인 영향력을 체계적으로 식별, 검토 및 평가함으로써, 정책과정에서 야기되는 어려움을 극복하는 데 필요한 객관적이고 합리적인 지식을 제공하는 것이다. 정책분석은 최선의 정책대안을 창출하기 위하여 수행되는 체계적인 활동으로서, 정책과정 전체에 연관되는 체계적인 노력이다.

2) 정책분석의 특징(Mayer & Greenwood, 1980)

(1) 정책목표와 정책수단의 관련을 명확하게 하려는 점에서 목적지향적이다.

(2) 정책현상은 사회 여러 가지 요인의 상호의존에 의해서 나타나는 바, 이러한 정책현상을 탐구하는 정책분석은 체계적인 성질을 가진다.

(3) 정책분석은 정책실시의 예측이나 서술뿐만 아니라 필요한 행위의 제언까지 한다는 점에서 행위지향이다. 사회적 행위는 일반적으로 가치에 기반을 두기 때문에 정책분석은 윤리적인 합의를 가지게 된다.

(4) 정책주체가 정책목적을 실현하기 위한 수법을 탐구하는 것이므로 조작성이 강조된다. 또한 정책과제의 분야에 대응하며, 관여하는 주체의 성질에도 대응된다.

(5) 다양한 성격을 가지며, 문제의 접근법도 학제적 성격이 강조된다.

2. 관리과학(management science)

1) 관리과학의 의의

(1) 관리과학의 개념

① 관리과학은 문제해결이나 의사결정의 최적 대안을 탐색하는 데 활용되는 과학적·계량적 분석기법을 말한다.

② 관리과학은 20세기 초에 주로 직관·상식에 의존하던 과학적 관리법에 비하여 경제적·계량적·객관적인 방법을 이용한 현대의 관리기법이다.

③ 운영연구(OR ; Operations Research), 선형계획(linear programming), 게임이론(game theory), 모의실험(simulation), 대기행렬이론(queuing theory), 체제분석(SA), 사업평가운영기법(PERT), 회로망이론(network theory), 의사결정분석(decision-making analysis) 등을 들 수 있다.

(2) 관리과학의 특징

① 과학적 방법을 강조하며, 최적방안을 탐색한다.

② 문제해결을 위해 체계적으로 접근한다.

③ 전체적인 체제접근법을 강조한다.

④ 컴퓨터 활용에 중점을 둔다.

⑤ 이상적·합리적인 최적모형을 추구한다.

⑥ 경제적·기술적 측면을 강조(사회심리적 요인은 상대적으로 경시)한다.

2) 관리과학의 적용과정

관 찰 ⇨ 문제정의 ⇨ 가설의 설정 ⇨ 실 험 ⇨ 적용가능한 해결책 개발

3) 관리과학의 기법

(1) 선형계획(LP ; Linear Programming) : 주어진 제약조건하에서 생산량이나 편익을 극대화하거나 비용을 최소화할 수 있는 자원들의 최적 결합, 배분점을 모색하기 위한 것으로 시간적 변수 고려 시 동적계획법(DP)으로 발전한다.

① 한정된 자원을 가장 효율적으로 이용하기 위한 수리모형

② 최적화 모형의 핵심적 기법　　　　　③ 결정론적 모형

④ 심플렉스기법을 이용한 알고리즘 접근(하나의 실행가능한 해를 구한 후 더 좋은 실행가능한 해를 반복적으로 구하는 방법)

　　예 X+Y=3(X=1 or 2), Y(1 or 2)

　　소주 3병 제조 시 물 2병, 알코올 1병 또는 알코올 2병, 물 1병으로, 정책결과를 예측해준다. 즉, 3(정책목표)을 달성하기 위해 정수(사회적 제약조건)라는 제약조건 하에서 1이라는 정책수단을 택했을 때 2라는 정책결과를 예측할 수 있고, 2라는 정책수단을 선택했을 때 1이라는 정책결과를 예측할 수 있다. 그러나 현실적으로 복잡성과 다양성으로 인해 X+Y=3이라는 논리 적용에는 한계가 있다.

⑤ 확정적 상황 하의 전략 산출모형

⑥ 수송네트워크모형 : 다수의 공급지점으로부터 다수의 수요지점으로 물품을 수송할 때 수송비용을 최소화시키는 문제를 다루는 자원할당방법으로, 해법은 일반적인 선형계획의 절차나 논리와 비슷하다.

(2) 경영정보체제(MIS ; Management Information System) : 경영에 관련된 정보를 수집·가공·축적하여 언제든지 요구에 응하여 필요한 정보를 제공해 주는 인간과 기계장치가 통합된 관리체제로서 중간관리층과 관련성이 높고, 정형정보가 중점사항이며 관리정보의 산출이 주요 관심사이다.

(3) 게임이론(GT ; Game Theory) : 경합적 국면에 있어서 당사자가 상대방에 대해서 어떻게 행동할 것인가를 논의하는 것(가장 복잡한 기법)

① 어떤 상황에 대해 복수의 의사결정자가 존재하고 각자가 복수의 대체적인 행동안을 가지고 있는 경우, 특정의 의사결정자에 의한 특정행동안의 선택결과의 여하가 다른 의사결정자의 행동안 선택을 좌우할 때, 이러한 경쟁적 상황에서 당사자가 상대방에 대해 어떻게 행동해야 할 것인가를 논의하는 이론이다. 이 게임이론은 1921년 프랑스 수학자 E. Bore에 의해 전략에 관한 이론으로 처음 소개되었고, Neumann과 Morgenstern에 의해 본격적으로 창시되었다.

② 불확실한 상황 속에서 복수의사주체 간에 의견이 상충되었을 때 상대방의 전략에 따라서 나의 전략이 선택되어 진다는 확률적 모형이다.

③ 포커, 장기, 바둑, 전쟁, 잠수함이론

④ 게임의 종류와 원리

    ㉠ Zero Sum Game(영합게임) : 모든 참가자들에게 돌아가는 보상의 합계가 0이 되는 상태를 말한다. 즉, 참가하는 상대방이 손실을 입는 경우에만 이익을 얻을 수 있는 상태이다.

    ㉡ Non Zero-Sum Game(비영합게임) : 모든 참가자들에게 돌아가는 보상의 합계가 0이 되지 않는 상태를 말한다.

(4) 운영연구(OR ; Operations Research) : 집행부 관리하에 있는 여러 행동의 결정에 대해서 집행공무원에게 수학적·계량적 기초를 제공하는 방법이다.

(5) 대기행렬이론(QT ; Queuing Theory)-줄서기 분석 : 고객에 대한 신속·정확·만족한 서비스를 제공하기 위하여 얼마만한 서비스를 보유할 것인가에 관해 체계적으로 다루는 기법으로 사회적 비용을 최소화한다. . 은행, 우체국, 민원업무처리시설, 주차장, 주유소 등

(6) 사업평가운영기법(PERT ; Program Evaluation and Review Technique) : 비정형적인 신규사업이나 비반복적인 사업의 성공적 달성을 위한 계획으로, 과거 관계망분석을 위해 주로 사용되었던 과학적 관리법에 근거한 갠트도표(Gantt Chart)를 개량한 것 ⇨ CPM(Critical Path Method-작업 network에서 가장 시간이 많이 걸리는 주공정선을 찾아내고, 이를 최단경로·최단시간 활용)과 함께 활용되며, project 스케줄의 진행관리와 통제를 기획하는 기법이다.

① PERT의 장점 : PERT는 대형의 project에 대하여 ㉠ 완성시기의 예측, ㉡ 작업별 개시·완료일정계획의 작성, ㉢ 작업의 진도관리, ㉣ 일정(日程)변수의 영향, ㉤ 중점적으로 관리해야 할 공정 등을 계량적으로 파악할 수 있다.

② PERT의 원칙 : ㉠ 단계의 원칙(모든 활동은 선행활동과 후속활동을 가짐), ㉡ 활동의

원칙(선행단계 성립 후 다음단계 착수), ⓒ 연결의 원칙(앞 단계로 되돌아 갈 수 없다는 일방통행의 원칙), ② 공정의 원칙(모든 계획공정은 다음 작업단계가 시작되기 전까지 완성되어야 한다.)

(7) 민감도분석(sensitivity analysis)-사후최적화 분석

① 모형에서의 패러미터가 불확실할 때 이 패러미터가 취할 것으로 생각되는 가능한 값들을 모두 고려하여 하나 하나의 값에 따라 정책대안의 결과가 각각 어떻게 되는가를 파악하려는 방법이다.

② 이 방법은 투자사업의 타당성을 평가하는 경우에 투자사업을 추진하여 얻게 되리라고 예측되는 수익과 사업추진의 경비 등이 여러 가지 패러미터나 상황조건이 변함에 따라 어떻게 달라지는가를 보려는 계량적 분석의 관리과학기법을 말한다.

예 어떤 기업에서 생산하고 있는 제품 A에 대한 시장가격이 변함에 따라 그 기업의 수입은 어떻게 달라지는가를 분석하는 것

(8) 알고리즘(Algorithm) 접근방법 : 연산방식으로 방정식에 따라 소요의 수치를 계산해 내는 계량적 기법이다. 이에 반해 휴리스틱(Heuristic) 접근방법은 발견적 해결방법으로 복잡한 문제를 푸는데 시행착오를 반복 평가하여 자기발견적으로 문제를 해결하는 방법이다.

(9) 비용편익분석(B/C ; Cost-Benefit Analysis) : 목적달성을 위하여 가능한 제 대안을 모색하고 제각기 소요되는 비용과 여기서 얻어지는 편익을 비교·평가하여 바람직한 프로그램을 선택하는 방법이다.

(10) 비용효과분석(E/C ; Cost--Effectiveness Analysis) : 일정한 비용을 지출함으로써 여러 대안이 각각 얼마만큼의 목표를 달성할 수 있는지를 비교·분석하는 방법이다.

(11) 계층화분석법(AHP ; Analytical Hierarchy Process)

* **계층화분석법이란** 1970년대 T. Saaty교수가 개발한 예측기법으로 의사결정분석(decision tree)과 함께 대안을 선택하거나 우선순위를 설정하는데 널리 이용되는 방법이다. 하나의 문제를 기본적으로 시스템으로 보고 당면한 문제를 여러 개의 계층으로 분해한 다음 각 계층별로 복수의 평가기준(구성요소)이나 대안들을 설정하여 네트워크형태로 구조화하고 이들이 상위계층의 평가기준들을 얼마나 만족시키는지 대안을 둘 씩 짝을 지어 쌍대비교한 다음 대안들의 선호도를 숫자로 전환하여 종합적으로 평가하는 방법이다. 현재 우리나라 예비타당성조사기법으로도 사용되고 있다. 정책문제를 정확하게 개념하는 기법으로서 문제상황의 발생에 영향을 줄 수 있는 가깝고 먼 다양한 원인(근인과 원인)들에 대해 계량적 분석이 간과하기 쉬운 것을 창의적으로 찾아내기 위한 방법으로 개별분석가의 직관이나 판단에 의하여 원인이 식별된다.

4) 관리과학의 한계

(1) 고도의 판단을 요하는 쇄신적 대안창출이 어렵다.

(2) 복잡한 사회문제를 등한시하거나 다루지 못한다.

(3) 가치문제와 정치적 요인을 다루기 곤란하다.

(4) 전사회적인 목표설정 등의 문제가 경시된다.

(5) 비합리적인 요인을 다루기 곤란하다.

(6) 정책형성의 일반적 지침이 되는 원칙과 방침을 결정하는 과정이 등한시된다.

✎ 대표유형문제

1. 심플렉스기법을 이용한 알고리즘 접근방법과 관련이 높은 것은?

① 게이이론   ② 민감도 분석

③ 선형계획   ④ 비용편익분석(B/C)

정답 ③

해설   설문은 선형계획이다. 주어진 시간 내에서 최적의 생산량을 추구하는 것이 선형계획의 주요 내용이다.

2. 다음이 설명하는 정책분석방법은?

> 정책의 우선순위를 설정하고 예측을 하는 데 있어서, 하나의 문제를 더 작은 구성요소로 분해하고, 이 요소들을 둘씩 짝을 지어 비교하는 일련의 비교판단을 통해, 각 요소들의 영향력에 대한 상대적인 강도와 효용성을 나타내는 방법이다.

① 계층화분석법(analytical hierarchy proc-ess)

② 비용효과분석(E/C; Cost--Effectiveness Analysis)

③ 정책델파이방법(policy delphi method)

④ 민감도분석(sensitivity analysis)

정답 ①

해설   제시문은 계층화분석법(AHP)에 해당하는 설명이다.

3. 다음 사례에서와 같은 불확실성 하의 위험발생에 대비하는 데 사용할 수 있는 기법은?

> 조선소를 건설하려고 할 때, 선박의 예상판매량과 예상가격이 비관적인 아주 낮은 값에서 높은 값으로 변화함에 따라 예상수익과 비용이 어떻게 달라지는지, 또 건축시간이나 사용자재의 공급량과 가격 등이 변함에 따라 건설비 등의 비용이 어떻게 변화하는지를 알아보고자 한다.

① 악조건 가중분석   ② 분기점분석

③ 가정분석   ④ 민감도분석

정답 ④

해설   민감도분석은 정책대안의 결과들이 상황조건이 변함에 따라 어떻게 달라지는가를 보려는 계량적 분석의 관리과 학기법으로 보기의 사례가 이에 해당한다.

3. 비용편익분석(B/C)의 방법

1) 순현재가치(NPV ; Net Present Value)

① 개념 : 비용편익분석에 있어서 편익의 현재가치에서 비용의 현재가치를 제외한 개념이다.

> 순현재가치 (NPV)=편익(B)의 현재가치−비용(C)의 현재가치

② 특성

　ㄱ 순현재가치(NPV) 〉 0일 때 그 대안은 선택가능한 대안이다.

　ㄴ 사회적 할인율이 정해져 있거나 알고 있을 때 사용된다.

　ㄷ 편익과 비용이 모두 금전적 단위로 측정가능할 때 경제적 능률성에 대한 최선의 척도라 할 수 있다.

　ㄹ 공영개발사업에 있어서 경제적 타당성을 평가하는 제1차적 기준이다.

　ㅁ 예산이 충분할 때나 대규모 사업의 경우에 적용타당성이 크다.

　ㅂ 내부수익률은 그 값이 복수가 될 수도 있고 기회비용도 고려하지 못함으로 현재가치법이 오류가 적은 최선의 척도로 알려져 있다.

2) 편익비용비(B/C Ratio)

① 개념 : 비용의 현재가치에 대한 편익의 현재가치의 비율(편익의 현재가치/비용의 현재가치)을 말한다.

② 특성

　ㄱ 대안의 분석에 적절한 사회적 할인율이 사용되었다면 B/C 〉 1일 때 이 대안은 선택 가능하다.

　ㄴ 할인율(사회적 할인율)이 정해져 있거나 알고 있을 때 사용된다.

　ㄷ 외부불경제 효과(負의 효과)를 비용의 증가 또는 편익의 감소 어느 쪽에 포함시키느냐에 따라 달라질 수 있다.

　　예 A라는 사업에 100만원을 투입(비용)하여 200만원의 수익(편익)이 발생했다고 하자. 이때 50의 환경오염이 발생했다면 비용과 편익의 비는 각각 얼마인가?

　　　·50을 편익으로 볼 경우 : (200-50)/100=150/100

　　　·50을 비용으로 볼 경우 : 200/(100+50)=200/150

　ㄹ 소규모 사업이나 예산이 충분하지 못할 때 유리(B/C의 기준은 규모보다 비율만 고려함으로 규모의 경제를 살리지 못하기 때문)하다.

3) 내부수익률(IRR ; Internal Rate of Return)

① 개념

　　㉠ 내부수익율은 일정한 투자를 얻을 수 있는 정상판단수익률로서, 편익의 현재가치와 비용의 현재가치가 동일하게 되도록 하는 할인율, 즉 NPV(편익의 현재가치-비용의 현재가치)가 0이 되도록 하는 할인율이다. 비용과 편익의 비율을 1로 만드는 할인율이기도 하다.

　　㉡ 투자한 원금에 의하여 매년 몇 %의 이익을 되돌려 받느냐 하는 기준을 의미한다.

② 특성

　　㉠ 적절한 할인율이 정해져 있지 않을 때, 순현재가치나 편익비용-비의 방법을 사용하지 못하는 경우에 사용된다.

　　㉡ 내부수익률이 높을수록 투자가치가 큰 사업이 된다.

　　㉢ 내부수익률의 값이 정치적인 고려나 시장이자율을 감안하여 설정된 최저한계선을 넘을 경우 이 사업은 타당성이 있는 것으로 평가된다. 따라서 내부수익률이 큰 사업을 선호하며, 내부수익률이 사회적 할인율을 상회하면 일단 투자가치가 있다고 평가한다.

4) 할인율 결정(이자율)

① 개념 : 할인율은 미래에 발생할 비용이나 편익을 현재의 가치로 환산하는 교환비율이다. 공공사업을 평가하고 순위를 결정하는 데는 어떠한 할인율을 적용하느냐에 의하여 크게 좌우된다. 적용하는 할인율에 따라 각 대안의 B/C Ratio(편익비용-비) 또는 NPV(순현재가치)가 달라지기 때문이다.

　　예 10년 후의 100만원을 현재가치(PV)로 환산할 경우 할인율이 10%인 경우 1.1의 10승인 2.6으로 나누어 현재가치는 약38만원이 된다(편익-비용/1+할인율)기간].

② 종류

　　㉠ 민간할인율(Private Rate of Return) : 민간자본시장에서 형성된 시장이자율을 중심으로 결정되는 이자율이다. 시장이자율은 단일의 금리가 정해져 있는 것이 아니라 장기와 단기에 따라 다양한 금리체계를 구성하고 있다. 그러므로 적정한 가중평균이자율을 채택하여야 하는데, 이러한 이자율을 계산한다는 것은 매우 어려운 일이다.

　　㉡ 사회적 할인율(Social Rate Return) : 시장이자율은 현재의 시간선호를 반영할 뿐, 미래세대를 무시하고 있다. 공공투자사업은 후대의 복지에도 영향을 미치게 되므로 그 사업이 창출하는 여러 가지 외부효과를 반영시키기 위하여 시장이자율보다 낮은 할인율이 사용되어야 한다. 하지만, 사회적 시간선호율(social rate of time preference)에는 가치판단이 개입될 수밖에 없고 정확한 측정이 불가능하다.

ⓒ 정부할인율(Government Discount Rates) : 정부가 공채 등을 발행할 때 적용하는 할인
율을 기초로 하여 정해진다.

③ 특성

㉠ 할인율이 높을수록 단기투자에 유리하고, 낮을수록 장기투자에 유리하다.

㉡ 할인율을 모를 때 기준은 IRR이며, 할인율과 편익의 현재가치는 반비례관계이다.

5) 자본의 기회비용(opportunity cost of capital)

자원이 공공투자사업에 사용되지 않고 민간투자사업에 사용되었을 때 획득할 수 있는 수익
률을 공공투자사업의 할인율로 한다. 즉, 민간기업이 통상 기대할 수 있는 전산업의 평균수익
률을 측정하여 공공사업의 할인율로 사용한다. 전체 민간기업의 평균수익률이 공공투자사업에
있어서 자본의 기회비용이 된다.

비용편익분석에 의한 사업 결정기준(대안비교방법)

평가기준	계산방법
순현재가치(NPV)	·순현재가치 = (편익의 현재가치 − 비용의 현재가치) ·한계순현재가치 = (· 편익의 현재가치 − △ 비용의 현재가치) ·NPV 〉0 : 경제성 있음.
편익비용비(B/C)	·순현재가치(NPV) = (편익의 현재가치/비용의 현재가치) ·한계편익비 = (△ 편익의 현재가치/△ 비용의 현재가치) ·B/C 〉1 : 경제성 있음.
내부수익률(IRR)	·순현재가치(NPV) = 0가 되도록 하는 할인율 ·편익의 현재가치 = 비용의 현재가치 ·IRR 〉사회적 할인율 : 경제성 있음.

* 비용효과분석(E/C)

1. 비용효과분석의 의의
   총비용과 총효과를 비교하여 그 비율의 값이 큰 대안을 선택하는 방법이다. E/C분석에서는 화폐가치가 아닌 물건의 단
   위나 용역의 단위, 기타 측정가능한 효과로 나타낸다.

B/C와 E/C의 비교

구분기준	비용편익분석(B/C)	비용효과분석(E/C)
측정단위	반드시 화폐로 측정	측정단위의 다양성
변화요소	비용과 편익이 같이 변화	비용이나 편익 가운데 어느 하나가 반드시 고정되 어야 함(비용일정 − 편익최대, 편익일정 − 비용최소).
중 점	사업의 타당성	자원이용의 효율성(우수한 대안선택)
취급범위	관련된 요소의 포괄적 취급	관련된 요소의 제한적 취급
이용대상	자본계획(투자)	운영상의 사업
시관(時觀)	장기분석에 이용	단기분석에 이용

기원(紀元)	수자원개발	국방부문
합리성	경제적 합리성	기술적 합리성
유형분석	가변비용과 가변효과 분석에 사용	고정비용과 고정효과 분석에 사용
질적 가치분석	부적합	적합

2. 비용효과분석의 특징

(1) 화폐가치로 측정하는 것이 아니므로 B/C분석보다 쉽게 사용된다.

(2) 정책대안의 효용을 경제적 기준이나 사회복지의 총량 등을 기준으로 판정하는 것이 아니기 때문에 기술적 합리성을 대표하는 것이라 할 수 있다.

(3) 시장가격에 의존하지 않으므로 사경제부문에서 사용하는 이윤극대화의 논리를 따르지 않는다.

(4) 외부경제(사회간접자본 조성)와 비계량적 가치분석에 더 적합하다.

✎ 대표유형문제

경기도가 혁신개발 후보지를 부천시, 포천시, 성남시를 검토하고 있으며 각 도시에 대한 비용 및 편익 흐름을 동일 시점으로 총합 환산한 값이 아래 표처럼 나타났다고 하자. 대안들 중 경기도지사가 포천시를 선정하였다면 이는 어떠한 대안선정 기준에 근거한 의사결정인가?

	비용	편익
부천시	50	60
포천시	10	18
성남시	30	45

① 순현재가치(NPV)　　　　　　　　② 비용편익비율(B/C ratio)

③ 내부수익율(IRR)　　　　　　　　④ 총액배분·자율편성·Top-down

정답 ②

해설 순현재가치기준에 따르면 성남시가 선정되어야 하고, 비용편익비(B/C ratio)에 따르면 포천시가 선정되어야 한다.

* 대안별 비용편익분석 결과

	비용((C)	편익(B)	순현재가치(B-C)	비용편익비(B/C)
부천시	50	60	10	1.2 (60 / 50)
포천시	10	18	8	1.8 (18 / 10)
성남시	30	45	15	1.5 (45 / 30)

🌱 정책결정(policy making)

1. 정책결정의 의의

1) 정책결정의 개념

정책결정이란 주로 정부기관이 장래의 주요 행동지침인 정책을 결정하는 것으로서, 정치·행정과정을 통하여 공공목표를 결정하는 것을 의미한다. 이러한 정책결정은 매우 복잡한 동태적 과정을 거쳐 정부가 최선의 방법으로 공익실현을 위한 행동방안을 선택하는 것이다.

2) 정책결정의 특징

(1) 정책결정의 주체가 정부기관이므로 강제력과 영향력이 크다.

(2) 공공성, 정치성, 복잡성을 지닌다.

(3) 바람직한 미래의 상태를 유발하고자 하는 미래지향적 성격을 지닌다.

(4) 정부의 단순한 의도나 감정이 아닌 행동지향적 성격을 지닌다.

(5) 변화에 대응하는 동태적·탄력적·유기적 측면을 갖는다.

(6) 정책결정은 정치적·행정적 의사결정이다.

(7) 경제적 합리성도 중시하지만, 정치적 합리성이 더 중시된다.

(8) 정치·행정일원론 및 발전행정에서 중시되고 있다.

3) 정책결정의 참여자 및 기준

(1) 정책결정의 참여자

① 공식적 참여자 : 대통령, 최고관리층, 중간관리층, 국회와 국회의원

② 비공식적 참여자 : 이익집단, 정당, 언론기관, 국민, 외부전문가

(2) 정책결정의 기준(Anderson)

① 내부적 기준 : 정치적·조직적·정책적·개인적·이념적 가치, 정당에의 소속감

② 외부적 기준 : 지역구의 이익, 여론 경청 등

✎ 대표유형문제

중앙정부의 정책과정 참여자 중 비공식 참여자로만 묶은 것은? 2013. 행정사 기출

| ㄱ. 정당 | ㄴ. 국무총리 | ㄷ. 대통령 | ㄹ. 이익집단 |
| ㅁ. 전문가집단 | ㅂ. 시민단체 | ㅅ. 언론 | ㅇ. 부처장관 |

① ㄱ, ㄴ, ㄷ, ㅁ, ㅂ   ② ㄱ, ㄷ, ㄹ, ㅂ, ㅇ

③ ㄱ, ㄹ, ㅁ, ㅂ, ㅅ   ④ ㄴ, ㄷ, ㄹ, ㅁ, ㅇ

⑤ ㄴ, ㄷ, ㄹ, ㅅ, ㅇ

정답 ③

해설   정책과정에서 공식적 참여자인가 비공식적 참여자인가를 구분하는 기준은 정부조직 내의 구성원인가를 기준으로 한다. 공식적 참여자는 대통령, 국무총리, 부처장관, 최고관리층, 중간관리층, 국회와 국회의원, 행정부처, 사법부, 지방정부 등이며, 비공식적 참여자는 이익집단, 정당, 언론기관, 시민, 외부전문가집단, NGO 등이다.

4) 정책결정의 과정과 변수

(1) 정책결정의 과정

정책의제형성
(문제인지단계로 정책문제와 국민요구 파악) ⇨ 정책목표
설정 ⇨ 정보의
수집·분석 ⇨ 대안의
탐색과 평가 ⇨ 최적대안의
선택

(2) 정책결정의 변수

① 정책결정구조, ②정책결정자, ③ 정책환경, ④ 목표, ⑤ 정보 등이 있다.

2. 정책결정의 이론모형

1) 정책결정 이론모형의 분류

(1) 산출지향적 모형

① 정책의 산출·결과 면에 관심, ② 처방적·응용적 성격을 강조, ③ 행정학에 주로 관심, ④ 정책내용 및 정책결정방법의 개선·향상이 목적, ⑤ 합리모형, 만족모형, 점증모형, 혼합모형, 최적모형 등

(2) 과정지향적 모형

① 정책의 결정과정·참여과정에 관심, ② 설명적·서술적 성격을 강조, ③ 정책결정 과정·분석에 중점, ④ 정치학에 주로 관심, ⑤ 제도모형, 집단모형, 엘리트모형, 체제모형 등

2) 합리모형(合理模型)

합리모형은 인간이 이성과 합리성에 근거하여 결정하고 행동한다는 가정에 기초한 모형이다. 이것은 관련된 모든 대안들을 고려할 수 있다는 인간에 대한 전능의 가정과 주어진 목표 달성의 극대화를 위하여 최대한의 노력을 한다는 경제인과 같은 합리적 인간을 전제로 한 이론모형이다.

이 모형에 의하면 정책결정자는 문제를 명확히 인식하고, 명확한 목표를 세우며, 문제를 해결하기 위한 모든 대안을 작성하고, 그러한 각 대안이 초래할 결과를 모두 분석·예측하고, 그가 당면한 현실문제 및 목표와의 관련 속에서 장·단점을 중심으로 각 대안을 비교·평가하여 최선의 대안을 선택한다는 것이다(안해균, 1984: 322).

그러나 이러한 합리모형은 이상적(ideal)이기는 하나, 다음과 같은 점에서 비현실적이라는 비판을 받고 있다(안해균, 1984: 322-323). 첫째, 합리모형에서는 정책결정과 관련된 모든 정보를 동원할 수 있고, 모든 대안을 비교·평가할 수 있다고 생각하지만, 그렇게 하기엔 인간의 능력에 한계가 있고 또한 시간적으로도 거의 불가능하다. 둘째, 매몰비용(sunk cost)과 관련된 한계가 있다. 셋째, 인간의 주관적 합리성(subjective rationality)에 한계가 있다.

(1) 합리모형의 의의

① 인간을 전지전능의 합리적 행동을 하는 경제인으로 가정한다. 인간은 최적화 기준에 따라 목표와 문제를 완전하게 파악하며 가능한 모든 대안을 포괄적으로 탐색·평가하여 최적의 대안을 선택할 수 있다고 보는 규범적·이상적 접근방법이다.

② 관리과학과 체제분석도 합리모형에 속하며, 근래 주목받고 있는 Ostrom의 공공선택모형도 합리모형의 변형이라 할 수 있다.

(2) 합리모형의 전제조건과 특징

전제조건	특 징
① 모든 사회가치의 가중치를 가정해야 함.	① 목표와 수단, 가치와 사실의 엄격한 분류(목표·
② 전지전능(全知全能)적 인간을 전제	수단분석)
③ 대안의 결과를 정확하게 예측하는 능력 존재	② 문제의 명확한 인식, 가치목표의 명확한 설정
④ 비용·편익을 계산할 수 있는 지적능력 소유	③ 대안선택의 기준 명확, 가능한 모든 대안을 총체
⑤ 정책결정이 합리적으로 이루어지는 체제 존재	적·체계적·포괄적으로 분석·검토
⑥ 전체적 최적화(목표는 명확하게 주어진 것이므	④ 모든 대안결과를 비용편익분석, 비용효과분석에
로 조정이나 분석의 대상이며 수단의 최적화가	의해 비교·평가하여 합리적인 최선의 대안선택
필요)	⑤ 연역적 방법 추구, 현실이나 기득권 불인정
	⑥ 정책의 실현가능성보다는 소망성 중시

(3) 합리모형 효용과 한계

① 효용

　㉠ 합리적인 최적대안을 선택하기 위해 노력하므로 보다 나은 정책형성이 가능

　㉡ 각 대안의 결과에 대해 보다 현실적이고 객관적인 평가가 가능

　㉢ 합리성에 대한 저해요인을 밝혀 주고 정책분석의 목적에 유용

② 한계

　㉠ 인간의 인지능력과 문제해결능력의 한계

　㉡ 자료·정보가 부족하며 불확실

　㉢ 시간과 비용이 많이 소요됨

　㉣ 합리적 평가기준의 설정이 어려움

　㉤ 정책결정자는 목표의 달성보다 자기이익의 극대화에 중점을 둠

　㉥ 계량화에 따른 미래예측의 한계

　㉦ 사회가치의 가중치를 밝히기 어려움

ⓞ 최적대안을 찾을 때까지 계속해서 대안을 탐색하는 것은 아니며, 대체로 향상·개선되는 수준에서 그치게 됨

ⓩ 매몰비용(sunk cost)의 문제

ⓒ 연역적 설명에 치중

3) 만족모형(滿足模型)

(1) 만족모형의 의의

① Simon, March에 의해 행태론적 의사결정론의 입장에서 제기된 이론으로, 사회심리적 측면을 중시하여 절대적이고 완전한 합리성의 기준보다는 제한된 합리성의 기준을 가정한다. 최적대안보다는 만족대안의 선택에 중점을 두는 현실적·실증적 접근방법이다.

② 짚더미에서 바늘을 찾는 것을 정책대안을 찾는 것에 비유하여, 항상 많은 노력과 시간, 비용을 들여서 가장 최고인 날이 곧고 뾰족한 바늘을 찾을 것이 아니라, 사용할 천과 시간 및 노력을 고려해서 적당하다고 생각되는 바늘을 골라서 사용하면 된다는 것이다. 즉 실질적으로는 만족수준에서 일을 결정하는 것이 대부분이므로, 합리성보다는 제한된 합리성(Bounded Rationality)의 개념으로 설명하는 것이 타당하다고 보았다.

③ 행정인은 모든 대안을 검토하지 않고 만족할만한 대안을 찾으면 그 대안을 선택한다.

(2) 만족모형의 특성과 한계

특 성	한 계
① 합리모형의 한계성 보완(제한된 합리성, 주관적으로 만족스러운 대안선택)	① 지나치게 주관적
② 의사결정자를 행정인으로 가정	② 보수주의적 성격, 쇄신·혁신을 요하는 사회에는 부적합
③ 의사결정과정을 통해 만족대안의 탐색	③ 개인적 차원에 치중하여 조직적 차원에 대한 설명이 곤란
④ 만족대안을 발견할 때까지 계속적으로 추구	④ 인간은 환경적 요인, 경험, 지식의 영향, 시간적·경제적 제약 등으로 만족화 기준에 일치되기 곤란
⑤ 대안평가, 결정이 단순화되어 현실의 의사결정자의 능력으로 만족대안의 선택이 가능	

4) 점증모형(漸增模型) - 계속적, 제한적 비교접근법, 지분법

(1) 점증모형의 의의 : Lindblom, Wildavsky, Braybrooke 등이 미국과 같은 다원사회를 배경으로 제시하였다. 인간의 지적능력의 한계와 정책결정수단의 기술적 제약을 인정하고, 현실적으로 정책결정은 현재정책보다 약간 향상된 결정에 만족하고 비교적 한정된 수의 대안만 검토하게 된다는 현실적·실증적 접근방법이다.

(2) 점증주의가 적실성을 갖는 이유-점증주의의 발생 이유

　① 맥락적 상황 : 이해관계가 얽혀있는 복잡성 체계나 타협·조정하는 민주주의 체계에 적
　　합하고, 시행착오의 기회를 반영하는 학습조직일 경우 적합하다.

　② 매몰비용 존재 : 이미 투입된 자원을 포기할 수 없기 때문에 과거의 의사결정을 존중한다.

　③ 제한된 합리성 : 인지능력의 한계, 자원 및 시간이 제약되어 있다.

　④ 정치적 실현가능성 : 점증주의 예산은 정치적 합리성이 중시되기 때문이다.

(3) 점증모형의 특성과 한계

특 성	① 다원성을 가진 정치적·사회적 구조, 정치적 합리성 중시 – 귀납적 접근 ② 현존 정책에서 약간의 변화만 가감한 것을 정책대안으로 고려(사회적 안정성) ③ 한정된 수의 정책대안 검토·분석 ④ 종래 정책의 점진적·부분적·순차적·계속적 수정 ⑤ 계속적인 분석·평가·검토 ⑥ 현재의 구체적 결함 경감이 목적 ⑦ 만족스런 기존정책의 존재 ⑧ 부분적 최적화(정책 뿌리는 그대로 두고, 가지만 조정하는 분할적 접근) ⑨ 정책결정을 비합리적, 비포괄적, 비분석적, 무계획적 과정으로 보고 진흙탕 싸움에 비유(Muddling Through) ⑩ 정책의 소망성보다는 실현가능성을 중시
한 계	① 다원주의 사회에만 적합, 개도국에는 부적합한 강자의 논리 ② 보수적 성격으로 신생국이나 쇄신이 요구되는 사회에는 부적합 ③ 기득권 인정과 옹호적 성격 ④ 단기정책에만 관심, 권력이 강한 강자에게 유리 ⑤ 정치적으로 실현가능한 임기응변적 정책모색(기회주의 속성) ⑥ 급격한 사회변동에 적응 곤란 ⑦ 무사안일을 정당화, 조장 ⑧ 정책결정의 기본방향이나 평가기준 결여 ⑨ 눈덩이 굴리기식 결정(감축관리 곤란) ⑩ 비용을 중시하지 않는 경향 ⑪ 수리적인 접근을 의식적으로 피함. ⑫ 기본적인 대안이나 기본적인 가치를 간과할 가능성이 높음.

(4) 합리모형과 점증모형의 비교

구 분	합리모형	점증모형
대안의 범위	무한정(대폭적 변화 추구)	한정(한정적 변화 추구)
목표와 수단	수단이 목표에 합치되도록 선택 (목표수단분석 실시)	목표가 수단에 합치되도록 수정 (목표수단분석 실시 안함)
정책의 평가기준	목표달성도	상황의 수정·향상
합리성	완전한 경제적 합리성	정치적 합리성
접근방법	이상적·규범적·연역적	현실적·실증적·귀납적
정책선택기준	최적화 기준(전체적)	약간 향상된 기준(부분적)
흐 름	하향적, 참여불인정, 조직구분 불인정	상향적, 참여인정, 조직구분 인정
기득권	현실이나 기득권 불인정	기득권 인정
분석, 평가기준	소수의 의사결정, 분석적, 통일적, 포괄적, 집중적	다양한 이해관계집단, 비분석적, 비통일적
문제의 구성	재구성, 재정의가 거의 없음.	재구성·재정의가 빈번, 계속적 수정

5) 혼합주사·관조모형(混合走査模型·混合觀照模型)

(1) 혼합주사모형의 의의 : Etzioni가 제시한 접근법으로, 합리모형(획일적인 전체주의 사회체제에 적합)과 점증모형(다원화된 민주사회체제에 적합)을 혼합한 제3의 접근법이다. 사회지도체제로서의 틀을 갖춘 능동적 사회 또는 자기유도적 사회에 적용되는 것이 바람직하다.

(2) 혼합주사모형의 특성과 한계

특 성	한 계
① 정책의 기본방향 설정을 목적으로 하는 기본적 결정에서는 합리모형(고도의 합리성 추구), 부분적·절차적 결정에서는 기본적 결정의 범위 내에서 점증모형을 적용하여 세부사항 결정 ② 상황변화에 따라 기본적·점증적 결정과 신축적 전환 – 급변하는 상황(기본적 결정에 대해서 포괄적 관찰을 통하여 합리모형을 적용), 안정적 상황(부분적 결정에 대해서 점증모형 적용) ③ 정책결정자의 능력에 따른 관찰범위 결정 ④ 불안, 유동, 급변하는 상황 – 기본적 결정은 합리모형 ⑤ 안정, 고정적인 상황 – 부분적 결정에 대해서는 점증모형 적용	① 이론적 독자성 결여 ② 합리·점증모형의 단점을 극복 못함 ③ 기본적·점증적 결정 간 신축적 전환이 현실적으로 어려움

6) 최적모형(最適模型)

(1) 최적모형의 의의

① Dror가 제시한 모형으로, 만족·점증모형 등 보수적 모형을 비판하고 정책과학의 입장에서 경제적 합리성과 함께 직관·판단력·영감·창의력 등 초합리적 요인을 고려하였다. 최적모형에 입각하여 정책과정을 상위정책결정단계(가장 중요한 7단계 : ㉠ 가치의 처리 ⇨ ㉡ 현실의 처리 ⇨ ㉢ 문제의 처리 ⇨ ㉣ 자원의 조사·처리 및 개발 ⇨ ㉤ 정책시스템의 설계·평가 및 재설계 ⇨ ㉥ 문제·가치 및 자원의 할당 ⇨ ㉦ 정책결정전략의 결정), 정책결정단계(본래의미의 정책 7단계), 정책결정 이후단계(정책을 실제에 적용하는 4단계)로 나누었다.

② 순수합리모형의 비현실성을 경계하고 반대로 지나치게 현실적인 다른 모형들을 보완하기 위하여 제시된 절충모형이다.

③ 인간은 합리적 사고에 근거하여 행동하기보다는 즉흥적, 감정적, 충동적, 직관적, 우연적 행태를 지닌 비합리적 존재로 전제하고 이(理)보다는 기(氣)에 치우친 존재로 보았다.

④ 이미 알려진 대안 중에서 최선의 대안을 찾는 만족모형(정책의 선호화)을 비판하고 새로운 대안을 적극 발굴해 나가는 정책의 최적화를 추구한다.

⑤ 정책결정에서 사전평가(상위정책)를 중시한다.

⑥ 정책대안의 체계적 탐색과 대안의 쇄신을 강조하며, 정치적 변수(점증모형)보다는 법률적 변수를 고려한다.

⑦ 정책결정과정을 체제론적 관점에서 파악하고 정책결정체제의 산출이 투입보다 크도록 하기 위해 경제적 합리성뿐만 아니라 초합리성까지 고려해야 한다고 본다.

(2) 최적모형의 특성과 한계

특 성	한 계
① 합리성과 함께 초합리성 개념을 도입하여 합리적 최적치 추구	① 초합리성의 개념·범위, 합리성과의 관계 등이 모호
② 양과 질의 조화를 추구하지만 질적 모형에 가까움, 가치적 내포기준	② 지나치게 유토피아적
③ 대안선택에 있어 기본적으로 경제적 합리성 중시	③ 경제적 합리성을 지향하여 정책결정이 다원화된 사회적 과정에 대한 고찰 불충분
④ 상위정책결정을 중요시	④ 최적기준의 불분명
⑤ 정책집행의 평가와 환류작용 중시	

7) 연합모형(聯合模型 : 회사모형)

(1) 연합모형의 의의 : March와 Cyert가 제시한 모형으로, 개인적 차원의 만족모형을 발전시켜 조직의 의사결정에 적용하였다.

(2) 연합모형의 내용

① 조직을 서로 다른 목표를 가진 하위단위들 간의 연합으로 파악한다. 하위단위 간 목표가 대립하여 상호갈등이 야기되며, 갈등은 협상을 통해 불완전하게 해결(갈등의 준해결)된다.

② 조직은 단기적 정책과 환경과의 타협에 의해 대안이 가져올 결과의 불확실성을 회피하려는 경향을 가진다.

③ 사후적으로 발생한 문제 중심으로 탐색이 이루어진다(보통 의사결정은 목표나 문제를 명확히 한 후에 대안탐색이 이루어지나, 연합모형에서는 사후에 시행착오적으로 탐색이 이루어진다).

④ 표준운영절차(SOP) : 조직이 존속해 오는 동안 경험적으로 터득한 학습된 행동규칙을 발견하고 이를 준수하여 의사X결정을 하게 된다. 연합모형은 SOP의 발견이 최종목표이다.

⑤ 조직의 학습 : 정책결정작업의 반복 속에서 점차 많은 경험을 쌓고 세련되어 진다.

⑥ 독립된 제약조건으로서 목표 : 조직은 여러 개인 및 하위부서들의 연합으로 이들 구성원들이 갖는 다양한 목표가 결합되어 조직의 전체목표가 형성된다.

⑦ 국지적 합리성 : 조직은 문제를 하위문제로 분해하고, 부분에서의 합리성을 도모하여 전체적 합리성을 꾀한다.

⑧ Algorithm(기계적인 공식에 의존)보다는 Heuristics(문제의식적)를 추구한다.

(3) 연합모형의 한계

① 공공조직의 의사결정형태에 적용이 곤란하다.

② 상황이 불안정한 경우 표준운영절차의 적용이 곤란하다.

③ 권위적·계층적 조직의 의사결정에 적용이 곤란하다.

✎ 대표유형문제

Cyert와 March의 회사모형(Firm model)에 대한 설명으로 옳지 않은 것은?

① 의사결정에 참여하는 사람들 간에 무엇을 선호하는지 불분명하며, 목표와 수단 사이에 존재하는 인과관계를 의미하는 기술도 불명확하다.

② 환경의 불확실성을 제거하기 위해, 예컨대 거래관행을 수립하거나 장기계약을 맺는 등 환경을 통제할 수 있는 방법을 찾는다.

③ 문제상황의 복잡성과 동태성 때문에 조직이 직면하는 불확실성은 대안이 가져올 결과에 대한 예측을 극히 어렵게 하므로, 단기적 환류에 의존하는 의사결정절차를 이용하여 불확실성을 회피하려고 한다.

④ 회사의 하위조직들 간에 생겨나는 갈등·모순되는 목표들은 하나의 차원이나 기준으로 통합하는 방법이 없기 때문에 갈등은 완전한 해결이 아니라 갈등의 준해결에 머문다.

정답 ①

해설 ①은 쓰레기통모형에 대한 설명이다. 회사모형은 개인적 의사결정에 치중한 만족모형을 한층 더 발전시켜 조직의 의사결정에 적용시킨 모형으로 갈등의 불완전한 해결, 불확실성의 회피, 표준운영절차의 발견 중시, 문제중심적인 탐색 등의 특징이 있다.

8) Cybernetics(인공두뇌학모형)

(1) 인공두뇌학(Cybernetics)모형의 개념-Wiener, Ashby, Deutsch

① Cybernetics라는 용어는 Norbert Wiener가 처음으로 사용하였으며, 이를 동물과 기계의 통제와 의사소통에 대한 과학으로 정의하였다. 사이버네틱스는 목표추구 행동과 정보환류메커니즘에 대하여 연구하는 과학으로, Beer는 이를 관리분야에 적용하여 사이버네틱스를 "효과적인 조직의 과학"으로 정의하였다. 사이버네틱스에서는 조직을 목표지향적 행동을 보여주는 정보전달체계로 이해한다.

② 인간이 외부환경의 변동에 적응하면서 행정목적을 실현하기 위한 최적의 동작을 취할 수 있도록 정보를 자동적으로 제어·환류해 나가는 관계를 정립한 이론·설계·장치로 정보이론, 환류이론이 핵심이다. 합리모형과 가장 극단적으로 대립되는 것으로 명확하게 정해진 목표를 추구하는 것이 아니라 고도의 불확실성 속에서 제어하고 환류해 나가는 의사결정시스템이다.

예 실내자동온도조절장치, 미사일의 자동조준장치

③ Cybernetics는 분석적 합리성이 존재하지 않는 상태에서의 의사결정을 의미한다.

(2) 인공두뇌학모형의 내용

① 불확실성 통제 : 의도적으로 불확실성을 회피하거나 통제한다. 대안이 가져 올 결과의 불확실성을 문제 삼지 않으며, 반복적으로 시행착오적인 적응을 한다.

② 도구적 학습 : 대안에 대한 결과의 예측 없이 일단 어떤 대안을 채택하고 나서 지속과 중단을 결정하는 것으로 문제에 대해 보다 적합한 해결도구를 모색한다.

  * 인과적 학습추가적인 정보가 결과를 바꾸고 모형도 수정되는 것으로서 결과를 미리 예측한 후 합리적 대안을 선택하는 것(↔ 도구적학습)

③ 집단적 의사결정에 적용 : 분석적 모형(합리모형)에서는 개인적 의사결정의 논리가 집단적 의사결정에도 그대로 적용되는 것으로 본다. 반면, Cyert와 March에 의하면 조직이란 다양

한 목표를 가진 개인의 연합으로서 여러 목표를 동시에 고려하기 위한 통합은 일어나지 않는다고 보았다. 조직의 결과가 허용할 만한 수준의 범위에 있으면, SOP나 일상적인 의사결정을 하며, 이 범위를 벗어나게 되면 기존의 정책목록에 없는 새로운 대안을 찾게 된다.

④ 적응적 의사결정 : 명확하게 주어진 목표를 추구하거나 미리 결과를 예측하는 것이 아니라 고도의 불확실성 속에서 정보를 지속적으로 제어하고 환류해 나가는 결정시스템이다. 정책결정자가 중요변수를 바람직한 상태로 유지하는 데 중점을 두는 비목적적 적응모형이다.

예 실내자동온도조절장치

(3) 분석적 모형과 Cybernetics 모형의 비교

정책결정과정에 대한 분석적 모형은 합리적 선택(최선의 결과를 가져올 것으로 생각되는 행동대안을 선택)이라는 의사결정형태에 기초를 두고 있으며, Cybernetics 모형은 인간의 정보처리과정과 적응행태에 더 관심을 두고 있다.

구 분	분석적 모형(합리모형)	Cybernetics 모형
이 념	효율성(경제성)	형평성(배분적)
가 치	·극대화의 관점 ·제한된 가치통합의 관점	·적응의 관점 ·가치분리의 관점
인간관	전지전능인	인지능력의 한계 인정
대안분석	동시적 분석	순차적 분석
성 격	엄격한 합리성의 모형	제한된 합리성의 모형
학 습	인과적 학습	도구적 학습(시행착오적 학습)
해 답	최선의 답 추구	그럴 듯한 답 추구
정 보	정보의 민감성 관점	불확실성 통제의 관점
문제해결	Algorithm(연역적 방식)	Heuristic(귀납적 방식)

✎ 대표유형문제

사이버네틱스(Cybernetics) 모형의 특징으로 가장 거리가 먼 것은?

① 습관적 의사결정 ② 적응적 의사결정
③ 인과적 학습강조 ④ 불확실성의 통제

정답 ③

해설 인과적 학습은 대안의 결과를 미리 예측하여 대안을 선택하는 학습으로 이는 분석적 패러다임의 특징이다. 사이버네틱스모형은 시행착오적인 도구적 학습에 의존한다.

9) 쓰레기통모형(garbage can model : 집합모형)

(1) 쓰레기통모형의 의의

1972년 Cohen, March, Olsen 등이 제시한 모형으로, 실제 정책결정은 일정한 규칙을 따르지 않고 쓰레기통 속처럼 복잡하고 혼란하게 얽혀 있는 조직화된 혼란상태 속에서 이루어진다고 본다. 합리모형 등은 확실한 목표와 기술을 가지고 분명하게 파악된 문제들을 해결하려는 것이어서 대학교 같은 자율적이고 동태적 조직에는 적용하기가 어렵다. 이러한 조직의 경우 쓰레기통모형이 적합하다. 쓰레기통모형은 Kingdon(1984)의 흐름-창모형(문제의 흐름, 정치적 흐름, 정책의 흐름이 만나 정책창이 열림)과 유사하다.

(2) 조직화된 혼란상태의 속성(전제조건)

① 문제성 선호(불명확한 선호) : 결정자는 자신이 무엇을 선호하는지 모르다가 서서히 알아감

② 불명확한 기술 : 대안과 결과 간의 인과관계에 관한 지식과 기술이 불명확

③ 일시적·부분적 참여자 : 유동적인 참여자

④ 조직화된 무질서와 혼돈(무정부상태) : 의사결정요소들의 독자적 흐름과 유동성

(3) 쓰레기통 속에서의 의사결정

1) 의사결정에 필요한 4가지 흐름 ① 문제의 흐름, ② 해결책(대안)의 흐름, ③ 참여자의 흐름 (문제와 해결을 아는 참여자), ④ 정책결정기회의 흐름이 서로 다른 시간에 우연히 동시에 쓰레기통 안에서 어떤 계기를 통하여 만나게 될 때 의사결정이 이루어진다는 것이다. 응집성이 약한 무정부상태 하에서는 네 가지 흐름이 나타나도 점화계기가 있어야 의사결정이 이루어지는데 우연히 발생하는 두 가지 계기란 대형 참사로 극적 사건(문제를 부각시키는 대형참사 - 대구지하철사건, 9.11테러, 2010년 구제역 파동, 2011년 7월 서울 우면산 산사태 등)과 정치적 사건(국가의 분위기나 정치이념의 변화를 가져오는 정권의 변동 등 - 2011년 부산저축은행사건, 노무현 전대통령의 서거, 2011년 서울시 무상급식 주민투표 무산 등)

2) 어떤 하나의 선택기회는 작은 쓰레기통이라고 할 수 있다. 이와 같이 작고 큰 쓰레기통 속에서의 선택, 즉 의사결정은 임의적 또는 자의적 특징(random quality)을 지닌다. 의사결정은 논리적 단계들이 순차적으로 진행된 결과는 아니다. 조직구성원들은 합리적이기를 희망하지만 여러 사건들에 대한 규명은 너무 모호하고 복잡하기 때문에 의사결정, 문제제기 그리고 문제해결은 따로 일어날 수 있다.

3) 쓰레기통 속에서의 의사결정결과는 여러 가지 양태로 나타나겠지만 다음과 같은 네 가지 범주로 크게 분류해 볼 수 있다.

① 문제가 없어도 제안되는 해결책 : 문제가 없는 데도 해결책이 제안되는 경우가 있다.

② 문제를 해결하지 못하는 해결책의 채택 : 문제를 해결할 의도로 대안을 선택하였지만 그것으로 문제를 해결하지 못하는 경우가 있다. 이것은 불확실한 상황 하에서 부정확한 선택을 하는 경우이다.

③ 해결책 발견 실패 : 해결방안을 찾지 못해서 문제가 그대로 남아 있게 되는 경우가 있다. 조직은 어떤 문제들에 익숙해져 있어서 해결책 찾기를 포기하기도 하고 해결방법을 모르기 때문에 그에 대한 해결책 찾기를 포기하기도 한다.

④ 문제가 해결되는 소수의 사례 : 비록 소수이지만 해결이 이루어지는 경우가 있다. 해결 대안의 선택이 있을 때마다 모든 문제가 해결되는 것은 아니지만 조금씩이라도 해결되고 있기 때문에 의사결정과정들은 집합적·누적적으로 조직목표에 기여하며 조직은 문제를 즐거나가는 방향으로 움직여 가게 된다.

(4) 무의사결정

① 진빼기 결정(choice by flight) : 결정이 어려울 때 걸림돌이 되는 관련문제 주장자들이 주장을 되풀이 하다가 힘이 빠져 다른 기회를 찾을 때까지 기다렸다가 의사결정을 하는 것

② 날치기 통과(choice by oversight) : 관련된 다른 문제들이 제기되기 전에 재빨리 의사결정을 하고 그 자리를 떠나버리는 것

(5) 쓰레기통모형의 평가

① 상하관계가 분명하지 않은 대학이나 다당제로 이루어진 의회, 또는 여러 부처가 관련되는 정책의 결정 등에 적용이 용이하다. 조직화된 무정부상태의 체계적 분석과 결정이론의 일반화에 기여한다.

② 극히 동태적인 정책결정상황을 전제로 하고 있으나 조직화된 혼란상태가 모든 조직에서 나타나는 것은 아니며, 따라서 공공기관에서 흔히 볼 수 있는 정형화된 정책결정과정을 설명하는 데에는 한계가 있다. 또한 모형의 내용자체가 극히 추상적이고 모호한 점이 많아 일반적인 현실에 적용하기에는 무리가 있다.

10) 정책지지(옹호)연합모형과 흐름의 창의 모형

(1) 정책옹호(지지)연합모형(advocacy coalition frame work)

Sabatier는 초기에는 고전적인 하향적 집행에 초점을 두었으나, 이후에 통합모형에 관심을 갖게 되었다. Sabatier가 제시한 정책옹호연합모형은 고전적 집행보다는 정책하위 시스템내의 경쟁적인 정책옹호연합간 갈등과 타협과정임을 강조하였다. 따라서 Sabatier의 정책옹호연합모형은 정책학습에 의하여 정책이 변동되는 과정으로 이해하기 때문에 정책집행모형이라기 보다는 정책학습모형의 성격이 강하다. 정책지지연합모형의 전제조건은 다음과 같다.

① 정책변화과정을 이해하기 위해서는 10년 이상의 장기간이 필요하다.

② 정책변화를 이해하기 위한 분석단위로서 정책하위체제에 중점을 둔다.

③ 정책하위체제들은 다양한 수준의 정부에서 활동하는 행위자들을 모두 포함한다.

④ 정책하위체제 안에는 신념체계를 공유하는 정책지지연합이 있으며 이 정책지지 연합들이 그들의 신념체계에 입각한 정책을 추진하기 위해 경쟁하는 과정에서 정책변동이 발생하는 것으로 본다.

(2) 흐름과 창의 모형(Kingdon이 제창)

정책 창은 쓰레기통모형을 다소 변형시킨 모형으로서 정책주창자들이 그들의 관심 대상에 주의를 집중시키고 그들이 선호하는 대안을 관철시키기 위해서 열려지는 기회를 말한다. 정책 창은 아주 짧은 기간에 열리기 때문에 우리 속담에 "쇠도 달구어졌을 때 쳐야한다"라는 논리로 한번 닫히면 다시 열기를 꺼려하기 때문에 시간이 만이 걸린다.

① 정책결정은 독립적인 3가지의 흐름(문제의 흐름, 정치적 흐름, 정책의 흐름)이 만날 때(정책 창이 열릴 때) 이루어진다.

② 창이 열리는 계기 : 정권교체, 의회나 행정부의 변동, 국민감정의 변화, 시급한 공공문제의 대두, 돌발적인 큰 사건의 발생 등

③ 창이 닫히는 계기 : 고위직의 인사이동, 정부행동의 유도 불능, 사건의 퇴조, 대안의 부재, 문제의 충분한 논의

정책옹호(지지)연합모형과 정책흐름모형 비교

구 분	정책옹호(지지)연합모형	정책흐름모형
관련학자	Sabatier	Kingdon
이론적 관심범위	정책변동의 요인	정책의제설정과 대안의 구체화에 관여하는 참여자와 과정
정책변동의 시계	장기, 10년 이상	중·단기, 5년 이하
선택 및 의사결정	학습을 통한 2차적 가치의 변동	문제, 정책대안, 정치의 우연한 결합
참여자의 합리성 정도	제한된 합리성	비합리성
의사결정의 참여자	정책체제 내 비교적 고정적 참여자	수시참여, 유동적

🖋 대표유형문제

1. 대형 참사를 계기로 그동안 해결하지 못했던 정책문제에 대한 대책을 마련하게 되는 상황을 설명하는데 적합한 정책결정모형은?

① 합리모형   ② 만족모형

③ 쓰레기통모형   ④ 혼합모형

정답 ③

해설 쓰레기통모형은 무정부상태나 혼란상태에서 네 가지 흐름이 나타나 점화계기가 있어야 의사결정이 이루어지는데
극적 사건(문제를 부각시키는 대구지하철사건이나 9.11테러 등과 같은 대형참사)이나, 정치적 사건(국가의 분위기
나 정치이념의 변화를 가져오는 정권의 변동 등)등이 설문의 대형참사에 해당되며, 점화계기가 된다.

2. 정책옹호연합모형(advocacy coalition frame work)에 대한 설명으로 옳지 않은 것은?

① 신념체계별로 여러 개의 연합으로 구성된 정책행위자 집단이 자신들의 신념을 정책으로 관철하기
위하여 경쟁한다는 점을 강조한다.
② 사바티에(Sabatier) 등에 의해 종전의 정책과정 단계모형의 한계를 극복하기 위하여 개발되었다.
③ 정책문제나 쟁점에 적극적으로 관심을 가지는 공공 및 민간 조직의 행위자들로 구성되는 정책하위
체계(policy subsystem)라는 개념을 활용한다.
④ 정책변화 또는 정책학습보다 정책집행과정에 초점을 맞춘 이론이다.

정답 ④

해설 Sabatier가 주장한 정책옹호연합모형은 정책지지연합모형으로 알려져 있는 정책집행모형이며, 정책집행모형이라
기 보다는 정책학습모형의 성격이 강하다.

3. 정책변동을 설명하는 다음의 모형 중에서 정책하위체제라는 분석단위에 초점을 두고 정책변화를 이해하며, 정책변화과정을 이해하기 위해서는 10년 이상이라는 장기간이 필요하다고 설명하는 모형은?

① 정책지지연합모형(Advocacy Coalition Model)
② 패러다임변동모형(Paradigm Shift Model)
③ 이익집단 위상변동모형(Reversals of Fort−une Model)
④ 정책흐름모형(Policy Stream Model)

정답 ①

해설 설문은 사바띠어(Sabatier) & Jenkins−Smith 등이 정책집행의 통합모형으로 주장한 정책지지연합모형의 전제조건
에 해당한다. 정책지지연합모형은 정책집행을 기본적으로 정책하위체제에 중점을 두고 정책을 변화와 학습과정
으로 이해하는 모형이다.

4. 킹던(Kingdon)이 주장한 '정책 창문(policy window)이론'에 대한 설명으로 옳지 않은 것은?

① 정책 창문은 문제의 흐름, 정치적 흐름, 정책적 흐름 등이 함께 할 때 열리기 쉽다.
② 정책 창문은 정책의제설정에서부터 최고의사결정에 이르기까지 필요한 여러 가지 여건이 성숙될 때
열린다.
③ 정책 창문은 한번 열리면 문제에 대한 대안이 도출될 때까지 상당한 기간 동안 열려있는 상태로 유
지된다.
④ 정책 창문은 한번 닫히면 다음에 다시 열릴 때까지 많은 시간이 걸리는 편이다.

정답 ③

해설 정책창은 정책과정의 세 가지 줄기(흐름)에 의하여 열리게 되는데 정책 창문은 한번 열리면 문제에 대한 대안이 도
출될 때까지 계속 열려있는 것이 아니라 아주 짧은 기간 동안만 열리게 된다.

11) Allison모형

집권적 의사결정을 성질별로 분류하여 국가적 정책결정에 적용한 경우 중에서 가장 알려진 것이 Allison의 세 가지 모형이다. Allison은 쿠바 미사일사건과 관련된 미국의 외교정책과정을 설명·예측하기 위한 분석의 틀로써 과거에 논의된 정책결정에 관한 여러 가지 모형을 크게 합리 모형과 조직모형으로 대별해서 재정리하고 관료정치모형을 새로이 제시하였다.

Allison의 세 가지 모형

구 분	합리모형(Ⅰ)	조직모형(Ⅱ)	관료정치모형(Ⅲ)
조직관	조정과 통제가 잘된 유기체	하위조직들의 연합체	독립적인 개인적 행위자들의 집합체
권력의 소재	조직의 두뇌와 같은 최고지도자가 보유	반독립적인 하위조직들이 분산 소유	개인적 행위자들의 정치적 자원에 의존
행위자의 목표	행위자의 목표	조직전체의 목표와 하위조직들의 목표	조직전체의 목표와 하위조직의 목표 및 개별적 행위자들의 목표
목표의 공유도	매우 강함.	약함	매우 약함
정책결정의 양태(樣態)	최고지도자가 직접 명령하고 지시	SOP에 대한 프로그램 목록에서 대표 추출	정치적 타협, 흥정, 지배
정책결정의 일관성	매우 강함(항상 일관성)	약함(일치)	매우 약함(불일치).
적용계층	조직의 전계층	조직의 하위계층	조직의 상위계층

* 쿠바 미사일 사건1962년 미국과 구소련 간의 쿠바에 핵미사일 설치를 놓고 13일간 이루어진 극단적 대치상황을 말한다. 당시 미국 안보에 중대한 영향을 미친 사건으로서, 당시 케네디대통령은 '해상봉쇄', '쿠바침공'이라는 두 가지 극단적 대안 중 덜 극단적인 해상봉쇄(미사일 운반 저지)를 채택함으로써 위기를 극복하였다.

🖋 대표유형문제

1. 정책결정모형에 관한 설명으로 적절하지 않은 것은?

① 점증모형 : 합리모형의 의사결정은 당위적으로는 바람직하지만, 합리적 의사결정에 필요한 정보와 분석능력의 부족으로 현실적으로 불가능 하다고 비판 한다.

② 합리모형 : 정책결정의 기준이 되는 목표와 가치는 그 중요성에 따라 분명히 제시되고 서열화 될 수 있다.

③ 만족모형 : 정책결정의 합리성을 제약하는 요인들을 고려할 때 한정된 대안의 비교분석을 통해 최선을 모색하는 선에서 만족하는 것이 합리적이다.

④ 혼합주사모형 : 근본적 결정과 세부적 결정으로 나누어 근본적 결정의 경우 합리모형을, 세부결정의 경우 점증모형을 선별적으로 적용하는 것이 합리적이다.

정답 ①

해 설   Lindblom과 같은 점증주의자들은'합리모형은 이상적이지만 현실성이 없고 점증모형은 바람직하진 않지만 현실성이 있다'는 주장에 동의하지 않는다. 점증주의자들이 합리모형을 비판한 것은 합리모형이 현실적으로 불가능할 뿐만 아니라 분석에 소요되는 시간과 비용이 과다하고 대폭적인 변화를 추구하기 때문에 바람직하지도 않다는 것이다. 이러한 관점에서 Lindblom과 같은 점증주의자들은 점증모형이 '실증적 모형일 뿐만 아니라 규범적 모형'이라고 주장한다.

2. 아래 상황에 가장 부합되는 의사결정모형은?

> · 정책의 일관성이 높다. · 권력은 최고관리층에게 집중되어 있다.
> · 개인목표보다는 전체목표에 치중한다. · 구성원의 응집성이 강하다.

① Cyert와 March의 회사모형   ② Dror의 최적모형
③ Etzioni의 혼합탐사모형   ④ Allison의 모형 Ⅰ

정답 ④

해설 설문은 Allison의 모형Ⅰ(합리적 행위자 모형)에 해당한다. 집권적 의사결정을 성질별로 분류하여 국가적 정책결정에 적용한 경우 중에서 가장 알려진 것이 Allison의 세 가지 모형인데 Allison은 쿠바 미사일 사건과 관련된 미국의 외교정책과정을 설명·예측하기 위한 분석의 틀로써 과거에 논의된 정책결정에 관한 여러 가지 모형을 크게 합리모형과 조직모형으로 대별해서 재정리하고 관료정치모형을 새로이 제시하고 있다.

3. 정책결정 모형에 대한 설명 중 옳은 것을 모두 고른 것은?

> ㄱ. 점증주의 모형에 따르면 합리적 방법에 의한 쇄신보다는 기존의 상태에 바탕을 둔 점진적 변동을 시도한다고 본다.
> ㄴ. 공공선택 모형은 관료들의 자기이익 추구를 배제한 공익차원의 집단적 의사결정 방식이다.
> ㄷ. 엘리슨 모형은 정책결정 모형을 합리모형, 조직과정모형, 관료정치모형 관점에서 정리한 것이다.
> ㄹ. 쓰레기통 모형에 따르면 문제 흐름, 선택기회 흐름 및 참여자 흐름이 만나 무의사결정을 하게 된다고 본다.

① ㄱ, ㄴ   ② ㄱ, ㄷ
③ ㄴ, ㄹ   ④ ㄷ, ㄹ

정답 ②

해설 ㄱ, ㄷ이 옳으며 ㄴ, ㄹ은 잘못되었다. ㄴ의 공공선택 모형은 관료들의 자기이익 추구를 배제한 것이 아니라 관료도 일반 시민과 같이 이기적이라고 가정한다. ㄹ의 쓰레기통 모형에 따르면 의사결정에 필요한 요소는 문제의 흐름, 해결책의 흐름, 선택기회 흐름 및 참여자 흐름 이라고 해야 맞다.

🟢 기획론(企劃論)

1. 기획의 본질

1) 기획의 의의

(1) 기획의 개념

기획은 특정 목표달성을 위해 여러 가지 가능한 방안 중 최상의 수단·방법으로 장래 행동에 관한 일련의 결정을 준비하는 동태적·지속적 과정이다.

(2) 기획의 특성(본질)

① 인위적·의도적·동태적인 연속적 준비과정이다.

② 목표지향적인 의사결정과정이다.

③ 미래지향성(장래에의 준비과정), 행동지향성을 지닌다.

④ 목표달성을 위한 최적(最適) 수단을 제시한다.

⑤ 정치성·통제성을 지닌다.

⑥ 상대방의 동의와 지지를 획득하는 수단이기도 하다.

⑦ 상호의존적이며 체계적 연관성을 가지는 여러 결정의 핵심을 다룬다.

(3) 기획의 기능(효용)

① 미래를 대비함으로써 돌발사태에 따르는 위험을 최소한으로 억제

② 행정목표의 명확화와 전체적 운영상황 파악

③ 사전조정과 효과적 통제수단

④ 복잡한 각종 사회문제의 해결수단

⑤ 합리성 제고 수단으로 가용자원의 최적 활용에 기여

⑥ 행정의 안정화에 기여

⑦ 업무의 성과수준 또는 성취도(효과성)를 제고

🌙 국가기획과 민주주의

1. 국가기획과 민주주의의 찬반론

1) 반대론과 찬성론

(1) 반대론

① 하이에크(F. A. Hayek)는 「노예에의 길(The Road to Serfdom)」(1944)에서 국가기획제도는 필연적으로 독재를 초래한다고 하여, 국가기획과 자유의 양립불가능을 주장하였다.

② 그는 경제성장을 이룩하기 위해 기획제도를 도입하면 융통성 없는 단조로운 경제사회가 초래되며, 독재가 나타나 국민의 자유를 위축시키고 시장경제원리를 저해할 뿐 아니라, 자유민주주의의 상징인 의회제도의 기능을 저해한다고 주장하였다.

(2) 찬성론

① 파이너(H. Finer)는 「반동에의 길(The Road to Reaction)」(1945)에서 자유와 국민의 권리를 보장할 수 있는 기획이 가능하기 때문에 민주주의와 기획의 양립이 가능하다고 주장하였다.

② 민주적 기획이 가능함을 주장하여 하이에크의 주장을 반박하였다.

③ 빈부격차, 경제적 위기, 실업난 등의 해결책 모색을 위한 국가기획은 민주주의와 상반되지 않음을 강조하였다.

④ K. Mannheim은 자유방임적 경쟁사회로부터 계획적 사회로의 이행이 필연적이라고 주장하면서 어디까지나 민주주의의 전통에 입각하여 자유를 위한 기획을 주장하였다.

⑤ Finer의 '자유사회를 위한 민주적 기획'에 대해 Mannheim과 A. N. Holcombe도 같은 주장을 하고 있으며 Waterstone, Hansen, Jantsch도 국가기획에 찬성한다.

⑥ E. S. Mason은 민주주의 국가의 기획제도가 성공을 거두기 위해서는 경제발전을 전폭적으로 지지하는 정치적 리더십과 규율이 엄한 정당이 필요하다고 주장하였다.

2) 국가기획과 민주주의의 조화

기획은 필요한 것이지만 민주주의의 최고가치인 자유의 이념에 배치되지 않는 범위 내에서 행해야 한다는 한계가 있으며, Etzioni가 지적하였듯이 가장 효과적인 전략은 자유민주주의 사회의 과소기획과 전체주의 사회의 과잉기획 간의 중간적 결정방식일 것이다. 이러한 기획의 발전적인 방향은 이념에 적합한 기획제도의 확립, 국민의 자유·권리·창의력을 존중하고, 통제가 아니라 유도에 의하여 국가목표를 달성하려는 유도적 기획이 요망된다.

🌀 미래예측기법

1. 미래예측기법의 유형

1) 투사(projection) – 연장적 추측

(1) 투사의 개념

① 시간을 독립변수로 하여 과거로부터 현재에 이르는 역사적 경향(trend)을 귀납적 논리에 입각하여 미래를 예측하는 것으로서, 보외적(補外的) 예측(알려진 구간 외의 다른 변수에 대하여 근사값을 구하는 것으로 외삽법 혹은 투시적 예측이라고도 한다. 과거치를 그대로 연장시키는 방법이다.)의 접근방법이 활용된다.

② 미래에 대해 결정론적 주장을 하며 방법론적 진술이나 유사한 사례를 기초로 이루어진다.

③ 과거의 경험, 기록, 사례, 문헌조사에 의존한다.

(2) 투사의 주요기법

① 시계열분석 ② 흑선기법 ③ 최소자승경향 추정 ④ 선형경향추정(liner trend estimation)

⑤ 비선형시계열 ⑥ 자료전환(변환)법 ⑦ 격변방법(대변동법)

2) 예견(prediction) – 이론적 가정

(1) 예견의 의의

이론적 가정을 통한 연역적 논리에 기초한 예측이다. 어떤 한 관계에 내재하고 있는 원인과 결과관계를 기반으로 미래의 결과치를 예측하는 것으로 연역적이다.

(2) 예견의 주요 기법

① 선형계획(LP) ② 회귀분석 ③ 상관분석 ④ 투입산출모형 ⑤ 이론지도작성 ⑥ PERT(사업평가운영기법), CPM(주공정선-최단시간, 최단경로를 찾는 것) ⑦ 경로분석(path analysis) ⑧ 이외에도 구간(간격)추정과 체제분석 및 비용편익분석(B/C) 등이 있다.

3) 추측(conjecture) – 직관적 추측

미래상태에 대한 주관적인 판단이나 직관적인 진술의 형태를 취하는 것으로, 주관적인 판단에 기반을 둔다. 추측 기법에는 ① 델파이기법, ② 상호영향분석(예측된 사안 간의 상호작용의 잠재적인 효과를 분석하는 것), ③ 실현가능성 평가방법, ④ 유추법(유추분석 – 유사한 문제의 인식을 촉진하기 위하여 고안된 방법으로 문제들 사이의 똑같거나 유사한 관계를 인지하는 것이 분석가의 문제해결능력을 크게 증가시킬 것이라는 가정에 기초), ⑤ 패널기법, ⑥ 시나리오 기법, ⑦ 브레인 스토밍(brain storming - 델파이기법과 함께 주관적이고 직관적인 미래예측기법으로서 자유로운 상태하에서 대면적인 접촉관계를 유지하며 전문가의 창의적인 의견을 자유롭게 교환하는 토의기법으로 서로에 대한 비판은 금지되며, 아이디어의 제약이 없다.)기법 등이 있다.

2. 델파이기법과 정책델파이기법

(1) 델파이기법

① 델파이기법의 개념 : Delphi는 아폴로신전이 있는 그리스의 지명으로 그리스의 성인들이 미래를 예측하던 곳이다. 예측현상과 관련된 전문가들의 의견을 체계적으로 집약하고 통계적으로 분석하는 예측방법이다. 어떤 문제를 예측·진단·결정하고자 할 때, 전문가 집단의 의견이 일치할 때까지 전문가들의 의견을 체계적으로 도출하여 분석·종합하는 조사방법으로서, 회의나 세미나 등 전통적인 의견종합방식의 단점을 보완하려는 데서 고안되었다. 이 기법은 1848년 유럽에서 경마의 결과예측을 위하여 시도된 이래, 1948년 미국의 Rand연구소에서 개발·응용하여 1960년대는 산업계에서 기술발전예측에 적극 활용하였다.

② 전통적 의견종합방식의 문제점

　ⓐ 의견이 타협화 할 가능성이 있으며, 집단분위기에 압도되어 개인의 의사와 다른 엉뚱한 결론에 이를 수 있다.

　ⓑ 회의참가자는 자기 체면이나 타인에게 주는 인상을 의식하여 진정한 의견을 감추거나 일단 발언한 의견을 끝까지 고집하는 경향이 있으며, 참가자 간에 갈등과 적대감이 존재하면 결정이 지체될 수 있다.

③ 델파이기법의 특징 : 각 전문가들에게 개별적으로 설문서와 그 종합된 결과를 전달·회수하는 과정을 거듭함으로써 독립적이고 동등한 입장에서 의견을 접근해 나갈 수 있도록 하려는 기법이다. 기존의 회의나 세미나의 단점을 보완하기 위하여 유능한 전문가를 분산 배치한다.

　ⓐ 익명(anonymity) : 설문서의 응답자는 철저하게 익명성이 보장되므로 외부적인 영향력으로 결론이 왜곡되거나 표현이 제한되는 예가 매우 적다.

　ⓑ 반복(iteration) : 개개인의 판단을 집계하여 보통 2~3회에 걸쳐 참가한 모든 전문가들에게 다시 알려 주고, 이렇게 함으로써 사회학습의 기회를 제공하고 이전의 판단을 수정하도록 해준다.

　ⓒ 통제된 환류(controlled feedback) : 통제된 환류과정을 반복하기 때문에 주제에 대한 계속적인 관심과 사고가 촉진된다.

　ⓓ 통계처리(statistical group reponse) : 응답자의 응답결과가 통계적으로 균등하게 처리됨으로써 부당한 영향력을 방지하고, 주관적인 판단을 종합하여 비교적 객관적인 확률분포로 전환시킬 수 있다.

　ⓔ 전문가합의(expert consensus) : 이 기법의 주요한 목표는 전문가들 사이의 합의가 도출될 수 있는 조건을 마련하는 것이다.

④ 델파이기법의 장점

　ⓐ 통제된 환류과정의 반복으로 주제에 대한 관심을 높일 수 있다.

　ⓑ 응답자들의 익명성의 유지로 외부적인 영향력으로 결론이 왜곡되는 것을 방지할 수 있다.

　ⓒ 응답의 결과가 통계적으로 처리됨으로써 비교적 객관적인 결론을 도출할 수 있다.

⑤ 델파이기법의 한계

　ⓐ 특정 분야의 전문가들은 자기의 좁은 전공영역에 집착하여 거시적인 전망과 예측을 못하는 경우가 많다.

　ⓑ 델파이 과정에서 응답이 불성실하거나 조작될 가능성이 있다.

ⓒ 설문내용에 따라 응답이 크게 달라지는 경향이 있고 응답의 표현이 모호하여 처리과정이 자의적으로 이루어질 우려가 있다.

ⓔ 델파이는 시간과 비용이 과다 소요되고, 소수 의견이 경시될 소지가 많다.

(2) 정책델파이(policy delphi) ⇨ 1969년 Turoff가 처음 소개

① 정책델파이의 의의 : 정책델파이는 전통적인 델파이의 한계점을 건설적으로 극복하여 정책문제의 복잡성에 맞는 절차를 만들어 내려는 시도로, 주요 정책이슈의 잠정적인 해결책에 대하여 있을 수 있는 강력한 반대의견을 창출하고자 하는 것이다.

② 정책델파이의 특징

ⓐ 선택적 익명 : 정책델파이의 참가자들은 예측의 초기단계에서만 익명으로 응답한다. 정책대안들에 대한 주장들이 표면화된 이후에는 공개적으로 토론을 벌이게 된다.

ⓑ 식견 있는 다수의 창도(唱導) : 참가자를 선발하는 과정은 전문성 자체보다는 흥미와 식견의 기준에 바탕을 둔다.

ⓒ 양극화된 통계처리 : 개인의 판단을 집약할 때 불일치와 갈등을 의도적으로 부각시키는 수치가 사용된다.

ⓓ 구성된 갈등 : 정책델파이의 결과는 완전히 제한이 없으며, 합의가 이루어질 수도 있고 갈등이 계속될 수도 있다.

ⓔ 컴퓨터 회의방식 : 떨어져 있는 개개인들 간의 의견교환을 익명상태로 계속 진행시키는 데 컴퓨터가 이용될 수 있다.

ⓒ 정책델파이의 진행과정

전통적 델파이와 정책델파이의 비교

구분	전통적 델파이	정책델파이
익명성	익명성 요구	선택적 익명성
방 법	반복과 통제된 환류	이원화된 통계처리와 구조화된 갈등
중 시	통계적 처리	양식 있는 다양한 주창
방 식	합의방식	컴퓨터를 통한 회의방식
선 정	동질적인 전문가를 응답자로 선정	다양한 분야의 주창자

1. 집단적 의사결정방식으로 익명성을 유지하면서 아이디어를 교환하여 문제를 해결하는 방식은? 2008. 지방수탁 9급

① 전통적 델파이 기법   ② 브레인스토밍

③ 정책 델파이 기법   ④ 변증법적 토론기법

정답 ①

해설 끝가지 익명성을 유지하면서 전문가들의 의견을 수렴하는 직관적 미래예측기법은 전통적 델파이 기법이다. 이에 반하여 정책 델파이는 처음에는 익명성을 유지하나 어느 정도 대안이나 결론이 표면화 되고나면 토론을 하게 되므로 선택적 익명성을 추구한다.

2. 인과관계를 토대로 한 정책대안의 결과 예측에 해당하지 않는 것은?

① 회귀모형   ② 시계열자료분석   ③ 투입-산출분석

④ 계획의 평가검토기법(PERT)   ⑤ 경로분석

정답 ②

해설 인과관계를 토대로 한 예측방법이란 예견 즉, 이론적 예측(predict)을 의미하며 따라서 이를 인과관계적 예측이라고도 한다.

미래예측의 유형

유 형	개 념	기 법
이론적 예측, 인과관계적 예측 - 예견(Predict)	이론적 모형을 통한 인과적·연역적 예측	선형계획, 투입산출분석, 상관분석, 구간추청, 이론지도, 경로분석, 회귀분석, 선형회귀분석, 상관분석, 인과분석 , PERT, CPM 등
연장적 예측, 시계열적 예측 - 투사(Project)	추세연장이나 경향분석 등을 귀납적·보외적 예측	외삽법, 시계열분석, 구간외추정, 선형경향추정, 지수가중법, 자료전환법, 격변방법 등
직관적 예측, 주관적 예측 - 추측(conjecture)	주관적 견해에 의존하는 판단적·질적 예측	브레인스토밍, 전통적델파이, 정책델파이, 교차영향분석, 실현가능성 분석, 역사적 유추 등

🌀 정책집행

1. 정책집행의 의의

1) 정책집행의 개념

(1) 정책집행은 권위 있는 정책지시를 실천하는 과정이다. 미리 설정한 목표를 달성하기 위한 정부·민간부문의 개인·집단이 하는 활동으로, 선택된 행동대안·사업계획을 실천에 옮기는 일련의 과정이다.

(2) 정책집행에 대한 관심 대두 : Johnson대통령의 '위대한 사회(Great Society)'건설을 위한 각종 사회복지정책의 실패에 대한 반성, 계층제와 피라미드를 강조하던 조직구조에서 체제

와 Network을 중시하는 조직으로 점차 이행하여 감에 따라 정책집행의 문제가 중요하게 부각되었다. 그동안 정책결정 및 형성에만 집착한 나머지 정책집행과정상의 문제점이나 전략에 대한 관심은 부족하였으나, 이후 정책집행 부문에 관심이 촉발되었다.

2) 정책집행의 특징

(1) 복합적·종합적 과정으로서의 성격 : 인적·물적 자원이나 조직구조상의 제요소들은 물론 정책을 둘러싼 정책환경적 요소들이 복잡하게 관련되어 작용한다.

(2) 순환적 과정 : 정책집행과정은 다른 정책 요소들과 상호 밀접하게 관련되어 서로 영향을 주고받는 순환적 과정이다.

(3) 상호적응과정으로서의 성격 : 정책이 성공적으로 집행되기 위해서는 정책집행담당자들이 우선 그 정책을 충분히 인식하고 적응해야 한다.

(4) 실현가능성 고려 : 정책집행은 소망성(효과성, 능률성, 형평성 등)과 실현가능성 중에 실현가능성을 먼저 고려하여야 한다.

(5) 새로운 정책결정과정으로서의 성격 : 정책집행과정 중에 정책이 수정되거나 보완됨에 따라, 결국 새로운 정책이 형성되기도 한다.

(6) 정치과정으로서의 성격 : 다양한 개인이나 집단들이 참여하는 정치과정적 성격이다.

3) 세대별 정책집행

(1) 제1세대 집행연구 – 고전적 정책집행(Pressman & Willdavsky – 1973년)

정책집행을 보는 시관은 크게 제1세대부터 제3세대로 나누어 설명할 수 있다. 제1세대는 1970년대 초의 정책집행의 연구로서 정책집행 실패사례분석을 통하여 집행의 저해요인을 분석하였다.

① 고전적 정책집행

㉠ 정책만능주의, ㉡ 정태적 정책관, ㉢계층적 조직관, ㉣ 목표수정 부당론

② 정책집행 실패의 원인

㉠ 엄격한 권력분립, ㉡ 관련기관의 참여, ㉢ 연방제, ㉣ 조직의 동태화, ㉤ 집행관료의 빈번한 교체, ㉥ 부적절한 집행기관

(2) 제2세대 집행연구(1980년대 – Lowi, Elmore, Sabatier & Mazmanian, Franklin & Ripley)

제2세대는 1980년대로서 정책집행의 성공사례분석을 통하여 좀 더 긍정적인 차원에서 정책집행의 성공요인을 분석하는 미시적 방법론에 중점을 두었다. 주로 정책의 유형에 따라 집행이 달라져야 한다는 상황론을 주장하였으며, 정책집행의 성공요건을 분석하는 데 치중하였다.

(3) 제3세대 정책집행(1980년대 말~1990년대 초 – Goggin, O'Toole)

① 제3세대는 1980년대 말부터 1990년대 초에 강조된 것으로 시간의 경과에 따라 집행이 중앙에서 지방정부로 이행되면서 집행과정과 결과가 변한다는 '집행의 동태성'과 집행주체에 따라 집행결과가 다양하다는 '집행의 다양성'을 강조하였다.

② 정부 간 정책집행을 집행연구의 주 대상으로 하여 연방정부의 정책이 지방정부에서 기계적으로 충실히 집행되지 않음을 강조하고 주정부(州政府)의 역할과 주정부에 의한 다양한 집행양태를 강조하였다.

③ 집행에 영향을 미치는 수많은 변수들 간의 인과적 복잡성을 중시하고 낙관론에 입각하여 보다 과학적인 접근을 시도하였다. 관심 있는 변수의 수 축소, 크고 작은 사례의 혼합, 실험과 준실험의 혼용 등이 그 특징이다.

2. 집행유형에 따른 정책결정자·집행자의 관계(Nakamura & Smallwood)

1) 고전적 기술자형(classical technocrats)

이 유형은 정책결정자와 정책집행자를 엄격히 구분하여, 정책결정자는 구체적인 정책목표와 세부 정책 내용까지 결정한다. 그리고 하위 정책집행자들의 활동을 엄격히 통제한다. 정책집행자들은 결정자들에 의해 만들어진 정책내용과 목표를 받아들여 이를 실천하기 위한 활동을 한다. 구체적이고 세세한 기술적 문제 정도에서만 미약한 재량권을 부여받고, 목표 달성을 위해 노력한다.

2) 지시적 위임형(instructed delegates)

이 유형은 정책결정자들에 의해 목표가 수립되고 대체적인 방침만 정해진 뒤 나머지 부분은 집행자들에게 위임된다. 집행자들은 이 목표와 방침에 합의한 상태에서 구체적인 집행에 있어서는 충분한 재량권을 부여받는다. 목표 달성을 위해 필요한 범위 내에서 행정적, 기술적, 협상적 권한을 집행자들이 소유한다.

3) 협상형(bargainers)

이 유형은 정책결정자가 목표를 수립하고 대체적인 정책을 결정하나 집행과정에서 집행자들과 많은 협상과정을 거친다. 정책목표나 구체적인 집행수단들에 대해서 두 집단이 서로 조정 협상 과정을 거쳐 정책이 변화를 겪는 것이다. 어느 집단의 힘이 세고, 협상력이 뛰어나느냐에 따라 그들의 의도가 많이 반영된 정책이 만들어지고 집행된다. 이는 집행자들이 결정자들의 권위에 쉽게 압도당하지 않을 때 나타난다.

4) 재량적 실험형(discretionary experimenters)

이 유형은 정보, 기술, 현실 여건들 때문에 결정자들이 구체적인 정책이나 목표를 설정하지 못하고 추상적인 수준에 머문다. 결정자들은 정책에 대해 확신이 없고 정책의 대부분을 집행자들에게 위임한다. 집행자들은 정책목표의 구체화, 수단 선택, 정책 시행을 자기 책임 하에 관장한다.

5) 관료적 기업가형(bureaucratic entrepreneur)

이는 정책집행 담당 관료들이 큰 권한을 소유하고 정책과정 전체를 좌지우지하는 형태로서 결정권까지도 행사한다. 형식상 결정권을 소유하고 있는 상위 결정자들은 집행자들에 의해 만들어진 정책과 목표를 받아들이는 수밖에 없다. 모든 실권을 집행자들이 가지고 있다.

구 분	정책결정자	정책집행자	집행실패요인	정책평가 기준
고전적 기술자형	·구체적인 목표설정 ·목표달성을 위해 기술적 문제에 관한 권한을 정책집행자에게 위임	정책결정자의 목표를 받아들이고 이 목표를 달성하기 위하여 기술적 수단 강구	수단상의 기술적 결함	효과성 또는 능률성
지시적 위임형	·구체적 목표수립 ·정책집행자에게 목표달성을 위하여 필요한 수단을 고안하도록 행정적 권한을 위임	정책결정자의 목표를 받아들이고 이 목표를 달성하기 위한 행정적 수단에 관하여 집행자들 상호간에 협상, 집행상 재량존재	협상의 실패	효과성 또는 능률성
협상형	·목표수립 ·정책집행자와 목표나 목표달성을 위한 수단에 관하여 협상	정책결정자와 목표나 목표달성을 위한 수단에 관하여 협상	적응적 흡수나 부집행	주민 만족도
재량적 실험형	·추상적인 목표를 지지 ·정책집행자에게 목표와 목표달성을 위한 반응을 구체화하도록 광범위한 재량권 부여	정책결정자를 위하여 목표와 방안을 구체화	책임의 회피나 기만(사기)	수익자 대응성
관료적 기업가형	정책결정자는 정책집행자가 수립한 목표와 집행자가 고찰한 목표달성방안을 지지	정책집행자는 목표를 수립하고 목표달성방안을 강구한 다음, 정책결정자를 설득하여 목표와 방안을 받아들이게 함.	정책의 사전오염(선매)	체제 유지도

* 정책집행자와 정책결정자의 관계
1. 고전적 기술자형에서 관료적 기업가형으로 갈수록 정책집행자의 권한이 강하다.
2. 관료적 기업가형에서 고전적 기술가형으로 갈수록 정책결정자의 권한이 강하다.
3. 재량적 실험형은 정책집행의 실패위험률이 높으나 불확실성이 높은 분야에서는 가장 쇄신적인 집행방법이 될 수 있는 모형이다.

대표유형문제

Nakamura & Smallwood의 정책집행에 있어 5가지 유형 중 다음은 어느 유형인가?

> · 일반 여론이나 언론기관에서 주택문제, 교육문제 등에 대해서 정부가 '무엇인가를 해야 한다'는 강한 압력을 받고 있지만 정책결정자들이 무엇을 어떻게 해야 할지 모르는 경우
> · 대립·갈등하고 있는 정책결정자들 간에 구체적 정책목표 및 정책수단에 대해 합의를 보지 못하는 경우

① 관료적 기업가형
② 지시적 위임가형
③ 협상자형
④ 재량적 실험가형

정답 ④

해설 지문은 재량적 실험가형에 대한 내용이다. 이는 정책결정자가 구체적인 정책을 결정할 수가 없어서 광범위한 재량권을 정책집행자에게 위임하는 경우이다.

3. 정책집행의 연구모형

1) Wildavsky의 연구모형

(1) 통제적 모형 : 통제중심의 모형으로서 목표(설정된)나 계획의 합리성 내지 중요성을 인식하고 집행을 계획에 흡수하여 그 독자적인 역할을 거의 인정하지 않으려는 입장이다. 정책이 완전히 집행된다는 개념으로서 통제를 중시한다.

(2) 상호작용모형 : 권위적으로 채택된 정책은 집행에 앞서는 단순한 언어의 집합에 불과하다고 보고 목표나 계획의 중요성을 강조하면서 집행을 집행자의 상호작용에 흡수시키는 모형이다.

(3) 진화론적 모형 : 통제모형과 상호작용모형의 중간모형으로서 정책은 잠재적 가능성으로서만 존재하고 그 실현은 대내적·질적 요인과 외적 상황에 의존한다고 본다. 즉 정책이 집행에 영향을 미치고 집행도 정책형성에 영향을 미치게 되어, 집행을 진화과정으로 본다.

2) Elmore의 모형

(1) 체제관리모형 : 효율적인 관리통제체제가 정책집행의 성공요건

(2) 관료적 과정형 : 조직의 루틴과 새로운 정책의 통합여부가 정책집행의 성공요건

(3) 조직발전모형 : 정책결정자와 정책집행자 간의 합의여부가 성공요건

(4) 갈등협상모형 : 협상과정의 존속여부가 정책집행의 성공요건

> * 전방향적 접근과 후방향적 접근
> 1. 전방향적 접근 : 계층제 구조나 기술적 접근으로서 정치·행정이원론의 입장
> 2. 후방향적 접근 : 상하 간의 상호인식, 신축적인 정책내용, 다양성과 복잡성 강조

3) 하향식 접근방법과 상향식 접근방법

(1) 하향식 접근방법 : 위에서부터 밑으로 연구와 관찰의 대상을 이동시키기 때문에 하향식 접근방법이라 한다.

　① 정책영향이 원래 의도한 것과 일치되는지를 파악한다.

　② 정책목표나 정책영향을 좌우하는 요인들을 파악한다.

　③ 정책집행의 경험을 토대로 얻게 된 정보와 교훈이 정책의 내용을 어떻게 수정·보완하게 되었는지를 파악한다.

　④ 정책집행을 원하는 자들의 입장에서 집행과정을 관찰하고 연구하기 때문에 반대자의 입장이나 전략·행동을 쉽게 파악할 수 없다는 단점을 지닌다.

(2) 상향식 접근방법 : 하향식 접근방법과는 반대로 집행의 밑바닥에서부터 출발하여 상층 집행조직, 정책결정상황 등으로 연구의 대상을 옮겨가면서 연구한다.

　① 해결해야 할 문제가 직접 발생하고 있는 집행현장에서 일선집행요원 및 정책대상집단들이 감지하고 있는 문제의 성격과 문제해결전략을 파악할 수 있다.

　② 하나의 정책이 집행되는 과정을 추적·연구하는 하향식에서 중시되는 특정 정책파악보다는 집행현장을 있는 그대로 파악하기 때문에 집행현장에서 발생하는 의도하지 않았던 부수효과나 부작용을 파악할 수 있다.

고전적 집행과 현대적 집행의 비교

구 분	고전적·하향적 집행(top-down)	현대적·상향적 집행(bottom-up)
집행의 성공요인	결정자의 리더십	집행관료의 재량권
결정과 집행	정책결정과 집행의 분리	정책결정과 집행의 통합
관리자의 참여	참여제한, 충실한 집행이 요구됨	참여 필요
정책상황	안정적·구조화된 상황	유동적·동태화된 상황
정책목표수정	목표가 명확하여 수정 필요성 적음	수정 필요성 높음
집행자의 재량	집행자의 재량 불인정	집행자의 재량 인정
정책평가의 기준	집행의 충실성과 성과	환경적응성 중시, 정책성과는 2차적 기준
핵심적 법률	있음	없음
Elmore	전향적 집행(forward mapping)	후향적 집행(backward mapping)
Berman	정형적 집행	적응적 집행
Nakamura	고전적 기술가형, 지시적 위임형	재량적 실험형, 관료적 기업가형

③ 정책현장에서 움직이는 일선집행요원들의 활동과 여기에 영향을 미치는 집행요원의 사고방식, 집행대상집단이나 이해집단(지방정부기관) 등의 상호관계를 연구의 출발점으로 하여 상층집행조직과 정책의 내용을 연구한다.

④ 현장에서 쉽게 느끼지 못하지만 간접적으로 큰 영향을 미치는 사회, 경제, 법적 요인들을 연구에서 무시하기 쉽다.

4. 집행상의 순응과 불응

정책집행의 순응과 불응

구 분	순 응	불 응
개 념	정책집행자가 정책결정자의 지시에 대해 일치된 행동을 보이는 것	특정 행동규정에 일치하지 않는 특정행위자의 모든 행동
확보 전략	유인전략(이익이나 불이익 부여), 정책의 수정 및 관습의 채택, 권위에의 믿음, 합리적·의식적 설득, 지속적 집행, 자발성, 정책집행의 기간(장기), 강제, 제재(벌금·구류·처벌) 등	기존 가치와의 대립, 정책의 모호성, 기준의 비일관성, 기술적 제약성, 개념의 복잡성, 권위의 상실, 부담의 회피, 선택적 불응, 행동의 타성, 금전적 욕심 등으로 집행의 의도를 제대로 파악 못함.
구체적 형태	실업자 구제에 대한 신속대응, 행정개혁에 대한 적극적 자세 등	정책취소 유도, 부집행, 지연·유보, 정책의 임의변경, 형식적 순응, 의사전달의 고의적 조작(유리한 것만 전달) 등

✎ 대표유형문제

사바티어(P. Sabatier)와 마즈매니언(D. Mazmanian)이 효과적인 정책집행을 위해서 필요하다고 본 전제조건에 해당되지 않는 것은?

① 정책결정의 내용은 타당한 인과이론에 바탕을 둔 것이어야 한다.
② 법령은 명확한 정책지침을 가지고 대상 집단의 순응을 극대화시켜야 한다.
③ 정책목표의 집행과정에서 우선순위를 탄력적이고 신축적으로 조정하여야 한다.
④ 유능하고 헌신적인 관료가 정책집행을 담당해야 한다.

정답 ③

해설 P. Sabatier와 D. Mazmanian은 정책집행과정에서 정책목표의 우선순위의 명확성과 안정성을 제시하였다. 따라서 정책목표의 집행과정에서 우선순위를 탄력적이고 신축적으로 조정하여야 한다는 말은 잘못되었다.

🎯 정책평가와 정책변동

1. 정책평가의 의의

1) 정책평가의 개념

정책평가(政策評價)란 정책집행 후 정책이나 공공사업계획이 그 대상에 미치는 효과·결과를 정책목표와 관련시켜 객관적·체계적·실증적으로 검토하는 것이다.

2) 정책평가의 목적

(1) 보다 종합적·체계적인 정책분석에 기여, 정책결정의 타당성 확인(정당성 확인)

(2) 정책결정의 타당성 제고, 정책집행의 효율성에 도움되는 정보 제공

(3) 국민의 만족도 파악, 정부사업의 경제성 제고

(4) 정부활동의 경제성과 합리적 배분의 필요성 제고

(5) 정확하고 객관적인 평가를 통해 정책과정상 책임성 확보

(6) 진행되고 있는 정책을 평가하여 존속시킬 것인가 아니면 수정, 종결시킬 것인가를 결정하게 하고 향후에 채택될 정책에 대한 비판적 안목 제공(정책의 환류기능)

2. 정책평가의 종류

1) 총괄평가(영향평가, 일반적 평가)

오늘날 정책평가의 연구에서 초점을 두는 것은 총괄적 평가이다. 일반적으로 정책평가라고 하면 총괄적 평가라고 할 만큼 정책평가의 핵심이 된다. 정책집행 후 정책이 사회에 미치는 영향을 파악하여 효과성·능률성·공평성 및 정책영향을 평가한다.

(1) 효과성평가 : 목표달성도를 의미하는 것으로 총괄평가의 핵심이 된다. 그러나 효과성평가가 총괄평가와 동일하지는 않으며, 수행시기에 따라 형성평가가 될 수도 있고 총괄평가가 될 수도 있다.

(2) 공평성평가 : 정책효과와 예산의 배분이 지역 간, 사회집단 간 공평한지를 평가한다.

(3) 정책영향평가 : 정책영향 또는 정책충격평가란 정책비용부분과 정책효과부분을 합한 것으로, 일반적으로 정책평가라하면 가장 널리 활용되는 정책영향평가를 말한다.

정책영향평가의 목적은 ① 프로그램 대상이 되는 모집단에 어떤 변화를 가져왔는지 여부와 그 규모를 식별하고, ② 변화가 이루어진 원인이 집행프로그램이었는지 여부를 밝혀내고, ③ 변화가 투입된 비용에 비추어 보아 정당화 될 수 있는지 검토하며, ④ 변화가 제기된 문제해결에 적합한 것이었는지를 검토하는 것이다.

(4) 프로그램 전략평가 : 프로그램에 사용된 제기법과 방법 중에 어느 것이 전체 목표달성에 더 효과적이었는지를 검토(상대적인 효과를 평가하는 것)하는 것이다. 프로그램관리자들에게 개별사업에서 사용되는 서로 다른 전략 및 방법들의 상대적 효과성에 대한 정보를 제공해 준다.

(5) Impact평가 : 정책대상집단에 발생한 변화의 정도를 알아보는 평가(변화의 크기, 변화의 원인, 변화가 투입된 비용과 비교하여 적정한 가 등)이다.

(6) 능률성평가 : 경제적인 비용측면까지 고려한다.

(7) Meta평가(평가결산)

① 메타평가(meta evaluation)란 평가종합, 평가에 대한 평가, 2차적 평가 또는 평가결산이라 부르는 것으로 기존의 평가자가 아닌 제3의 기관(상급기관, 독립기관, 외부전문기관 등)이 기존의 평가에서 발견했던 사실을 다양한 관점에서 재분석하는 것을 말한다.

② 정책엘리트 중심의 평가가 아니라 정책에 관계하지 않은 외부인에 의한 다면평가를 의미한다. 즉, 평가에 사용된 방법의 적정성, 사용된 자료의 오류여부, 도출된 결과에 대한 해석의 타당성 등을 재검토하자는 것이다.

🖋 대표유형문제

메타평가의 유용성으로 옳지 않은 것은?

① 공공부문에서의 서비스가 갖는 다면적 특성을 반영할 수 있다는 장점이 있다.

② 정책 엘리트중심의 평가방법으로서 비민주적이라는 비판을 받는다.

③ 메타평가의 구체적인 지표구성은 타당성과 신뢰성을 균형 있게 확보해야 한다.

④ 평가대상의 특성을 표준화시켜 지표를 구성하는 기존의 측정방식에 대한 보완적 방법이다.

정답 ②

해설 메타평가는 정책평가의 결과를 다시 평가하는 상위평가의 개념이다. 따라서 특정정책을 평가하는 일반적인 정책평가에 비하여 다양한 가치가 반영될 수 있으며, 정책엘리트중심의 평가가 아닌 상급기관, 독립기관, 외부전문가에 의한 다면평가적 성격을 지닌다.

2) 과정평가(중간·진행·사전평가)

총괄평가의 보완기능을 하는 것으로, 정책이 어느 정도까지 원래 의도대로 집행되었는가를 확인·점검하는 평가를 말한다.

(1) 형성평가 : 정책집행상 문제점을 미리 파악하고 이를 극복할 수 있는 정책형성·설계·개발 전략을 마련하는 평가로서 평가의 초점을 프로그램의 개념화와 설계에 두는 평가이다.

예 대통령 중간평가

(2) 설계적 평가(빠른 환류평가) : 실험집단과 비교집단을 사용하지 않고 미리 한번 결과에 대해 간결하게 평가를 해보는 것이다. **예** 책의 목차만 읽어보고 전체적 맥락을 파악해 보는 것

(3) Monitoring(탐색, 점검) : 정책의 집행이 능률적·효과적으로 이루어지고 있는가를 평가하는 것이다.

　① 행정적 모니터링 : 원래 의도한 대로 집행되고 있는가의 정확성 평가

　② 성과를 주기적으로 평가 : 우리나라의 심사평가

　③ 관련된 단위사업들 간의 균형적인 추진여부 또는 적시 추진여부 : 균형적 분석

(4) 평가성 검토(사정, 조사) : 예비평가 또는 평가를 위한 평가라고도 하며, 평가를 시작하기 전에 평가의 소망성과 실현가능성을 평가해 보는 것(예비고사, 모의고사)이다. 사전에 실효성을 평가해 봄으로써 차후에 수행될 본격적인 평가에 필요한 정보를 얻을 수 있어 사이비평가를 방지하는 데 유용하다.

(5) 협의의 과정평가(인과관계의 경로평가) : 총괄평가의 완성을 위한 보완평가로 정책효과 발생의 인과경로를 밝혀서 다른 상황에 대한 정책의 적용여부와 정책실패의 중요한 원인 중의 하나인 인과경로의 잘못을 밝힌다.

　예 정부미방출 → 쌀 공급 증가 → 쌀값 안정 → 서민생계 안정

3. 정책대안의 평가 기준

1) 소망성과 실현가능성

(1) 소망성(desirability) : 정책대안이 얼마나 바람직스러운가를 나타내는 것

① 적합성 : 정책의 목표나 가치의 바람직스러움을 나타내는 것

② 효과성 : 주어진 목표를 달성한 정도

③ 형평성(공평성) : 상대적 평등(분배적 정의)

④ 능률성(㉠ 체제분석 : B/C, E/C분석, ㉡ Pareto 최적기준, ㉢ Kaldor-Hicks 보상기준)

⑤ 만족도 : 관련 집단의 충족성 ⑥ 기타 : 노력, 일관성, 위험성, 반응성, 정의의 원칙, 정치적·경제적 합리성, 대응성, 적절성, 적정성 등

(2) 실현가능성(feasibility)

① 정치적 실현가능성 : 정치적 지원을 받을 가능성(국민 이익우선)

② 경제적 실현가능성 : 경제적 능력 면에서 실현성 여부

③ 행정적 실현가능성 : 집행상 필요조직, 집행요원, 전문인력 이용가능성

④ 윤리적 실현가능성 : 도덕적·윤리적으로 제약받지 않을 가능성

⑤ 법적 실현가능성 : 타 법률과 모순되지 않는지의 여부

⑥ 기술적 실현가능성 : 현재 이용가능한 기술로서 실현성 여부

2) Nakamura와 Smallwood의 정책평가 기준(일반적 기준)

(1) 목표달성도 : 효과성으로서 목표의 명확성을 추구

(2) 능률성(경제성) : 투입과 수단의 극대화에 중점을 두며, 비용과 관련시켜 성과의 양과 질을 파악

(3) 주민만족도 : 목표조정에 중점을 두며 정치적 지지도를 중시

(4) 정책수혜집단의 기대대응도 : 혜택에 따른 수혜자의 인지된 욕구에 어느 정도 부합하고 있
는가를 중시(프로그램의 신축성 중시)

(5) 체제유지성 : 제도적 활성화에 중점을 두며, 정책이 체제의 적응력·활동을 높여 체제유지
에 어느 정도 기여했는가를 평가하는 것

✎ 대표유형문제

나카무라(R.Nakamura)와 스몰우드(F.Smallwood)가 정책대안의 소망스러움(desirability)을 평가하는 기
준으로 제시하지 않은 것은?

① 노력   ② 능률성

③ 효과성   ④ 실현가능성

정답 ④

해설 정책평가의 2대 기준은 크게 소망성과 실현가능성으로 나눈다. 소망성은 능률성, 효과성, 노력, 형평성, 대응성 등
을 말하고 실현가능성은 정치적, 경제적, 행정적, 윤리적, 법적, 기술적 실현가능성을 말한다.

3) Suchman과 Dunn의 기준

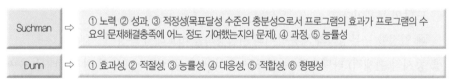

| Suchman | ⇨ | ① 노력, ② 성과, ③ 적정성(목표달성 수준의 충분성으로서 프로그램의 효과가 프로그램의 수요의 문제해결충족에 어느 정도 기여했는지의 문제), ④ 과정, ⑤ 능률성 |
| Dunn | ⇨ | ① 효과성, ② 적절성, ③ 능률성, ④ 대응성, ⑤ 적합성, ⑥ 형평성 |

4) 기타

(1) 응답성(responsiveness) : 정책이 수혜자가 원하는 것을 얼마나 충족시켰는가의 정도

(2) 적절성 또는 적정성(adequacy) : 목표달성의 수준의 충분성으로서 프로그램의 효과가 프
로그램수요의 충족(문제의 해결)에 어느 정도 기여했는지의 문제

제01편

제02편

제03편

제04편

제05편

제06편

제07편

정책분석과 정책평가의 비교

구 분		정책분석	정책평가
차이점	목적의 차이	최선의 수단선택에 도움	정보를 환류시키는 것
	규율하는 정책과정	정책의제설정이나 정책결정활동을 주 대상	새로운 정책의제 설정, 결정과정, 집행과정 모두 관련
	분석의 시간성 차이	전망적 분석(최적대안 발견)	회고적 분석(정책효과와 능률성 및 적합성)
유사점		·모두 정책을 대상으로 함 ·기준의 유사성	·분석과 평가기법의 유사성 ·보다 나은 정책을 위한 활동

4. 정책평가의 타당도

1) 기준타당도(criterion-related validity) – 가장 일반적 타당도

(1) 공무원 채용시험의 경우에 채용시험 합격자의 시험성적을 채용 후 일정기간이 경과한 다음에 근무성적과 비교해 보았을 때 양자 간의 상관관계가 높으면 채용시험의 기준타당성은 높다고 본다(시험이 직무수행능력을 얼마나 정확하게 측정하느냐의 문제).

(2) 하나의 측정도구를 이용하여 측정한 결과를 다른 기준을 적용한 결과와 비교하여 나타난 관련성의 정도이다.

(3) 기준관련 타당성은 이미 타당성이 경험적으로 검증된 기준과 관련시켜 타당성을 검토하는 것이기 때문에 경험적 타당성이라고 한다.

(4) 예측적 타당도(predictive validity) 및 동시적 타당도(concurrent validity)

① 예측적 타당도는 그 측정결과가 대상의 미래상태를 바르게 예측할 수 있도록 되어 있느냐의 문제이다.

예 일정한 근무성적과 채용당시의 시험성적을 비교해서 측정

② 동시적(현재적) 타당도는 측정도구에 의한 측정결과가 대상의 현재상태를 올바르게 나타내고 있느냐의 문제이다.

예 베테랑 모범운전에게 운전면허 시험을 쳐보는 것

2) 내용적 타당도(content validity)

(1) 측정도구 자체가 측정하고자 하는 속성이나 개념을 어느 정도 정확히 측정할 수 있는가의 정도로서 그 내용의 대표성 또는 표본의 적합성과 관련된다.

(2) 측정도구가 측정대상이 가지고 있는 무수한 속성들 중의 일부를 대표성 있게 포함하고 있으면 그 측정도구는 내용적 타당성이 높다.

　　예·공무원 선발시험에서 실제 근무상황에서 일어나는 내용과 똑같은 내용을 시험문제로 출제하는 경우

　　　·취재기자 선발시험에서 일반적 논술 주제가 아닌 구체적인 기사작성을 시험문제로 출제하는 경우

3) 구성적 타당도(construct validity) − 해석적 타당도

(1) 측정의 기초를 이루고 있는 이론적 구성이 실제로 제대로 측정되었는지 정도를 의미하는 것으로서, 평가에 사용된 이론적 구성개념과 이를 측정하는 측정도구, 측정수단들 간의 일치성 정도를 말한다.

(2) 평가연구에 채택된 모집단, 처리, 결과, 상황들이 결과 측정에 얼마나 성공적으로 조작되었는가 하는 정도이다.

(3) 구성적 타당도는 '강력한 리더십'과 '조직의 성과' 간의 관계처럼 측정대상 속성 간에 높은 상관관계를 가질수록 높아진다. 즉, 그것이 대표하는 실체의 성격과 측정되는 실체의 속성에 대한 성격을 명백히 할 때 높게 나타난다.

　　예 공무원 시험의 타당도를 측정하는 경우 공직자의 자질을 확인하는 항목이 제대로 포함되어 있는가 하는 것

4) 통계적 결론의 타당도(statistical conclusion validity)

(1) 자료의 타당성과 측정자의 타당성을 의미하며, 정책의 결과가 존재하고 이것이 제대로 조작되었다고 할 때, 이에 대한 효과를 찾아낼 만큼 충분히 정밀하게 연구설계가 이루어진 정도를 말한다.

(2) 연구의 설계가 처리효과를 찾아내기에 충분할 만큼 정밀하거나 강력한 것인가 하는 정도이다. 결론의 오류에는 제1종 및 제2종 오류 등이 있다.

5) 내적 타당도(internal validity)

(1) 내적 타탕도의 개념

① 정책(독립변수)과 결과(종속변수) 간의 관계에 있어서 인과적 추론의 적합성의 정도

② 정책수단과 정책효과 사이의 인과관계 파악

③ 결과처리에 대한 처리효과로서 밝혀진 결과가 다른 경쟁적인 원인(허위변수나 혼란변수 등)에 기인된 것이 아니라 관심의 대상인 독립변수에 의해 기인된 것이라고 볼 수 있는 정도

(2) 내적 타당도의 저해요인

① 역사요인(歷史要因)-사건효과 : 연구기간 동안에 실험자의 의도와 관계없이 사건이 발생하여 집단에 미치는 영향

　　예 4대강 유역에 수질오염 개선장치를 설치하였는데, 그해 엘리뇨 현상으로 엄청난 폭우가 내려 종전의 오염요소가 완전히 해소되어 버리는 경우

② 선정효과(選定效果) : 실험집단이나 정책대상집단으로 되게 만든 요인(선정변수)의 차이로 인해 나타나는 현상, 즉 실험·통제집단의 구성원이 다르기 때문에 나타나는 요인

③ 성숙효과(成熟效果) : 시간이 지남에 따라 실험집단의 결과변수 상에 나타나는 자연적·심리적·생리적 변화(정책평가에 동원된 집단구성원들이 정책의 효과와 관계없이 성장함으로써 나타날 수 있는 효과)

　　예 ·교육프로그램의 실시여부와 무관하게 어린이의 독서능력이 향상되는 경우나, 복지프로그램이 존재해도 노인은 나이가 들어감에 따라 건강이 악화되는 현상 등이다.

　　　 ·우유급식에 따른 체중의 증가를 측정할 때, 왕성한 청소년의 성장기에는 자연적인 성숙의 효과가 크다.

④ 상실요인(喪失要因) : 조사기간 중에 관찰대상집단의 일부가 탈락·상실됨으로써 남아있는 대상이 처음의 관찰대상집단과 다른 특성을 갖게 되는 현상(연구대상자들이 연구기간 동안에 이사, 전보 등으로 변화를 보일 때 나타나는 현상)

　　예 ·100명의 흡연가를 중심으로 한달 동안 금연 프로그램을 실시하였다. 이중에서 40명이 중도에 포기하고 60명이 수료하여 금연에 성공하는 경우

　　　 ·빈곤자 대책을 위한 정책의 실시 중에 우연히 몇몇이 주식시장의 폭등으로 빈곤을 벗어난 경우

⑤ 보상의 경쟁(補償의 競爭) ⑥ 보상의 동등화(補償의 同等化) ⑦ 회귀인공요인(回歸人工要因, 실험직전반응효과) ⑧ 오염효과(㉠ 모방효과(模倣效果), ㉡ 누출효과, ㉢ 부자연스러운 반응) ⑨ 기타(㉠ 측정도구의 변화, ㉡ 선발과 성숙의 상호작용, ㉢ 처치와 상실의 상호작용, ㉣ 측정요소)

대표유형문제

다음의 사례는 정책평가의 내적 타당성의 저해요인 중 어느 것에 해당하는가?

> 정부에서 전국 도로에 무인속도감지기를 설치한 직후부터 교통사고 사망자가 급감하였다. 그 런데 이 정책평가과정에서 바로 같은 시기에 세계적 협약에 따라 자동차의 운전자 보호성능이 현격히 개선된 사실이 확인되었다.

① 우발적 사건 또는 역사성(history) ② 측정도구의 변화(instrumentation)

③ 성숙효과(maturation) ④ 통계적 회귀(regression artifact)

정답 ①

해설 내적 타당도의 저해요인으로는 역사적 요소, 선정효과, 성숙효과, 상실요소, 회귀-인공요소, 측정요소, 측정도구 의 변화 등이 있다. 이중 역사적 요소는 실험기간 동안에 일어난 역사적 사건이 실험에 영향을 미치는 것을 말한 다. 본 사례에서는 세계적 협약이라는 역사적 사건의 발생 하에 실험에 영향을 미치고 있는 것이다.

6) 외적 타당도(external validity)

(1) 외적 타당도의 개념

① 하나의 평가연구에서 관찰된 효과가 원래의 연구가설에서 구체화되지 않았던 다른 구성 요소들에까지 일반화될 수 있는 정도

② 실험결과나 관찰된 효과를 일반상황에서도 일반화할 수 있는가의 정도

③ 정책실험의 결과를 실험상황과는 다른 환경에 적용하더라도 동일한 결과를 초래할 수 있는 정도

(2) 외적 타당도의 저해요인

① 호오돈 효과

    ㉠ 실험대상집단이 타인에 의해 관찰되고 있다는 사실을 알게 되면 평소와는 다른 행동을 취하게 되어 타당성이 저해되는 현상이다.

    ㉡ 실험이라는 특정상황에서 평가된 정책효과가 일상적 상황에서는 타당하지 못할 가능 성이 있다.

② 표본의 대표성 부족 : 두 집단 간의 동질성이 있더라도 사회적 대표성이 없으면 일반화가 곤란하다.

③ 크리밍효과(creaming effect)

    ㉠ 준실험의 경우 외적 타당성을 저해하는 가장 전형적인 것이 크리밍효과이다. 크리밍 (creaming)이라는 것은 원래 우유의 위에 떠있는 크림의 좋은 부분만을 퍼내는 것을 의 미하는데, 실험과 조사에서 이와 같이 좋은 대상만을 취해서 실험이나 조사를 행하는 경우, 그 결과를 일반화시키는 데 한계가 있게 된다.

ⓛ 실험의 효과가 비교적 잘 나타날 가능성이 있는 좋은 집단을 실험집단으로 선정하고 그렇지 못한 집단을 비교집단으로 선정하여 일정한 정책수단을 시행한 후 기대효과를 얻었다면, 이러한 결과는 일반화할 수 없다.

④ 다수의 처리에 의한 간섭 : 동일집단에 여러 번의 실험적 처리를 실시하는 경우 실험조작에 익숙해지므로 인한 영향력이 발생하는 것을 의미한다.

⑤ 실험조작과 측정의 상호작용 : 실험전 측정(측정요소)과 피조사자의 실험조작(호오돈 효과)의 상호작용으로 실험결과가 나타난 경우 이를 일반화시키기 곤란한 경우를 말한다.

✎ 대표유형문제

1. 정책평가의 타당성에 관한 설명으로 옳지 않은 것은?

① 외적 타당성은 조사연구의 결론을 다른 모집단, 상황 및 시점에 어느 정도까지 일반화시킬 수 있는지의 정도를 나타낸다.

② 구성적 타당성은 연구설계를 정밀하게 구성하여 평가과정에서 제1종 및 제2종 오류가 발생하지 않는 정도를 나타낸다.

③ 내적 타당성은 추정된 원인과 그 결과 사이에 존재하는 인과적 추론의 정확성에 관한 것이다.

④ 통계적 결론의 타당성은 추정된 원인과 추정된 결과 사이에 관련이 있는지에 관한 통계적인 의사결정의 타당성을 말한다.

정답 ②

해설 연구설계를 정밀하게 구성하여 평가과정에서 제1종 및 제2종 오류가 발생하지 않는 정도를 의미하는 것은 구성적 타당성이 아니라 통계적 결론의 타당성이다. 구성적 타당성을 해석적 타당성이라고도 하며, 평가연구에 채택된 처리, 결과, 모집단 및 상황들에 대한 이론적 구성요소들이 얼마나 성공적으로 조작화된 정도를 의미한다.

5. 정책평가를 위한 사회실험

1) 진실험

① 개념 : 무작위배정에 의해 실험집단과 통제집단의 동질성을 확보하는 것이다.

② 특징 : 무작위배정으로 인한 두 집단의 동질성 확보로 내적 타당성이 높다.

③ 한계

㉠ 불균등한 상실효과와 오염효과로 내적 타당도가 제약되므로, 두 집단 간의 상호접촉을 못하도록 두 집단을 구성해야 한다.

㉡ 두 집단을 무작위로 나누어 하나의 집단에만 정책을 집행하는 것이 정치적·도의적으로 불가능한 경우가 많으므로, 대상집단을 자발적으로 선택해야 한다.

2) 준실험

① 개념 : 진실험과 달리 실험집단과 통제집단의 동질성을 확보하지 않고 시행하는 실험(비동질적 통제집단설계)방법으로 실험집단과 통제집단을 사전에 구분하여 진행되는 방법이다.

② 특징 : 실험대상을 무작위로 나누는데 발생하는 모방효과, 누출효과, 부자연스런 반응 등이 나타나지 않아 실현가능성이 높으며, 외적 타당도도 높다.

③ 한계 : 외적 타당도와 실행가능성은 높지만 내적 타당도가 낮기 때문에 가급적 두 집단이 동질적이 되게 구성하고, 어떤 명백한 기준을 이용하여 두 집단을 구성해야 한다.

진실험, 준실험, 비실험의 비교

구 분	내적 타당도	외적 타당도	실현가능성
진실험	높다	낮다	낮다
준실험	낮다	높다	높다
비실험	가장 낮다	가장 높다	가장 높다

🖋 대표유형문제

진실험적 방법과 준실험적 방법에 대한 설명으로 옳지 않은 것은?

① 진실험적 방법은 실험집단과 통제집단의 동질성을 확보하여 행하는 실험이다.

② 실험집단과 통제집단을 서로 동질적인 것으로 구성하기 위해서는 대상들을 이들 두 집단에 무작위적으로 배정하지 말아야 한다.

③ 진실험 설계에서 실험집단과 통제집단은 관찰기간 동안에 동일한 시간과 관련된 과정을 경험해야 한다.

④ 준실험적 방법에는 비동질적 통제집단 설계, 사후측정 비교집단 설계 등이 있다.

정답 ②

해설 진실험적 방법은 실험집단과 통제집단을 동질적으로 구성하는 실험으로 무작위 배정에 의하여 두 집단을 동질적으로 구성한다. 반면 준실험적 방법은 두 집단간 동질성을 확보하지 못한 실험으로 비동질적 통제집단 설계, 사후측정 비교집단설계 또는 회귀불연속설계 등의 방법이 있다.

6. 정책변동

(1) 정책혁신 : 어떤 분야의 기존 정책이나 담당조직, 예산도 없는 상황에서 전혀 새로운 정책을 수립하는 것

(2) 정책승계 : 정책목표는 그대로 유지시키고, 특정정책을 동일분야에서 동일성격을 지닌 새로운 정책으로 대체하는 것

① 정책대체(선형적 승계) : 동일목표 하에서 기존정책이 전적으로 폐지되고 새로운 정책수립 또는 동일분야에서 약간 다른 목표를 추구하는 새로운 정책을 수립하는 것

② 부분종결 : 정책의 일부는 그대로 유지하되 일부는 완전히 폐지하는 것

③ 정책의 통합·분할

(3) 정책유지 : 기존정책의 기본적 성격은 유지하면서 약간 수정·변경만 하는 것

(4) 정책종결

① 정책종결의 개념 : 역기능이나 불필요한 정책, 중복된 정책을 의도적으로 종식·중지시키는 것

② 정책종결의 원인

기능적 종결 (정책이나 사업이 대체되거나 수정되는 것)	구조적 종결 (조직이 감축 또는 증가되는 경우에 발생)
·기술의 변화 ·공공자원의 재분배 ·정치적 요구와 지지의 변화 ·정치적 직위의 변동	·조직의 감축원인 : 정치적 취약성, 문제의 고갈, 조직의 위축, 환경적 Entropy ·조직증가 원인 : 법적 기반, 제도적 영속성, 지적 저항 등

③ 정책종결의 유형

㉠ 폭발형 : 가장 일반적인 것으로 특정 정책을 일시에 큰 힘을 가해 종결시키는 것

㉡ 점멸형(점감형) : 장기간에 걸쳐 정책에 소요되는 자원을 서서히 감축시켜 종결시키는 유형으로 부작용과 갈등 수반 시 취해지는 유형

㉢ 혼합형 : 폭발형+점멸형

④ C. Levine과 R. Behn의 정책종결전략

C. Levine의 정책종결의 전략	R. Behn의 정책종결전략
㉠ 정보누설방지 ㉡ 기존정책의 해악 폭로 ㉢ 단기적인 대가 지불의 감수 ㉣ 동조세력 확대 ㉤ 종결보다 새로운 정책의 채택 강조 ㉥ 종결목표의 한정	㉠ 시험적인 관측기구의 배격, ㉡ 정책종결 지지세력의 확장, ㉢ 종결대상인 정책의 해독 폭로, ㉣ 정책의 폐단 폭로에 이념적 측면 활용, ㉤ 타협의 배격, ㉥ 종결담당자(예 해결사)에 외부인사 기용, ㉦ 의회의결을 가급적 피하도록 할 것(기존 정책의 지지자가 많으므로), ㉧ 그러나 의회의 고유권한을 침해하지 말 것, ㉨ 단기적 종결비용 증가를 감수할 것, ㉩ 기존 정책수혜자에 대한 대가(보상) 지불, ㉪ 종결을 강조하지 말고 쇄신의 채택을 강조할 것, ㉫ 필수적인 것만 종결할 것(1978)

⑤ 정책종결의 장애(저항)요인

　　　㉠ 심리적 저항　　　　　㉡ 기술적·경제적 이유　　　㉢ 정책·조직의 영속성

　　　㉣ 법적·정치적 이유　　　㉤ 참여의 부족　　　　　㉥ 매몰비용(이미 투입된 비용)

　　　㉦ 동태적 보수주의(목표달성이 불가능한 경우 조직은 새로운 목표를 발견하거나 환
　　　　경개조를 시도하는 것)

　　　㉧ 정치적 연합

⑥ 효율적 방안

　　　㉠ 종결을 개선의 기회로 삼을 것　　　　　　　㉡ 외부인사의 적극적 이용

　　　㉢ 정책이나 조직을 처음부터 한시성을 갖도록 할 것

　　　㉣ 종결로 인한 예산절약을 당해 종결기관에 사용권 부여

　　　㉤ 제도적 장치(ZBB, Adhocracy, 일몰법, 대국대과제)

정책변동

구 분	정책혁신	정책승계	정책유지	정책종결
성 격	의도적	의도적	적응적	의도적
담당조직	새로운 조직탄생	기존조직의 개편 필요	조직의 개편 불필요	기존조직의 폐지
해당법률	새로운 법률개정	법률개정	법률의 개정 불필요	관련법률 폐지
정부예산	새로운 정부지출	기존예산 존재	예산의 변동 없음	모든 예산 소멸

✎ 대표유형문제

1. 다음 중 정책종결의 원인이 아닌 것은?

① 정통성 상실　　　　　　　　　　② 조직의 위축 및 취약

③ 환경의 엔트로피　　　　　　　　④ 정책의 임의변경

정답　④

해설　정책의 임의 변경과는 관계가 없다. ① 정통성 상실, ② 조직의 위축 및 취약성 ③ 환경의 엔트로피, 문제의 고갈, 정책종결에 대한 저항의 약화 등이 정책종결의 원인에 해당한다.

Memo

제 **3** 편

행정조직론

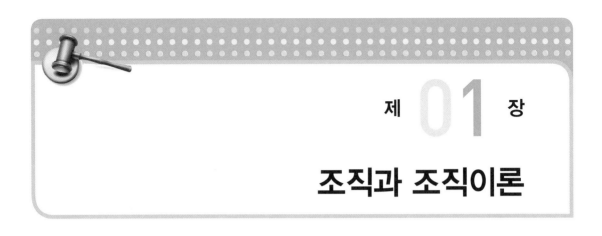

제 **01** 장

조직과 조직이론

01 | 조직과 기초이론

1. 조직의 개념

조직이란 일정한 환경 하에서 구성원의 협동노력으로 특정한 목표를 달성하기 위한 인간의 집합체 또는 분업체제라고 할 수 있다.

① 조직은 추구하고자 하는 목표를 가지고 있어 목표지향적이다.

② 조직은 분업과 통합의 합리적 협동체계를 지닌다.

③ 조직은 사회적 단위이다.

④ 조직은 구조와 과정을 포함한다.

⑤ 조직은 조직 외부와 경계가 있으며 환경과 상호작용을 한다.

2. 조직의 유형

(1) Blau와 Scott의 분류(수익자 기준)

① 호혜적 조직 : 조직의 일반구성원들이 수익자가 되는 조직이다. 그러나 갈수록 집권화가 될 가능성이 높아지고 구성원에 대한 통제가 어려워 민주주의의 시련이 발생될 수 있다.

　　예 정당, 노동조합, 친목단체, 재향군인회, 클럽, 종파 등

② 사업(사익)조직 : 조직의 소유주나 관리자가 주요 수익자가 되는 조직으로서 성장과 발전·능률성이 중시되는 조직이다.

　예 사기업, 제조회사, 은행, 보험회사, 도·소매상 등

③ 서비스조직 : 조직 외부에 존재하면서 조직과 직접 접촉하는 고객 또는 대중이 수익이 되는 조직으로서 전문성이 중요하게 취급된다.

　예 사회사업기관, 병원, 학교, 법률상담소 등

④ 공익조직 : 일반대중이 수익자가 되는 조직으로 민주적 통제가 중요하게 취급된다.

　예 경찰서, 소방서, 군대, 국세청, 국무성, 대학연구소 등

(2) 카리스마(Charisma) 분포에 따른 조직구조

① T-구조(Top-Structure) : 일반회사와 같은 공리적 조직의 최고경영층에서 나타나는 형태로 카리스마 소유자들이 최고직위에 집결된다.

② L-구조(Live-Structure) : 계선상 모든 직위들이 아래위로 퍼진 형태로, 규범적 조직 중 교회(교황에서 신부까지)에서 나타난다.

③ R--구조(Rank-Structure) : 횡적으로 어느 하나의 계층 또는 계급에 분포되어 있는 규범적 조직으로, 대학교나 연구소 등에서 나타난다.

(3) Etzioni의 분류(복종관계 기준)

구 분	소외적 관여	타산적 관여	도덕적 관여
강제적 권력	강제적 복종		
보수적 권력		공리적 복종	
규범적 권력			규범적 복종

① 강제적 조직 : 강제를 주요한 권력수단으로 하며, 조직구성원이 고도의 소외감을 느끼는 조직으로, 조직의 목표는 질서이다.

　예 강제수용소, 교도소, 감금적 정신병원 등

② 보수적 조직 : 물질적 보수를 주요한 권력수단으로 하며, 개인의 타산적 이해관계에 따라 관여하는 조직으로, 조직의 목표는 경제이다.

　예 사기업, 경제단체, 평상시의 군대조직 등

③ 규범적 조직 : 규범을 중요한 권력수단으로 하며, 개인이 조직의 권위나 권력에 대하여 높은 일체감을 갖는 조직으로, 문화가 조직의 목표이다.

　예 이데올로기적 정치조직, 일반종합병원, 대학, 종교조직, 치료적 정신병원 등

  1. 규범적·강제적 조직 : 전투부대
  2. 보수적·규범적 조직 : 다수의 조합
  3. 보수적·강제적 조직 : 전근대적 기업체

(4) Daft의 조직유형(2001)

유 형	특 징	장 점	단 점
기계적 조직	고전적이고 전형적인 관료제조직, 계층제, 많은 규칙과 규정(높은 공식화와 표준화), 명확히 규정된 업무, 집권화, 분명한 명령복종체계, 폐쇄체제 등	조직의 내적 통제 및 조정, 안정화, 능률화, 합리화에 기여	비인간적, 좁은 통솔범위, 낮은 팀워크, 경직성, 비민주적
기능 조직	조직의 전체업무를 공동기능별로 부서화한 조직	전문성 제고와 규모의 경제 구현(특정기능에 관련된 구성원들의 지식과 기술이 통합적으로 활용)	이질적인 기능 간 조정이 곤란
사업조직	산출물에 기반을 둔 조직구조로서 자기완결적 조직단위, 각 사업부서들은 산출물별로 자율적으로 운영, 각 부서는 자기완결적 기능단위	확실한 환경이나 비정형적 기술, 부서 간 상호의존성, 외부지향적인 조직목표를 가진 경우에 유리	규모의 불경제와 비효율성으로 인한 손실 발생
매트릭스 조직 (화학 구조)	기능구조와 사업구조를 이중적으로 결합한 이중적 권한구조를 가지는 조직구조, 수직적으로는 기능부서의 권한구조, 수평적으로는 사업구조의 권한구조의 조직	유기적인 적응력 확보, 전문화 추구, 특수사업의 추진 용이	이중적 명령체계로 책임한계가 모호, 집단할거성과 심리적 갈등 유발
수평적 조직	팀조직 형태로 구성원을 핵심업무과정중심으로조직화한 조직	의사소통과 조정 용이, 고객에게 가치와 서비스를 신속히 제공	포괄적인 업무수행 곤란
네트워크 조직	조직의 자체기능은 핵심역량 위주로 합리화하고 여타 부수적인 기능은 외부기관들과 계약관계를 통해 연계, 수행하는 유기적인 조직	조직의 공생관계와 신뢰 구축에 용이	지속력이 약하고, 위계적 조직이 요구되는 상황에는 부적합
유기적 조직	가장 유기적이고 동태적인 조직, 공동의 과업, 소수의 규칙과 절차(낮은 표준화)	비공식적이고 분권적인 의사결정, 구성원의 참여	조직의 응집력이 약하고 안정성과 능률성의 저해

기계적 구조	기능구조	사업구조	매트릭스 구조	수평구조	네트워크 조직	유기적 구조
①	②	③	④	⑤	⑥	⑦

⇦ 수직성, 안정성, 능률성이 높아짐　　　참여적, 유기적, 수평성, 학습성, 신축성 ⇨

(5) Mintzberg의 5가지 조직유형

Mintzberg의 5가지 조직유형설계와 상황조건

구 분	상황적 특성	규 모	권한(통제수단)	지배적 구성부분	조직의 예시
단순 구조	소규모 동적 환경	소규모 영세 조직, 생산조직	최고관리자에 집중(직접통제)	최고관리층	신설행정기관, 자동차 판매업소
기계 관료제	안정된 환경	대규모 조직	조직적 분화 (작업 표준화)	기술구조	대량생산업체, 항공회사, 교도소
전문 관료제	전문성과 안정적 환경	중·소규모 조직	수평적 분화 (기술표준화)	작업계층	종합대학교, 종합병원
사업부제 (할거적 양태)	비교적 단순하고 안정적 환경	조직의 나이 많음, 규모가 대단히 큼	소관부서의 준독자적 관리 (산출표준화)	중간관리층	캠퍼스가 여러 곳에 있는 대학교
임시특별 조직	격동적 환경	소규모	수평적 분화 (상호조절)	지원참모	조사연구기관, 설계회사, 광고사

✎ 대표유형문제

1. 민츠버그의 조직구조 유형분류를 기준할 때 다음의 특징을 지닌 조직은 어느 유형에 해당하는가?

> 표준화를 특징으로 하며 과업이 철저히 분화되어 있고, 일상적이며 반복적으로 업무를 수행하며, 공식화의 정도가 높고 의사결정은 명령계통에 따라 이루어지며 계선과 막료의 활동이 구분되어 있는 관리구조를 지닌 조직

① 단순구조　　　　　　　　　② 애드호크라시
③ 전문적 관료제　　　　　　　④ 기계적 관료제

정답　④
해설　민츠버그는 조직구조를 주요 구성부분, 조정기제, 상황요인에 의하여 단순구조, 기계적 관료제, 전문적 관료제, 사업부제, 애드호크라시 5개 유형으로 구분하였다. 보기의 설명은 기계적 관료제에 대한 설명이다.

2. 민츠버그(H. Mintzberg)가 제시한 조직구조 유형에 대한 설명으로 옳은 것은?

① 기계적 관료제(machine bureaucracy)는 막스 베버의 관료제와 유사하다.
② 임시조직(adhocracy)은 대개 단순하고 반복적인 문제를 해결하기 위해 생성된다.

③ 폐쇄체계(closed system)적 관점에서 조직이 수행하는 기능을 기준으로 유형을 분류하였다.

④ 사업부 조직(divisionalized organization)은 기능별, 서비스별 독립성으로 인해 조직전체 공통관리비의 감소효과가 크다.

정답 ①

해 설 　기계적 관료제는 단순·안정적 환경 하에서 작업과정(업무)의 표준화·공식화 추구, 전형적인 정부관료제, 기술구조의 힘이 강한 유형이다.

3. 매트릭스 구조에 대한 설명으로 옳은 것은?

① 산출물에 기초한 사업부서화 방식의 조직구조이다.

② 기능구조와 사업구조의 화학적 결합을 시도하는 조직구조이다.

③ 조직구성원을 핵심업무를 중심으로 배열하는 조직구조이다.

④ 핵심기능 이외의 기능은 외부기관들과 계약관계를 통해 수행하는 조직구조이다.

정답 ④

해 설 　매트릭스구조는 관료제 조직과 같은 기능구조와 프로젝트와 같은 사업구조를 화학적으로 결합한 이중구조적 조직을 말한다. ①은 사업구조이고, ③은 수평구조이며, ④는 네트워크구조에 해당된다.

🔹 조직이론의 변화

1. 조직이론의 변천

구 분	고전적 조직이론	신고전적 조직이론	현대조직이론
기초이론	과학적 관리론	인간관계론	체제이론
인간관	합리적 경제인관	사회인관	자기실현인관
추구하는 가치	기계적 능률, 구조·기술 행정개혁, 수단 중시	사회적 능률, 실증·인간주의	다원적 가치, 조직발전, 동태적 조직, 상황적응적 요인 중시
주연구대상	공식적 구조	비공식적 구조	계층적 구조
환 경	폐쇄형	폐쇄형	개방형
연구방법	원리접근법	경험적 접근법	복합적 접근법
입 장	·정치·행정이원론 ·공·사행정일원론	정치·행정이원론적성격 강함	·정치·행정일원론 ·공·사행정이원론
기타 관련이론	·행정관리설 ·고전적 관료체제(M. Weber)	·경험주의 이론(실험주의 이론) ·환경유관론(생태론) ·초기의 비교행정론	·행태과학·상황적응이론 ·관리과학, 발전행정론 ·의사결정이론, 체제(사회체제)이론 ·혁신이론, 비교조직론 등

2. 혼돈이론(chaos theory)

1) 혼돈이론의 의의

(1) 혼돈이론은 긍정적 엔트로피(역전환불가능성) 개념을 강조하는 비균형모형(Rifkin ; 1980)으로, Maturana(1980)의 자생이론, Prigogine(1984)의 혼돈이론(Chaos Theory)과 연결된다. 원자론이나 기계론을 근간으로 하면서 단순하고 질서정연함을 강조하는 뉴튼의 기계론적 패러다임(paradigm)에 입각한 전통적인 과학과는 달리, 혼돈의 시대(비정상, 비선형, 비인과, 불규칙)에서는 초기의 작은 원인이 엄청난 결과를 가져온다는 '초기치민감성'을 강조한다. 혼돈이론은 혼돈과 무질서를 통제와 회피의 대상으로 생각하지 않고 발전의 불가결한 조건이나 기회로 이해하고 이를 적극 활용하자는 것이다.

(2) '나비효과(butterfly effect)'는 기상학자 Edward Lorenz가 발견한 것으로 '아마존강에서 나비가 날면 뉴욕에 태풍이 불까?'라는 식의 논리로 일종의 혼돈이론(chaos theory)에 속하는 현상이다. 공공관리체계의 사소한 원인과 변화가 전체적인 공조직에 경이적인 효과를 미칠 수 있음을 보여 준다. 즉 사전의 평가기준으로는 사소한 것이 때로는 운명의 갈림길이 되는 결과를 초래할 수 있다는 점에서 사전적으로 어떠한 것이 운명적인 선택이 될 것인지를 알 수 없다는 이론이다.

　　예 1990년에 발생한 한강하류제방 붕괴사고, 즉 경기도 고양군 원당지역 침수사례는 제방(두둑)에 뚫어 놓은 쥐구멍 때문일 가능성이 가장 크다는 결론을 내렸다.

(3) Bake & Chen은 '나비효과'를 '자율적으로 조직된 위기'라고 부르고 있다. 이들에 의하면 만약 체제가 질서상태에 있으면 최소의 충격을 주지만, 혼돈상태에 있으면 최초의 사건이 체제에 최대 의 충격을 준다고 한다.

2) 혼돈이론의 중요성

현대사회를 무질서, 불안정, 다양성, 비형평의 시대라고 보았을 때 정상적인 인과론으로는 이에 대응할 수 없다. 질서와 조직화라는 것은 사실상 자기조직화과정을 통하여 무질서와 혼돈으로부터 자생적으로 발생할 수 있다는 데에 주목한다.

3) 혼돈이론의 시사점

혼돈의 시대(비정상, 비선형, 비인과, 불규칙)에 대처하기 위해서는 자기조직화 개념에 의한 관료제의 자기혁신(창조적 파괴)이 필요하며, 탈관료제화에 의하여 관료적 타성을 버리고 고도의 자기 창조적 발상에 의한 대응이 요구된다. 자기혁신을 위한 새로운 조직문화를 형성해 나가려는 최근의 '조직문화이론'도 이와 관련된다. 혼돈이론은 혼돈과 무질서를 극복·회피하려 하지 않으며, 현실의 복잡성과 불확실성을 전통적 과학처럼 단순화시키기 보다는 그대로 두고 연구하자는 입장이다.

4) 혼돈의 시대에 대처하는 방법

(1) 가외적 기능의 원칙 : 중첩과 중복 허용

(2) 필요다양성의 원칙 : 어느 정도 가외성(중첩과 중복)을 인정할 것인가에 대한 해답으로서 자기규제적인 체제의 내부적 다양성은 환경의 다양성과 복잡성에 상응하도록 해야 한다.

(3) 최소한의 구체화(표준화) 원칙 : 핵심적 사항 외에는 세부적인 표준운영절차를 피하고 자율성을 인정

(4) 학습을 위한 학습의 원칙 : 늘 현재의 규범이 행동의 적절한 근거가 되는가를 판단

(5) 탈관료화와 자율성의 제고 또는 자기조직화 원칙

✎ 대표유형문제

1. 행정연구에서 혼돈이론(chaos theory)적 접근에 대한 설명으로 옳지 않은 것은?

① 복잡한 사회문제에 대한 통합적 접근을 시도한다.

② 행정조직은 개인과 집단 그리고 환경적 세력이 상호작용하는 복잡한 체제이다.

③ 행정조직은 혼돈상황을 적절히 회피하고 통제할 수 있는 능력이 요구된다.

④ 행정조직의 자생적 학습능력과 자기조직화 능력을 전제로 한다.

정답 ③

해설 혼돈이론(카오스이론)은 혼돈과 무질서를 통제와 회피의 대상으로 생각하지 않고 발전의 불가결한 조건이나 기회로 이해하고 이를 적극 활용하여 더 나은 동태적 질서로 나아가려는 적극적인 현대조직이론이다.

2. 혼돈이론(chaos theory)에 대한 설명으로 옳지 않은 것은?

① 현실의 복잡성과 불확실성을 극복하기 위해 단순화, 정형화를 추구한다.

② 비선형적, 역동적 체제에서의 불규칙성을 중시한다.

③ 전통적 관료제 조직의 통제중심적 성향을 타파하도록 처방한다.

④ 조직의 자생적 학습능력과 자기조직화 능력을 전제한다.

정답 ①

해설 혼돈이론은 혼돈과 무질서를 극복·회피하려 하지 않으며, 현실의 복잡성과 불확실성을 전통적 과학처럼 단순화시키기 보다는 그대로 두고 연구하자는 입장이다.

3. 혼돈이론(chaos theory)의 조직에 대한 처방은 한정적 무질서의 용인에 의한 창의적 학습과 자기조직화를 촉진하는 것이다. 이에 해당하지 않는 것은?

① 조직구성원들의 자율적·독창적 임무수행

② 유동적인 업무부여

③ 조직의 규모 확대

④ 일의 흐름을 중요시하는 구조형성과 다기능적 팀의 활용

정답 ③

해설 규모 확대는 해당되지 않는다. 혼돈이론의 자기조직화처방은 탈관료제이다. 창의적 학습과 계획을 위하여 제한된 무질서를 용인하도록 조성하고 계층제의 탈피, 업무의 유동성, 다기능적 팀의 활용, 흐름중심의 조직, 저층구조화 등을 추구한다.

현대 사회에서의 새로운 조직발전

Waldo 등이 현대적 조직이론이라 한 체제모형, 상황이론 등은 1950년대 이후의 조직모형들이다. 1970년대 및 80년대 이후에 다음과 같은 새로운 조직모형들이 대두되었다.

1. 학습조직(learning organization)

(1) 학습조직의 의의

① P. Senge는 개방체제모형과 자기실현적 인간관을 전제로 학습은 새로운 형태의 노동으로서 무한경쟁, 지식경영시대에서 생산성의 핵심이라고 보았다. 글로벌 경쟁력의 원천인 지속적 혁신·개선은 바로 조직학습을 통해서만 가능하다고 한다.

② 지식을 창출·획득·확산하는 데 능숙한 조직, 새로운 지식과 통찰력을 반영하여 행동수정에 능숙한 조직, 잘못된 지식을 폐기하는(폐기학습 중시)데 능숙한 조직만이 앞으로 살아남을 수 있다.

③ "강한 폭풍우에는 정박할 항구가 없다." 이 말은 정보화시대, 국경 없는 글로벌 무한경쟁과 지식경영시대에 기업의 생존전략으로서 학습의 중요성을 시사한다. 학습조직의 핵심가치는 '문제해결'이며 네트워크조직이나 가상조직 등도 모두 학습조직에 포함된다.

④ 어제의 성공이 오늘의 성장을 보장하지 못한다. 결국 새로운 환경에 적응할 수 있는 내부 학습능력이 조직사활의 요체가 된다.

(2) 학습조직의 특징과 지향

① 지식의 창출·공유· 활용에 능숙 : 문제해결능력 향상

② 창조적인 변화를 촉진할 수 있는 능력을 가진 조직

③ 탈관료제 지향 : 분권적·신축적·유기체적 조직

④ 전략적 사고와 변화를 탐구하는 조직

191

제1장 · 조직과 조직이론

⑤ 집단학습, 팀 및 상호주관성 중시

⑥ 경계 타파 : 부분(개인학습)보다 전체(집단학습)를 강조

⑦ 자아실현적 인간관과 개방체제를 전제

⑧ 구성원의 권한 강화 : 분권과 참여

⑨ 표준화(규칙·절차·관행) 거부

⑩ 환류를 통한 의사소통(비공식소통) 중시

⑪ 시행착오(실험) 허용

⑫ 분명한 리더십 중시 : 공유·분배된 리더십

⑬ 기능분립적 구조의 편협함(문맹) 배격 : 통합기능 팀 등 수평구조 강조

(3) 학습조직 구축을 위한 인재양성의 전제조건 3가지와 기타 조건

① 조직의 비전을 공유하라 : 회사의 비전과 구성원 개개인의 비전이 일치하도록 하여 학습에 있어서 공통된 목표를 가지고 개인학습이 조직학습으로의 전환이 가능하도록 한다.

② 학습지원시스템을 구축하라 : 인재를 양성하기 위해서는 개인의 고유한 가치를 인식하고 이를 고양할 수 있는 지원이 필수적이다.

③ 학습에의 자발적 참여를 유도하라 : 인재를 양성하기 위해서 중요한 것은 조직 구성원들의 변화에 대한 준비와 수용하려는 의지와 용기이다. 따라서 개인 학습을 촉진하고 주체적으로 의욕을 갖고 학습에 참여하게 하는 것이 가장 중요하다.

④ 기타 조건

　　㉠ 세계관 : 스스로의 성찰을 통하여 현실인식과 행동양식에 영향을 미치는 세계관(사고의 틀)을 지속적으로 정의하고 테스트하며, 개선하는 것이 필요하다.

　　㉡ 유기적 수평형의 조직 : 조직구조는 유기적 수평형의 분권화된 조직으로서, 업무에 대한 최소한의 공식적 절차를 갖고 있는 조직이어야 한다.

　　㉢ 전문소양 : 조직의 학습은 직원들을 통해서 학습하게 되므로 생활의 모든 측면에 대한 숙련성을 성취하는 전문소양을 필요로 한다.

　　㉣ 비공식적 접촉의 장려 : 학습조직은 '안정된 상태'를 가정하지 않으며, 직원 간 부문 간 빈번한 비공식적인 접촉을 장려한다.

　　㉤ 시스템적 사고 : 시스템적 사고의 적용을 통해 체계적인 문제해결을 구축한다.

(4) 학습조직의 5가지 수련(Senge)

① 자기완성 : 자기역량의 확대

② 공동의 비전 : 조직의 공동목표에 대한 공감대 형성

③ 사고의 틀 : 세상 사람들의 생각과 관점이 자신의 선택과 행동에 어떤 영향을 미치는지를 성찰

④ 집단적 학습 : 집단적인 사고와 대화로 시너지 효과(synergy effect) 극대화

⑤ 시스템 중심의 사고 : 시스템을 더 효과적으로 융합시키는 능력 향상

(5) 학습조직의 순환과정

지식창출 활동	⇨	지식공유 활동	⇨	지식저장 활동	⇨	지식폐기 활동

① 제1단계 지식창출 활동 : 개인이나 조직 내 특수집단이 새로운 지식을 습득하는 단계이다. 지식창출방법은 다른 조직으로부터의 학습, 과거실패·성공경험으로부터 학습, 실험을 통한 학습, 문제해결을 통한 학습 등 다양하다.

② 제2단계 지식공유 활동 : 개인 특수집단이 새롭게 창출한 지식을 조직 내 다른 개인, 집단에게 공유시키는 단계이다.

③ 제3단계 지식저장 활동 : 조직이 전체적으로 공유된 지식을 공식화하여 반영구적으로 사용할 수 있도록 하는 단계로, 흔히 업무 매뉴얼 등 문서화 관행 등으로 공식화되는 단계이다.

④ 제4단계 지식폐기 활동 : 조직이 기존에 가지고 있던 지식을 폐기하는 단계이다. 기업조직에서 가장 실행하기 어려운 단계로서, 변화에 대한 두려움, 기존지식, 기존지식상실에 따른 위기감 등으로 인하여 저항이 발생하게 된다.

(6) 이중학습이론

이중학습이론(double-loop theory)은 자생이론 및 혼돈이론의 자기조직화와 관련된 개념으로 체제가 운영규범으로 부터의 이탈을 규제하고 수정하는 부정적 환류(nega-tive feedback) 과정을 유지함으로써 안정된 균형을 유지할 수 있도록 하는 한편, 새로운 조건의 변화를 수용하기 위하여 기존의 규범을 수정할 수 있게 해 주는 학습을 이중적 순환확습(double-loop learning)이라고 한다. 간단히 이야기하면 체제가 균형을 유지하면서도 때로는 불균형(변화)을 추구하는 학습현상을 말한다.

뜨거운 난로의 원리(hot stove rule)

뜨거운 난로의 원리(hot stove rule)는 학습이론에서 나온 개념으로, 뜨거운 난로를 만질 때의 반응에서 유추하여 개발된 것이다. 처벌(징계)이 효과적이기 위해서는 다음 4가지 법칙이 적용되어야 한다.

1. **경고** : 사람이 뜨거운 난로에 가까이 갈수록 그 열기가 더 심해짐을 감지할 수 있다. 이것은 더 가까이 손을 가져가면 난로에 손을 댈 수도 있다는 하나의 경고이다.

2. **즉각적 반응** : 사람은 뜨거운 난로를 만지자마자 거의 반사적으로 뜨거움을 느끼게 된다. 징계도 이와 같이 어떤 잘못된 행동에 대해서는 즉각적인 조치가 취해져야 한다.

3. **일관성** : 같은 동작을 여러번 반복하더라도 그 결과는 항상 일관되게 나타나야 한다.

4. **몰인간성(비정의성)** : 난로에 손을 대서 손에 화상을 입는 데는 남녀노소의 구분이 없다. 징계는 잘못된 모든 행동에 대해 엄격하고 비정의적으로 적용되어야 한다.

✎ **대표유형문제** ....

1. 다음 중 학습조직의 특징으로 맞는 것을 옳게 고른 것은?

| ㉠ 시스템적 사고 | ㉡ 조직일체감과 정보 공유 | ㉢ 원자적 구조 |
| ㉣ 수평적 조직구조 강조 | ㉤ 구성원의 권한 강화 | ㉥ 유동적 과정 |

① ㉠, ㉡, ㉣　　　　　　　　　　　　　② ㉢, ㉣, ㉤, ㉥
③ ㉠, ㉡, ㉣, ㉤, ㉥　　　　　　　　　④ ㉠, ㉡, ㉢, ㉣, ㉤, ㉥

정답 ③

해설　학습조직은 집단학습을 중시하는 체제중심의 사고를 중시하므로 ㉢ 원자적 구조는 옳지 않다.

2. 지식정보화 시대에 필요한 학습조직의 특징을 설명한 것으로 옳지 않은 것은? 　2013. 행정사 기출

① 학습조직은 자신과 다른 사람의 경험 및 시행착오를 통한 학습활동을 높게 평가한다.

② 학습조직은 불확실한 환경에서 조직 스스로 문제해결을 할 수 있도록 조직구성원에게 권한 강화와 학습기회를 제공한다.

③ 학습조직은 결정과 기획 등 핵심기능만 남기고 기타 집행사업기능을 각각 전문업체에 위탁경영하여 일을 수행하는 조직이다.

④ 학습조직은 변화를 위한 학습역량 함양을 통해 미래 행동의 기반을 구축한다.

⑤ 학습조직은 관계지향성과 집합적 행동을 장려한다.

정답 ③

해설　③은 네트워크조직에 대한 설명이다. 학습조직은 오늘의 성공이 내일을 보장할 수 없으며, 끊임없는 학습만이 조직의 생존을 보전해 나갈 수 있다는 것이다. 생게(Senge)는 수련을 위한 5가지를 제시하였는데 집단적 학습, 시스템중심의 사고, 자기완성, 공동의 비전, 사고의 틀을 제시하기도 하였다.

---

2. 팀 조직(Team organization)

(1) 팀조직의 필요성

인본주의 경영 풍토 하에서 조직의 리더는 구성원의 능력에 따라 권한을 이양하고 구성원의 자율에 따라 업무를 추진하는 여건을 조성하는 코치와 촉진자의 역할이 강조된다. 이러한 조직으로서 가장 대표적인 것이 팀조직이다.

(2) 팀조직의 특징

㉠ 팀은 작업의 계획, 실행, 통제, 개선을 직접 담당한다.

㉡ 팀은 자체적으로 목표를 설정하고 스스로 작업을 감독한다.

㉢ 팀은 작업일정, 예산수립, 주문재고관리 등을 스스로 한다.

㉣ 팀은 자체 인력충당, 교육훈련(창조적 학습조직을 실현)도 스스로 한다.

㉤ 팀이 생산하는 재화나 서비스의 질을 책임지는 사람은 바로 팀 구성원이다.

㉥ 팀은 돌발과제에 대응성 제고, 수직에서 수평조직으로 전환시킨다.

㉦ 인력을 신축적·탄력적으로 이용할 수 있다.

㉧ 구성원의 주인의식과 참여의식을 제고(책임감 공유, 목표일체감)시킨다.

㉨ 업무중심의 편제를 지향(업무수행을 성과에 초점)한다.

㉩ 관리층은 비전을 제시하고 모든 사람이 사고, 계획, 실행, 통제를 동시에 한다.

전통조직과 팀조직의 비교

비교 요소	전통조직(작업집단)	팀조직
리더십	강하고 분명한 개인적 리더십	리더의 역할 공유(후원적, 참여적)
책 임	개인책임	개인책임과 공동책임
목표와 목적	조직목표에 일치하는 집단의 목표	팀 스스로가 설정한 구체적 목적
조직구조	수직적 계층, 부·과	수평적 계층, 팀
작업성과	개인작업 성과(개인 직위, 근무연수)	공동작업 성과(팀, 능력)
회 의	효율적인 회의 운영	개방적 토의와 문제해결을 위한 적극적 회의를 장려
성과의 측정	집단의 영향력에 비추어 간접적으로 집단의 효율성 측정	공동의 작업성과를 가지고 직접적으로 성과 측정
직무설계	분업화(좁은 범위의 단순과업)	다기능화(다차원적 과정)
직무과정	관리자가 계획, 통제조치	팀이 계획, 통제조치
정보의 흐름	통제적, 제한적	개방적, 공유적
조직화의 원리	기능단위	업무 process단위
기 타	토의 결정 위임	토의 결정, 실제업무의 공동수행

김호섭 외, 「새조직형태론」, 대영문화, 1999, P. 522 재인용

3. 네트워크 조직(Network organization)

(1) Network 조직의 개념

Network 조직은 계층 간 통합을 통해 계층을 약화시켜 수평화하며, 계층적 통합이 높을수록 집행이 용이해진다. 네트워크 조직은 전통적 조직과는 달리 핵심기능만 보유하고 부수적 기능은 적극적으로 외부(outsourcing)로 해결하며, 사업단위, 활동단위의 소규모화로 조직을 간소화한다.

(2) Network 조직의 특성

① 통합지향성 ② 수평적·공개적 의사전달 ③ 정보기술의 활용과 학습 중시 ④ 수평적·유기적 구조 ⑤ 의사결정체제의 분권성과 집권성 ⑥ 자율적 업무수행 ⑦ 대 환경적 교호작용의 다원성

구 분	시 장	위계조직	네트워크 조직
규범적 기초	계약	고용 관계	협력적 관계
의사소통 수단	법적, 강제적	위계	교호적 규범
갈등 해소 수단	재판	관리 감독	평판
유연성	높음	낮음	중간
참여자의 몰입도	낮음	중간, 높음	중간, 높음
분위기	상호 의심	공식적, 관료적	개방적, 호혜적
상대방 선택	독립적	의존적	상호 의존적

(3) 네트워크 조직의 효용과 한계

① 효용 : ㉠ 조직의 유연성과 자율성이 높기 때문에 기술변화, 소비자 수요변화, 기타 환경적 변화에 신속하게 적응하고 창의성을 발휘할 수 있다는 것, ㉡ 고객에게 보다 큰 만족을 줄 수 있다는 것, ㉢ 자원절약·비용절감을 도모할 수 있다는 것, ㉣ 정보교환을 효율화하여 정보축적과 조직학습을 촉진한다는 것, ㉤ 정보통신기술의 활용으로 시간적·공간적 제약을 완화할 수 있다는 것, ㉥ 환경변화 감지장치를 구성단위들에 분산 배치함으로써 불확실성을 줄일 수 있다는 것, ㉦ 수평적 연대와 파트너십의 강조는 상호의존적인 구성단위들 사이의 권력균형화에 기여하며 사회적 유대와 상호신뢰의 구축에 기여한다는 것 ㉧ 가상조직과 임시체제의 속성을 내포하고 있다.

② 한계: ㉠ 과정적 통제가 필요한 경우, 업무성과의 평가가 어려운 경우 그리고 구성단위 간의 신뢰관계를 기대할 수 없는 경우에는 네트워크 조직의 효용을 기대할 수 없다. 즉, 대리인 문제를 발생시킬 수 있다. ㉡ 중심조직의 기능을 대부분 외부위탁하는 경우 조직의 정

체성이 무너지고 혼란이 초래될 수도 있다. 중심조직이 속빈 공동조직(空洞組織 : Hollow Organigation)으로 전락할 위험이 있다. ⓒ 네트워크의 잠정성이 높기 때문에 그에 종사하는 사람들의 고용관계도 잠정화 된다. 따라서 사람들은 고용불안 때문에 어려움을 겪을 수 있다.

🏸 대표유형문제

네트워크 조직(Network Organization)의 특성에 관한 설명으로 적절하지 않은 것은?

① 공동의 목표 아래 수직적·수평적 통합을 지향하고 지리적 분산의 장애를 극복하고자 한다.
② 자율적이고 다원적, 분산적이다.
③ 가상조직과 임시체제의 속성을 내포하며, 유연성과 신속성을 강조한다.
④ 업무성과 평가가 어려운 경우 효용성이 높은 조직형태이다.

정답   ④
해설   네트워크조직은 정체성이 약하다는 한계 외에도 업무성과 평가가 어려운 경우 효용을 기대하기 힘들다는 단점이 있다. 네트워크조직은 최종 성과만을 중시하기 때문에 과정적 통제가 필요하거나 업무성과의 평가가 어려운 경우 그리고 구성단위간의 신뢰관계가 취약한 경우에는 조직의 효용을 기대하기 힘들다.

🔘 지식정보화사회와 조직이론

① 공동정부(hollow government) 내지는 네트워크 조직 : 정부가 공급하는 행정서비스의 생산 및 공급업무를 제3자에게 위임 또는 위탁함으로써 정부의 업무가 축소된 형태(그림자 국가, 대리정부, 제3자 정부, 계약 정권)로서 정부기능을 기획, 조정, 통제 등 핵심적인 것에만 국한시키려는 네트워크 조직 모형의 한 형태이다.
② 후기기업가조직(Post-Entrepreneurial Organization) : 신속한 행동, 창의적인 탐색, 더 많은 신축성, 고객과의 밀접한 관계 등을 강조하는 조직으로 경직성을 타파하고 유연하고 신속함을 추구하는 조직이다.
③ 삼엽조직(클로버형 조직; shamrock organization) : 삼엽조직의 중심위치에 있는 노동력은 제1엽(소규모 전문적 근로자들)으로서 이제 종업원이라기보다는 파트너로, 상사와 부하가 아닌 동료로 바뀌어 가고, 직위와 직급이 아닌 이름, 즉 개인이 더욱 중요시된다. 제2엽(계약직 근로자들)인 계약·하청의 외변조직은 더 이상 시간에 의한 임금을 받는 것이 아니라 결과에 따른 요금(fee)을 받게 된다. 그러므로 통제의 방법도 작업방법을 감독할 수 있는 것이 아니라 작업의 결과를 규정함으로써만 가능하도록 바뀌어 간다. 제3엽(신축적인

근로자)인 유동적(임시적) 노동력도 고용주가 아무 때나 필요할 때 싼 값으로 고용할 수 있는 그런 노동력이 더 이상 아니며 현대조직에서 필수적인 것이 된다.

④ 혼돈정부(chaos government) : 카오스(혼돈)이론, 복잡성이론, 비선형동학 등을 정부조직에 적용한 것으로 무질서, 불안정, 변동원리를 조직변동과정의 분석에 응용하려는 모형으로 정부조직의 혼돈에 숨어 있는 질서를 발견하고 조직 간 활동의 조정과 정부예산의 개혁을 도모할 수 있는 조직이다.

⑤ 꽃송이 조직 : 팀 단위로 조직이 구성되어 최고관리층의 팀과 중간관리층의 팀이 서로 중복되어 교차기능팀이 활성화되는 형태로 다양한 기능을 갖춘 구성원들은 여러 프로젝트를 오가며 업무를 보게 되는 조직을 말한다.

⑥ 모래시계 조직 : 모래시계와 같이 중간조직이 홀쭉한 모양의 조직이다. 정보화의 영향으로 중간관리층이 대폭 줄어들고 소수의 최고관리층과 다수의 종업원으로 구성하는 형태이다.

대표유형문제

지식정보사회를 반영하는 새로운 조직형태를 설명한 것 중 옳지 않은 것은?

① 후기기업가조직(post-entrepreneurial organization)은 신속한 행동, 창의적 탐색, 더 많은 신축성, 직원과 고객과의 밀접한 관계 등을 강조하는 조직형태이다.

② 삼엽조직(shamrock organization)은 소규모 전문직 근로자들, 계약직 근로자들, 신축적인 근로자들로 구성된 조직형태이다.

③ 혼돈조직(chaos organization)은 혼돈이론, 비선형동학, 복잡성이론 등을 적용한 조직형태이다.

④ 공동화조직(hollowing organization)은 조정, 기획 등의 기능을 제3자에게 위임 또는 위탁하여 업무를 축소한 조직형태이다.

정답 ④

해설 공동정부(hollow government) 내지는 네트워크 조직은 정부가 공급하는 행정서비스의 생산 및 공급업무를 제3자에게 위임 또는 위탁(유통, 생산, 보관, 운반 등 부수적인 기능은 제3자에게 위임 또는 위탁하여 업무를 축소하고 조직을 간소화시킨 조직)함으로써 정부의 업무가 축소된 형태(그림자 국가, 대리정부, 제3자 정부, 계약 정권)로서 정부기능을 기획, 조정, 통제 등 핵심적인 것에만 국한시키려는 네트워크 조직 모형의한 형태이다.

제 **02** 장

조직의 구조 · 인간 · 환경

01 | 조직구조이론

조직의 구조

1. 조직구조의 의의

조직은 조직의 목적달성을 위해 여러 가지 활동을 수행한다. 이러한 활동이 효과적으로 수행되도록 활동을 조정하고 구성원의 행동을 통제하기 위해서는 조직의 기본골격을 마련해야 하는데, 이와 같은 골격이 바로 조직구조이다. 따라서 조직의 구조는 '조직목표달성을 위하여 조직구성원 및 집단의 행동에 영향을 미치는 직무와 부서의 프레임워크'라고 정의한다.

기초요인		상황변수		기본변수		
·역할 ·지위 ·권한 ·권력	⇨	·규모 ·기술 ·환경	⇨	·복잡성 ·공식화 ·집권화 ·분권화	⇨	조직성과

2. 조직구조 형성의 기초요인

(1) 역할 : 사회적 관계에서 어떤 지위를 차지하는 사람들이 해야 할 것으로 기대되는 행위로, 계층적 역할(상사와 부하의 역할)과 전문가 역할이 있다.

(2) 지위 : 사회적 체제 속에서 개인이 점하는 위치의 상대적 가치 또는 존중도

① 지위 인플레이션 : 조직 내에서 지위 상징이 소수에게 집중되는 현상

② 지위 디플레이션 : 조직 내에서 하위층의 지위 상징 양이 부족한 상태

(3) 권한 : 조직의 규범에 의하여 그 정당성이 승인된 권력

(4) 권력 : 개인 또는 조직단위의 행태를 좌우할 수 있는 능력

3. 조직구조의 상황변수

(1) 규모 : 조직의 크기로서 조직의 인적·물적 수용능력, 투입·산출의 양과 자원(고객)

① 조직규모가 작을수록 구성원의 사기제고에 기여(순기능적 행동)한다.

② 조직규모가 커지면 복잡성은 일정수준까지 증대하다가 다시 체감하며, 공식화는 높아지고, 집권화는 낮아진다.

(2) 기술 : 투입물을 산출물로 변화시키는 과정 또는 방법

① 일상적인 기술일수록 복잡성은 낮고, 공식화와 집권화는 높다.

② 기술과 집권화 간의 상관관계는 낮은 편이며, 일상적 기술은 집권화를, 비일상적인 기술은 분권화를 초래하는 경향이 있다.

(3) 환경 : 조직의 외부변수

① 환경의 불확실성은 일반적으로 공식화, 집권화, 복잡성을 떨어뜨린다.

② 불확실성이 낮을 경우 : 공식적인 조직, 생산지향적인 조직, 집권화된 조직이 유리

③ 불확실성이 높을 경우 : 유기적 조직, 분권화된 조직, 포괄적인 기획과 예측이 유리

(4) 기타의 주요 상황변수 : 전략(기업정책, 반응유형), 권력작용(개인이나 집단에 영향)

상황변수와 기본변수와의 관계

구 분	복잡성	공식화	집권화
규모가 클 때	⇑	⇑	⇓
일상적 기술	⇓	⇑	⇑
환경의 불확실성	⇓	⇓	⇓

4. 조직구조의 기본변수

(1) 복잡성(complexity) : 복잡성은 조직의 분화정도(전문화)를 말하며, 단위 부서의 사이의 횡적 분화의 정도를 나타내는 수평적 분화와 조직의 계층화 정도를 나타내는 수직적 분화로 구분할 수 있다. 과도한 복잡성은 조직 내 인간관계를 해치고 구성원들의 사기를 저하시킨다.

① 수평적 분화(horizontal differentiation) : 조직이 수행하는 업무의 세분화를 의미하며, 전

문성(specialization)에 따라 그 분화의 정도가 달라진다. 전문지식이나 기술을 요하는 과업이 많을수록 분화가 많이 일어나고 부서의 수가 늘어나 조직은 그만큼 복잡해진다.

　예 횡적인 분화 및 직무의 전문화 정도(조직의 실·국·과)

② 수직적 분화(vertical differentiation) : 조직의 종적인 분화로서 책임과 권한의 계층적 분화를 의미하며, 수직적 분화가 나타날수록 조직구조가 뾰족해진다.

　예 계층화(계층제의 깊이, 계층의 수-도청과 군청 간의 분화)

직무의 수직적 · 수평적 전문화

		수평적 전문화	
		높음	낮음
수직적 전문화	높음	비숙련직무	일선관리직무
	낮음	전문가적 직무	전략적 관리업무

③ 지역적(장소적) 분산 : 공간적 확산 정도

(2) 공식화 : 조직 내의 직무가 표준화되어 있는 정도 또는 구성원들의 행위나 태도가 명시되어 있는 정도를 말한다.

🖊 대표유형문제

		수평적 전문화	
		높음	낮음
수직적 전문화	높음	(가)	(나)
	낮음	(다)	(라)

1. 조직 내에서 직무의 범위와 깊이는 과제의 성격에 따라 달라져야 한다. 아래는 직무전문화와 과제 성격과의 관계를 나타낸 표이다. (가), (나), (다), (라)에 들어갈 내용이 옳게 연결된 것은?

	(가)	(나)	(다)	(라)
①	일선 관리직무	비숙련직무	전문가적 직무	고위 관리직무
②	일선 관리직무	비숙련직무	고위 관리직무	전문가적 직무
③	고위 관리직무	전문가적 직무	일선 관리직무	비숙련직무
④	비숙련직무	일선 관리직무	전문가적 직무	고위 관리직무

정답 ④

해설 ④번의 순서가 맞다. (가)비숙련직무, (나)일선 관리직무, (다)전문가적 직무, (라)고위 관리직무이다.

2. 조직구조의 설명 가운데 가장 부적절한 것은?

① 공식적 조직은 인위적인 형식적 절차와 제도화에 의하여 만들어진다.

② 분권화는 조직의 내적 통제력을 확보할 수 있으며, 환경변화에 신속하게 대응할 수 있다.

③ 집권화는 규모의 경제를 향상하고 간접비용을 줄일 수 있다.

④ 계선조직은 조직의 목표성취에 직접적으로 기여하는 조직체이다.

정답 ②

해 설 분권화는 환경변화에 신속하게 대응할 수 있지만 권한의 분산으로 내적 통제력을 약화시키는 한계를 지닌다.

🌀 조직의 기술유형론

1. Thompson의 기술유형론

(1) 길게 연계된 기술(long-linked technology) : 순차적으로 의존관계에 있는 여러 가지 기술이 연계된 경우로서 표준화된 상품을 반복적으로 대량생산할 때 유용하다.

예 자동차 부품조립, 대량 생산조립 라인
· 순차적 상호의존성-특정 단계의 일이 완성되면 타 부분으로 투입된다.

(2) 중개적 기술(mediating technology) : 의존관계에 있는 고객들을 연결하는 기술로서 역시 표준화를 추구하며, 시간적·공간적으로 분산된 광범한 고객을 대상으로 한다. 한 부문이 침체하면 전체조직이 위기에 처한다.

예 은행, 우체국, 보험회사 등
· 집단적 상호의존성-조직구조의 일부분이 그의 책임을 적절히 수행하지 않으면 전체 조직이 위기에 빠진다.

(3) 집약형 기술(intensive technology) : 다양한 기술의 복합체로서 다양한 기술이 개별적인 고객의 성격과 상태에 따라 다르게 배합되는 기술이다. 표준화가 곤란하고 갈등이 수반되며, 고비용을 요구한다. A의 일을 B가 받아서 활동하는 형태로서 가장 복잡한 상호의존성을 지닌다.

예 병원에서 환자를 치료하는 기술, 건설, 연구사업
· 교호적 상호의존성-한 부분의 생산품이 타부분에 투입되고, 타부분의 생산품 또한 다시 다른 부분에 투입되는 작용을 말한다.

기술유형	구조(상호의존성)	조정난이도	조정방법	생산비용	추가적 방법
길게 연결된 기술	순차적(연속적)	중간	계획	중간	위원회 설치
중개적 기술	집단적(결합된)	가장 용이	표준	가장 낮음	전담직위로 참모설치
집약형 기술	교호적	가장 곤란	상호조정 (적응)	가장 높음	프로젝트팀, 태스크포스

2. C. Perrow의 기술유형론-기술을 생산과정의 입장에서 파악

조직이 다루는 원자재의 성격과 그에 결부된 기술이 조직의 구조와 운영에 영향을 미친다는 전제 하에 기술유형을 분류한 것으로, 원자재의 성격과 탐색과정의 예외적 사례의 수에 따라 분류하였다.

(1) 일상적 기술(routine technology) : 예외의 수도 적고 과업을 분석하기가 용이한 기술이다. 과업의 다양성은 낮으나 과업의 분석가능성은 높다.

　예 표준화된 제품의 대량생산, 철강산업 등

(2) 장인적 기술(기능, craft) : 예외의 수가 적고 과업을 분석하기가 비교적 어려운 기술이다. 과업의 다양성과 분석가능성이 낮다.

　예 신발제조나 고급 유리그릇 같은 공예산업

(3) 공학적 기술(engineering technology) : 조직구조로 보기도 하며, 과업의 다양성과 분석가 능성이 높다.

　예 주문을 받아 사무실 건설이나 중기계 생산에 사용

(4) 비일상적 기술(non routine technology) : 예외의 수가 많고 과업을 분석하기 어려운 기술이다.

　예 항공기나 우주산업, 원자력 추진 장치 등

조직기술, 조직구조, 정보기술의 관계(Perrow의 견해)

과제의 다양성과 분석가능성을 기준으로 조직기술을 다음 네 가지로 구분한 Perrow의 견해에다 가 정보기술의 성격을 추가하면 다음과 같이 유형화할 수 있다.

조직기술, 조직구조, 정보기술의 관계

구 분		과제 다양성(예외의 수)			
		낮음(적음)		높음(많음)	
분석 가능성 (정보의 명확성)	높음	일상기술		공학기술	
		조직구조	정보기술	조직구조	정보기술
		·기계적 구조 ·높은 공식화 ·높은 집권화 ·적은 훈련 및 경험 ·넓은 통솔범위 ·수직적, 문서의사소통	소량의 분명한 계량 적정보보고서, 규정 집,계획표, TPS 예 표준화된 제품의 대량생산, 철강산 업 등	·대체로 기계적 ·중간 공식화 ·중간 집권화 ·공식 훈련 ·중간 통솔범위 ·문서, 구두 의사소통	·다량의계량적 정보 ·하이테크 ·DB, MIS, DSS 예 주문을 받아 사무실 건설이나 중기계 생산 에 사용
	낮음	장인기술		비일상기술	
		조직구조	정보기술	조직구조	정보기술
		·대체로 유기적 ·중간 공식화 ·중간 집권화 ·작업 경험 ·중간 통솔범위 ·수평적, 구두 의사소통	·소량의풍성한 정보 ·하이터치 ·개인적 관찰, 면접회의 예 신발제조나 유리 그릇 같은 공예 산업	·유기적 구조 ·낮은 집권화 ·훈련 및 경험 ·좁은 통솔범위 ·수평적 의사소통, 회의	·다량의 풍성한 정보 ·낮은 공식화 ·하이테크 및 하이터치 ·면접회의, MIS, DSS 예 항공기나 우주산업, 원자력 추진 장치 등

조직기술과 정보기술에 관한 다음의 언급 가운데 타당성이 적은 항목은?

① '일상적 기술'에서는 정보모호성에 대처하기 위해 대면토론과 같은 하이터치(high touch)가 좋은 의사소통이 된다.

② '공학적 기술'은 과제의 다양성으로 많은 정보의 양이 요구되기에, 대규모 데이터베이스 등의 지원이 필요하다.

③ '장인적 기술'은 과업 수행시의 정보모호성으로 인해 문제에 대해 깊은 이해를 가져다 줄 수 있는 풍성한 정보를 필요로 한다.

④ '비일상적 기술'은 과제의 다양성과 분석의 어려움으로 정보불확실성과 정보모호성이 모두 높다.

> 정답 ①
>
> 해설 Perrow의 기술유형과 정보기술을 연계시킨 문제로서 ①의 '일상적 기술'은 정보가 명확하여 분석가능성이 높고 탐색과정의 예외의 수(과제의 다양성)도 적어 표준화된 규정과 규칙을 사용하므로 소량의 분명한 계량적 정보로 충분하다. 대면적 토론이나 하이터치 같은 의사소통이 필요한 것은 과제의 다양성과 정보의 모호성이 모두 높은 비일상기술에서 요구되는 정보기술이다.

⋯⋯

02 | 조직과 인간 – 동기이론의 분류

동기이론은 무엇이 사람들의 동기를 유발하는가에 중점을 둔 내용이론과 어떻게 인간이 동기화되는가를 알아보는 과정이론으로 크게 분류할 수 있다.

동기이론의 체계

내용이론	합리적·경제인 모형	X이론(합리적 경제인관), 과학적 관리론
	사회인 모형	Y이론(사회인관), 인간관계론
	성장이론	인간의 성장 중시(X→Y), 고급욕구 중시, 행태론 ① Maslow의 욕구단계설, ② Murray의 명시적 욕구이론, ③ Alderfer의 ERG이론, ④ McClelland의 성취동기이론, ⑤ McGregor의 X,Y이론, ⑥ Likert의 관리체계이론, ⑦ Argyris의 미성숙성숙이론, ⑧ Herzbereg의 욕구충족 2개요인이론
	복잡인 모형	욕구의 복합성과 개인차를 고려하는 일종의 Z이론이나 상황적응론 ① E.Schein의 복잡인모형, ② Hackman&Oldham의 직무특성이론, ③ Z이론(Ouchi의 Z이론 등)
과정이론론	기대이론	① Vroom의 기대이론, ② Porter & Lawler의 업적·만족이론 ③ E.Berne의 의사거래분석, ④ Georgopoulos의 통로·목표이론 ⑤ J.Atkinson의 기대모형
	형평성이론	Adams의 형평성(공정성)이론
	목표설정이론	Locke의 목표설정이론
	학습이론(강화이론)	Skinner의 순치(강화)이론

내용이론

내용이론은 무엇이 사람들의 동기를 유발하는가에 관심을 갖고 욕구와 욕구에서 비롯되는 충동, 욕구의 배열, 유인(誘引) 또는 달성하려는 목표 등을 설명한다. 인간욕구와 행동을 1 : 1로 보며, 성악설과 성선설의 이분법적으로 인간욕구를 배열한다. 사람들은 일정한 기본적 욕구를 지녔으며 욕구충족을 유발하는 행동을 하고자 한다는 것이 내용이론의 관점으로서, 욕구이론이라고도 불리운다.

내용이론은 Maslow의 욕구 5단계설, Alderfer의 ERG이론, Schein의 합리적 경제인관·사회인관·자기실현인관·복잡인관, McGregor의 X이론과 Y이론, Herzberg의 욕구충족이원론, Agyris의 성숙이론, Likert의 관리체제이론, McClelland의 세 가지 동기이론 등이 있다.

1. Herzberg의 욕구충족요인 이원론

Herzberg는 만족을 얻으려는 욕구와 불만을 피하려는 욕구를 별개의 평행선 위에 놓아 이원화시켰다. Herzberg는 Pittsburgh시의 기업체에 종사하는 기사(技士)와 회계사(會計士) 200명을 조사한 결과 인간에게는 동기요인(만족요인)과 위생요인(불만요인)이 있음을 밝혀냈다. 이러한 결과를 바탕으로 Herzberg는 직접적인 직무동기유발을 위해서는 보수인상 등의 요인보다는 직무자체에 대한 만족 등의 요인이 더 중요하다는 동기이론을 주장하였다. 그러나 이 이론은 피츠버그라는 특정시의 특정 집단만을 대상으로 연구를 했다는 점과, 연구 자료가 중요사건기록법을 근거로 수집되었다는 한계를 탈피하지 못하고 있다.

(1) 위생요인(불만요인)

① 인간의 동물적·본능적 측면이나 욕구계층상의 하위욕구(생리적 욕구, 안전욕구)와 관계가 있다.

② 불만요인이나 위생요인이 충족되지 않으면 심한 불만을 일으키지만, 이러한 욕구가 충족되어도 적극적으로 근무의욕이 향상되지는 않는다.

③ 불만요인은 일하고 있는 환경과 관련되며, 이 요인이 개선되면 불만이 감소하게 된다.

④ 불만요인이 제거되면 근무태도의 단기적 변동만을 가져올 뿐 장기적 효과를 기대하기는 어렵다.

(2) 동기요인(만족요인)

① 일 자체에 대한 욕구로서 일의 성취와 이를 통한 자기실현을 추구한다. 이 요인이 충족되면 적극적인 만족감을 느끼고 근무의욕이 향상될 수 있다.

② 인간의 정신적인 측면이나 자기실현욕구·존경욕구 등 상위욕구와 관련되며 장기적 효과를 가져 온다.

③ 동기를 적극적으로 유발시키는 요인인 존경욕구나 자기실현욕구를 확대시켜 주면(능력발휘의 기회를 더 많이 주고, 일에 대한 책임과 자유를 더 많이 부여함으로서 자기통제를 할 수 있게 하면) 이른바 직무충실이 이루어질 수 있다고 본다.

위생요인과 동기요인

위생요인(불만요인)	동기요인(만족요인)
직무의 조건이나 환경과의 관계	사람이 하는 직무와의 관계
조직의 정책·방침·관리(행정), 감독, 보수, 근무조건, 대인관계, 복지시설, 시책 등	직무상의 성취, 직무성취에 대한 인정, 보람 있는 일, 책임의 증대, 발전·성장, 승진, 안정감, 직무충실 등
X이론과 관련	Y이론과 관련
아담의 본성(고통의 회피를 추구)	아브라함의 본성(정신적 성장)

✎ 대표유형문제 ···

Herzberg의 욕구충족요인이원론에 관한 설명 중 옳지 않은 것은?

① 인간의 욕구는 불만과 만족의 감정에 대하여 별개의 차원에서 작용한다.
② 동기요인은 만족감을 느끼게 하는 것은 아니고 불만을 막는 작용을 한다.
③ 불만요인이 제거되면 근무태도의 단기적 변동은 가능하지만 장기적 효과는 없다.
④ 위생요인은 맥그리거의 X이론과 일맥상통한다.

정답　②

해설　Herzberg의 욕구충족요인이원론에서는, 동기유발과 관련된 요인에는 불만(위생)요인과 만족(동기)요인이 있다고 본다. 불만요인은 불만족을 제거해주는 것이고, 만족요인은 직무의 만족도를 높여주는 요인이다.

···

2. Argyris의 미성숙·성숙이론

(1) 인간의 퍼스낼리티 : 인간은 미성숙상태에서 성숙상태로 변화하는 것이기 때문에, 조직구성원을 성숙한 인간으로 관리하여야 한다고 본다. 조직활성화를 위해서는 인간심리에너지가 가장 중요시된다고 보았다.

(2) 퍼스낼리티의 변화모형

미성숙인		성숙인	
① 수동적 상태	② 타인에 의한 의존	① 능동적 상태	② 독자성
③ 일반적 관심	④ 단기적 안목	③ 보다 깊은 관심	④ 장기적 안목
⑤ 자아의식 결여	⑥ 예속적인 지위	⑤ 자아의식 확립	⑥ 대등하거나 우월한 지위

3. A. Schein의 인간관

합리적 경제인관	·고전적 조직이론의 인간관 ·인간을 합리적·타산적·경제적 존재로 가정 ·경제적 요인에 의한 동기부여 ·관리 : 공식조직, 경제적 요인의 동기부여, 통제 등을 통한 능률적인 업무수행 중시, 구성원 사기문제는 부차적
사회인관	·인간관계론의 인간관 ·인간을 사회적 존재로 파악 ·사회적 욕구충족에 의한 동기부여 ·관리 : 구성원의 사회적 욕구에 관심, 비공식 집단·소집단 기능의 적극 활용
자기실현인관	·인간은 자기실현욕구와 성취욕을 지니며 스스로 동기부여와 자기통제가 가능 ·관리 : 구성원들이 일에 대해 긍지·자부심을 가지고 보람을 느낄 수 있도록 촉진
복잡인관	·인간을 다양한 욕구와 잠재력을 지닌 매우 복잡한 존재로 파악, 인간의 동기는 상황·역할에 따라 달라진다고 봄. ·관리 : 조직 내외의 여러 상황을 판단, 구성원의 개인차 파악, 신축적 관리 ·Schein이 가장 적절한 인간관으로 제시

* 오늘날 가장 일반적으로 받아들여지고 있는 모형은 복잡인이나, 바람직한 인간모형은 자아실현인이다.

4. D. McClelland의 분류

맥클리란드는 개인의 성격은 동기부여할 수 있는 여러 가지 욕구로 구성되어 있다고 보고, 그 가운데 성취욕구의 중요성에 기초하여 연구를 실시하였다. 인간의 모든 욕구는 학습된 것이며, 개인의 행동에 영향을 미칠 수 있는 잠재력을 가진 욕구의 순서는 개인마다 다르다고 주장한 점에서 Maslow의 가정과 차이가 있다.

맥클리란드는 작업상황과 관련된 동기를 성취욕구(need for achievement), 권력욕구(need for power), 친교욕구(need for affiliation)로 구분하였다.

(1) 성취욕구(need for achievement) – 성취욕구가 높은 사람들의 특징

① 우연이나 행운보다 노력이나 능력을 통해 목표를 성취할 수 있는 상황을 중시한다.

② 위험과 난이도가 적절한 수준인 상황을 선호한다.

③ 노력한 결과와 성공에 대하여 분명한 피드백이 주어지는 상황을 선호한다.

④ 어떤 문제에도 해결안이 있다고 보며, 미래지향적인 상황을 선호한다.

(2) 권력욕구(need for power) – 권력욕구가 강한 사람

① 타인에 대하여 영향력을 미치거나 통제하려 한다.

② 논쟁에서 이기려 하고, 자신의 영향력을 행사할 대상을 찾는 데 많은 시간을 투자한다.

③ 연구결과 권력욕구와 성취욕구가 동시에 높은 관리자들로 구성된 조직은 성장을 하고 있는 반면, 권력욕구는 높으나 성취욕구가 낮은 리더로 구성되어 있는 조직은 침체에 빠져 있는 것으로 나타난다.

(3) 친교욕구(need for affiliation) – 친교욕구가 강한 사람

① 스스로의 의사결정이나 성취감보다는 관계를 유지하는 것을 중시한다.

② 친교의 욕구가 강한 리더는 솔직함과 대결로 인하여 관계가 파괴되는 것을 두려워하기 때문에 유능한 리더가 될 수 없다고 한다.

③ 친근한 대화는 협동과 협조체제 구축에 효과적이며, 조직목표를 설정하고 조직문화를 변화하는 데 효과적이었다는 연구결과도 있다.

✎ 대표유형문제 ·······

다음에 제시된 동기부여이론 중 그 성격이 다른 것은?

① 포터와 롤러(Porter & Rawler)의 업적·만족이론　② 브룸(Vroom)의 기대이론
③ 로크(Locke)의 목표설정이론　④ 맥클리랜드(McClleland)의 성취동기이론

정답　④
해설　①②③은 과정이론이고 ④는 내용이론에 속한다.

5. Murray의 명시적 욕구이론(욕구의 방향과 강도가 동기 결정)

(1) 명시적 욕구는 모두 학습된 욕구이며 각각의 욕구는 방향(욕구를 충족시킬 것으로 기대되는 대상)과 강도(욕구의 중요성)의 두 가지 요소가 있으며, 이러한 욕구의 발로는 적당한 환경의 조성이 필수적이다.

(2) 인간의 행동을 유발하는 욕구가 존재한다고 보았다는 점에서 Maslow의 이론과 동일하나, 미리 정해진 순서에 의해서 욕구가 충족되는 것이 아니라 복수의 명시적인 욕구가 동시에 인간의 행동에 동기부여를 한다고 본다는 점에서 차이가 있다.

6. 직무특성이론(job-characteristic theory : 복잡성이론)

(1) 직무특성이론의 의의

① 직무특성이론은 Hackman & Oldham에 의해 강조된 이론으로, 어떠한 직무특성이 조직구

성원의 동기유발이나 직무만족에 관련을 갖게 되는가 하는 데 초점을 맞춘 직무특성접근 방법이다.

② 직무특성이론은 직무의 특성이 직무수행자의 성장욕구수준에 부합할 때 긍정적인 동기유 발효과를 초래하게 된다는 동기부여이론이다. 성장욕구수준이 직무특성과 심리상태, 그 리고 심리상태와 성과 간의 관계를 결정하는 변인으로 작용한다고 본다. 직무수행자의 성 장 욕구가 낮은 경우에는 단순한 직무를 제공하는 동기 유발 전략이 필요하다고 본다.

(2) 직무특성이론의 특성

① 기술(기능)다양성(skill variety) : 작업자가 다양하고 상이한 기술이나 재능을 활용할 수 있 도록 직무가 다양하고 상이한 활동을 요구하는 정도

② 과업의 정체성(task identity) : 작업자가 자기의 작업흔적을 확인할 수 있는 정도, 즉 작업자 의 작업범위를 확인할 수 있는 정도

③ 과업의 중요성(task significance) : 직무가 다른 사람의 작업이나 생활에 실질적인 영향을 미칠 수 있는 정도

④ 자율성(autonmy) : 작업자들이 직무수행에 필요한 작업의 일정계획과 작업방법 및 작업절 차를 선택하는 데 있어서 작업자 개인에게 부여되어 있는 자유, 독립성 및 재량권의 정도

⑤ 환류(feedback) : 직무가 요구하는 활동의 수행결과에 관하여 작업자가 그 효과성 여부에 대하여 직접적이고 명확한 정보를 얻을 수 있는 정도

* 직무특성 다섯 가지(기술다양성, 직무정체성, 직무중요성, 자율성, 환류) 중 동기부여 에 가장 중요한 역할을 하는 요소는 기술다양성, 직무정체성, 직무중요성 보다 자율성과 환류라고 하였다.

(3) 동기유발의 잠재력 점수={ (직무다양성+직무중요성+직무정체성)/3 }×자율성×환류

(4) 직무특성이론의 결과

① 환류가 이루어지고 자율성이 인정되는 직무이면서 구성원의 성장욕구가 강할 때 동기부여 효과가 크다.

② 핵심적 직무차원의 점수가 높은 직무를 수행하고 있는 사람들은 그렇지 않은 사람들보다 더 동기유발되고 더 만족해하며 더 생산적이다.

③ 보다 강한 성장욕구를 가진 사람들은 보다 약한 성장욕구를 가진 사람들보다 동기유발 잠재력이 높은 직무에 대하여 적극적으로 반응한다.

④ 핵심적 직무차원들은 결과변수에 대하여 직접적으로 영향을 미치지 않고 중요 심리적 상 태를 매개로 하여 영향을 미친다.

7. Maslow의 욕구단계이론-모든 사람이 공통적으로 비슷한 욕구의 계승을 가지고 있다고 봄

(1) 욕구단계이론의 의의

인간의 욕구는 생리적 욕구 ⇨ 안전욕구 ⇨ 사회적 욕구(애정욕구) ⇨ 존경욕구 ⇨ 자기실현 욕구라는 계층으로 이루어진다. 욕구는 하위욕구에서 상위욕구로 발전하며, 욕구의 충족·억제에 의하여 동기부여가 가능하다고 보았다. 이미 충족된 욕구는 더 이상 동기를 유발시키지 못하며(동기로서의 힘을 상실), 인간의 욕구는 일련의 단계로 배열된다고 주장하였다.

(2) Maslow의 욕구체계

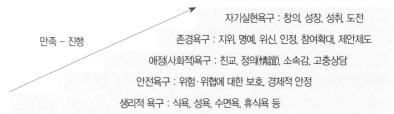

만족 – 진행

자기실현욕구 : 창의, 성장, 성취, 도전
존경욕구 : 지위, 명예, 위신, 인정, 참여확대, 제안제도
애정(사회적)욕구 : 친교, 정의(情誼), 소속감, 고충상담
안전욕구 : 위험·위협에 대한 보호, 경제적 안정
생리적 욕구 : 식욕, 성욕, 수면욕, 휴식욕 등

① 하위욕구에서 상위욕구로 나가는 '만족-진행'을 중시하며, 후향적·하향적 진행(좌절-퇴행)은 불인정한다.

② 욕구가 고급화될수록 타인의 욕구를 자기욕구화하는 관계(애칭적 일체화)의 폭은 넓어지고 심화된다.

③ Maslow의 이론은 대개의 경우 인간은 항구적인 무언가를 원하는 동물이며, 하위욕구가 충족되고 나면 다음 단계로 나아가는(완전성이 아닌 상대적 충족) 만족진행모형이므로 이미 충족된 욕구는 그 힘을 상실(약화)하고 앞으로 이루려는 다음 단계의 욕구가 동기로서의 힘을 가진다. 즉, 이미 충족된 욕구는 더 이상 사람을 동기화시키지 못한다.

(3) A. Maslow의 욕구단계별 관련인사제도

① 생리적 욕구

ㄱ 생존을 위하여 반드시 충족되어야 할 욕구로서 강도가 가장 높고 기본적이며, 가장 선행되어야할 욕구(의, 식, 주, 성, 갈, 경제욕구 등)

ㄴ 대부분 육체의 특정부위와 연관되어 있으며, 비교적 상호 독립화 되어 있고 짧은 시간 내에 반복적으로 행해진다.

ㄷ 관련인사제도 : 보수 등 경제적 보상, 사무환경 및 식당 등 쾌적한 근무환경, 휴양제도 및 탄력시간제 등 제반 근무조건

② 안전욕구

　　㉠ 위험과 사고로부터 자신을 안전하게 보호하고자 하는 욕구로서 경제적 안정이나 신분보장, 물리적·심리적 안정, 좋은 옷, 좋은 차, 노조가입, 안정된 직장선호 등

　　㉡ 질서 있는 세계를 설정하려는 종교의 선택, 과학과 철학을 발전시키려는 노력도 부분적으로 해당

　　㉢ 관련인사제도 : 연금, 보험, 건강검진 등 후생복지제도, 정년제도 등 신분보장

③ 애정(사회적)욕구

　　㉠ 동료들과 원만한 관계를 유지하고 싶어 하는 욕구로서 애정(연애결혼), 사랑, 응집, 결속, 소속의 욕구, 낚시, 등산 등

　　㉡ 미충족 시 개인·개인 간 갈등을 일으켜 조직 구성원 간에 적대감, 비협조적 분위기를 조성하며, 호오손 실험에서 생산제한 행동으로 나타남.

　　㉢ 관련인사제도 : 비공식집단의 인정, 응집성(결속력), 상담 및 고충처리제도

④ 존경(긍지)욕구

　　㉠ 존경받거나 존경하고 싶어하는 자긍의 욕구로서 칭찬, 자부심, 위신, 명예, 지위, 권력, 인정, 직무성취, 존경 등과 관련된다.

　　㉡ 결핍 시 신경과민, 무기력, 열등감에 사로잡힘.

　　㉢ 관련인사제도 : 참여확대, 권한위임, 제안제도, 교육훈련, 근무성적평정제도

⑤ 자아실현욕구

　　㉠ 자신의 능력을 최대한 발휘하고 성취감을 구현하려는 자기완성욕구, 잠재능력을 최대한 발휘하거나 하고 싶은 일을 하고자하는 욕구, 창의력, 도전적 욕구 등

　　㉡ 결핍 시 공상에 빠지거나 과오를 쉽게 저지르며, 상사에 대한 공격적 감정을 나타냄.

　　㉢ 관련인사제도 : 자율성 보장, 성취기회부여, 승진기회, 직무충실, 직무확대, 사회적 평가의 제고, 주5일제 근무, 안식년제도, 교육훈련바우처, 공무원 단체 등 능력발전기회 부여

(4) Maslow이론의 문제점

① 욕구계층제의 불고정성 : 욕구계층은 엄격하게 고정되어 있지 않다.

② 상대적 만족 : 현실적으로 한 욕구가 충족되어야만 다른 욕구가 발동되지는 않는다.

③ 욕구의 무의식성 : 욕구발동은 무의식적 발동이 많다.

④ 욕구의 문화적 특정성과 일반성 : 상이한 문화에서 의식적인 동기가 다를 수 있지만 기본적 욕구란 인간 모두에게 공통된 일반적인 욕구이다.

⑤ 행동을 유발하는 동기의 복합성 : 인간행동은 다양한 동기에 의해 유발된다.

⑥ 행동의 결정인자 : 행동은 기본적 욕구에 의해서만 결정되는 것이 아니고 다른 인자에 의해서도 결정된다.

(5) Maslow이론의 행정상 중요성

Maslow의 욕구이론은 욕구자체에 주의를 기울인 것으로 인간과 작업의 관계를 이해하는 데 중요한 영향을 미쳤다. 또한 인간에게 가장 큰 욕구는 일과 작업으로부터 얻어질 수 있음을 시사하였고, 현대욕구이론의 토대가 되었다.

8. Alderfer의 ERG이론

(1) ERG이론의 의의

1970년대 초에 Maslow의 욕구단계이론을 수정하여 보다 현실적으로 설명하였다. 개인욕구를 존재(existence), 관계(relatedness), 성장(growth)의 3단계로 파악한다.

(2) Maslow이론과의 차이

① Maslow이론은 한 하위욕구가 충족되면 상위욕구로 진행해 간다는 '만족-진행 접근법'에 근거를 두나, Alderfer이론은 상위욕구가 만족되지 않거나 좌절될 때 하위욕구를 더욱 충족시키고자 한다는 '좌절-퇴행요소'를 가미하고 있다.

② 한 가지 이상의 욕구가 동시에 작용하는 것이 가능하다고 본다.

③ 복잡한 욕구에 대한 개인행동을 보다 현실적으로 설명하고 있다.

Maslow	Alderfer
자기실현욕구	성 장(G)
자기확신의 자존심	
대인관계의 자존심	관 계(R)
사회적 욕구	
대인관계의 안전욕구	
물질적 안전욕구	존 재(E)
생리적 욕구	

9. McGregor의 X이론과 Y이론 - 인간관에 따라 다른 관리전략을 취해야 한다고 봄

X이론	Y이론
① 인간은 게으르며 일하기 싫어한다.	① 인간은 부지런하며 일을 좋아한다.
② 인간은 책임지기 싫어하고 명령·지시에 따르기를 원한다.	② 인간은 책임지기를 싫어하지 않는다.
③ 경제적 욕구를 중시한다.	③ 인간은 창의성과 도전성을 지니고 있다.
④ 인간은 이기적이며 비협조적이다(관리전략은 강제·명령·통제·벌칙 등 강제적 방법을 동원).	④ 인간은 상호 협조적이며, 사회적·심리적 욕구를 중시한다.
	⑤ 인간은 목표에서 보람을 찾고 행동에 기쁨을 느낀다.

10. Z이론

(1) Lundstedt의 Z이론(자유방임형) : McGregor이론이 지나치게 단순화된 오류를 범하고 있음을 지적하고, X이론이 권위형이고 Y이론이 민주형에 해당한다면 Z이론은 자유방임형·비조직형에 해당한다고 보았다.

(2) Lawless의 Z이론(상황적응적 모형) : X·Y이론의 고정적·절대적 적합성을 부인한다. 변동하는 환경 속에 존재하는 조직·집단·사람도 변동한다는 사실을 객관적으로 파악해야 한다고 본다.

(3) Ramos의 Z이론(괄호인) : X이론의 인간을 작전인, Y이론의 인간을 반응인, 제3의 인간형을 괄호인이라 명명, 괄호인(호형인)은 쇄신형, 비판형으로서 자아의식, 자긍심, 독립심이 높고 환경적 조건을 괄호안에 넣고 밖에서 객관적으로 바라볼 수 있는 능력의 소지라고 본다.

(4) Bennis의 탐구형 인간 : 후기관료제에서 요청되는 인간모형으로 개인에 대한 재량권 부여, 자율화, 행동양식의 비프로그램화 등으로 요약된다.

(5) Ouchi의 Z이론

① 미국식 경영을 A이론, 일본식 경영을 B이론으로 보고, 미국식 A이론에 일본식 B경영관리기법을 채택한 방식을 Z이론으로 제시하였다.

② Z이론의 관리방법상 특징 : 종신고용제, 장기적·종합적 평가와 승진, 비전문적 경영통로(다양한 순환보직), 집단적 가치와 전체적 관심, 품의제, 참여·조정의 집단적 의사결정 등이다.

유형A(미국)	유형Z(수정된 미국)	유형B(일본)
·단기고용	·장기고용	·전체적인 관심
·개인적 의사결정	·합의적 의사결정	·합의적 의사결정
·개인적 책임	·가족을 포함한 전체적인 관심	·집단적 책임
·신속한 평가와 승진	·비공식적 통제와 공식적 측정	·비공식적 통제
·공식적인 통제	·적절히 전문화된 경력 통로	·느린 평가와 승진
·전문화된 경력 통로	·느린 평가와 승진	·비전문화된 경력 통로
·세분화된 관심	·개인적 책임	·종신고용

자료 : 강신규 외 「경영학원론」, 형설출판사, 2002, P. 84, 재인용

동기부여이론의 비교

맥그리거	매슬로우	앨더퍼	아지리스	허즈버그	리커트	샤 인	라모스	리더십유형
X이론	생리적 욕구	존재의 욕구	미성숙인	위생(불만)요인	체제 I	합리적 경제인관	작전인	권위형
X이론	안전의 욕구	존재의 욕구	미성숙인	위생(불만)요인	체제 II	합리적 경제인관	작전인	독재형
Y이론	애정의 욕구	관계의 욕구	성숙인	동기(만족)요인	체제 III	사회인관	반응인	민주형
Y이론	존경의 욕구	관계의 욕구	성숙인	동기(만족)요인	체제 IV	자기실현 인관	반응인	민주형
Y이론	자아실현 욕구	성장의 욕구	성숙인	동기(만족)요인	체제 IV	자기실현 인관	반응인	민주형
Z이론						복잡인관	괄호인	자유방임형

✎ 대표유형문제

1. 조직 내 인간의 행동은 여러 가지 개인 수준의 변수의 영향으로 인해 다양하게 나타난다. 다음 동기이론에 대한 설명 중 적절한 것은?

① 머슬로(Maslow)는 두 가지 이상의 복합적인 욕구가 하나의 행동을 유발할 수 있다고 보았다.

② 앨더퍼(Alderfer)도 머슬로와 같이 욕구 만족시 욕구 발로의 전진적·상향적 진행만을 강조하는 공통점이 있다.

③ 매클리랜드(McClelland)는 개인의 행동을 동기화시키는 잠재력을 지니고 있는 욕구는 학습되는 것이므로 개인마다 욕구의 계층에 차이가 있다고 주장했다.

④ 샤인(Schein)의 복잡한 인간관은 연구 자료가 중요사건기록법을 근거로 수집되었다는 한계를 갖는다.

정답 ③

해설 ③은 옳은 지문이며 ① 두 가지 이상의 복합적인 욕구가 하나의 행동을 유발할 수 있다고 본 이론은 앨더퍼(Alderfer)의 ERG이론이다. ② 앨더퍼(Alderfer)는 머슬로와 달리 하향적 진행(퇴행)을 강조하였다. ④ 연구자료가 중요사건기록법을 근거로 수집되었다는 한계를 갖는 이론은 Herzberg의 욕구충족2개요인이론이다.

2. 해크먼(J. Hackman)과 올드햄(G. Oldham)의 직무특성모델에 대한 설명으로 옳지 않은 것은?

① 잠재적 동기지수(Motivating Potential Score : MPS) 공식에 의하면 제시된 직무특성들 중 직무정체성과 직무중요성이 동기부여에 가장 중요한 역할을 한다.

② 허즈버그의 욕구충족요인 이원론보다 진일보한 것으로 이해할 수 있다.

③ 직무정체성이란 주어진 직무의 내용이 하나의 제품 혹은 서비스를 처음부터 끝까지 완성시킬 수 있도록 구성되어 있는지에 관한 것이다.

④ 이 모델은 기술다양성, 직무정체성, 직무중요성, 자율성, 환류 등 다섯 가지의 핵심 직무특성을 제시한다.

정답 ①

해설 직무특성이론의 내용은 다음과 같다.

① 직무특성이론은 Hackman & Oldham에 의해 강조된 이론으로, 어떠한 직무특성이 조직구성원의 동기유발이나 직무만족에 관련을 갖게 되는가 하는 데 초점을 맞춘 직무특성접근방법이다.

② 직무특성이론은 직무의 특성이 직무수행자의 성장욕구수준에 부합할 때 긍정적인 동기유발효과를 초래하게 된다는 동기부여이론이다. 성장욕구수준이 직무특성과 심리상태, 그리고 심리상태와 성과 간의 관계를 결정하는 변인으로 작용한다고 본다. 직무특성 다섯 가지(기술다양성.직무정체성.직무중요성.자율성.환류) 중 동기부여에 가장 중요한 역할을 하는 요소는 기술다양성, 직무정체성, 직무중요성 보다 자율성과 환류라고 하였다.

과정이론

1. 과정이론의 의의

(1) 어떤 과정을 통해 동기가 유발되는가를 설명하려는 이론들을 과정이론이라 한다.

(2) 과정이론은 동기유발의 요인들이 교호작용하여 행동을 야기하는 과정을 설명하려는 것이다. 내용이론과 무관한 것이 아니라 상호연관성이 있는 것이며, 욕구 자체와 욕구가 발현되는 과정 중 어느 측면에 중점을 두는가에 따라 차별화된다.

(3) Vroom의 선호·기대이론, Porter와 Lawler의 업적·만족이론, Georgopoulos의 통로·목표이론, J. Atkinson의 기대모형, Adams의 공정성이론, Locke의 목표설정이론, 강화(순치)이론, E. Berne의 의사거래분석 등이 대표적인 기대이론이다.

(4) 과정이론 또는 기대이론은 욕구충족(만족)과 직무수행의 관계에 있어서 직접적인 인과관계를 찾기 어렵다고 보고 욕구충족과 동기유발 사이에 사람만이 지니고 있는 어떤 주관적인 평가과정이 개재되어 있다고 보는 시각이다.

(5) 주관적인 평가과정은 심리과정의 본체인 지각과정이라고 볼 수 있는데, 그 지각과정을 통하여 동기 또는 근무의욕을 유발하는 각 개인만이 가지고 있는 독특한 기대를 형성한다는 것이다.

(6) 욕구충족과 동기유발을 시키는 과정에서 각각의 개인이 목표를 달성할 수 있다는 가능성의 정도(주관적인 기대확률)와 그 목표달성으로 인하여 받을 수 있다고 생각되는 보상의 크기의 혼합이 동기부여의 강도를 결정한다는 것이 기대이론이다.

동기부여의 강도=f{(행동에 거는 기대×결과의 가치)}

2. Porter와 Lawler의 업적·만족이론

(1) 업적·만족이론은 만족이 업적을 가져오는 것이 아니라 업적(직무성취)의 수준이 직무만족의 원인이 될 수 있다고 본다. 업적과 결부된 보상에 부여하는 가치, 그리고 어떤 노력이 보상을 가져다 줄 것이라는 기대가 직무수행노력을 좌우한다고 보는 것으로서, 사람이 바라는 목적과 결과를 성취하려는 노력에 의하여 업적이 결정되며, 만족은 사람이 실제로 달성하는 결과에 의하여 결정된다. 이 모형은 노력 ⇨ 업적 ⇨ 보상 ⇨ 만족 등의 변수와 그 상호관계에 중점을 두고 있다.

업무(직무성취) ╱ 외재적 보상
             ╲ 내재적 보상 → 공평한 보상에 대한 지각 → 만족

* 외재적 보상(보수, 승진, 지위 등), 내재적 보상(직무성취에 대한 개인적·심리적 느낌)

(2) 조직구성원의 동기유발은 조직이 직원에게 부여할 수 있는 잠재적 보상의 가치, 즉 보상의 유의성과 노력을 하면(직원의 노력결과 달성되는 근무성과는 그 직원의 능력, 특성 및 역할 인지의 수준에 의해 영향을 받는다고 봄) 보상이 있을 것이라는 기대감에 의해 결정된다.

3. Georgopoulos의 통로·목표이론

통로·목표이론은 개인의 동기는 개인이 추구하려는 목적에 반영되어 있는 개인의 욕구와, 목표 달성에 이르는 수단 또는 통로로써 생산성 제고 행동이 갖는 상대적 효용성(유용성)에 대한 개인의 지각에 달려 있다고 본다. 즉 어떤 근로자가 생산을 증대시킴으로써 개인의 목표를 달성할 수 있다고 생각하면 높은 생산성 달성이 가능할 것이고, 반대의 경우에는 반대의 결과가 올 것이다.

> 예 갑이라는 빵집 주방장이 맛있고 품질 좋은 빵을 많이 만드는 것이 본인의 목표달성의 통로라고 생각하면 맛있고 품질 좋은 빵을 많이 만드나, 그렇지 않고 맛보다는 양에 치중한 것이 본인의 목표달성의 통로라고 생각하면 품질보다는 양에 치우친다는 것이다.

4. Vroom의 선호·기대이론

(1) Vroom이론의 가정

① Vroom은 인간은 현재와 미래의 행위에 대하여 의식적인 선택을 하게 되는데, 근무성과에 가장 큰 영향을 미치는 요인은 이러한 직원의 의식적인 노력이라고 보았다.

② 동기유발이란 여러 가지 자발적인 행위 가운데서 사람들의 선택을 지배하는 과정이다.

③ 사람들은 여러 가지 행동대안들에 대해 평가한 후 스스로에게 보상을 가장 많이 가져다 줄 것으로 판단되는 대안을 선택한다.

(2) 이론적 개념 제시

① 1차적 결과(1st-level outcome) : 개인이 노력을 투입함으로써 얻을 수 있는 결과

  예 업무수행 결과 얻게 되는 성과

② 2차적 결과(2st-level outcome) : 1차적 결과가 가져오리라고 기대하는 결과

  예 좋은 성과를 통해 얻게 되는 보상

③ 기대감(expectancy) : 특정행위(노력)에 대해서 특정결과(1차 성과)가 따르리라는 믿음으로 가능성에 대한 주관적인 확률과 관련된 믿음이다. 즉 자신의 노력이나 능력을 투입하면 성과가 있을 것이라는 주관적 기대감으로 이는 내용이론과 과정이론의 가장 중요한 변별 기준이 된다.

* 성과와 보상과의 관계는 결과와 결과 간의 관계이나 기대는 노력과 성과의 관계이다.

④ 수단성(instrumentality) : 2차적 결과를 얻기 위해서 도구로 사용되는 1차적 결과(성과)가 얼마만큼 수단으로 작용하는가의 정도를 의미(상관관계와 유사한 의미)한다. 즉, 성과가 바람직한 보상을 가져다주는 정도이다.

⑤ 유의성 또는 유인가(valence) : 자극, 태도, 기대효과라고도 하며 2차적 결과에 대하여 가지는 선호의 강도 즉, 보상(2차 산출, 최종결과)에 대하여 그 개인이 느끼는 중요성 또는 이끌림이다.

  예 승진욕구가 높은 경우 생산성에 대한 유인가는 (+)가 될 것이고 반대의 경우는 (-)가 된다.

(3) Vroom이론의 특징

① 욕구충족과 동기유발 사이에 인간의 주관적인 평가과정이 개재된다고 보는 입장으로서 개인동기의 강도는 주관적 가치와 기대감의 상승작용에 의존한다고 본다.

② 직무수행의 동기는 직무를 열심히 수행하면 봉급인상이 있을 것이라는 믿음(기대)에 의해서 좌우된다.

③ 일정한 결과에 주관적으로 부여하는 가치가 크고 어떤 행동이 그러한 결과를 가져올 개연성이 높다고 믿을 때 행동을 할 동기는 커진다.

> P(Performance)=M(Motivation)×A(Ability)
> M=f(Vt × E)
> M : 동기부여된 힘, Vt : 1차적 결과에 대한 유의성, E : 주관적으로 평가한 기대값

(4) Vroom이론의 결론

① 직원들이 성과제로 일하고, 또 높은 보수를 받고 있다고 생각하면 업적이 더 증가하는 경향이 있다.

② 성취감이 강할수록 업적의 수준도 올라가는 경향이 있다.

③ 직원들은 자기가 해야 할 업무에 필요로 하는 재능을 갖고 있으며, 타인이 높이 평가하는 업무의 업적이 더 올라가는 경향이 있다.

④ 자기의 업적의 결과에 대해 보수를 받고 있거나, 결정에 참여하게 되면 업적이 증가하게 되는 경향이 있다.

(5) Vroom이론의 문제점

① 직무상황에서 사람은 올바른 결합(긍정적 요소)을 가진 모든 목표들을 알지 못한다.

② 2차적인 근로자의 목표를 위해 1차적인 조직의 목표를 어떤 방법으로 통합해야 주어진 상황에서 가장 높은 성과를 달성할 수 있는지 알지 못한다.

③ 하나의 결과를 또 다른 결과를 위해서 선택하는 경우, 동기의 차이를 구별할 수 없다.

④ 다른 이론보다 실제의 조직상황에서 적용하기가 어렵다.

✎ **대표유형문제** ·········

브롬(V. H. Vroom)의 기대이론에서 동기결정의 요인이 아닌 것은?

① 자신이 그 일에 성공하고 싶은 욕구의 강도
② 자신의 노력이 일정한 수준의 성과를 달성한다는 기대
③ 성과가 보상을 가져올 주관적 확률판단
④ 보상에 대한 주관적 가치판단

정답 ①

해설 ①은 Murray의 명시적 욕구이론에 해당된다. 명시적 욕구는 방향(욕구를 충족시킬 것으로 기대되는 대상 · 성공하고 싶은 욕구의 강도)과 강도(욕구의 중요성)에 의해 동기가 유발된다고 보았다. ②는 브롬의 기대이론 중 노력, ③은 수단성, ④는 유인가이다.

---

5. J. Atkinson의 기대모형(期待模型)

개인은 한 직업에 대하여 한편으로는 그것을 성공적으로 이루고자 하는 동기를 갖고 있고, 다른 한편으로는 그 작업을 하지 않음으로써 실패를 피하려는 동기를 갖고 있는 바, 이 쌍방 간의 상호작용에 의하여 개인의 동기가 결정된다.

6. Locke의 목표설정이론

(1) 인간의 행동은 의식적인 목표와 성취의도에 의하여 결정되는 바, 목표의 난이도와 구체성에 의하여 개인의 성과가 결정된다고 본다. 목표가 명확하고 적당히 어려울 때 더욱 노력하게

된다는 것으로서, 막연히 '최선을 다하라'는 식의 목표는 성과를 높이기 어렵다고 주장한다.

(2) 구체적으로 주어진 목표의 달성이 용이하며, 애매모호한 목표 또는 무(無)목표보다 더 직무성과를 향상시킬 수 있다.

7. Adams의 공정성이론(=균형이론=형평성이론=교환이론)

(1) 공정성이론의 의의 : 인지부조화이론을 동기유발과 연관시켜서 공정성이론을 체계화한 대표적인 사람이 아담스(Adams)이다. 공정성이론은, 각 개인은 자신의 투입-산출 비율을 자기와 관련 있는 타인(준거인물)과 비교하여 그 비율이 크거나 작다고 느낄 때 불공정성을 느끼며, 이로부터 공정성을 추구하는 과정에서 모티베이션이 작용한다고 본다. 불공정성을 결정짓는 요인에는 투입, 산출, 투입과 산출의 비율, 준거인물 등이 있다.

① 투입(Input) : 상대방(회사)으로부터 보상을 기대하면서 자신이 먼저 상대방에게 제공하였다고 지각하는 것으로, 투입노동, 교육, 경험, 훈련, 건강, 충성심, 직무노력, 사회적 지위 등을 들 수 있다.

② 산출(Output) : 투입에 대한 반대급부로서 개인이 받게 되는 이익이나 투입으로 인해 발생하는 비용을 의미한다. 급료, 칭찬, 인정, 승진, 내재적 보상, 열등한 작업조건, 단조로움, 불확실성 등이 이에 속한다.

③ 투입과 산출의 비율 : 사회적으로나 규범적으로 투입과 산출의 비율이 비슷하거나 비슷해야 된다는 기대가 존재한다. 그러나 투입과 산출을 구성하는 요인들은 주관적인 가치를 가지는 경우가 많기 때문에 그 중요도는 사람에 따라 다르게 느끼게 된다. 공정성과 불공정성의 지각은 일반적으로 개인의 사회화과정을 통해 학습된다.

④ 준거인물 : 자신의 투입 대 성과와 비교하는 대상인물을 말한다. 이러한 준거인물은 조직 내부에서, 혹은 조직 외부에서 자신과 투입요소가 비슷하다고 지각하는 사람일 경우가 많다.

(2) 불공정성 지각 : 불공정을 지각하게 되면 다음과 같은 행동으로 공정성을 회복하려고 한다.
  ① 투입의 변경 ② 산출의 변경 ③ 투입과 산출의 인지적 왜곡 ④ 장소 이동 ⑤ 타인에게 영향 ⑥ 비교대상의 변경

(3) Adams 공정성이론의 평가

① 준거인과 산출과 투입의 비가 일치하면 만족하게 되어 행동의 유발이 없지만, 자신의 것이 작으면 급료를 인상해 달라는 등의 편익증대 요구, 노력을 줄이는 투입 감소, 산출의 왜곡, 준거인물의 변경, 조직에의 이탈 등이 나타난다.

② 형평이론은 현대인의 형평관념에 맞는 공평한 보수제도의 중요성을 일깨운 이론이다. 그러나 조직생활의 실제에 적실성이 있느냐라는 질문에는 그 나름대로 한계가 있다.

예 불공평하게 낮은 보수를 받은 사람들은 이를 적극적으로 시정하려는 동기를 유발하기 보다 결근하거나 사임하는 쪽으로 기우는 사례가 흔하다는 주장이 있다.

✎ **대표유형문제** ....

조직이론에 관한 다음 설명 중 가장 타당하지 않은 것은?

① 주인–대리인 이론에 따르면 대리인 선임 전에는 역선택의 문제가 발생하고 대리인 선임 후에는 도덕적 해이의 문제가 발생한다.

② Ouchi의 Z이론은 일본식 조직관리가 미국식 관리방법보다 우월하다는 전제를 기반으로 한다.

③ 신제도주의 이론에 있어서 행위자들의 상호작용방식은 제도의 개념에 포함된다.

④ Porter와 Lawler의 업적·만족이론에 의하면 내재적 보상은 조직 내에서 이루어지는 승급이나 승진 등을 말한다.

정답 ④

해 설 Porter와 Lawler의 업적·만족이론은 업적과 거기에 결부된 보상. 그리고 어떤 노력이 공평한 보상을 가져다 줄 것이라는 기대가 직무수행능력과 생산성을 좌우한다는 이론이다. 보상에는 외재적 보상과 내재적 보상이 있는데, 외재적 보상은 보수. 승진, 지위 등이고, 내재적 보상은 직무성취에 대한 개인적 느낌을 말한다.

....

8. E. Berne의 의사거래분석

인간에게는 어버이·어른·어린이의 자아상태가 있으며, 이러한 자아상태가 자극을 받으면서 반응을 일으키는 것이 인간의 행동이다. 관리자는 그 자아상태 중에서 어느 것이 지배적인가를 판단해서 적절하게 대처하여야 한다.

9. 강화이론(强化理論 : Reinforcement Theory)-행동수정, 행동변화

(1) 강화(순치)이론의 의의

강화이론은 B. F. Skinner(사회학습이론)에 바탕을 둔 이론으로서 행위자의 일정한 행동반응을 얻기 위하여 보상을 제공함으로써 인간행동에 영향력을 행사하는 것으로 시행착오적 학습이론(행동에 수반되는 결과로 인하여 유발되는 학습된 행동의 가능성 또는 빈도를 바꾸는 과정), 행태주의, 보강이론 등 여러 가지 별칭이 붙여지기도 하며, 강화물은 사람에 따라서 차이가 있다.

① 강화(순치 : 馴致)이론은 외적 자극에 의하여 학습된 행동이 유발되는 과정(조작적 조건형성) 또는 어떤 행동이 왜 지속되는가를 밝히려는 이론으로서 행동의 원인보다는 행동의 결

과에 초점을 둔다.

② 관찰, 측정이 가능한 인간의 행동 그 자체에 주의를 집중시키며, 반사적이거나 학습이 안된 행동보다는 학습된 행동에 관심을 갖는다[ex. 개에게 앞발을 들면(자발적 행위) 고기(보상)를 줌].

③ 보상받는 행태는 반복되지만 보상받지 않는 행태는 중단·소멸된다는 Thorndike의 효과의 법칙(law of effect)에 근거를 두고 있다.

(2) 강화의 유형

행태론자인 Skinner(사회학습이론, 1953)는 인간 행동의 원인을 선행자극과 행동의 외적 결과로 규정하면서 인간의 행동을 변화시키기 위한 경험적 분석을 시도한 결과 바람직한 행동의 증가에는 적극적 강화(보상의 부여)와 부정적 강화(불편한 자극의 철회)로, 바람직하지 못한 행동의 감소에는 처벌(불편한 자극의 부여), 회피(보상의 철회)로 네 가지를 제시하였다. 그중에서도 긍정적 강화(적극적 강화)를 가장 중시하였다. 그런 의미에서 강화이론은 조작적 조건화이론(operant conditioning)이라고도 한다.

㉠ 강화(reinforcement) : 장래에 같은 행동이 되풀이될 확률을 높이는 기재를 말한다.
  · 적극적 강화 : 행동자가 원하는 상황을 제공하는 것(음식, 애정, 칭찬, 봉급인상, 안전벨트 착용 시 3만원 포상)이다.
  · 소극적 강화 : 행동자가 싫어하는 상황을 제거(벌책의 제거, 괴로움의 중지, 안전벨트 미착용 시 경고음이 울리고 착용하면 경고음이 사라짐)하는 것이다.
㉡ 처벌(punishment) : 어떤 행동에 결부하여 행동자가 원하는 상황을 제거하거나 행동자가 싫어하는 상황을 제공(힐책, 해고, 안전벨트 미착용 시 3만원 과태료 부과)하는 것이다.
㉢ 중단(extinction, 소거) : 계속되던 유인기제를 중단하는 것(봉급인상의 철회, 파괴적 행동의 무시)으로 중립적 자극이라고도 한다.

🏵 조직인의 성격 유형

1. Presthus의 분류

Presthus는 관료제적 대규모 조직에서 조직구성원들이 조직에 적응하는 방식에 따라 세 가지의 기본적 성격유형(상승형·무관심형·애매형)을 나누고 있다.

상승형	· 조직 상위층 · 조직생활에 만족, 조직에 적극 참여 · 권력지향적, 강한 승진 욕구
무관심형 (소외형, 방관형, 용인형)	· 계층제의 하위층 · 조직에 대해 소외감 느끼고 타인 · 조직에 이끌려 감. · 권력에 대한 야망 미약, 조직에의 일체감 약함. · 조직생활에 순응적, 만족 못해 직무 외 생활에서 보람을 찾고자 함. · 심리적 평정성과 원만한 대인관계로 특별한 갈등을 일으키지 않음.
애매형 (갈등형, 모호형, 비용인형)	· 연구직 · 참모기관 · 조직에 대한 부정적 인식과 갈등 · 독립적, 권위 · 관료제에 대해 저항적 · 대규모 조직에서는 '비극적 존재' · 창의적 · 이상주의적 · 내성적, 대인관계가 원만하지 못함.

2. Cotton의 분류

개인이 권력구조에 적응하는 유형을 기준으로 조직인의 성격을 구분하였다. 개인은 자신의 권력과 자신에게 행사되는 권력의 균형화를 추구한다는 권력균형화이론이다.

독립인형	· 조직에 대한 의존성을 최소화하고, 상관 · 조직에 대해 가능한 한 적게 관여하여 자신에 대한 영향력 회피 · Presthus의 애매형
외부관심형	· 하급자가 자신의 의존성 욕구를 조직 외부 또는 조직 내부에서도 공적 의무와 관계 없는 부분에서 찾으려고 함. · Presthus의 무관심형
조직인형	· 상관 · 조직으로부터 인정받고자 하여 상관을 존중, 친밀한 관계를 갖고자 함. · Presthus의 상승형
동료형	하위자 · 상급자가 지배 · 복종이 아닌 동료적 입장에 있는 유형으로 이상형으로 제시

3. Downs의 분류

자기이익지향적 행정인	출세형 (등반형)	자기의 권력 · 수입 등을 높게 평가하고 이를 얻기 위해 적극적으로 노력하는 이기적 모형, 중간관리층에서 나타남
	현상옹호형 (보수형, 보전형)	새로운 권력 · 수입의 획득을 위해 노력하기보다 편의 · 신분 유지 추구, 현상유지 위해 노력, 상층부 또는 중간관리층에서 나타남
혼합동기적 행정인	열성형	비교적 범위가 한정된 정책 · 사업에 충실한 낙천형
	제창형 (창도형)	보다 광범위한 기능 · 조직에 충성, 정책 · 사업에 영향을 미치기 위해 권력 추구
	정치적 지도자형 (경세가형)	사회전체에 대한 충성심 소유, 공공복지에 관심, 국가정책에 영향을 미치는 데 필요한 권력 추구

4. 기타 성격 유형

(1) A형과 B형 : A형은 매사를 단기간에 서둘러 성취하려는 경향이 있고, B형은 매사에 경쟁적이지 않으면서 안이한 성격을 지칭한다.

(2) 뉴로시티즘(neuroticism) : '정신적 기능장애 현상'이 나타나는 인간으로서 정서적인 불안정성, 피로감, 건강에 대한 걱정, 기분의 가변성, 죄책감, 불안감, 환경 속에서 받는 스트스에 따른 감수성, 긴장의 의미를 내포하는 폭넓은 성격의 특성이 나타난다.

(3) 마키아벨리즘(machiavellianism) : 자신의 목적 달성을 위하여 타인을 조정하고 이용하거나 조작하는 것으로 비도덕적 방법도 불사하는 전략을 구사하는 사람을 말한다.

03 | 조직과 환경

📎 환경에 대한 조직의 대응전략

1. 조직환경의 변화단계

Emery와 Trist는 조직환경을 4단계로 분류하고 매우 단순한 단계에서 점차 복잡다양하고 불확실한 단계로 변화되어 간다고 본다.

제1단계	평온적 · 임의적 환경(무작위적)	환경의 구성요소가 안정되고 분산되어 있는 가장 단순하고 안정적인 고전 환경유형, 구성요소 중 강한 영향력을 가진 것이 없는 상태로서 환경의 구성요소들의 상호 관련성이 매우 낮음(완전경쟁시장, 유목민들 사회, 과학적 관리론, 인간관계론, 태아상태 등)
제2단계	평온적 · 집약적 환경	환경의 구성요소가 활동적은 아니나 조직에서 유리하거나 불리한 목표와 구성요소가 일정한 방식으로 결합시작(불완전 경쟁시장, 계절의 지배를 받는 농업 등 1차 산업사회)
제3단계	교란적 · 반응작용적 환경	동태적 환경으로 복수체제가 상호작용하며 경쟁(독과점시장)
제4단계	소용돌이(격동)의 장	급격한 변화, 고도의 복잡성 · 불확실성 · 다양성 등이 특징, 신행정론에서 강조(사회적 적실성과 실천성), 현대 조직환경을 소용돌이의 장이라고 파악(S. Terrebery)

2. 조직의 환경에 대한 전략 - Thompson & McEwen과 Selznick의 이론

Thompson & McEwen	경쟁적 전략 (경쟁)		2개 이상의 조직이 제3자의 선택(자원, 고객, 구성원)이나 인적·물적 자원을 확보하기 위해 외부 환경(타 조직)과 대립적 관계를 띰.
	협력적 전략	교섭(협상)	둘 이상의 조직이 물품이나 서비스 제공·교환에 대해 합의·흥정·타협하는 것으로 양보·획득관계 성립
		적응적 흡수 (포섭)	조직이 안정·존속을 위해서 타 조직의 영향력 있는 인물을 지도층이나 의사결정기구에 흡수시키거나 위협요소를 제거하는 것
		연 합	둘 이상의 조직이 공동목표달성을 위해 제휴·합작·결합
		상징적 조작	여론에 호소하는 등으로 환경의 저항을 약화시키는 것
Selznick	적응적 흡수 (Co-optation)		조직이 존속·안정을 위해 외부환경으로부터 새로운 요인을 지도자나 정책결정구조에 흡수
	적응적 변화		조직을 변화하는 환경에 적응시켜 안정·발전을 기하려는 것

✎ 대표유형문제

조직이 안정과 존속을 유지하고 안정과 존속에 대한 위협을 회피하고, 조직의 발전을 도모하기 위하여 조직의 정책이나 리더십 및 의사결정기구에 환경의 새로운 요소를 흡수하여 적응하는 과정은?

① 적응적 흡수   ② 연 합
③ 협 상   ④ 경 쟁

정답 ①

해 설 적응적 흡수는 조직이 안정과 존재에 대한 위협을 회피하기 위하여 조직의 지도층과 정책결정의 지위에 외부환경으로부터 새로운 요소를 흡수하는 것을 말한다.

◉ 조직과 환경에 관한 새로운 시각(거시조직론)

1. 의의

환경변화에 대한 조직의 대처방안에 대해 1960년대는 구조적 상황론이 지배적이었으나, 1970~1980년대에는 이러한 결정론에 대한 새로운 시각이 제기되었다.

(1) 결정론(deterministic) : 환경은 고정불변의 것으로 정해져 있다. 개인이나 조직의 행동은 환경의 구조적 제약에 의하여 결정되며, 조직은 환경을 변경할 수 없고 수동적으로 환경에 적응하기만 한다는 실증주의 입장이다.

(2) 임의론(voluntaristic) : 조직이나 개인은 환경에 대해 능동적으로 대처하고 환경을 조절할 수 있다고 본다. 조직을 독립변수로 인식하는 해석주의 입장이다.

(3) 개별조직과 조직군이론 : 개별조직적 관점은 단위조직의 입장(구조적 상황론 등)을 중시하며, 조직군이론은 조직을 집합체(군)로 이해한다(조직경제학).

결정론과 임의론

구분	결정론	임의론
개별조직	체제구조적 관점 ·상황적응론(구조적 상황론)	전략적 관점 ·전략적 선택이론 ·자원의존이론
조직군	자연적 선택 관점 ·조직군 생태학이론 ·조직경제학(대리인이론 및 거래비용이론) ·제도화이론	집단적 관점 ·공동체생태학이론

2. 결정론

(1) **상황적응이론(Contingency Theory)** : Lorsh & Lawlence의 주장

① 객관적 결과로서의 조직성과 중시(등종국성을 중시, 업무의 과정보다는 결과를 중시), ② 조직의 점진적 상황적응 중시, ③ 미시적 수준에 의한 조직을 분석단위로 한 연구, ④ 중범위이론 지향(개체주의와 전체주의 절충)의 특성을 띠며, ⑤ 1 : 1의 관계를 지양(止揚)한다(절대적 이론이 아닌 조건적 이론이며 개인의 행위나 동기가 아닌 조직의 구조적 특성을 연구), ⑥ 최선의 방법(The Best Way)이 아닌, 효과적인 방법(The Second Way)를 추구한다.

(2) **조직군 생태학이론(Population Ecology-Hannan, Freeman : 1973)**

① 의의 : 상황이론가들은 조직이 환경변화에 합리적이고 신축적으로 또는 신속하게 적응할 수 있다고 보는 점을 비판하였다. 조직은 내·외부적 요인들로 말미암아 기존의 조직구조를 그대로 유지하려는 구조적 타성에 빠져 있기 때문에 환경의 변화에 부적합한 조직은 '도태'된다고 본다. 조직이 환경에 적응하는 것이 아니라 환경이 조직을 선택하는 것으로 조직의 존립은 스스로의 힘이 아니라, 외부환경의 특성과 선택에 의하여 좌우된다고 보는 환경을 최적화의 주체로 파악한 이론이다.

② 특징

㉠ 생물학의 자연도태(빙하기의 공룡 멸종)나 적자생존의 법칙 적용 : 구조적 동일성의 원

칙에 의하여 형성되는 유사조직군(환경적소)을 중시하며, 이 환경적소에 의하여 선택되는 조직은 생존하고 그렇지 못한 조직은 도태된다는 이론[이질동상(異質同狀, 類質同狀 : Isomorphism)]이다.

ⓒ 조직환경의 절대성을 강조 : 극단적인 환경결정론의 관점을 취하며, 조직이 환경에 적응할 수 있다는 상황이론을 비판한다. 또한 조직의 전략적 선택에 대해 회의적인 반응을 보인다.

ⓒ 관료조직의 관성의 법칙과 관련 : 외부에서 힘이 가해지지 않으면 그대로 있으려는 성질로 자발적인 변화의 의지가 없이 외부에서 압력을 가해야만 겨우겨우 변화가 생기는 조직을 말한다.

ⓔ 조직구조와 환경적소(環境適所) : 특정한 조직군이 다른 조직군과 경쟁하여 생존할 수 있는 공간, 즉 환경의 수용능력 간에 일대일 관계가 존재한다는 동일성의 원칙에 입각하여 조직구조는 환경적소로 편입되거나 도태된다는 것이다.

ⓜ 조직이 환경에 적응하는 과정 : 변이(우연적 또는 계획적 변화) ⇨ 선택(환경적소로부터 선택되거나 도태) ⇨ 보존(선택된 특정조직이 환경에 제도화되고 그 구조를 유지하는 것)

* 적소(niche)

특정한 개체군이 생존하고 또 재생산할 수 있게 해주는 자원들의 조합으로 정의할 수 있다. 어떤 제약조건 하에서 특정 조직군이 모든 다른 조직군보다 우위를 점하는 영역 혹은 특정 조직군이 다른 조직군과 경쟁하여 생존할 수 있는 공간으로써 생존과 증식을 가능케 해주는 자원들의 집합으로 구성되어 있는 것을 말한다.

예 자동차를 필요로 하는 고객의 크기, 패스트푸드를 소비하는 직장인의 수, 신문사들의 독자의 수 등

(3) 조직경제학

최소의 비용으로 최대의 효과를 올리는 경제원칙에 입각한 시장경제학의 관점을 조직이론에 도입한 것으로, 대리인이론과 거래비용경제학이 핵심이다.

① 대리인이론 : 대리인이론은 모든 조직을 주인과 대리인의 관계로 보아 주인(정부조직 또는 정부관리자, 국민)과 대리인(공무원, 직원)은 모두 자신의 효용극대화를 추구하는 것으로 경제학적 모형을 조직연구에 적용하는 접근방법이다.

② 거래비용이론 : 거래비용은 정보비용, 협상비용, 통제비용, 거래관계유지비용 등 경제적 교환과 연관되는 모든 거래비용의 최소화를 추구한다.

거래비용경제학에 대한 조직관의 설명

1. **거래비용의 결정요인**

Williamson은 시장과 계층제 가운데 어떤 방식이 어떤 경우에 보다 효율적일 수 있는가를 분석하고자 하였다. 그는 시장을 통한 계약관계의 형성 및 집행에서 발생하는 거래비용과 계층제적 조직이 될 경우의 내부관리비용을 비교하여 거래비용이 관리비용보다 많은 경우 수직적

통합(계층제적 조직이 형성)이 일어난다고 보았다.

① 거래비용을 증가시키는 시장실패의 원인 중 인간적 요인으로 제한된 합리성, 기회주의적 행동(기만이나 사기 등 계산된 이기주의)을 들고 있다. 즉, 누가 속이고 또 누가 그렇지 않는지를 알 수 없는 제한된 합리성 때문에 이들을 구별하는 데 거래비용이 소요된다.

② 환경적 요인 : 환경이나 행태의 불확실성, 참여자가 소수인 불완전경쟁 상태, 정보밀집성(정보의 편재), 그리고 자산의 전속성이나 특정성은 행위자의 기회주의적이고 전략적인 행동을 유발하여 거래비용을 발생하게 한다.

③ 자산의 특정성 및 정보의 편재성이 높으면 거래비용이 높아진다. 정보격차나 자산의 특정성은 시장을 통한 거래관계를 힘들게 만들므로 이에 대한 대체방법으로 내부조직(관료제)을 선호하게 된다는 것이다.

　　예 자산의 특정성 또는 전속성(asset specificity)이란 자신의 자산이 다른 조직에서는 효용이 없다는 이전불가능성으로서 자산의 특정성이 높을수록 굳이 다른 조직과의 거래가 불필요하므로 내부조직화가 이루어진다는 것이다.

　　예 자동차 공장과 제철업소가 대표적인 예로 서로 인근에 위치해 상호 호혜적인 면도 있으나 차체변경 등 기회주의적 행동으로 인하여 손해를 보게 되는데, 이때 자동차 회사와 제철업소간의 수직적 통합이 필요하다. 결국 하나의 조직으로 통합하게 되는 경우이다.

④ 거대조직이나 계서제적 조직구조의 출현원인을 거래비용의 최소화에서 찾고 있다. 거래비용 차원에서 볼 때 시장보다는 관료제(위계)조직이 우수하다고 본다. 그것은 계층제 조직이 시장보다 감독과 감시가 용이하고 당사자 간 분쟁이 발생할 경우 내부조정이 용이하기 때문이다.

2. 거래비용의 종류

① 사전비용(ex ante) : 거래조건 합의사항 작성비용, 협상이행을 보장하는 비용, 상품의 품질 측정비용, 정보이용비용, 거래를 준비하기 위한 의사결정비용 등

② 사후비용(ex post) : 계약조건이행협력에서 발생하는 부적합조정비용, 이행비용, 감시비용, 사후협상(입씨름 비용)비용, 분쟁조정관련비용, 계약이행보증비용 등

🖋 대표유형문제

윌리암슨(Williamson)의 거래비용이론 관점에서 계층제가 시장보다 효율적일 수 있는 근거로 옳지 않은 것은?

① 계층제는 연속적 의사결정을 용이하게 함으로써 인간의 제한된 합리성을 완화한다.
② 계층제는 집합적 의사결정의 외부비용을 감소시킨다.
③ 계층제는 불확실성을 감소시킨다.
④ 계층제는 정보밀집성의 문제를 극복할 수 있다.

정답 ②

해설 계층제는 거래가 내부화되어 있어 참여자가 적으므로 거래비용(의사결정비용)이 적게 들어간다고 본다. 즉, 집합적 의사결정에서 외부비용(집행비용 ; 집행과정에서 협조나 순응을 구하는 비용)은 늘어나지만, 내부비용(의사결정비용)은 감소시킨다. 반대로 시장은 참여자가 많아 내부비용(의사결정비용)이 증가하는데 이는 거래비용이 증가하여 시장이 실패하는 요인이 된다. 시장실패의 관점에서 시장에 비해 조직(계층제)이 효과적인 이유는 다음과 같다.

① 내부조직(계층제조직)은 적응적·연속적 의사결정을 용이하게 함으로써 인간의 제한된 합리성을 완화시킨다.
② 소수교환관계에서 기회주의를 희석시킨다.
③ 거래의 내부화를 통하여 구성원들의 기대가 어느 정도 수렴됨으로써 불확실성을 감소시킨다.
④ 정보밀집성(정보의 편재)이나 자산의 특정성(전속성)이 극복된다.

(4) 제도화이론(Meyer & Scott, Rowan, Powell, Zucker : 1983)

조직에 가장 결정적으로 작용하는 환경적 요인은 인습적인 신념에 부합되도록 하는 사회적·문화적 압력이다. 이 사회적·문화적 압력이 곧 제도인데, 제도화란 특정의 구조와 관행, 절차 등이 발생하여 그것이 하나의 제도로서 안정화되는 과정을 의미한다.

3. 임의론(자발론)

(1) 전략적 선택이론(Strategic Choice Theory—Child, Chandler : 1972)

전략적 선택이론은 상황이 구조를 결정하는 것이 아니라 관리자의 상황판단과 전략이 구조를 결정한다고 주장한다. 즉 조직에서 권한 있는 자의 결정은 곧 조직의 방침이 된다는 이론이다. 조직구조는 전략을 따른다는 Chandler의 이론과 조직구조는 조직 내 정치적 과정을 통해 형성되는 전략적 선택에 의해 결정된다는 Child의 이론이 대표적 이론이다.

(2) 자원의존이론(Resources Dependence Theory—Pfeffer, Salancik : 1978)

전략적 선택 관점에서 조직을 환경과 상호작용하는 것으로 본다. 조직이 환경에 대해 보다 능동적이고 적극적으로 대처하여 상호작용의 대상인 자원을 효율적으로 관리·통제함으로써 조직의 목표를 달성할 수 있다. 조직들은 환경에 대한 의존성이나 불확실성을 줄이기 위해, ① 문제요소들을 전면적으로 흡수하는 합병, ② 겸임이사제와 같이 조직 간 인사관계를 이용한 부분적 흡수, ③ 트러스트와 같이 문제환경에 대해 적극적 협력관계를 구축하는 방법, ④ 조직 간 Network 활용, ⑤ 조직의 형태를 유지하기 위한 일관된 리더십 구조, 전략적 선택, 관료제화, 구성원의 사회화 등으로 자원의 재고를 증가시킬 수 있는 완충전략 등을 선택할 수 있다. 조직이 의존하고 있는 핵심적인 자원에 대한 통제능력이 관리자의 능력과 역량을 좌우한다.

(3) 공동체생태학이론(Beard & Dess, Oliver : 1988)

① 어떤 지역에서 함께 생활하는 모든 개체군들의 집합을 대상으로 연구하는 이론으로서, 주로 조직유형들의 출현 및 소멸과 관련되는 거시진화론적 접근법에 의존한다. 따라서 조직군생태론이 환경변화에 대해 능동적이며 공동적인 노력을 설명해 주지 못하는데 비해, 공동체생태학이론은 조직 상호간 공동적 호혜관계(공동전략)를 통한 능동적 환경적응과정을 강조한다.

② 다원화된 이익단체들의 결속 등 집단적 행동을 정당화시키는 이론이다.

③ 조직 간 호혜적 관계(공동전략)를 형성하는 이유이다(Oliver).

조직군생태학과 공동체생태학의 비교

비교차원	조직군생태학	공동체생태학
학문적 바탕	개체군 생태학	사회생태학, 인간생태학
조직 간 관계	경쟁적	호혜적
관리자 역할	무기력, 상징적	전향적, 상호작용적
환경에 대한 관점	통제 불가능하며, 단순히 주어짐(자연적 환경)	조직공동체에 의해 형성되고 통제가 가능
적응방식	환경에 의한 선택	공동노력에 의한 능동적 적응
분석수준	개체군(비교적 동질적인 조직들의 경제적 집합체)	공동체(정치적이고 의도적인 조직공동체)

🖋 대표유형문제

1. 다음 중 조직을 환경에 수동적인 존재로 보지 않고 환경에 적극적으로 대처하고 환경을 관리하는 실체로 보는 접근방법은?

① 자원의존이론   ② 조직생태론

③ 거래비용이론   ④ 구조적 상황이론

정답   ①

해설   조직이 환경에 대응하는 방식에는 결정론과 임의론이 있다. 조직을 환경에 수동적인 존재로 보지 않고 환경에 적극적으로 대처하고 환경을 관리하는 실체로 보는 접근방법은 임의론(자발론)이다. ②③④⑤는 결정론이며, 임의론은 전략적 선택이론, 공동체생태학이론, 자원의존이론이 있다.

2. 거시적 조직이론에 대한 다음 설명 중 옳지 않은 것은?

① Lawrence와 Lorsh는 상황적응이론을 통해 분화와 통합을 강조하였다.

② 자원의존이론은 조직이 외부자원에 의존적이라 보는 점에서 환경결정론에 해당한다.

③ 조직군 생태학이론은 관리자를 주어진 환경에 무기력한 존재로 본다.

④ 공동체생태학이론은 관리자의 상호작용적 역할을 강조한다.

정답   ②

해설   자원의존이론은 조직이 외부자원에 의존적이라고는 보지만, 자원의존이론(resources dependence theory)은 자원을 획득하고 유지할 수 있는 능력을 조직생존의 핵심요인으로 보는 전략적 선택이론의 일종으로서 결정론이 아닌 임의론이다.

제 03 장

조직의 형태

01 공식조직과 비공식조직

공식조직과 비공식조직의 의의

구 분	공식조직	비공식조직
개 념	① 분업, 공식, 책임의 계층제를 통해 수직적·수평적 구조를 형성하고, 일정 공동 목표달성을 위해 조직된 인위적·의도적·법적·외재적·제도적 조직 ② 특정 목적을 위하여 인위적·계획적·합리적·제도적·가시적으로 형성된 조직	① 구성원 상호간에 접촉, 친근성 등으로 인해 자연발생적으로 형성되는 내재적·불가시적·부차적 조직 ② 구성원 간의 욕구충족을 위하여 자연발생적·비제도적·내면적·감정적·비합리적으로 형성된 조직
특 징	① 공적 성격의 목적 추구 ② 능률의 원리가 지배 ③ 목표에 대해 조직 전체가 통합 ④ 이론적 합리성에 따라 구성	① 사적 성격의 목적 추구 ② 감정의 원리가 지배 ③ 분산적, 비통합적 ④ 대면적 접촉에 따라 구성

비공식조직

1. 비공식조직의 기능

순기능	역기능
① 심리적 안정감 형성 ② 공식조직의 경직성 완화 ③ 쇄신적 분위기 조성과 능력의 보완 ④ 비공식적 의사전달의 통로 ⑤ 행동기준 확립 ⑥ 공식지도자의 능력 보완 ⑦ 업무의 능률적 수행(조직원 간에 유대·협조)	① 적대감정과 심리적 불안감의 조성 ② 비공식적 의사전달의 역기능(풍문, 소문) ③ 압력단체화할 우려와 정실행위의 만연 ④ 개인적 불안이 전체적 불안으로 확대 ⇨ 공식조직을 와해시킬 가능성 ⑤ 행정인의 정치적 중립성을 저해

2. 비공식조직의 발생요인

(1) 공식조직의 비인격성·비인간성이 초래하는 모순 극복

(2) 공식적 권위·법적 명령권과 사실상의 영향력·권위 사이의 차이

(3) 인간적 욕구와 귀속적 요인 자아의식의 발휘에 대한 욕구

(4) 공식적 구조의 경직성(새로운 환경에 대한 신축적 대응 결여)

(5) 모든 문제의 해결 및 처리에 법규의 일반적·개괄적 성격이 초래하는 한계

---

02 │ 계선기관과 막료기관

계선기관과 막료기관의 의의

1. 계선기관과 막료기관의 개념

(1) 계선기관 : 계층제로 구성되며 조직목적을 직접 수행하는 중추적 기관이다.

(2) 막료(참모)기관 : 조직목적을 달성할 수 있도록 간접적으로 기여하는 부수적·보완적 기관으로 계선기능의 결함을 보완하고 쇄신적·창의적 행정이 요청되며, 정책결정기능의 비중이 증대되어 막료의 기능이 중요해지고 있다.

2. 막료의 유형

(1) 보조형 막료 : 보조형 막료는 계선기관을 유지·관리·보조함으로써 봉사기능을 수행하며, 군대의 특별참모에 해당되고, 계선기관의 하부조직을 형성한다.

(2) 자문형 막료 : 자문형 막료는 기획·조사·자문·연구 등의 기능을 담당하는 막료이며, 군대의 일반참모에 해당하고 계선·보조 양 기관에 대해 조언·권고하며, 최고집행자 직속에 있는 막료이다.

3. 계선기관과 막료기관의 특징

구 분	계선기관	막료기관
직 무	목표달성에 직접적 기여	목표달성에 간접적 기여
권 한	결정권·명령권·집행권 보유	결정권·명령권·집행권 비보유
조직·구조	계층제·명령통일·통솔범위의 원리 적용	계층제·명령통일·통솔범위의 원리 비적용
접촉면	국민에 직접 접촉·봉사	계선에 직접 접촉·봉사
책 임	직접적 행정책임	간접적 행정책임
실 례	장관-차관-실·국장-과장	정책보좌관, 공보관, 감사관, 법제처, 국가보훈처, 국무조정실, 차관보, 총무과, 비서실, 담당관
업무의 유형	실시·집행·수행·지휘·명령·감독·결정	계선의 업무를 지원·조성·촉진(자문, 권고, 협의, 조정, 정보의 수집·분석, 기획·통제, 인사·회계·법무·공보·조달·연구 등)

4. 계선기관과 막료기관의 장단점

구 분	계선기관	막료기관
장 점	·능률적 업무수행 ·신속한 정책결정 ·강력한 통솔력 행사 ·권한과 위임의 한계 명확	·합리성·창의성 결함 보완 ·기관장의 통솔범위 증진 ·계선기관간의 업무의 조정 ·계선기관의 결함 보완
단 점	·업무량 과다 ·경직성(정태적) ·통솔범위의 한정 ·기관장의 독단적 조치 가능	·책임의 전가 ·결정의 지연가능성 ·계선기관과의 대립·충돌 ·경비의 과다

계선과 막료의 관계

1. 계선과 막료의 갈등원인

    (1) 지식·능력·수입의 차이 : 막료가 지식·능력·수입면에서 높음.

    (2) 행태의 차이 : 계선은 현실유지적, 막료는 이상적·변화지향적

    (3) 개혁과 현상유지 : 계선은 보수적, 막료는 개혁지향적

    (4) 조직상의 갈등 : 권한과 책임한계의 불명확화

    (5) 심리적 갈등 : 상호불신(자신의 지위, 입지, 업무상)

    (6) 직무성질에 대한 인식부족 : 계선은 참모를 시야가 좁은 전문가로, 참모는 계선을 근시안
       적·비협조적·권위적이라고 인식

2. 계선과 막료의 갈등해결방안

    (1) 권한·책임한계의 명확화   (2) 기관장의 올바른 참모기능 인식

    (3) 인사교류 등 상호간의 접촉 추진   (4) 전문가적 사고방식 지양과 교육훈련의 필요성

✎ 대표유형문제 ··

참모의 순기능에 대한 설명으로 옳지 않은 것은?

① 조직의 운여에 융통성을 부여한다.   ② 권한과 책임의 한계를 분명히 하는 장치가 된다.
③ 계선의 통솔범위를 확대시켜준다.   ④ 합리적인 의사결정을 가능케 한다.

정답 ②
해설 권한과 책임의 한계를 분명히 하는 장치가 되는 것은 참모가 아니라 계선의 특징이다. 막료(참모)는 기관장의 통
      솔범위를 증진하고, 계선기관간의 업무를 조정하며, 합리적 의사결정과 창의성을 추구한다.

3. 계선과 막료의 상호관계

  계선기관은 명령·집행·결정의 기능을, 막료기관은 조언·권고·자문 기능을 각각 수행한다
고 볼 수 있으나, 이 양자는 상호보완적 관계에 있으며 그 구별이 점차 어려워지고 있다.

03 | 위원회제도

위원회제도의 의의

1. 위원회제도의 개념

단독제 행정기관에 대응하는 개념으로, 계층제조직의 경직성을 완화하고 민주적 결정과 조정을 촉진하기 위하여 동일한 계층과 지위에 있는 사람들이 의사결정을 하고 그에 대하여 책임을 지는 합의제 조직을 말한다.

(1) 광의의 개념 : 복수 자연인에 의해 구성되는 합의제기관
(2) 협의의 개념 : 행정적 규제의 권한을 가지며 일반 행정기구로부터 독립되어 있는 합의제기관

2. 위원회제도의 장단점

장 점	단 점
· 각 부문 간의 이견을 조정 · 통합하여 업무처리의 능률성을 기함. · 신중하고 공정한 집단적 결정이 이루어짐. · 행정의 중립성과 정책의 계속성 확보 · 전문지식과 기술의 활용으로 합리적 · 창의적인 결정 · 계층제의 경직성을 완화시키고 조직의 의사결정과 운영상의 민주화에 기여 · 의사소통이 원활하게 이루어지며 협조적 인간관계 형성 · 다수의 지지획득 가능	· 결정이 지연되어 신속성 · 기밀성을 기하기 어렵고 시간과 경비 많이 소요 · 책임소재가 불분명 · 강력한 리더십이 결여되어 우유부단에 빠질 우려가 있고 자칫 지루한 심의에 권태감을 느껴 타협적 결정이 이루어질 가능성 · 압력단체(이익집단)의 활동무대가 될 가능성 · 사무국이 위원회를 지배하게 되어 위원회를 무력화시킬 가능성

✎ 대표유형문제

위원회제의 장점이라고 할 수 없는 것은?

① 조정에 용이
② 결정에 신중성
③ 책임의식의 강화
④ 행정의 계속성과 안정성

정답 ③

해설 위원회는 다수에 의한 의사결정이 됨으로써 책임이 분산되어 책임의식의 강화가 곤란하다.

독립규제위원회(獨立規制委員會)

(1) 독립규제위원회의 개념

19C 말 미국에서 자본주의로 인한 문제들을 규제하기 위해 행정수반을 정점으로 하는 부처 편제로부터 독립하여 준입법권·준사법권을 가지고 특수 업무를 수행하는 합의제·회의식 기관 (1887년 주제통상위원회)이 시초가 되었다.

(2) 독립규제위원회의 설치이유(발달배경)

① 자유주의 경제체제가 시장의 실패로 그 작용이 원활하지 않아 정부규제의 대상이 증가하였다.

② 사경제의 비약적인 발전으로 복잡해진 경제활동에 대한 규제는 정치적 압력과 영향을 적게 받는 독립기관에 맡길 필요가 있었다.

③ 규제사무의 기술적 복잡성으로 전문가의 판단이 요구되거나 정치적 중립성이 요구될 경우 위원의 신분이 강력하게 보장되고 준입법·준사법적 기능을 수행할 합의제기관이 필요하였다.

④ 입법부, 사법부의 능력결여에 따른 전문적 기관이 요망되었다.

⑤ 행정권의 독재화(비대화)를 배제하고 지역적 이해관계의 대표자를 참여시켜야 하거나 규제사무가 기존의 행정기관에서 다루기 곤란한 경우 규제위원회가 설치되었다. 주제통상위원회의 성공적 운영이 큰 영향을 미쳤다.

(3) 독립규제위원회의 성격

① 독립성 : 입법부·행정부·사법부와 병립한 일종의 '머리 없는 제4부'라 하며, 대통령은 상원의 동의를 거쳐 위원을 임명하며, 해임은 특별한 경우에 한정된다. 임기는 장기적(대통령보다 장기)이며, 위원회의 결정은 그 자체가 최종적인 것으로 법적 효력을 가진다.

② 합의성 : 복수위원이 홀수(5~9명)로 구성되며 합의제로 운영된다.

③ 준입법권·준사법권 : 권력통합적 기관으로 소관규제사무에 대하여 법률의 범위 내에서 규칙제정권과, 필요한 제재나 이의신청에 대한 사법적 결정권을 가진다.

④ 경제·사회적 문제에 대한 시정, 사회복지를 위해 개인·재산 규제 등 행정위원회의 성격을 지닌다.

⑤ 대통령과는 의사교환이 이루어지지 않으나 의회와는 의사전달이 이루어지기 때문에 '의회의 팔'이라고도 한다.

(4) 우리나라의 독립규제위원회와 유사한 기관

객관적이고 공정한 업무처리를 위해 설치한 것으로 중앙선거관리위원회, 중앙노동위원회, 금융통화위원회, 국가인권위원회, 공정거래위원회 등이 있다. 행정수반으로부터 독립은 중앙선거관리위원회, 중앙노동위원회, 금융통화위원회 등이 있고, 자본주의 발달에 따라 발생하는 국가개입 측면에서의 대두는 국가인권위원회, 공정거래위원회가 있다.

(5) 타 위원회와의 차이

① 미국의 독립규제위원회와의 차이 : 미국의 독립규제위원회는 자본주의의 발달로 인한 복잡한 행정수요를 처리하기 위한 시대적 산물로서 설치된 것이나 우리나라의 경우는 그러하지 않다. 규제대상이 미국의 독립규제위원회는 경제문제를 중심으로 하는 개인의 자유와 재산인데 반하여 우리의 경우는 규제대상이 명백하지 않다.

② 행정위원회와 독립규제위원회의 차이
  ㉠ 독립규제위원회는 엄격한 의미에 있어서는 행정위원회의 한 유형이라고 할 수 있으나 그 설치의 이유, 목적 등이 다르므로 구분하기도 한다.
  ㉡ 행정위원회는 부처직제에서 어느 정도 독립성과 중립성을 부여받고 설치되는 합의제 행정관청으로 주로 준입법적·준사법적·행정적 기능을 수행한다. 우리나라의 소청심사위원회, 교육위원회, 중앙국세심사위원회, 저작권심사위원회 등이다.
  ㉢ 독립규제위원회는 준입법적, 준사법적 업무를 대통령이나 의회의 압력을 받지 않고 독립적인 입장에서 다루는 합의제 행정기관이다.
  ㉣ 행정위원회는 부처의 장으로부터 독립되지만, 독립규제위원회는 행정수반과 의회로부터 독립된다.

위원회유형별 소속구분정리

	대통령	국무총리	각 부처	독립
자문위원회	* 국가생명윤리심의위원회 * 미래기획위원회 * 경제사회발전노사정위원회 * 국가균형발전위원회 * 아시아문화중심도시조성위원회	* 정책평가위원회 * 정보화추진위원회		
행정위원회	* 방송통신위원회 * 규제개혁위원회	* 국민권익위원회 * 공정거래위원회 * 금융위원회	* 중앙노동위원회(노동부 소속) * 소청심사위원회(행정안전부 소속) * 복권위원회(기획재정부)	* 중앙선거관리위원회 * 금융통화위원회 * 국가인권위원회 * 토지수용위원회

* 방송통신위원회, 공정거래위원회, 금융위원회는 중앙행정기관
* 금융위원회는 금융감독 및 금융정책기능 수행
* 미국의 독립규제위원회와 유사한 위원회 - 공정거래위원회, 중앙노동위원회, 중앙선거 관리위원회, 금융통화위원회, 국가인권위원회
* 중앙인사기관 : 종전(중앙인사위원회-합의제, 비독립기관), 현재(행정안전부-단독제, 비독립기관)

(6) 독립규제위원회의 장단점

장 점	단 점
·초당파적 기관으로 부당한 압력에 대한 저항이 가능하다. ·집단적인 정책결정이 이루어지므로 합리성을 기할 수 있다. ·전문적인 지식·기술을 활용하여 사회·경제 문제를 해결한다. ·정치적 압력을 덜 받아 경제문제에 대한 규제 기능을 수행하기에 적당하다.	·대통령의 일관성 있는 정책수행을 곤란하게 할 우려가 있다. ·일반행정기관보다 복잡한 사회·경제적 변동에 적응하기가 어렵다. ·결정과 업무처리가 지연된다. ·강력한 정치권력이 뒷받침되어야 한다. ·행정수반의 대립 시 조정이 곤란하다. ·부당한 영향력에 대한 태도가 악화될 수 있고 부패가 우려된다. ·전문적이고 유능한 위원의 확보가 어렵다.

04 | 공기업(public business)

공기업의 개념 및 설립동기

1. 공기업의 개념

국가 또는 지방자치단체가 수행하는 사업 중 공공성과 기업성을 가진 기업으로써 국가 또는 공공단체가 시행하며 현대국가에 들어와서 그 수가 급격히 증가하였다.

2. 공기업의 설립동기(Friedman, Dimock의 주장)

(1) 민간자본의 부족 : 대규모의 기업운영 시 민간의 자본이 부족한 경우 정부와 연대하여 공기업이 등장

　예 우리나라의 (주)충주비료

(2) 국방상 및 전략상의 원인 : 중요사업이나 군사기밀을 요하는 사업은 공기업 형태의 운영이 필요

　예 미국 제1차 대전시 미국 주택공사, 곡물공사, 전시 재정공사

(3) 독점적 사업 : 민간보다는 정부가 독점하여 공급하는 것이 공익상 유용하다고 판단될 때 공기업으로 운영

　예 철도, 전신, 전화 등의 공익사업

(4) 정치적 신조 : 정당이념에 따라 공기업을 설치하기도, 민영화하기도 함

(5) 경제정책상의 요인 : 경제적·사회적 문제를 해결하기 위하여 정책적 요구에 따라 공기업이 등장

3. 우리나라에서의 공기업 설립동기

(1) 민간영역의 축소(사기업의 비대방지) : 사기업체의 지나친 비대화 방지를 위해 설치

(2) 독점적 사업 : 독점적 서비스 제공의 필요성 . 철도, 통신, 전력사업 등

(3) 공공수요의 충족 : 불특정 다수의 요구를 충족시키기 위해 설치 . 수자원공사, 주택공사, 국민은행 등

(4) 재정적 수요의 충족 : 국가재정의 확충을 위해 설치 . 담배인삼공사

(5) 역사적 유산 : 일본인 소유였던 귀속사업체를 공기업화

    예 경성전기 주식회사와 조선전기 주식회사를 통합하여 한국전력공사를 설립

공기업의 원칙과 이념

2대 원칙	4대 원칙	2대 이념
공공성의 원칙	·공공서비스의 원칙 ·공공규제의 원칙	민주성의 요구
기업성의 원칙	·독립채산제의 원칙 ·생산성의 원칙	능률성의 요구

4. 공기업의 주요 기능

(1) 경제성장 촉진기능. 1955년 (주)충주비료, 1973년 포항제철의 설립

(2) 독과점 억제기능 : 공익사업과 같은 독점사업은 공기업이 대부분 담당

(3) 공공수요 충족기능 . 상수도사업, 하수도사업, 서민주택사업, 기업은행, 국민은행 등

(4) 지역개발기능 : 일정지역에 경제적 낙후성을 극복하거나 개발전략으로서 설립

    예 미국 T.V.A(테네시계곡 개발공사)

(5) 국가안보기능 : 국가방위 및 전략적 차원에서 설립

(6) 재정수요 충족기능 . 우리나라 담배인삼공사의 전매사업

🔹 공공기관의 운영에 관한 법률 – 2007. 4. 1. 시행

이 법률안은 공공기관의 자율책임경영체제를 확립하고 경영 자율성·투명성을 제고하기 위하여 공공기관 운영시스템을 개선하려는 것으로서 현행 정부투자기관관리기본법과 정부산하기관관리기본법을 통합하여, 공공기관의 범위 설정, 유형분류, 외부평가·감독시스템 등에 관한 사항을 체계적으로 규정하고 있다. 이 법률안 또는 공공기관의 지정 및 구분에 관한 사항 등을

심의·의결하기 위해 기획예산처장관 소속하에 20명 이내로 공공기관운영위원회(이하 운영위원회)를 구성하되 민간위원 수가 과반수를 넘도록 했다.

1. 공기업(50명 이상)

(1) 시장형 공기업 : 자산규모가 2조원 이상으로 총수입액 가운데 자체수입액이 대통령령이 정하는 기준 이상(재정자립도가 90% 이상)으로 정부의 지원 없이 운영이 가능한 공공기업이다. 시장형공기업은 한국가스공사, 한국전력공사, 인천국제공항공사, 한국공항공사, 부산항만공사, 인천항만공사, 한국석유공사, 한국지역난방공사와 2011년에 추가된 한국수력원자력 등 발전회사 6개를 포함하여 14개 기관

(2) 준시장형 공기업 : 재정자립도가 90% 이상이면서 자산규모가 2조원 이하인 국가 공기업이다. 정부투자관리기본법(정투법)에 의해 관리·감독을 받아왔던 한국마사회, 수자원공사, 도로공사, 토지주택공사(LH공사), 철도공사, 한국감정원, 대한주택보증, 환경관리공단, 컨테이너부두공단, 지역난방공사 등의 기관이 준시장형 공기업이다.

2. 준정부기관 (50명 이상) : 공기업이 아닌 공공기관 중에서 지정

(1) 기금관리형 준정부기관 : 국가재정법에 따라 기금을 관리하거나 기금관리를 위탁받은 기관으로 자산관리공사, 공무원연금, 국민연금, 신용보증기금 등을 말한다.

(2) 위탁집행형 준정부기관 : 정부의 정책사업을 위탁받아 처리하는 기관으로서 철도시설공단, 환경자원공사, 전기안전공사, 제주국제자유도시센터, 대한지적공사, 농수산유통공사, 국립공원관리공단, 가스안전공사, 한국농촌공사 등의 기관은 위탁집행형 준정부기관으로 분류하였다.

공공기관의 운영모델

구 분	공기업		준정부기관	
	시장형	준시장형	위탁집행형	기금관리형
업무 특성	상업성	준상업성	정책목적 사업 수행	정부기금 직접 운용
지배구조 설계방향	강한 기업모델 (OECD모델)	기업원리+일부통제 (준OECD모델)	공적 관리	공적 관리
이사회 모델	이사회 중심모델	이사회 강화모델	자문형 이사회모델	운영위, 이사회 이중 (dual board)모델
소유 및 지배구조	기획재정부 (공기업운영위)	기획재정부 (공기업운영위)	기획재정부(준정부기관운영위)+주무부처	기획재정부(준정부기관운영위)+주무부처

3. 공공기관 구성과 임명

			이사회 의장	감사 위원회	기관장	이사		감 사
						상임이사	비상임이사	
공기업	시장형		선임 비상임 이사	의무 사항	주무기관 장 제청, 대통령이 임명	기관장이 임명	기획재정부 장관이 임명	기획재정부장관 제청, 대통령이 임명
	준시 장형	2조 이상	선임 비상임 이사	의무 사항				
		2조 미만	기관장	설치 임의				
준정부기관			기관장	설치 임의	주무 기관장이 임명	기관장이 임명	주무기 관장이 임명	- 기획재정부장 관이 임명 - 대규모기관은 대통령이 임명

1. 「공공기관의 운영에 관한 법률」의 적용을 받는 공기업의 상임이사(상임감사위원 제외)에 대한 원칙적인 임명권자는?

① 대통령 ② 주무 기관의 장
③ 해당 공기업의 장 ④ 기획재정부장관

정답 ③

해설 공기업의 상임이사는 해당 공기업의 장(기관장)이 임명한다. 상임이사는 공기업이든 준정부기관이든 모두 해당기관장이 임명한다.

2. 우리나라 공공기관의 유형과 그 사례가 잘못 연결된 것은?

① 시장형 공기업 – 한국마사회
② 준시장형 공기업 – 한국토지주택공사
③ 위탁집행형 준정부기관 – 한국농어촌공사
④ 기금관리형 준정부기관 – 국민연금공단

정답 ①

해설 한국마사회는 시장형 공기업이 아니라 준시장형공기업이다. 시장형공기업은 현재 한국가스공사, 한국전력공사, 인천국제공항공사, 한국공항공사, 부산항만공사, 인천항만공사, 한국석유공사, 한국지역난방공사와 2011년에 추가된 한국수력원자력 등 발전회사 6개를 포함하여 14개 기관이다.

🍥 공기업의 민영화(Privatization)

1. 민영화의 의의

민영화란 공공부문이 담당하던 업무를 민간부문이 담당하도록 업무책임이 이동하는 현상을 의미한다. 1960년대와 1970년대에는 복지국가화, 행정국가화 등으로 거대정부가 출현하게 되었는 데, 이러한 행정의 과부하에 반대하는 조세 반란(tax revolt) 등에 의하여 민영화가 대두되게 되었다. 민영화는 작은 정부를 지향하는 시대 분위기에서 급속히 확대되었으며, 민간부문이 보다 많은 사업을 창출할 수 있도록 하여 민간부문을 활성화시키고 있다.

2. 민영화의 특징

(1) 경제적 자유의 증진 : 정부의 과잉규제와 통제를 완화하여 민간경제의 활성화 및 시장경제를 활성화시킨다.

(2) 능률의 제고 : 정부관료제에 의한 운영은 비능률적 측면과 기업성의 취약 등으로 민간에 비해 능률성이 약화될 수 있으므로 민영화를 통한 능률성 제고가 필요하다.

(3) 적자재정의 감축 : 적자 공기업을 매각(賣却)하거나 신규투자를 줄여 적자 재정감축에 이바지한다. 작은 정부 지향과도 의미가 상통한다.

(4) 행정서비스의 향상 : 민영화는 경쟁체제에 의하여 양적·질적 측면에서 공공분야보다 서비스 향상을 기할 수 있다.

(5) 보수인상요구의 억제 : 노동조합측이 부당한 임금인상의 요구를 자제하게 될 수 있다. 그러나 이와 같은 목적은 거의 고려되지 않는다.

(6) 수익자 부담원칙에 충실 : 혜택을 많이 받는 자가 더 많이 부담한다.

(7) 경영의 전문화 : 민간에 위탁함으로써 경영의 전문성을 꾀할 수 있고 행정은 나름대로 고유의 전문성 향상에 기여할 수 있다.

(8) 자본시장 저변의 확대 : 공기업 주식의 매각은 우량주식(優良株式) 물량의 공급확대를 통하여 자본시장의 안정화에 기여하고, 시중유동자금(市中流動資金)의 산업자금화(産業資金化)로 통화의 안정적 관리에 이바지한다.

(9) 기타 : 국민선택권 확립, 작은 정부 실현(정부기구 확장 억제), 신축적 서비스 이용가능, 규모의 경제, 대규모 시작비용(시설비용) 절약, 공공과 민간의 효율성 비교 등

3. 민영화의 유형 - E. Savas(1982)

(1) 정부자산, 주식의 매각 또는 공기업 매각 : 정부보유주식이나 자산을 민간에게 팔아넘기는 가장 일반적인 방식(국민주, 종업원지주제 등)이다.

(2) 사기업과 계약에 의한 위탁경영 : 민영화 방식 중 가장 흔한 방식이다. 자금은 정부가 부담하고 경쟁에 의해 선정된 민간업자로 하여금 계약에 의해서 공공서비스를 공급하게 하는 방법(지정 또는 허가방식, 사업체 설립방식, 위원회 구성방식, 자원단체 활용방식, 계약방식 등)이다.

　例 쓰레기 수거, 청소대행, 청원경찰의 공공건물 배치, 주차위반단속 등

(3) 정부규제의 완화 또는 자유화 : 공기업에 대한 경쟁을 제한하는 여러 가지 법적 규제를 제거하거나 완화하고, 현재 정부 또는 특정 공기업이 독점하고 있는 재화 및 용역을 민간부문도 공급할 수 있도록 진입장벽을 낮춤으로써 경쟁성을 더욱 확대하는 방법이다.

(4) 보조금의 지급(Granting, Subsidy)

　① 민간조직 또는 개인이 서비스 제공활동에 대한 재정 혹은 현물을 지원하는 보조금 방식(subsidy arrangements)이 있다. 공공서비스에 대한 요건을 구체적으로 명시하기 곤란하거나 서비스가 기술적으로 복잡하고 서비스의 목표를 어떻게 달성할 것인지 불확실한 경우에 사용된다.

　② 서비스 성격 자체는 공공성을 가지고 있으나 공공의 공급만으로는 국민적 수요와 재화의 생산에 한계가 있으므로 이와 유사한 서비스를 제공하는 민간부문에 생산보조금을 지급하는 것

　　例 탁아시설에 대한 보조, 민간단체의 환경보호운동에 대한 보조, 사립 초·중·고등학교에 대한 보조

(5) 증서, 구매권(Voucher) 제공

바우처는 사회적으로 주로 약자이거나 어려운자에게 실시하는 것으로 소비자가 선택이 가능하고 재분배적 성격이 강한 민영화 수단이다. 시민들의 서비스 구입부담을 완화시켜 소비자가 재화를 선택할 수 있는 권한을 가진다는 점에서 좋지만, 공급자 측에서 서비스 수요의 파악이 어렵다는 한계(장애인, 노인, 보육정책 등 사회 취약계층에 대한 다양한 형태의 바우처가 확대되는 추세)를 가지고 있다.

　① 공공서비스의 생산을 민간부문에 위탁하면서 시민들의 서비스 구입부담을 완화시키기 위해 금전적 가치가 있는 쿠폰을 제공하는 방식이다. 시민들은 구입증서를 활용하여 어느 조직으로부터 서비스를 제공받을 것인가를 스스로 선택할 수 있다는 장점을 가

진다. 보편적으로 사용하는 방법은 아니며, 일부 국가에서 교육, 탁아 및 아동복지서비스 등의 분야에서 사용하고 있다.

② 정부가 재화 및 서비스 공급에 필요한 자금은 부담하지만 사용자가 재화 및 서비스를 구매할 수 있는 보조금 수혜권을 정부가 대상자에게 지급하여 각 개인이 이를 이용할 수 있도록 하는 제도이다. 노인에게 지급하는 지하철 무료승차권 제도는 대표적 예라 볼 수 있다. 즉, 특정계층의 소비자선택의 폭을 넓혀주기 위하여 쿠폰을 교부하거나 특정재화의 소비를 장려할 목적으로 특정한 소비자에게 보조금 성격의 구매권(할인권)을 주는 방법이다. 예) 교육과학기술부의 방과 후 수업, 국토해양부의 주택장기임대 사업, 의료보험카드, 임차권, 식품구매권, 학교 등록권, 경로우대증 등

③ 명시적 바우처(explicit voucher)와 묵시적 바우처(tacit voucher)

실질적인 수혜자가 누구이냐에 따라 명시적 바우처와 묵시적 바우처로 나눈다.

㉠ 명시적 바우처(수요자 바우처) : 소비자에게 쿠폰·카드 등 물리적 형태의 구매권을 부여하는 방식으로 수혜자가 명시된 바우처

ⓐ 종이바우처 : 종이 쿠폰형태의 구매권을 지급하는 방식

　　예 식품이용권

ⓑ 전저바우처 : 바우처를 휴대폰이나 신용카드 등 전자식 수단을 이용 및 지불수단으로 사용하는 방식, 바우처 관리의 투명성과 효율성 제고에 기여 예) 노인돌봄서비스, 장애인돌봄서비스, 산모 신생아 도우미 서비스, 가사·간병서비스 등

㉡ 묵시적(명목적) 바우처(공급자 바우처) : 직접적으로 개인에게 바우처를 제공하지는 않고, 소비자가 공급기관을 자유롭게 선택할 권한을 보장하면서 정부가 공급자에게 비용을 사후에 지급하는 방식

㉢ 우리나라 : 2007년부터 보건복지부에서 금융기관의 신용카드 결제 시 연계한 사회 서비스 전자바우처인 노인돌봄서비스, 장애인돌봄서비스, 산모 신생아 도우미 서비스, 가사·간병서비스를 실시 중에 있다.

(6) 프랜차이즈(Franchise), 면허(특허)방식 : 폐기물 수거·처리, 공공시설 관리, 자동차 견인 및 보관, 구급차 서비스 및 긴급 의료서비스 등의 분야에 활용된다. 면허방식은 정부가 서비스 수준 및 요금체계를 통제하면서도 서비스 생산을 민간부문에 이양하는 장점이 있다. 다만 서비스 제공자들 사이에 경쟁이 미약하면 이용자의 비용부담이 과중하게 되는 부정적 효과도 발생한다.

① 프랜차이즈 제도는 상품 및 재화의 분배나 공급원을 일정한 기간 동안 특정한 사람이

나 기관에게만 부여하는 제도이다(사업이나 지역별로 구별).

② 정부가 사기업 등에 서비스 공급권을 부여하는 것으로 독점적 허가와 경쟁적 허가방식을 취한다.

③ 정부가 서비스를 공급하던 것을 민간에게 공급하게 하고 비용은 소비자가 부담하는 수익자 부담원칙에 적합하다. 이 경우 정부가 책임을 포기하는 경우가 되어 사회적 형평성 문제가 제기된다.

(7) 대여제도 : 정부가 기업을 소유하되 기업 전체를 사기업체로 전환대여를 하여 사기업의 장점을 모두 취할 수 있게 하는 제도이다.

(8) 코포라티즘(Coporatism) : 공기업과 민영화의 중간형태로 정부가 출자지분을 갖지 않으나 공공성이 높은 민간부문사업을 통제·관리하는 방식으로 일차적으로 정부소유자산을 매각하는 일이 필요하다. 이를 '제4부문(4th sector)'이라고 한다.

(9) 공동생산(Coproduction) 공공서비스를 시민과 도시정부가 공동으로 공급·생산함으로써 서비스 공급의 효율성을 높여 도시정부의 행정책임의 영역을 줄이고 예산의 절약을 꾀하는 관·민협동체계이다.

예 방범대, 의용소방대, 민간복지단체 등

(10) 자원봉사자 방식(Volunteer) : 자원봉사자에 의한 서비스 제공방식으로 레크리에이션, 안전모니터링, 복지사업 등의 분야에서 많이 활용된다.

(11) 자조활동(self-help) 방식 : 공공서비스의 수혜자와 제공자가 같은 집단에 소속되어 서로 돕는 형식으로 이웃감시, 주민순찰, 보육사업, 고령자 대책, 문화예술사업 등에서 주로 활용된다.

(12) 규제 및 조세유인 방식 : 보조금 방식과 마찬가지 효과를 내면서도 비용은 적게 소요되는 방식으로 대체교통 수단 장려(규제) 또는 쓰레기 수집이나 도로청소 장려(조세유인 제도) 등에 적합하다.

(13) 공급과 생산주체에 따른 민영화 유형

구 분		공급(provide)	
		정 부	민 간
생산 (produce)	정부	·정부서비스(직접 공급) ·정부간 협약	·정부판매
	민간	·민간계약(위탁) ·독점허가(franchising) ·보조금(grant)	·구매권(voucher) ·시장(market) ·자기생산(self-service) ·자원봉사(voluntary)

(14) 직접성의 정도에 의한 정책수단의 분류(2002, Salamon)

Salamon은 의도하는 정책임팩트(효과)에 따라 선택되는 정책수단도 달라져야 한다고 주장하면서 정책수단별 정책효과를 다음과 같이 구분·정리하였다.

직접성의 정도	정책수단	정책임팩트				
		효과성	능률성	형평성	관리 가능성	합법성/정치적 지원
저	불법행위 책임, 보조금, 지급보증, 정부지원기업, 바우처	저	고	저	저	고
중	조세재원, 계약, 사회규제, 라벨부착요구, 교정조세, 부과금	중·저	중	저	저	고
고	보험, 직접대부, 공공정보, 공기업, 직접시행, 경제규제	고	중	고	고	저

대표유형문제

1. 민영화의 한 수단인 바우처(voucher)와 관련된 다음 설명 중 틀린 것은?

① 형식에 따라 종이바우처와 전자바우처로 구분한다.

② 바우처는 소비자가 선택이 가능하고 재분배적 성격이 강한 민영화수단이다.

③ 실질적 지급대상(수혜자)가 누구냐에 따라 명시적 바우처와 묵시적 바우처로 나뉜다.

④ 우리나라 노인돌봄서비스나 장애인돌보미서비스 등은 종이바우처이다.

정답 ④

해설 2007년부터 보건복지부는 노인돌봄서비스나 장애인돌보미서비스, 산모도우미서비스를 전자바우처로 실시하고 있다. 수혜대상자는 바우처가 담긴 전자카드를 발급받아 공급기관을 스스로 선택, 서비스를 이용하고 비용을 결제한다. ③의 경우 실질적 지급대상(수혜자)가 누구냐에 따라 명시적 바우처와 묵시적 바우처로 나뉜다. 명시적 바우처는 수혜자가 명시된 바우처를 말한다.

2. 다음 중 계약 및 면허 방식의 공통점에 대한 설명으로 가장 적절하지 않은 것은?

① 두 방식 모두 정부가 민간기업에 재화나 서비스의 공급권을 부여하지만, 두 방식 모두 공공 서비스 공급(provision)의 책임은 정부에 귀속되어 있다.

② 두 방식 모두 정부가 생산자에게 소요비용을 직접 지불한다.

③ 두 방식 모두 관련 행정업무 수행에 소요되는 경비를 절감할 수 있다.

④ 두 방식 모두 시장논리에 의한 민간부문의 경쟁을 유도할 수 있다.

정답 ②

해설 두 방식 모두 공급에 대한 책임은 정부가 지면서 서비스의 생산만 민간에 의뢰하는 방식이라는 점에서는 공통점이 있다. 그러나 계약(위탁)은 정부가 생산자에게 비용을 부담하지만 면허는 소비자가 생산자에게 비용을 지불한다는 점이 다르다.

3. 살라몬(L. M. Salamon)의 정책수단분류에서 직접성의 정도가 낮은 유형에 속하는 것끼리 묶은 것은?

ㄱ. 경제규제(economic regulation)		ㄴ. 보조금(grant)	
ㄷ. 바우처(voucher)		ㄹ. 공기업(government corporations)	

① ㄱ, ㄷ   ② ㄱ, ㄹ   ③ ㄴ, ㄷ   ④ ㄴ, ㄹ

정답 ③

해설 보조금이나 바우처는 정부가 강제적으로 직접 공급하는 것이 아니라 직접성이 가장 낮은 민영화된 수단들이다. 반면 규제나 공기업은 정부가 직접 규제하거나 공기업을 설립하여 공급하는 것이므로 강제성이 높은 정책수단들이다.

4. 사회간접자본에 대한 민자유치 방식의 비교

1) 개념과 장점

방 식	개 념	장 점
BOO (Build−Own− Operate)	민간자본으로 민간이 건설(build)하여 소유권을 가지며(own)·직접 운용(operate)하여 투자비 회수	·정부투자재원 부족문제 해결 ·민간참여로 경영효율성 향상
BOT (Build−Operate− Transfer)	민간자본으로 민간이 건설(build)하여 직접 운용(operate)하여 투자비를 회수한 후 소유권을 정부에 이전(transfer1))	가장 일반적인 민간투자유치 방식
BTO (Build−Transfer− Operate)	민간자본으로 민간이 건설(build)하여 완공시 소유권을 정부에 이전(Transfer)하는 대신 직접 운용(operate)하여 투자비 회수	적자시정부보조금으로 사후에 운영수입 보장
BTL (Build−Transfer− Lease)	민간자본으로 민간이 건설(build)하여 완공시 소유권을 정부에 이전(transfer)하는 대신, 일정 기간 동안 시설의 사용·수익권한 획득 시설을 정부에 임대(lease)하고 임대료로 투자비 회수	정부가 적정수익률을 반영하여 임대료를 산정 지급하므로 투자위험 감소

* 소유권을 이전하는 방식은 기부체납형식임.

2) 전제와 사례 및 기타

구 분	BOO	BOT	BTO	BLT	BTL
전제	·민간이 운영	·민간이 운영 (기업은 시설대상자산으로 부터 일정 기간 동안 사 용료 수익을 소비자로부 터 받는 방식)		·정부가 운영 (기업은 Lease 대상자산을 기초로 일정 기간 동안 임대료를 정부로부터 받는 방식)	
사례	-	·수익사업(주차빌딩처럼 투자비 회수가 가능한 시설) ·민간이 위험을 부담함 ·적자보전협약에 의하여 최소운영수익(MRG)보장1)		·비수익사업(공공임대주택, 노인요양 시설, 수목원 등 투자비 회수가 곤란한 시설) ·민간에게는 위험 부담이 거의 없음.	

운영기간 동안 시설소유 주체	민간	민간	정부	민간	정부
소유권 이전시기	이전하지 않음	운영종료 시점	준공 시점	운영종료 시점	준공 시점

* 우리나라는 최근 MRG제도를 폐지하고 BLT·BTL방식으로 전환하였다.

5. 사회적 기업 (사회적 기업 육성법, 2007년 1월 시행)

(1) 의의

① 사회적 기업(social enterprise)이란 취약계층에게 사회서비스 또는 일자리를 제공하거나 지역사회에 공헌함으로써 지역주민의 삶의 질을 높이는 등의 사회적(공익적) 목적을 추구하면서 재화 및 서비스의 생산·판매 등 영업활동을 하는 기업으로서 고용노동부장관의 인증을 받은 기업

② 사회적 기업은 유급근로자를 고용하여 영리활동을 수행한다는 점에서 자원봉사자들로만 구성되는 비정부기구(NGO)와는 구분된다.

(2) 인증 요건 : 다음의 요건을 모두 갖추어야 한다.

① 민법에 따른 법인·조합, 상법에 따른 회사 또는 비영리민간단체 등 대통령령으로 정하는 조직 형태를 갖출 것

② 유급근로자를 고용하여 재화와 서비스의 생산·판매 등 영업활동을 할 것

③ 취약계층에게 사회서비스 또는 일자리를 제공하거나 지역사회에 공헌함으로써 지역주민의 삶의 질을 높이는 등 사회적 목적의 실현을 조직의 주된 목적으로 할 것(구체적인 판단기준은 대통령령으로 정한다).

- 일자리 제공형 : 근로자의 30% 이상이 취약계층

- 서비스 제공형 : 서비스 수혜자의 30% 이상이 취약계층

④ 서비스 수혜자, 근로자 등 이해관계자가 참여하는 민주적인 의사결정구조를 갖출 것

⑤ 영업활동을 통하여 얻는 수입이 대통령령으로 정하는 기준 이상일 것

⑥ 일정한 정관이나 규약 등을 갖출 것

⑦ 회계연도별로 배분 가능한 이윤이 발생한 경우 이윤의 3분의 2 이상을 사회적 목적을 위하여 사용할 것(상법에 따른 회사인 경우만 해당)

(3) 지원 : 고용노동부장관은 사회적 기업의 설립·운영에 대해 다음의 지원을 할 수 있다.

① 경영지원 : 경영·기술·세무·노무(勞務)·회계 등의 분야에 대한 전문적인 자문 및 정보 제공 등 지원

② 교육훈련 지원 : 전문인력의 육성, 근로자의 능력향상을 위한 교육훈련 지원

③ 시설비 등의 지원 : 국가 및 지방자치단체는 부지구입비·시설비 등을 지원·융자하거나 국·공유지를 임대지원

④ 공공기관의 우선 구매 : 공공기관의 장은 사회적기업이 생산하는 재화·서비스를 우선 구매해야 함

⑤ 조세감면 및 사회보험료의 지원 : 조세특례제한법 등에 따라 국세 및 지방세 감면지원 가능

⑥ 재정 지원 : 예산범위 안에서 인건비, 운영경비, 자문 비용 등 지원

4. 민영화의 한계

(1) 사회적 형평의 문제(서비스 공급의 공공성 무시)

(2) 이윤추구 논리에 의한 공급가격의 상승 우려

(3) 행정책임 확보의 어려움(공익성의 보장을 약화)

(4) 부정부패 발생(정치권과 결탁)

(5) 민영화를 시행하기 위해서는 기존의 법적·제도적 장치의 개편이 요구

(6) 공기업은 해당 산업에서 독점 또는 독점적 지위에 있기 때문에 민영화로 넘어갈 경우 또 다른 독점형태 야기

(7) 조직의 개편 및 경영진의 개편, 인원감축 및 업무의 질적·양적 증대, 직원지위의 변화(공무원 및 준공무원, 회사원) 등으로 조직원들의 반발이 예상될 수 있고, 특히 노동조합과 관련하여 직업안정성의 문제, 임금수준, 퇴직금에 대한 노사 간의 이해대립이 발생

(8) 민영화는 양질의 서비스를 높일 수 있으나, 책임성 저하나 부실운영 시 오히려 서비스 수준이 저하될 수 있는 양면성을 지님.

✎ 대표유형문제 ···

1. 임대형 민자사업(Build-Transfer-Lease)의 효과가 아닌 것은?

① 재정부담의 세대 간 이전을 통해 미래세대가 금전적 부담 없이 시설에 대한 혜택을 볼 수 있다.

② 민간의 창의를 활용해 투자 효율을 높일 수 있다.

③ 정부의 재정운영 방식의 탄력성을 높일 수 있으며, 민간부문의 유휴자금을 장기 공공투자로 유인할 수 있다.

④ 정부가 통상적으로 연간 예산으로 건설하기에는 소요시간이 많이 드는 긴요한 공공시설을 민간자본을 통해 조기에 공급할 수 있다.

정답 ①

해설　BTL방식(임대형민자사업)은 민간자본으로 민간이 건설(build)하여 완공 시 소유권을 정부에 이전(transfer) 하는 대신, 일 정기간 동안 시설의 사용·수익 권한을 획득하는 것이다. 따라서 미래세대도 사용자는 누구든지 비용부담을 하게 된다.

2. 고용노동부의 인증을 받고 활동하고 있는 사회적 기업에 관한 설명으로 옳지 않은 것은?

① 사회적 기업은 사회적 목적을 우선적으로 추구하면서 영업활동을 수행하는 조직이며, 다양한 이해 관계자가 실질적으로 참여하는 민주적인 의사결정구조를 갖추어야 한다.
② 우리나라의 사회적 기업은 취약계층에 대한 일자리 문제해결과 사회서비스 수요에 대한 공급확대 방안으로 시작되었다.
③ 사회적 기업으로 인증받기 위해서는 민법상 법인·조합, 상법상 회사 또는 비영리단체 등 대통령령 으로 정하는 조직형태를 갖추어야 한다.
④ 자원봉사자로만 구성된 비영리조직이라도 사회적 기업으로 인증 받을 수 있다.

정답　④
해설　사회적 기업은 공익목적의 영리기업을 말하는 것으로 기본적으로 영리활동을 수행하는 조직이라는 점에서 자원 봉사자들로만 구성되는 비영리조직(NPO)이나 비정부기구(NGO) 등과는 구분된다. 사회적 기업은 유급근로자를 고용하여 영리활동을 해야 한다. 다만, 사회적 기업에는 일자리제공형과 서비스제공형이 있는데 일자리제공형의 경우 근로자의 30% 이상이 취약계층이라야 하고 서비스제공형의 경우 서비스수혜자 중 30% 이상이 취약계층이 라야 한다.

제03편

05 ┃ 관료제(官僚制: Bureaucracy)

🔹 관료제의 개념

1. 구조적 개념(계층제적 대규모 조직설)

(1) 합법적·합리적 지배가 제도화되어 있는 계층제 구조를 지닌 대규모 조직으로서 ① 계층 제 구조, ② 분업과 전문화, ③ 일반적인 법규체계, ④ 비정의성(非情誼性)의 특징을 지닌다 (Weber, Merton, Blau 등).

(2) 관료제의 보편성과 순기능을 강조한 견해이다.

2. 기능적 개념(특권적 정치권력집단설)

(1) 기능을 중심으로 하여 관료제를 합리성·역기능·권력성을 가진 조직으로 파악하였다.

(2) 관료제의 권력적 측면을 특히 강조하였다.

(3) 대표적 학자로는 Laski, Finer, Claire(administocracy : 행정통치) 등이 있다.

3. 현대관료제

합법적·합리적 지배가 제도화된 대규모 조직으로서 계층제 구조, 전문화, 몰인간성(沒人間性), 직업화, 일반적인 법규체제 등의 특징을 지닌다.

🍡 M. Weber의 관료제이론

1. 이론의 성격

(1) 이념형 : 관료제의 가장 특징적인 것만 추출해서 정립한 모형이다.

(2) 보편성 : 국가, 정당, 학교 등 대규모 조직이면 공·사행정을 막론하고 계층제 형태를 띤 관료제 구조가 존재한다.

(3) 합리성 : 관료제 구조를 가진 조직은 기계와 같이 움직이며 소기의 목적을 위하여 인적·물적 자원을 집중적·최고도로 활용하도록 편제된 합리적인 조직이다.

2. 지배의 세 유형과 근대관료제

이념성의 입장에서 권위의 정당성을 기준으로 지배 유형을 ① 전통적 지배, ② 카리스마적 지배, ③ 합리적 지배로 구분하고, 합리적 지배유형을 관료제적 지배라고 보았다.

또한 관료제를 지배의 유형에 따라 ① 가산관료제, ② 카리스마적 관료제, ③ 합법·합리적 관료제로 분류하였다.

3. 근대관료제의 성립요건(M. Weber 제시)

(1) 행정사무의 양적·질적 확대

(2) 화폐경제의 발달(봉건관료의 현물급여에서 화폐급여의 형태로 변모)

(3) 사회적 차별의 평준화(법 앞의 평등은 경제적·사회적 차별이 상대적으로 평준화되는 경우 가능)

(4) 물적 관리수단의 집중화, 선의의 경쟁을 통한 자원 확보

(5) 관료제 조직의 기술적 우월성

(6) 합리적이고 합법적인 권위의 보편화, 역할분담의 보편화, 성취주의의 보편화

4. 근대관료제의 특징

(1) 법규의 지배 : 합법적으로 제정된 법규에 근거를 두고 업무수행의 표준화

(2) 권한의 명확성 : 직무범위와 직무대행에 필요한 명령은 규칙으로 부여

(3) 문서주의 : 행정행위·결정 및 규칙 등은 공식화되고 문서로 처리

(4) 공·사의 구별 : 직무, 자원 및 시설 측면에서 공·사를 엄격히 분리

(5) 직위계층제와 전임직 : 명령복종관계이며, 직무활동은 관료의 전 노동력 요구

(6) 전문적 자격 : 관료는 특별교육을 받은 전문적 자격과 지식이 요구

(7) 고용관계의 자유계약성 : 쌍방의 자유의사에 의해 계약이 성립(형식적)

(8) 사인관계의 배제 : 개인적 친분관계보다는 공적 측면에 초점

(9) 능력주의 : 인사상 실적에 의한 능력주의를 추구

(10) 행정·생산·서기계층

　　① 행정계층 : 조직을 유지하고 지휘체계를 총괄

　　② 서기계층 : 하위직으로 주로 문서화된 기록을 보관

　　③ 생산계층 : 자동차를 생산하고, 세금을 거두고, 환자를 치료하고, 전쟁을 수행하는 등 목표성취에 직접적으로 관여

대표유형문제

막스 베버(M. Weber)가 제시한 이념적인 조직형태인 관료제의 특성으로 옳지 않은 것은?

① 직무의 수행은 문서에 의거하여 이루어지며, 직무수행 결과는 문서로 기록·보존된다.

② 관료의 권한과 직무범위는 법규에 의해 규정되며, 상관의 권한은 업무활동에 한정된다.

③ 전문지식과 기술을 가진 관료가 모든 직무를 담당하며, 이들은 시험 또는 자격증 등에 의해 공개적으로 채용된다.

④ 관료는 직무수행 과정에서 국민의 어려운 사정이나 개별적 여건을 고려하는 자세를 갖는다.

정답　④

해설　막스 베버(M. Weber)의 관료제는 감정과 편견 등 인간적 오류가 배제된 비정의적·비개인적 업무수행을 중시하는 몰인간적 초연성(impersonalism)을 추구하므로 국민개개인의 어려운 사정이나 개별적인 요건을 고려하지 않는 보편타당한 행정을 추구한다.

관료제의 병리(역기능)와 순기능

1. 관료제의 병리(역기능)

(1) 관료제의 발생원인

① 대규모 조직의 내재적 특성 　　　　② 관료의 자기유지 욕구

③ 관료의 특권집단화 ④ 지식·정보의 독점

⑤ 의회의 통제기능 약화(힘없는 의회) ⑥ 행정권의 비대화

(2) 관료제의 역기능에 대한 연구모형

① 머튼(Merton) : 지나친 규칙준수가 관료행태의 경직성 초래 ⇨ 형식주의, 동조과잉, 목표전환 초래

② 셀즈닉(Selznick) : 권한위임과 전문화는 전문적 능력을 향상시켰으나, 조직 내 하위단위 간 이해 대립, 전체목표보다 하위목표를 우선하는 역기능 초래(할거주의)

③ 블라우(Blau) : 조직사회 관계의 불안정성으로 동조과잉, 의식주의, 변동에 저항 발생

④ 톰슨(Thompson) : 관료제 내 개인의 안정성 결여, 불안의식 존재를 지적

⑤ 베블렌(Veblen) : 관료제의 훈련된 무능을 지적

⑥ 굴드너(Gouldner) : 최고관리층이 일반적·비인간적 규칙을 제정하여 조직원을 통제하는 데서 역기능 초래

⑦ 클로저(Crozier) : 조직원은 스스로의 이익을 위해 규칙을 이용하나, 조직계층의 현상유지적 이익은 조직의 경직성 초래

⑧ 클레어(Claire) : 관료제는 시민의 자유를 침해할 위험이 있는 행정통치 초래

⑨ 아이젠스태트(Eisenstadt) : 과잉관료제와 역(逆)관료제 현상 지적

(3) 관료제의 병리(역기능) 현상

① 동조과잉, 목표전환 : 규칙·절차를 절대시, 수단의 목표화, 법규만능사상, 선례답습주의, 책임회피, 보수주의 초래

② 전문화로 인한 무능 : 협소한 시야, 훈련된 무능, 할거주의

③ 문서주의, 형식주의 : 번문욕례(Red-Tape : 繁文縟禮), 서면주의, 문서다작주의, 형식주의, 의식주의, 획일주의, 다인장주의 등

④ 인간성의 상실 : 관료제의 계층적 구조나 전문화 및 명령통일 등은 자아실현적 인간의 발전을 근본적으로 억압

⑤ 무사안일주의 : 현실안주, 복지부동

⑥ 불안감의 원천 : 상급자는 자기부하가 조직이 설정한 기준이나 규범에서 이탈하지 않을까 늘 노심초사하며, 부하는 상관이 나를 어떻게 평가하는가로 불안감을 갖게 된다.

⑦ 갈등의 원천 : 승진의 한계에 대한 갈등, 계층적 지위에 부적합자의 진출, 무능한 상관과 유능한 부하의 갈등(유능한 부하는 피해의식에 젖게 되고, 무능한 상관은 우월감을 가짐),

과원(課員)은 국(局)보다 과에 충성심이 더욱 강한 바 이 같은 소집단에 대한 동일화와 충성심은 집단 내에서 갈등 유발

⑧ 정보의 독점 : Toffler는 '칸막이 방'에 비유

⑨ Peter의 법칙 : 무능관료도 시간이 경과되면 모두 승진한다는 것

⑩ Goodman의 법칙 : 고객의 소리는 5~7%만 최고층에 전달된다는 것

⑪ 기타 : 변동에의 저항(보수주의, 경직성), 관료제 외적 가치와 이익의 추구(국민봉사보다 자기이익 급급), 비밀주의, 공익의 망각, 출세주의, 권위주의, 책임회피(상관에 대한 의존이 높거나 지나친 감독으로 인해), 권력구조의 이원화(상사의 계서적 권한과 부하의 전문적 권력이 충돌) 등

카멜리펀트(Camelephant) 현상

1. 미국의 A.Toffler 「권력의 이동」이 관료제의 병리현상을 지적한 용어로 관료제는 보이지 않는 정당(invisible party)으로서 어당도 아닌 상태에서 정책결정과정에 막강한 권한을 행사하면서도 국민이나 환경에 대하여 책임을 지지 않을 뿐더러 선거의 결과나 정권교체에 관계없이 영구히 권력을 장악하는 특권집단이라고 비판

2. 미국 관료제를 가장 느리고(camel), 우둔한(elephant) 집단이라는 의미로 카멜리펀트(camelephant)에 비유

3. 국민의 요구에 민감하게 대응하지 못하는 무능한 집단
듀베르제는 「서구의 두 얼굴(Janus-Faced)」에서 관료제를 ① 기술적 합리성을 통해 인간해방을 이루는 도구, ② 지나친 형식의 강조로 인간을 억압하는 도구라고 지적하였다.

피터의 원리(The Peter Principle) – 소진(消盡)의 원리

피터의 원리란 "관료적 위계서열조직인 계층제 안에서는 모든 구성원들이 자신의 무능의 수준까지 승진한다."는 원칙이다. 즉, 관료제는 경력을 중시하여 직원을 승진시키기 때문에 무능한 자가 능력 이상의 자리를 맡게 되어 비효율성을 초래하게 된다는 원리이다.

① 파킨슨 법칙을 기초로 하여 수백 개의 역사적 사례들을 과학적으로 분석하여 만든 원리이다.

② 주로 계급제를 채택한 폐쇄형 농업국가에서 발달한다.

③ 혈연, 지연, 학연, 배경(background)을 이용하여 무능력한 자도 고위직으로 승진할 수 있다.

④ 이러한 무능력자의 승진현상은 가짜과학의 적용이기 때문에 진정한 관료과학의 이론이 무능력자의 승진이 사라질 때 진정한 관료제의 효율성이 확보된다는 것이다.

⑤ 조직 내 구성원은 '무능력수준까지 승진한다.'는 계층제의 사회적 부작용을 지적한 원칙으로서, 각 계층에서 유능한 자가 승진하고 나면 무능한 자만 남게 되어 결국 관료제의 계층이 무능력자로 채워지게 된다는 병리현상이다.

상사의 계서적 권한과 부하의 전문적 권력이 충돌하는 관료제의 역기능과 관련된 요소는?

① 양적 복종   ② 훈련된 무능
③ 권력구조의 이원화   ④ 국지주의

정답   ③

해설   계층제적 관료제에서 흔히 일어날 수 있는 관료제의 역기능 중에 하나가 상사의 계서적 권한과 부하의 전문적 권
       력이 충돌하는 것으로 이는 권력구조의 이원화에 따른 것이다. 이러한 권력구조의 이원화는 상사의 계서적 권한
       과 지시할 능력 사이에 괴리가 존재하여 그로 인한 갈등이 발생하기도 한다.

2. 관료제의 순기능

  (1) 객관화 (2) 능력차이의 반영 (3) 정보의 여과(濾過) (4) 조정의 역할 (5) 책임이행의 확보 (6)
성취주의 (7) 사고의 합리화 (8) 사회 각 부문의 균형적 발전의 조장 (9) 효율적인 집행체제 (10)
권력욕의 충족

◢ 후기관료제(탈관료제)

1. 후기관료제의 의의

  전통적 관료제 조직의 한계를 지적하고 이에 대처하기 위한 새로운 조직모형이 1970년대 신행
정론, 공공선택론 등에서 제기되었다. 급변하는 지식·정보화사회에 대처할 수 있는 조직구조의
요청과 사회과학 전반의 인간주의적 성향에 따라 대두된 후기관료제는 Post-Modernism의 산물
이라고도 본다.

2. 후기관료제의 필요성

  (1) 환경변화 : 개방화, 민주화, 정보화   (2) 상황적응 : 유동성의 증대

  (3) 분권화 : 상호의존성 증대   (4) 인간화 : 참여민주주의

  (5) 고도의 기술성, 다양성, 복잡성

3. 후기관료제의 주요 내용

  (1) 조직의 상황적응성 : 조직의 구조와 과정, 업무수행기준 등은 상황적 조건과 요청에 탄력
    적으로 부응한다.

(2) 높은 수준의 분권화 : 지위가 아닌 전문성에 의해서 권위가 발생한다.

(3) 잠정성 강조 : 조직 자체나, 조직 내 구조도 필요에 따라 생성·소멸·변동되는 잠정적인 것이라고 본다.

(4) 참여민주주의 : 참여를 통한 자율 및 협동으로 집단문제해결을 강조한다.

(5) 구조의 유연성과 직업의 유동성 : 환경에 능동적으로 대처하기 위해서는 조직의 유연성이 요청된다. 직업적 유동성은 구조적 배열의 잠정성과 결부된다.

(6) 인간가치의 존중 및 인간화를 실현

(7) 경계관념의 타파 : 조직과 환경사이, 조직과 조직사이의 높고 경직된 경계를 타파하도록 처방한다.

(8) 비계서(비계층)적 조직 : 고정적인 전통적 계서제를 탈피한다.

(9) 기관지향보다 문제중심의 구조 중시 : 계서적 지위중심이나 권한중심주의를 탈피하고 임무중심주의·능력중심주의로 전환하여, 문제해결능력을 지녀야 한다.

(10) 낮은 수준의 복잡성 : 수평적 분화가 고도화되고 전문적 지식이 강조되어 문제중심의 조직을 지향한다.

(11) 낮은 수준의 공식화 : 규칙이나 표준화보다는 상황적인 잠정적 배열을 중시한다.

4. 후기관료제의 주요 이론

(1) W. Bennis : 잠정성 중시, 적응적·유기적 조직(1966년 논문을 통해 조직사회의 변화여건을 추정-30년 후 관료제 종언을 선언하면서 계층제의 탈피 없이는 관료제 탈피가 곤란하다고 지적)을 중시하며, 문제해결은 전문분야의 사람들이 모여 구성하는 집단이 맡도록 한다.

(2) O. White : 고객중심적 조직(구조의 유동화, 전통적인 경계개념 타파) ⇨ 변증법적 조직(dialectical organization)이라 한다.

(3) F. Thayer : 비계층적 조직 ⇨ 집단들의 연합체가 비계서적으로 조직되어야 된다고 보고, 의사결정권 이양, 조직경계의 개방, 작업과정 개편, 고객 참여 등을 통해 계서제를 소멸시키고 그 자리에 집단적 의지형성의 장치를 들여 놓을 수 있다고 주장하였다.

(4) L. Kirkhart의 연합적 이념형 : 프로젝트팀(project team)과 같은 업무단위 형성, 반관료제적 요소를 강조(신행정학의 조직관 반영)한다.

(5) A. Toffler의 Adhocracy : 일시적·임시적 조직, 낮은 수직성과 높은 수평성의 조직이다.

(6) Linden의 이음매 없는 조직(Seamless Organization) : Russell M. Linden은 공급자 중심의 분산적 관료구조에서는 사회의 소비자들은 다양하지 못하고 불편하여 선택의 폭이 좁은

서비스를 받을 수 밖에 없다고 인식되었다. 따라서 소비자들이 언제나 다양한 서비스를 편리하고 자유롭게 선택할 수 있는 조직으로 리엔지니어링의 목표상태로 조직들을 재설계한 이음매 없는 조직(Seamless Organization)을 처방하였다. 주요 특징은 다음과 같다.

① 복수기능적인 팀들이 업무성과에 초점을 맞추어 임무를 수행한다.

② 경계 없는 조직으로서 조직의 경계와 형태는 유동적이며, 투과적이고 때론 네트워크 조직이다.

③ 분산적 조직은 조각난 조직으로서 분업, 전문화, 표준화, 계서제, 개인별 책임, 서로 바꿀 수 있는 부품과 인간 등을 특징으로 한다. 그러나 이음매 없는 조직은 명령계통을 철폐하고 통솔범위를 한정하지 않으며, 기능부서를 힘이 실어진 팀들로 대체한 조직이다.

분산적(편린적) 조직(Fragmented Organization)과 이음매 없는 조직

구 분	분산적 조직(FO)	이음매 없는 조직(SO)
직무	협소적·단편적·구획적·비자율적	포괄적·협력적·자율적
업적평가	투입기준(부하의 수, 사용하는 예산액, 직무수행활동의 수)	직무수행성과(효과), 고객만족
기술	통제지향적	분권화 지향적
내부구조	조직단위와 기능을 분산적 설계	고객요구에 맞는 통합지향적 팀
시간 감수성	둔하고 반응이 더딤.	예민하고 신속한 대응
역할구분의 명확성	역할구분이 명확(분업관계, 조직과 고객, 공급자 사이의 구분)	역할 구분이 낮음(교차기능적 팀으로 구성-소비자와 공급자 가담)
산출하는 재화·용역의 성격	생산자중심으로 표준화, 산출양은 많고 가지 수는 적음.	소비자중심으로 주문생산적, 산출양이많고 가지 수도 다양

(7) R. Golembiewski 견인이론(pull theory) : 조직구조와 과정은 견인이론으로 처방을 강조한다. ① 억압보다는 행동의 자유, ② 안정보다 새로운 것, ③ 분화보다는 통합, ④ 고정된 기능보다는 일의 흐름을 선호한다.

(8) H.McCurdy의 후기관료제모형 : ① 능력가의 권한행사, ② 업무의 상황적응성, ③ 고객은 동료와 같이 다룸, ④ 문제해결과 의사결정은 집단적인 과정을 통해 해결, ⑤ 조직의 구조는 잠정성을 가짐, ⑥ 모든 의사전달은 공개, ⑦ 임무와 능력 중시, ⑧ 경계관념 타파

5. 탈관료제 모형

(1) 클로버형(Shamrock) 조직 : 핵심직원, 하청업체, 시간제·임시직원 등 융통성 있는 인력 등 세 가지 부분으로 구성된 조직이다.

(2) 역피라미드형(upside-down) 조직 : 고객을 최상층에 놓은 고객주도형 조직이다.

(3) 심포니 오케스트라형(Symphony Orchestra) 조직 : 구성원들의 자율적인 팀워크를 기반으로 하는 수평적이고 감량된 조직이다. 분권화의 수준이 높고 복잡성과 공식화 수준은 낮으며 꼭 필요한 구성단위만으로 이루어진 조직이다.

(4) 재즈밴드형(Jazz Combos) 조직 : 높은 대응성과 적응성을 지닌 조직으로 의사전달은 수평적이며, 리더십은 조직구성원들이 공유한다.

(5) 홀로그램형(Holograms) 조직 : 레이져 광선이 만나 형성하는 삼차원 영상인 홀로그램을 닮은 조직이다. 홀로그램이 깨지면 그 어떤 구성부분이라도 전체영상을 재건해낸다. 각 구성부분은 영상전체에 대한 정보를 모두 공유하고 있기 때문에 이것이 가능하다. 홀로그램형 조직에서는 모든 조직단위들이 '하나의 전체'라는 의미를 가진다.

(6) 수평적 조직(Horizontal organization) : 자율성이 높은 고차기능적 과정중심적 팀들이 구조형성의 핵심적 요소로 되어 있는 조직으로 개방성, 신뢰성, 협동성, 개혁성의 특성을 지닌 조직을 말한다.

6. 후기관료제의 평가

탈관료제는 현대사회의 관료제가 직면하고 있는 문제점을 심각히 인식하고 이의 극복대안을 제시하고 있으나, 비현실적이라고 비판하였다. ⇨ 탈관료제는 관료제 보완, 민주성과 능률성의 조화노력으로 이해할 필요가 있다.

✎ 대표유형문제 ·······························

1. 다음 중 탈관료제의 특징으로 가장 타당한 것은?

① 능률성을 중요시한다.

② 합리성 및 합법성을 강조한다.

③ 계층제적 통제를 통한 효율적 행정을 강조한다.

④ 팀워크 중심의 자발적 참여와 결과지향적 산출을 강조한다.

정답 ④

해설 ①②③⑤는 모두 고전적인 관료조직의 특징에 해당한다.

2. 테이어(F. C. Thayer)가 주장하는 '계서제 없는 조직'의 특징으로 옳지 않은 것은?

① 소집단의 연합체 형성

② 책임과 권한에 따른 보수의 차등화

③ 집단내 또는 집단간 협동적 과정을 통한 의사결정

④ 모호하고 유동적인 집단과 조직의 경계

> **정답** ④
>
> 해 설 Thayer의 비계서적 구조란 계층적 서열을 띠지 않는 후기관료조직모형으로 집단간 경계를 유동화하고 협동적이고 집단적인 문제해결을 추구하는 대신 승진개념 및 보수차등의 철폐를 추구한다.

3. 관료제의 역기능과 관련된 주요 이론으로 옳지 않은 것은?

① Merton의 동조과잉모형 　　　　　② P. Blau의 비공식집단모형

③ White의 유기적·적응적 모형 　　　④ Thayer의 비계서적 모형

> **정답** ③
>
> 해 설 유기적·적응적 모형은 Bennis의 모형이며, White는 변증법적 조직모형을 주장하였다. Merton & Gouldner는 동조과잉을 주장, ② Blau는 비공식집단모형에서 관료제가 공식적인 측면만 고려하고 비공식적인 측면은 고려하지 못했다고 비판, ④ Thayer의 비계서적 모형은 계서제의 소멸을 주장한 후기관료제모형이다.

4. 〈보기〉 중 관료제의 병폐에 관한 설명으로 옳은 것은 모두 몇 개인가?

> ㄱ. 과잉동조(overconformity)는 관료들의 권한 행사영역이 계속 확장되는 것을 의미한다.
> ㄴ. 국지주의(parochialism)는 한 가지 지식 또는 기술에 대해 훈련받고 기존 규칙을 준수하도록 길들여진 사람이 다른 대안을 생각하지 못하는 것을 의미한다.
> ㄷ. 번문욕례(red tape)는 쇄신과 발전에 대해 수용적이며 고객과 환경의 요청에 적절히 대응하는 관료적 행태를 의미한다.
> ㄹ. 훈련된 무능(trained incapacity)은 관료들의 편협한 안목을 의미하며 직접적인 고객의 특수이익에 묶여 전체이익을 망각하는 경향을 의미한다.
> ㅁ. 제국건설(empire building)은 기술적으로 필요한 정도를 넘어서 법규의 엄격한 적용과 준수가 강요되는 것을 의미하며 목표와 수단의 대치현상을 일으키기도 한다.

① 4개 　　　　　　　　　　　　　② 3개

③ 2개 　　　　　　　　　　　　　④ 없음

> **정답** ④
>
> 해 설 맞는 내용이 없다. ㄱ. 관료제국주의(empire building)에 해당한다. 동조과잉은 지나치게 절차나 규칙을 강조하여 목적이 수단에 의해 희생되는 것을 말한다. ㄴ. 훈련된 무능(trained incapacity)이다. 국지주의는 분파주의 파벌이나 붕당을 의미한다. ㄷ. 번문욕례(red tape)는 문서와 형식에 얽매여 쇄신과 발전에 저항적인 행태를 말한다. ㄹ. 국지주의(parochialism) 내지는 할거주의(sectionalism)를 말한다. 훈련된 무능이란 법과 제도에 의한 획일적 전문화는 다른 유동적 상황에서 대응능력이 없는 무능을 초래한다는 것이다. ㅁ. 과잉동조(overconformity)를 의미한다.

🦪 대표관료제

1. 대표관료제의 개념

(1) 1944년 영국의 J. D. Kingsley에 의해 주장(사회 내의 지배적인 세력들을 그대로 반영하는 관료제)

(2) 대표관료제의 이념적 기초는 진보적 평등(進步的平等 : Liberal Equity)이다. 진보적 평등은 근본적이며 의도적인 공평으로서 기회가 모든 사람에게 진정으로 평등하려면 개인들 사이의 자연적 불평등을 정부가 보상해 주어야 한다는 점을 강조한다.

(3) 정부관료제가 사회의 인적 구성을 잘 반영하도록 함으로써 관료제 내에 민주적 가치를 주입하려는 의도에서 나왔으며, 행정국가화에 따른 관료들의 재량권이 날로 증가하는 현실에서 직업공무원들의 대표성을 확보하려는 제도적 장치이다.

(4) 대표관료제는 관료들이 자신의 출신집단의 가치와 이익을 정책과정에 반영시킬 것이라는 가정에 기반하고 있다(관료는 계급, 신분, 인종, 성별, 종교, 지역, 직업 등의 대표이다).

(5) 미국은 인종, 일본과 영국은 학력, 우리나라는 지역을 특히 강조한다.

(6) 대표관료제는 원래 관료제를 구성하는 과정과 방식의 개념이었다.

2. 소극적·적극적 대표관료제(Mosher 강조)

(2) 소극적(수동적) 대표관료제(Passive Representative Bureaucracy) : 전체사회의 인구구성적 특성을 그대로 관료제의 구성에 반영하는 관료제의 인적 구성을 강조한다. 즉, 관료는 다른 사람을 위하여 실제로 행동하는 것이 아니라, 단지 그들을 상징적으로 대표할 뿐이다.

(2) 적극적(능동적) 대표관료제(Active Representative Bureaucracy) : 관료들이 자신들의 출신집단이나 계층의 이익을 위하여 적극 대변하고 정책을 결정하며 책임을 지는 행위까지를 의미한다(자기계층을 대변하는 정당의 이익을 중시하며, 행동적 측면을 강조).

3. 대표관료제의 핵심전제

(1) 사회적 출신배경의 영향 : 개인의 직업적 성공에는 개인적 특성만이 아니라 역사적·사회적 배경과 조직상의 여러 요인이 함께 영향을 미치는 것을 전제로 한다.

(2) 피동적 대표성이 능동적 대표성을 보장 : 관료제 내에서 특정한 집단이 차지하는 직원규모는 그 출신집단이 전체인구에서 점하는 규모에 비례해야 한다.

이와 같은 비례적 대표성을 피동적 대표성(被動的代表性 : passive representativeness)이라 한다. 피동적 대표성은 능동적 대표성(能動的代表性 : active representativeness)으로 연결될 것이 기대된다. 즉, '사회적 대표성'이 '정치적·정책적 대표성'으로 표출된다는 전제이다. 공무원들은 자기의 사회적 배경이 되는 집단의 이익과 가치를 표출할 것이며, 따라서 정책의 내용과 집행에 영향을 미칠 것이라고 본다.

4. 대표관료제의 순기능

(1) 국민의 정치적 대표성 보강과 실적주의 폐단 시정
(2) 정부의 대응성·책임성 제고(국민의 태도, 가치, 신념을 관료제의 정책과정에 대응적으로 투입시킬 수 있는 제도적 장치로서의 역할)
(3) 정부관료제의 민주화 및 사회적 형평성 추구
(4) 비공식적 내부통제 강화(내면적 양심을 통한 자발적 통제)
(5) 실적주의 폐단 시정
(6) 비혜택적 집단의 고용기회 확대(보상적 인사정책)
   * 대표관료제는 집단주의에 의한 공정성, 적극적 인사행정, 합의성, 민주성, 정치성, 대표성, 대응성, 참여성은 강하나 능률성, 자율성, 도구성, 중립성, 전문성이 약하다.

5. 대표관료제의 문제점

(1) 재사회화에 대한 인식 부족 : 인간은 환경적응에 있어 가치관 및 태도의 변화가 중요함을 간과하고 있다. 관료가 공직에 들어온 후에 그 신념이 변할 수 있으며(흑인공무원이 오히려 흑인들을 더욱 탄압하였다는 연구결과)새로운 환경에 적응할 수 있는 2차 사회화(재사회화)를 고려하고 있지 않다.
(2) 실적제 원리와 상충 : 일국의 인구구성을 중시하여 자격이나 능력을 중시한 실적주의와 상충
(3) 행정의 전문화 및 능률화의 저해 : 개인의 능력과 자질을 2차적 기준으로 삼기 때문에 전문성 및 능률화를 저해할 수 있다.
(4) 책임성 확보의 문제 : 관료들이 폐쇄적 집단이익 추구 시 행정전체의 책임확보가 곤란하다.
(5) 역차별의 문제 : 소외계층의 공직기회는 넓지만 상류층의 기회를 제한함으로써 사회분열을 조장할 수 있다. 상이한 자에 대한 상이한 대우라는 수직적 공평만을 강조함으로써 동

일한 능력을 가진 자를 역차별화하여 자유주의나 기회균등이라는 수평적 평등을 저해할 수 있다.

(6) 인사기술상의 곤란과 정치적 중립성 저해 : 공무원 수의 구성에 있어서 인구비례를 유지하는 것은 기술적으로 매우 어려우며, 한쪽으로 치우치지 않는 정치적 중립이 곤란하다.

(7) 자유주의(개인주의)에 배치 : 개인의 존엄이나 권리 및 자유보다는 집단에 역점을 둔다.

(8) 동태적인 관료제 곤란 : 동태적 인구변화상황에서 대표성을 확보하는 것이 어렵다.

(9) 대표관료제는 외부통제방식의 보완을 추구한다는 미명하에 사실상은 관료들의 대표권한을 증대시키려 한다는 모순이 개제될 수 있다.

6. 우리나라의 대표관료제

대표관료제의 사례	대표관료제의 개선방안
① 여성채용목표제 또는 양성채용목표제 ② 취업보호대상자 우대 ③ 장애인 의무고용제(의무고용률 2%) ④ 고위직에 대한 출신지역 안배 ⑤ 인재의 지역할당제 및 소수집단 우대정책	① 대학출신들 간의 불형평성 시정(지역임용할당제의 도입) ② 고용기회균등의 마련 ③ 인사관리 전반에 걸쳐 불공정성 시정 ④ 소외계층에 대한 폭 넓은 배려(소년소녀가장 출신 등)

7. 미국(1970년 말)의 대표관료제

(1) 고용평등조치 : 인종, 피부색, 성(性), 종교, 연령, 과거의 국적 등 의도적·비의도적 차별이 전혀 없는 임용체제를 구축하는 것이다.

(2) 차별철폐조치 : 과거의 차별로 인한 현재의 효과를 제거하려는 목적 하에 비혜택 집단의 구성원들을 적극적으로 채용·승진시키도록 하는 구체적 노력이다.

✎ 대표유형문제 ··

대표관료제에 대한 다음 설명 중 옳지 않은 것은?

① 소수집단의 참여기회를 확대한다.
② 실적주의의 폐단을 시정하는데 기여한다.
③ 행정의 능률성과 전문성을 제고한다.
④ 역차별 문제를 유발한다.

정답 ③

해 설   대표관료제는 실력이나 능력중심이 아니기 때문에 능률성 및 실적주의나 전문성을 저해한다.

261

제3장 · 조직의 형태

🥚 일선관료제

(1) Lipsky는 공공정책에서 일선관료들의 중요성을 인식하고 그들의 작업환경과 업무관행 등을 분석하여 일선관료제를 새롭게 조명하였다. 일선행정관료는 일반시민과 직접적으로 접촉하고 직무수행에 있어서 상당한 재량권을 가진 관료를 말하며, 서면처리보다는 사람처리 업무가 주된 임무이다.
   예 교사, 경찰, 복지요원, 하급판사 등

(2) 일선행정관료들이 일하는 부서 자체의 목표들은 모호하거나 이율배반적인 경우가 많고 과다한 업무량과 직무의 복잡성에 대처하기 위해 업무의 단순화, 정형화, 관례화를 꾀한다. 하지만 일선관료는 그들의 과중한 업무량에 비하여 제공되는 인적·물적 자원은 만성적으로 부족하다. 업무의 단순화, 정형화, 관례화 방식이 모여져서 공공재화를 배분하는 공공정책이 된다는 관점에서 큰 의미를 가지며, 일선관료의 전문지식 독점은 중앙관료에 대항할 수 있는 무기가 된다. 하지만 일선관료들을 효과적으로 통제할 수 있는 장치가 부족하다는 것도 문제점 중에 하나다.

(3) 일선행정관료가 재량권을 가질 수밖에 없는 이유
   ① 고객의 특수성에 따른 몰인격성 : 몰인격성은 개인적 감정에 따르지 않고 비정의적으로 대하는 것을 말하는데, 일선관료는 고객의 특수한 사정으로 현실적으로 그렇게 하기 어렵기 때문에 재량을 발휘할 수밖에 없다.
   ② 업무의 복잡성 : 법규가 규정하지 못하는 상황에서 재량권 발동이 이루어진다.
   ③ 일선관료의 자부심 고양 : 일선관료들이 재량권을 행사함으로써 그들이 중요한 역할을 수행하고 있다고 하는 욕망을 충족시킴으로써 자부심을 높여주는 것이 바람직하다.

🏸 대표유형문제

일선관료제의 재량권 강화의 필요성이 아닌 것은?

① 추상적이고 일반적인 정책지침을 현실에 맞게 구체화하기 위해서
② 집행담당자의 자원, 시간, 능력의 부족 때문에
③ 집행현장마다의 특수성 때문에
④ 현장에서 발생한 예기치 못한 사태에 대비하기 위해서

정답 ②

해설　집행담당자의 자원, 시간, 능력이 부족하다면 재량권을 준다 하여도 집행관료가 재량권을 행사할 수 없다. 이러한 현실로 인하여 일선관료가 재량권을 실질적으로 행사하지 못하고 무리하게 정형화를 시도하여 일선행정의 비효율성이 발생하는 현상을 연구한 것이 Lipsky의 일선관료제론이다.

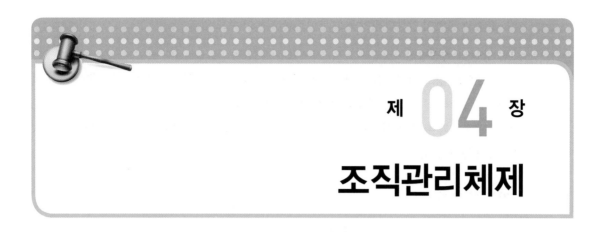

제 04 장
조직관리체제

01 갈등과 권위

🍩 갈등(葛藤)

1. 갈등의 개념

갈등이란 조직 내의 의사결정과정에서 대안의 선택기준이 모호하거나 한정된 자원에 대한 경쟁 때문에 개인이나 집단이 대안을 선택하는 데 곤란을 겪는 상황을 말한다. 갈등은 갈등에 대한 인식, 대립, 희소성, 방해 등의 개념을 포함한다.

2. 갈등의 기능

(1) 순기능
① 조직발전의 새로운 계기로 작용하여 조직의 장기적인 안정성 강화에 기여한다.
② 선의의 경쟁을 통하여 발전과 쇄신을 촉진한다.
③ 갈등의 해결을 위한 조직의 문제해결능력·창의력·적응능력·단결력 등을 향상시킨다.

(2) 역기능
① 조직의 목표달성을 저해한다.
② 구성원의 사기저하와 반목·적대감정을 유발한다.

③ 갈등과 불안이 일상화되어 쇄신과 발전을 저해할 수도 있다.

(3) 갈등의 촉진방안

갈등이 어느 정도 순기능을 수행하기 때문에 조직 내 갈등이 없어서 조직이 무기력해지고 환경변화에 둔감해 질 경우는 갈등을 적정 수준까지 유지할 필요가 있다. 갈등의 촉진방안으로 새로운 구성원의 투입, 공식적·비공식적 의사전달에 의한 방법, 직무의 재설계에 의한 방법, 경쟁의 조성 등이 있다.

3. 갈등의 유형

(1) Simon, March(갈등의 주체 기준)

① 개인적 갈등의 원인
　　㉠ 비수락성 : 결정자가 장단점을 충분히 알고 있지만 만족하지 못하여 선택에 곤란을 겪는 것으로, 해결방법은 수락가능한 대안의 발견할 때까지 계속 대안을 탐색해 보거나 주관적 만족기준을 낮춰야 한다.
　　㉡ 비비교성 : 결정자가 각 대안의 결과를 알지만 최선의 대안이 어느 것인지 비교할 수 없는 경우에 곤란을 겪는 상황을 말하는 것으로, 해결방법은 수락가능한 경우에는 대안에 대한 관심과 아울러 전후관계에 의존하여 선택하면 된다.
　　㉢ 불확실성 : 각 대안이 초래할 결과를 알지 못할 때 느끼는 갈등으로, 해결방법은 불확실성을 제거하기 위해서는 탐색활동과 새로운 대안을 모색해야 한다.
② 복수의사 주체 간의 갈등 원인 : 이해관계의 대립 및 목표의 차이, 인지·태도상의 차이, 의사소통의 장애, 역할분화와 상호기대의 차이, 대안의 선택기준의 모호성, 자원의 제약, 공동의사 결정사항의 증대 등

(2) Pondy

① 조직 내 하위단위를 기준
　　㉠ 협상적 갈등 : 부족한 자원을 둘러싼 이해당사자 간의 갈등
　　　　예 노·사 간의 임금협상을 둘러싼 갈등
　　㉡ 관료제적 갈등 : 계층제의 상하 간의 갈등 . 局·課 간의 갈등
　　㉢ 체제적 갈등 : 계층제 내 동일수준의 기관 간, 개인 간의 갈등 . 局과 局, 課와 課 간의 갈등
② 조직에 미친 영향을 기준
　　㉠ 마찰적 갈등 : 조직구조의 변화를 수반하지 않는 갈등

ⓛ 전략적 갈등 : 조직구조의 변화를 수반하는 갈등

(3) Miller, Dollard(개인심리를 기준)-Lewin의 유인가의 성격에 따른 분류와 유사한 것으로 인지부조화 관점

① 접근-접근 갈등(긍정과 긍정 중 택1)

　　예 가지고 있는 돈으로 책상을 살 것인가 아니면 의자를 살 것인가

② 회피-회피 갈등(부정과 부정 중 택1)

　　예 빚을 얻어 새 집을 구입하거나 불량주택의 전세로 들어가야 하는 경우

③ 접근-회피 갈등(긍정과 부정 중 택1)

　　예 16세의 소녀가 한 영화의 작품성과 시사성이 뛰어나 너무 보고 싶은데 미성년자 관람불가인 경우

4. 집단 간 갈등

(1) 집단 간 갈등의 결과

① 집단 내부의 변화 : ㉠ 집단응집력 증가, ㉡ 독재적 리더의 등장, ㉢ 활동의 강화, ㉣ 충성심의 강조

② 집단 간의 관계변화 : ㉠ 지각의 왜곡(distorted perceptio ; 자기집단이 더 중요하다고 지각), ㉡ 상동적 태도 (negative stereotyping ; 상대집단에 대한 경직된 편견 이 확대), ㉢ 의사소통의 감소

(2) 집단 간 갈등의 원인

① 상호의존성 : ㉠ 공통적(집단적) 상호의존성, ㉡ 순차적 상호의존성, ㉢ 교호적 상호의존성

② 목적의 차이 ③ 지각의 차이 ④ 의사소통의 왜곡 ⑤ 계선과 참모(막료)의 갈등

(3) 집단 간 갈등 해결방안

① 일반적 해결방안 : ㉠ 문제의 공동해결, ㉡ 상위목표의 설정, ㉢ 집단 간 상호의존성 감소, ㉣ 자원의 확충, ㉤ 청원시스템, ㉥ 공식적인 방법, ㉦ 상호작용의 촉진, ㉧ 평가기준과 보상시스템, ㉨ 갈등집단의 통합, ㉩ 공동경쟁대상의 설정

② 촉진적 해결방안 : ㉠ 의사소통에 의한 방법, ㉡ 새로운 구성원의 영입, ㉢ 경쟁의 조성

5. 복수주체 갈등의 해결방안(Simon, March)-집단 스스로 해결

문제해결	갈등 당사자 간의 목표합의-새로운 대안의 고안과 탐색에 치중
설득	문제해결의 경우보다 정보수집에 의존하는 비중이 낮으며 하위목표와 전체적인 상위목표와의 모순을 제거하고 일치성을 추구하는 데 중점, 공동목표에 입각하여 하위목표에 대한 의견대립을 설득을 통해 조정
협상	목표에 대한 의견대립 인정-설득 없이 상호간의 합의 추구
정략	외부환경과의 접촉을 통해 새로운 세력을 끌어들여 협상을 유리하게 하려는 전략(제3자 조정으로서 여론 및 대중의 지지 중시)

1. 문제해결과 설득은 기본목표는 일치하지만 하위목표는 불일치하고(분석적·합리적 방법), 협상과 정략은 기본목표와 하위목표 모두 불일치한다(정치적 방법).
2. 문제해결 ⇨ 설득 ⇨ 협상 ⇨ 정략 순으로 나갈수록 갈등의 원인이 보다 가치갈등적 내지 근본적이며, 반대로 정략에서 문제해결 쪽으로 갈수록 갈등의 원인이 보다 사소한 수단에 대한 갈등 내지는 사실에 대한 갈등이다.

6. Thomas의 갈등관리전략(대인적 갈등의 해결)

Thomas는 자신의 주장을 충족시키려는 욕구가 단정적인가 아닌가 그리고 상대방의 주장을 만족시키려는 욕구가 협조적인가 아닌가에 따라 다음 5가지 갈등관리전략을 제시하고 있다.

(1) 회피전략 : 갈등상황으로부터 벗어나는 것으로, 사소한 문제이거나 자신의 욕구만족의 기회가 없을 때 나타난다.
(2) 수용전략 : 상대방의 주장을 받아들이는 것으로 자신의 결정이 잘못되었거나 상대방과 화합하고 조직의 안정과 신뢰를 중요시할 때 나타난다.
(3) 타협전략 : 단정과 협력의 중간수준으로서 극단적인 전략을 피하는 것이다. 당사자들이 동등한 권력을 보유하거나 시간적 여유가 없을 때 나타난다.
(4) 강제(경쟁)전략 : 자신의 욕구만 충족시키고 상대방의 주장을 일축하는 것으로 위기상황이나 한쪽의 권한이 우위일 때 나타난다.
(5) 협력전략 : 당사자 모두의 만족을 극대화하려는 전략으로서 갈등을 긍정적인 현상으로

받아들인다. 조직의 목표가 학습에 있고, 다양한 관점과 정보를 바탕으로 한 통합적인 해결전략이 필요할 때 적합한 전략이다.

대표유형문제

1. 갈등관리에 관한 내용 중 가장 부적절한 것은?

① 갈등은 조직의 현상유지적 균형을 교란하는 요인이기 때문에 해소전략을 강구해야만 한다.
② 회피는 갈등행동의 억압 등에 의하여 단기적으로 갈등을 진정시킬 수 있는 방법이다.
③ 당사자들이 대립되는 주장을 부분적으로 양보하여 공동의 결정에 도달하게 하는 방법이 타협이다.
④ 갈등을 일으킨 당사자들이 직접 접촉하여 갈등의 원인이 되는 문제를 공동으로 해결하는 방법이 문제해결이다.

정답 ①

해설 조직내 갈등이란 항상 역기능적인 것만은 아니므로 해소만이 능사가 아니며, 적정한 수준의 갈등을 유지하는 것이 바람직하다. 갈등이 너무 없을 때에는 갈등을 조성하기도 하고 너무 높을 때에는 해소하기도 하는 등 상황에 따른 전략이 강구되어야 한다.

2. 조직 갈등관리에 관한 설명으로 옳지 않은 것은?

① 갈등상황이나 출처를 근본적으로 변동시키지 않고 오히려 적응하도록 하는 전략이나 갈등 당사자들에게 공동의 적을 확인시키고 이를 강조하는 전략은 해소전략이다.
② 의사전달통로를 변경하거나 조직 내의 계층수 및 기능적 조직단위의 수를 늘려 서로 견제하게 하는 것은 해소전략에 해당된다.
③ 당사자들이 대립되는 주장을 부분적으로 양보하여 공동의 결정에 이르게 하거나 공동이익을 강조하는 것은 조성전략에 해당되지 않는다.
④ 갈등은 유해하며 역기능적인 것이 지배적이라고 보는 관점에서는 조성전략이 구상될 수 없다.

정답 ②

해설 의사전달통로를 변경하거나 조직 내의 계층수 및 기능적 조직단위의 수를 늘려 서로 견제하게 하는 것은 갈등의 조성전략이다. 갈등의 조성전략은 ① 정보 및 권력의 재분배 : 정보량의 조절(억제 또는 확대)이나 정보전달 통로의 의도적 변경 ② 제도적 갈등조장 방안 : 조직개편이나 직무재설계 ③ 충격요법적 방법 : 긴장과 갈등을 야기할 수 있는 의사결정을 앞당기거나 외부집단의 도전이나 위협을 느끼도록 유도 ④ 인사정책적 방법 : 순환보직 등 인사이동 ⑤ 경쟁상황의 창출 : 보수·인사 등에 있어 경쟁원리 도입(성과급, 공모·개방형직위 등) 등이 있다.

권위(權威)

1. 권위의 개념

조직규범에 의하여 정당성이 부여된 권력으로서 조직구성원에게 수용되는 권력을 의미한다. 따라서 권위는 정당성을 가진 권력이며, 명령에의 복종이 자발적이라는 점에서 권력과 구별된다(관료제 내부에 흐르는 속성은 권력보다는 권위이다).

2. 권위의 특징

(1) 조직의 규범에 의한 정당성이 부여된 권력이다.

(2) 상대방의 존재를 전제로 하는 사회적 관계이다.

(3) 다른 사람의 행태를 결정한다.

(4) 명령에의 복종은 수용자의 자유의사에 기인한다.

3. 권위의 기능

(1) 규범준수와 책임이행의 확보 : 집단 또는 권력행사자가 만든 규범에 집단성원이 동조하도록 한다. 권위는 책임이행을 확보하는 최후의 수단이다.

　　예 법의 권위는 불복종시 제재로 나타남

(2) 의사결정의 전문화 확보 : 권한·권력에 의한 행정보다 권위에 의한 행정이 합리성·전문성이 높은 의사결정을 가능케 한다.

　　예 의사의 병 진단

(3) 조직단위의 활동조정 기능 : 조직성원들을 목표달성에 공헌하도록 통합시키고 조직단위의 활동을 일관성있게 전체적으로 조정하여 결정기능의 집중화가 가능하게 된다.

　　예 판사의 판결

(4) 의사결정의 집권화가 이루어지게 하며, 의사결정 및 명령이 효력을 발휘하게 하는 근거가 된다. 또한 리더십이 행사되게 하는 배경으로서의 기능을 가진다.

권위·권력의 구분

구 분	정당성 전제	자발적 수용의 전제(공감)	공식성 전제 (제도성)	지속성 전제	하향성 전제 (작용방향)
권 력	×	×	○	×	○
권 위	○	○	○	○	△

* 권력은 정당성, 합법성, 공식성이 없는 경우도 있다.

* 영향력은 잠재적인 능력을 실제의 행동으로 옮기는 과정으로 권력에 비해 동적(動的)성격을 지닌다.

4. 권위의 유형

(1) Simon의 분류(권위수용의 심리적 동기를 기준)

① 신뢰성의 권위 : 자기가 신뢰하는 사람의 의사결정을 쉽게 수용한다. 사람의 지위나 자질을 기준으로 기능적 권위와 계층적 권위로 구별한다.

　　㉠ 기능적(전문적) 권위 : 전문가의 의사나 결정이 권위 있는 것으로 수용. 참모의 권위

ⓛ 계층적(행정적) 권위 : 계선관리자가 전체적인 상황파악을 하며 상관의 판단에 대해 부하가 신뢰

② 동일화(일체화)의 권위 : 조직에 대한 귀속감을 느낄 때 쉽게 수용되며, 조직의 목적과 개인의 목적이 일치

③ 제재성의 권위 : 상벌에 따른 권위(승진이나 표창, 강제적인 방법인 징계)를 수용하는 것

④ 정당성(정통성)의 권위 : 조직에서 정한 규칙이나 지배적 가치관 또는 절차의 정당성을 인정하며, 상급자의 명령에 복종

(2) Weber의 분류(권위의 정당성 근거를 기준)

① 전통적 권위 : 신성시하는 전통이나 지배자의 권력에 대한 신성적 신념에 정당성의 근거를 둔 권위

② 카리스마적 권위 : 지배자 개인의 초월적 자질이나 능력, 영웅성·신비성 등에 대한 경외심이 정당성의 근거가 되는 권위

③ 합법적·합리적 권위 : 국민의 동의·법규 등의 합리성·합법성에 정당성의 근거를 둔 법에 의해 인정되는 권위

(3) Etzioni의 분류(지배권력의 유형을 기준)

① 전문성의 기준

  ㉠ 행정적 권위 : 일반행정관리자의 권위, 부하·전문가의 활동을 조정·통제

  ㉡ 전문적 권위 : 전문가들이 지니는 권위, 개인적 특성·지식·전문능력에 근거

② 지배권력의 기준

  ㉠ 강제적 권위 : 통제수단이 강제적·물리적 힘에 의한 권위(강제수용소, 교도소, 군대 등)

  ㉡ 공리적 권위 : 보수와 같은 경제적 요인을 통제수단으로 하는 권위(사기업체, 이익단체 등)

  ㉢ 규범적 권위 : 도덕적 기준이나 규범적 권력을 통제수단으로 하는 권위(종교단체, 학교, 일반병원 등)

(4) Pfiffner의 분류(공식성 유무)

① 공식적 권위 : 합법적이며 제도화된 권위(고전적 조직에서 중시)

② 비공식적 권위 : 비공식적 사회적 관계 하의 권위(인간관계를 중시)

5. 권위의 수용이론

(1) Barnard의 무차별권 이론 : 무차별권이란 상관명령 혹은 의사전달이 아무런 이의 없이 부하에게 수용될 수 있는 범위를 말한다.

(2) Simon의 수용권 이론 : 개인적인 측면이 아니라 전체적인 측면의 수용범위를 제시하면서, 의사결정의 장단점을 검토하지 않고 따르는 경우와 의사결정이 잘못되었음을 확신하면서도 따르는 경우가 권위의 수용권에 해당한다고 본다.

(3) 명령권리설 : 고전적 조직이론, 하향적 권위로 인식

(4) 수용설 : 상관의 권위를 부하가 어느 정도 수용하느냐에 따라 권위가 좌우된다.

6. 권위수용의 변수

(1) 충성심의 강약 : 조직에 대한 충성심이 강할수록 권위를 잘 받아들인다.

(2) 행정의 전문화 정도 : 전문성이 높을수록 권위도 높아진다.

(3) 윤리적 신념과 전통문화 : 상관의 권위를 존중해야 한다는 윤리적 신념이 강하고 전통문화의 집착은 권위를 잘 수용한다.

(4) 제재방법과 과다 : 상급자의 권위를 수용하지 않을 경우에 제제나 위험이 수반되면 상급자의 권위는 잘 수용된다.

* 권위의 수용조건
1. 의사전달의 내용을 파악할 수 있어야 한다.
2. 그 내용이 조직의 목적에 부합되어야 한다.
3. 명령이 조직구성원의 개인적 이익과 모순되지 않아야 한다.
4. 정신적·육체적으로 의사전달에 대응할 수 있어야 한다.

7. French & Raven의 대인관계 권력 기준

(1) 보상적 권력(reward power) : 타인이 원하는 것을 줄 수 있을 때 성립하는 권력, 즉 가치있는 보상을 줄 수 있는 능력에 근거한 권력이다.

(2) 강요적 권력(coercive power) : 상대방을 처벌할 수 있을 때 성립하는 권력으로, 불복종시 제재에 대한 두려움에 근거한 권력이다.

(3) 정통적(정당한) 권력(legitimate power) : 자신의 가치관에 비추어 권력행사자가 정당한 권력을 행사할 수 있는 권리를 가지고 있다고 인정되는 경우에 성립하는 권력이다(M. Weber는 이를 권위라고 하였다).

(4) 준거적 권력(referent power) : 복종자가 지배자와 일체감을 가지고 자기의 행동모형을 권력행사자로부터 찾으려고 할 때 성립하는 권력이다.
  ① 부하를 공정하게 대우한다.
  ② 상관(자신)과 유사한 부하를 선택한다.
  ③ 민감하게 부하들의 욕구·감정에 대처한다.

④ 부하들의 이익보호에 중점을 둔다.

⑤ 역할 모형화를 시도한다.

(5) 전문적 권력(expert power) : 권력 행사자가 전문가로서 인정받을 때 성립하는 권력으로서 기술지향적 시대에 가장 영향력이 높았다.

① 결단력 있고 자신 있게 행동한다.　　　② 전문가적 이미지를 증진시킨다.

③ 부하들의 관심사를 파악한다.　　　　　④ 부하들의 자존심을 위협하지 않는다.

⑤ 전문성에 대한 신뢰를 계속 유지한다.　⑥ 계속 정보를 수집한다.

✒️ 대표유형문제

프렌치(J. French)와 라벤(B. Raven)의 권력의 원천에 관한 설명으로 옳지 않은 것은?

① 권한과 유사한 개념인 합법적 권력은 상사가 보유하고 있는 직위에 기반을 둔 것으로 일반적으로 직위가 높을수록 합법적 권력은 더욱 커지는 경향이 있다.

② 준거적 권력은 다른 사람들이 가치를 두는 정보를 갖고 있는 정도에 기반을 둔 것으로 다른 사람이 필요로 하는 전문적인 기술이나 지식을 어떤 사람이 갖고 있을 때 발생한다.

③ 강압적 권력은 인간의 공포에 기반을 둔 것으로 어떤 사람이 다른 사람을 처벌할 수 있는 능력을 가지거나 육체적 또는 심리적으로 다른 사람에게 위해를 가할 수 있는 능력을 가진 경우에 발생한다.

④ 보상적 권력은 다른 사람들에게 보상을 제공할 수 있는 능력에 기반을 둔 것으로 조직이 제공하는 보상의 예에는 봉급, 승진, 직위 부여 등이 있다.

정답　②
해 설　②는 준거적 권력이 아니라 전문적 권력에 해당한다.

---

02 ┃ 리더십(Leadership)

🔵 리더십의 의의

1. 리더십의 개념

리더십이란 조직목표달성을 위하여 자발적·적극적 행동을 유도·촉진하여 조정하는 영향력 및 능력과 기술을 말한다. 리더십은 1930년대 인간관계론에 의한 구성원의 동기부여나 인간행태의 변수를 중시하면서 관심이 제기되었으며, 1940년대 행태론에서 경험적으로 연구되었고 1960년대 발전행정인(가치관·태도)의 독립변수적 역할을 중시하는 발전행정에서 더욱 중시되었다.

제01편

제02편

제03편

제04편

제05편

제06편

제07편

명령과 리더십

명령	관계적 업무처리	일방성, 절대적 지지	공식적 계층제 직위
리더십	비관계적 업무처리	상호적, 비절대적	어느 계층에서도 발달

2. 리더십의 특징

(1) 리더와 추종자 간의 상호작용과정을 통해 발휘된다.

(2) 리더십은 목표지향적 성격을 지닌다.

(3) 조직의 어느 계층을 막론하고 리더십은 발생할 수 있다.

(4) 직권력(職權力)은 높은 공식적 직위를 근거로 하는데 비해 리더십은 공식적 직위와는 무관하게 지도자 자신의 권위를 근거로 한다.

(5) 리더십은 가변적·동태적·신축적 성격을 지니고 있어 상황에 따라 리더십의 효율성이 달라질 수 있다.

(6) 리더십은 행동을 수반하여 관련자에게 영향력을 미칠 수 있다.

(7) 상황, 지도자, 피지도자 등은 상호유기적으로 연관성을 지닌다.

3. 리더십의 기능

(1) 구체적 상황에서 필요한 추가정보를 제공하여 조직의 공식적 구조와 설계의 미비점을 보완하는 기능을 한다.

(2) 목표설정과 임무·역할의 명확화 및 이를 위한 인적·물적 자원과 정치적 자원의 효율적 동원의 기능을 수행한다.

(3) 조직의 일체성·적응성의 확보를 통해 조직내부의 조화를 유지하게 하여 체제의 효율성을 유지시킨다.

(4) 조직활동을 통합·조정하고 통제함으로써 조직구성원의 동기를 유발하고 재사회화한다.

(5) 변화하는 환경에 조직이 효율적으로 적응하도록 한다.

4. 리더십 이론의 비교

리더십 이론은 특성이론, 행동이론, 상황이론, 도덕적 리더십으로 발전해 왔다.

구 분	연구모형	특 징
특성이론(자질론) (1930~1950년대)	개인적 특성 ⇨ 리더와 비리더 구별	리더, 비리더를 구별할 수 있는 특성·특징이 분명히 존재한다.

행동(행태)이론 (1950~1960년대)	리더의 행동 ⇨ 성과, 종업원 유지	리더십의 가장 중요한 측면은 리더의 특성이 아니라 리더가 여러 상황에서 실제로 하는 행동이다. 성공적 리더와 비성공적 리더는 그들의 리더십 유형에 의해 구별된다.
상황이론 (1970년대 이후)	리더의 행동 ⇨ 성과, 만족, 기타변수 ⇧ 상황요인 : 과업, 개인적 특성, 집단 특성	리더의 유효성은 그의 유형뿐만 아니라 리더십 환경을 이루는 상황에 의해 결정된다. 상황에는 리더나 하위자들의 특성, 과업성격, 집단구조, 강화유형 등이 포함된다.
도덕적(신속성론, 신자질론) 리더십 (1980~90년대)	변혁적 리더십, 문화적 리더십, 서번트 리더십, 카리스마 리더십	리더의 도덕성이나 카리스마 등 리더의 자질이 또 다시 리더의 중요한 인자로 인정되는 현대적 리더십

🐚 리더십 이론의 접근방법

1. 자질론(속성론, 특성론) - 리더십의 일차원론

리더십에 관한 초기이론으로서 개인적 자질·특성에 따라 리더십이 발휘된다고 본다. 초기의 단일적 자질론과 후기의 성좌적 자질론이 있다.

(1) 단일적 자질론 : 단일의 선천적 특성으로 지도력이 생겨나며, 이러한 특성을 지니고 있는 사람은 어떤 집단이나 상황에서도 지도자가 된다는 것이다. 리더는 보통사람과 다른 리더만의 자질을 가지고 있다고 본다.

(2) 성좌적 자질론 : 단일적 자질론을 수정한 것으로 리더의 자질이 불변적·통일적·단일적이 아니라 복합적이며 상황에 따라 가변적이라고 본다. 개개의 자질을 분석대상으로 하지 않고 몇 개 특성이 복합적으로 작용하여 지도력이 생겨난다고 본다. Barnard는 이러한 리더의 자질로서 인내력, 결단력, 설득력, 책임감, 지적 능력을 제시하였고 Davis는 동기부여, 지성, 원만성, 능력, 인간관계를 들고 있다.

(3) 자질론의 비판
 ① 상황이 다르면 리더십의 자질도 전혀 다를 수 있다.
 ② 지도자가 반드시 갖추어야 할 보편적 자질은 없다.
 ③ 리더십 자질은 지도자가 아닌 사람에게도 있다.
 ④ 지도자가 되기 전과 후의 자질 간에는 인과관계가 없다.

2. 행태이론(形態理論) - 리더십 이차원론

성공적인 지도자들이 보이고 있는 리더십 행태를 분석하여 바람직한 리더십 행태를 밝히고자 한 접근방법이다.

(1) Bales의 리더십 형태 : 활동, 호감, 과업수행능력이 유능한 자가 지도자

(2) 오하이오 주립대학의 연구 : IV가 리더의 행태결정(가장 이상형)

(3) Michigan 대학의 연구 : 리더십을 직원중심 리더십과 생산중심 리더십으로 구분하였다. 직원중심 리더십은 인간관계를 중시하고, 생산중심 리더십은 업무를 중시한다. 생산성과 만족감을 높이는 데 있어서는 생산중심 리더십보다 직원중심 리더십이 우월하다는 결론을 도출하였다.

(4) 아이오와 대학연구 : Lewin의 지도 하에 Lippite & White가 1930년대 후반 11세 소년들을 대상으로 선구적인 리더십의 유형을 연구한 것으로 민주적 리더십, 권위주의적 리더십, 자유방임형 리더십 중에서 민주적 리더십이 가장 효과적이라는 결론을 얻었다.

(5) 관리망(Management Grid) 훈련(Blake & Mouton 주장, 1964) : X축에는 과업(생산)중심, Y축에는 인간에 대한 관심이라는 두 변수에 따라 변수 값을 각각 9등분하여 81가지의 관리 그리드를 제시하였는데, 대표적인 것이 다음의 5가지 관리자의 관리형태모형이다.

① 빈약형(1·1형) : 과업과 인간성을 둘 다 경시, ② 친목형(1·9형) : 인간만 중시하는 인기형, ③ 과업형(9·1형) : 과업만 중시하는 유형, ④ 절충형(5·5형) : 중도형, ⑤ 팀형(단합형 : 9·9형) : 과업과 인간을 둘 다 중시하는 이상형으로 가장 바람직한 리더십 모형이다.

(6) 행태이론의 비판

① 제각기 다른 리더십 행태요소를 사용하여 무엇이 옳은가 하는 객관적 기준이 모호하다.

② 최선의 유형에 대한 합의가 없으며, 상황적 변수를 고려하지 않았다.

3. 상황론(삼차원론)

상황론은 리더의 정형화된 유형보다는 구성원의 개인적 특성 등 상황적 요인을 중시한다. 리더십의 효율성은 리더의 자질이 아닌 구성원(피지도자)의 개인적 특성 등 상황요인에 따라 달라

진다고 본다. 상황론은 리더십 연구에서 조직구성원의 개인적 특성에 대한 관심을 제고시켰다는데 의의가 있다.

(1) Fiedler의 상황적응성 이론

리더십의 효율성이 상황에 따라 좌우된다고 주장하였다. 그는 '가장 좋아하지 않는 동료(Least Preferred Coworker ; LPC)'라는 척도에 의하여 인간관계중심적 리더십(LPC 평점이 높은 사람)과 과업중심적 리더십(LPC 평점이 낮은 사람)의 행태를 연구하고 리더십의 효율성에 영향을 미치는 세 가지 상황변수를 분석한 뒤 효율성은 상황변수의 변화에 따라 결정된다고 하였다.

① 리더와 부하와의 신임관계

② 과업구조의 구체성·명확성·장기예측가능성

③ 지위권력·권위의 수용성 정도

위 세 가지 요소가 긍정적인 환경에 놓일 때 긍정적으로 되어가고 반면에 부정적인 상황에 놓이면 부정적으로 된다고 본다. 또한 상황이 유리하거나 불리한 경우는 과업중심의 리더십이 유용하고, 상황이 중간정도(모호)일 때는 인간중심의 리더십이 유용하다.

LPC측정의 설문 – 가장 싫어하는 동료(LPC)에 대한 평가

유쾌한 사람(pleasant)		불유쾌한 사람(Unpleasant)
수용적인 사람(Accepting)	8 7 6 5 4 3 2 1	거부적인 사람(Rejecting)
지원적인 사람(Supportive)		적대적인 사람(Hostile)
느긋한 사람(Relaxed)		긴장된 사람(Tense)
관계(인간)지향적	←———————→	과업지향적

(2) House & Michels의 통로–목표이론

지도자의 역할을 '부하로 하여금 자기의 목표를 달성하게 하고 그 목표에 이르는 통로(수단)를 분명하게 해 주는 것'이라고 규정하면서 리더십의 효과성은 부하의 목표달성을 촉진해 줄 수 있는 가능성과 부하의 보상에 대한 기대를 곱한 것에 의해서 결정된다고 한다.

(3) Hersey와 Blanchard의 3차원적 리더십이론

오하이오 리더십 연구를 토대로 Redin의 3차원 리더십의 유형과 유사하게 리더십 유형을 제시하였는 데, 부하의 성숙도에 따라 리더십의 효율성이 달라진다는 것이다. Hersey와 Blanchard는 리더의 행동을 과업행동(구조설정)과 관계형성행동(배려)의 두 가지로 구분하고 상황변수로서 부하의 성숙도를 채택하였다. 리더십 기준을 인간관계중심(관계성 행동)과 임무중심(과업행동)행태를 기준으로 규정한 다음 부하의 성숙도(maturity)라는 하나의 차원을 추가한 3차원모형의 리더십을 제시하였다.

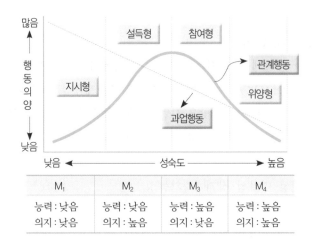

Hersey와 Blanchard의 모형

	M₁	M₂	M₃	M₄
	능력 : 낮음 의지 : 낮음	능력 : 낮음 의지 : 높음	능력 : 높음 의지 : 낮음	능력 : 높음 의지 : 높음

① 1차원적 리더십 : 인간중심적 리더십

② 2차원적 리더십 : 과업중심적 리더십

③ 3차원적 리더십 : 효율성을 중시하는 리더십(부하의 성숙도)

Hersey와 Blanchard는 종모양 또는 U자형 모형을 제시하면서 부하의 성숙도가 아주 낮을 때에는 생산지향적(리더가 지시적인 과업행동이 효과적), 낮을 때에는 팀 형성형(리더가 팀을 형성해 서로 협조하도록 하는 것이 효과적), 높을 때에는 관계지향형(리더가 부하에게 관심을 갖고 의사결정에 참여시키는 관계성 행동이 효과적), 아주 높을 때에는 무관심형(부하에게 권한을 대폭 위임해 주는 것이 효과적)이 효과적이라고 보았다. 구성원의 성숙도가 높아짐에 따라 지시형 → 설득형 → 참여형 → 위임형(위양형)으로 나아간다고 주장하였다.

(4) Reddin의 3차원 모형

피들러 리더십의 효과적인 상황모형과 Blake와 Mouton의 관리망에 영향을 받아 3차원 리더십 유형을 개발하였다. Reddin은 과업지향이냐, 인간지향이냐에 따라 기본유형을 나누었다.

1. 관계형 : 인간관계만을 중시   2. 분리형 : 인간관계와 과업을 모두 경시

3. 헌신형 : 과업만을 중시   4. 통합형 : 인간관계와 과업을 모두 중시

(5) Yukl의 다중연결모형(multiple linkage model)

① 의의 : Yukl의 다중연결모형은 리더의 열한 가지 행동을 원인변수로 보면서 11가지의 매개변수와 세 가지 종류의 상황변수를 이용하여 부서의 효과성을 설명한다.

② 변수

　㉠ 매개변수 : ⓐ 부하들의 노력, ⓑ 부하들의 능력 및 역할명료성, ⓒ 과업의 조직화, ⓓ 집단 내 협동 및 응집력, ⓔ 업무수행을 위한 자원 및 지원의 제공, ⓕ 다른 부서와의 업무조정의 원활성 등이다.

　㉡ 상황변수 : ⓐ 매개변수에 직접적으로 영향을 미치고 집단성과에 간접적으로 영향을 미치는 것, ⓑ 집단성과의 결정요인으로 매개변수의 상대적 중요성을 결정하는 것, ⓒ 리더의 행동이 매개변수에 미치는 영향을 상황적으로 조절하는 것 등으로 분류할 수 있다.

(6) Evans & House의 경로-목표이론에 입각한 리더십 유형

① 1970년대 Evans & House의 경로-목표이론은 리더의 특성보다는 상황과 리더의 행동에 초점을 두고 있다. 동기부여의 기대이론에 바탕을 두고, 부하는 리더의 행동이 그들의 기대감에 영향을 미치는 정도에 따라 동기가 유발된다고 본다. 즉, 리더는 부하가 바라는 보상(목표)을 받게 해 줄 수 있는 행동(경로)이 무엇인지 명확하게 해줌으로써 부하의 성과를 높일 수 있다는 것이다. 경로-목표이론은 결국 상황에 따라 효과적인 리더의 행동이 달라진다는 이론으로 기대이론과 상황이론의 결합이다.

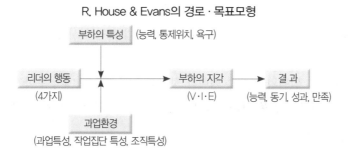

R. House & Evans의 경로·목표모형

원인변수	상황변수	매개변수	결과변수
① 지시적 리더십 ② 지원적 리더십 ③ 참여적 리더십 ④ 성취적 리더십	① 부하의 특성 ② 과업 환경	① E (기대감) ② I (수단성) ③ V (유의성)	구성원의 만족도와 근무성과

② House & Evans의 경로목표모형은 리더십을 네 가지 변수로 나누어 설명한다. 동기부여의 기대이론을 수용하여 리더의 네 가지 행동(원인변수)이 부하의 행동(결과변수)에 영향을 미치지만 그 과정에서 부하의 기대감(목표달성확률)과 유인가(보상의 가치) 등이 매개를 하며(매개변수) 여기에 부하의 특성과 과업환경이 상황변수로서 영향을 미친다는 것이다.

③ House(1974)는 당시까지 널리 알려진 두 가지 리더행동 대신에 통로와 목표에 영향을 미치는 다음과 같은 네 가지 중요한 리더행동으로 환경적응론적 리더십론을 전개하고 있다.

⊙ 지시적(directive)행동 : 부하들에게 무엇을 기대하고 있는지를 알리는 것을 강조한다는 점에서 종래의 과업지향형과 유사하다. 이는 종업원의 노력과 업적에 대한 기대의 지각을 증대시키기 위해 활용될 수 있다.

⊙ 지원적(supportive)행동 : 종업원의 욕구에 관심을 갖고 생활양식과 복지에 관심을 가지며 좋은 직업환경을 만드는 일을 의미한다. 관계지향형 또는 배려형과 유사하다.

⊙ 참여적(participative)행동 : 지원적인 행동과 마찬가지로 종업원지향적인 리더유형에 속한다. 정보를 서로 교환하고 의사결정에 그들의 의견을 반영한다.

⊙ 성취지향적(achievement-oriented)행동 : 도전적인 목표를 설정하고 부하에게 최고의 수준으로 일을 수행할 것을 기대하며 종업원에 대한 높은 신뢰를 갖고 계속적으로 업적향상을 모색하는 등의 행동이다.

(7) Tannenbaum과 Schmidt의 상황이론

리더십 유형은 지도자와 집단이 놓여 있는 상황에 따라 신축성 있게 결정된다고 지적하고 일정한 상황에 맞는 효율적인 리더십 유형은 지도자 요인, 피지도자 요인, 상황 요인(리더의 권위와 재량권은 반비례한다는 상황 중시) 등의 3가지 변수에 의해 결정된다고 주장하였다.

① 독재적 의사결정 : 리더가 결정하고 공표하며 그 결정을 받아들이도록 부하에게 설득한다.

② 협의적 의사결정 : 리더는 결정을 제시하고 부하의 조언(의사)을 듣고 리더가 최종결정을 한다.

③ 공동 의사결정 : 범위와 한계를 리더가 정해주고 그 범위 내에서 부하가 스스로 결정하도록 부하의 자율적 행동을 허용하고 리더는 단지 의사결정에 참여하는 한 사람이다.

(8) 상황이론의 비판

① 특성요인, 상황요인의 변수가 구성원 사이의 상호작용에 근거한다고 보며, 리더십이 지도자·추종자·상황의 3대 변수의 상호작용에 의해 형성된다고 보는 바, 너무 많은 변수를 결합시키기 때문에 엄밀한 과학성이 결여된다는 문제점이 있다.

② 상황이론은 동일한 상황에서 여러 사람들 중 왜 어느 특정인이 리더가 되는 이유를 설명하지 못한다.

🖌 **대표유형문제** ···

1. 상황론적 리더십이론의 행정조직운영에 가장 크게 기여한 점은?

① 리더의 특성과 자질의 발굴과 교육　　　② 조직구성원의 개인적 특성에 대한 관심 제고

③ 조직 내 인간관계의 공식화에 기여　　　④ 신상필벌의 책임행정구현

해 설 리더십이론에는 자질론적 리더십, 행태론적 리더십, 상황론적 리더십이 있다. 자질론적 리더십은 리더의 개인적 특성이 중요하다는 입장이고, 행태론적 리더십은 리더의 행동에 초점을 둔다. 이에 비하여 상황론적 리더십은 리더 개인만이 아니라 조직구성원 전체 및 환경과의 상호관련성 하에서 리더십이 형성된다고 본다.

2. 리더십의 효율성은 상황에 의존한다고 전제하면서 리더의 행동을 인간중심적 리더십(관계성 행동)과 과업중심적 리더십(과업행동)으로 나누고 여기에 효율성이라는 차원을 추가하여 리더십이론의 3차원 모형을 제시한 학자는?

① Fiedler
② Hersey & Blanchard
③ Blake & Mouton
④ House

정답 ②

해 설 설문은 Hersey & Blanchard의 3차원모형에 해당한다. 상황론 중에서도 특별히 Reddin의 모형과 Hersey & Blanchard의 모형이 대표적인 3차원모형에 해당한다. Fiedler의 상황적응모형은 상황론에 포함되지만 3차원모형으로는 보지 않는다.

3. 리더십 이론 중 상황이론으로 널리 알려진 경로-목표이론(path-goal theory)에서 상황요인에 해당하는 것은?

① 목표달성 확률
② 보상의 가치
③ 부하의 특성
④ 리더의 지원적 행태

정답 ③

해 설 부하의 특성과 과업환경은 상황변수(상황요인)에 해당한다. House & Evans의 경로목표모형은 리더십을 네가지 변수로 나누어 설명한다. 동기부여의 기대이론을 수용하여 리더의 네가지 행동(원인변수)이 부하의 행동(결과변수)에 영향을 미치지만 그 과정에서 부하의 기대감(목표달성확률)과 유인가(보상의 가치) 등이 매개를 하며(매개변수) 여기에 부하의 특성과 과업환경이 상황변수로서 영향을 미친다는 것이다. ①②는 매개변수, ④는 원인변수, ⑤는 결과변수에 각각 해당한다.

4. 거래적 리더십과 변혁적 리더십(신속성론, 신자질론, 1980~1990년대)

Tom Burns은 정치적 리더십을 거래적(교환적) 리더십과 변혁적 리더십으로 분류하였다. Bass, Watson & Rainey 등도 변혁적 리더십을 강조하였다.

(1) 거래적(교환적) 리더십(Transactional Leadership) – 고전적 리더십

㉠ 지도자와 부하 간의 상호작용 및 교환관계 속에서 지도자가 조직구성원을 효과적으로 다루어 나가는가를 분석하는데 관심을 갖으며, 경제적 욕구나 거래관행을 중시한다.

㉡ 주로 집단의 생산성이나 조직원의 만족도를 높이는데 초점을 둔다.

㉢ 영향을 미치는 주요 요인으로는 ⓐ 지도자의 자질, ⓑ 유형, ⓒ 상황적 차이 등을 들고 있다.

(2) 변혁적 리더십(Transformational Leadership) – 현대적 리더십

㉠ 전체적 관점에서 조직의 방향을 바꾸거나 또는 대규모의 변혁을 유도하는 기업가적 혹은 카리스마적 지도력을 일컫는 리더십이다.

ⓛ 주요 관심사

　　　　ⓐ 기본가치나 신념의 변동

　　　　ⓑ 조직 전체의 정의 실천과 가치 통합

　　　　ⓒ 도덕적 정당성에 대한 확신의 제시

　　　　ⓓ 조직의 혁신적 변화를 도모하는 지도력에 관심을 둠, 능력과 성공에 대한 이미지 관리

　　　ⓒ 행태적 특성

　　　　ⓐ 카리스마 : 비범한 자질이나 영웅적 심리

　　　　ⓑ 영감 : 창의적 이미지, 직관, 통찰력을 지님.

　　　　ⓒ 지적 자극 : 항상 새로운 지식세계에 호기심을 가지며 탐구의욕과 정복

　　　　ⓓ 개별인간에 대한 배려

　　　　ⓔ 다양한 영향력 행사

　　　　ⓕ 반전통적이고, 반문화적인 관리전략과 관행

　　　　ⓖ 창의성과 다양성 존중

　　　　ⓗ 조직과 개인의 공생협력 관계

　　　　ⓘ 인간사이의 신뢰 구축

　　ⓔ 변혁적 리더십은 바람직한 방향으로 조직을 변동시키고 활성화하는데 주요한 역할을 하
　　　는 조직의 상위관리자(리더)에게 나타나는 유형이다.

거래적 리더십과 변혁적 리더십의 비교

구 분	거래적(교환) 리더십	변혁적 리더십
목 표	현상과 너무 괴리되지 않는 목표	현상보다 매우 높은 이상
시 간	단기적 조망, 기본적, 가시적 보상	장기적 조망, 장기적, 잠재적 보상
변 화	안정지향, 폐쇄적	변화지향, 개방체제적
동기부여 전략	저차적 욕구충족, 외재적 보상	고차적, 내재적 욕구충족
행동표준	관리표준	변혁적, 창의적
문제해결	Know-how를 줌	Know-how를 찾도록 함
초 점	하급관리자	최고관리층
관리전략	리더와 부하 간의 교환관계나 통제	영감과 비전제시에 의한 동기 유발
이 념	능률지향	적응지향
조직구조	기술구조(기술위주), 기계적 관료제에 적합	경계작용적 구조(환경과 연계작용), 단순구조나 임시조직에 적합

제01편

제02편

제03편

제04편

제05편

제06편

제07편

✎ 대표유형문제 ··

리더십에 관한 다음 설명 중 타당한 것은?

① 조직을 위해 새로운 비전을 창출하고, 그러한 비전이 새로운 현실이 될 수 있도록 지지를 확보할 수 있는 리더십은 거래적 리더십이다.

② 일반적으로 사회적 분위기가 권위적이며 부하들의 참여에 대한 기대가 별로 없는 경우 민주적 리더십이 효과적이다.

③ 통합이 강조되고 고도의 다양성과 적응성이 요구되는 탈관료제적 조직에서는 거래적 리더십보다 변혁적 리더십이 효과적일 가능성이 높다.

④ 상황론은 리더십이 상황의 변화를 가져온다는 것을 전제한다.

⑤ 변혁적 리더십은 합리적 교환관계를 설정하여 심리적으로 추종자와 일체가 되고, 신뢰를 구축한다.

정답 ③

해설 전통적인 리더십 이론에는 자질론적 리더십, 행태론적 리더십, 상황론적 리더십이 있는 바, 최근의 현대적 리더십 이론으로는 변혁적 리더십과 거래적 리더십이 논의되고 있다.
① 설문에 해당되는 리더십은 변혁적 리더십이다. ② 리더십은 민주적, 권위적, 자유방임형 리더십으로 구분될 수도 있는 바, 권위적 분위기에서 가장 효과적인 리더십은 권위주의적 리더십이다. ④ 상황론은 상황에 따라 적합한 리더십이 달라진다는 것을 뜻한다. 상황이 리더십을 결정짓는 독립변수이다. ⑤ 리더와 부하 간의 교환관계를 중시하는 것은 거래적 리더십이다.

··

03 | 최고관리층과 중간관리층

최고관리층, 중간관리층, 하부관리층과의 비교

구 분	기 능	자 질	성 격
최고관리층	·목표설정과 정책결정 ·조정·통제 ·인적·물적 자원의 동원	·정책구상능력과 결정능력 ·지도력, 비전제시, 사기관리 ·지적 유연성과 정서적 안정성	·기본적·전체적 성향 ·정치적·행정적 성격 ·이중적 성격 ·대표적 성격 ·종합성
중간관리층 (국장 · 과장)	·정책결정에 조언과 정보제공 ·조정 및 지도 ·통제기능 ·전반관리기능 　(목표·정책의 구체화)	·전문성 ·지도력 ·성실성	·부문성 ·과정성 ·대인성
하급관리층	반복적·기계적 업무 수행	일처리와 관리에 직접적인 책임	구체화·세분

💿 의사전달의 의의

1. 의사전달의 기능

(1) 조정을 위한 수단 : 조직목표를 명확하게 인식하게 되며 충분한 이해와 헌신하고자 하는 태도가 생겨 효과적인 조정이 이루어진다.

(2) 합리적 의사결정의 수단 : 의사전달의 내용이 신속하고 적절하며 정확하고 질적으로 우수할 때 합리적인 의사결정의 수단이 된다.

(3) 리더십의 발휘수단 : 리더십의 발휘수단이 되며, 조직구성원의 통솔이 용이해진다.

(4) 통솔과 사기앙양을 위한 수단 : 조직구성원의 심리적 욕구를 충족시켜 사기가 앙양되고, 적극적인 참여가 촉진되어 행정능률이 향상된다.

(5) 기타 : 환경에의 적응기능, 목표달성을 돕는 기능

2. 의사전달의 원칙

(1) 명료성의 원칙   (2) 일관성의 원칙   (3) 적시성의 원칙   (4) 적량성의 원칙

(5) 분포성의 원칙   (6) 적응성의 원칙   (7) 관심과 수용의 원칙

💿 의사전달의 유형

1. 공식성 유무에 따른 유형

(1) 공식적 의사전달

① 개념 : 공식조직 내에서 계층제적 경로와 과정을 거쳐 공식적으로 행하여지는 의사전달로, 고전적 조직론에서 강조된다.

② 장단점

장 점	단 점
㉠ 상관권위 유지 ㉡ 의사전달이 확신·편리 ㉢ 책임소재 명백 ㉣ 정보 사전입수로 의사전달 용이	㉠ 신축성 결여, 형식화 ㉡ 배후사정 전달 곤란 ㉢ 변동적응 능력의 한계 ㉣ 복잡·다양한 측면에서 곤란

(2) 비공식적 의사전달

① 개념 : 계층제나 공식적인 직책을 떠나 비공식조직 내의 비공식 통로를 통해 행해지는 것으로, 조직구성원 간의 친분, 상호신뢰와 현실적인 인간관계 등을 통하여 이루어지는 의사전달을 말한다.

② 장단점

장 점	단 점
㉠ 의사전달이 신속 ㉡ 여론·감정파악이 용이 ㉢ 변동에 적응 ㉣ 관리자에게 유익한 정보 전달 ㉤ 공식적 전달 미비	㉠ 애매하고 왜곡된 정보 ㉡ 의사전달의 조정·통제 곤란 ㉢ 공식적 권위를 손상 ㉣ 책임추궁이 어려움

2. 방향과 흐름을 기준으로 한 유형

(1) 상의하달적(上意下達的;下向的) 의사전달 : 명령(구두명령·문서명령), 정보전달[기관지, 편람(便覽 : 보기에 편리하도록 간명하게 만든 책)], 예규집(例規集 : 관례와 규칙적인 책), 구내방송, 수첩, 게시판, 슬라이드

(2) 하의상달적(下意上達的;上向的) 의사전달 : 품의제, 고충조사, 제안제도, 직원의견조사, 상담, 면접 등

(3) 횡적 의사전달(橫的意思傳達 : 조정을 위해 요구됨) : 사전심사, 사후통지, 공람, 심의, 레크리에이션, 위원회 제도, 회람(回覽 : 차례로 들어가 보는 것), 통보, 회의

---

05 | 공공관계(PR: Public Relation)

🔹 공공관계의 의의

1. 공공관계의 개념

정부활동에 대한 국민의 태도를 평가하고 정부의 정책·사업에 대한 국민의 이해·협력과 신뢰를 확보하여 이를 유지·증진시키기 위한 활동을 의미한다.

2. 선전(宣傳)과의 구별

선전은 호의적인 정보를 일반적으로 감정에 호소하나, PR은 왜곡 없이 사실상의 정보를 제공한다.

선전과 PR의 비교

구분	선전	PR
주체	기업	정부부처
객체	소비자	국민
목적	이윤의 추구	민주성 · 체제유지 · 안정성 · 적응성 · 능률성 제고
성질	수직적 · 일방성 · 주관성	수평적 · 교류성 · 객관성 · 의무성
기간	단기적	장기적

*선전과 PR의 유사점 상대에게 설득, 호소, 지지 요함.

3. PR의 성격

(1) 수평성(水平性), (2) 의무성(義務性), (3) 교류성(交流性), (4) 진실성 또는 객관성(客觀性), (5) 교육성 또는 계몽성(啓蒙性), (6) 공익성(公益性)

4. PR의 필요성

(1) 민주주의의 요청 실현, 국민의 알 권리 충족, 행정과 국민 간의 불신제거

(2) 국가업적의 홍보, 국가발전조건의 조성, 합리화 및 사회적 능률화 요청의 실현

(3) 공익성의 추구, 성실의 추구, 정책에의 반영, 행정의 인간화 요청의 실현

PR의 순기능과 역기능

1. PR의 순기능

(1) 주지기능 (2) 정부에 대한 비판의 완화 (3) 안정기능 (4) 중개기능(국가의 입장을 천명하고 국민의 여론을 집약하는 기능을 담당) (5) 교육(계몽)기능 (6) 정보의 제공 (7) 국민의 동의 · 지원 획득 (8) 적응기능 (9) 국민형성의 촉진(국민의 일체감과 자부심 제고

* PR의 2대 기능 홍보기능(과거 중시) · 공청기능(현대 중시)

2. PR의 역기능

(1) 조작적 성격 : 대중매체에 의한 행정 PR을 통하여 국민은 무기력한 대중으로 전락되어 정부에 조정당하고 정치적 무관심을 나타내게 된다.

(2) 선전적 성격 : 현실적으로 행정 PR은 사실·진상·실책을 은폐시키고 여론조정을 위한 선전적 성격을 많이 띠고 있다.

(3) 국가기밀 강조 : 군사·외교상의 문제를 들어 국가기밀을 강조하게 되는데 이러한 국가기밀의 한계가 문제된다.

행정 PR의 원칙과 과정

1. 행정 PR의 원칙

(1) 공익합치의 원칙 (2) 상호교류의 원칙 (3) 진실성의 원칙 (4) 계몽성의 원칙

2. 행정 PR의 과정

(1) 정보투입과정 : 공청기능(국민의 의견, 태도, 즉 여론을 흡수하여 정보처리, 행정수요 파악)

(2) 전환과정 : 행정수요 충족, 국민의 지지·협조를 얻을 정책을 수립하고 결정

(3) 정보산출과정 : 홍보기능을 수행하는 과정으로서 국민의 지지·이해와 신뢰·협조를 구함.

(4) 환류과정 : 국민의 반응을 끊임 없이 파악·분석·평가함으로써 적절한 대응책 강구

PR의 문제점과 개선방안

1. 우리나라 행정 PR의 문제점

(1) 국민의 정부에 대한 불신, (2) 정권유지 중심적 PR, 관료들의 공평성 부족, (3) 기밀행정, 진상의 은폐, (4) 공청기능의 약화와 정보기관의 역기능(국정신문 및 TV등), (5) 화재경보적 PR(문제발생 시에만 임시방편적 대응), (6) PR전문가의 부족, (7) DAD(Decide-Announce-Defence, 전격결정-발표-방어)

2. 행정 PR의 개선방안

(1) 국가이익과 국민을 위한 공공관계의 확립, (2) 공개행정(국민의 알 권리 충족) 및 언론기관 중립화, (3) 다양한 대중매체의 보급, (4) 공공관계기관의 전문화, (5) 공청기능·국민투입기능의 강화

대표유형문제

1. 행정정보공개의 문제점으로 볼 수 없는 것은?

① 행정비용의 증가를 초래하며, 행정적 책임을 회피하기 위해 정보를 변조하거나 왜곡할 수 있다.

② 정보공개 혜택의 불공평성을 초래할 수 있다.

③ 공무원이 업무수행에 있어서 소극적이고 위축될 우려가 있다.

④ 공무원의 업무량이 감소된다.

정답 ④

해설 행정정보공개는 국가·지방자치단체·정부투자기관 등 공공기관이 보유하고 있는 정보를 국민이나 주민·법인·단체·외국인(일정한 자격이 인정된 자)의 청구에 의하여 공개하는 것을 말한다. 정보공개제도는 요구자의 투명성 강요로 공무원의 업무자세가 소극적이고 위축될 우려가 있으며, 공개요구의 확장에 따라 행정비용 및 시간이 증대되고 관련 업무량이 늘어난다. ①②③⑤ 외에 공무원의 창의력·유연성이 저해되고, 직무상 비밀유지 또는 개인정보와의 마찰가능성이 높다.

2. 행정정보공개제도에 관한 다음 설명 중 틀린 것은?

① 컴퓨터에 의하여 처리되는 매체 등에 기록된 사항은 정보공개대상에서 제외된다.

② 정보공개에 대한 불복절차로서 이의신청, 행정심판, 행정소송제도가 있다.

③ 정보공개 청구가 있는 때에는 청구를 받은 날로부터 10일 이내(10일 연장가능)에 공개여부를 결정하여야 한다.

④ 청구인이 공공기관의 비공개처분 또는 부작위로 권리·이익을 침해받은 날로부터 30일 이내에 이의신청을 하고 공공기관은 이의 신청을 받은 날로부터 7일 이내에 공개여부를 결정하여 결과를 통지한다.

정답 ①

해설 공개대상 정보 및 공공기관이 직무상 작성·취득하여 관리하고 있는 문서, 도면, 사진, 필름, 테이프, 슬라이드 및 컴퓨터에 의하여 처리되는 매체 등에 기록된 모든 사항이다. 청구인은 행정심판을 청구하거나 행정소송을 제기할 수 있다. 이의신청, 행정심판, 행정소송의 관계에 있어 의무적·전치적(前置的) 절차는 없다.

제 **05** 장

조직동태화와 조직발전

01 조직의 동태화

조직동태화의 의의

1. 동태화의 개념

　행정조직의 동태화란 조직이 환경변동에 신축성 있게 적응하고 새로운 행정수요를 충족시킬수 있도록 조직을 변동대응능력을 가진 쇄신적 조직으로 전환시켜 문제해결중심의 협동체제를 구성하고자 하는 조직혁신방향이다.

2. 동태화의 필요성(정태적 조직의 문제점)

　(1) 구조적 요인 : 조직의 거대화, 과도한 집권화, 관료제 병폐 만연, 할거주의, 의사소통 부족, 통제중심적 관리, 계선과 막료의 불화, 불합리한 정보관리체제
　(2) 인간적 요인 : 사기저하, 능력발전 곤란, 정실인사(情實人事), 신분보장 불안

02 | 조직의 동태화 방안

🌀 행정조직의 동태화(動態化) 방안

1. Adhocracy[유동조직, 다공성(多孔性) 조직]

(1) Adhocracy의 의의

① Adhocracy란 관료제의 결함(경직성·비인간성·매너리즘 등)을 보완하고자 하는 임시적·동태적·유기적 조직을 총칭하는 개념이다.

② Adhocracy라는 단어는 Alvin Toffler가 「미래의 충격」이라는 저서에서 최초로 사용하였다.

(2) Adhocracy의 특징

① 일반적 특징

    ㉠ 고수준의 수평적 분화와 저수준의 수직적 분화로 인한 저수준의 복잡성

    ㉡ 분권적·전문적 의사결정, 저수준의 집권화, 비일상적 기술 활용

    ㉢ 고수준의 전문성으로 인한 저수준의 공식화

② 구체적 특징

    ㉠ 고도의 유기적 구조 : 표준화에 의한 통제를 거부한 탄력성 중시

    ㉡ 고도의 수평적 직무전문화 : 훈련과정을 거친 전문가에게 권한 부여

    ㉢ 선택적 분권화 : 각 전문가들이 수행하는 의사결정의 성질에 따라 각각의 의사결정권이 위임되기 때문에 수평적·수직적인 선택적 분권화가 발생

    ㉣ 연결장치의 설치 : 혁신을 저해한 표준에 의한 조정이나 직접적 통제보다는 전문가 상호간의 조정수단으로 연락장치의 설치 및 활용

    ㉤ 기능별 집단과 목표별 집단의 공존 : 관료제 조직에서는 각각의 구성원들은 자신에게 부과된 일만을 하지만 Adhocracy에서 각각의 전문가들은 서로의 노력들을 통합

2. Project team(특별작업반)과 Task force(전문기동반)

(1) 의의

① Project team : 특정사업·과제수행을 위하여 조직 내의 관련전문가를 중심으로 결합한 수평적·임시적·동태적 조직이다.

② Task force : 특정목적·임무를 수행하기 위하여 여러 조직의 관련전문가를 결합한 입체적·수직적·계층적 조직이다.

(2) 특징

구 분	Project team	Task force
구 조	수평적 구조	수직적·입체적·계층적 구조
존속시기	임시적·단기적	문제해결과 더불어 해체되나 필요시 지속(장기 존속 가능)
부문 내·부문 간	부문 내에 설치	부문 간에 설치
설치근거	법적 근거를 요하지 않음.	법적 근거를 요함.
정부조직도표상	표시되지 않음.	표시됨.
소속관계	부내의 소속기관에서 이탈하지 않고 시간제(part-time)로 근무	원래 소속기관에서 이탈하여 전임제(full-time)로 근무
지휘·감독체계	각 구성원이 조직의 활동원 및 정보원	1인의 장이 지휘
규 모	규모가 작음.	규모가 더 크고 전문적임.
성 격	인적 성격이 강함(성원교체가 조직변화).	물적 성격이 강함(성원교체가 조직변화를 초래하지 않음).

3. Matrix 조직(혼합·행렬조직)

(1) 의의

전통적 기능구조(관료제)에 project team을 혼합함으로써 수직적·수평적 구조가 혼합된 임시적·동태적 조직이다. 문제해결적 기능과 계층구조적인 기능구조를 모두 갖춘 조직이다.

(2) Matrix 조직의 특징

① 다원적인 지휘·명령체계, 각 구성원은 동일한 권한과 책임을 부여받는다.

② 조직구성원은 기능구조와 사업구조에 중첩적으로 소속되며, 조직 내의 한 개인은 이중구조적 운영으로 두 조직상의 상관의 명령과 지시를 동시에 받아야 한다. 전통적 조직에서 중시하는 명령통일원리의 중대한 예외가 된다(갈등잠재력 존재).

　　예 대사관에는 대사 외에 각 행정부처에서 파견한 상무관, 관세관, 재무관, 농무관 등이 존재

③ 어떤 사업이 여러 부처에 관련되고 있을 때 이 사업을 공동으로 수행하기 위해서 구성된 조직

　　예 서울올림픽조직위원회(SLOOC), 미국의 NASA

　　임시적 매트릭스 : 항공기 제조회사, 영구적 매트릭스 : 규모가 큰 대학의 경영대학

④ Matrix 조직의 성립조건 : ㉠ 두 가지 영역의 문제에 동일한 비중의 관심, ㉡ 고도의 정보처리능력이 요구, ㉢ 하나의 자원을 두 가지 목적으로 이용할 필요가 있을 때 등이며 이 세 가지 조건이 동시에 충족될 때 행렬조직이 탄생한다.

⑤ 새로이 요구되는 기능이 기존의 조직체제 내에서 하나의 조직단위로서는 해결할 수 없는 경우에 요망된다.

⑥ 복잡하거나 고도의 전문성과 종합성이 요구되어 각 부처의 여러 인재를 투입하지 않을 수 없는 경우에 필요하다.

⑦ 효과적 운영방안 : 책임자를 순환시켜 협조성을 높이고, 조직책임자에게 권한을 부여하여 리더십을 통한 능동적 대응을 하도록 해야 한다.

(3) Matrix 조직의 장단점

① 장점

　　㉠ 조직이 수행하고자 하는 한시적 사업에의 신속한 대처

　　㉡ 계층제 전문화와 프로젝트 전문화를 결합한 전문화의 종합화

　　㉢ 다양한 전문가의 의견을 통한 창조적 아이디어의 원천

　　㉣ 인적 자원의 경제적 활용(기존의 인력 활용)

　　㉤ 조직단위 간의 정보흐름의 활성화

　　㉥ 조직구성원의 능력발전 및 자아실현의 욕구충족, 심리적 만족감(지위의 높낮이에 상관없이 대등하고, 자기역할에 자신감과 중요성 인식)

② 단점

　　㉠ 군웅할거(群雄割據)의 가능성 : 각자의 대표성만을 고집

　　㉡ 권력투쟁화 : 전문가 집단의 특성에 기인한 해결책의 다극화, 갈등의 심화, 구심점의 부족

　　㉢ 구성원의 심리적 갈등 : 사업수행에 대한 노력이나 능력의 불인정

　　㉣ 조정의 곤란 및 책임성의 모호 : 업무지시를 받는 통로가 다양한 이중적 구조(명령체계)

　　㉤ 결정의 지연 : 모조직(母組織)의 지시, 집단적인 복수의 결정

　　㉥ 통솔곤란 : 원래 소속조직에 돌아가 평가함으로써 통솔이 곤란

4. 조직의 가외성(Redundancy) 확보

(1) 의의

가외성은 중첩성, 반복성, 동등잠재력 등을 말하는데, 이러한 조직의 가외성은 ① 정책결정의 불확실한 상태, ② 조직의 신경구조성, ③ 조직의 체제성, ④ 협상사회에서 조직 간 신뢰를 증진하고, ⑤ 위험에 대한 적응력을 높이고, ⑥ 창조성을 확보하기 위해 요구된다.

(2) 행정조직의 가외성 효용

① 조직의 적응성·신뢰성·창조성 증진　② 정보의 정확성 확보, 수용범위의 한계 극복

5. 국·과제 폐지

대국대과주의나 대부처주의를 지향함으로써 할거성의 폐단 극복, 신속한 의사결정, 하위자의 사기앙양, 의사전달의 유실방지 및 업무의 중복과 번잡을 방지한다. 업무를 좀 더 넓은 관점에서 파악하고 해결함으로써 신축성을 제고하고자 하는 것이다(小局小課制보다는 大局大課制가 신축적).

6. 담당관제 - 계선기능을 강화시켜 주는 참모적 조직

7. 연결핀(Link-pin)

Likert가 주장한 것으로 조직의 여러 부서 간에 연결핀의 역할을 하는 자를 보유하도록 하여 이를 통해 조직 간 조정이 원활하게 이루어지도록 한다. 특징으로는 ① 조직의사전달의 원활화, ② 이견(異見) 조정, ③ 환경에의 적응력 제고, ④ 집단 간 갈등을 완화, ⑤ 구성원의 참여적 관리 향상 등이 있다.

8. 기타

(1) 참여적 관리 : 분권적인 MBO와 같은 맥락

(2) 대학형태의 구조(collegia structure) : 높은 분권화와 많은 자유재량이 허용되는 조직

(3) 자유형 조직구조(free structure) : 조직환경의 급변에 대처하고 상황변동에 따라 형성

(4) 학습조직 : 지식과 지혜를 신속하고 효과적으로 창출·공유

(5) 네트워크조직 : 느슨하게 상호연결된 상태에서 자율적으로 업무를 수행하는 조직으로, 복잡한 문제를 해결하기 위하여 수직적 통합뿐만 아니라 수평적·공간적으로 통합하는 조직

(6) 팀조직 : 공동노력으로 불확실한 환경에 적극적으로 대처

(7) 가상조직 : 미리 설정한 특정조직이 존재하는 것이 아니라 필요에 따라 가상조직의 구성원들이 정보나 지식을 교환하는 조직

(8) 사업부제조직 : 특정과제중심으로 편제된 독립성을 가지는 성과중심의 자기완결적·준자율적 단위부서를 의미한다. 사업부제는 Mintzberg가 제시한 동태적 조직모형과 유사하며 분과별 조직, 분화형태의 조직을 말한다.

    예 종합대학의 각 단과대학, 종합병원 각 전문분야(외과, 내과, 소아과, 정형외과 등)

제01편

제02편

제03편

제04편

제05편

제06편

제07편

다음 설명 중 타당하지 않은 것은?

① 애드호크라시(adhocracy)는 현장에서 문제해결 중심으로 일을 하기 때문에 행정지원계층의 규모가 작아지는 경향이 있다.

② 태스크포스(Task Force)는 관련 부서를 횡적으로 연결시켜 여러 부서가 관련된 현안 문제를 해결하는 데 효과적인 조직 유형이다.

③ 지역에 있는 영업점이 본사의 재무, 인사, 영업 등의 지시·감독을 받으면서 한편으로 해당 지역의 본부장으로부터 지시·감독을 받는 조직은 전형적인 네트워크 조직에 속한다.

④ 영국이나 뉴질랜드에서 활용한 에이전시(Agency)는 내부시장이 형성되는 경우에 적용 가능하다.

정답 ③

해설 네트워크 조직은 조직자체기능은 핵심역량 위주로 합리화하고 여타 부수적인 기능은 독립된 외부기관들과 계약관계를 통해 연계, 수행하도록 하는 유기적 조직을 말한다. 지역에 있는 영업점이 본사의 지시, 감독을 받으면서 동시에 해당지역 본부장으로부터 지시, 감독을 받는 조직은 매트릭스조직에 속한다.

···

03 | 조직발전(OD)

● 조직발전의 의의

1. 조직발전의 개념

(1) 조직발전은 행태과학적 지식과 기술을 활용하여 조직의 목적과 개인의 성장욕구를 결부시킴으로써 조직개혁을 성취하고자 하는 의식적인 과정이다.

(2) 조직의 인간적 측면을 중시하여 인간의 잠재력 및 행태·가치관을 변화시켜 조직구성원의 조직의 환경변화에 대한 대응능력·문제해결능력을 제고함으로써 조직의 효율성·건전성을 높이려는 계획적·복합적인 교육전략이다. 체제론적 접근방법과 응용행태과학에 의존한다.

2. 조직발전의 특징

(1) 목표설정을 강조하며, 의도적·유도적·계획적·변동적 과정이다.

(2) 인간적·사회적 과정과 문제해결을 지향하는 협동적 과정을 중시하며, 지속적 노력을 필요로 하는 장기적 사업이다.

(3) 근본적으로 자기실현인관(성장인관)에 기초한다.

(4) 경험적 자료에 바탕을 둔 진단적 접근방법으로서 개선대상과 그에 연관된 요인에 대한 자료를 산출하고 실천계획을 수립한다.

(5) 인간의 가치체제·태도·행동 등을 변화시켜 조직을 개혁(행태과학의 응용)한다.

(6) 최고관리층의 지지와 이해를 요구하며, 전문가의 노력을 필요로 한다.

(7) 조직을 하나의 체제로 보고 조직이라는 총체적 체제능력의 향상, 문제해결능력의 향상, 환경변화에 대한 적응능력 향상에 목적을 둔다.

(8) 과업수행기능보다는 대인관계능력에 역점을 둔다.

🦪 조직발전의 기법

1. 감수성 훈련(실험실 훈련, T-group훈련)

(1) 감수성 훈련의 의의

감수성 훈련(sensitivity training)은 제2차 세계대전 직후에 레빈(Lewin) 등이 미국 국립훈련연구소(National Training Laboratory)에서 사회지도자들의 교육훈련방법으로 사회지도자들 자신의 사회경험을 서로 토의하고 상호 피드백(feedback)하도록 한 것으로부터 출발하였다. 10~20명 정도 소집단 형태로 피훈련자들을 구성하여 외부 환경과 차단된 상태에서 자신의 경험을 타인과 교환하고 비판하게 함으로써 대인관계에 대한 이해와 감수성을 높이고자 하는 훈련방법이다.

감수성 훈련은 훈련의 목적에 따라 개인발전 훈련, 인간관계 훈련, 집단역학적 훈련, 조직상의 문제해결 훈련, 작업집단 훈련 등으로 구분되며, 훈련에 어떤 사람들이 참여하느냐에 따라 친근자 집단훈련, 유사친근 집단훈련, 생소한 집단훈련 등으로 구분될 수 있다.

(2) 감수성 훈련의 특징

① 자기자신의 행동과 자기행동이 타인에게 주는 영향에 대한 이해를 증진시킴으로써 자기자신에 대한 자아인식을 제고시킨다.

② 타인의 행동과 집단행동, 그리고 집단사이의 상호작용에 대한 이해를 증진시키며, 대인관계나 집단관계에서 당면하는 상황과 문제에 대한 진단기능을 증진시킨다. 자신의 학습결과를 자신의 실제행동으로 전환시킬 수 있는 능력 및 자신의 행동분석을 통해 개선할 수 있는 능력을 제고한다.

③ 훈련집단을 자체분석의 대상으로 하며, 비정형적 상황에서 실시함으로써 참여자들이 스스로

의 지각과 태도 및 행동을 반성하고 그것이 미치는 영향을 평가할 수 있는 상황을 마련한다.

④ 이론교육, 상호작용, 토의, 피드백 교환의 반복 및 정리, 경험과 감성을 중시한다.

⑤ 외적인 간섭과 기존질서의 영향이 최소화되도록 꾸며진 모호한 상황에서 참여자들이 새로운 대안을 자유스럽게 그리고 자율적으로 탐색할 수 있도록 한다.

(3) 감수성 훈련의 장점

① 자기자신 및 자신이 남들에게 주는 영향에 대해서 배울 수 있다.

② 타인의 감정적 반응에 대한 인식력 향상과 집단과정에 대한 이해력을 배양할 수 있다.

③ 상호 의사소통이 긴밀해지고, 대면적 상황에서 보다 책임 있는 행동을 할 수 있어 리더십 발전에 이바지할 수 있다.

④ 집단기능에 보다 효과적으로 기여하는 방법을 배울 수 있고, 구성원의 태도변화에 영향을 미친다.

(4) 감수성 훈련의 단점

① 훈련기간 동안 외부와 차단됨으로 인해 한정된 지식수용을 초래한다.

② 수동적, 피동적 자세를 지닌 소양적인 자에게는 교육이 곤란하다.

③ 실제적인 감독이나 관리에는 부적합하며, 위계질서가 부재하여 혼란야기의 가능성(감독자는 단지 정보만 제공)이 있다.

④ 지나친 집단가치를 중시하며, 다수자의 참여가 어렵다.

2. 관리망 훈련

Blake와 Mouton이 개발한 기법으로서 관계개선 및 조직의 효율화를 추구하는 체계적·장기적·종합적 접근방법이다.

인간에 대한 관심도와 과업의 관심도를 기준으로 하여 관리유형을 빈약형(인간관심 1, 과업관심 1), 권위·복종형(인간관심 1, 과업관심 9-과업중심형), 조직인형(인간관심 5, 과업관심 5-절충형), 친목형(인간관심 9, 과업관심 1), 팀형(인간관심 9, 과업관심 9-단합형)으로 분류하고 있다.

* 가장 효율적인 관리는 사람과 과업에 관심이 다 같이 높은 팀형(단합형)이다.

3. 과정상담(process consultation)과 개입전략

(1) 과정상담 : 개인 또는 집단이 조직 내의 과정적 문제를 지각하고 외부상담자의 도움을 받아 조직의 당면과제들을 풀어가는 기법이다. 과정상담에서는 인간적 과정, 조직과정, 제3

자 조정이 있는데 이중에서 인간적 과정(개인적 과정, 개인 간 과정, 집단 간의 과정)을 개선하는 것이 조직의 효율화에 가장 중요하다고 보고, 조직구성원(특히 관리자)의 인간적 과정에 대한 진단능력과 문제해결능력을 향상시키려 한다.

① 지시적 상담 : 상담자 중심의 인사상담으로, 내담자의 과거에 관하여 많은 자료를 수집하며 여러 테스트에 이용한다. 상담자가 피상담자의 과거내역을 잘 알고 있어야 현재의 행동을 이해할 수 있다고 보아 인지적 요인을 중시한다.

② 비지시적 상담 : 내담자 중심의 상담방법으로, 내담자가 자유롭게 자신의 심정을 토로하고 상담자는 관심 있게 경청하는 방법이다.

(2) 개입전략 : 상담자가 조직에 참여하여 갈등 당사자끼리 갈등을 직접 공개적으로 해결하도록 유도한다.

4. 작업집단발전(team building, 팀 구축)

적절한 리더십과 팀의 형성, 갈등의 효과적 관리, 개방적 의사소통을 통하여 작업집단의 구성원들이 협조적인 관계를 형성하고 임무수행의 효율화를 도모하고자 하는 기법이다.

5. 태도조사 환류기법

(1) 설문지를 이용하여 작업집단 또는 전체조직을 조사한 후 여기서 얻은 자료를 다시 설문지를 제출한 사람들에게 환류시켜, 문제를 진단하고 해결하기 위한 구체적인 행동안을 찾아내는 데 이용된다.

(2) 조직구성원 모두의 태도를 광범하게 조사하여 피조사자들에게 이해하기 쉬운 자료로 환류시키기 때문에 조직구성원들은 환류된 자료의 타당성을 높이 평가한다. 참여감을 충족시켜 주기 때문에 개혁에 대한 저항이 감소된다.

6. 직무충실와 직무확대(충실, 풍요)

(1) **직무충실**(job enrichment ; 풍요, 직무재설계)

① 직무를 맡는 사람의 책임성과 자율성을 높이고 직무수행에 관한 환류가 원활히 이루어지도록 직무를 개편하는 것이다.

② 직무충실에서는 직무에 심리적 영양소를 투입하여 직무를 보다 유의미한 것으로 만들고 직무담당자의 성숙과 자기실현을 촉진하려 한다.

(2) 직무확대(job enlargement ; 확장)

① 기존의 직무에 수평적으로 연관된 직무요소 또는 기능들을 첨가하는 수평적 직무 부가의 방법이다.

② 직무확대의 목적은 직무담당자들의 대기시간을 줄여 작업량과 수입을 늘리는 것, 직무수행의 지루함과 피로를 줄이는 것, 생산활동의 질을 높이고 노동비용을 감축하는 것 등이다.

(3) 직무확대와 직무확충은 기술적·구조적 변동을 통한 조직발전의 기법이다.

직무충실과 직무확대

직무충실 (풍요화, 직무재설계, Job enrichment)	① Herzberg가 제창 ⇨ 계층제 조직에 있어서 행정의 관리과정이 수직적으로 분담되는 것을 방지하기 위해 권한을 하부조직에 분산적으로 이양하는 것으로 직무담당자의 참여나 의견이 중요 ② Herzberg의 동기요인을 증가시키는 방법으로 직무담당자의 책임성·자율성 제고 ③ 업무에 조직구성원의 권한과 책임을 부여하는 수직적 강화방법으로 권한을 말단조직에 분산적으로 이양 ④ 직무풍요화는 직원중심의 직무재설계로서 평면조직적이며, 분권화와 관련
직무확대 (확장) (Job enlargement)	① 직무분담에서 일어나는 과도한 전문적 분할을 재편성 ⇨ 일의 범위 확대 ② 수행하는 과제의 수 증가(동질, 이질적 직무요소) ⇨ 권태감 해소, 일의 순환이 천천히 반복, 단조로운 일이나마 1회 완료량을 줌. ③ Herzberg의 위생요인을 증가시켜 인간의 비본질적 동기를 충족시키는 것 ⇨ 인간의 자아실현 욕구 충족 ④ 다양성을 부여하기 위해 일의 범위와 단계를 늘리는 수평적인 것

7. 전략적 관리(Strategic Management)

① 전략적 관리(Strategic management)는 환경과의 관계를 중시하는 변혁적 관리로서 조직의 새로운 지향노선을 제시하고, 전략기술을 개발·집행하는 관리전략이다. 전략적 관리의 주된 목적은 조직과 그 조직이 처한 환경 사이에 가장 적합한 상태를 형성하는 것으로서 조직은 우선 장기적인 관점에서 자신의 대내적 '장점 및 약점'과 환경으로부터의 '위협 및 기회'를 분석하고 확인하며, 이러한 분석에 기초하여 최적의 전략을 수립하는 것이다. 이는 전략적 기획모형으로서의 '하버드정책모형(Harvard Policy Model)'과 궤도를 같이 하는 것이다.

② TOWS 전략 : 대내적 장점 및 약점(strength and weakness)과 환경으로부터의 위협 및 기회(threats and opportunities)를 분석하고 확인하고 이 분석에 기초하여 최적의 전략을 수립한 다음 이를 집행하는데 가장 적합한 조직구조, 과정, 각 부문과의 관계, 그리고 구성원의 역할을 설계하고 집행에 필요한 지도력의 제공에 초점을 맞추게 된다.

내부요인 외부요인	강 점(S)	약 점(W)
기 회(O)	SO전략 (기회를 활용하고 강점을 이용하는 전략)	WO전략 (약점을 극복하고 기회를 이용하는 전략)
위 협(T)	ST전략 (위협을 회피하고 강점을 이용하는 전략)	WT전략 (약점을 최소화하고 위협을 회피하는 전략)

대표유형문제

조직발전(organisation Development)에 대한 기술 중 잘못된 것으로만 묶인 것은?

> ㄱ. 조직발전은 조직의 실속, 효과성, 건강성을 높이기 위한 조직전반에 걸친 계획된 노력을 의미한다.
> ㄴ. 조직발전은 조직구성원의 행태변화를 통하여 조직의 생산성과 환경에의 적응능력을 향상시키는 것을 목표로 한다.
> ㄷ. 조직발전에서 인간에 대한 가정은 맥그리거(McGregor)의 X이론이다.
> ㄹ. 조직발전에서 가정하는 조직은 폐쇄체제 속에서 복합적 인과관계를 가진 유기체이다.
> ㅁ. 조직발전에서 추구하는 변화는 조직문화의 변화를 포함한다.

① ㄱ, ㄴ, ㄷ, ㄹ.   ② ㄴ, ㄷ, ㄹ.
③ ㄷ, ㄹ.   ④ ㄹ, ㅁ.

정답 ③

해설 ③ 조직발전(OD)은 조직의 효과성과 건전성을 높이기 위하여 조직 구성원의 가치관, 신념, 태도 등의 행태와 문화를 변화시켜 조직의 환경변화에 대한 대응능력과 문제해결능력을 향상시키려는 계획적·복합적인 관리전략이다. ㄷ의 경우 조직발전에서 인간에 대한 가정은 맥그리거(McGregor)의 Y이론이며, ㄹ의 경우 조직발전은 조직을 환경과 상호작용하는 개방체제적 유기체로 간주한다.

Memo

제 **4** 편

지방행정론

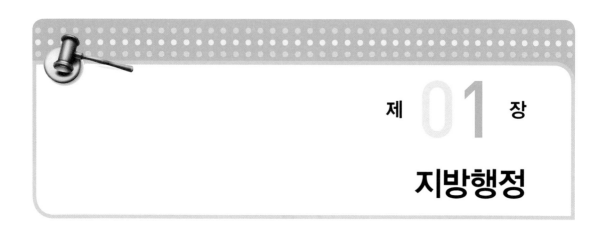

제 01 장

지방행정

01 지방행정의 본질

지방행정의 의의

1. 지방행정의 개념

지방행정(地方行政)은 국가행정에 반대되는 개념으로 '지방정부가 지역사회의 복지증진을 위하여 행하는 일체의 행정작용'을 의미한다. 지방행정기관에 의하여 행하여지는 행정으로서 지방자치행정이라고도 말하며, 지방자치단체의 기관에 위임된 국가의 행정이라고 말하기도 한다.

(1) 광의의 지방행정(자치행정+위임행정+관치행정)

① 행정의 주체가 누구이냐를 불문하고 일정한 지역 내에서 수행하는 일체의 행정

② 자치행정, 위임행정뿐만 아니라 중앙정부가 지방에 설치한 특별지방행정기관이 담당하는 행정까지도 포함.

③ 대표적 국가는 아프리카, 중남미, 중동의 일부국가 등

(2) 협의의 지방행정(자치행정+위임행정)

① 일정지역 내에서 '지방자치단체가 처리하는 행정'만을 지방행정으로 파악

② 대표적 국가는 프랑스, 이탈리아, 우리나라 등 ⇨ 대륙계 국가에서 시행

(3) 최협의의 지방행정(자치행정)

① 지역주민들이 자신들의 일상생활에 관련된 사무를 국가에 의하지 않고 자기들의 의사와 책임 하에 스스로 또는 대표자를 통하여 처리하는 행정

② 대표적 국가는 미국, 영국, 스위스, 호주 등 ⇨ 영미계 국가에서 시행

지방행정의 개념

개 념	범 위	대표적 국가
광의의 개념	자치행정+위임행정+관치행정	아프리카, 중남미, 중동의 일부 국가
협의의 개념	자치행정+위임행정	한국, 프랑스, 이탈리아
최협의의 개념	자치행정	미국, 영국, 스위스, 호주

2. 지방행정의 특징

(1) 대화행정 : 주민과 접촉, 대화를 통한 행정

(2) 생활행정 : 지역주민의 일상생활 및 복지증진과 관련된 행정

(3) 지역행정 : 국가 내의 일정한 지역이나 지방을 단위로 지역성의 요청에 입각하여 개별적으로 파악하는 행정

(4) 자치행정 : 단체자치, 주민자치의 유형에 따라 의미가 다르나 지역주민, 지방자치단체가 그 자체의 목적과 의사를 가지고 독자적으로 결정·집행하는 행정

(5) 종합행정 : 지역 내 행정수요의 전반에 대응하여 종합적으로 추진되는 행정

(6) 비권력적 행정 : 규제, 지시, 감독행정이 아닌 협력, 조언, 조정, 지원행정

🍵 지방자치

1. 지방자치의 의의

(1) 지방자치의 개념

① 지방자치란 일정한 지역과 주민을 기초로 하는 공공단체가 지역주민의 의사에 따라 주민이 선출한 기관을 통하여, 또는 스스로 그 지역 내의 행정사무를 주민의 부담으로 처리하는 것을 의미한다.

② 지방자치는 국가와 자치단체 간의 관계라는 측면에서 단체자치의 요소를, 지방자치단체와 주민과의 관계라는 측면에서 주민자치의 요소를 가지고 있다. 즉, 지방자치는 위로부터의 분권과 아래로부터의 참여를 그 핵심으로 한다.

(2) 지방행정의 기본요소

① 구역 : 지방자치의 관할구역은 지방정부의 자치권이 미치는 지역적 범위

② 자치권 : 지방사무를 자주적으로 처리하기 위한 자주적 통치권

③ 주민 : 자치구역 내 거주하면서 재정을 부담하고 참정권을 행사하는 인적 구성요소

④ 사무 : 고유사무와 위임사무

⑤ 자치기구 : 집행기관인 자치단체의 장과 의결기관인 지방의회

2. 지방자치의 본질

(1) 영미형 주민자치

① 주민자치란 지방주민의 의사와 책임으로 스스로 또는 주민이 선출한 대표자를 통하여 그 지역의 공공사무를 처리하는 제도이다.

② 지방사무에 관해서도 자치단체의 고유사무와 중앙정부의 위임사무를 구별하지 않고, 주민자치는 개별적 지정주의에 의하여 지방주민이 주체가 되어 지방의 공공사무를 결정하고 처리하는 주민참여에 중점을 두는 정치적 의미의 자치제도로 발전되어 왔다.

(2) 대륙형 단체자치

① 단체자치는 유럽대륙의 절대군주국가를 중심으로 생성·발전되어 온 제도로서, 처음부터 강력한 중앙집권적 통제하에서 발달되어 왔다. 국가와 별개의 법인격을 가진 지방자치단체가 국가로부터 상대적으로 독립된 지위와 권한을 부여받아, 일정한 범위 내에서 독자적으로 지방의 정치행정사무를 처리하는 제도이다.

② 국가사무와 지방사무를 엄격히 구별하고 지방자치단체가 국가사무를 처리할 경우에는 지방자치단체는 국가의 하급 행정기관의 성격을 지니게 됨으로써 이중적 성격을 갖도록 하는 법률적 의미의 자치이다. 자치단체의 법인격과 자치권의 범위나 성격 등을 규명하는 데 중점을 둔다.

주민자치와 단체자치의 비교

변 수	주민자치	단체자치
자치권의 성질	정치적 의미(민주주의, 자연법상의 권리)	법률적 의미(지방분권, 실정법상의 권리)
지방정부 구성형태	기관통합형(의원내각제)	기관대립형(대통령제)
사무구분	고유사무와 위임사무 미구분 (위임사무 없음)	고유사무와 위임사무 구분
우월기관	의결기관(지방의회)	집행기관(장)

지방세제	독립세주의(자치단체가 과세주체)	부가세주의(국가가 과세주체)
대표적 국가	영국, 미국-영·미계	프랑스, 독일, 한국, 일본-대륙계
자치단체의 지위	순수한 자치단체	이중적 지위(자치단체+일선기관)
자치권의 근거와 범위	주민의 고유권리, 광범	국가에 의해 주어진 권리, 협소
이 념	민주주의	지방분권
국가의 감독	입법·사법통제(사후적, 소극적)	행정통제(사전적, 적극적)
권한부여방식	개별적 수권주의	포괄적 수권주의
중앙과 지방의 관계	기능적 상호협력(비권력적 감독)관계	권력적 감독관계

✎ 대표유형문제

다음 중 우리나라의 지방자치단체를 설명한 것으로 틀린 것은?

① 기관통합형을 취하고 있다.　　　② 주민자치형이라고 하기보다는 단체자치형이다.
③ 사무의 종류에는 국가위임사무가 가장 많다.　　④ 지방의회는 의결권을 행사한다.

정답　①

해설　우리나라는 대륙계 유형으로 단체자치를 취하고 있으며, 사무는 국가사무인 기관위임사무가 70% 이상이다. 단체자치는 의결기관과 집행기관을 분리시키는 기관대립형으로 의결기관인 의회는 의결기능을 행정부는 집행기능을 행사한다.

🖱 행정에의 주민(시민)참여(Citizen Participation)

1. 주민참여의 개념

행정의 수혜자로서 일반 주민이 직접적으로 어떤 형태로든지 삶에 영향을 미치는 정부의 정책결정과 집행·평가과정에 참여하여 개인적·집단적으로 영향력을 행사하는 것이다.

2. 주민참여의 필요성

(1) 주민측 입장

① 행정의 민주통제 요청, ② 주민의 주체성과 자치능력 강화, ③ 주민이익의 직접적 투입과 정책의 질적 향상, ④ 주민요구에 부합되는 행정

(2) 행정기관측 입장

① 주민과의 공감대 형성, 이해·협조체제 형성, ② 신속·정확하게 행정수요 판단, ③ 정책결정과 집행결과에 대한 실패의 위험부담 분산

3. 제도화 정도에 따른 참여의 유형(S. Verba)

(1) 제도적 참여

① 협찬 : 정책결정과정에의 부분적·협조적 참여

② 자치 : 시민에 의한 행정적·통제적 참여

(2) 비제도적 참여

① 운동 : 상대방이 제시하는 가치와 관계없이 조직적으로 행해지는 일방적인 요구와 주장

② 교섭 : 상대방이 제시하는 가치를 협상과정을 통하여 교환·거래하는 계산적 사고를 전제로 하며, 자기의 주장을 최대한으로 관찰시키려는 타협의 과정

4. 주민참여의 효과

① 선거나 투표의 미비점 보완

② 정책집행의 능률화 및 체제안정과 항상성 유지

③ 행정과 주민 간의 거리감을 좁혀(국민의 지지, 협조, 동의 확보)주고, 이해관계자들 간의 갈등 완화

④ 객관적이고 공정한 아이디어 제공·수집

⑤ 민주시민의 교육 및 행정의 민주화와 인간화에 기여

⑥ 대체제안 및 설득기능

Arnstein의 주민참여의 효과에 따른 유형

Arnstein은 정책결정에 영향을 미치는 영향력의 정도에 따라 주민참여를 8단계로 구분하고, 참여의 효과라는 측면에서 3개의 범주로 나누었다. 그 중 가장 이상적인 참여는 시민권력의 행사단계인 자주관리(=시민통제)라고 할 수 있다.

Arnstein의 참여단계별 특징

참여의 단계	참여내용	참여수준
① 조작 (manipulation)	정책지지도를 위한 전략으로서 주민에 대한 일방적 설득이나 지시	비참여적 수준-1단계 하위수준
② 치료 (therapy)	임상적 치료 대상으로 간주하며 주민요구 분출(치료)수단	

③ 정보제공 (informig)	일반적 정보제공-일방적 홍보(매스컴 등이 수단)	
④ 자문 (상담;consulting)	주민의 의견과 아이디어 수렴-공청회 등으로 정보제공 및 참여 유도	형식적(상징적) 참여의 수준 - 2단계 중간수준
⑤ 회유 (placation)	결정은 관청이 하고 계획단계만 참여-주민의 영향력 약간, 채택여부는 행정청이 결정	
⑥ 공동협력동업자 관계 (partnership)	협상을 통한 정책결정-주민이 지방의회에 맞서 협상 유도, 최종결정은 지방정부가 함	
⑦ 권한위임 (delegated power)	일정한 정책결정권 이양-주민이 우월한 입장, 행정청이 협상 유도	실질적 시민권력 행사의 참여수준 - 3단계 상위 수준
⑧ 시민통제 (citizen control)	시민이 정책입안, 관리, 협상권의 보유-시민이 위원회를 지배, 주민에 의한 완전자치	

5. 주민참여의 한계

① 행정의 전문성과 실현성 저해 우려

② 기존 내부세력의 저항·반감 초래

③ 행정기관의 명령체계에 혼란 유발 및 강제력, 구속력 결여

④ 정책이나 계획수립·운영에 있어 전문가와 주민 간에 갈등 초래

⑤ 문제해결 지연, 시간·자원낭비 가능성

⑥ 적극적 참여의식 결여 및 능률성과 신속성 결여

⑦ 대체로 반대·저항 등 부정적 입장에 그치고 적극적 대안을 제시하지 못함.

⑧ 소극적·잠재적 참여자도 고려되어야 함.

✎ 대표유형문제 ·····················

1. 시민참여를 조작, 치료, 정보제공, 자문, 회유, 공동협력, 권한위임, 시민통제의 8단계로 구분한 학자는?

① 샤흐터(Schachter)　　　　　　② 아른쉬타인(Arnstein)

③ 프레드릭슨(Frederickson)　　　④ 로젠블럼(Rosenbloom)

정답　②

해설　아른쉬타인(Arnstein)은 정부관료제에 대한 시민참여의 영향력을 8간계로 구분하였다.

2. 아른슈타인(S.R.Arnstein)이 분류한 주민참여수준에 대한 설명으로 옳지 않은 것은?

① 회유(placation)는 주민이 정보를 제공받고, 각종 위원회 등에서 의견을 제시, 권고하는 등의 역할은 하지만, 주민이 정책결정에 영향력을 행사하는 능력은 갖지 못하는 수준이다.

② 정보제공(informing)은 행정기관과 주민간의 정보회로가 쌍방향적이어서 환류를 통한 협상과 타협에 연결되는 수준이다.

③ 대등협력(partnership)은 행정기관이 최종결정권을 가지고 있지만 주민이 필요하다고 판단될 경우 행정기관에 맞서서 자신의 주장을 내세울 만큼의 영향력을 갖고 있는 수준이다.

④ 권한위임(delegated power)은 주민이 정책의 결정·실시에 우월한 권력을 가지고 참여하는 경우로, 주민의 영향력이 강하여 행정기관은 문제해결을 위하여 주민을 협상으로 유도하는 수준이다.

> **정답** ②
>
> 해설 정보제공은 실질적 비참여단계로서 커뮤니케이션의 경로가 일방적으로 행정청에서 주민에게로 흐르는 것으로 상호 환류를 통한 협상과 타협으로 연결되기 힘든 상태의 참여이다. 매스컴, 포스터, 문의, 소책자발간 등이 그 수단이다. 나머지는 모두 맞는 지문이다.

🌀 지방자치 법제화 내용

1. 주민조례 제정 · 개폐청구(1999. 7. 도입) - 지방자치법 제15조

1) 인구 50만 이상 대도시에서는 19세 이상 주민 총수의 100분의 1 이상 70분의 1 이하, 시·군 및 자치구에서는 19세 이상 주민 총수의 50분의 1 이상 20분의 1 이하의 범위에서 지방자치단체의 조례로 정하는 19세 이상의 주민 수 이상의 연서(연서)로 해당 지방자치단체의 장에게 조례를 제정하거나 개정하거나 폐지할 것을 청구할 수 있다. 다만, 다음 각 호의 사항은 청구대상에서 제외한다.

   (1) 법령을 위반하는 사항

   (2) 지방세·사용료·수수료·부담금의 부과·징수 또는 감면에 관한 사항

   (3) 행정기구를 설치하거나 변경하는 것에 관한 사항이나 공공시설의 설치를 반대하는 사항

2) 지방자치단체의 장은 청구를 받으면 청구를 받은 날부터 5일 이내에 그 내용을 공표하여야 하며, 청구를 공표한 날부터 10일간 청구인명부나 그 사본을 공개된 장소에 갖추어두어 열람할 수 있도록 하여야 한다.

3) 지방자치단체의 장은 청구를 수리한 날부터 60일 이내에 조례의 제정안·개정안 또는 폐지안을 지방의회에 부의하여야 하며, 그 결과를 청구인의 대표자에게 알려야 한다.

2. 주민감사청구제도 - 2000. 3. 2 시행

1) 감사청구대상 및 주체

   (1) 제13조의4(주민의 감사청구) : 지방자치단체의 19세 이상의 주민은 시·도는 500명, 제161조

의2의 규정에 의한 50만 이상 대도시는 300명, 그 밖의 시·군 및 자치구는 200명을 초과하지 아니하는 범위 안에서 당해 지방자치단체의 조례가 정하는 19세 이상의 주민수 이상의 연서로 할 수 있다.

(2) 시·도에 있어서는 주무부장관에게, 시·군 및 자치구에 있어서는 시·도지사에게 당해 지방자치단체와 그 장의 권한에 속하는 사무의 처리가 법령에 위반되거나 공익을 현저히 해야 한다고 인정되는 경우에는 감사를 청구할 수 있다.

2) 감사청구 제외대상

(1) 수사 또는 재판에 관여하게 되는 사항

(2) 개인의 사생활을 침해할 우려가 있는 사항

(3) 다른 기관에서 감사하였거나 감사중인 사항. 다만, 다른 기관에서 감사한 사항이라도 새로운 사항이 발견되거나 중요사항이 감사에서 누락된 경우와 제13조의5제1항의 규정에 의하여 주민소송의 대상이 되는 경우에는 그러하지 아니하다.

(4) 동일한 사항에 대하여 제13조의5제2항 각호의 어느 하나에 해당하는 소송이 계속 중이거나 그 판결이 확정된 사항

(5) 주민은 감사청구의 대상이 되는 당해 사무의 처리가 있었던 날 또는 종료된 날부터 2년을 경과한 때에는 감사를 청구할 수 없도록 하고 있다.

3) 감사실시 및 감사결과 통보

청구 수리한 날로부터 60일 이내에 감사 실시 후 그 결과를 청구인 대표와 당해 자치단체장에게 통지하고 자치단체장에게 필요한 조치요구

📝 대표유형문제

우리나라의 현행 주민감사청구제도에 대한 다음 설명 중 옳지 않은 것은?

① 시·도의 경우 주무부장관에게, 그리고 시·군·자치구의 경우 시·도지사에게 감사를 청구한다.

② 지방자치단체의 19세 이상 주민으로서 유권자 50분의 1 범위 안에서 조례로 정하는 주민 수 이상의 연서로 감사를 청구할 수 있다.

③ 공익을 현저히 해한다고 인정되는 경우에도 수사 또는 재판에 관여하는 사항은 감사청구 대상에 포함되지 않는다.

④ 주무부장관 또는 시·도지사는 감사청구를 수리한 날로부터 60일 이내에 감사청구된 사항에 대하여 감사를 종료하여야 한다.

3. 주민소송제도(납세자 소송) - 2006. 1. 1 시행

지방자치법 중 개정법률(2005. 1. 27)에 따라 주민소송제가 2006.1.1부터 시행되었다. 주민이
지방자치단체의 위법한 재무회계행위 등을 시정하여 줄 것을 법원에 청구할 수 있는 주민소송
제도를 도입함으로써 주민참여를 확대하여 지방행정의 책임성을 높일 수 있도록 하자는 것이다.

1. 주민소송은 감사결과 등의 통지를 받은 날부터 90일 이내에 이의를 제기하도록 함(법 제13
   조의5 제4항).

2. 주민소송의 남발을 방지하기 위하여 주민소송이 계속 중인 때에는 동일한 사항에 대하여
   다른 주민이 별도의 소송을 제기하지 못하도록 하고, 소송을 제기한 주민이 주민의 자격을
   상실한 때에는 다른 주민이 6월 이내에 소송절차를 수계(受繼)할 수 있도록 함(법 제13조
   의5 제5항 내지 제7항).

3. 주민소송에서 승소한 주민은 당해 지방자치단체에 대하여 변호사보수 등의 소송비용, 감
   사청구절차 진행 등을 위하여 소요된 여비 그 밖의 실비의 보상을 청구할 수 있도록 함(법
   제13조의5 제16항).

4. 주민투표법 - 2004. 6. 4 시행

1) 주민투표법의 주요 내용

(1) 공직선거 및 선거부정방지법상의 선거권 연령과 일치시키기 위하여 주민투표권자는 19세 이
상의 주민으로 하고, 외국인도 일정한 자격을 갖춘 때에는 지방자치단체의 조례가 정하
는 바에 따라 주민투표권을 부여하도록 함.

(2) 주민투표의 대상은 주민에게 과도한 부담을 주거나 중대한 영향을 미치는 지방자치단체
의 주요 결정사항 중에서 조례로 정하도록 하되, 예산 및 재산관리에 관한 사항, 조세에 관
한 사항, 행정기구의 설치·변경에 관한 사항 등 주민투표에 부치기에 부적합한 사항은 이
를 대상에서 제외함.

(3) 중앙행정기관의 장은 지방자치단체의 폐치·분합, 주요 시설의 설치 등 국가정책의 수립에 대한 주민의 의견을 듣기 위하여 필요한 때에는 지방자치단체의 장에게 주민투표의 실시를 요구할 수 있도록 함.

(4) 주민은 주민투표청구권자 총수의 20분의 1 이상, 5분의 1 이하의 범위 안에서 조례로 정하는 수 이상의 서명으로 주민투표의 실시를 청구할 수 있도록 하고, 지방의회는 재적의원 과반수 출석과 출석의원 3분의 2 이상의 찬성으로 주민투표의 실시를 청구할 수 있도록 하며, 지방자치단체의 장이 주민투표를 실시하고자 하는 때에는 미리 지방의회의 동의를 얻도록 함.

(5) 주민투표에 부쳐진 사항은 주민투표권자 3분의 1 이상의 투표와 유효투표수 과반수의 득표로 확정하며, 지방자치단체는 확정된 내용에 따라 행정·재정상의 조치를 하도록 함.

5. 주민소환제(2007. 7. 1시행)

(1) 의 의

선출직 지방공직자인 지방자치단체의 장 또는 지방의회의원의 위법·부당행위, 직무유기 또는 직권남용 등을 통제하고 주민의 직접 참여를 확대하는 주민소환제도를 도입함으로써 지방자치행정의 민주성·책임성의 제고와 주민복리의 증진을 도모하고자 하는 것이다. 이에 따른 소환요건·방법·절차 등은 따로 법률로 정하도록 한다.

＊ 2007년도 우리나라 최초로 경기도 하남시가 주민소환제를 실시 함

(2) 주요 골자

① 주민소환투표권자는 주민소환투표인명부작성기준일 현재 당해 지방자치단체의 장과 지방의회의원에 대한 선거권이 있는 자로 함(안 제3조제1항).

② 주민소환투표의 청구 서명인 수는 선출직 지방공직자별로 차별화(안 제7조제1항)

　㉠ 시·도지사 : 당해 지방자치단체의 주민소환투표청구권자 총수의 100분의 10 이상

　㉡ 시장·군수·자치구의 구청장 : 당해 지방자치단체의 주민소환투표청구권자 총수의 100분의 15 이상

　㉢ 지역구시·도의원 및 지역구자치구·시·군의원 : 당해 지방의회의원의 선거구 안의 주민소환투표 청구권자 총수의 100분의 20 이상

③ 선출직 지방공직자가 임기개시일부터 1년 이내·임기만료일부터 1년 미만인 때, 해당 선출직 지방공직자에 대한 주민소환투표를 실시한 날부터 1년 이내인 때에는 주민소환투표의 실시를 청구할 수 없음(안 제8조).

④ 주민소환투표대상자는 주민소환투표안을 공고한 때부터 주민소환투표결과를 공표할 때까지 그 권한행사가 정지되며, 지방자치단체의 장의 권한이 정지된 경우에는 부단체장이 그 권한을 대행함(안 제21조).

⑤ 주민소환은 주민소환투표권자 총수의 3분의 1 이상의 투표와 유효투표 총수 과반수의 찬성으로 확정됨(안 제22조).

⑥ 주민소환이 확정된 때에는 주민소환투표대상자는 그 결과가 공표된 시점부터 그 직을 상실하며, 그 직을 상실한 자는 그로 인하여 실시하는 해당 보궐선거에 후보자로 등록될 수 없음(안 제23조).

⑦ 주민소환투표의 효력에 관하여 이의가 있는 해당 주민소환투표대상자 또는 주민소환투표권자는 주민소환투표결과가 공표된 날부터 14일 이내에 관할선거관리위원회 위원장을 피소청인으로 하여 소청을 제기할 수 있고, 소청에 대한 결정에 관하여 불복이 있는 소청인은 관할선거관리위원회 위원장을 피고로 하여 그 결정서를 받은 날부터 10일 이내에 소를 제기할 수 있음(안 제24조).

* 시행 : 2007. 7. 1부터 시행

6. 제주특별자치도(濟州特別自治道) - 2006년 7월 1일

(1) 의 의

① 우리나라 지방자치사에 있어 처음으로 다른 지역과 차별화된 법인격을 갖는 자치단체인 '제주특별자치도'가 2006년 7월 1일에 공식 출범하였다. 일반행정 100%자치권을 보유하며, 외국인에 파격 인센티브 제공과 기초자치제가 폐지되었다.

② 제주특별자치도는 미군정시대(1946년) 전라남도 부속도서에서 정식도로 분리되었으며, 2005년 우리나라 최초로 주민투표를 실시하였다.

③ 최초로 자치경찰제를 운영하고 있으며, 자치조직권, 자치인사권, 자치감사권도 가지고 있다. 또한 제주특별자치도의 강화를 위해 특별자치도지원위원회를 국무총리 소속에 설치하여 운영하고 있다.

(2) 제주특별자치도의 특례

① 2006년 7월부터 제주도는 기초자치단체가 모두 폐지되고 '제주특별자치도'라는 하나의 광역자치단체로 통합되었다.

② 제주시와 북제주군은 제주시로, 서귀포시와 남제주군은 서귀포시로 합쳐졌다. 각각 자치권 없이 행정시가 되었다. 따라서 제주특별자치도는 종래의 2층제에서 단층제가 되었다.

③ 주민소환제 도입, 인사청문회제 도입(별정직 부지사와 감사위원회 위원장에 대한 임명 동의안을 심사)

④ 교육·의료·관광 시장규제 완화 : 자율학교의 설립·운영이 가능하고 국제고등학교도 들어선다. 또한 의료시장은 영리 목적의 외국인 의료법인 설립이 가능해졌다.

⑤ 도지사 아래 감사위원회를 두며, 중앙정부의 직접감독을 금지하고 감사가 필요시 감사위원회를 거쳐야 한다.

⑥ 자치재정권을 강화 : 표준세율의 100분의 100의 범위 안에서 가감조정이 가능하다.

⑦ 자치조직의 자율성 강화 : 지방의회 및 집행기관의 구성을 따로 정할 수 있고, 관할구역안에 지방자치단체가 아닌 행정시를 둔다.

⑧ 특별지방행정기관의 이관 : 국토관리, 중소기업, 환경, 보훈, 노동 분야, 해양·수산의 일선기관을 우선 이양하고 향후 특별지방행정기관을 신설할 수 없도록 하고 있다.

⑨ 법률안 제출 및 입법 반영 : 제주특별자치도지사는 제주특별자치도지원위원회에 법률안 제출가능하다.

⑩ 교육감 및 교육위원의 주민 직접선거 : 교육감은 공직선거법, 교육위원은 별도 법률에 의하여 주민직선으로 뽑는다.

⑪ 인사제도 및 운영의 자율성 부여 : 일반직 공무원 2급 내지 5급은 조례가 정하는 직군·직렬로 통합했다.

🖋 대표유형문제

1. 우리나라 주민소송제도에 대한 다음 설명 중 틀린 것은?

① 주민이 승소해도 주민감사청구비용 등을 돌려받을 수 없다.

② 주민감사청구를 먼저 한 후에 소송을 제기하여야 한다.

③ 중앙정부를 상대로 하는 국민소송제는 아직 도입 되지 않았다.

④ 위법한 재무행위만을 대상으로 한다.

정답 ①

해설 주민소송에서 승소한 주민은 당해 지방자치단체에 대하여 변호사보수 등의 소송비용, 감사청구절차 진행 등을 위하여 소요된 여비 그 밖의 실비의 보상을 청구할 수 있다.

2. 우리나라 주민참여제도의 법제화 순서로 옳은 것은?

① 조례제정·개폐청구제도 → 주민투표제도 → 주민소송제도 → 주민소환제도

② 주민투표제도 → 주민감사청구제도 → 주민소송제도 → 주민소환제도

③ 주민소송제도 → 주민투표제도 → 주민감사청구제도 → 주민소환제도

④ 주민감사청구제도 → 주민소송제도 → 주민투표제도 → 조례제정·개폐청구제도

정답 ①

해설 우리나라의 주민참여의 법제화 순서는 주민청구제도(주민조례 제정·개폐청구 및 주민감사청구제도, 1999. 7) → 주민감사청구제도(2000. 3. 2) → 주민투표제도(2004. 1) → 주민소송제도(2006. 1) → 주민소환제도(2007.5)

02 | 광역행정(Regional Administration)

광역행정의 의의

1. 광역행정의 개념

광역행정이란 지방행정의 합리적 운영을 위해 법이 규정하고 있는 자치단체의 행정구역을 초월하여 광역적으로 이루어지는 행정을 의미한다. 규모의 경제, 외부효과, 분쟁가능성이 큰 것은 광역행정으로 처리하는 것이 바람직하다.

2. 광역행정의 촉진요인

(1) 사회 및 경제권의 확대와 교통·통신수단의 발달

(2) 대도시와 배후지역, 도시와 농촌의 행·재정력을 고려하여 행정서비스의 균질화, 주민복지의 평준화를 이룩하여 복지국가의 이념을 실현하려고 할 때

(3) 지방분권주의와 중앙집권주의의 조화

(4) 산업의 고도화, 높은 경제성장과 지역개발의 필요성

(5) 급격한 대도시화와 행정서비스의 광역성 증대

(6) 행정 능률성의 요청 및 평준화된 행정의 실현

(7) 개발행정과 계획행정의 필요성, 규모의 경제와 외부효과의 치유

광역행정의 장단점 및 방식

1. 광역행정의 장단점

장 점	단 점
① 중앙과 지방의 협력관계를 통한 행정사무의 재배분기능	① 지방자치제 발전의 저해요인으로 작용
② 주민의 사회·경제적 생활권과 행정권의 일치기능	② 자치제의 민주성 저해로 주민참여와 공동체의식의 약화 초래
③ 국가적 차원에서 지방조직을 재구성하여 행정의 능률을 향상시킴.	③ 재정적 책임부담과 이익형성 간의 불일치 발생
④ 지역개발촉진, 지역 간 균형발전, 국가의 균형발전 도모	④ 각 자치단체구역의 특수여건 무시에 따라 비능률 초래
⑤ 종합·개발·계획행정의 효과적 수행	⑤ 일상적인 도시행정수요가 경시될 우려
⑥ 국민의 문화적 수준과 복지증진	
⑦ 사회변화와 제도사이의괴리를 완화시켜 줌.	

2. 처리수단별 방식

(1) 공동처리방식 : 지방행정기관이 상호협력관계 또는 둘 이상의 자치단체를 통하여 광역행정사무를 공동으로 처리하는 방식이다.

　① 협의회 : 우리나라에서도 채택하고 있으나 독립된 법인격이 없어 과세권이나 집행권 및 강제성이나 구속력이 없어 성과는 별로거두지 못하고 있다(地自法 제142조~제148조 참조).

　② 일부사무조합 : 우리나라에서도 채택하여 법인격을 인정하고 있다(地自法 제149조). 과거 수도권쓰레기매립조합(현재는 지방공사), 현재의 정보화자치조합이 여기에 해당한다.

　③ 사무의 위탁 : 자치단체 또는 그 장은 소관사무의 일부를 다른 자치단체 또는 그 장에게 위탁하여 처리할 수 있다(地自法 제141조).

　④ 기관의 공동설치 : 둘 이상의 자치단체가 계약에 의해 각종 기관을 공동으로 설치하는 방식이다.

　⑤ 광역위원회 방식 : 수계별 수질관리위원회(위원장은 환경부장관, 위원은 관련 기관 및 해당 광역자치단체의 장) 등이 있다.

(2) 연합방식 : 둘 이상의 자치단체가 각각 독립적인 법인격을 그대로 유지하면서 연합하여 새로운 단체를 구성하고 사무를 처리하는 방식이다.

　예 영국의 大런던회의, 캐나다의 토론토 도시연합, 大위니페크 도시연합, 일본의 오사카도 시연합, 프랑스의 도시공동체 등

(3) 합병(병합)방식 : 몇 개의 자치단체를 폐합하여 법인격을 가진 새로운 자치단체를 신설하는 방식이다.

(4) 특별구역·특별행정기관의 설치방식 : 특별광역사무를 처리하기 위하여 별도로 구역이나 행정기관을 설치하는 방식이다.

> 예 ·특별구역 : 미국의 교육구, 소방구, 항만관리구, 우리나라의 교육구 등
> ·특별행정기관 : 영국의 특별관청, 우리나라의 지방국토관리청, 지방해운항만청, 지방병무청 등

(5) 지위 및 권한흡수의 방식 : 국가나 상급자치단체가 하급자치단체의 지위나 권한을 흡수하는 방식이다. 예 시·군통폐합

광역행정방식

공동처리	사무위탁	사무의 일부를 다른 자치단체의 계약에 의하여 위탁
	행정협의회	둘 이상의 자치단체가 광역적 업무의 공동처리를 위하여 협의체를 구성하는 방식. 법인격이 없고 구속력 (강제력) 없음
	일부사무조합	둘 이상의 자치단체가 사무의 일부를 공동 처리하기 위해 규약(계약)을 정하고 설치하는 법인체 (법인격이 있으며 특별자치단체의 지위를 가짐)
연합	자치단체연합체	둘 이상의 자치단체가 독립된 법인격을 유지하면서, 특별자치단체인 연합정부를 구성하는 방식
	도시공동체	기초자치단체인 시(市)들이 광역행정단위를 구성하는 방식
	복합사무조합	둘 이상의 자치단체가 몇개의 사무를 공동처리하기 위해 규약을 정하고 설치하는 법인체
통합	합병	둘 이상의 자치단체가 법인격을 통폐합시켜 광역단위의 새로운 법인격을 가지는 단체 창설 (통폐합)
	흡수통합	하급 자치단체의 권한이나 지위를 상급자치단체가 흡수하는 방식
	전부사무조합	둘 이상의 자치단체가 모든 사무를 공동으로 처리하기 위해 설치하는 법인체 (= 사실상 합병)

* 리저널리즘(regionalism) 리저널리즘은 지역적 문제를 개별 지방자치단체의 구역에 한정하지 않고 인접지역 간의 유기적 관련하에 보다 균질적·포괄적으로 처리하자는 입장이다.

✎ 대표유형문제

1. 광역행정방식으로 여러 자치단체를 포괄하는 단일 정부를 설립하여 그 정부의 주도로 사무를 광역적으로 처리하는 광역행정방식은?

① 연합 방식   ② 통합 방식   ③ 공동처리   ④ 참여

해설 ② 여러 자치단체를 포괄하는 단일 정부를 설립하여 그 정부의 주도로 사무를 광역적으로 처리하는 광역행정방식은 통합방식 중 합병(coalition)에 해당한다.

2. 지방자치법에서 규정하고 있는 지방자치단체간의 수평적 협력방식으로만 구성된 것은?

ㄱ. 사무위탁	ㄴ. 지방자치단체조합
ㄷ. 분쟁조정위원회	ㄹ. 지방자치단체연합

① ㄱ,ㄴ   ② ㄱ,ㄹ

③ ㄴ,ㄷ   ④ ㄷ,ㄹ

정답 ①
해설 지방자치법에는 자치단체간 수평적 협력방식으로 사무위탁, 자치단체조합, 행정협의회 방식 등이 규정되어 있다.

🔹 구역설정의 기초이론

1. 구역의 의의

(1) 자치구역 : 자치단체의 자치권이 미치는 지역적 범위를 의미한다.

(2) 행정구역 : 국가나 지방자치단체가 행정상의 편의를 위하여 설정해 놓은 지역적 단위이다.

(3) 지방자치단체의 구역 : 그 구역 내에서 수행하는 기능에 따라 보통지방자치단체구역(특별시·광역시·도·시·군·자치구)과 특별지방자치단체구역(학교구·급수구·항만구 등의 특별구)으로 구분된다.

(4) 구역의 변경 : 폐치·분합과 경계변경의 두 가지가 있는데, 전자는 법인격의 변동을 수반하는 것으로서 합체(신설합병), 편입(흡수합병), 분할, 분립이 있고, 후자에는 지방자치단체의 존폐와는 관계없이 법인격의 변동을 수반하지 않는 단순한 구역변경이 있다.

2. 구역설정기준의 유형

Lippman	① 면적·인구 등의 양적 척도 ③ 경제·사회생활의 지방적 근거	② 지리·산업·전통 등의 요소
Millspaugh	① 공동사회적 요소 ③ 재정자립도	② 행정능률 ④ 주민의 행정적 편의
Fesler	① 자연적 조건 ③ 경제적 조건	② 행정능률적 조건 ④ 주민통제적 조건

3. 광역자치단체와 기초자치단체의 구역설정기준

광역자치단체	기초자치단체
① 행정기능의 효과적 조정	① 공동사회와 공동생활권의 확대
② 효율적인 지역개발 추진	② 민주성과 능률성의 요구
③ 도·농 행정기능의 효율적 수행	③ 재정수요와 재원조달능력의 관계
④ 기초자치단체의 행정기능 보완	④ 행정의 편의와 주민의 편의

4. 구역개편(區域改編)

(1) 폐치·분합(廢置·分合) : 지방자치단체의 신설 또는 폐치에 따라 생기는 자동적인 구역변경을 말하며, 자치단체의 법인격의 변동을 수반한다.

　① 분립(分立) : 한 자치단체 구역의 일부를 나누어 새로운 독자적인 자치단체를 설립하는 경우

　② 합체(合體) : 둘 이상의 자치단체를 합병하여 그 구역에 새로운 하나의 자치단체를 설립하는 경우

　③ 분할(分割) : 기존의 자치단체를 폐지하고, 그 구역을 쪼개어 여러 개의 새로운 자치단체로 설립하는 경우

　④ 편입(編入) : 한 지방자치단체를 폐지하고 그 구역을 다른 지방자치단체의 구역에 편입

(2) 경계변경(境界變更) : 지방자치단체의 존폐와는 무관하게 경계의 변경만을 가져오는 구역개편을 의미하며(자치단체의 법인격의 변동을 수반하지 않는다), 시·군·자치구의 경계변경은 대통령령에 의하고, 광역자치단체 간 경계변경은 법률의 변경을 요한다.

폐치·분합과 경계변경의 도해

폐치·분합				경계변경
분 립	합 체	분 할	편 입	
A시	A시+B시	A시	A시, B시	A시, B시
⇩	⇩	⇩	⇩	⇩
A시, B시	C시	B시, C시	A시	B시, A시

* 읍·면·동은 자치단체가 아니므로 당해 자치단체의 조례로 정한다. 자치구가 아닌 구와 읍·면·동의 명칭과 구역은 종전에 의하고 이를 변경하거나 폐지·분합할 때에는 행정안전부장관의 승인을 얻어 당해 자치단체의 조례로 정한다.

🖋 대표유형문제

광역행정의 처리방식 중 기존 지방자치단체의 자치권이 가장 크게 제약되는 것은?

① 지방자치단체 조합　　　　　　② 연 합
③ 특별구 설치　　　　　　　　　④ 합 병

03 | 중앙집권과 지방분권

집권화 및 분권화를 촉진하는 요인

1. 집권화를 촉진하는 요인

① 소규모 조직, ② 신설조직, ③ 강력한 지도력, ④ 위기의 존재, ⑤ 통일성의 요구, ⑥ 특정활동의 강조 또는 전문화, ⑦ 교통·통신의 발달, ⑧ 1인 지배체제, ⑨ 하위계층의 능력 부족 ⑩ 위기 시 불확실성의 존재

2. 분권화를 촉진하는 요인

① 상급자의 업무부담 경감, ② 민주적 통제의 강화, ③ 관리자의 양성, ④ 사기앙양의 필요성, ⑤ 지역실정에 부합되는 행정구현, ⑥ 신속한 업무처리, ⑦ 상황이 불확실하고 가변적일 때, ⑧ 근린행정(현지성)의 구현, ⑨ 일선지역에서 신속한 사무처리

중앙집권과 지방분권의 장단점

구 분	중앙집권	지방분권
장 점	① 행정기능상의 중복 방지 ② 소규모 조직에 적합 ③ 행정의 통일성 확보. 외교, 국방, 화폐 등 ④ 행정의 강력성(강제성) 확보. 예비군 동원령, 민방위 훈련 등 ⑤ 행정의 능률성 확보. 집중구매제도 ⑥ 행정의 전문성 확보. 예산 및 인사관리 ⑦ 행정의 광역성(거시성) 확보. 고속도로, 댐, 공항 건설 ⑧ 국가적 위기에 신속한 대응 가능 ⑨ 행정의 최적분배(最適分配)와 예산의 절약 가능 ⑩ 각 자치단체 간의 행정 및 재정력의 조정·균형의 유지에 유리	① 지역실정과 특수성에 맞는 행정 수행 ② 주민의 행정에 대한 민중통제의 확보 ③ 행정에 있어 사회적 능률(주민의 만족, 정치적 훈련을 수반하는 능률) 제고 ④ 지방행정능력의 향상 ⑤ 권한의 위임에 따르는 지방공무원 및 지방주민의 사기고양 및 창의력의 제고 ⑥ 행정의 신속한 처리 가능 ⑦ 민주주의 발전에 기여, 지방주민의 협조·지지

제01편
제02편
제03편
제04편
제05편
제06편
제07편

| 단 점 | ① 행정수요의 지방적 특수성의 무시와 획일 행정의 처리
② 행정독선주의로 민주성 저해
③ 지역주민의 자조적인 지역개발 의지 약화
④ 행정의 형식주의를 초래하여 지방의 적극성·창의성 저해
⑤ 지방주민의 공동체의식, 애향심, 긍지 약화
⑥ 획일적(기계적) 능률화는 사회적 능률 저하
⑦ 지방재정자립도 약화 | ① 지역이기주의(할거주의)
② 행정의 강력성 저해
③ 기계적 능률성 저해
④ 행정의 전문성 저해
⑤ 국가적 위기의 대처능력 및 국제사회에 대처하는 능력의 한계 |

🖋 대표유형문제

다음 중 집권화와 분권화의 형성요인에 관한 비교 설명으로 옳지 않은 것은?

2007. 국회직

① 조직의 규모가 커질수록 조직의 문제가 복잡해져 분권화의 필요성이 높아지지만, 규모가 작으면 최고관리자가 모든 문제를 소상하게 알고 부하를 적절히 관리할 수 있어 집권화가 더욱 능률적이다.

② 교통·통신의 발달로 상호 유기적인 연계가 강화되면서 분권화가 이루어진다.

③ 급변하는 환경에 적절하게 대응하기 위해서는 분권화가 필요하다.

④ 조직이 성장함에 따라 문제들이 많아지고 업무 수행 장소도 넓어져 조정하기가 어려워짐에 따라 분권화가 강화된다.

⑤ 역사가 짧은 신설 조직은 선례가 없기 때문에 설립자의 지시에 의존하게 되어 집권화의 경향을 가진다.

정답 ②

해 설 교통·통신의 발달로 상급자나 상급기관의 의사결정에 필요한 정보가 많이 집중될 때 집권화가 촉진되기 쉽다(이창원 외). 정보통신기술의 발달은 중앙집권적인 업무처리가 가능하므로 권한 위임의 필요성이 줄어든다(오석홍).

🏀 신중앙집권화와 신지방분권화

1. 신중앙집권화

(1) 신중앙집권화의 의의

신중앙집권화는 이미 중앙정부와 지방정부의 민주적인 정치체제가 확립되고 발전되어 있는 상태에서 행정의 민주성과 능률성 개념을 동시에 실현하기 위하여 중앙집권을 강화하는 현상이다. 즉, 주민자치제가 완전히 이루어진 국가에서 나타나는 현대의 중앙집권화경향이다.

(2) 신중앙집권화의 성격

① 과거 절대주의 국가에서는 중앙집권이 지배적 집권이었는데 비하여 신중앙집권은 지도적 또는 유도적 집권이다.

② 과거의 중앙집권이 강압적 집권이었다면, 신중앙집권은 지방과의 협동적 집권이다.

③ 과거의 중앙집권이 관료적 집권이었다면, 신중앙집권은 사회적 집권의 성격을 지닌다.

④ 과거의 중앙집권이 윤리적·후견적 집권이었다면, 신중앙집권은 기술적·지식적 집권이다.

⑤ 신중앙집권은 지방분권, 지방자치를 부정하는 것이 아니며, 행정의 능률성 향상을 위한 행정국가의 정치구조상의 권력 재편성의 성격을 지닌다.

⑥ 행정의 효율화와 민주화를 조화시키기 위한 중앙·지방 간의 새로운 협력관계로 지식과 기술의 집권적 성격을 지니고 있다.

중앙집권	신중앙집권
·지배적 집권 ·강압적 집권 ·관료적 집권 ·윤리적 집권(과거 절대군주 국가시대의 중앙집권의 성격임) ·후견적 집권(부모와 자식 간 관계)	·지도적 집권 ·협동적 집권 ·사회적 집권 ·기술·지식적 집권 ·행정국가의 권력재편의 성격 ·행정의 민주화·효율화를 조화시키기 위한 중앙·지방의 신협력관계

(3) 신중앙집권화의 촉진요인

① 행정기능의 양적 증가와 질적 복잡화·고도화 및 전문화, ② 과학기술의 발달 및 문화발달 등에 기인한 행정역할의 변화, ③ 교통·통신수단의 발달, ④ 주민의 생활권 확대에 따른 광역행정과 경제적 규제의 필요성 증대, ⑤ 국민적 최저수준의 유지, ⑥ 경제에서의 공공재정의 비중증대, ⑦ 국제정시의 급격한 변화에 따른 불안과 긴장고조, ⑧ 지방사무와 국가사무의 연관성, ⑨ 입법·사법통제의 결함과 행정통제의 신축성, ⑩ 지방재정의 중앙에의 의존성 증대

(4) 신중앙집권화의 형태

① 사무(권한)의 상향적 흡수, ② 위임사무의 증대, ③ 중앙통제 및 계획기능의 확대·강화, ④ 공동관리적 사무의 증대, ⑤ 중앙정부직속기관의 설치, ⑥ 지방자치단체 구역의 확대, ⑦ 중앙재정에의 의존성 강화

✎ 대표유형문제 ··········

다음 중 신중앙집권화가 촉진된 이유가 아닌 것은?

2007. 광주시

① 지방사무의 양적 증대와 질적 전문화로 인하여   ② 교통·통신의 발달과 광역화로 인하여
③ 지방재정의 자립성 증가로 인하여   ④ 행정의 전문성 및 복잡성의 증대로 인하여

정답 ③
해설 지방재정의 빈곤으로 중앙정부로부터 보조금 등 의존재원이 늘어나면서 중앙통제가 강화되었다.

2. 신지방분권화

(1) 신지방분권의 의의

① 신지방분권은 단체자치를 위주로 하는 대륙계 국가에서 나타나는 지방자치의 현대적 경향이다. 과거의 중앙집권적 행정에(능률성 추구) 지방자치단체의 자치범위를 확대(민주성 추구)하는 경향으로, 1982년 이후의 프랑스와 일본의 지방화시대 선언, 독일의 지방자치법 제정 등이 대표적 유형이다.

② 종래의 지방분권은 주민의 자유를 억압하거나 국가권력을 견제하는 배타적·대립적이었는데 반해, 신지방분권은 국가와 지방자치단체가 공동목표를 위해 서로 기능을 분담하면서 지배와 복종을 기조로 하는 상·하관계가 아닌 협력과 공존의 관계를 표방하는 상충적 체제로 파악하려는 것으로 중앙집권과 지방분권이 갖고 있는 장점을 동시에 충족하고자 하는 것이다.

(2) 신지방분권의 촉진요인

① 지역주민의 참여요구 증대, ② 지방의 실정에 맞는 자치인식, ③ 지방분권을 통한 민주정치의 발전기대, ④ 국가와 지방정부의 긴밀한 협력관계요인 증대, ⑤ 최고 통치권자의 지도철학, ⑥ 세계화·정보화·국제화의 확산에 따른 대비, ⑦ 중앙집권의 폐해로 인한 지역 간 개발격차 시정, ⑧ 대중문명의 획일성에 대한 염증, ⑨ 중간사무의 존재, ⑩ 탈냉전체제로 국제정세변화, ⑪ 대량문화에 따른 개성상실의 회복 지향, ⑫ 정보화 진전에 따른 재택근무의 보편화, ⑬ 지방정부의 행정능력(정보처리능력) 향상

(3) 신지방분권의 특징

① 국가와 자치단체 간의 관계가 직렬적 관계에서 병렬적 관계로 전환

② 참여적, 협조적, 상대적, 적극적 분권

③ 국가와의 사전적·권력적 관계를 배제하고 지식적·사후적 관계로 전환

④ 국가는 기본정책을 결정하고 지방은 집행해 나가는 형태

⑤ 신중앙집권과 같이 능률성과 민주성의 조화 중시

(4) 각국의 신지방분권화 형태

① 독일 : 헌법에 자치단체의 자치권을 보장하고 1950~1956년 사이에 지방자치법을 제정하였다.

② 이탈리아 : 헌법에 지방자치를 보장(제114조~제128조)하고 지방행정을 민주화하는 방안을 추진하였다.

③ 일본 : 자치단체장을 주민이 직선하고 국가의 자치단체에 대한 감독권을 축소시키면서 중앙과 지방정부의 사무배분 등 지방분권화 정책을 추진하고 있다.

④ 프랑스 : 1981년 미테랑 정권수립 이후 지방분권화 경향이 나타나고 있는데, 1982년 제정된 'Commune, Department, Region의 권리와 자유에 관한 법률'의 공포가 대표적인 예이다.

⑤ 미국

　㉠ 홈룰운동(Home Rule Movement)의 재개 : 자치단체가 주의회의 입법적 통제에서 벗어나 자주적으로 헌장을 제정할 수 있는 완전한 자치권 획득운동이 활발해지면서 최근까지 41개 주에서 자치헌장제도를 채택하고 있다.

　㉡ 신연방주의(新聯邦主義) : 연방체제에 있어서 연방정부와 주(州)정부 및 도시정부와의 관계에서 권력을 분산시키고 균형을 회복하려는 것으로, 연방정부와 주 및 지방정부 간에 일반세입과 특별세입의 공유를 제한한 닉슨 행정부 때부터 시작되어 포드, 카터 행정부를 거쳐 1982년 레이건 행정부의 분권화 정책으로 구체화되었다.

📝 대표유형문제

다음 중 신지방분권화의 촉진요인이 아닌 것은?

① 행정의 현지성, 지역적 특수성의 요청
② 국민적(사회적) 형평의 요청
③ 중간사무의 존재
④ 민주주의의 확산

정답 ②

해설 국민적 형평의 요청은 국민적 최저(nat'l minimum)와 연관된 개념으로 신중앙집권의 촉진요인이다. 국민적 최저를 구현하기 위해서는 지역 간의 경제적·사회적 불균형을 국가전체적 관점에서 조정해 주어야 하므로 집권화가 요구된다. 신지방분권은 세계화·정보화 등으로 지자체의 행정능력 향상, 행정의 현지성, 특수성 등의 요청으로 20C 말 새롭게 등장한 지방분권운동이다.

🔵 중앙통제와 일선기관

1. 중앙통제

통 제	내 용
행정상 통제	· 위법·부당한 명령·처분의 시정명령 및 취소·정지 · 국가사무처리의 지도·감독(주무부장관의 지도·감독) · 지방자치단체에 대한 지도 및 지원(재정 및 기술지원) · 지방의회 의결의 재의요구 지시와 제소 · 지방자치단체장에 대한 직무이행명령(주무부장관 명령) · 지방자치사무에 대한 감사(행정안전부장관이 서류·장부·회계 감사-법령 위반 사항에 한정) · 감사원의 필요적 검사대상(필수회계검사)과 직무감찰(지방공무원) · 중앙행정기관은 소관위임사무 등의 처리에 법령해석(유권해석) 및 지침 제공

제01편

제02편

제03편

제04편

제05편

제06편

제07편

재정상 통제	· 예산 및 결산 보고(행정안전부장관에게 광역자치단체장이 보고) · 지방채 발행은 지방의회의 의결을 요하나 외채의 경우 행정안전부장관의 승인 요함. · 보조금 사용에 관한 감독(다른 용도로 활용 시 중앙관서의 장은 보조금 교부 결정을 취소하고 반환하게 할 수 있음.)
인사상 통제	· 지방자치단체에 두는 국가공무원의 임용 및 감독(5급 이상은 당해 자치단체장의 제청으로 대통령이 임명, 6급은 자치단체장의 제청으로 소속장관이 임명) · 행정기구의 편제 및 공무원의 정원에 관한 기준제시(지방공무원의 정원은 대통령령이 정하는 기준에 따라 조례로 정함.)

2. 중앙과 지방간의 관계모형

1) 딜론의 법칙(Dillon's rule)

주정부와 지방정부의 고전적이고 전형적인 관계로 1860년 아이오와(Iowa)주 재판관이었던 딜런이 주정부와 지방정부와의 권력관계를 판시한 후 이 판결은 미국에서 주정부와 지방정부와의 관계를 설정하는데 고전적 이론이 되어 오늘날에까지 영향을 주고 있다. 딜런의 법칙의 주요 내용은 다음과 같다.

(1) 지방정부는 입법권이 없다.

(2) 지방정부는 주정부의 창조물로써 그 창조와 폐지는 완전히 주정부에 달려 있다.

(3) 지방정부는 명백하게 허용된 권한만을 사용할 수 있다.

(4) 지방정부는 주정부의 의지에 좌우되는 단순한 임차물(賃借物)에 불과하다.

2) 대등권위모델(coordinate-authority model)

D. S. Wright가 미국의 연방시스템을 분석하기 위한 시도로서 종래의 연방주의에 대신하여 IGR(Inter Governmetal Relations) 모델을 사용하고 있는 바, 대등권위모델은 라이트가 제시한 IGR모델의 세 가지 유형 중의 하나이다. 이 대등권위모델은 다음과 같은 특징을 지닌다.

(1) 연방정부와 주정부는 명백하고 확실한 경계를 설정하고 있으나, 지방정부는 주정부에 완전하게 내포되어 의존적인 관계를 형성하고 있다.

(2) 연방정부와 주정부는 상호자율성을 가진 정부로서 우열관계에 있지 않다.

(3) 연방정부와 주정부와의 갈등관계가 발생하였을 때에는 대법원이 중재역할을 한다.

3) Wright의 IGR(Internal Governmental Relations)

(1) IGR 유형

① 분리권위형 : 중앙정부와 지방정부의 관계가 인사와 재정상 완전하게 분리되어 서로 독립적이고 자치적으로 운영되는 것(중앙과 지방 간 갈등 소지)이다.

② 포괄권위형 : 지방이 중앙에 전적으로 의존(종속)하는 계서적(지배복종) 관계를 갖는 것으로 우리나라가 그 대표적인 예이다. 이 경우 자치단체나 자치권을 국가의 재량으로 창조할 수도 폐지할 수도 있으며 법적인 보장에 좌우된다는 딜런(Dillon)의 법칙과 관련된다.

③ 중첩권위형 : 중앙과 지방이 분리 또는 종속관계가 아니라 상호의존관계를 가지고 기능을 공유한다. 중앙과 지방 간 정치적 타협과 교환(대화와 협상)을 벌이는 관계이다.

Wright의 IGR 유형 비교

구 분	분리(협조)권위형	중첩권위형	포괄(계층)권위형
관 계	독립적	상호의존적	중앙의존적
사무분담	고유사무 중심	고유·위임사무 중심	위임사무 중심
인사관계	완전분리	상호교류	완전종속
재정관계	완전분리	완전의존	완전종속
행동패턴	완전자치·자율	협상	중앙집권적·계층

4) Elkock의 모형

(1) 대리자모형 : 지방이 중앙의 단순한 대리자에 불과하기 때문에 지방은 중앙의 감독하에 국가정책을 집행한다는 모형이다.

(2) 동반자모형 : 지방이 중앙과는 독자적인 결정을 내린다는 입장이다.

(3) 교환모형(절충모형) : 중앙과 지방이 상호의존관계에 있다는 모형이다.

✎ 대표유형문제

1. 라이트(D.Wright)의 정부 간 관계모형에 대한 설명 중 옳지 않은 것은?

① 분리형(seperated model)은 중앙−지방 간의 독립적인 관계를 의미한다.

② 내포형(inclusive model)은 지방정부가 중앙정부에 완전히 의존되어 있는 관계를 의미한다.

③ 중첩형(overlapping model)은 정치적 타협과 협상에 의한 중앙−지방 간의 상호의존 관계를 의미한다.

④ 경쟁형(competitive model)은 정책을 둘러싼 정부 간 경쟁관계를 의미한다.

정답 ④

해설 D. Wright는 분리형, 내포형, 중첩형으로 나누고 이 중에서 가장 이상형은 중첩형을 제시하였다. ④의 경쟁형은 D. C. Nice가 제시한 유형이다. Nice는 정부간 관계를 경쟁형과 상호의존형으로 이원화하였다.

2. 지방자치법상의 지방자치단체에 대한 국가 및 시·도의 지도, 감독에 대한 설명 중 옳은 것만을 고른 것은?

> ㄱ. 중앙행정기관의 장이나 시·도지사는 지방자치단체의 사무에 관하여 조언 또는 권고하거나 지도할 수 있다.
> ㄴ. 중앙행정기관의 장과 지방자치단체의 장이 사무를 처리할 때 의견을 달리하는 경우 이를 협의·조정하기 위하여 행정안전부 소속으로 협의조정기구를 둘 수 있다.
> ㄷ. 지방자치단체의 사무에 관한 그 장의 명령이나 처분이 법령에 위반되거나 현저히 부당하여 공익을 해친다고 인정되면 시·도에 대하여는 주무부장관이, 시·군 및 자치구에 대하여는 시·도지사가 즉시 이를 취소하거나 정지할 수 있다.
> ㄹ. 주무부장관이 시·도지사는 해당 지방자치단체의 장이 정해진 기간내에 이행명령을 이행하지 아니하면 그 지방자치단체의 비용부담으로 대집행하거나 행정상·재정상 필요한 조치를 할 수 있다.

① ㄱ, ㄴ   ② ㄱ, ㄹ
③ ㄴ, ㄷ   ④ ㄷ, ㄹ

정답 ②

해설 중앙행정기관의 장과 지방자치단체의 장이 사무를 처리할 때 의견을 달리하는 경우 이를 협의·조정하기 위하여 국무총리 소속하에 협의조정기구를 둘 수 있다. 지방자치단체의 사무에 관한 그 장의 명령이나 처분이 법령에 위반되거나 현저히 부당하여 공익을 해친다고 인정되면 시·도에 대하여는 주무부장관이, 시·군 및 자치구에 대하여는 시·도지사가 기간을 정하여 서면으로 시정할 것을 명하고, 그 기간에 이행하지 아니하면 이를 취소하거나 정지할 수 있다. 설문은 ㄱ과 ㄹ만 옳다.

3. 일선기관(一線機關)

(1) 일선기관의 의의

① 일선기관(field service, field agency)은 국가행정사무를 지방에서 처리하는 행정기관을 말한다.

② 일선기관은 지방자치단체가 아니고 국가의 지방행정조직으로, 국가의 정책이나 계획을 지역적 실정과 특수성에 적합하게 집행·수행하기 위하여 설치된 행정기관이다.

(2) 일선기관의 기능

① 중앙행정기관의 정책을 지역별 실정에 맞게 분담하여 집행한다.

② 특정사무의 지역단위별 중점 수행을 가능하게 한다.

③ 특정개발사업의 적극적 추진·집행을 가능하게 한다.

(3) 일선기관의 장단점

장 점	단 점
① 책임·권한분산으로 중앙행정기관의 업무량 감소	① 중앙행정기관과 일선기관 간의 마찰로 통솔 조정이 어려움.
② 중앙행정기관은 정책수립·결정과 기획에 주력	② 일선기관의 증가는 인원과 예산의 증가 초래
③ 사무배분기준과 업무수행절차·행정기술의 획일성·통일성을 기함.	③ 결정의 지체와 행정절차의 복잡화 초래
④ 인접구역과의 유기적인 상호협력관계 확립	④ 주민참여의 곤란 및 자치의식의 저해를 초래

(4) 일선기관과 지방자치

단체자치(대륙형)	보통지방행정기관	자치단체가 국가의 위임사무 처리 시에는 국가의 일선기관이 된다.
	특별지방행정기관	각 중앙부서별로 특별지방일선기관이 설치된다.
주민자치(영미형)	지방자치단체는 국가의 지방일선기관이 아니다.	
	특별지방행정기관	각 중앙부서별로 특별지방일선기관이 설치된다.

* 일선기관의 종류
  1. 보통지방행정기관(통합형 일선기관) : 고유업무 및 중앙업무도 일괄적 대행처리
  2. 특별지방행정기관(분권형 일선기관) : 일개 지방행정기관이 소관업무만을 처리
      예 정보통신부산하-지방체신청, 우체국, 재정경제부산하-지방국세청, 세무서, 세관, 건설교통부산하-지방국토관리청 등

(5) 특별지방행정기관(特別地方行政機關) - 중앙의 하급행정기관

특정한 중앙행정기관에 소속되는 지방행정조직으로 소속 중앙행정기관의 행정사무(국가사무)만을 관장하는 지방행정기관을 말한다. 종합행정을 수행하는 지방자치단체 즉 보통지방행정기관과 대비된다. 소속 중앙행정기관의 직접적인 지휘·명령을 받는 일선기관으로서의 특별지방행정기관은 현재(2005. 12) 6,000여개가 넘는다.

  예 정보통신부 산하-지방체신청, 재정경제부산하-지방국세청, 세무서, 세관, 건설교통부 산하-지방국토관리청, 기타 지방환경청, 지방병무청, 지방영림서 등이 있다.

① 설치 목적
  ㉠ 국가업무의 효율적이고 광역적인 추진을 위해 설치되었다.
  ㉡ 관리와 감독의 용이성이라는 부처이기주의 목적에서 설치되었다.
  ㉢ 지방자치제 실시이후 국가의 감독이나 통제 강도 약화를 우려해서 설치되었다.
  ㉣ 지역적 다양성이 요구되는 경찰을 제외하면 이들 기관은 대부분 전문성과 전국적 통일성이 요구된다는 점에서 특별지방행정기관으로서 존재의미가 크다.

② 문제점
  ㉠ 기능의 중복으로 인한 비효율성이 문제(지방중소기업청·지방해양수산청·지방식품의약품안전청·지방국토관리청·지방노동청 등은 기능 중복의 대표적인 기관들)로 지적되고 있다.
  ㉡ 지방병무청이나 경찰청처럼 비록 기능이 지자체와 중복되지는 않지만 중앙집권적 일괄통제로 대민 서비스가 지방 실정에 맞지 않거나 경제성이 떨어지는 기관도 있다.
  ㉢ 특별지방행정기관의 지방 이양에 따른 중앙 행정부처의 반발(환경부는 지방환경청이 지자체로 넘어가면 '난개발'을 막을 수 없을 것이라고 주장, 또 보건복지부는 "지방식약청이 이관될 경우 '부패의 온상'으로 변질될 가능성이 있다."며 반대)이 크다.

③ 평가 : 특별지방행정기관은 '중앙집권적 개발시대의 산물'로서 진정한 지방자치의 착근을 위해서는 지자체와 중앙정부의 특별지방행정기관으로 이원화된 중복행정 체계를 바로잡아 나가는 것이 중요하다. 참여정부는 특별지방행정기관을 통합 정비해나가기 위해 2007년 말까지 행정권한이양에 다른 지방분권정책을 추진해 나가고 있다.

🖋 대표유형문제

지방자치단체와는 별도로 특별지방행정기관을 설치하는 경우 나타나는 장점으로 옳은 것은? 2013. 행정사 기출

① 주민들의 직접참여와 통제가 용이하여 책임행정확보가 가능하다.
② 광역적인 국가 업무를 효율적으로 처리할 수 있다.
③ 유사중복기능의 수행 인력과 조직으로 행정의 중복성을 통하여 효율성을 강화할 수 있다.
④ 관할범위가 넓어 현지성이 확보됨으로서 지역주민을 위한 행정이 가능하다.
⑤ 특별지방행정기관 증가로 이원적 업무수행이 가능하여 주민들의 행정만족도가 높아지고 혼란을 방지할 수 있다.

정답 ②

해 설 특별지방행정기관은 국가가 지방을 통치의 편리성과 국가사무의 통일적 수행을 위해 설치를 한다. 또한 국가의 업무부담의 경감에도 기여할 수 있다.

🥄 지방자치와 갈등

1. 지역이기주의

(1) 지역이기주의의 종류

① 배타적 이기주의 : 나쁜 것은 자기지역에 유치하지 않으려는 것이다.

　㉠ NIMBY(Not In My Back Yard)현상 : '내 뒤뜰에는 불가'라는 의미로 자기중심적 공공성 결핍증상을 가리키는 말이다. 즉, 범죄자, 마약중독자, AIDS환자, 산업폐기물, 핵폐기물을 수용·처리할 시설의 필요성은 인식하면서도 이들 시설들이 자기 주거지역에 들어서는 것에는 반대하는 지역이기주의를 가리킨다.

　㉡ BANANA(Build Absolutely Nothing Anywhere Near Anybody)현상 : '어디에든 아무것도 짓지 말라.'라는 뜻이다. 쓰레기 매립지나 핵폐기물 처리장 등 각종 환경오염 시설물 등은 자기 지역권 내에서 절대 설치불가라는 지역이기주의의 한 현상으로 NIMBY와 함께 자주 사용된다.

　㉢ LULU'S(Locally Unwanted Land Use's) 현상 : 자기 지역에서 유해한 것이 사용되는 것을 원하지 않는 배타적·절대적·기피적 이기주의이다.

  ② NIMTOO(Not In My Term Of Office) 현상 : 자신의 재임기간 동안 혐오시설의 유치를 반대한다.

② 유치적 이기주의 : 좋은 것만 자기 지역에 유치하려는 것이다.

  ㉠ PIMFY(Put In My Front Yard)현상 : '내 앞뜰에는 가능'하다는 말로서 자기 지역에 유용하고 유리한 관공서, 대학, 박물관, 관광산업, 첨단산업 등을 서로 확보하려고 하는 유치적·선호적 이기주의이다.

  ㉡ PIMTOO(Put In My Term Of Office)현상 : 자신의 재임기간 동안 좋은 것만 유치하려는 것이다.

(2) 지역이기주의를 보는 관점

① 긍정론 : 오늘날 지배적 입장으로 지역이기주의는 지방자치의 정착을 위해 필수적으로 거쳐야 할 필수과정으로 이해하고, 소수의 정당한 권리가 보장되어야 한다는 정의론에 기초하거나 건설적인 대안 마련과 신중한 결정에 기여한다는 입장이다.

② 부정론 : 공리주의(최대다수의 최대행복)에 기초를 두고 있으며, 지역보호주의와 협소한 국지적 합리성의 주장의 결과로서 지역의 탈을 쓴 개인적 이기주의로 치부하는 입장을 취한다.

 대표유형문제 ⋯⋯⋯⋯⋯⋯⋯⋯⋯⋯⋯⋯⋯⋯⋯⋯⋯⋯⋯⋯⋯⋯⋯⋯⋯⋯⋯⋯⋯⋯⋯⋯⋯⋯⋯⋯⋯⋯⋯

지방자치에서 지역주민의 반대로 쓰레기 매립장 등의 건설이 안 되는 이론이나 님비현상 등 공공서비스의 외부효과 처리에 대한 문제를 해결할 수 있는 가능성을 제시한 이론과 관련된 것은?

① out-sourcing   ② 신공공관리론

③ 공공선택이론   ④ 제3의길

정답 ③

해설 공공선택이론이 처방하는 관할구역을 중첩시키고 권한을 분산시키는 다중공공관료장치나 기능중심의 지방자치 하에서는 지역이기주의나 지역 간 외부효과 문제에 효율적으로 대처할 수 있다.

⋯⋯⋯

2. 지방자치단체의 갈등 해소방안

(1) 지방자치단체 간의 갈등 해소방안

① 행정협의회의 활성화 : 행정협의회는 현행 자치단체 간의 자율적이고 사전적인 조정제도이다.

② 지방자치단체 간 분쟁조정제도의 활성화

  ㉠ 분쟁조정제도는 지방자치단체 간의 갈등에 제3자가 개입하여 객관적 입장에서 이를 해소하고자 하는 제도이다.

  ㉡ 1994년 지방자치법에서 심의기관으로 지방자치단체 분쟁조정위원회제도를 도입하였고, 1999년 심의뿐 아니라 의결권한을 가지는 심의의결기관으로 발전하였다.

ⓒ 분쟁이 있을 때에는 시·도 또는 그 장이 분쟁의 당사자인 경우에는 행정안전부장관이, 시·도·자치구 또는 그 장이 분쟁의 당사자인 경우에는 시·도지사가 이를 조정한다.

ⓓ 행정안전부장관 소속하에 중앙분쟁조정위원회, 시·도지사 소속하에 지방분쟁조정위원회를 둔다.

③ 지방자치단체 간 권한쟁의가 발생할 경우 헌법재판소가 심판한다.

(2) 중앙정부와 지방자치단체 간의 갈등 해소방안

① 중앙행정기관과 지방자치단체 간 갈등이 발생하였을 경우, 이를 협의·조정하기 위하여 국무총리실에 행정협의조정위원회가 설치되어 있다. 신청에 의하여 조정하지만, 조정의 구속력은 없다.

② 중앙정부와 지방자치단체 간 권한쟁의가 발생할 경우 헌법재판소가 심판한다.

✎ 대표유형문제 ···

지방정부가 쓰레기처리장 등 혐오시설을 설치하고자 할 때 지역주민들의 반대를 극복하기 위한 방법 중에서 나머지 셋과 성격이 다른 것은?

① 주민투표   ② 재산권 보장

③ 위험준비금(contingency fund)   ④ 대체보상

정답 ①

해설 주민투표는 규범적·사회적 전략에 해당하고, 나머지는 공리적·기술적 전략에 해당한다. 기피·유치 분쟁의 해결방안은 다음과 같다.
(1) 규범적·사회적 전략 : 결정과정에 주민이나 이해집단의 참여를 보장(주민투표 등)
(2) 공리적·기술적 전략 : 반대보상 등을 통하여 저항을 최소화시키려는 전략으로 재산권 침해 폭을 최소화시키거나 기피시설의 설치시 지역발전기금 설치 같은 적절한 대체보상을 실시하거나 예기치 못한 위험 발생시 그 피해를 보상하기 위한 우발위험준비금을 예치하도록 하는 방법
(3) 강제적 전략 : 이들의 주장을 무시하고 강제적으로 추진하는 고전적인 전략

···

🪙 지방자치단체의 사무

1. 사무배분의 원칙

지방자치에 있어서 국가와 지방 간의 사무를 합리적으로 배분하여 자치사무의 범위를 정립하는 것은, 조례입법권·행정사무감사 및 조사권을 비롯한 지방의회의 관여범위설정, 사무수행에 따르는 권한과 책임의 귀속, 집행기관의 조직과 인력규모 결정, 지방자치단체가 자치재원으로 조달하여야 할 재정상의 부담범위 설정 등의 기준이 된다. 국가와 지방의 사무를 배분하는 원칙은 다음과 같다.

(1) 현지성의 원칙 : 기초자치단체 우선의 원칙과 유사하나, 모든 사무는 지방주민의 요구와 지역의 행정수요에 적합하도록 도시와 농촌, 대규모와 소규모 자치단체 등 지역적 특수성을 고려하여 배분하여야 한다.

(2) 종합성의 원칙 : 특별한 사무처리를 하는 일선기관보다는 지방의 행정이 종합적으로 이루어지는 자치단체에 사무를 배분하는 것이 좋다.

(3) 기초자치단체우선의 원칙 : 주민생활과 밀접한 사무는 주민에 보다 가까운 최저단계의 행정기관에 배분되어야 한다. 광역과 기초자치단체 간에 경합이 있을 시는 기초자치단체가 우선한다.

(4) 행정책임명확화의 원칙 : 이중배분을 해서는 안 되고 한 단계의 정부단위에는 하나의 특정 사무만을 배분하여 명확한 책임확보가 필요하다. 경합피지(사무배분의 경합을 피한다)의 원칙과 관련이 있다.

(5) 경제성(능률성)의 원칙 : 모든 사무는 그 규모·재정적 능력 등에 비추어 보아 이를 가장 능률적으로 수행할 수 있는 수준의 행정단위에 배분하도록 하여야 한다.

(6) 계획·집행분리의 원칙 : 국가는 행정정책을 계획하고 기준을 설정하며, 지방은 이러한 기준과 계획에 따라 대개의 사안을 처리한다.

(7) 이해관계범위의 원칙 : 지방과 이해관계가 있는 경우 지방에 사무를 배분하고, 중앙과 이해관계가 있는 경우는 중앙에 배분한다.

(8) 경비부담능력의 원칙 : 경비는 자체수입으로 충당되어야 한다는 것으로, 지방에 사무를 배분할 때에는 재원도 동시에 같이 배분되어야 한다.

(9) 기타 : 보충성의 원칙(중앙이 지방의 부족분을 도와주는 수평적 원칙), 상호협력의 원칙, 행정수요특수성의 원칙 등이 있다.

✎ 대표유형문제 ·····

1. 중앙정부와 지방정부 간 사무배분원칙에 있어서 지방정부의 사정을 중시하는 것과 가장 거리가 먼 것은?

① 현지성의 원칙　　　　　　　　　　　② 보충성의 원칙
③ 통일성의 원칙　　　　　　　　　　　④ 지역적 종합성의 원칙

정답　③
해설　중앙정부와 지방정부 간 사무배분원칙으로는 책임명확화의 원칙, 능률성의 원칙, 기초자치단체우선의 원칙, 현지성의 원칙, 계획집행분리의 원칙, 경비부담능력의 원칙, 종합성의 원칙 등이 있다. 통일성의 원칙은 중앙집권적 행정에서의 원칙이다.

2. 중앙정부와 지방자치단체간 또는 광역자치단체와 기초자치단체간 기능배분을 설명하는 내용으로 옳지 않은 것은?

① 책임명확화의 원칙 – 비경합의 원칙
② 현지성의 원칙 – 기초자치단체 우선의 원칙
③ 종합성의 원칙 – 특별지방행정기관 우선의 원칙
④ 경제성의 원칙 – 능률적 집행의 원칙

정답 ③

해설 특별지방행정기관은 중앙의 편리성과 지방에 대한 예속을 강화하기위해 설치한 것으로 중앙의 통일행정에는 기여하지만 지방의 종합행정은 저해하게 된다. 종합성의 원칙이란 주민에 대한 서비스는 가급적 한곳에서 one-stop 으로 이루어져야 한다는 원칙으로 지방자치단체 중심의 서비스가 이루어져야 한다는 것을 말한다.

2. 지방자치단체 사무의 종류

지방자치사무의 내용

비교기준	고유사무	단체위임사무	기관위임사무
사무처리	자주적	국가통제	국가지시
감독범위	합법성, 교정적 감독, 소극적 (사후적)	합법성, 합목적성, 교정적 감독, 소극적(사후적)	전면적, 사전적, 예방적 감독(적극적)
의회의 관여	관여(조례, 감사권, 조사권의 범위)	관여(조례, 감사권, 조사권의 범위)	관여불가(단, 단체·기관위임사무 일부관여)
소요경비	자치단체 부담	국가가 부분적 부담	전액 국가부담
종류	자치입법, 자치구역·조직, 자주재정, 상하수도 사업, 시장·도축장의 설치 및 관리, 운동장, 가로등, 주택사업의 경영, 청소, 소독, 주민복지증진, 교육·문화·예술·체육의 진흥, 농림·상공업 등 산업진흥에 관한 사무 기타 등	보건소의 운영, 생활보호사무, 도의 국도유지 및 수선사무, 농촌지도소의 운영, 특별시·광역시·도의 하천보수 및 유지, 전염병원, 시·군의 재해구호사무, 공과금 위임사무 등	징병, 호적, 주민등록, 민방위, 선거인구조사사무, 국세조사, 산업통제, 공유수면 매립, 상공업 진흥 등

* 단체위임사무는 헌법상 명확한 규정이 없으므로 위임 시 법령의 구체적 위임이 필요하다.

✎ 대표유형문제 ··

우리나라 지방자치단체의 사무에 관한 설명으로 적절하지 않은 것은?

① 고유사무보다 위임사무의 비중이 더 크다.

② 자치단체의 사무 중 단체위임사무가 가장 중시되며 업무가 많다.

③ 지방정부의 사무에서 기관위임사무가 가장 많다.

④ 고유사무는 자치단체의 존립목적을 위한 본래적 사무이다.

정답 ②

해설 지방자치단체의 사무에는 고유사무, 단체위임사무, 기관위임사무가 있다. 고유사무는 지자체 고유의 사무이고, 단체위임사무는 국가로부터 지방자치단체에 위임된 사무이며, 기관위임사무는 국가로부터 지방자치단체장에게 위임된 사무이다. 우리나라 지방자치단체의 경우 기관위임사무가 제일 많으며, 그 다음 고유사무이다. 단체위임사무가 제일 적다.

제 **02** 장

지방 재무행정

01 지방자치단체의 재무행정

지방재정의 의의

1. 지방재정의 개념

지방자치단체가 행정서비스를 수행하기 위하여 필요한 재원을 획득하고 지출하며 관리하는 계속적인 경제활동의 총체를 말한다.

2. 지방재정운영의 기본원칙

(1) 수지균형의 원칙 : 수입과 지출 간에 균형을 유지해야 한다는 건전재정원칙

(2) 재정구조의 탄력성 확보의 원칙 : 경제환경의 변화, 행정수요의 변화, 지역사회여건의 변화에 대응

(3) 행정수준의 확보·향상의 원칙 : 적정한 재원을 마련하여 주민의 다양한 행정수요에 대응

(4) 재정운영공정의 원칙 : 재정의 적법한 운영과 그 지출로 실현하려는 행정내용이 타당하도록 제도적 장치를 구비해야 한다는 것

(5) 재정질서적정화의 원칙 : 국가와 지방정부 간, 자치단체 상호간 및 자치단체와 해당지역 주민 간에 경비의 부담구분이 적정해야 한다는 원칙

(6) 장기적 재정안정의 원칙 : 당해연도뿐만 아니라 차년도 재정운영을 고려하는 장기적 안목 필요

(7) 국가시책구현의 원칙 : 국가시책에 어긋나지 않게 지방자치단체는 노력해야 한다는 것

(8) 지방채발행의 원칙 : 지방자치단체장이 그 자치단체의 항구적 이익이 되거나 비상재해복구 등의 필요가 있는 때에 지방의회의 의결을 얻어 지방채를 발행할 수 있는 원칙

(9) 기타 : 재정운영효율화 원칙, 재정자주성의 원칙, 회계연도독립의 원칙, 예산총계주의 원칙 등

국가재정과 지방재정의 차이

구 분	국가재정	지방재정
기 능	포괄적 기능 수행	자원배분기능 수행
비용부담방식	응능주의(應能主義)	응익주의(應益主義)
가격원리	가격원리 적용 곤란	가격원리 적용 용이
기업형 정부	정부 적용 곤란	기업형 정부 적용 용이
재화공급	순수공공재 공급(외교, 치안, 국방, 사법 등)	준공공재의 공급(도로, 교량, SOC)
전략, 전술	전략적 정책기능	전술적 집행기능
이 념	형평성(衡平性)	효율성(效率性)
경쟁성	비경쟁성	경쟁성(지방정부간)
재 원	조세에 의존	세외수입에 의존
지역 간 이동	지역 간 이동성 없음	이동성 높음(티부가설)
주민선호	둔감	민감하게 반응

 **지방수입의 분류**

지방수입의 분류

구분	자주재원	의존재원	일반재원	특정재원	경상재원	임시재원
개념	지방자치단체가 자주적으로 확보	국가나 상급·기타 자치단체로부터 보조받는 재원	용도제한을 받지 않는 재원	용도제한을 받는 재원	매년 정기적·규칙적·안정적으로 확보되는 재원	불규칙적·임시적으로 확보되는 재원
예	지방세, 세외수입	지방교부세, 국고보조금	지방세, 세외수입, 보통교부세	국고보조금, 특별교부세	지방세, 보통교부세, 국고보조금, 분권교부세	지방채, 특별교부세

🍮 지방세

1. 지방세의 의의

(1) 지방세의 개념 및 특징
① 지방세의 개념 : 지방자치단체가 주민들로부터 받아들이는 자주재원이다.
② 지방세의 특징
   ㉠ 강제적 부과징수
   ㉡ 일반적 재원조달의 목적
   ㉢ 금전으로 표시·납부
   ㉣ 이익과 관계없이 징수(직접적인 대가성 없는 징수)

(2) 지방세의 원칙
① 보편성의 원칙 : 모든 자치단체에 지방세원이 골고루 분포되어 있어야 한다.
② 지역성(국지성·정착성)의 원칙 : 지방세의 과세대상은 그 관할구역 내에 국지화·지역화되어 있어야 한다.
③ 부담분임(負擔分任)의 원칙 : 지방자치단체의 주민은 자치단체의 행정수요에 충당되는 경비를 분담해야 한다. 주민세가 대표적인 예이다.
④ 부담보편(負擔普遍)의 원칙 : 동등한 지위에 있는 자에게는 균등하게 과세해야 하며, 조세감면의 폭을 지나치게 확장해서는 안 된다.

⑤ 응익성(應益性)의 원칙 : 당해 자치단체의 서비스 제공을 통하여 지역주민이 이익을 향수하면 이에 대해 일정액의 경비부담을 감내해야 한다.

⑥ 응능성(應能性)의 원칙 : 지역주민이 가진 경제적 능력에 상응하여 과세하려는 원칙으로 소득세의 누진과세가 그 예이다. 우리나라는 재산과세 중심이므로 이 원칙은 예외적인 원칙에 해당한다.

⑦ 안정성의 원칙 : 호황이나 불황, 경기변동 속에서도 세수가 안정되어 있는 세목이어야 한다.

⑧ 자주성의 원칙 : 자치단체가 과세행정상 자치성을 보장할 수 있는 것이어야 한다.

⑨ 충분성의 원칙 : 지방자치를 위하여 충분한 금액이어야 한다는 원칙이다.

(3) 우리나라 지방세의 구조

2011년 등록세와 면허세가 합쳐져 등록면허세로, 지역자원시설세가 신설되었다. 보통세는 지방소득세, 담배소비세, 자동차세, 취득세, 레저세, 등록면허세, 재산세, 주민세, 지방소비세가 있으며, 목적세는 지방교육세, 지역자원시설세가 있다.

구분		도세	시·군세	특별시·광역시세	자치구세
지방세	보통세	취득세, 레저세, 등록면허세, 지방소비세	주민세, 재산세, 자동차세, 담배소비세, 지방소득세	취득세, 주민세, 자동차세, 담배소비세, 레저세, 지방소비세, 지방소득세	등록면허세, 재산세
	목적세	지방교육세, 지역자원시설세		지방교육세, 지역자원시설세	
국세	내국세	직접세	소득세, 법인세, 상속증여세, 종합부동산세		
		간접세	부가가치세, 개별소비세, 주세, 인지세, 증권거래세		
	목적세	교통·에너지·환경세, 교육세, 농어촌특별세			
	관세				

(4) 세외수입의 유형

① 사용료 : 공공시설의 사용대가로 부과하는 수입

② 수수료 : 특정인에게 지방행정기관이 서비스를 제공한 대가로 부과하는 수입

③ 분담금 : 자치단체의 재산 또는 공공시설의 설치로 인하여 주민의 일부가 특히 이익을 얻은 경우에 그 비용의 일부를 지변하기 위하여 이익을 받는 자로부터 징수하는 공과금

④ 부담금 : 시·도와 자치구, 시·군과의 부담관계에 의하여 시·도가 자치구, 시·군으로부터 수납하는 것

⑤ 교부금 : 국가가 처리해야 할 사무를 지방자치단체 또는 그 기관에 위임하여 수행하는 경우에 그 소요되는 경비는 국가가 그 전부를 당해 지방자치단체에 교부

⑥ 전입금 : 당해 자치단체의 다른 회계 또는 기금으로부터의 자금의 이동으로 생기는 회계조작상의 수입을 의미하는데, 특별회계나 적립금의 수입의 일반회계 전입금

⑦ 기타 세외수입 : 잡수입, 재산수입, 기부금, 이월금

⑧ 경상적 세외수입 : 사용료, 수수료, 재산수입, 부담금, 교부금, 사업장 수입, 이자수입

⑨ 임시적 세외수입 : 기부금, 과징금, 이월금, 전입금, 분담금, 잡수입, 복권발행 수입, 재정보전금, 예탁금 및 예수금

세외수입의 종류

실질적 세외수입	경상적 수입	사용료, 수수료, 재산임대수입, 사업장 수입(경영수익사업), 이자수입, 징수교부금	일반회계
	사업 수입	상수도사업, 하수도사업, 지하철, 주택사업, 공영개발사업, 기타특별회계	특별회계
명목적 세외수입	임시적 수입	재산매각수입, 융자금 회수, 이월금, 기부금, 융자금, 전입금, 분담금, 잡수입, 과년도 수입	일반회계
	사업외 수입	이월금, 융자금, 전입금, 잡수입, 지난 연도 수입, 기타	특별회계

✎ 대표유형문제

1. 다음 보기에서 현행 우리나라의 지방세만을 모두 골라 바르게 배열한 것은?

| ㉠ 취득세 | ㉡ 등록면허세 | ㉢ 법인세 |
| ㉣ 인지세 | ㉤ 자동차세 | ㉥ 재산세 |

① ㉠, ㉡, ㉢, ㉣   ② ㉠, ㉡, ㉢, ㉤

③ ㉠, ㉡, ㉤, ㉥   ④ ㉠, ㉡, ㉢, ㉣, ㉤

정답 ③

해설 법인세와 인지세는 국세이다.

2. 세외수입의 종류와 그에 대한 설명을 바르게 연결한 것은?

ㄱ. 지방자치단체가 주민의 복지증진을 위해 설치한 공공시설을 특정소비자가 사용할 때 그 반대급부로 개별적인 보상원칙에 따라 지방자치단체의 조례에 의거하여 강제적으로 부과·징수하는 공과금이다.

ㄴ. 지방자치단체의 재산 또는 공공시설의 설치로 인해 주민의 일부가 특별히 이익을 받을 때 그 비용의 일부를 부담시키기 위해 그 이익을 받는 자로부터 수익의 정도에 따라 징수하는 공과금이다.

ㄷ. 지방자치단체가 특정인에게 제공한 행정 서비스에 의해 이익을 받는 자로부터 그 비용의 전부 또는 일부를 반대급부로 징수하는 수입이다.

| ㄱ | ㄴ | ㄷ | | ㄱ | ㄴ | ㄷ |

① 사용료 – 분담금 – 수수료   ② 수수료 – 부담금 – 과년도 수입

③ 사용료 – 부담금 – 과년도 수입　　　　④ 수수료 – 분담금 – 사용료

정답 ①

해설 사용료가 시설사용의 대가로 주민이 부담하는 것이라면 수수료는 서비스의 대가로 주민이 부담하는 것이고, 분담금이 이익을 본 지역주민이 부담하는 것이라면, 부담금은 사무를 위임한 상급정부가 부담하는 것이다. 주요 세외수입의 정확한 개념은 다음과 같다.
　(1) 사용료 : 지방자치단체가 주민의 복지증진을 위해 설치한 공공시설을 특정소비자가 사용할 때 그 반대급부로 개별적인 보상원칙에 따라 지방자치단체의 조례에 의거하여 강제적으로 부과·징수하는 공과금
　(2) 분담금 : 지방자치단체의 재산 또는 공공시설의 설치로 인해 주민의 일부가 특별히 이익을 받을 때 그 비용의 일부를 부담시키기 위해 그 이익을 받는 자로부터 수익의 정도에 따라 징수하는 공과금
　(3) 수수료 : 지방자치단체가 특정인에게 제공한 행정 서비스에 의해 이익을 받는 자로부터 그 비용의 전부 또는 일부를 반대급부로 징수하는 수입

3. 국세 또는 지방세가 서로 옳지 않게 연결된 것은?　　　　　　　　　2013. 행정사 기출

① 국세 – 개별소비세, 농어촌특별세
② 서울특별시 강남구세 – 등록면허세, 재산세
③ 부산광역시 기장군세 – 지방소득세, 지방교육세
④ 제주특별자치도세 – 취득세, 지역자원시설세
⑤ 경상남도 창원시세 – 재산세, 자동차세

정답 ③

해설 기초자치단체는 목적세가 없다. 지방소득세는 기장군세에 해당되지만 지방교육세는 목적세로서 부산광역시세이다. 여기서 주의할 것은 광역시 안에도 군을 둘 수 있다. 예를 들면 인천광역시시의 강화군이 있는 것처럼 부산광역시에도 군이 존재하지만 적용은 자치시의 군과 같다. 자치구의 재산세는 서울특별시와 자치구가 공동으로 과세하도록 되어 있기는 하지만 강남구세에 포함되기 때문에 맞는 내용이다.

2. 지방채

(1) 지방채[地方債, municipal bond/local debt]의 개념

① 지방자치단체가 지방재정의 건전한 운영과 공공의 목적을 위해 재정상의 필요에 따라 발행하는 공채(公債)이다. 발행기관은 특별시·광역시·도 등 광역자치단체와 시·군 등 기초자치단체이다. 법적 근거는 지방재정법에 규정되어 있다.

② 보통 대규모 공공시설사업, 공영사업, 재해복구사업 등 지방재정 투자 수요에 대처하고, 각종 지역개발사업을 효율적으로 추진하기 위해 적정 규모로 발행한다. 발행 절차는 지방채 발행 한도액 범위 안에서는 지방의회의 의결을 얻으면 되며, 특별한 사유로 한도액을 초과하는 경우나 외채(外債: 자금 조달을 위해 정부나 회사가 국채·지방채·사채 등을 외국에 발행〈모집〉한 채권이다. 액면 금액은 외채를 모집한 현지 화폐로 표시되는 것이 상례이다) 발행 및 조합이 발행하는 경우 등에는 안전행정부장관의 승인을 얻어야 한다.

(2) 지방채의 목적

① 회계연도 상에 발생하는 재정적자의 보전(補塡)

② 주택, 도로, 상하수도, 택지개발, 지하철 사업 등의 자본투자적 사업에 대한 투자재원 확보

③ 자치단체의 항구적 이익이 되는 경우 ④ 비상재해복구 등 필요한 경우

(3) 지방채의 특징

① 매입의 임의성 : 매입여부는 응모자의 자유의사에 따른다. . 지하철도 건설채권은 강제공채

② 장기분할성 : 납세자가 20여년 간에 걸쳐 분할상환할 수 있다.

③ 단기흡수성 : 조건만 구비되면 단기 내에 많은 수입을 확보할 수 있다.

(4) 지방채의 대표적인 종류

① 모집공채 : 공모방식을 통해서 공채매입을 희망하는 자들로 하여금 공채를 매입하도록 하여 자금을 조달하는 방식이다. 신규로 발행되는 지방채증권에 대해 청약을 받은 다음 모집이 완료된 때 대금을 수령한 후 증권을 발행한다. 일반적인 채권과 동일하다.

② 매출공채 : 지방정부로부터 특정서비스를 제공받는 주민 등을 대상으로 원인행위에 첨가하여 강제로 소화시키는 방식으로 지방채증권에 대해 상환기일, 이자율 등 필요한 내용을 공고한 후 청약자에게 대금을 받고 증권을 발행하는 방식이다.

③ 교부공채 : 지방자치단체가 현금을 지급하는 대신에 후일 지급을 약속하는 증권을 교부하는 방법이다. 이 경우 채권발행시점에서는 현금 흐름이 없다는 특징이 있다.

✎ 대표유형문제 ··

토지매입이나 공사대금지불시 현금대신 발행하여 지불하는 지방채의 종류는?

① 매출공채   ② 교부공채   ③ 분할상환채   ④ 모집공채

정답 ②

해설 ② 교부공채는 지방자치단체가 현금을 지급하는 대신에 후일 지급을 약속하는 증권을 교부하는 방법이다. ① 매출공채는 특정서비스를 제공받는 주민들을 대상으로 강제로 소화시키는 방식이다. 특정의 인·허가, 등기, 등록시에 강제적으로 구입하도록 한다. ④ 모집공채는 공모방식을 통해서 공채매입을 희망하는 자들로 하여금 공채를 매입하도록 하는 방식이다.

3. 국고보조금과 지방교부세

(1) 국고보조금(정률방식-일정금액비율을 국가가 보조)

① 국고보조금의 개념

　　㉠ 국고보조금(grants-in-aid)이란 국가가 지방자치단체의 행정에 소요되는 경비의 일부 또는

전부를 부담금, 교부금, 보조금 등의 명칭으로 용도를 지정하여 교부하는 자금을 말한다.

ⓛ 국고보조금은 지방행정의 업무증대, 지방정부세의 국가적 사업의 증대, 국가위임사무의 처리, 지방적 특수시설이나 행정집행의 장려 등을 목적으로 필요한 경비를 국가에서 지방자치단체에 교부하는 재원이다.

② 국고보조금의 특징

㉠ 국가가 국고보조금을 교부할 때에는 법령 또는 조례가 정하는 경우와 국가시책 상 부득이 한 경우 외에는 자치단체에게 재정부담을 지시할 수 없다.

ⓛ 만약 자치단체에게 재정적 부담을 부과하는 국고보조금을 교부하게 되는 때에는 당해 중앙행정기관의 장은 기획재정부장관과 행정안전부장관에게 통지·협의하여야 한다.

㉢ 국고보조금은 중앙정부의 재정여건, 예산정책 등을 고려하여 중앙정부에서 결정한다.

③ 국고보조금의 내용

특정재원	내 용
의존재원	국가로부터 교부되는 의존재원 ㉠ 국가의 강력한 감독을 받음. ⓛ 용도의 제한을 받음. ㉢ 자치단체의 자율성이 없는 재원
경상재원	매년 수입되는 경상재원
무상재원	반대급부가 필요하지 않는 무상재원
지방부담	있음(정률보조), 대응재원

④ 국고보조금의 용도 및 종류

국고보조금의 용도	종 류
· 국가위임사무의 처리(기관위임사무) · 광역사무의 처리(단체위임사무) · 지방 특수시설의 장려(고유사무) · 지방의 특수행정수행의 장려(고유사무) · 지방행정수준의 향상(고유사무)	· 교부금(위탁금), 국가사무 위탁 시, 사업비 전부 국가 부담 · 국고부담금(국가적 이해관계발생, 국가가 사업비의 일부 부담) · 협의의 보조금(국가가 시책 상 장려가 필요한 지방사무, 필요상당액 지급, 통제 강함.)

* 위 표의 위탁금을 지방재정법상 교부금이라고 부르는데 이는 지방교부세와 다르므로 주의 바람.

기초자치단체에 대한 광역자치단체의 재정조정(재정보전금)제도

재정보전금이란 시·군에서 징수하는 시·도세의 일부를 재원으로 시·도가 관할구역 내 시·군에 대하여 재정을 지원해 주는 자치단체(시·도)차원의 지방재정조정제도이다.

1. **징수교부금(지방세법)** : 특별시·광역시·도는 시·군·구에서 특별시세·광역시세·도세를 징수하여 납입한 때에는 납입된 징수금의 3/100에 해당하는 징수교부금을 해당 시·군·구에 교부해야 한다.

2. **재정보전금(지방재정법)** : 시·도가 관내 시·군에 대하여 재정을 보전해 주는 제도로서 시·도

지사(특별시장 제외)는 시·군에서 징수하는 광역시세·도세의 27%~47%의 금액을 재정보전금으로 확보하여 인구, 징수실적, 재정사정 등에 따라 시·군에 배분해야 한다. 이는 일반재정보전금, 시책추진보전금, 특별재정보전금(국가로부터 보통교부세를 교부받지 아니하는 자치단체에 지원하는 보전금)으로 구분하여 운영하고 있다.

3. **재정조정교부금(지방재정법)** : 광역시나 특별시가 관내 자치구에 대하여 행하는 재정조정제도로서 시세(취득세와 등록세) 수입 중의 일정액을 확보하여 관내 자치구 상호간의 재원을 조정한다.
    *지방행정 4대 재원지방세, 지방교부세, 지방채, 국고보조금

---

(2) 지방교부세(정액방식−미리 정해진 방식에 따라 국가가 배분)

① 지방교부세의 개념 : 지방교부세는 광의로 볼 때 경제력을 달리하는 지방자치단체에 대해서 세부담 및 행정수준의 불균형을 조정하기 위한 재원의 재분배인 지방재정조정이다. 지방교부세는 지방재정이 취약한 자치단체에 최소한의 행정수준을 유지하는 데 필요한 재원을 보장하고, 경제발전의 지역적 불균형에서 오는 지역 간의 재정격차를 완화할 목적으로 국가가 지방자치단체에 교부하는 국고지출금이라 할 수 있다.

② 지방교부세의 기능

ㄱ 지방자치단체의 재원보장 : 기준재정수요액이 기준재정수입액을 초과할 때 이를 보전하는 방식으로 배분하는 것이다.

ㄴ 지방자치단체의 자주성 제고 : 지방교부세는 용도제한을 가하지 않아 자치단체의 자치행정권을 침해하지 않는다.

ㄷ 지방자치단체 간의 재원균형화 : 지방자치단체의 불균형적인 재원을 균형화하는데 기여한다.

③ 지방교부세의 종류

ㄱ 보통교부세 : 지방자치단체의 일반재원으로 사용되는 교부재원이며, 매년도 기준재정수입액이 기준재정수요액에 미달(재정력 지수가 1보다 적은 경우)하는 지방자치단체에 대하여 그 부족분에 기초하여 교부하는 것이다. 보통교부세액은 내국세총액의 19.24% 중 분권교부세 재원을 제외한 금액의 96%가 재원이 되며, 기준재정수요액에서 기준재정수입액을 공제한 다음 자치단체별 수요 또는 수입 자체노력정도(지방세 징수실적, 경상경비 절감실적, 새로운 세원발굴 실적 등 인센티브)를 고려하여 산정된 조정률에 의하여 가감·산정한다.

ㄴ 특별교부세의 용도 : 기준재정수요액의 산정방법으로서 포착할 수 없는 특별한 재정수요가 있을 때, 보통교부세의 산정기일 후에 발생한 재해로 인해 특별한 재정수요가 있거나 재정수입의 감소가 있을 때, 자치단체의 청사 또는 공공복지시설의 신설, 복구, 확장, 보수

등의 이유로 인하여 특별한 재정수요가 있을 때에 한하여 교부되는 특정재원으로 용도를 지정하는 것이다. 특별교부세는 우수한 지방정부에 지급되며, 보통교부세와는 별개다.

ⓒ 분권교부세 : 분권교부세는 국고보조사업의 일부를 지방자치단체로 이양함에 따라 이 양사업을 추진하기 위한 재원을 지방교부세로 이전하기 위하여 분권교부세를 신설하 였다. 분권교부세는 교부되기 전과 교부된 후에 통제방식에 차이가 있는데, 분권교부 세는 특정재원보다 일반재원적 성격이 강하다.

  ⓐ 교부되기 전 : 교부되기 전에는 산정 및 교부가 자의적으로 운용되는 것을 방지하고, 분권교부세의 지방자치단체별 교부액은 지방이양사업과 관련된 인구수 등의 통계자 료, 종전의 국고보조금 지원수준 등을 감안하여 대통령령이 정하는 바에 따라 산정하 도록 하고, 행정안전부장관이 분권교부세를 교부하고자 할 때에는 각 지방자치단체 에 지방자치단체별 교부내역을 통지하도록 한다. 이 경우 행정자치부장관은 분권교부 세의 산정기초 및 자치단체별 교부내역을 당해 자치단체의 장에게 송부하여야 한다.

  ⓑ 교부된 후 : 교부받은 분권교부세는 보통교부세와 마찬가지로 일반재원으로 사용 되며, 제도의 운영이나 성격은 보통교부세와 유사하고 특정한 목적을 위해 사용되는 특정재원이 아니라 일반재원의 성격이 더 강하다고 할 수 있다.

ⓓ 부동산교부세 : 종합부동산세(국세) 세수 전액

지방교부세와 국고보조금의 비교

구 분	지방교부세	국고보조금
근 거	지방교부세법	보조금의 예산 및 관리에 관한 법

용 도	자치단체의 일반적인 재정수요(용도제한 없음.)
	① 보통교부세 : 용도지정금지(분권교부세를 제외한 교부세 총액의 96/100)
	  (재정력지수가 1이하인 자치단체 〈기준재정수요액-기준재정수입액〉) : 일반재원
	  * 재정력지수 : (기준재정수입액/기준재정수요액)
	② 특별교부세 : 특정재원(분권교부세를 제외한 교부세 총액의 4/100), 청사의 증축이나 재해복구 등 특정용도로서 특정재원 임
	③ 분권교부세 : 내국세 총액의 0.94%(국고보조사업이 지방으로 이양된 자치단체에 지급), 일반재원
	④ 부동산교부세 : 종합부동산세 전액(재정여건 등 고려 지급하는 것으로 일반재원)
		각 부처의 지방사업별 용도지정
		① 협의의 보조금 : 국가시책 장려
		② 위탁금 : 국가사무위탁 시
		③ 국고부담금 : 국가적 이해관계
		④ 행정수준유지

재 원	목적세를 제외한 내국세 총액(국세의 직접세와 간접세)의 일정비율(19.24%)	각 부처의 예산 중 일부 ① 예산편성 시에 재원 계상 ② 국가가 용도제한을 가함
기 능	재정의 형평화(수직적으로는 중앙과 지방간, 수평적으로는 지방간 재원격차 완화)	자원배분 기능
배분방식	자치단체의 재정부족액을 기준으로 포괄적으로 배분	국가목적 우선순위에 따라 배분
성 격	공유적 독립재원, 자주재원 성격	특정재원, 의존재원
지방부담	없음(정액보조), 무대응재원	있음(정률보조), 대응재원

* 지방교부세는 중앙과 지방 간 수직적 불균형 해소와 지방과 지방 간 수평적 불균형 해소라는 이중적 성격을 지닌다.
* 일반지원금(지방교부세)은 지방정부가 선호하고 특정지원금(국고보조금)은 중앙이 선호한다.

4. 지방재정자립도

(1) 지방재정자립도의 의의

재정자립도란 지방세수입과 세외수입의 합계액이 세입총액에서 점하는 비율을 말한다(지방자치법 제7조 제2항).

$$지방재정자립도 = \frac{자주재원(지방세+세외수입)-지방채}{일반회계수입} \times 100$$

* 지방재정의존도 의존재원/일반회계수입×100

(2) 우리나라 지방재정의 문제점과 개선방안

① 재정적 지위 : 지방재정은 국민총생산 및 정부 총지출에 대하여 상대적으로 낮은 비율을 차지하고 있으며, 국가와 지방 간 사무분담과 경비분담이 일치하지 않고 있다. 조세정책의 자주성 결여로 독자적인 과세권이 결여되어 있고, 지방재정보다는 국가재정 위주로 되어 있어 지방재정 위주로의 재편이 요구된다. 또한 소득과 소비에 따른 과세는 국세로 하고, 재산에 관련된 과세는 지방세로 하고 있어 지방재정이 본질적으로 취약할 수밖에 없다. 우리나라는 약 80 : 20으로 지방세의 비율이 취약하다.

② 의존재원의 문제점

㉠ 지방교부세(地方交付稅) : 경상비 지출의 대부분이 사용되고 있는데, 이에 대한 경상비 지출의 절감과 징세 노력에 따른 유인이 없어 지방예산이 낭비되고 있다. 또한 지방교부세율이 너무 낮고 지방교부세 제도의 취지와 상충되는 경우가 많다. 따라서 지방교부세율의 현실화와 지방교부세의 유인지향적 배분(경상비 절감률, 지방세징수률에 따른 차등 교부)이 필요하다.

ⓛ 국고보조금(國庫補助金) : 국가사업에 따른 국고보조는 일정비율을 지방정부가 부담해야 하기 때문에 지방정부의 높은 재정적 부담이 가중된다. 지나치게 세분화된 조건부 보조금이며, 낮은 보조율과 보조금 결정의 객관적 기준이 미흡하다. 또한 국고보조금은 특정지원금으로서 일반지원금(지방교부세)에 비해 용도가 지정되어 또 다른 지방정부의 통제수단이 되고 있으며, 지역불균형화의 심화로 이어진다. 일반적으로 지방은 일반지원금을 선호하고 중앙은 특별지원금을 선호하게 된다.

ⓒ 지방세제(地方稅制) : 지방세원이 빈약하고 세원의 지역적 격차(세원이 대부분 대도시에 편재)가 심하다. 불안정적·비탄력적 지방세원으로 인한 세수의 신장성이 국세에 비하여 미흡하고, 지방재정의 세외수입에의 의존도가 너무 높다. 또한 소득과세나 소비과세가 적고 자산과세가 많아 재정운영의 신축성이 저하되며, 획일적 세제와 과세자주권이 결여되어 있어 지역특성이 무시되고 지역경제의 특성을 살리기 어렵다. 이 밖에도 비과세·감면의 종류가 너무 많고 징수비용을 밑도는 개인균등할 주민세 등이 문제점으로 지적된다.

(3) 개선방안

① 지역경제력 배양, 지방세율 인상, ② 신세원의 발굴과 국세의 지방세 이양, ③ 세외수입 확충, ④ 수익자의 부담방법 확대

주요 지방재정지표

재정규모 (재정력)	자주재원 + 의존재원 + 지방채	지방재정자립도 등을 반영하지 못한다.
재정자립도	(지방세 + 세외수입) / 일반회계 총세입	자립도가 높다하여 재정이 건전하다 할 수 없다(재정규모, 세출의 질, 실질적 재정상태, 정부지원규모내역 알 수 없기 때문)
재정력 지수	기준재정수입액 / 기준재정수요액	지수가 클수록 재정력이 좋다.

✎ 대표유형문제 ··················

1. 최근 지방재정자립도를 높이기 위하여 국세의 일부를 지방세로 전환해야 한다는 여론이 높아지고 있는데, 전환할 경우에 나타날 수 있는 현상과 가장 거리가 먼 것은?

① 조세저항이 일어날 수 있다.　　　　② 지역 간 재정불균형이 심화될 수 있다.
③ 지방교부세 총액이 감소될 수 있다.　　④ 중앙과 지방과의 기능을 조정할 필요가 있다.

정답　①

해설　국세로 지방세로 전환한다고 하여 직접적으로 조세저항이 생기는 것은 아니다. 조세저항이란 새로운 새목을 신설하거나 세율을 인상할 때 나타난다. ②의 경우 세원이 고루 분포되지 않을 경우 지역간 재정불균형이 심화될 수 있고, ③의 경우 지방교부세는 내국세총액의 일정비율을 재원으로 하기 때문에 지방교부세 총액이 감소될 수 있

다. ④의 경우 재원과 기능은 일치되어야 하므로 국세와 지방세간 세원 조정이 이루어지면 이에 따라 중앙과 지방과의 기능을 조정할 필요가 있다.

2. 지방재정에 관한 설명으로 옳은 것은?

① 지방채는 세대 간 부담의 형평성 제고에 도움이 된다.
② 기준재정수요액이 높을수록 재정력지수가 높다.
③ 국고보조금의 배정은 중앙정부에 재량권이 없다.
④ 재정자립도가 높을수록 지방재정이 건전하다.

정답 ①

해설 ①의 경우 지방채는 수익자 부담주의에 의하므로 세대간·이용자간 부담의 형평성 제고에 도움을 준다는 것이 일반적인 견해이다. ②의 경우 재정력 지수란 기준재정수입액/기준재정수요액이므로 기준재정수요액이 높을수록 재정력지수가 낮아지며 ③의 경우 보조금은 사무의 성격에 따라 중앙정부가 비율을 결정한다. ④의 경우 지방재정자립도란 일반회계 총 세입에 대한 자주재원 비율을 의미하는 것으로 지방정부의 건전재정파악에 일부 활용되기도 하지만 지방재정자립도로는 지방재정의 건전성을 정확하게 파악할 수 없다는 것이 지배적 의견이다. 특별회계를 포함한 재정상황전체를 파악할 수 없고 지출 중 투자비가 차지하는 비율 즉, 세출구조의 건전성을 알려주지 못하기 때문이다.(최봉기 지방자치론 p.433) 건전재정 여부는 재정력지수, 재정자립도, 재정규모, 세출구조의 건전성 등을 종합적으로 고려하여 판단해야 한다. ⑤의 경우 지방세도 법률(지방세법)에 세목과 세율이 규정되어 있다.

3. 지방교부세제도에 관한 설명 중 옳지 않은 것은?

① 지방자치단체 간 재정수입의 불균형을 완화하기 위한 제도이다.
② 특별교부세는 행정·재정운영 실적이 우수할 경우 지급될 수 있다.
③ 분권교부세는 특정목적의 재원으로 운영된다.
④ 보통교부세는 일반재원의 성격을 갖는다.

정답 ③

해설 분권교부세는 교부받기 전까지는 엄격한 기준을 적용하지만 일단 교부 한 이후에는 통제를 하지 않는 일반재원이다. 분권교부세는 국고보조사업이 지방으로 이양된 자치단체에 지급하는 일반재원이고 재해복구, 재정우수 자치단체 등에 교부하는 특별교부세가 특정재원에 해당된다.

4. 지방교부세에 대한 설명으로 옳은 것은?

① 지방교부세의 재원은 내국세 총액의 19.24%이다.
② 지방교부세는 모두 일반재원의 성격을 가지고 있다.
③ 보통교부세를 교부받지 못하는 지방자치단체는 분권교부세를 교부받을 수 없다.
④ 국고보조사업을 이양 받지 않은 지방자치단체는 분권교부세를 교부받을 수 없다.

정답 ④

해설 이 문제는 ①번을 실수로 답을 할 가능성이 있다. 지방교부세의 재원은 내국세 총액의 19.24%와 종합부동산세 전액을 재원으로 한다. 부동산교부세를 제외할 경우 내국세총액의 19.24%가 되지만 교부세 전체재원은 내국세 총액의 19.24%와 종합부동산세 전액이 재원이 된다. ②의 경우 특별교부세는 특정재원으로서 청사의 증축이나 개축 등 재해복구에 쓰여지며, 용도를 제한하여 교부할 수 있다. ③ 보통교부세를 교부받지 못한 자치단체도 분권교부세를 교부받고 있으며, 이를 분권교부세의 문제점으로 보는 학자도 있다(손희준). 또한 보통교부세와 상관없이 특별교부세를 교부받을 수 있다는 점도 알아 두어야 한다.

* **지방교부세의 종류**
    (1) 보통교부세(재정력지수가 1 이하인 자치단체 〈기준재정수요액-기준재정수입액〉) : 일반재원
* **재정력지수 :** (기준재정수입액/기준재정수요액)
    (2) 특별교부세(재해복구 등 특정용도) : 특정재원
    (3) 분권교부세(국고보조사업이 지방으로 이양된 자치단체에 지급) : 일반재원
    (4) 부동산교부세(재정여건 등 고려 지급 〈종합부동산세 전액이 재원〉) : 일반재원

5. 2012년 현재 보통교부세의 산정에 필요하지 않은 것은?

① 부동산 교부세액   ② 기준재정수요액

③ 기준재정수입   ④ 관계 내국세 총액

정답 ①

해설 부동산교부세액은 보통교부세액의 산정과는 무관하다. 보통교부세액은 목적세를 제외한 내국세총액의 19.24% 중 분권교부세 재원을 제외한 금액의 96%가 재원이 되며(④), 기준재정수요액(②)에서 기준재정수입액(③)을 공제한 다음 자치단체별 수요 또는 수입 자체노력정도(지방세 징수실적, 경상경비 절감실적, 새로운 세원발굴 실적 등 인센티브)를 고려하여 산정된 조정률(⑤)에 의하여 가감·산정한다.

제01편
제02편
제03편
제04편
제05편
제06편
제07편

제 **03** 장

지방자치단체

01 지방자치단체의 이론적 접근

지방자치단체의 종류

보통지방자치단체	우리나라 : 특별시·광역시·도·특별자치도, 시·군 및 자치구 일본 : 都·道·府·縣·市·町·村 영국 : County, District 프랑스 : Region, Department, Commune 독일 : 군(Kreis), 읍, 면(Gemeinde) 미국 : 군(County), 시·읍·면(Municipality, Town, Township)
특별지방자치단체	우리나라 : 지방자치단체조합 프랑스 : 시·읍·면조합, 특별구, 도시공동체 등 독일 : 시·읍·면연합 등 미국 : 특별구(교육구·위생구·소방구·급수구) 등 일본 : 특별구, 지방공공단체조합 등

지방자치단체의 계층구조

1. 계층제별 채택국가

(1) 2층제 : 한국(지방자치법 제2조 제1항에서 2층제를 규정), 독일, 미국, 일본 등

(2) 3층제 : 프랑스, 이탈리아, 벨기에, 그리스, 레바논, 튀니지, 수단, 말레이지아, 이란, 태국 등

(3) 4층제 : 포르투갈, 인도, 터키, 페루 등

(4) 5층제 : 콜롬비아, 이디오피아 등

제04편

📝 대표유형문제

1. 지방자치단체의 계층구조 중 단층제의 장점이 아닌 것은?

① 행정의 신속성   ② 낭비제거 및 능률 증진
③ 지역의 특수성과 개별성 존중   ④ 국가의 감독기능 유지

정답 ④

해설 지방자치단체의 계층구조로는 단층제와 중층제가 있다. 단층제는 계층의 수가 적어 신속한 행정이 가능하며, 낭비가 적고 능률이 증진된다. 자치권과 지역적 특수성이 존중되는 장점이 있다. 이에 비해서 중층제는 계층 간 업무분업이 이루어질 수 있고, 국가의 감독기능이 유지될 수 있다.

2. 우리나라 지방자치제도의 계층구조의 문제점이 아닌 것은?

① 시-도, 시-군간 협력 행정이 미흡하여 갈등을 증대시킨다.
② 도와 시-군간 엄격한 기능분리로 인해 행정의 비효율성이 발생한다.
③ 시-군-구에 대한 시-도의 통제기능으로 인해 갈등이 발생한다.
④ 동일 지역 내 행정기관의 난립으로 인해 책임성의 확보가 어렵다
⑤ 다층 구조로 인해 행정비용이 증대되고 의사전달 왜곡이 발생한다.

정답 ②

해설 우리나라는 예시적 포괄주의 방식을 취하고 있어 국가와 지방자치단체 간, 광역과 기초 간, 단체위임사무와 고유사무 간 기능배분이 모호하다. 특히 광역과 기초간의 사무배분기준이 대통령령으로 위임되어 있어 법정구분이 안되어 있다는 점도 문제이다. 따라서 도와 시·군간 기능배분이 모호하기때문에 비효율성이 발생하는 것이다.

3. 지방자치단체의 계층구조에 대한 설명으로 옳지 않은 것은?

① 계층구조는 각 국가의 정치형태, 면적, 인구 등에 따라 다양한 형태를 갖는다.
② 중층제에서는 단층제에서보다 기초자치단체와 중앙정부의 의사소통이 원활하지 못할 수 있다.
③ 단층제는 중층제보다 중복행정으로 인한 행정지연의 낭비를 줄일 수 있다.
④ 중층제는 단층제보다 행정책임을 보다 명확하게 할 수 있다.

정답 ④

해설 다층제 또는 중층제는 단층제에 비하여 계층이 많으므로 행정책임이 명확하지 않다. 단층제의 장단점과 중층제의 장단점은 다음과 같다.

---

02 | 지방자치단체의 자치권

🔹 자치권의 의의

1. 자치권의 본질

(1) 고유권설 : 국가로부터 주어진 것이 아니라 천부적으로 자치단체에 주어진 국가 이전의 권리라는 설로 중세 유럽의 도시제도와 프랑스의 지방권 사상의 기초 위에 대두되었다.

(2) 전래권설·국권설 : 자치권도 국법에 근거를 두고 있으며, 자치단체는 국가의 창조물이고 자치권은 국가로부터 수여된 권력이라고 파악하는 설로서 독일의 공법학자들이 주장하였다.

(3) 제도적 보장설 : Carl Schmitt에 의해 확립되었고, 바이마르헌법을 근거로 하며, 자치권이 제도적으로 보장되는 오늘날의 다수설 및 통설적 입장이다.

2. 자치권의 내용

(1) 자치입법권 : 법령이 범위 내에서 지방의회의 의결로 정하는 '조례'와 집행기관이 법령 또는 조례의 범위 내에서 제정하는 '규칙'이 있다.

(2) 자치행정권 : 지방자치단체가 원칙적으로 중앙정부의 간섭을 받지 아니하고 자기사무를 자주적으로 처리하는 권능이다.

(3) 자치조직권 : 자치단체가 자치단체의 조직을 자주적으로 정하는 권능으로 영·미에서 대폭 인정된다.

(4) 자치재정권 : 자치단체가 필요로 하는 자금을 자주적으로 조달하고 그 자유로운 의사와 판단에 의해 이를 사용할 수 있는 권능이다.

🌰 자치입법권

1. 조례

(1) 일반적으로 조례로서 규정해야 할 사항

① 주민의 권리제한·의무부과에 관한 사항(地自法 제15조)

② 지방의회의 의결을 거침으로써 민의를 반영시킬 필요가 있는 사항(地自法 제14조 제4항)

③ 법령에 의하여 조례로 규정하도록 위임된 사항

(2) 조례의 제정절차

① 발의(發議) : 지방자치단체장, 지방의회의원 1/5 이상 또는 10인 이상의 연서로 발의한다.

② 의결(議決) : 재적의원 과반수 이상의 출석과 출석의원 과반수 이상의 찬성(地自法 제56조)으로 의결, 가부동수일 때는 부결처리한다.

③ 이송(移送) : 지방의회의장은 의결된 날로부터 5일 이내에 지방자치단체장에게 이송한다.

④ 공포(公布) : 지방자치단체장은 조례안을 이송받은 때에는 이의가 없으면 20일 이내에 이를 공포하여야 한다.

⑤ 재의요구(再議要求) : 법령에 위반되거나 공익을 현저히 저해한다고 판단될 때에는 시·도 조례안에 대하여는 주무부장관이, 시·군·자치구 조례안에 대하여는 시·도지사가 재의를 요구할 수 있고, 재의요구를 받은 지방자치단체장은 지방의회에 이유를 붙여 재의요구를 한다(의결 후 20일 이내, 일부·수정재의 불가).

⑥ 재의결(再議決) : 지방의회가 재적의원 과반수의 출석과 출석의원 2/3 이상의 찬성으로 의결을 하면 확정된다.

⑦ 재의결 공포 : 재의결 후 5일 이내에 자치단체장이 공포하며, 자치단체장이 공포거부 시 의회의장이 공포할 수 있다.

⑧ 소제기(訴提起) : 재의결 후 20일 이내에 할 수 있으며, 재의결 내용이 법령에 위반된다고 판단 시 자치단체장이나 행정자치부장관은 정지결정 신청도 가능하다.

⑨ 효력(效力)발생 : 특별한 규정이 없는 한 공포한 날로부터 20일 후 효력이 발생한다.

(3) 조례에 대한 제한

① 법령의 규정에 저촉되어서는 안 된다. 반드시 법령의 규정에 명백하게 위임을 받은 범위 내에서를 의미하지는 않지만, 주민의 권리제한·의무부과에 관한 사항이나 벌칙을 규정할 때에는 법률의 위임이 있어야 한다(地自法 제15조 단서).

② 기관위임사무는 제외된다.

③ 시·군·자치구의 조례는 시·도 등 상급자치단체의 조례나 규칙에 위배해서는 안 된다(地自法 제17조).

(4) 주민조례개폐청구제도(1999. 1. 1)

당해 지방자치단체의 조례로 정하는 19세 이상의 주민 수 이상의 연서로 당해 지방자치단체의 장에게 조례의 제정이나 개폐를 청구할 수 있다.

① 50만 이상 대도시 : 19세 이상 주민 총수의 100분의 1이상 70분의 1이하

② 시·군 및 자치구 : 19세 이상 주민 총수의 50분의 1이상 20분의 1이하

다만, 다음 각 호의 사항은 청구대상에서 제외한다.

㉠ 법령을 위반하는 사항

㉡ 지방세·사용료·수수료·부담금의 부과·징수 또는 감면에 관한 사항

㉢ 행정기구의 설치·변경에 관한 사항 또는 공공시설의 설치를 반대하는 사항

2. 규칙(規則)

(1) 규칙의 규정사항

① 자치사무, 위임사무, 기관위임사무를 불문하고 자치단체장의 권한에 속하는 모든 사항에 관하여 제정할 수 있다. 그러나 규칙으로는 벌칙을 제정하지 못한다.

② 조례에는 법령 또는 조례의 위임에 의하여 제정하는 위임규칙이 있고(地自法 제102조 제1항, 제103조), 법령의 범위 내에서 직권에 의하여 제정하는 직권규칙이 있다.

(2) 규칙에 대한 제한

① 규칙은 벌칙을 제정하지 못한다.

② 규칙은 새로운 입법사항에 관하여 법령 또는 조례의 위임이 있어야 한다(地自法 제16조). 즉, 규칙은 상위법령 또는 조례의 개별적·구체적 위임이 있는 사항에 관해서만 규정할 수 있으며, 상위법령에 위반할 수 없다.

3. 조례와 규칙의 관계

일반적 의미의 형식적 효력상 우열은 없으며 대등하다(법학에서는 조례가 상위법, 우월한 지위를 갖는 것으로 인식). 다만, 다음과 같은 예외가 있다.

(1) 규율사항의 구분이 명백하지 않을 때에는 어느 것으로 규율해도 무방하나, 양자의 내용 간에 모순이 있을 때에는 조례가 우선한다.

(2) 조례로 규정할 사항에 대해서 조례가 그 세부사항을 규칙으로 정하도록 위임할 수 있으며, 이 위임사항에 관하여는 조례가 당연히 우선한다.

(3) 주민의 권리를 제한하거나, 주민에게 재정적 부담을 과하거나 공공시설을 설치하는 사항은 조례로서 규정할 사항이고, 지방자치단체 집행기관의 직제나 지방자치단체장의 전속사항이나 기관위임사무의 처리에 관한 것은 규칙으로 규정할 사항이다.

조례와 규칙의 비교

구 분	조 례	규 칙
제 정	지방의회	지방자치단체장
사 무	자치사무+단체위임사무 규정	기관위임사무까지 규정
범 위	법률의 범위 내에서 제정	법률이나 시·도의 조례나 규칙에 위반해서는 안 됨
벌 칙	규정 가능	규정 못함.
상호관계	양자의 내용에 모순이 있을시 우선, 위임사항, 재정적 부담 ⇨ 조례 우선	규정이 명백하지 않을 때 어느 것으로(조례, 규칙) 규율해도 무방

제01편

제02편

제03편

제04편

제05편

제07편

대표유형문제 ··

다음 중 조례제정권에 관한 설명으로 틀린 것은?

① 법령에 위반되면 안 된다.

② 국민의 권리의무에 관계된 조례를 정할 시 법률의 위임이 있어야 한다.

③ 처벌조례제정 시 정부의 위임이 있어야 한다(벌칙 제정에는 법률위임이 있어야 한다).

④ 기관위임사무는 모두 조례로 정할 수 있다.

정답 ④

해설 기관위임사무는 기본적으로 국가의 사무로서, 국가가 지방자치단체장에게 위임한 사무이다. 즉, 기관위임사무는 지방자치단체의 사무가 아니라 지방자치단체장의 사무이기 때문에 지방자치단체장의 권한인 규칙만이 제정될 수 있다. 조례는 지방자치단체의 사무인 고유사무와 단체위임사무에 관하여 제정이 가능하고, 기관위임사무에 대해서는 제정이 불가능하다. 만약 제정하였다고 하더라도 무효이다.

··

03 │ 지방자치단체의 정부형태

우리나라 정부조직 체계

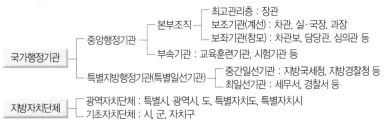

- 소속기관 : 중앙행정기관의 부속기관과 특별지방행정기관 모두를 포함한 의미
- 특별지방자치단체 : 광역자치단체와 기초자치단체가 보통자치단체라면, 특별지방자치단체는 광역적인 업무를 수행하는 자치단체조합 등을 의미하며 특별일선기관과는 다름.

정부의 형태

1. 기관통합형

(1) 기관통합형의 개념

기관통합형은 지방의회를 중심으로 의결기능과 집행기능이 통합된 형태로 권력통합형 정치구조의 형태이다. 통합형의 대표적인 예로 영국의 의회형과 미국에서 채택되고 있는 위원회형을 들 수 있다.

(2) 기관통합형의 유형

① 의회형 : 자치단체의 의사결정과 집행기능을 모두 의회가 수행하는 형태로 의회와 대립되

는 집행기관은 없다. 자치단체의 대표는 의회 의장이 되고 시장으로서의 기능을 수행하게 된다. 규모가 작은 기초자치단체는 위원회를 두지 않고 사무를 직접 수행하는 경우도 있으나 대개 상임위원회별 업무분담과 사무국을 두고 있다. 현재 영국 외에 캐나다, 호주 등에서 채택되어 시행되고 있다.

② 위원회형 : 지방자치단체의 의결 및 집행사무를 모두 소수의원으로 구성된 위원회에 집중시키는 기관구성형태이다. 의회를 위원회로 부르고 3~7명의 위원이 주민 선출에 의해 의결기구를 구성하며, 각 의원이 업무를 분담하여 수행한다. 이 제도는 미국의 소규모 자치단체에서 시행되고 있다.

③ 기관통합형의 장점
  ㉠ 기관통합형은 지방행정의 권한과 책임을 주민의 대의기관에 집중시킴으로써 민주정치와 책임행정에 적합하다.
  ㉡ 의결기관과 집행기관의 대립이 없어져 지방행정이 안정적으로 수행될 수 있어 능률성을 확보할 수 있다.
  ㉢ 다수의원의 의사에 따라 결정과 집행이 이루어지므로 신중하고 공정한 자치행정이 가능하다.
  ㉣ 의결·집행기관이 단일화 되어 있기 때문에 정책효과의 극대화를 도모할 수 있다.
  ㉤ 소규모조직인 자치단체에 유리하며, 예산절감 및 탄력적인 행정집행이 가능하다.
  ㉥ 미국의 위원회형은 소속의원의 분담집행제로 경제적인 점도 있다.

④ 기관통합형의 단점
  ㉠ 행정집행을 총괄할 단일의 지도자·책임자가 없어 종합성과 통일성에 문제가 있다.
  ㉡ 행정집행에 견제와 균형을 이룰 수 없어 권력남용의 우려가 있다.
  ㉢ 행정집행이 정치와 밀접히 연관됨으로써 독자성과 전문성을 상실(민선의원이 맡음으로 인해)할 우려가 있다.
  ㉣ 지방행정에 정치적 요인이 개입될 우려가 있다.
  ㉤ 소수로 구성된 위원회형(5인)의 경우 대도시의 다양한 이익집단과 각계각층의 이해를 대표하기에는 부적합하다.

2. 기관대립형

(1) 집행기관 직선형
① 미국의 시장 - 의회형 : 집행기관인 시장과 의회를 분립시키고 이들을 주민이 직접 선거하는 방식

         ⊙ 약시장-의회형 : 시장의 지위가 매우 약한 초기 미국 지방정부 형태

         ⓒ 강시장-의회형 : 시장의 지위가 강하고 의회기능이 약함

         ⓒ 강시장-총괄관리관형 : 시장이 모든 분야를 총괄하는 형태

   ② 독일의 집행기관장-의회형 : 독일의 일부 주

   ③ 일본의 집행기관장-의회형 : 일본의 도·도·부·현과 시·정·촌에서 집행기관장을 주민이 직선하는 방식

      * 우리나라의 경우 기관대립형 중에서도 강시장-의회형이라 할 수 있다.

(2) 집행기관 간선형

(3) 중앙정부에 의한 집행기관임명형

(4) 지방의회에 의한 집행기관임명형 : 의회-관리관형(시의회-시지배인제)

3. 절충형(의회 - 집행위원회형)

    참사회형이라고도 하며 의결기관과 집행기관과는 별도로 제3원의 의결기관을 두는 방식으로 스웨덴, 노르웨이, 덴마크, 오스트리아, 이탈리아, 캐나다의 지방자치단체 집행위원회 등이 있다.

4. 주민총회형

(1) 인구규모가 적은 지역에서 선거권을 가진 주민 또는 대표가 연 1~2회 총회를 개최하여 도시의 정책과 예산을 결정하고 공무원을 선출하는 제도이다.

(2) 도시규모가 적고 주민이 소수일 때 가능한 제도이다.

(3) 현재 감소추세이며, 스위스의 지방자치단체, 일본의 町·村총회, 미국의 Town Meeting, 뉴잉글랜드 등 6개주에서 일부 채택하고 있다.

✎ **대표유형문제** ··

1. 지방자치단체의 기관구성형태 중 기관통합형의 특징이 아닌 것은?

① 견제와 균형에 유리하다.

② 기관통합형 중 특히 위원회형은 소규모의 지방자치단체에 적합하다.

③ 지방행정의 권한과 책임이 의회에 집중된다.

④ 정책결정과 집행의 유기적 관련성을 제고시킨다.

정답 ①

해설 기관통합형은 지방의회를 중심으로 의결기능과 집행기능이 통합된 형태로 권력통합형 정치구조의 형태이다. 견제와 균형의 원리에 유리한 것은 기관대립형이다.

제01편

제02편

제03편

제04편

제05편

제06편

제07편

2. 지방자치단체 기관구성형태의 하나인 기관분립형에 대한 설명으로 적절하지 않은 것은?

① 기관통합형에 비해 집행기관 구성에서 주민의 대표성을 확보할 수 있으나, 행정의 전문성이 결여될 수 있다.

② 의결기관과 집행기관간의 견제와 균형의 원리에 의해 권력의 남용을 방지하고, 비판감시 기능을 할 수 있다.

③ 지방의회와 지방자치단체의 장을 주민이 직선함으로써 지방행정에 대한 주민통제가 보다 용이하다.

④ 기관통합형에 비해 행정부서간 분파주의를 배제하는 데 유리하다.

정 답 ①

해 설 ①은 기관통합형에 대한 설명이다. 기관대립형이란 권력분립주의에 입각하여 의사결정을 담당하는 지방의회와 집행기능을 담당하는 집행기관을 서로 분리시켜, 견제와 균형에 의하여 자치행정을 수행하는 방식이다.

---

04 | 집행기관과 지방의회

🌀 집행기관

1. 지방자치단체장

(1) 사무의 위임 등

① 지방자치단체의 장은 조례 또는 규칙이 정하는 바에 의하여 그 권한에 속하는 사무의 일부를 보조기관, 소속행정기관 또는 하부행정기관에 위임할 수 있다.

② 지방자치단체의 장은 조례 또는 규칙이 정하는 바에 의하여 그 권한에 속하는 사무의 일부를 관할지방자치단체나 공공단체 또는 그 기관(사무소·출장소를 포함한다)에 위임 또는 위탁할 수 있다.

③ 지방자치단체의 장은 조례 또는 규칙이 정하는 바에 의하여 그 권한에 속하는 사무 중 조사·검사·검정·관리업무 등 주민의 권리·의무와 직접 관련되지 아니하는 사무를 법인·단체 또는 그 기관이나 개인에게 위탁할 수 있다.

④ 지방자치단체의 장이 위임 또는 위탁받은 사무의 일부를 위의 ①항 내지 ③항의 규정에 의하여 다시 위임 또는 위탁하는 경우에는 미리 당해 사무를 위임 또는 위탁한 기관의 장의 승인을 얻어야 한다.

(2) 지방의회의 의결에 대한 재의요구와 제소

① 지방자치단체의 장은 지방의회의 의결이 월권 또는 법령에 위반되거나 공익을 현저히 해한

다고 인정되는 때에는 그 의결사항을 이송받은 날부터 20일 이내에 이유를 붙여 재의를 요구할 수 있다.

② 위의 ①항의 요구에 대하여 재의의 결과 재적의원 과반수의 출석과 출석의원 3분의 2이상의 찬성으로 전과 같은 의결을 하면 그 의결사항은 확정된다.

③ 지방자치단체의 장은 위의 ②항의 규정에 의하여 재의결된 사항이 법령에 위반된다고 인정되는 때에는 대법원에 소를 제기할 수 있다.

(3) 예산상 집행 불가능한 의결의 재의요구

① 지방자치단체의 장은 지방의회의 의결이 예산상 집행할 수 없는 경비가 포함되어 있다고 인정되는 때에는 그 의결사항을 이송받은 날부터 20일 이내에 이유를 붙여 재의를 요구할 수 있다.

② 지방의회가 아래 경비를 삭감하는 의결을 한 때에도 위의 ①항과 같다.

   ㉠ 법령에 의하여 지방자치단체에서 의무적으로 부담하여야 할 경비

   ㉡ 비상재해로 인한 시설의 응급복구를 위하여 필요한 경비

(4) 지방자치단체장의 선결처분

① 지방자치단체의 장은 지방의회가 성립되지 아니한 때(의원의 구속 등의 사유로 제56조의 규정에 의한 의결정족수에 미달하게 된 때를 말한다)와 지방의회의 의결사항 중 주민의 생명과 재산보호를 위하여 긴급하게 필요한 사항으로서 지방의회를 소집할 시간적 여유가 없거나 지방의회에서 의결이 지체되어 의결되지 아니한 때에는 선결처분할 수 있다.

② 위의 ①항의 규정에 의한 선결처분은 지체 없이 지방의회에 보고하여 승인을 얻어야 한다.

③ 지방의회에서 위의 ②항의 승인을 얻지 못한 때에는 그 선결처분은 그때부터 효력을 상실한다.

④ 지방자치단체의 장은 위의 ②항 및 ③항에 관한 사항을 지체 없이 공고하여야 한다.

(5) 자치단체장의 지위와 권한

지 위	① 자치단체장의 임기는 4년이며, 계속 재임은 3기에 한한다. ② 자치단체장 선거에서 중앙정당의 공천이 허용된다.	
권 한	① 지방자치단체의 사무통할권·대표권 ② 사무의 관리·집행권 ③ 소속 직원 및 하급 자치단체의 지도·감독권	
	④ 규칙제정권	⑤ 기관·시설의 설치권
	⑥ 임면권	⑦ 선결처분권과 재의요구권
	⑧ 자치단체의 중앙기획기관으로서 당해 지방정부의 기획활동을 조정하고 자치단체의 토지이용, 도시정비 및 재개발을 포괄하는 종합계획을 입안·시행하는 권한	

2. 자치단체의 기관

(1) 보조기관 : 부단체장(부지사, 부시장, 부군수, 부구청장)

(2) 소속행정기관

　① 직속기관(소방기관, 교육훈련기관, 보건진료기관, 시험연구기관, 중소기업지도기관)

　② 사업소, 출장소, 합의제 행정기관

(3) 하부행정기관 : 자치구가 아닌 구의 구청장, 읍·면·동장(행정동)

> **＊ 부단체장의 단체장 보조권한**
> 1. 권한대행 : 단체장의 궐위 시, 60일 이상 장기 입원 시, 구금 중인 경우, 차기단체장 입후보 시, 금고 이상 형의 선고 시
> 2. 직무대리 : 일시적인 휴가나 출장 시

3. 우리나라의 교육·학예집행기관 (지방자치단체장과 독립적인 권한을 보유하고 있음.)

(1) 5·16 이전의 부교육구 : 특별지방자치

(2) 1991년 '지방교육자치에 관한 법률' : 시·도 교육자치제 채택

(3) 교육위원회 : 특별시·광역시·도에 설치한다. 교육위원의 임기는 4년이고 의장·부의장은 각각 1인을 두며, 임기는 2년이다. 교육·학예에 관한 의결기관이다.

(4) 교육감 : 교육·학예에 관한 집행기관으로서 임기는 4년이며, 1차에 한해 중임가능하다. 교육위원회에서 무기명투표로 선출한다. 하급교육행정기관으로 1개 또는 2개 이상의 시·군 및 자치구는 교육청을 둘 수 있고 교육청에는 교육장을 둘 수 있다.

4. 특별기관

(1) 선거관리위원회 : 광역·기초자치단체에 지방자치단체의 선거사무를 관리·집행한다.

(2) 인사위원회 : 독립성을 가진 합의제기관이며, 위원은 5~7인 이하를 둔다. 준사법기관이며, 위원의 임기는 없고, 신분보장이 안 된다.

(3) 지방공무원 소청심사위원회 : 특별시·광역시·도에 설치, 위원회의 결정은 처분행정청을 기속, 위원은 7인, 준사법기관이다.

> ＊ 부단체장의 종류와 직급

부단체장의 종류와 직급

구 분	정 수	종 류	직종 및 직급	임 명
특별시	3인 이 내	행정부시장 (2인)	정무직 국가공무원	단체장 제청으로 대통령이 임명
		정무부시장 (1인)	정무직 지방공무원	단체장이 임명

광역시·도·특별 자치도	2인 이내	행정부시장(부지사)	일반직 국가공무원(고위공무원단)	단체장 제청으로 대통령이 임명
		정무부시장(부지사)	별정직 지방공무원(1급 상당)	단체장이 임명
시·군·자치구	1인	부시장, 부군수, 부구청장	일반직 지방공무원(2급~4급)	단체장이 임명

* 도교육청의 부교육감 – 국가직 공무원(고위공무원단)
* 지방의회 부의장 – 정무직 지방공무원

✎ **대표유형문제**

1. 지방의회의 의결에 대한 지방자치단체 장의 재의 요구 사유가 아닌 것은?

① 지방의회의 의결이 월권이거나 법령에 위반된다고 인정되는 경우

② 지방의회의 의결이 국제관계에서 맺은 국제교류업무 수행에 드는 경비를 축소한 경우

③ 지방의회의 의결이 예산상 집행 불가능한 경비를 포함하고 있다고 인정되는 경우

④ 지방의회의 의결이 비상재해로 인한 시설의 응급 복구를 위하여 필요한 경비를 축소한 경우

정답 ②

해설 국제관계에서 맺은 국제교류업무 수행에 드는 경비를 축소한 경우와는 무관하다. 재의요구는 지방의회의 의결이 월권 또는 법령에 위반되거나 공익을 현저히 해한다고 인정되는 때에 실시하는 것이다.

2. 현행 『지방자치법』상 지방자치단체의 장의 보조기관에 해당하는 것은?

① 부단체장   ② 사업소

③ 출장소   ④ 읍면동

정답 ①

해설 보조기관이란 행정기관의 의사결정이나 표시를 보조함으로써 기관의 목적 달성에 공헌하는 기관, 즉 기관장의 의사결정을 도와주는 기관으로 부단체장과 실·국·과장 등이 이에 해당한다. 사업소와 출장소는 소속기관이고 읍·면·동은 하부행정기관이다.

3. 우리나라 지방자치법(법률 제9577호)에서 지방자치단체장 및 보조기관에 대해 규정한 내용이 아닌 것은?

① 지방공무원의 정원은 인건비 등 행정안전부령으로 정하는 기준에 따라 그 지방자치단체의 조례로 정한다.

② 지방자치단체장은 지방의회의 의결이 지체될 경우 선결처분할 수 있다.

③ 지방자치단체장의 임기는 4년이며 재임은 3기에 한한다.

④ 금고 이상의 형을 선고받고 그 형이 확정되지 아니한 경우 지방자치단체장의 권한대행이 이루어진다.

⑤ 특별시의 부시장의 정수는 대통령령으로 정한다.

정답 ①

해설 ①은 행정부령이 아닌 '대통령령(지방자치단체의 행정기구와 정원에 관한 규정)'이 정하는 기준에 따라 지방자치단체의 조례로 정한다.

✔ 지방의회

1. 지방의회의 조직

(1) 지방의회의원의 지위와 보수

① 명예직 : 다수주의(대의회) 채택국가, 지방의회의원의 겸직이 널리 허용됨.

② 유급직 : 소수주의(소의회) 채택국가, 지방의회의원의 겸직이 제한됨.

(2) 각국의 지방의회의원의 임기

① 영국 : 4년

② 미국 : 일반적으로 4년이나 일부자치단체는 2·3·5년 등 다양

③ 프랑스 : 6년

④ 독일 : 4·5·6년 등 주(州)마다 다양

⑤ 우리나라 : 1956년 2차 개정 시 3년, 그 외는 모두 4년

(3) 지방의회의원의 정수기준

① 인구비례에 의해 의원정수를 정하는 방법[일본, 대만, 지자법 제정(1949) 당시의 우리나라]

② 행정구역을 기준으로 정하는 방법

③ 행정구역+인구비례를 기준으로 정하는 방법(현재 우리나라)

④ 자치단체별로 자율적으로 정하는 방법(미국, 영국)

(4) 의원정수의 다수주의와 소수주의

① 다수주의 : 영국과 유럽 제국(諸國), 공정하고 신중한 정책심의·결정, 주민이익의 대표에 유리, 자치행정의 민주화

② 소수주의 : 미국 등에서 채택, 유능한 의원선출, 능률적인 의회운영, 의회경비의 절감

(5) 지방의회의 내부조직

① 의장단 : 시·도의 경우 의장 1인 부의장 2인, 시·군 및 자치구의 경우 의장·부의장 각 1인, 임기는 2년, 무기명투표로 선출한다.

② 위원회 : 조례가 정하는 바에 의해 상임위원회(소관의안과 청원 등을 심사·처리)와 특별위원회(특정안건의 심사·처리)를 둔다.

③ 사무기구와 직원 : 시·도의회에는 사무처(처장·직원), 시·군 및 자치구의회에는 사무국·사무과를 설치한다.

지방자치단체장과 지방의회의원의 지위 비교

구 분	임 기	겸직금지 규정	정당참여	영리행위제한	연임제한	보 수
자치단체장	4년	있음	인정	있음	있음(3회)	유급직
지방의원	4년	있음	광역 : 인정, 기초 : 인정	없음	없음	유급직 (월정수당)

* 2006년 지방선거에서 기초의원선거구가 2~4인을 뽑는 중선거구로 바뀌면서 기초의원도 정당공천이 인정되었다.

2. 지방의회의원의 선거와 정당참여문제

(1) 참여정부의 지방선거제 주요 개편내용

2006. 5. 31에 치러진 제4대 지방선거는 2002년 제3대 지방선거와 비교하여 선거제도와 그 환경의 측면에서 많은 변화가 있었다.

① 정당공천제와 비례대표제의 도입 : 기초의원 정당공천 허용 및 비례대표제 도입

② 예비후보자등록제도의 도입 : 선거개시 60일전까지 예비후보자등록을 하고 선거운동을 할 수 있도록 함.

③ 기초의회 의원정수 축소와 중선거구제 도입 : 시·군·구의원의 정수를 20% 축소하였으며, 지역구의원의 경우 선거구별로 2~4인을 선출하는 중선거구제 도입

④ 선거연령 하향조정 : 만 20세 ⇨ 만 19세

⑤ 지방의원 유급제 : 회의수당 ⇨ 월정수당

⑥ 기탁금반환제도 : 기탁금은 후보자가 당선 또는 사망하거나, 개표결과 일정 수 이상 득표한 경우 기탁금 전액 또는 일부를 후보자에게 반환하는 제도

⑦ 선거공영제 강화 : 재보선 선거비용 지방정부 부담 등 선거비용 보전에서 선거공영제 강화

(2) 미국 : 자치단체에 따라 상이하나 정당참여를 배제하는 곳이 많음.

(3) 영국 : 정당참여 인정

(4) 프랑스 : 도의회 및 시·읍·면의회의원 선거에 참여 인정

(5) 일본 : 정당참여 인정, 시(市)·정(町)·촌(村)의회의 정당화율이 낮아 정당의 역할은 부진

3. 지방의회의 운영과 권한

(1) 회의운영의 원칙

① 회의공개의 원칙 : 지방의회의 회의는 공개해야 하나 의원 3인 이상의 발의와 출석의원 3분의 2 이상의 찬성이 있거나 의장이 사회의 안녕질서를 위하여 필요하다고 인정하는 경우에는 공개하지 아니할 수 있다(地自法 제57조).

② 회기계속의 원칙 : 지방의회에 제출된 의안은 회기 중에 의결되지 못한 이유로 폐기되지 아니한다. 다만, 의원의 임기가 만료되는 경우는 그러하지 아니하다(地自法 제59조).

③ 일사부재의(一事不再議)의 원칙 : 지방의회에서 부결된 의안은 같은 회기 중에 다시 발의 또는 제출할 수 없다(地自法 제60조).

④ 의사제척(議事除斥)의 원칙 : 지방의회의 의장이나 의원은 본인 또는 직계존비속과 직접 이해관계가 있는 안건에 대하여는 그 의사에 참여할 수 없다. 다만, 의회의 동의가 있는 때에는 의회에 출석하여 발언할 수 있다(地自法 제62조).

(2) 지방의회의 권한

① 의결권(地自法 제35조)

　　㉠ 조례의 제정 및 개폐 ㉡ 결산의 승인 ㉢ 기금의 설치·운용 ㉣ 중요 재산의 취득·처분

　　㉤ 예산의 심의 확정(시·도는 회계연도 개시 15일전 까지, 시·군 및 자치구는 10일전까지 의결)

　　㉥ 법령에 규정된 것을 제외한 사용료·수수료·분담금·지방세 또는 가입금의 부과와 징수

　　㉦ 공공시설의 설치·관리 및 처분

　　㉧ 법령과 조례에 규정된 것을 제외한 예산의 의무부담이나 권리의 포기

　　㉨ 청원의 수리와 처리

　　㉩ 기타 법령에 의하여 그 권한에 속하는 사항(지방세의 부과·징수·감면 및 도시계획의 의결 등)

　　㉪ 외국지방자치단체와의 교류협력에 관한 사항

② 행정사무감사 및 조사권 : 지방의회는 매년 1회 당해 자치단체의 사무에 대하여 시·도에 있어서는 14일, 시·군 및 자치구에 있어서는 9일의 각 범위 내에서 감사를 실시하고, 자치단체의 사무 중 특정안에 대하여는 본회의 의결로 본회의 또는 위원회로 하여금 조사하게 할 수 있다.

③ 선거권 : 지방의회는 법령이 정하는 바에 의하여 일정한 기관 또는 기관의 구성원에 대한 선거권을 갖는다.

④ 동의권 : 지방자치단체장과의 관계에서 가지는 권한으로 대부분 국가의 지방의회에서 인정하는 권한이다.

⑤ 청원수리권 : 지방의회에 청원을 하고자 하는 자는 지방의회의원의 소개를 얻어 청원서를 제출하여야 한다. 그러나 재판에 간섭하거나 법령에 위배되는 내용의 청원은 이를 수리하지 아니한다(地自法 제65조~제68조).

⑥ 자율권 : 지방의회는 그 의사와 내부사항을 집행기관이나 선거만을 포함한 외부세력의 관계없이 자율적으로 결정하고 운영할 수 있는 권한을 가진다. 자율권에는 내부조직권, 의회 규칙제정권, 개회·폐회·휴회, 회의의 공개금지, 의장단에 대한 불신임권, 의원의 신분에 관한 권한, 의원경찰권 등이 있다.

⑦ 의사표시권 : 지방자치단체를 폐치·분합하거나 그 명칭 또는 구역을 변경할 때는 지방의회의 의견을 들어야 한다(地自法 제4조 제2항).

* 위법한 지방의회의결에 대한 통제 강화 지방의회에 대한 재의요구지시를 행자부장관이 아닌 주무부장관이 하도록 하고 지방자치단체의 장이 법령위반을 이유로 재의요구지시를 받았음에도 불구하고 이에 불응할 경우 및 재의요구지시를 받기 전에 법령에 위반된 조례 안을 공포한 경우, 주무부장관 또는 시·도지사가 대법원에 직접 제소 및 집행정지결정을 신청할 수 있도록 하였다(2005. 1. 27).

4. 지방자치단체장과 지방의회의 상호관계

구 분	자치단체장이 지방의회에 대하여 갖는 권한	지방의회가 지방자치단체장에게 갖는 권한
일반적 (평상적) 견제관계	임시회 소집요구권, 의안발의권, 조례의 공포, 예산안의 편성, 제출 등을 통하여 의회와 관계를 가짐.	조례제정권, 예산의결권, 예산승인권, 행정사무조사 및 그 조사를 위한 현지 확인, 자치단체장의 출석증언, 의견진술, 서류제출의 요구, 행정사무처리상황에 대한 질문결산을 위한 회계검사위원의 설정 등
특수적 (비상적) 견제관계	의회의결에 대한 재의요구권 및 제소권, 선결처분권, 의회해산권(1949년 지방자치법제정당시부터 1958년 4차 개정 시까지 활용-2차 개정 시 삭제, 4차 개정 시 부할)	자치단체장에 대한 불신임의결(1949년 지방자치법제정당시부터 1958년 4차 개정 시까지 활용-2차 개정 시 삭제, 4차 개정 시 부할)

* 지방의회의 지방의회의장에 대한 불신임의결권은 인정

대표유형문제

우리나라의 지방자치에 관한 설명으로 옳은 것은? 2013. 행정사 기출

① 교육위원회는 시도의회와는 별도로 교육위원으로 구성되며, 교육위원 선거구 단위로 지방의원 선거와는 다르게 선출하여 구성한다.

② 기관위임사무는 국가가 사업비 일부를 보조하며, 지방의회의 통제를 받고 지방자치단체와 국가가 공동으로 책임진다.

③ 선결처분권은 지방자치단체장을 견제할 수 있는 지방의회의 강력한 권한이다.

④ 지방교부세는 지역 간 재정불균형을 시정하기 위해 지방자치단체에 국세 일부를 이전하는 것으로 일정한 조건과 용도를 지정한다.

⑤ 우리나라 특별자치도에는 지방자치단체인 시와 군을 둘 수 없으며, 행정시장을 도지사가 임명한다.

해설 우리나라 특별자치도는 제주특별자치도로서 지방자치단체인 시와 군을 둘 수 없으며, 행정시장을 도지사가 임명한다. 때문에 서귀포시와 제주시는 자치단체가 아니다. ① 교육위원회도 시도의회의 상임위원회로 구성되며, 지방위원의 선거구와 동일하게 선거구 단위로 구성된다. ②는 단체위임사무에 대한 설명이다. ③선결처분권은 비상시 지방의회의 소집이 어렵거나 소집된다 하더라도 시간적 여유가 없을 때 지방자치단체장이 실시하는 것이다. ④는 국고보조금에 대한 설명이다. 지방교부세는 수직적으로는 중앙과 재원불균형 문제와 수평적으로 지방간 재원불균형을 시정하기 위한 것으로서 부동산교부세를 제외한 내국세 총액의 19.24%를 교부한다.

2. 우리나라 지방의회 기능 또는 권한이 아닌 것은?

① 정책의 심의 및 결정　　　　② 예산안 의결　　　　③ 집행부 견제 및 감시

④ 조례제정　　　　　　　　　⑤ 선결처분

해설 선결처분이란 지방의회가 성립되지 아니하거나 의결이 지체될 때 일정한 사항에 대해서 의회의결전 미리 처분을 하는 것으로 이는 지방자치단체장의 권한이다.

3. 우리나라의 지방자치제도에 관한 설명으로 옳은 것은?

① 지방의회는 행정사무감사권 뿐만 아니라 조사권을 통해서도 지방자치단체를 감시하고 통제할 수 있다.

② 우리나라는 기관대립형을 채택하고 있기 때문에 의회의 지방자치단체장에 대한 불신임권이 인정되고 있다.

③ 지방의회의 모든 의사결정은 지방자치단체장이 공포해야 효력을 가질 수 있다.

④ 기관대립형의 자치 형태를 가지면서 의회의 지위가 강한 약시장형을 택하고 있다.

⑤ 주민투표는 안건이 발의된 지 20~30일 이내에 투표가 실시되며, 투표권자 1/5 이상의 투표와 유효투표수 과반수의 찬성으로 안건을 통과시키게 된다.

해설 지방의회가 지방자치단체를 행정사무감사권 뿐만 아니라 조사권을 통해서 행하는 것은 지방자치단체장에 대한 비상적관계이다. ①은 옳은 지문이다.

　② 우리나라의 지방정부형태는 중앙의 대통령중심제와 같이 의회와 단체장이 상호 견제와 균형을 유지하는 기관대립형이므로 의회의 단체장에 대한 불신임권이나 반대로 단체장의 의회해산권은 인정되지 않는다.

　③ 지방의회의 모든 의사결정이 단체장이 공포해야 효력을 발하는 것은 아니며, 단체장이 공포해야 효력을 발하는 것은 조례만 해당된다.

　④ 우리나라는 지방의회보다는 단체장의 권한이 강한 집행기관 중심의 기관대립형이므로 미국의 강시장형에 유사하다.

　⑤ 주민투표일은 투표발의일부터 20일 이상 30일 이하의 범위 안에서 단체장이 관할선거관리위원회와 협의하여 정하되, 주민투표는 투표권자 1/3 이상의 투표와 유효투표수 과반수의 찬성으로 의결된다. 1/3 이상이 투표하지 아니하면 개표를 하지 아니한다.

제 **5** 편

인사행정론

제 01 장

인사행정의 기초이론

01 인사행정의 기초

인사행정의 의의

1. 인사행정의 개념

(1) 인사행정이란 정부의 목적을 실현하기 위하여 정부조직에 필요한 인적 자원을 효율적으로 동원·관리하는 활동을 말한다.

(2) 유능한 인적 자원을 행정기관에서 선발·배치하고 그들의 능력발전을 계속적으로 도모하며, 개인과 조직의 목적을 조화시켜 정부조직의 목표를 최대한 실현하기 위한 인사사무이다.

2. 인사행정의 3대 변수와 과정

(1) 임 용(채용) : 시험, 모집, 배치 등

(2) 능력발전 : 전직·전보, 교육훈련, 근평, 파견 등

(3) 사기관리 : 고충관리, 인사상담, 연금, 신분보장, 공무원단체, 보수, 인간관계, 행정윤리 등

(4) 인사행정의 과정

공인구조의 형성		임 용		능력발전		동기부여		규범과 통제
·직무설계 ·공직구조의 형성	⇨	·모집 ·시험 ·임용	⇨	·교육훈련 ·근무성적 평정	⇨	·사기 ·보수 ·관리기법	⇨	·공무원단체 ·행동규범 ·징계

엽관주의와 실적주의(근대 이후)

1. 엽관주의(獵官主義, spoils system)

(1) 엽관주의의 의의

엽관주의란 관직의 임용이 정당에 대한 공헌도와 충성도에 따라 행해져야 한다는 것으로써 관직을 전리품(戰利品, spoils)으로 인식하여, 대통령선거에서 승리한 정당이 일방적으로 차지하는 제도이다.

(2) 엽관주의의 발달과정

① 미국에서는 제3대 Jefferson 대통령이 대통령 임명직의 1/4을 민주공화당원으로 교체하여 엽관주의의 기초를 마련하였다.

② 1821년 제6대 Monroe 대통령은 공직의 임기를 4년으로 하는 내용의 '임기 4년법'을 제정하였다.

③ 1829년 제7대 Jackson 대통령은 공직을 널리 개방함으로써 국민의 의사를 국정에 반영할 수 있다는 통치철학으로 공직경질제(公職更迭制)에 기초하여 엽관주의를 공식적으로 도입하였다. Jackson 대통령은 Marcy 의원의 '전리품은 승리자에 속한다.'라는 슬로건을 적극 활용하여 엽관주의 도입에 큰 영향을 미쳤다.

④ 엽관주의 인사행정이 가장 철저하게 시행된 때는 1845년 Folk 대통령으로부터 남북전쟁이 끝나는 1865년에 이르는 20년간이었으며, A. Lincoln 대통령은 가장 대대적으로 공직경질을 단행하였다.

⑤ 1865년을 정점으로 엽관주의는 점차 쇠퇴하여 실적주의의 수립운동이 전개되었다.

엽관주의와 정실주의의 비교

구 분	미국의 엽관주의	영국의 정실주의
기 준	정치성(당파성)	정치성 이외 학벌, 지연, 혈연 등
정권교체	대규모 경질	소규모 경질
공직보장	단기적 보장(임기 4년법 제정)	종신적 보장
발 달	1829년 Jackson 대통령 이후	1688년 명예혁명 이후, 초기에는 은혜적정실주의(국왕중심), 이후에는 정치적 정실주의(의회중심)

(3) 엽관주의의 발전요인

① 민주적 이념 : 공직은 동부 귀족들에게 독점화되어졌기 때문에 서부개척민의 지지로 정권을 획득한 Jackson 대통령은 공직을 대중에게 널리 개방하는 것이 민주적 이념에 합치되는 것이라고 판단하였다.

② 정당정치의 발전 : 정당원들의 공헌도, 충성심에 따라 공직을 분배하였다.

③ 공직의 민주화 : 공무원의 대량경질을 통해 시민의 공직참여의 기회가 확대되었다.

④ 행정의 단순화 : 행정업무를 단순하게 가정하고, 누구나 임무수행이 가능하다고 보았다. 당시의 엽관주의가 공식적인 인사관리로 채택될 수 있었던 것은 당시 사회·경제적 구조가 단순하면서도 안정적이었다는 점과 정당도 비교적 동질적이었고 행정업무도 단순하였다는 점 등을 들 수 있다.

⑤ 충성의 확보 : 공무원의 충성을 확보하고, 국민과 공약한 정치이념을 구현하였다.

⑥ 정당정치·권력분립제도와 관련성 : 미국의 독특한 선거제도의 운영과 동질적인 2대 정당의 존재, 고급공직자 임명 시 상원의 인준권 인정, 측근·참모진의 정치적 중용의 필요성으로 인하여 발전이 본격화되었다.

⑦ 민주정치의 발전 : 엽관주의는 민주화의 중요한 수단이 되었다.

⑧ 특수한 사회적·경제적 배경 : 미국의 근대화와 자본주의가 관료조직과 군대조직의 절대적인 지원 없이 발전할 수 있었던 특수한 사회적·경제적 환경요인 때문이기도 하다.

(4) 엽관주의의 장단점

① 장점

    ㉠ 공무원의 적극적인 충성심을 확보할 수 있다.

    ㉡ 공직경질을 통해 관료주의화(지나친 신분보장으로 관료집단이 특권집단화 되는 현상)와 관료제의 침체를 방지할 수 있다.

    ㉢ 한정된 관직을 만인에게 개방함으로써 보다 많은 사람에게 공직참여의 기회를 제공한다. 관직의 특권화 배제로 평등이념에 부합한다.

    ㉣ 관료에 대한 민중통제의 강화로 행정의 민주화가 가능하다.

    ㉤ 정당이념의 철저한 구현으로 정치와 행정의 일원성 확보와 정당정치를 구현할 수 있다. 따라서 의회와 정부 간의 조성활성화를 기할 수 있다.

    ㉥ 중대한 정책변동에의 대응이 유리하고 관리자의 양성이나 국정지도자의 정치적 리더십을 강화할 수 있으며, 자치단체장의 정책지향과 추진력 확보가 용이하다.

② 단점

  ㉠ 무능한 비전문가가 공직에 임명될 가능성이 있다.

  ㉡ 인사행정의 정실화로 행정능률이 저하, 부패와 낭비초래, 행정질서가 문란해진다.

  ㉢ 위인설관(爲人設官)에 의한 불필요한 관직남용은 국가예산의 낭비로 국민부담이 가중된다.

  ㉣ 공무원이 정당의 사병화로 전락되어 행정의 국민에 대한 무책임성이 조장되었다.

  ㉤ 매관매직(賣官賣職), 금권정치가 유행하고, 공무원은 국민보다 정당을 위해 봉사하게 되었다.

  ㉥ 정권교체시마다 대량의 공직경질은 행정의 안정성과 계속성을 저해하였다.

  ㉦ 능력과 자격 중심의 인사가 이루어지지 않아 공직의 기회균등에 위배되고 임용의 공정성을 상실하였다.

(5) 현대에서의 엽관주의 재평가

① 고위직은 책임자와 정치적 신념이 일치되고 감정적 융합이 이루어져야 하므로 실적주의와 함께 엽관주의의 가미가 필요하다.

② 선진국·후진국을 막론하고 실질적으로 정권교체시 고위직의 엽관주의 임명이 많이 요구된다.

③ 실적주의의 발달로 신분이 강력히 보장되는 새로운 관료제가 대두되어 이에 대한 민주적 통제의 필요성이 증대된다.

④ 발전도상국(신생국)에서는 정당정치의 미발달로 정국이 불안정하므로 정당정치의 육성·발전이 불가결하다.

⑤ 관직의 특권화와 침체화를 방지한다.

🖋 대표유형문제

엽관주의에서 나타날 수 있는 병폐와 가장 거리가 먼 것은?

① 국민요구에 대한 비대응성   ② 공무원 임명의 자의성

③ 정책의 비일관성   ④ 행정의 비능률성

정답 ①

해설 엽관주의는 한정된 관직을 만인에게 개방함으로써 보다 많은 사람에게 공직참여의 기회를 제공한다. 관직특권화의 배제로 평등이념에 부합되며, 정치적으로 승리한 정당이 공직을 구성하는 인사제도로서 정치적 민주주의나 책임성, 국민요구에 대한 대응성을 확보할 수 있다는 장점이 있다. 그러나 과학적이고 객관적인 인사기준이 없고 정권교체 시 대량경질로 인하여 행정의 안정성과 계속성이 저해되어서 행정의 비능률을 초래하게 된다. 인사행정의 정실화(자의성)로 부패와 낭비가 초래되고 정책의 비일관성(행정질서 문란)이 나타난다.

2. 실적주의(實績主義 : Merit system)

(1) 실적주의의 개념

① 공직임용기준을 당파성이나 정실, 혈연, 학벌, 지연 등이 아닌 개인의 능력, 자격, 성적에 두는 제도이다.

② 초기에는 엽관주의자들의 횡포방지를 견제하기 위한 소극적·정태적 성격이었으나 오늘날은 적극적·동태적 성격으로 변모되고 있다.

(2) 실적주의의 성립배경

① 엽관주의 폐해(행정의 일관성·안정성 저해, 관료의 정당사병화, 예산의 낭비와 부패·무질서 만연 등)를 극복하기 위해 요청되었다.

② 정당정치의 부패는 행정의 부패·비능률을 초래하여 능률적·중립적 인사행정의 요청, 실적주의 수립을 위한 공무원제도의 개혁운동이 전개되었다.

③ 자본주의의 비약적 발전, 행정국가의 등장, 전문적·기술적 능력을 갖춘 유능한 관료가 요구되었다.

(3) 실적주의의 수립과정

① 영국
　ㄱ 1853년 노스코트·트레빌리안 보고서의 발표와 1855년 추밀원령에 의한 미온적 공무원제도개혁의 추진으로 실적주의의 기반조성
　ㄴ 1870년 제2차 추밀원령의 제정으로 실적주의 확립
　ㄷ 제2차 추밀원령의 주요 내용
　　ⓐ 공개경쟁시험제도의 확립, ⓑ 계급의 분류, ⓒ 재무성의 인사권 강화 등
　ㄹ Fulton위원회는 1968년 Fulton보고서의 건의를 수용하여 공무원제도의 획기적인 개혁 단행 . 중앙인사기관으로서 인사성 신설

② 미국
　ㄱ 1868년에 Jenkes 의원의 공무원제도 개혁운동(Jenkes 법안)
　ㄴ 1871년 최초의 근대적 인사위원회인 그랜트위원회(Grant commission)의 구성 : 엽관주의를 혁파하기 위하여 제18대 대통령인 그랜트 대통령에 의해 설치된 공무원 인사관련 위원회
　ㄷ 1881년에 엽관운동의 실패자에 의해 Garfild 대통령이 암살되자 이를 계기로 본격화
　ㄹ 1881년에 Curtis 중심의 7인 '전국공무원제도개혁위원회' 설치 및 '전국공무원제도개혁연맹'

이 조직되어 전국적 규모로 확대, 또한 영국의 공무원제도를 연구한 Eaton 보고서의 영향

ⓜ 1883년 펜들턴에 의해 제안된 연방인사법인 펜들턴법의 제정으로 실적주의 정착

ⓗ 펜들턴법(Pendleton Act)의 주요 내용

    ⓐ 독립적·초당적 인사위원회의 설치   ⓑ 공개경쟁시험제도의 채택

    ⓒ 제대군인에 대한 특혜인정   ⓓ 정치헌금과 정치활동의 금지

    ⓔ 시보제도의 채택   ⓕ 최초의 정치적 중립보장 강조

    ⓢ 1938년 Brownlow위원회, 1939년 Hatch law, 1947년과 1953년 후버위원회, 1978년 공무원제도 개혁법 등

(4) 실적주의의 내용

① 공직에의 기회균등 : 공직은 모든 국민에게 개방(절대적 기회균등)되어 있다.

② 공개경쟁시험 : 능력·자격·실적 중심으로 하며, 정실이나 당파성은 배제된다. 이를 보장하기 위한 공개경쟁시험제도의 도입이 필요하다.

③ 중앙인사기관의 집권화 : 독립적인 인사행정을 위해서 독립된 중앙인사기구를 설치·운영함으로써 부당한 정치적 압력을 배제하고, 인사행정을 집권적으로 수행한다.

④ 정치적 중립 : 당파성을 떠나 전문적 지식·경험에 의하여 공평하게 처리되어야 한다.

⑤ 정치적 해고로부터 신분보장 : 공무원은 법령에 저촉되지 않는 한 일체의 신분상 불이익을 받지 않는다(상대적 신분보장).

⑥ 상대적 평등주의 : 각 개인의 능력에는 차이가 있음을 인정하는 인간의 상대적 평등주의에 입각한 인사제도

대표유형문제

실적주의 인사행정체제와 가장 관련성이 큰 것은?

① 정부관료제에 대한 정치통제의 강화   ② 공무원의 자질과 행정능률의 향상
③ 정부관료제 내에 다양한 국민의 대표   ④ 공무원의 일체감과 봉사정신의 강화

정답 ②

해설   실적주의는 임용기준을 당파성이나 정실 등이 아닌 개인의 능력(자질)과 자격, 성적에 기초를 두는 제도이다. 실적주의는 공개경쟁시험을 통해 행정능률의 향상과 공무원의 자질에 기여한다.

(5) 실적주의의 장단점

실적주의는 평등이념이나 기회균등에 이바지할 수 있다는 장점도 있지만 그 나름대로의 인사행정의 소극성과 경직성이라는 한계를 가지고 있는 바, 그 구체적 내용을 살펴보면 다음과 같다.

① 장점

    ㉠ 공직임용의 기회가 균등하게 보장되어 진정한 민주주의적 평등이념의 실현에 기여한다.

    ㉡ 공무원의 정치적 중립을 통해 공익의 대변자로서의 역할을 수행한다.

    ㉢ 공개경쟁시험을 통해 행정능률의 향상과 공무원의 자질향상에 기여한다.

    ㉣ 인사행정의 합리화·과학화·객관화를 추구한다.

    ㉤ 공무원의 신분보장을 통해 행정의 계속성, 직업적 안정성을 확보, 행정의 전문화 촉진, 직업공무원제 확립에 기여한다.

② 단점

    ㉠ 인사행정의 소극성, 반엽관주의적 성격을 지닌다.

    ㉡ 인사행정의 지나친 집권화(초당적인 인사기관 설치)를 초래한다.

    ㉢ 행정의 경직화·형식화 초래, 인간적 요인 경시, 능률성·합리성을 지나치게 강조한다.

    ㉣ 관료의 보수화와 특권화를 초래한다.

    ㉤ 정당정치 저해, 정치성과 가치지향성을 과소평가한다.

    ㉥ 행정의 민주적 통제가 곤란(행정의 대응성 및 책임성 확보 곤란)하다.

    ㉦ 효과적 정책수립·집행이 곤란(정치적 중립성을 정책중립성으로 잘못 인식)하다.

    ㉧ 행정관리적 측면이 소홀(행정책임자가 적재적소의 인사배치에 소홀)해진다.

    ㉨ 기득권계층의 옹호는 사회적으로 불합리한 지위에 있는 자에게 불리하다.

3. 실적주의와 엽관주의와의 조화

(1) 고위직은 행정수반 또는 조직책임자와 정치적 신념이 일치되어야 하므로 엽관주의적 요소의 가미가 요청된다.

(2) 실적주의 하에서 신분을 철저하게 보장받는 관료제에 대한 효율적·민주적 통제가 요청된다.

(3) 중요한 정책변동이 있을 때 새로운 정책의 강력한 추진을 위해 정실주의적·엽관주의적 임용이 요청된다.

(4) 정당정치가 미성숙한 개발도상국에 있어서 정당정치의 육성·발전을 위해 엽관주의적 요소가 필요하다.

엽관제와 실적제가 추구하는 가치

구 분	엽관주의	실적주의
기본적 가치	민주성과 형평성	민주성과 형평성
수단적 가치	정치적·정당적 대응성	능률성과 공무원 권익보호

엽관주의와 실적주의에 관한 설명으로 가장 옳은 것은?

① 엽관주의는 소수상위계층의 공직독점을 가져온다.

② 엽관주의와 실적주의는 모두 민주성과 형평성의 실현을 추구하였다.

③ 실적주의에서 공직 임용은 개인의 능력, 지식, 출신, 기술, 자격, 업적에 근거해야 한다.

④ 실적주의는 필연적으로 직업공무원제도를 동반한다.

정답 ②

해설 ②의 경우 엽관제와 실적주의가 추구하는 궁극적 가치는 모두 민주성과 형평성이었다. 엽관제의 경우 누구나 공직에 임용될 수 있도록 한정된 공직을 만인에게 개방해야한다는 정신을 강조하므로 그것은 민주성과 형평성을 이상으로 하는 제도이며, 실적제가 추구하는 기본적인 가치 또한 인사행정의 민주성과 형평성으로서 그 수단적 가치는 능률성과 공무원들의 권익보호이다.

◢ 적극적 인사행정

1. 적극적 인사행정의 개념

실적주의의 결함을 극복하고 실적주의 개념과 범위를 더욱 확대하여 엽관주의적 요소와 인간관계론적 요소를 신축성 있게 적용한 발전적 인사관리방식을 말한다.

2. 적극적 인사행정의 대두요인

(1) 실적주의의 결함 : 실적주의는 엽관주의의 폐해를 극복하기 위하여 당파성과 정실배제에 치중하여 소극성을 띠었고, 과학적·합리적 인사행정을 지나치게 강조하여 비용통성을 띠었으며, 중앙인사기관에 지나치게 인사권을 집중시킨 결과 실제 운영기관에 대한 실정을 소홀히 하게 되었다.

(2) 과학적 인사행정의 결함 : 과학적·합리적 인사관리로 공무원의 비인간화를 초래하게 되었고 이로 인해 인간관계론적 인사관리가 요청되었다.

3. 적극적 인사행정의 내용

(1) 적극적 모집, (2)재직자의 능력발전, (3) 정치적 임명, (4) 인사권의 분권화, (5) 공무원단체의 활동 허용, (6) 인간관리의 민주화, (7) 신공공관리론에 의한 개방형 인사(1980), (8) 고위공무원단제도(SES : Senior Executive Service), (9) 대표관료제

🪶 고위공무원단제도(高位公務員團制度, Senior Executive Service)

1. 고위공무원단의 의미

(1) 개념

'고위공무원단'이라 함은 직무의 곤란성과 책임도가 높은 다음 각 호의 직위에 임용되어 재직 중이거나 파견·휴직 등으로 인사관리되고 있는 일반직·별정직·계약직 및 특정직공무원의 군을 말한다.

① 정부조직법 제2조의 규정에 의한 중앙행정기관의 실장·국장 및 이에 상당하는 보좌기관

② 행정부 각급기관(감사원을 제외한다.)의 직위 중 실장·국장 및 이에 상당하는 보좌기관

③ 지방자치법 및 지방교육자치에 관한 법률에 의하여 국가공무원으로 보하는 지방자치단체 및 지방 교육행정기관의 직위 중 실장·국장 및 이에 상당하는 보좌기관(부지사·부교육감 등)

④ 그 밖에 다른 법령에서 고위공무원단에 속하는 공무원으로 임용할 수 있도록 정한 직위 (부지사, 부교육감등)

⑤ 운영 : 제청권자인 장관은 실·국장급 직위에 당해부처 소속공무원뿐 아니라 타 부처 소속 공무원도 제청 가능. 다만, 실국장급의 50% 이내의 직위에만 당해부처 소속공무원으로 제청가능하고, 30%는 '공모직위'로서 타부처에 개방해야 하며, 20%는 '개방형직위'로서 민간에게도 개방됨.

⑥ 보수 : 직무성과급적 연봉제

ㄱ 기본급(기본연봉) : 기준급과 직무급으로 구성되며, 직무급은 업무의 성질과 난이도에 따라 5등급(가, 나, 다, 라, 마)으로 구분 지급

ㄴ 성과급(성과연봉) : 근무성과에 따라 기본급의 10%범위 내에서 차등 지급

⑦ 신분 : 정치적 중립과 정년·신분은 보장하되 적격심사를 통한 신분보장 제한 가능

(2) 의의

이 제도는 고위공무원으로서 통합적 시야, 부처이기주의 극복, 개방성, 경쟁성, 성과, 책임성 강화, 정치적 대응성, 창조성과 리더십, 전문성 등을강조하는 인사제도로서 계급과 연공중심의 폐쇄적 인사제도를 성과중심의 개방체제로 바꾸고, 경쟁의 요소를 도입하기 위하여 직무와 성과의 차이에 따른 보상을 차등화함으로서 인사운영의 지속적 발전을 도모하기 위함이다.

2. 공무원의 계급(국가공무원법 제4조)

일반직공무원은 이를 1급 내지 9급으로 구분한다. 다만, 고위공무원단에 속하는 공무원의 경우에는 1~3급 계급을 폐지하고 직무와 직위에 따라 인사관리를 하게 된다.

기존의 1~3급 계급 자체가 완전히 없어지는 것은 아니며 고위공무원단에 속하는 공무원은 1~3급 계급구분이 없어지지만, 고위공무원단에 속하지 아니하는 공무원(극히 일부)은 그대로 1~3급 계급을 유지하게 됨(3급 과장 등).

3. 우리나라 고위공무원단제도의 핵심요소

(1) 개방과 경쟁 : 개방형직위제도(원칙적으로 공직 내 또는 공직 내·외의 경쟁을 통해 충원), 부처 내·외 직위공모 등

(2) 능력발전 : 역량평가제(전략적 사고, 리더십, 의사소통 등), 교육훈련, 최소보임기간 설정(2년 간 해당 직위에 재직), 능력발전프로그램 혁신(교육성과를 평가하여 그 결과를 고위공무원단 직위공모·개방형 직위 공모 시 반영) 등

(3) 성과와 책임 : 직무성과계약제(소속기관장과 성과계약체결 – 최종적으로 근무지 기관장과 1년 단위의 성과계약 체결), 직무등급제(직무의 난이도·중요도 및 성과의 차이에 따라 보수를 차등화하여 직무등급부여 . 5개 등급), 적격성심사 등

(4) 범정부적 통합적 시야 : 부처 간 인사교류, 무보직 대기자 처리방안(고위공무원단 진입 후 무보직기간이 합산하여 일정기간 이상 경과한 후 심사를 거쳐 인사상 불이익 부여), 정년제도(존속시키되 엄격한 성과관리), 1급 공무원(신분보장 예외규정 계속 존속), 직위공모 등

4. 신분관련 사항

(1) 고위공무원의 직무를 계속 수행하게 하는 것이 곤란하다고 판단되는 별정직 및 계약직 고위공무원에 대하여 면직제청 또는 계약해지할 수 있는 일정한 기준을 두고 있다.

(2) 고위공무원단에 대하여 5년마다 적격심사를 하되 계속하여 2년 이상 또는 총 3년 이상 근무성적 평정이 최하위 등급이거나, 정당한 사유 없이 총 2년 이상 보직을 받지 못하는 경우에는 그 때마다 적격심사를 하여 직무수행이 곤란하다고 판단되는 경우에는 해당자를 직권면직할 수 있도록 한다.

(3) 고위공무원단후보자 요건 : 고위공무원단후보자는 고위공무원단후보자 교육과정을 이수한 후 역량평가를 통과한 자로서 4급 이상 공무원으로 승진소요최저연수를 갖추거나 과장급 직위에 재직한 연구관·지도관으로서 5년의 근무연수를 갖춘 자로 한다.

(4) 고위공무원단 직위로의 승진임용 및 전보 : 일반직 고위공무원단후보자는 소속장관별 보통승진심사위원회의 선발과 중앙인사위원회의 승진심사를 거쳐 고위공무원단 직위로 승진임용될 수 있으며, 연구직·지도직 고위공무원단후보자는 소속장관별 보통승진심사위원회의 선발을 거쳐 고위공무원단 직위로 전보될 수 있도록 규정하고 있다.

1. 우리나라의 고위공무원단에 대한 설명으로 옳은 것은?

① 고위공무원단 소속공무원은 중앙행정기관에 근무하는 일반직 3급 이상 공무원만을 그 대상으로 한다.

② 고위공무원단의 직위는 개방형직위와 공모직위, 부처자율직위 등의 형태로 운영된다.

③ 고위공무원단 소속공무원은 모두 계약직 공무원으로서 직무등급에 의하여 구분된다.

④ 고위공무원단은 직업공무원제도와 다른 제도로서 정년이 보장되지 않는다.

정답 ②

해설   고위공무원단은 개방형직위로 20%, 공모직위 30%, 부처자율직위 50%로 선발한다.①의 경우 우리나라 고위공무원단은 중앙행정 기관은 물론 행정부 각급기관, 지방자치단체 및 지방교육행정에 근무하는 실·국장 및 이에 상당하는 보좌기관의 직위에 재직 중이거나 파견, 휴직 중인 1~3급 공무원을 그 대상으로 한다. ③의 경우 고위공무원은 계약직 공무원으로 하는 것이 원칙이되 경력직으로 보할 수 있다. ④ 고위공무원은 성과와 역량이 일정수준 계속 미달하면 신분상 불이익을 부과할 수는 있지만 기본적으로 신분보장, 정년, 정치적 중립 등 직업공무원제도의 기본틀은 유지된다.

2. 우리나라 고위공무원단제도에 대한 설명으로 옳지 않은 것은?

① 국가의 고위공무원을 범정부적 차원에서 효율적으로 인사관리 하기 위하여 도입하였다.

② 개방형임용 방법, 직위공모 방법, 자율임용 방법을 실시한다.

③ 국가공무원으로 보하는 부시장, 부지사, 부교육감 등은 해당되지 않는다.

④ 원칙적으로 직무성과급적 연봉제를 적용한다.

정답 ③

해설   지방공무원으로 보하는 부시장, 부지사, 부교육감은 고위공무원이 아니지만 국가직으로 보하는 지방자치단체의 행정부시장(행정부지사), 부교육감 등도 고위공무원단에 포함된다.

---

03 ┃ 중앙인사행정기관

🎯 중앙인사기관의 의의

1. 중앙인사기관의 개념 및 필요성

① 국가기능의 확대·강화로 공무원 수 증가, 행정기능이 전문화·기술화되면서 합리적·집권적·종합적 인사기구의 설치 요청

② 엽관주의·정실주의 배제, 인사행정의 공정성·중립성 확보, 각 부처 인사행정을 전체적으로 조정·통제할 수 있는 강력한 상설인사기관 필요

③ 공무원의 권익보호, 정치적 중립을 위해 제3자적·중립적 인사기관 필요

④ 인사행정의 전문화·능률성·통일성 확보, 직업공무원제 확립에 기여 등

2. 중앙인사기관의 기능

(1) 준입법적 기능 : 국회가 제정한 법률의 범위 내에서 인사정책의 전반에 관한 인사규칙 제정 (중앙인사위원회의 보수수준 결정, 인사정책의 기준과 방침결정 등에 대한 대통령령의 입안)

(2) 준사법적 기능 : 고위직 공무원의 징계, 소청을 재결할 수 있다. 준사법적 기능을 갖는 것으로는 소청심사위원회와 중앙고충심사위원회가 있으며, 소청심사기능은 구속력을 지닌다.

(3) 기획기능 : 인사정책에 대한 미래의 설계와 방침을 체계화한다.

(4) 행정적 기능(집행기능) : 임용, 훈련, 공직분류, 승진임용, 보수, 연금, 인사기록의 보존 등 인사법령에 따라 인사를 집행(우리나라는 행자부장관이 총괄적인 집행 관장)한다.

(5) 감사·감독기능 : 각 부처 및 기관의 인사행정이 인사규칙에 따라 실행되는가를 감사하고 시정조치를 취할 수 있는 권한(우리나라에서도 중앙인사위원회가 각 부처에 대한 인사운영에 대한 감사권 행사)이 있다.

(6) 권고·보좌기능 : 행정수반에 관한 자문, 보좌, 정책건의, 권고기능을 수행한다.

3. 안전행정부의 인사실(2013년 2월 28일)

(1) 설치 목적 : 인사행정의 전문성 강화 및 효과적인 인사제도 개선

(2) 기 능

① 안행부 소속 공무원의 인사정책 및 인사행정 운영의 기본방침 수립

② 공무원의 임용 및 보수 등 인사관련 법령 제정 및 개폐

③ 일반직, 별정직, 계약직(재계약 포함) 공무원의 승진 기준 및 절차 등에 관련사항을 심의·의결

④ 중앙승진심사위원회로서의 기능

⑤ 개방형 직위제도의 운영과 인사감사업무

⑥ 고위공무원단에 속하는 공무원의 채용(계약직 공무원의 재계약을 포함한다.)과 고위공무원단 직위로의 승진임용에 있어서의 기준과 절차 등에 관한 사항

⑦ 직무분석의 원칙과 기준에 관한 사항을 관장하고 각 부처에 대한 인사운영감사권과 개방형대상직위 지정 협의

4. 소청심사위원회

① 결정은 재적의원 2/3 출석과 재적의원 과반수의 합의에 의한다. 의견이 분열되어 재적의원

과반수의 찬성이 곤란할 시 유리한 의견의 서열을 정한 후 각 의견의 지지표를 합하여 과반수를 통과하면 결정된 것으로 본다.

② 소청심사위원회의 결정은 원 징계보다 중한 징계처분을 할 수 없으며, 소청심사위원회의 결정이 부당하면 당사자는 그 결정통지를 받은 날로부터 10일 이내에 재심청구를 할 수 있다.

* 국회와 법원에는 별도의 소청심사위원회가 있으며, 위원은 모두 비상임위원이다.

제 **02** 장

공직의 분류

---

01 공직의 분류체계

공무원의 분류 - 경력직과 특수경력직

(1) 경력직(經歷職) 공무원

실적과 자격에 의하여 임용되어 그 신분이 보장되고 평생 근무할 것이 예정되는 공무원으로서 직업공무원제의 주류를 이룬다.

① 일반직 공무원 : 기술·연구 또는 행정 일반에 대한 업무를 담당하는 공무원으로서, 직군·직렬별로 분류되는 공무원이며, 일반직 공무원이 직업공무원의 주류를 이루고 있다.

② 특정직 공무원 : 특수분야의 업무를 담당하는 검사, 검찰총장, 법관, 외무공무원, 경찰공무원, 경찰청장, 해양경찰청장, 소방공무원, 교육공무원, 군인, 군무원, 국가정보원 직원, 헌법재판소 헌법연구관 등이 있다.

(2) 특수경력직(特殊經歷職) 공무원

경력직 공무원 외에 국가공무원법이나 실적주의의 획일적 적용을 받지 않으며, 정치적 임명이 필요하거나 특수 직무를 담당하는 공무원을 말한다.

① 정무직 공무원

㉠ 선거에 의하여 취임하거나 임명에 있어서 국회의 동의를 요하는 공무원이다.

ⓛ 감사원장, 감사위원 및 사무총장, 국회 사무총장·차장·의정연수원장 및 도서관장, 민주평화통일자문회의의 사무총장, 헌법재판소의 재판관 및 사무총장, 중앙선거관리위원회 상임위원·사무총장 및 차장, 문화재청장, 통계청장, 기상청장 등

ⓒ 국무총리, 국무위원, 처의 처장, 각원·부·처의 차관 또는 차장, 청장(경찰청장, 검찰총장 등 중앙행정기관이 아닌 청의 장은 제외), 행정조정실장, 차관급 상당 이상의 보수를 받는 비서관

ⓔ 국가정보원의 부장, 차장, 국가과학기술자문회의의 위원장

ⓜ 기타 다른 법령이 정무직으로 지정하는 공무원

② 별정직 공무원 : 특정한 업무를 담당하기 위하여 별도의 자격기준에 의하여 임용되는 공무원으로서 법령에서 별정직으로 지정하는 공무원을 말한다. 직무의 성질이 공정성·기밀성이나 특별한 신임을 요하는 직위(도선거관리위원회 상임위원, 비서관 등)로 특수경력직 공무원이지만 일반직 공무원의 임용절차를 준용한다.

ⓐ 국회수석전문위원, 통계청 차장, 기상청 차장 등은 1급 상당의 별정직

ⓛ 감사원 사무차장, 서울특별시·광역시·도 선거관리위원회 상임위원

ⓒ 국가정보원 기획조정실장, 각급 노동위원회 상임위원, 해난심판원의 원장·심판관

ⓔ 비서관, 비서, 기타 다른 법령이 별정직으로 지정하는 공무원

③ 계약직 공무원 : 계약직 공무원이란 국가와의 채용계약에 의하여 일정한 기간 연구 또는 기술업무에 종사하는 과학자·기술자 및 특수분야의 전문가를 말한다. 이들은 공개경쟁시험의 적용을 받지 않고 비교적 높은 보수를 받으며, 신분보장이 되지 않는다는 점 등의 특성을 지닌다.

 대표유형문제

다음 공무원의 분류유형과 그 해당 공직을 연결시켜 잘못된 것은?

① 정무직-법제처장
② 일반직-동사무소 사회복지사
③ 특정직-감사원장
④ 별정직-국회수석전문위원

정답 ③

해설 감사원장과 감사위원은 정무직이다. 감사원장은 국회의 동의를 얻어 대통령이 임명하고, 그 임기는 4년으로 하며, 1차에 한하여 중임할 수 있다.

개방형과 폐쇄형

1. 개방형과 폐쇄형의 개념

폐쇄적 공무원제도는 공무원 신규채용이 원칙으로 해당계급의 최하위계급에서만 채용이 이루어지고 상위계급의 충원은 내부승진에 의하나, 개방적 공무원제도에서는 공무원 신규채용이 각 계층 어느 계급에서나 허용된다.

2. 개방형과 폐쇄형의 비교(G. E. Caiden)

구 분	개방형	폐쇄형
신분보장	임의적	보장적
배경제도	실적주의 · 직위분류제	직업공무원제 · 계급제
모 집	모든 계급	계급의 최하위
임용자격	직무수행능력	일반교육
보 수	직무급, 보수의 폭이 짧고 중복(간격형)	생활급, 보수의 폭 길고 분리(중첩형)
훈 련	외부교육기관(OffJT)	직장내부(TWI, OJT)
승진기준	능력 · 개방적 경쟁	서열 · 폐쇄적 경쟁
공무원상	specialist(특정분야)	generalist(일반분야)
직원관계	사무적	온정적
연 금	기여금(통합적 구조)	비기여금(분화적 구조)

3. 개방형과 폐쇄형의 장단점

구 분	개방형	폐쇄형
장 점	① 우수한 인재등용(충원의 융통성 확보) ② 행정의 질적 수준 향상 ③ 관료주의화 방지(공직침체화 방지) ④ 행정에 대한 민주통제 용이 ⑤ 인사관리 면에서 기관장의 영향력과 리더십 발휘	① 공무원 사기충전(소속감 · 충성심) ② 신분보장 강화 ③ 직업공무원제 확립 ④ 행정능률 향상 ⑤ 인사배치의 융통성 확보
단 점	① 공무원 사기저하(신분불안) ② 행정의 안정성 결여 ③ 직업공무원제도 확립 곤란 ④ 행정의 능률화 저하 ⑤ 이직률 증가	① 행정의 침체 ② 민주통제 곤란 ③ 인재채용 곤란 ④ 무사안일주의 및 조직의 정태화

제01편

제02편

제03편

제05편

제06편

제07편

다음 중 개방형 인사관리제도의 장점이 아닌 것은?

① 행정조직의 관료화를 억제하는 기능을 수행한다.

② 내부승진 기회 확대로 공직자의 사기 제고에 기여한다.

③ 행정조직에 대한 민주적 통제를 강화한다.

④ 임용의 융통성을 증대한다.

정답 ②

해 설 개방형은 외부인의 채용으로 내부승진 기회가 제약되어 재직자의 사기가 저하된다.

개방형 직위와 공모직위

개방형직위와 공모직위의 비교

구 분	개방형직위	공모직위
사 유	전문성, 효율적인 정책수립	효율적인 정책수립·관리
대상직종	일반직·특정직·별정직·계약직	일반직·특정직(경력직에 한함.)
선발범위	공직내외(민간인 포함.)	부처내외(현직공무원에 한함.)
지정범위	고위공무원단 직위 총수의 100분의 20 이내+필요시 과장급직위 총수의 100분의 20의 범위 내	경력직 공무원으로 보할 수 있는 고위공무원단 직위 총수의 100분의 30 이내+필요시 경력직 공무원으로 보할 수 있는 과장급직위 이하 직위도 지정 가능
지정기준	전문성, 중요성, 민주성, 혁신성, 조정성	직무공통성, 정책통합성, 혁신필요성
임용기간	5년 범위 안에서 소속장관이 정하되, 최소 2년 이상	기간 제한 없음.
전보제한	임용당시 경력직 공무원이었던 자는 개방형직위의 임용기간 내에 다른 직위에 임용될 수 없다.	공모직위에 임용된 공무원은 2년 이내에 다른 직위에 임용될 수 없다.
선발시험	·공직 내외 공개모집에 의한 시험 ·서류전형과 면접시험(필요시 필기·실기시험 부과 가능) ·5인 이상의 선발시험위원회 구성	·부처내외 공개모집에 의한 시험 ·서류전형과 면접시험 ·5인 이상의 선발심사위원회 구성
임용절차	선발시험위원회는 직위별로 2인 또는 3인의 임용후보자를 선발·추천하고, 소속장관은 추천된 임용후보자 중에서 임용하여야 한다.	선발심사위원회는 직위별로 2인 또는 3인의 임용후보자를 선발·추천하고, 소속장관은 추천된 임용후보자 중에서 임용(제청)하여야 한다.

* 고위공무원단으로의 승진임용이나 타부처 소속공무원을 임용하고자 하는 때에는 소속장관은 대통령에게 임용제청해야 하고, 당해기관 소속공무원이나 민간인을 계약직으로 임용하고자 하는 때에는 소속장관이 직접 임용한다.

개방형 직위의 운영과 관련한 내용으로 적합하지 않은 것은?

① 개방형 직위의 지정 기준으로는 전문성, 중요성, 민주성, 쇄신성, 조정성 등이 있다.

② 개방형 직위는 계약직으로 임용함을 원칙으로 하되 경력직으로도 임용할 수 있으나 책임운영기관 장은 계약직 공무원으로만 임용할 수 있다.

③ 개방형으로 임용된 계약직 공무원 중에는 기본연봉을 기준으로 장관보다 많은 보수를 받는 경우도 있다.

④ 직위공모제는 부처 간 할거주의를 극복하기 위한 것을 중요한 목적으로 하기 때문에 가능한 현직 공무원의 임용을 제한하고 있다.

정답 ④

해설 직위공모제는 부처 간 할거주의를 극복하기 위한 것을 중요한 목적으로 하지만 현직 공무원이 그 대상이다. 공모 직위란 당해 기관 내부 또는 외부의 공무원 중에서 적격자를 임용할 필요가 있는 직위를 말한다.

---

02 | 직업공무원제

◢ 직업공무원제의 의의

1. 직업공무원제의 개념

(1) 직업공무원제란 공무원이 공직을 평생의 직업으로 선택·근무할 수 있도록 하고, 보람있고 명예로운 것으로 받아들일 수 있도록 인사업무를 조직·운영하는 공무원제도이다.

(2) 직업공무원제는 행정의 독립성과 안정성을 유지해 준다.

(3) 일반적으로 계급제에 입각한 폐쇄형을 채택하는 국가에서 확립되어 있다.

　　* 전문행정주의(Specialist)와 전문직업주의(직업공무원제)는 다르다.

2. 직업공무원제의 확립요건

(1) 공직에 대한 높은 사회적 평가

(2) 공개경쟁, 신분보장, 정치적 중립, 능력과 실적 중심의 공직임용 등 실적주의는 직업공무원제를 위한 충분조건이 아닌 필요조건

(3) 폐쇄형 공무원제도 채택

(4) 연령제한과 학력제한

(5) 공직을 종신직으로 생각할 수 있도록 공무원의 생계와 노후에 대한 보장

(6) 국민에 대한 봉사정신 투철

(7) 우수인력 확보를 위한 유인책과 매력의 제공

(8) 재직자의 계속적인 발전을 위한 교육훈련 강화

(9) 장기적인 공무원 수급계획의 수립과 집행

3. 직업공무원제의 특징

(1) 행정의 안정성·계속성·중립성 확보

(2) 계급제를 기반으로 하는 폐쇄형을 채택하는 영국, 독일, 프랑스 등에서 확립

(3) 공무원의 사명감·국가의식, 공공봉사정신 고조

(4) 사기진작 ⇨ 일체감, 단체정신, 충성심 강화

(5) 채용 시의 능력보다 장기적인 발전가능성이나 잠재력 중시

(6) 정부와의 의존적 관계 내지 온정적 관계 강화

🥄 직업공무원제의 장단점 및 위기

1. 직업공무원제의 장점

(1) 정권교체 등의 영향을 받지 않고 행정인의 안정성, 계속성, 중립성, 통일성 확보

(2) 유능한 인재를 공직에 유치　　　　(3) 강한 공복의식, 전문직업의식 고취

(4) 승진의 기회부여로 능률·사기 제고, 공무원의 이직률 저하

(5) 의회정치, 정당정치의 폐단 방지　　(6) 국가적 통일성 및 계속성 확보

2. 직업공무원제의 단점

(1) 폐쇄형, 계급제의 채택으로 전문가의 임용이 곤란하고, 행정의 전문성·기술성 저해

(2) 학력·연령 등의 제약으로 공직에의 기회균등 제약

(3) 지나친 신분보장으로 민주통제가 어려워 관료주의화 초래 우려

(4) 변동·개혁에 저항, 환경에 대한 적응력 미약, 현상유지적·보수적 경향

3. 직업공무원제의 위기론 대두

(1) 개방형 인사제도 (2) 정년단축과 계급정년제 (3) 후기관료제(탈관료제) (4) 대표관료제의 대두

각 관료제의 이념

구 분	민주성	대응성	책임성	정치성	형평성	전문성	중립성	도구성	자율성	능률성
엽관관료제	○	○	○	○	×	×	×	×	×	×
실적관료제	×	×	×	×	×	○	○	○	○	○
대표관료제	○	○	○	○	○	×	×	×	×	×
직업관료제	×	×	×	×	×	×	○	○	○	○

💿 실적주의와 직업공무원제의 비교

구 분		실적주의	직업공무원제
차이점	신분보장	상대적	절대적
	결원보충방식	외부충원형(개방형) 또는 폐쇄형	내부충원형(폐쇄형)
	공직임용	연령·학력 제한 없는 완전한 기회균등	연령·학력 제한 있는 제약된 기회균등
	보 수	직무급	생활급
	능 력	채용당시 능력	잠재 능력
유사점		·원칙적으로 신분보장 ·정치적 중립 ·학연·지연·연고에 따른 정실배제	·자격이나 능력에 의한 인사관리

🖊 대표유형문제

직업공무원제에 대한 설명으로 옳지 않은 것은?

① 전통적 관료제의 구성 원리와 부합하는 인사제도이다.

② 채용 당시의 직무수행 능력이 장기적인 발전 가능성보다 중요시된다.

③ 행정의 안정성, 계속성, 일관성 유지가 가능하다.

④ 계급제, 폐쇄형 공무원제, 일반행정가주의에 바탕을 둔 제도이다.

정답 ②

해설 실적주의는 채용당시의 직무수행능력을 중시하는 반면, 직업공무원제는 공채시험성적에 학력·연령제한이 가미되므로 잠재능력이나 장기적인 발전가능성을 더 중시한다.

03 | 직위분류제

🎯 직위분류제의 의의

1. 직위분류제의 개념

(1) 직위분류제란 다수의 직위를 각 지위에 내포되는 직무의 종류와 책임·난이도에 따라 횡적으로는 직종별로, 종적으로는 등급별로 구분·정리하는 제도이다. 직위분류제는 직무수행의 결과보다는 직무수행에 필요한 투입에 초점을 두고 있다.

(2) 계급제는 공무원의 자격·능력을 기준으로 분류하는 인간중심 분류방법인데 비하여, 직위분류제는 객관적 직무중심의 분류방법이다.

(3) 직위분류제는 1909년 미국의 시카고에서 처음 실시되어, 현재 미국, 캐나다, 파나마, 코스타리카 등 아메리카 지역국가들과 필리핀, 푸에르토리코 등 여러 나라에서 채택하고 있다.

(4) 우리나라의 공직분류제도는 계급제에 기초하고 있으나 보직관리의 원칙, 직군·직렬·직류의 분류, 시험·승진 등에 직위분류제적 요소를 가미시켰다.

2. 직위분류제의 구조

(1) 구성요소

① 직위(position) : 직위분류제가 시작되는 가장 최소한의 기초가 되는 단위 1인의 공무원에게 부여할 수 있는 직무(각 직위에 배정된 업무)의 내용과 책임(공무원의 직무를 수행하거나 타인의 업무수행을 감독할 의무)을 말한다. . 실장·국장·과장 등

② 직급(class) : 직무의 종류·책임도·곤란도가 상당히 유사하여 인사행정의 편의상 채용·보수 등을 동일하게 다룰 수 있는 직위의 집단으로서, 동일한 직급에 속하는 직위에 대하여는 임용자격·시험·보수 등에 있어서 같은 취급을 할 수 있는 것을 말한다. . 주사·사무관·서기관 등

③ 직렬(series) : 직무의 종류는 유사하나 그 책임과 곤란의 정도가 상이한 직급의 군(행정·전산·사서·감사직렬)을 말한다. 같은 직렬에 속한 지급의 직무분야는 같으며 승진의 계통은 직렬에 따라 정해진 것이 보통이므로 직렬은 직급으로 이루어진 가족이라고 비유하여 말할 수 있다.

例 회계업무수행을 임무로 하는 일단의 직위들이 있으나 이들 간의 책임의 수준이 서로 달

라 고급회계직과 하급회계직의 두 개 직급으로 나누어진다면 이들은 다같이 하나의 회계직렬에 포함시킬 수 있다.

④ 직군(group) : 직무의 종류가 광범위하게 유사한 직렬들을 모아 놓은 것을 말한다(행정·공안·시설직군).

⑤ 직류(sub-series) : 동일한 직렬 내에서의 담당분야가 동일한 직무의 군으로서 임용시험의 내용을 결정하고 보직관리를 하는데 기준을 제시하며, 직렬의 미분화로 인하여 야기되는 문제들을 해결하면서 동시에 인력활용의 융통성을 확보하기 위하여 지나치게 통합된 직렬을 직류에 의하여 다시 분류하고 있다. . 일반·재무·교육행정

⑥ 등급(grade; 계급) : 직무의 종류·성질은 상이하나 곤란도·책임도 및 자격기준이 유사하여 동일한 보수를 지급할 수 있는 모든 직위를 포함하는 계급들(1급 내지 9급)을 말한다.

구 분	직무의 종류	곤란도·책임도	처우수준	직위의 관계
직급(class)	유사	유사	유사	직위의 군
등급(grade)	상이	유사	유사	직위의 군

(2) 직위의 분류–우리나라 일반직 공무원의 직위분류의 예

직군	직렬	직류	계급·직급						
			3급	4급	5급	6급	7급	8급	9급
행정 기술	행정 공업	일반행정 일반기계	부이사관	서기관 기술서기관	행정사무관 공업사무관	행정주사 공업주사	행정주사보 공업주사보	행정서기 공업서기	행정서기보 공업서기보

※ 1. 종래 10개직군·57개 직렬로 세분화되어 있던 직위분류체계가 최근(2007.1.1) 2개직군(행정·기술)·31개직렬로 대폭 통폐합되었다(공무원임용령 개정).
2. 고위공무원단에 포함되지 아니한 과장급 3급을 의미하며, 종래 3급 이상(국장급) 1급공무원(실장급)은 모두 2006.7.1 이후 고위공무원단으로 흡수되어 계급구분이 없어졌다. 그러나 1~3급 계급 구분이 완전히 없어진 것은 아니며 고위공무원단에 속하는 1~3급 행정부 국가공무원이 아닌 과장급(3급)이나 지방, 입법부, 사법부 등에는 1~3급의 계급이 존재한다.

✎ 대표유형문제

다음 중 동일한 직렬 내에서 담당분야가 동일한 직무의 군은?

① 직 군 ② 직 종
③ 직 류 ④ 계 급

정답 ③

해 설　직류(sub-series)는 동일한 직렬 내에서의 담당분야가 동일한 직무의 군으로서 임용시험의 내용을 결정하고 보직 관리를 하는데 기준을 제시하며, 직렬의 미분화로 인하여 야기되는 문제들을 해결하면서 동시에 인력활용의 융통 성을 확보하기 위하여 지나치게 통합된 직렬을 직류에 의하여 다시 분류하고 있다.

직군별	행정							기술
직렬별	교정	보호	검찰사무	행정	세무	관세	감사	전산
직류별			일반행정　법무행정　재령　국제통상					

3. 직위분류제의 수립절차

(1) 계획수립과 절차의 결정

(2) 분류담당자의 선정과 분류대상 직위의 결정

분류작업을 위한 법적 근거 마련, 직위분류제 작업을 담당할 기관 결정, 분류대상의 직위 결정, 분류기술자 확보, 관련자의 이해와 지지를 얻기 위해 직위분류에 대한 홍보활동 등을 하는 단계이다.

(3) 직무기술서의 작성(직무조사단계)

실제 직무담당자에게 질문지법, 면접법, 관찰법을 활용하여 작성한다.

(4) 직무분석

① 직무의 종류에 따라 유사한 직위를 모아 직류를 만들고, 직류를 모아 직렬을, 직렬을 모아 다시 직군을 만드는 등 수직적·종적으로 분류하는 것이다. 직무기술서에 기록된 자료나 정보가 제시하는 바에 따라 분류자의 합리적인 판단과 경험(각 직렬에 포함된 직위의 분포·승진·전직의 경로·직위의 전문성·혼합직의 적절한 처리 등을 고려하여 직렬의 폭·수가 적정화 되도록)에 따라서 이루어지는 지극히 논리적인 과정으로, 공식적 절차는 아니다.

② 직무분석은 소속장관이 당해기관과 그 소속기관 등의 직위에 대하여 할 수 있다. 단, 소속장관이 실시가 곤란하거나 인사행정분야의 개혁 등 합리적인 인사관리를 필요로 할 때에는 중앙인사위원회가 직접 실시(이때 중앙인사기관은 직무분석기법을 개발하여 보급하거나 직무분석 담당자에 대한 교육훈련 등을 지원하며, 직무분석 실태를 조사·평가해야 한다)할 수 있다.

(5) 직무평가

① 질적(비계량적) 방법 : 서열법과 분류법이 있는데 분류법은 등급표를 활용하며 우리나라에서 활용하고 있다.

② 양적(계량적) 방법 : 점수법과 요소비교법이 있는데 점수법은 등급표를 활용하며 가장 많이 활용되고 있고 우리나라 외국계 기업에서 활용하고 있다.

직무분석과 직무평가의 비교

구 분	직무분석	직무평가
기 준	직무의 성질과 종류	직무의 비중과 상대적 가치(곤란도/책임도)
분류기준	수직적·종적 분류	수평적·횡적 분류
결정내용	직군·직렬·직류	등급·직급
기초자료	직무기술서	직무분석 자료에 기초
목 적	직무중심의 객관화·과학화·합리화	보수의 공정성·합리화

* **상대적 평가와 절대적 평가**
  1. 상대적 평가(직무와 직무비교) : 서열법(자의적 평가방법), 요소비교법(보수액 산정이 동시에 이뤄짐).
  2. 절대적 평가(직무와 기준표 비교) : 분류법(사전에 작성된 등급기준표 기준), 점수법(일반적으로 가장 많이 활용)

(6) 직급명세서 작성

직급·직렬·등급이 결정되면 직급별로 직급들을 명확히 규정하는 직급명세서를 작성하는 데, 모집, 훈련, 근무성적평정, 선발 등 인사관리의 기준을 제시하는 문서로 활용한다. 직급명세서에는 직급명, 직책의 개요, 최저자격요건, 채용(수용)방법, 보수액, 직무수행방법 등이 명시된다.

(7) 정급(定級)

직급명세서를 지표로 하여 모든 분류대상의 직위를 각각 해당 직군·직렬·직류와 등급·직급에 배치하는 것이다.

(8) 사후검토와 시정 및 유지관리

직위분류제는 항구적인 것이 아니므로, 직위분류제가 수립된 후에도 그 실시에 따른 문제점을 발견하여 해결하고, 변동하는 상황에 따라 계속 적응시키며 개선해 나가야 한다.

4. 직위분류제의 장점과 단점

1) 직위분류제의 장점

(1) 직위분류를 통해 공무원 임용과 인사배치에 있어 객관적 기준 제시

(2) 근무성적평정의 기준 제공

(3) '동일직무에 대한 동일보수' 원칙에 따른 직무급제도의 확립으로 보수체계의 합리적 기준 제시

(4) 효율적인 교육훈련계획 및 예산행정의 능률화에 기여

(5) 행정의 전문화·분업화 촉진 및 전문행정가(Specialist)의 양성

(6) 업무분담·처리를 합리화·간소화하여 정원관리·사무관리 개선에 기여

(7) 권한·책임한계가 명확하게 제시되어 행정조직의 합리화와 행정능률 향상에 기여

2) 직위분류제의 단점

(1) 신축적 인사배치 및 일반행정가(Generalist) 확보 곤란

(2) 공무원의 업무가 특정직위와 관련되어 장기적인 공무원의 능력발전이 어렵고, 직업공무원
   제의 수립 저해

(3) 직책에 따라 분업화·전문화되어 있어 협조·조정 곤란(할거주의)

(4) 공무원의 신분보장이 어려워 행정의 안정성 저해

(5) 혼합직에 적용 곤란

✎ **대표유형문제** ···

1. 직무평가에 대한 내용 중 틀린 것은?

① 직무평가는 직무의 종류를 구분하는 것이다.

② 서열법은 직무와 직무를 상호비교하는 비계량적 방법이다.

③ 분류법은 직무와 등급기준표를 비교하여 판단하는 것으로 비계량적 방법에 해당한다.

④ 점수법과 요소비교법은 수치에 의하여 평가하려는 직위의 각 요소를 대비시켜 평가하는 것이다.

정답 ①

해 설　직무평가는 직무의 곤란도, 책임도 등 직무의 상대적 비중 및 가치에 따라 횡적으로 분류하는 것을 말한다. 직무
　　　평가의 방법으로는 서열법, 분류법, 점수법, 요소비교법 등이 있으며, 직무의 성질과 종류에 따라 분류하는 것은 직
　　　무분석에 해당된다.

2. 직무평가방법에 대한 설명으로 ㉠과 ㉡을 바르게 연결한 것은?

> (㉠)에서는 등급기준표를 미리 정해 놓고 각 직무를 등급정의에 비추어 어떤 등급에 배치할 것인가를
> 결정해 나간다. 미리 정한 등급기준이 있다는 점에서 (㉡)과 구분되지만, 양자는 직무를 포괄적으로
> 취급하고 수량적인 분석이 아닌 개괄적 판단에 의지한다는 점에서 서로 유사하다.

	㉠	㉡		㉠	㉡
①	분류법	서열법	②	분류법	요소비교법
③	서열법	분류법	④	요소비교법	분류법

정답 ①

해 설　ㄱ에는 분류법, ㄴ에는 서열법이 들어가야 한다.

···

04 | 계급제

🖋 계급제의 의의

(1) 직위·직무를 중심으로 하는 직위분류제와 달리 사람 중심으로 학력·자격·능력·경력 등의 기준을 부여하여 공무원을 분류하는 제도이다.

(2) 농업사회를 배경으로 관료제의 전통을 지닌 영국, 독일, 프랑스, 일본, 파키스탄, 우리나라 등에서 채택하였다.

🖋 계급제의 장단점

1. 장점

(1) 일반적 교양과 능력을 소유한 넓은 시야를 가진 유능한 인재의 등용이 가능

(2) 적재적소(適材適所)의 배치가 용이하고 공무원의 능력을 여러 분야에서 발전시킬 수 있어 인사배치의 신축성에 기여

(3) 전문가 간의 협조가 어려운 직위분류제에 비하여 계급제 하에서는 행정조정이 원활하게 이루어짐

(4) 장기적인 행정계획의 추진과 직업공무원제의 확립에 기여

(5) 행정의 안정화에 기여하며, 공무원의 신분보장이 강화됨

2. 단점

(1) 행정의 전문화를 기하기 어려움

(2) 인사관리의 객관적 합리화 기준의 설정이 곤란

(3) 권한과 책임의 한계가 불분명

(4) 객관적인 근무평정과 훈련계획의 수립 곤란

(5) 인력수급계획의 수립 곤란

🔹 직위분류제와 계급제의 비교

1. 직위분류제와 계급제의 장단점 비교

구 분	장단점	
	계급제	직위분류제
공무원의 시각	종합적, 장기적	단편적, 단기적
행정 전문화	저해	촉진
외부환경변화의 대응력	약함	강함
채용과 내부임용	탄력적, 융통적	경직적, 제한적
현직자의 근무의욕	높음	낮음
제도 유지비용	저렴함	비싼편임
부서 간 협조와 교류	원활함	원활하지 못함
인사행정의 형평성·객관성	낮음	높음
인사권자의 리더십수준	높음	낮음
조직에 대한 몰입감	높음	낮음
직무에 대한 몰입감	낮음	높음

✒️ 대표유형문제

1. 계급제와 직위분류제의 장·단점에 대한 설명으로 옳지 않은 것은?

① 계급제는 부서간·부처간 교류와 협조에 용이하다.
② 직위분류제는 조직내 인적 자원의 교류 및 활용에 주는 제약이 상대적으로 크다.
③ 직위분류제는 직무중심적 동기유발을 촉진하여 행정의 전문화를 저해하게 된다.
④ 계급제는 인사의 탄력성과 융통성을 증진시켜 준다.

정답 ③

해 설 직위분류제는 직위를 직무의 성질·종류와 곤란성 및 책임도에 따라 직군·직렬· 직류 및 직급·등급별로 분류하는 직무 중심의 공직분류제도로서 직무와 인간의 적응을 촉진하고 직무중심적 동기유발을 지지하며, 행정의 전문화와 조직설계의 체계화를 촉진시키는 장점이 있다.

2. 직위분류제에 대한 설명으로 옳은 것을 모두 고르면?

> ㄱ. 과학적 관리운동은 직위분류제의 발달에 많은 자극을 주었다.
> ㄴ. 직무의 종류, 곤란성과 책임도가 상당히 유사한 직위의 군은 직렬이다.
> ㄷ. 조직 내에서 수평적 이동이 용이하여 유연한 인사행정이 가능하다.
> ㄹ. 사회적 출신배경에 관계없이 담당 직무의 수행능력과 지식기술을 중시한다.

① ㄱ,ㄴ   ② ㄱ,ㄹ
③ ㄴ,ㄷ   ④ ㄷ,ㄹ

해 설 과학적 관리운동은 능력과 자질을 중시하는 실적주의에 영향을 미쳤으며 실적주의는 직위분류제에 영향을 주었다. 따라서 ㄱ은 직위분류제와 관련이 되며, 직위분류제는 개방형의 인사로 사회적 출신배경과는 상관없이 직무의 수행능력과 전문지식을 중시함으로 ㄹ은 맞는 내용이다. ㄴ은 직급에 대한 설명이며, 직위분류제는 특별전문가로서 자기 영역이외에는 수평적 업무협조나 업무의 이동이 곤란하여 할거주의가 강하게 나타난다.

2. 계급제와 직위분류제의 특징 비교

구 분	특 징	
	계급제	직위분류제
발달배경	농업사회	산업사회
채택국가	영국, 프랑스 등	미국, 캐나다 등
채용기준	잠재적·일반적 능력	전문능력
인간과 직무	인간중심	직무중심
분류단위	개인의 자격, 능력	직무의 종류, 책임도, 곤란도
경력발전	일반행정가	전문행정가
충원체계	폐쇄적	개방적
인사이동	광범위, 신축적	제한적, 경직적
신분보장	강함	약함
공무원의 시각	종합적, 광범	부분적, 협소
직업공무원제의 확립	유리	불리
행정의 전문화	장애	기여
직무수행의 형평성	낮음	높음
보 수	동일계급 동일보수(생활급)	동일직무 동일보수(직무급)
인사관리(교육훈련, 승진, 평가, 보상 등)	연공서열 중심, 상관의 자의성 개입 용이	능력·실력중심

제 **03** 장

채용과 능력발전

01 , 임용(任用)

🌑 임용의 의의

1. 임용의 개념

임용이란 공무원을 특정의 직위에 취임시키는 행위로서 공무원의 결원을 보충하는 것을 의미한다. 국가기관이 행정목표를 효율적으로 수행하는데 직접적인 관련성을 가지게 된다.

2. 시보임용(試補任用)

(1) 정규공무원으로 임명하기 이전, 시험으로 측정하지 못한 능력·자질 등을 검토하고 시보기간 중의 성적을 고려하여 직무수행능력을 판단하고자 하는 것이다.

(2) 고급공무원은 적용되지 않으며, 5급 공무원의 시보기간은 1년, 6급 이하 공무원 및 기능직공무원은 6개월이다. 다만, 국회규칙·대법원규칙·헌법재판소규칙·중앙선거관리위원회규칙 또는 대통령령으로 정하는 경우에는 시보임용을 면제하거나 그 기간을 단축할 수 있다. 휴직한 기간, 직위해제기간 및 징계에 의한 정직 또는 감봉처분을 받은 기간은 위에 규정한 시보임용기간에 산입하지 않는다.

(3) 특수한 경우 시보임용을 면제하거나 그 기간을 단축할 수 있다.

(4) 시보기간에는 공무원의 신분보장이 안 된다. 시보기간 중 임용권자가 일방적으로 해임하더라도 소청 등 구제수단이 없다.

(5) 시보임용기간 중에 있는 공무원이 근무성적 또는 교육훈련 성적이 불량한 때에는 면직시키거나 면직을 제청할 수 있다.

(6) 시보임용기간 중에 정직이나 감봉처분을 받은 경우 그 기간만큼 시보기간이 연장된다.

(7) 시보기간은 승진소요연수 및 경력평정대상기간에 산입된다.

> *** 임명과 보직** 시보기간이 끝나면 정규공무원으로 임명되고 동시에 보직이 부여되고, 임명은 신분획득, 보직은 특정직무에 배치(전공·전문성·훈련·경력·적성 고려)

📝 대표유형문제

우리나라 공무원의 시보임용에 관한 설명으로 옳지 않은 것은? 2013. 행정사 기출

① 임용권자는 시보임용 기간 중에 있는 공무원의 근무상황을 항상 지도·감독하여야 한다.

② 시보기간 중 근무성적이 좋으면 정규공무원으로 임용한다.

③ 시보기간은 시보공무원에게 행정실무의 습득기회를 제공하는 것이다.

④ 시보임용은 공무원으로서 적격성 여부를 판단하는 선발과정의 일부이다.

⑤ 시보공무원은 일종의 교육훈련 과정으로 교육에만 전념할 수 있도록 정규 공무원과 동일하게 공무원 신분을 보장한다.

> 정답 ⑤
>
> 해설 시보임용이란 필기시험으로 공무원의 능력이나 덕성을 측정하는데 한계가 있기 때문에 일정기간 근무를 하도록 하여 그의 공무원으로서의 자세를 측정하고자 하는 것이다. 따라서 이 기간 내에 근무성적이나 교육훈련성적이 불량할 경우 면직될 수 있다. 이 기간에는 공무원의 신분이 주어지지 않기 때문에 면직되어도 공무원만을 대상으로 하는 소청을 제기할 수 없다.

---

02 | 채용

💽 모집

1. 모집의 의의

(1) 모집의 개념

모집이란 적절하고 유능한 인재가 공직을 지원하도록 경쟁에 유치하는 과정 내지 기능을 의미하는 것으로서 인사행정의 성공여부는 모집정책과 그 절차의 효율성에 의존한다. 인사행정의

3대 변수는 채용·능력발전·사기인데, 모집은 채용에서 가장 처음 단계라 할 수 있다.

(2) 적극적 모집

종래의 실적주의 시대에는 정실·엽관의 폐해 배제만 급급하여 무자격자·부적격자의 제거·배제에만 그치는 소극적 모집의 입장을 취하였으나, ① 2차 대전 종식 후 사기업 발전으로 인재유치 경쟁 격화, ② 가치다원화로 공직에 대한 사회평가 하락, ③ 공무원의 낮은 승진기회·높은이직률·낮은 보수 등으로 적극적 모집이 강조되었다.

(3) 적극적 모집방법

① 공직의 사회적 평가의 향상, ② 인적 자원의 개척, ③ 대민홍보(PR)의 강화, ④ 인력계획의수립, ⑤ 시험절차의 간소화, ⑥ 수습 및 위탁교육제도의 활용, ⑦ 모집결과에 대한 사후평가·반영, ⑧ 특수분야의 특별채용, ⑨ 모집공고의 개선(수험절차, 시험방법, 시험의 공신력 제고 등)

* **국가공무원법 개정(2005. 3. 24)**
  1. 5급 이상의 인사권의 일부(4급과 5급의 파면징계권 등)를 장관에게 위임 가능하도록 한다.
  2. 지역인재추천채용제도 도입 : 학업성적이 우수한 대학졸업(예정)자를 3년의 범위 안에서 견습(인턴)으로 근무하게 하고,
     근무기간 동안 근무성적 등이 우수한 때에는 6급 이하의 공무원으로 임용할 수 있도록 하는 지역인재의 추천채용제도
     를 도입하며, 이 경우 특별채용시험은 면제된다.
* **지방직 공무원 2013년 1월 1일부터 거주지 요건** : 거주한 기간이 출생부터 시험당해연도 ·1월 1일 현재까지 합산하여 3년
  이상인 경우 응시가 가능하도록 하고 있다.

2. 결격사유 - 공무원 임용 결격사유(국가공무원법 제33조)

① 금치산자 또는 한정치산자

② 파산자로서 복권되지 아니한 자

③ 금고 이상의 형을 받고 그 집행이 종료되거나 받지 아니하기로 확정된 후 5년을 경과하지
   아니한 자

④ 금고 이상의 형을 받고 그 집행유예의 기간이 완료된 날로부터 2년을 경과하지 아니한 자

⑤ 금고 이상의 형의 선고유예를 받은 경우에 그 선고유예기간 중에 있는 자

⑥ 법원의 판결 또는 다른 법률에 의하여 자격이 상실 또는 정지된 자

⑦ 징계에 의하여 파면의 처분을 받은 때로부터 5년을 경과하지 아니한 자

⑧ 징계에 의하여 해임의 처분을 받은 때로부터 3년을 경과하지 아니한 자

시험

1. 시험의 효용성 측정기준

타당도 (validity)	① 시험이 측정하고자 하는 내용을 얼마나 충실·정확하게 측정하느냐의 정도 ② 직무수행능력이 가장 우수한 자를 정확하게 식별하는 정도 ③ 채용시험성적과 채용 후 근무성적을 비교하여 알 수 있음. ④ 실기시험이 타당도 확보에 가장 유리, 필기시험이 가장 낮음.
객관도 (objectivity)	① 채점의 공정성·객관화를 의미 ② 시험성적이 채점자에 따라 거의 차이가 없는 것 ③ 객관식 시험이 객관도가 높으며, 객관도가 낮으면 신뢰도도 낮아짐.
신뢰도 (reliability)	① 측정수단으로서의 일관성을 의미 ② 동일 시험을 동일 응시자에게 시간을 달리하여 반복해서 치르게 해도 동일 결과를 보여야 한다는 것(시기나 장소에 따라 영향을 받지 않아야 함.) ③ 적당한 시간, 다수문제 출제, 채점의 객관성이 확보되어야 하며, 측정자의 오차가 적어야 함. ④ 일반적으로 신뢰도가 높으면 타당도가 높으며, 신뢰도가 없으면 타당한 시험은 있을 수 없다. 그러나 신뢰도는 높아도 타당도는 낮을 수 있으므로 신뢰도는 타당도의 필요조건은 되지만 충분조건은 아니다. ⑤ 신뢰성 검증방법 　㉠ 재시험법(동일한 집단에 동일한 시험을 여러번 치르는 방법) 　㉡ 동질이형법(동일한 시험을 서로 다른 형식으로 동일한 집단에 실시하는 방법) ⑥ 내적 일관성 검증방법 : 동일한 시험의 문제들을 두 부분으로 나누어 치르게 한 후 점수를 비교하는 방법
난이도 (difficulty)	응시자의 능력 차이를 구별하기 위해 득점차의 적절한 분포가 이루어지도록 출제
실용도 (availability)	시험실시비용이 저렴, 시험실시·채점이 용이, 이용가치가 높아야 된다는 것

2. 시험의 타당도와 신뢰도

(1) 시험의 타당도

① 기준타당도 : 기준타당도는 '시험이 직무수행능력을 얼마나 정확하게 측정했는가의 정도'를 말한다. 내용타당도는 응시자가 직무수행에 필요한 지식과 기술 등 능력요소를 현재 얼마나 가지고 있는가를 알아내는 문제에 관련된 것인 반면, 기준타당도는 응시자들이 보여준 장래의 업무실적을 예측하는 문제에 관련된 것이다.

ⓒ 예측적 타당성 검증 : 시험에 합격한 사람이 일정한 기간 직장생활을 한 다음 그의 채용시험성적과 업무실적을 비교하여 양자의 상관관계를 확인하는 방법이다.

    예 운전면허 합격자에게 실제 운전을 시켜보는 것

ⓛ 현재적(동시적) 타당성 검증 : 앞으로 사용하려고 입안한 시험을 재직 중에 있는 현 종업원(점직자)들에게 실시한 다음 그들의 업무실적과 시험성적을 비교하여 그 상관관계를 보는 방법이다. 측정의 비용·시간·노력이 절감되고 시험성적과 근무성적을 동시에 측정할 수 있으므로 동시적 타당도 또는 동시적 연구라고도 한다.

    예 베테랑 모범운전자에게 운전면허시험을 보도록 하는 방법

② 내용타당도 : 직무수행에 필요한 능력요소(지식, 기술, 태도 등)와 시험의 내용을 비교·분석하여 양자의 부합도(제대로 측정할 수 있는 정도)를 확인하려 하는 것이다. 내용타당도는 두 가지 요인(직무수행에 필요한 요소, 시험의 내용)의 내용분석을 통하여 이루어지는 것이라고 말할 수 있다.

    예 기자선발시험에서 구체적인 기사작성을 시험문제로 출제

    예 운전면허시험에서 실제 도로주행테스트를 실시하는 경우

③ 구성타당도 : '구성타당도란 해석적 타당도라고도 하는데, 시험의 측정항목이 직무수행의 성공에 관련되어 있다고 이론적(추상적)으로 구성(추정)된 요소(traits)나 가설을 얼마나 정확하게 측정하고 있느냐의 정도를 말한다. '창의력'을 측정하고자 할 경우 창의력의 직접측정이 어려우므로, 이를 추상적으로 구성한 '민감성, 이해성, 도전성' 등을 측정하는 것이다.

✎ 대표유형문제

1. 공무원 선발시험과목 중 행정학시험의 타당성을 검증하기 위해 행정학교수들로 패널을 구성하여 전체적인 문항들을 검증하는 방법과 가장 관련이 있는 것은?

① 기준 타당성(criterion-related validity)   ② 예측적 타당성(predictive validity)
③ 내용 타당성(content validity)   ④ 구성개념 타당성(construct validity)

정답 ③

해설 내용타당성은 직무수행에 필요한 능력요소(지식, 기술, 태도 등)와 시험의 내용을 비교·분석하여 양자의 부합정도(제대로 측정할 수 있는 정도)를 확인하려는 것이다. 내용타당성 검증방법은 직무분석을 통하여 능력요소와 시험내용의 적합도를 판정한다. 이를 위해서는 직무수행에 필요한 능력요소와 시험의 내용에 대한 내용분석이 필수적이다.

2. 시험에 합격한 사람이 일정한 기간 직장생활을 한 다음에 그의 채용시험성적과 업무실적을 비교하여 양자의 상관관계를 확인하여 검증하는 것은?

① 내용적 타당성   ② 구성적 타당성
③ 예측적 타당성   ④ 해석적 타당성

03 | 교육훈련

교육훈련의 의의

1. 교육훈련의 개념

교육훈련이란 공무원의 직무수행 능력·지식·기술을 개발하고 가치관과 태도의 발전적 변화를 촉진하는 인사기능을 말한다.

2. 교육훈련의 필요성 및 목적

(1) 직무수행에 필요한 능력을 향상시키고, 근무실적의 개선에 기여한다.

(2) 조직관리의 효율화 또는 조직의 통합기능에 기여하도록 하여 조직의 목적을 효과적으로 달성하고 행정의 생산성을 향상시킨다.

(3) 공무원 개인에게 능력발전 및 승진의 기회를 제공하고 사기앙양을 도모한다.

(4) 태도와 의식의 변화를 통해 국민에 대한 행정서비스의 신속성이나 친절성 등 질적 수준을 제고할 수 있다.

(5) 쇄신적·창조적인 엘리트를 육성하고, 새로운 가치관·행정윤리를 확립 및 정착시킨다.

3. 교육훈련의 종류

(1) 적응훈련(신규채용자 훈련) : 새로 직장에 나오게 된 사람들을 업무에 익숙해지도록 하기 위해 소속 직장 전체의 성격과 업무사항, 자기의 역할과 담당업무를 이해시키고 직장분위기를 파악하도록 하는 데 목적이 있다.

(2) 일반재직자훈련 : 현 재직공무원에게 정기적 또는 수시로 새로운 지식·법칙·법령의 내용을 습득하여 변화하는 사태에 잘 적응하도록 하는 훈련이다.

(3) 감독자훈련 : 한 사람 이상의 부하를 지휘하고 이에 대해 책임을 지는 감독자에게 강의, 세미나, 사례연구, 시청각방법, 역할연기법 등의 방법을 통해 감독자로서의 지도력과 인간관계, 의사소통, 사무관리, 직원훈련과 근무성적평정 등에 대해 훈련하는 것이다.

(4) 고급관리자훈련 : 최고관리자나 중간관리자에 속하는 간부급 공무원에게 넓은 시야와 고도의 관리능력·문제해결능력, 판단력·직관력·창의력과 지도력·추진력 등을 갖추도록 하기 위하여 사례연구, 과제연구, 토론방식, 분임연구(syndicate) 등의 방법으로 훈련하는 것이다.

🔘 교육훈련의 방법

1. 강의(講義, lecture)

(1) 강의의 개념 : 가장 오래된 교육훈련방법으로 우리나라에서 가장 많이 사용된다. 피훈련자를 일정한 장소에 모아 놓고 강사가 일방적으로 지식·기술을 전달하는 방법이다.

(2) 강의의 장단점

장 점	단 점
① 조직적·체계적·논리적 전달 가능	① 일방적 주입식으로 흥미상실 우려
② 내용조절 가능	② 참여기회가 적고, 실무활동에 기여하지 못함.
③ 일시에 다수인에게 전달 가능(경제적)	③ 피훈련자의 이해·반응을 잘 알 수 없음.

2. 분임연구(syndicate)

분임연구란 피교육훈련자를 분단연구반(예 10인 1조)으로 하여 집단적 사고를 개발하게 하여 정책토의 및 정책연구 등 관리훈련에 적합한 방법으로서 우리나라의 고위직 공무원훈련의 분임토의가 유사하다.

(1) 분임연구의 장점 : 창의적이고 쇄신적인 안을 만들 수 있고, 많은 정보획득과 비판을 통해 객관적인 접근이 용이하며, 참가자의 관심유도 및 상대방의 의견존중에 유용하다.

(2) 분임연구의 단점 : 유능한 교육훈련담당자의 확보가 곤란하며, 교육기간이 너무 짧고 시간이 많이 걸리며, 비판이 존재하다보니 논쟁화될 가능성을 배제할 수 없다.

3. 사례연구법(case method)

실제 있었던 상황을 기술한 사례를 놓고 토론을 벌여 참여한 사람들이 스스로 배우게 하는 것이다. 주입식 교육의 폐단 시정, 자율적 사고능력 및 이해력·분석력·판단력 배양에 유용, 흥미유발 등의 장점이 있으나, 시간과 비용이 많이 든다는 단점이 있다.

4. 현장훈련(OJT;On the Job Training)과 현장 외 훈련(OffJT; Off-the Job Training)

(1) 현장훈련

① 현장훈련의 개념 : 피훈련자가 직책을 정상적으로 수행하면서 별도의 교육담당자나 피훈련자의 차출 없이 별도의 시설에도 수용하지 않고 업무집행상 훈련을 전개하는 방법으로서, 실용적이나 일시에 많은 인원을 교육시키기는 어렵다.

② 현장훈련의 방법 : 강화, 대화·훈화, 회의, 과제연구, 임시대역, 업무의 계획적 지도, 실무수습, 순환보직 등이 있다.

③ 현장훈련의 장단점

장 점	단 점
㉠ 고도의 전문성·기술성 요하는 훈련에 적합 ㉡ 원만한 인간관계 유지 가능 ㉢ 교육훈련과 직무수행의 병행 가능 ㉣ 실용적·경제적·능률적 훈련이 가능	㉠ 일시에 다수인의 교육훈련은 불가 ㉡ 고급공무원의 교육훈련에는 부적합 ㉢ 다수의 교육훈련 담당자를 요함

(2) 현장 외 훈련

① 피훈련자의 관심과 흥미유발

② 새로운 전문기술 및 다수 교육훈련참여자 가능

③ 고급공무원에 적합하나, 많은 시간과 비용이 듦.

④ 직무수행과 분리됨으로써 고객이나 국민들로부터 비난이나 저항을 받을 가능성이 있음.

⑤ 방법으로는 강의, 토론, 사례연구, 감수성훈련, 역할연기, 모의실험, 분임연구 등이 있음.

5. 역할연기(role-playing)

기대되는 행태유형을 실제로 행동화, 연기로 재현해 보임으로써 문제를 해결하며, 피교육자들에게 연기에 대한 논평이 요구된다. 이 교육은 상대의 입장을 이해(易地思之)함으로써 인간관계 및 고객에 대한 태도 개선에 효과적이지만, 사전준비 및 우수한 사회기술이 요청된다.

04 | 근무성적평정

근무성적평정의 의의

1. 근무성적평정의 개념

근무성적평정이란 조직에 있어서 구성원의 근무실적이나 능력·성격과 적성·가치를 체계적·객관적·정기적으로 평가·파악하는 것을 의미하는 것으로 인사행정의 합리화를 위한 제도이다 (19C R. Owen에 의해 미국에서 시작).

2. 근무성적평정의 용도(징벌 중심 ⇨ 임상 중심 ⇨ 능력 중심)

(1) 상벌의 목적 : 좋은 점수를 받으면 승진·승급이 빠르고 나쁜 점수를 받으면 면직·강임·감원·징계 등의 조치를 받는다.

(2) 직무수행개선 및 능력발전 : 근평의 결과를 공개하고 이에 대한 의견교환이 이루어질 경우 직무개선과 공무원 개개인의 능률 및 능력발전에 도움이 된다.

(3) 인사배치의 자료 : 직무에 대한 적응성을 파악하여 이에 적절한 인사배치가 가능하다.

(4) 훈련의 기초자료 : 근평을 통해 개개의 능력을 알게 되면 직책이 요구하는 능력과 비교함으로써 훈련수요를 파악할 수 있다.

(5) 상하간의 협조와 이해증진 : 감독자가 부하에게 근평을 공개하고 솔직하게 의견교환을 함으로써 인간관계 개선은 물론 부하의 사기를 제고시킬 수 있다.

(6) 시험의 타당도 측정 : 채용시험과 근무성적평정을 통해 타당도를 측정할 수 있는데 양자 간의 차이가 근소할수록 타당도가 높다.

(7) 직원의 권익보호 : 근평이 존재함으로써 외부의 낙하산식 인사나 청탁을 막을 수 있는 방파제 역할을 한다.

근무성적평정의 방법

1. 도표식 평정척도법과 강제배분법 - 방법을 기준으로 분류

(1) 도표식 평정척도법

① 평정표의 한 쪽에 평정요소를 나열하고 다른 편에 그것을 평가하기 위한 등급을 나열하여 개개 공무원별로 해당 등급에 표시하는 방법으로서 가장 오래되고 많이 이용되는 방법이

다. 우리나라에서 5급 이하 공무원 및 기능직의 평정에 이용하고 있다.

② 다수의 피평정자를 대상으로 평정할 때 편리하고, 평정표 작성과 사용이 용이하며, 상벌목적으로 이용하는데 효과가 있고, 평정결과의 계량화와 통계적 조정이 가능하다는 장점이 있는 반면, 평정자의 편견이나 주관적 가치가 반영될 우려가 많고 등급의 비교기준이 불명확하여 평정요소의 합리적 선정이 곤란하다는 문제와 함께 근무성적평정 시에 연쇄적 효과, 관대화, 집중화, 근접오류(쉽게 기억되는 사건이나 실적이 영향을 미치는 것)를 피하기 어렵다는 단점이 있다.

평가요소	정의	평가등급				
기획력	기획이 일목요연하며, 이해하기 쉽게 만든다.	매우 우수	우수	보통	미흡	매우 미흡

매우우수-5점, 우수-4점, 보통-3점, 미흡-2점, 매우미흡-1점

(2) 강제배분법

피평정자의 성적이 한 편으로 집중되는 것을 방지하기 위하여 강제로 평정비율을 할당하는 방법이다. 평정의 지나친 관대화경향, 집중화경향을 막기 위해 강제배분법을 선택한다.

* 우리나라의 경우 탁월(수 : 20%), 우수(우 : 40%), 보통(양 : 30%), 미흡(가 : 10%)으로 강제배분한다.

근무성적평정 양식

1. 평정요소별 평정(해당란에 ○표)

(1) 근무실적 : 추진실적 및 평소관찰결과 등을 감안하여 평정

(2) 직무수행능력 · 직무수행태도 : 자기기술서 기재내용과 평소관찰결과 등을 감안하여 평정

(3) 평정점수 : 매우우수(5점), 우수(4점), 보통(3점), 미흡(2점), 매우미흡(1점)

(4) 3가지 평정요소에서 1가지 요소가 70% 이상만 넘지 않으면 된다.

구분	병성요소	평정자					확인자				
		5점	4점	3점	2점	1점	5점	4점	3점	2점	1점
근무 실적	담당업무의 질과 양										
	수행업무의 질과 양										
	적시성										
	창의성										
	노력도										
	조직 · 사회 기여도										
	합 계 : 점	평정자 평점 : 점					확인자 평점 : 점				

직무수행능력	전문지식				
	이해판단력				
	업무추진력				
	종합실무능력				
	합 계 : 점	평정자 평점 : 점		확인자 평점 : 점	
수행태도	책임성				
	대민친절성				
	협조성				
	청렴도				
	합 계 : 점	평정자 평점 : 점		확인자 평점 : 점	

2. 종합평정

(1) 종합평정점 : 근무실적 총평점+직무수행능력 총평점+직무수행태도 총평점

(2) 총평점 : 구분별 평정요소평점(평정자평점+확인자평점)+구분별 가감점

(3) 가감점 : 임용권자가 정한 기준에 따라 구분별로 각각 5점 범위 내에서 가감

구 분	평정요소평점	가감점	총평점
근무실적			
직무수행			
능력직무수행태도			
종합평정점			점

3. 종합평정의견

평정자 의견	소 속 :	직 위 :	성 명 :	(서명)
확인자 의견	소 속 :	직 위 :	성 명	(서명)

2. 다면평가제(집단평정법)

(1) 다면평가제의 의의

다면평가제란 상사가 부하직원을 평가하는 기존의 하향식 방식(Top-Down)에서 탈피해 상사평가·동료평가·부하평가·고객평가·자기평가를 합산하는 전방위 평가방식으로 '360도 평가'라고도 한다. 다면평가제의 등장배경은 통솔범위의 확대, 팀 위주의 조직지향, 조직원들의 참여의식 확대, 내·외부 고객의 피드백이 중요, 지식노동자의 출현과 관련이 있다.

공무원 성과평가 등에 관한 규정 – 제28조

소속장관은 소속 공무원에 대한 능력개발 및 인사관리 등을 위하여 해당 공무원의 상급 또는 상위 공무원, 동료, 하급 또는 하위 공무원 및 민원인 등에 의한 다면평가를 실시할 수 있다. 또한 다면평가의 결과는 해당 공무원에게 공개할 수 있다.

---

(2) 다면평가제의 운영

i) 다면평가의 평가자는 상사·동료·부하·고객(민원인)으로 구분하고 피평가자를 공정하여 객관적으로 평가할 수 있는 업무관련자 중에서 일정수가 선정된다. ii) 대상공무원의 실적, 능력 등을 잘 아는 업무유관자로 구성(종래에는 다면평가의 결과를 인사고과에 활용함에 따라 populism적인 인기투표, 담합에 의한 평정의 경향이 발생하였다. 이에 따라 다면평가의 결과를 본인의 역량개발, 교육훈련 등에 활용토록하고, 승진, 전보, 성과급 지급 등에는 참고자료로만 활용되도록 개정되어 사실상 다면평가제가 유명무실화 되었다는 평가가 있다). iii) 소속공무원의 인적구성을 고려하여 공정하게 대표되도록 구성하여야 함. iv) 평가자의 익명성이 유지되도록 하여야 함.

(3) 다면평가제의 주요 골자(우리나라)

① 평정방법 : 온라인평가가 원칙이다.

② 평정자 : 다면평정에 참여하는 사람은 상사, 동료, 부하, 고객(민원인)으로서 총 7~15인 이내이다.

③ 평정자별 가중치 : 평정주체에 따라 점수의 가중치가 부여되어 있는데 상사 50%, 동료 30%, 부하 20%이다.

④ 사전교육 : 평정을 실시하기 전에 평정의 객관성과 공정성, 신뢰성을 보장하기 위하여 평정자들에 대하여 인사담당자가 사전교육을 실시하도록 되어 있다.

⑤ 자기평정 : 다면평정에 앞서 피평정자 본인이 업무실적기록을 제출하도록 되어 있다(일종의 자기평가).

⑥ 평정결과의 공개 및 이의신청 : 평정결과는 개인에게 통보하여 능력발전을 위한 피드백 장치로 활용하도록 하고 있으며, 평정결과에 이의가 있을 경우 5일 이내에 이의신청을 할 수 있다.

* 다면평정은 감독자평정을 보완하는 것으로서 의무적인 사항은 아니고 부처자율에 맡겨져 있으며(객관적 평정을 위하여 대부분의 부처가 현재 실시하고는 있으나 다면평정결과를 20~30% 정도를 반영하고 있는 실정), 다면평가의 결과는 해당 공무원에게 공개할 수 있고 소청심사도 인정되는 것으로 해석한다.

(4) 다면평가제의 장단점

1) 장점

① 능력발전 　　② 공정성·객관성 　　③ 충성심의 다원화

④ 분권화 촉진 　　⑤ 리더십 발전 　　⑥ 동기유발과 자기개발 촉진

2) 단점

① 갈등과 스트레스 　　② 절차의 복잡성

③ 형평성·신뢰성·정확성 저하 우려 　　④ 포퓰리즘(populism)으로 인한 목표의 왜곡

⑤ 피평정자의 무지와 일탈된 행동

1. 다면평가제에 관한 내용 중 가장 거리가 먼 것은?

① 인기보다는 능력 있는 사람이 더 우수한 평가를 받을 수 있는 제도이다.

② 여러 사람이 평가자로 참여해 평가함으로써 평가를 공정하게 하려는 제도이다.

③ 담합에 의해 평가결과에 왜곡이 나타날 수 있어 평가의 형평성이 저해될 수 있다.

④ 평가의 공정성, 정확성, 신뢰성을 높여준다.

정답 ①

해설 다면평가제는 상급자뿐 아니라 부하, 동료, 민간인까지를 평가주체로 참여시키는 방안이다. 상급자 평정에 비하여 객관적, 종합적이며 공정하고 평정의 신뢰성이 높아진다는 장점이 있으나 절차복잡, 비용과다, 인기 중시의 평가가 이루어진다는 단점이 있다.

2. 다면평가제도의 장점에 관한 설명으로 옳지 않은 것은?

① 다면평가는 평정자들이 평정의 취지와 방법을 잘 알고 있기 때문에 담합을 하거나 모략성 응답을 할 가능성이 적다.

② 다면평가는 조직구성원들로 하여금 자신의 장단점을 파악하여 자기역량 강화의 기회를 늘릴 수 있다.

③ 다면평가는 조직구성원들로 하여금 조직 내외의 모든 사람들과 원활한 인간관계를 증진시키려는 동기를 부여하게 된다.

④ 다면평가는 다수의 평가자에 의해 입체적이고 다면적인 평가를 시행하기 때문에 평가의 객관성과 공정성을 높일 수 있다.

정답 ①

해설 다면평가는 Top-Down방식의 한계를 극복하기 위하여 대부분 부처가 20~30%정도를 반영하고 있다. 다면평가는 여러 사람이 평가자로 참여해 평가함으로써 평가를 공정하게 하려는 제도이지만 참여의 범위가 크면 정확도가 떨어질 위험이 있으며, 대중영합주의(populism)가 나타날 수 있어 인기몰이식이나 담합에 의한 왜곡된 평가가 이뤄질 가능성이 높아 평가의 신뢰성이나 형평성을 저해할 우려가 있다.

3. 그 밖의 근무성적평정방법

(1) 인물비교법 : 평정자가 잘 알고 있는 부하직원 중 지식·능력 등 여러 특성이 가장 뛰어난 자, 보통인 자, 가장 뒤떨어진 자 등 3~7단계 정도에 상당하는 실제 사람을 선발하여 이들을 각 특성의 평정기준으로 삼는 방법으로 육군고과법이라고도 한다.

(2) 산출기록법 : 공무원 각자가 성취한 업무량 또는 일정한 업무량을 달성하는 데 소요되는 시간을 기록하여 그 총계로 공무원의 성적을 결정하는 방법이다. 단순하고 반복적인 업무를 평가하는 데는 적당하나, 산출량을 측정하기 어려운 직무에는 사용이 곤란하고, 피평정자의 성격이나 인간관계를 다루지 못한다는 단점이 있다.

(3) 강제선택법 : 비슷한 가치가 있다고 보통 생각하기 쉬운 단문들 중에서 피평정자의 특성에 가까운 것을 골라 표시하도록 강제하는 평정방법으로, 피평정자의 행동을 긍정적인 면과 부정적인 면으로 나누어 점수를 가감한다.

(4) 상대비교법 : 피평정자를 한 짝씩 상대적으로 비교하여 다른 사람보다 우수하다고 판정된 횟수로 판정하는 방법이다.

(5) 근무기준법 : 각 공무원의 과업에 대해서 근무기준(직무수행의 양, 정확도, 시간, 단위, 방법 등)을 설정하고 그 공무원이 어느 정도의 직무수행능력을 가지고 있는지 평가하는 방법이다.

(6) 서열(순위)법 : 피평정자의 수가 제한되었을 때 피평정자들을 상호비교하여 순위를 정하면서 평가하는 방법으로 소규모 집단에서 주로 사용한다. 집단의 규모가 작을 때 적합한 것(인물비교법, 쌍쌍비교법 = 피평정자를 두 사람씩 짝지어 비교하는 방법

평정요소 피평정자	직무양	창의력	업무 추진력	대민 친절성	직무 자질	전문 지식	책임성	순위 합계	종합순위
가	3	2	2	1	4	2	2	16	3
나	4	4	3	3	2	2	1	19	2
다	2	2	1	1	2	1	3	12	4
라	3	3	4	4	4	3	4	21	1

(7) 프롭스트 평정법(probst raing scale ; 체크리스트법) : 1930년 미네소타(Minnesota)주(州) 세인트 폴(St. Paul)시의 인사국에 근무하던 프롭스트(Probst, J. B)가 고안해낸 방법으로 성과나 평정특성에 관한 질문에 대해 찬성으로부터 반대, 적극적으로부터 소극적 방향으로 가부를 표시하여 평가한다. 각 질문마다 가중치를 배정하여 평가결과를 수량적으로 표시할 수 있으나, 시간이 많이 소요되고 전체적인 평가가 곤란하다는 단점이 있다(Y/N, 긍정/부정, 소극/적극).

(8) 중요사건기록법 : 피평자의 근무실적에 큰 영향을 주는 중요사건들을 평정자로 하여금 기술하게 하여 누적된 사건기록을 중심으로 평저하거나 또는 중요사건들에 대한 설명 문구를 미리 만들어 평정자로 하여금 해당되는 사건에 표시하게 하는 평정방법이다. 중요사건기록법은 막바지효과(최근의 사건을 중심으로 평가하는 방법) 등 시간적 오류를 방지할 수 있다.

(9) 행태기준평정척도법(BARS) : 도표식 평정척도법이 갖는 평정요소 및 등급의 모호성, 주관적 판단개입, 그리고 중요사건평정법이 갖는 상호비교의 곤란성을 보완하기 위하여 두 방법의 장점을 통합시킨 것이다. 즉, 주관적 판단을 배제하기 위하여 직무분석에 기초하여 직무와 관련된 중요한 과업분야를 선정하고, 각 과업분야에 대하여는 가장 이상적인 과업형

제01편

제02편

제03편

제04편

제05편

제06편

제07편

태에서부터 가장 바람직하지 못한 행태까지를 몇 개의 등급으로 구분한다. 각 등급마다 중요 형태를 명확하게 기술하고 점수를 할당함으로써평정자에게서 오는 오류를 줄일 수 있고, 척도설계과정에서 평정대상자가 참여함으로써 그의 신뢰와 적극적인 관심 및 참여를 기대할 수 있다.

평정대상자의 행태를 가장 대표할 수 있는 난에 체크 표시하여 주십시오. 평정요소 : 문제해결을 위한 협조성	
등급	행태유형
(　)6⇨	·스스로 해결할 수 없는 문제는 상관에게 자문을 받아 해결책을 모색한다.
(　)5⇨	·스스로 해결하려는 노력은 하나 가끔 잘못된 결과를 초래한다.
(　)4⇨	·일시적인 해결책으로 대응하여 문제가 계속 발생한다.
(　)3⇨	·부하직원의 의사를 고려하지 않고 독단적으로 결정을 내린다.
(　)2⇨	·문제해결을 할 때 개인적인 감정을 앞세운다.
(　)1⇨	·어떤 결정을 내려야 할 상황인데 결정을 회피하거나 계속 미룬다.

(10) 행태관찰척도법(BOS)

① 행태기준척도법에 도표식평정척도법을 결합한 방식으로 직무성과와 관련이 있는 중요 행위를 사전에 나열, 그러한 행위를 얼마나 자주 하는가에 대한 빈도를 표시하는 척도를 만들어 가는 평가

② 평정요소를 행태에 관해 다양하고 구체적인 사건, 사례를 기준으로 제시하여 평정

③ 바람직한 행동과 바람직하지 못한 행동과의 상호 배타성을 극복하고 피평정자에게 행태변화에 유용한 정보를 제공해 줄 수 있으며, 평정의 주관성과 임의성을 줄일 수 있다.

평정요소 : 부하직원과의 의사소통					
평가항목	등급				
·새 정책이나 내규가 시행 될 게 시판에 내용을 게시한다.	거의 관찰하지 못하였다. 1	2	3	매우자주 관찰하였다. 4	5
·주의력을 집중하여 대화에 임한다.	1	2	3	4	5

(11) 역량평가제

① 개념 : 공위공무원단제도의 도입에 따라 고위공무원으로서 요구되는 역량을 구비했는지를 사전에 검증하는 제도적 장치를 말한다.

② 평가방법 : 다양한 평가기법을 활용하여 실제와 유사한 모의 상황 등에서의 피평정자 행동 특성을 다수의 평가자가 평가

③ 평가역량 : 의사소통, 고객지향, 비전제시, 조정·통합, 결과지향, 전문가의식, 혁신주도, 문제의식·이해 전략적 사고 등

④ 특징 : 다수 평가자의 참여, 합의에 의해 평가 결과 도출

⑤ 유용성 : 교육훈련 수요예측 등 능력개발 시스템의 정립, 고위대상자 자질의 체계적 검증, 평가자료 인사운영 활용 등을 통한 공위직 인사의 신뢰성 및 공정성 확보

근무성적평정과 성과평가(2006. 1. 1. 개편)

1. 5급 이하 및 기능직의 근무성적평정

(1) 근무성적평가시기
   ① 정기평정 : 6월 30일과 12월 31일(연 2회)
   ② 수시평정 : 승진후보자명부의 조정사유가 발생한 경우에 실시

(2) 근무성적평가의 대상 : 5급 이하 공무원, 연구사 및 지도사, 기능직 공무원

(3) 평가자 및 확인자 : 근무성적평가의 평가자는 평가대상 공무원의 업무수행 과정 및 성과를 관찰할 수 있는 상급 또는 상위 감독자 중에서, 확인자는 평가자의 상급 또는 상위 감독자 중에서 각각 소속장관이 지정한다. 단, 평가자의 상급감독자가 없을 경우 확인자를 지정하지 아니할 수 있다.

(4) 근무성적평가의 평가항목
   ① 근무실적 및 직무수행능력으로 하되, 소속장관이 필요하다고 인정하는 경우에는 직무수행태도를 평가항목에 추가할 수 있다.
   ② 평가항목별 평가요소는 소속장관이 직급별·부서별 또는 업무분야별 직무의 특성을 반영하여 정한다.
   ③ 평가항목별 평가요소 : 부처 자율에 맡기되 기본항목과 요소는 다음과 같다.
      ㉠ 근무실적 : 업무난이도, 완성도, 적시성
      ㉡ 직무수행능력 : 기획력(의사전달력), 협상력(추진력), 신속성(팀워크), 성실성(고객지향성 등)

(5) 성과목표의 선정 : 소속장관은 당해 기관의 임무 등을 기초로 하여 평가대상 공무원이 평가자 및 확인자와 협의하여 성과목표 등을 선정하도록 하여야 한다. 단, 단순 반복적인 업무로서 성과목표 등을 선정하기에 적합하지 아니한 경우는 제외한다.

(6) 근무성적평가방법

① 평가자는 확인자와 협의하여 평가대상공무원의 근무실적 및 직무수행능력 등을 감안하여 평가단위별로 평가대상 공무원의 성과목표 달성정도 등을 고려하여 근무성적을 평가하여야 한다.

② 평가등급의 수는 3개 이상으로 하며, 최상위 등급의 인원은 20%, 최하위 등급의 인원은 10% 비율로 분포하도록 평가한다.

③ 평가자 및 확인자는 근무성적평가의 결과를 근무성적평가위원회에 제출하여야 한다.

(7) 근무성적평가위원회의 설치 : 근무성적평가 결과를 참작하여 평가대상 공무원에 대한 근무성적평가 점수를 정하고 근무성적평가 결과의 조정·이의신청 등에 관한 사항을 처리하기 위하여 승진후보자명부 작성단위 기관별로 근무성적평가위원회를 둔다.

(8) 근무성적평정의 절차(공통)

① 성과면담 등 : 평가자는 성과계약평가 또는 근무성적평가 정기평가를 실시하는 때에는 근무성적평정이 공정하고 타당성 있게 실시될 수 있도록 하기 위하여 근무성적평정 대상 공무원과 의견교환 등 성과면담을 실시하여야 한다.

> * **성과면담** 평가대상자와 평가자 간에 성과목표의 설정, 성과목표의 수행과정 및 결과의 평가와 평가결과의 환류 등에 관하여 상호 의견을 나누는 행위

② 근무성적평정결과의 공개 및 이의신청 등

㉠ 평가자는 근무성적평정을 일정한 기간을 두어 공개하도록 하였다.

㉡ 근무성적평정 대상 공무원은 평정결과에 이의가 있는 경우에는 확인자에게 이의를 신청할 수 있다. 단, 확인자가 없는 경우에는 평가자에게 이의를 신청할 수 있다.

㉢ 이의신청을 받은 확인자 또는 평가자는 신청한 내용이 타당하다고 판단하는 경우에는 당해 공무원에 대한 근무성적평정 결과를 조정할 수 있으며, 이의신청을 받아들이지 아니하는 경우에는 그 사유를 당해 공무원에게 설명하여야 한다.

㉣ 이의신청 결과에 불복하는 평가대상공무원은 근무성적평가위원회에 근무성적평가 결과의 조정을 신청할 수 있다.

> * **소청심사가 가능한가?** - 소청대상은 '위법한 불이익처분'을 대상으로 하는 것으로 근평은 위법한 처분으로 볼 수 없다. 근평결과에 대해서는 이의신청 및 조정신청 등 별도의 불복절차가 인정되고 있어 굳이 소청 대상으로 할 이유가 없다. 소청대상은 징계, 강임, 휴직, 면직, 직위해제, 복직거부, 봉급미지급 등이며, 소청 제외대상은 근평결과, 당연퇴직, 경력평정, 승진탈락 등이다.

③ 평가결과의 활용 : 소속장관은 성과계약평가 및 근무성적평가의 결과를 평가대상 공무원에 대한 승진임용·교육훈련·보직관리·특별승급 및 성과상여금 지급 등 각종 인사관리에 반영하여야 한다.

(9) 경력평정, 가점평정(5급 이하 및 기능직)-2007. 1. 1. 적용

   ① 경력평정의 대상 : 승진소요최저연수에 도달한 5급 이하 공무원, 연구사·지도사 및 기능직 공무원에 대하여는 그 경력을 평정하여 승진임용에 반영하여야 한다.

   ② 경력평정의 확인자 : 경력평정의 확인자는 각급 기관의 인사담당관이 된다.

   ③ 경력평정점의 산출 : 경력평정점의 총점은 30점을 만점으로 한다.

   ④ 가점평정 : 소속장관은 승진후보자명부를 작성할 경우에는 직무 관련 자격증의 소지 여부, 특정 직위 및 특수 지역에서의 근무경력, 근무성적평가 대상기간 중의 업무혁신 등 공적 사항, 그 밖에 직무의 특성 및 공헌도 등을 고려하여 해당 공무원에게 5점의 범위 안에서 가점을 부여할 수 있다.

2. 성과평가 - 직무성과계약제(Job Performance Agreement)

(1) 법적 근거 : 공무원 성과평가 등에 관한 규정

   종전 '공무원평정규정'을 '공무원 성과평가 등에 관한 규정'으로 변경(2006. 1. 1)

(2) 평가시기(성과계약평가) : 매년 12월 31일(연 1회)

(3) 성과계약평가(4급 이상, 고위공무원단)

   ① 성과계약평가의 대상 : 4급 이상 공무원 및 연구관·지도관으로 하되, 소속장관이 성과계약평가가 적합하다고 인정하는 경우 5급 이하도 가능

     * 성과계약 평가대상자와 평가자 간에 이루어지는 성과목표·평가지표 및 평가결과의 활용 등에 대한 합의

   ② 평가자 및 확인자 : 평가자는 평가대상 공무원의 업무수행 과정 및 성과를 관찰할 수 있는 상급 또는 상위 감독자 중에서, 확인자는 평가자의 상급 또는 상위 감독자 중에서 각각 소속장관이 지정한다. 단, 평가자의 상급감독자가 없을 경우 확인자를 지정하지 아니할 수 있다.

(4) 성과계약의 체결 : 소속장관은 평가대상공무원과 평가자 간에 성과계약을 체결토록 하여야 한다(기관장 또는 부기관장과 실·국장급 간, 실·국장급과 과장급 간 등 직근 상·하급자 간에 체결).

(5) 성과계약평가 : 평가자는 평가대상기간 중 평가대상공무원의 소관업무에 대한 성과계약의 성과목표 달성도를 감안하여 평가대상 공무원별로 평가하되, 평가등급의 수는 3개 이상으로 평가한다.

1. 우리나라의 근무성적평정제도에 대한 설명이 사실과 다른 것은?

① 평가자는 근무성적평정 대상 공무원의 요청이 있는 경우에는 당해 공무원에 대한 근무성적평정 결과를 즉시 알려주어야(공개해야) 한다.

② 4급 이상 및 고위공무원단에 속하는 자는 성과계약에 의한 목표달성도를 연 1회 평가한다.

③ 5급 이하 및 기능직은 근무실적 및 능력에 대한 근무성적평가와 경력평가를 연 2회 실시한다.

④ 평가자는 성과계약 평가 또는 근무성적평가 정기평가를 실시하는 때에는 근무성적평정이 공정하고 타당성 있게 실시될 수 있도록 하기 위하여 근무성적평정 대상 공무원과 의견교환 등 성과면담(상담)을 3회 이상 실시하여야 한다.

정답 ④

해설 평가자는 성과계약 평가 또는 근무성적평가 정기평가를 실시하는 때에는 근무성적평정이 공정하고 타당성 있게 실시될 수 있도록 하기 위하여 근무성적평정 대상 공무원과 의견교환 등 성과면담을 실시하도록 하고 있으나 회수가 3회 이상으로 정해져 있지는 않다. ②의 경우 성과계약평가는 12월 31일을 기준으로 하여 연 1회 실시한다. ③의 경우 근무성적평가는 정기평가 및 수시평가로, 경력평정은 정기평정 및 수시평정으로 각각 구분하여 실시하되, 정기평가 또는 정기평정은 6월 30일과 12월 31일을 기준으로 하여 연 2회 실시한다.

2. 최근 공공부문에서는 다양한 분야의 성과관리제도가 강조되고 있다. 다음 중 개인적 차원의 성과관리제도와 연관이 깊은 것은?

① 직무성과계약제   ② 성과평가
③ 균형성과관리(BSC : Balanced Score Card)   ④ 성과계획서 및 성과보고서

정답 ①

해설 직무성과계약제(Job Performance Agreement)는 장·차관 등 기관의 책임자와 실·국장, 과장, 팀장 간에 성과목표와 지표 등에 대해 합의하여 top-down 방식으로 직근상하급자 간에 공식적인 성과 계약을 체결하고, 그 이행도를 평가지표 측정결과를 토대로 계약당사자 상호간 면담을 통해 평가하고, 결과를 성과급, 승진 등에 반영하는 개인차원의 성과관리시스템이다. ②의 성과평가는 성과계획서에 나타난 실·국단위의 성과목표의 달성도를 평가하는 것을 말한다. ③의 균형성과관리(BSC)는 조직 전반의 성과관리방법이며, ④ 성과계획서(Performance Plan)는 주요 재정사업을 통해 달성하고자 하는 향후 5개년 전략목표 및 성과목표의 달성방법을 기술한 실·국단위의 보고서이다.

🔔 평정상 착오(錯誤) 및 문제점

1. 평정상 착오

1) 연쇄효과(후광·현혹효과; halo effect)

① 어떤 평정대상에 대한 전체적 인상에 따라 개개의 특성을 평정해 버리는 경향이나 타 평정요소의 결과에 의해 영향을 받는 현상을 말한다. 또한 평정자가 피평정자에 대하여 가지고 있는 막연한 일반적 인상이 모든 평정요소에 영향을 미치는 효과를 말한다.

② 사물의 한 가지 특성이 다른 특성을 이해하는 데 영향을 주는 것으로서, 전반적으로 좋은 인상을 주지 못한 자는 대체로 모든 특성에 대해 좋지 않다고 판정되는 경향(도표식 평정에서 주로 나타남.)

③ 방지대책 : 강제선택법을 사용하여 평정요소간의 연상 효과를 가능한 한 배제, 각 평정요소별로 모든 피평정자를 순차적으로 평정, 유사한 평정요소를 멀어지게 하는 등 요소별 배열 순서에 유의

2) 집중화 경향(central tendency)

① 보통 또는 중심점에 평정이 집중하는 경향, 극단적 평정은 되도록 피하려는 경향

② 우리나라에서는 이것을 방지하기 위해 강제배분법 사용

3) 관대화 경향(tendency of leniency)

① 집중화경향과 유사하나 평정이 관대한 쪽, 즉 우수한 쪽에 집중되어 피평정자를 실제보다 높게 평정하는 경향

② 특히 잘 알거나 친한 사람의 경우 강하게 작용

4) 엄격화 경향(tendency of strictness)

평정결과의 점수분포가 낮은 쪽에 집중되는 경향을 말한다. 이를 방지하기 위해 강제배분법이 활용된다.

5) 해바라기 효과(sunflower effect)

관리자가 최고관리자에 대하여 자기 자신의 유능함을 나타내기 위하여 자기부하직원에 대한 평정을 사실과는 다르게 후하게 평점하는 것이다. 즉, 자기가 지휘·감독하고 있는 직원은 모두가 훌륭하며 따라서 평정도 좋게 되는 경향이다

6) 고정관념(상동적, 유형화, 스테레오) 오류

사람에 대한 경직적인 편견을 가진 지각을 뜻하는 것으로, 공무원에 대한 평가가 그가 속한 사회적 집단에 대한 지각을 기초로 해서 이루어지는 것을 말하며 W. Lippmann에 의해 고안되었다.

예 안경 쓴 사람은 지식수준이 높을 것이라 평정을 하는 것

7) 규칙적(일관적, 체계적) 오류(systemic error)

① 한 평정자가 다른 평정자들에 비해 대체로 과대 또는 과소평가하는 것

② 평정자가 가진 평정기준이 다른 사람보다 높거나 낮은 데서 비롯되는 총계적 착오이다. 모든 평정자들의 평점평균에서 위로 또는 아래로 이탈하는 착오를 총합한 계산상의 개념으로, 다른 평정자보다 경우에 따라서 불규칙하게 높게도 평정하고 낮게도 평정하는 것

8) 총계적 오류(total error)

평정자의 평가기준이 일정치 않아 관대화 및 엄격화 경향이 불규칙하게 나타나는 오류를 말한다. 규칙의 오류와 달리 총계적 오류 발생 시 점수의 사후적 조정이 불가능하다.

9) 논리적(이론적) 착오(logical error)

① 평정과정에서 논리적 상관관계가 있는 양 요소 중 하나의 요소가 특별히 좋거나 혹은 아주 낮은 점수를 받았을 때 상관관계에 있는 다른 요소도 높게 혹은 낮게 평정하는 경향
② 기억력이 높으면 지식이 높다든가, 작업량이 많으면 숙련도가 높다고 평가하는 것 등

10) 유사성 착오(similarity error)

평정자가 자기와 유사한 사람에게 후한 평정을 주는 경향

11) 대비적 착오

가장 우수한 사람을 먼저 평정하게 되면 뒤에 평정을 받는 사람에게 박한 평점을 주고, 반대로 가장 열등한 사람을 먼저 평정하게 되면 뒤에 받는 사람에게 비교적 후한 평점을 주는 것

12) 시간적 오류(근접오류)

최근의 실적이나 능력중심으로 피평정자를 평가하려는 데서 생기는 오류로 가장 최근의 정보만을 너무 중시하는데서 오는 오류(MBO와 같은 객관적인 평가센타가 필요)
① 첫머리 효과(primacy effect, 최초효과) : 전체 기간의 근무성적을 평가하기보다는 초기의 업적에 영향을 크게 받는 효과
② 막바지 효과(recently effect, 근접효과) : 전체 기간의 근무성적을 평가하기보다는 최근의 실적이나 능력을 중심으로 평가하는 효과
③ 방지대책 : 독립된 평가센터 설치·운영, MBO평정방식, 중요사건기록법 등

13) 주관의 객관화

자신의 특성이나 관점을 타인에게 전가시키는 경향으로 능력 없는 감독자가 자기 자신에 대한 비난을 자기 동료나 상사 혹은 부하를 비난하면서 전가

14) 지각적 방어

자신이 지각할 수 있는 사실만 집중적으로 살피는 반면, 보고 싶지 않은 것은 외면하는 경향

① 선택적 지각 : 부분적인 정보만을 받아들여 판단을 내리는 것

② 방어적 지각 : 자신의 습성이나 고정관념에 어긋나는 정보를 회피하거나 왜곡시키는 것

15) 이기적 착오(귀속적 착오, 투사)

자신의 실패에 대한 책임은 지지 않고 성공에 대한 개인적 공론만 강조하려는 것으로서 타인의 성공을 평가할 때에는 개인적인 요인보다는 상황적 요인을 높게 평가하고 실패를 평가할 때에는 상황적 요인보다는 개인적 요인을 높게 평가하려는 경향을 말한다. 이와 유사하게 자신의 성공을 평가할 때에는 개인적 요인을 높게 평가하고 실패를 평가할 때에는 상황적 요인을 높게 평가하려는 경향이 있는데 이러한 경향은 이기적 착오에 해당한다.

16) 기대성 착오

사전에 가지고 있는 기대에 따라 무비판적으로 사실을 지각하는 것

17) 피그말리온 효과(pigmalion effect ; 로젠탈 효과)

자기 충족적 예언효과를 의미하는 것으로 예언한 대로 행동하고 판단하는 것

18) 귀인적 편견

드러나는 행위를 기초로 해서 관찰자가 자신이나 피평정자의 내적 상태를 추론함으로써 발생하는 오류

제01편
제02편
제03편
제05편
제06편
제07편

2. 평정상 착오의 문제점

(1) 타당도·객관도·신뢰도의 확보가 어려움 (2) 공정한 평정자의 확보 곤란

(3) 주관배제의 곤란 (4) halo effect(연쇄효과) 및 관대화·집중화경향

(5) 장래 발전가능성은 평정 곤란 (6) 표준화의 곤란

(7) 심리적 긴장감 유발 (8) 실제 행태변화에는 비효과적 등

✎ **대표유형문제** ··········

평정자인 A팀장은 B팀원이 성실하기 때문에, 창의적이고 청렴할 것이라고 판단하여 평정하였다. 이는 인사평정의 오류 중에 어떤 오류에 해당하는가?

① 선입견 ② 집중화 ③ 관대화 ④ 후광효과

해설　전반적인 인상이나 다른 평정요소의 평가결과가 평정에 영향을 미치는 현상은 후광효과 내지는 연쇄효과에 해당한다. ①의 선입견 및 고정관념에 의한 오류는 상동적 오류(stereo-type)에 해당한다.

2. 근무성적 평정시 어떤 평정자가 다른 평정자보다 언제나 좋은 점수 또는 나쁜 점수를 주는 오류는?

① 엄격화 경향 (tendency of strictness)　　② 규칙적 오류 (systematic)
③ 총계적 오류 (total error)　　　　　　　　④ 선입견에 의한 오류 (prejudice error)

해설　규칙적 오류는 다른 사람에 비하여 점수를 높게 주거나 혹은 낮게 주는 것으로 평정자의 가 가치관과 기준의 차이에서 연유된다. 총계적 오류는 총점이 다른 사람과 차이가 있지만 규칙적이 아닌 불규칙적 오류라는 점에서 규칙적 오류와 차이가 있다.

제 **04** 장

공무원의 사기

01 사기(士氣)

 사기

1. 사기의 의의

(1) 사기의 개념

조직구성원들이 조직 공통목표의 효율적 달성을 위해서 자발적인 근무의욕 또는 집단의 응집성(단결력)을 갖는 것을 말한다. 1930년대의 인간관계론 이후부터 중시되었다.

(2) 사기의 성격

① 개인적·자발적 성격 : 개인의 적극적·자발적인 근무의욕

②집단적·조직적 성격 : 조직전체의 목표달성에 이바지하려는 협동정신·단체정신 및 응집력

③ 사회적 성격 : 사기는 사회적 가치 또는 발전에 공헌하는 것이어야 한다.

(3) 사기의 특징

① 사기는 주관적·상대적인 것이며, 인간의 욕구이론이 그 바탕이 되고 있다.

② 사기는 자발적·지속적 근무의욕으로 사회성과 협력성을 지니고 직무와 관련된다.

③ 집단측면의 사기는 단순한 개인 만족감의 총합이 아닌 응집성이나 협동성 등과 관련된다.

2. 사기의 효용성

(1) 생산성 제고(사기는 생산성에 부분적으로 영향을 미침.)

(2) 충성심과 일체감의 강화, 창의성과 쇄신성의 발휘

(3) 공직에 대한 자긍심 제고, 공직윤리의 확립에 기여

(4) 공직의 전문성 제고

3. 사기의 결정요인

전체적인 근무상황과 직책에 대한 사회적 평가, 인간관계, 개인목표 등의 요인이 사기에 영향을 미친다. 과학적 관리법이나 전통적 이론에서는 경제적 욕구충족을 가장 중요시하였고, 인간관계론의 입장에서는 심리적 만족을 가장 중요시하였으며, 복합적 인간관을 주장하는 사람들은 복합적 욕구를 충족할 때 사기가 앙양된다고 한다.

(1) 물적·경제적 요인 : 물질적 욕구충족의 수단으로서의 보수, 연금, 작업환경을 포함한 적절한 근무환경 등을 들 수 있다.

(2) 사회심리적 요인 : 성취감, 성공감, 안정감, 일체감, 참여감 등을 들 수 있다.

> * 사기와 생산성과의 관계사기는 생산성에 영향을 미치는 개별적 요소에 불과하다. Herzberg는 사기와 생산성은 밀접한 관계가 있다고 생각하여 사기향상은 항상 생산성 향상을 가져온다고 보았으나, Tannenbaum, Schmidt, Vroom은 이를 부인하고 사기의 향상은 언제나 생산성 향상을 가져온 것이 아니라고 보았다. 즉, 사기는 생산성에 영향을 미치는 여러 복합요인 중 하나이다.

🍳 사기의 측정

1. 사기측정의 필요성

(1) 상향적 의사전달 촉진 : 직원들의 사기를 측정하는 것은 간접적으로 부하들의 의사를 상사에게 전달하는 효과를 갖는다.

(2) 관리층이 구성원의 사기수준 파악 : 관리층이 부하들의 사기수준을 파악하면, 현재 업무의 생산성에 대한 간접적인 정보를 습득할 수 있다.

(3) 교육훈련의 수요 파악 : 사기가 적을수록 구성원들에 대한 교육훈련의 필요성이 커진다.

(4) 조사대상자·조사자의 태도변화에 기여 등

2. 사기측정방법

(1) 태도조사 : 작업조건, 환경, 급여, 노동시간, 상관·동료에 대한 인식, 개인적 만족감 등 직

무와 관계된 여러 요소들에 대한 구성원의 태도를 조사하고 불평을 분석하여, 사기저하요인을 제거하고 조직목표달성에 기여하도록 구성원의 태도를 변화시키기 위한 조사이다.

📖 면접법, 질문지법, 투사법

(2) 투사법(투영법) : 피조사자가 무엇에 관해 조사받는지 모르는 가운데 솔직하게 생각을 노출하게 하여 그 결과를 해석·분석하는 조사방법이다.

(3) 사회적 측정법(sociometry) : 모레노(Moreno)가 1953년 「Who shall service?」에서 창안한 것으로 구성원 상호간의 심리적 선호, 즉 견인·반발관계를 파악하는 방법이다. 집단 간의 분리, 결합, 구성원의 사회적 지위, 역량, 교우관계 등을 조사하여 도표로 나타내는 관계도이다.

(4) 근무관계 기록조사 : 생산성, 출·퇴근 상황, 퇴직률, 이직률, 사고율, 고충처리, 징계, 훈련, 근무성적평정, 제안 등 집단생활을 하면서 나타나는 구성원의 행태나 그 결과에 대한 기록을 분석하여 사기를 조사하는 방법이다.

🎣 사기의 저하이유와 제고방안

사기의 저하이유	제고방안
① 적정생활비 이하의 보수	① 보수의 적정화, 민간보수 수준과의 균형
② 공직에 대한 낮은 사회적 평가	② 민주적 공직관 확립, 연금제도, 휴양제도 실시
③ 공무원의 신분보장 불안정	③ 인사관리의 공정성·합리성 보장
④ 승진·보직 결정에 있어 공정성 결여	④ 고충처리제도, 제안제도와 포상 등의 활용
	⑤ 공무원단체의 육성, 인사상담제의 실시

✒️ 대표유형문제

공무원의 사기양양 방법 중 사회적 욕구를 충족시키는 방법은?

① 연금제도　　　　　　　　　　② 직무확충

③ 각종 상담제도　　　　　　　　④ 공무원 신분보장

정답 ③

해설　Maslow 5단계욕구 중 각종 상담제도는 사회적 욕구이다. ①은 안전욕구, ②는 자아실현 욕구, ④는 안전욕구에 해당

제01편

제02편

제03편

제04편

제05편

제06편

제07편

02 | 보수

보수의 의의

1. 보수의 개념

보수란 공무원이 공직에서 봉사한 것에 대하여 국가 및 정부가 지급하는 금전적인 보상을 말한다. 공무원의 보수는 근무조건과 행정능률에 영향을 미치는 중요한 요소이며, 부정부패 및 비리와 밀접한 관련이 있다. 현재 우리나라 보수관리기관은 행정안전부이다.

2. 공무원 보수의 특징

(1) 경직성(硬直性) : 국가예산 중 차지하는 비중이 높으며, 예산의 탄력성이 적고 경직도가 높다.

(2) 비시장성(非市場性) : 공무원의 근무의 대가나 경제적 가치를 화폐나 시장가치로 환산하기가 곤란하다.

(3) 단체행동(團體行動)의 제약 : 보수요구를 위한 단체행위를 할 수 없다.

(4) 국가재정과 관련 : 공무원 보수는 국가재정과 매우 밀접한 관련을 갖는다.

(5) 동일 직무, 동일 보수의 적용 곤란 : 직종·직무가 복잡다양하여 직무급의 수립이 어렵다.

보수수준의 기본원칙과 결정요인

1. 보수의 기본원칙

(1) 대외적 균형의 원칙 : 사기업 보수와 비교하여 결정

(2) 대내적 균형의 원칙 : 차별요인을 명확히 하여 상대적 균형

(3) 보수법정주의 원칙 : 공무원의 보수는 법에 엄격히 규정

(4) 중복지급금지의 원칙 : 중복이 있을 시 둘 중 더 많은 것 지급

(5) 직무급의 원칙 : 직무내용, 책임도, 자격요건 등에 상응하는 보수결정의 원칙

(6) 보수수준의 표준화 원칙 : 등급별 봉급표 작성

(7) 비교균형의 원칙 : 표준생계비, 물가, 민간기업의 임금수준 등과 비교

(8) 근무능률의 원칙 : 성적에 따라 급여 증액

(9) 보수조정의 원칙 : 국무총리 소속 하에 공무원 보수조정심의위원회 설치

(10) 기타 : 특별한 근무수당을 지급하는 원칙, 부양가족 수당급여의 원칙, 직무에 적당한 수당을 급여하는 원칙 등

2. 보수수준의 결정요인(정부재정력을 상한선으로 생계비를 하한선으로)

(1) 국민경제적 요인 : 민간기업의 임금수준, 정부의 지불능력(국민의 담세능력), 정부의 경제정책, 물가수준 등

(2) 사회적·윤리적 요인 : 생활수준, 인원수, 생계비 지급의 윤리적 의무(정부는 모범적 고용자로서 공무원의 생계유지를 보장해주어야 한다.) 등

* 생계비 적정수준 생계비의 범위를 어디까지 보느냐에 따라 생계비 적정수준은 빈곤수준, 최저생활수준, 안락수준, 문화수준 등으로 구분된다. 이중 공무원 보수는 건강·품위유지수준을 확보할 수 있는 수준이 되어야 한다.

(3) 부가적·정책적 요인 : 보수 외 편익·특혜, 즉 휴가·병가제도, 연금제도, 신분보장, 사회복지제도, 퇴직수당 등 근무의욕·행정능률을 제고시킬 수 있는 정책적 요인

📗 보수체계와 보수표 작성

1. 보수체계

우리나라는 생활급체계를 원칙으로 하면서 직무급 가미(국가공무원법 제46조)

(1) 생활급 : 보수기준을 공무원과 그 가족의 생계비에 두는 제도로, 주로 계급제 채택 국가에서 적용된다.

(2) 직무급

① '동일 직무에 대한 동일 보수' 원칙에 입각하여 공무원이 수행하고 있는 직무기준으로 보수를 결정하는 제도로, 주로 직위분류제 채택 국가에서 적용

② 공무원 개인의 능력을 고려하지 않는 근속직급으로서 노동력이라는 인적 측면을 고려하지 않으며, 노동의 가치만을 고려하는 제도(당해 직무를 수행하는 데 투입되는 노동의 상대적 가치를 기준으로 보수를 결정)

③ 직무수행의 현실적 결과(성과)보다는 성과를 낼 수 있는 직무수행의 잠재적 가능성에 따라 보수를 지급

④ 직무에 따라 기업의 평균임금을 그 기준으로 삼아 보수를 결정하는 것

(3) 기본급 : 일반적으로 공무원의 자격·능력·학력·연령·근속연한·등급·직무의 양과 질 등에 의해 결정되는 고정비

(4) 부가급 : 특수한 근무조건이나 생활조건을 고려하거나 능률향상을 위해 지급되는 각종 수당

(5) 성과급 : 업적급, 실적급, 능률급, 유인급, 장려급 등으로 불리기도 하는 성과급은 직무수행의 결과 또는 산출고를 기준(조직에 기여할 수 있는 잠재성이 아니라 현실화된 기여도를 기초로 산출)으로 결정하는 보수이다.

최근 성과중심의 인사체계 구축을 위하여 OECD선진국을 중심으로 성과급을 적극 도입하고 있으며, 우리나라도 3급 이상 공무원에 성과급을 적용(1998. 12. 31)하고 있다.

(6) 직능급

① 노동력의 가치란 당해직무를 수행하는 데 투입되는 직무수행능력의 상대적 가치를 말하는 것으로 이를 기준으로 보수를 지급하는 것이 직능급이며, 직능급은 직무+능력, 즉 노동력의 가치에 따라 보수를 지급하는 제도이다.

② 직무수행능력의 신장도에 따라 보수를 지급한다.

(7) 근속급 : 근속연한에 따라 지급하는 연공급

개별보수체계의 결정원칙

원 칙	중 점	기준(보수제도)
생활보장의 원칙	생계비 수준에 상응	생계비(생활급)
	근무연수에 상응	연공(연공급)
노동 대가의 원칙	노동(업무)의 가치에 상응	직무(직무급)
	노동력(능력)의 가치에 상응	능력(직능급)
	노동성과(업적)의 가치에 상응	성과(성과급)

2. 보수표의 작성

(1) 등급의 수 : 등급의 수를 세분할수록 동일 직무·동일 보수의 원칙, 즉 직무급 실현을 잘 할 수 있지만 이를 지나치게 세분하면 사실상 등급 간의 차액이 적어져서 무의미하게 되고 사무만 복잡(보수관리가 복잡)해진다. 일반적으로 계급제보다 직위분류제하에서 보수등급이 많다.

(2) 등급의 폭(호봉) : 각 등급을 단일액이 아니라 근무연한에 따라 몇 개의 보수액의 단계(호봉) 또는 폭을 두는 것을 말한다. 단일호봉으로 하지 않고 복수로 하는 것은 근무연한에 따른 공무원의 능력향상, 장기근속자에 대한 우대, 근무실적을 보상하여 근무의욕 제고, 능률성 향상, 직업공무원제 확립 등에 목적이 있다.

  * **승급(승격)** 동일 등급 내에서 호봉이 올라가는 것으로, 기준은 근무연한과 실적이다. 등급상 변동은 없으므로 승진과 다르다.

(3) 등급 간 중첩 : 하위등급 보수의 최고액과 상위등급 보수의 최저액이 부분적으로 중복(겹침)되는 것이다. 이 중첩의 인정으로 승진이 어려운 장기근속자의 의욕제고가 가능하나, 단기적 차원에서 등급의 수가 줄어들어(이질적 직급을 포함시킬 수 있어서 등급의 수가 많아지는 것을 통제할 수 있다. - 계급제에서 발생) 승진기회가 줄어든다.

(4) 보수곡선 : 보수액을 등급에 따라 도표상에 표시할 때 고위직으로 갈수록 보수가 급증하여 J자형태를 띠게 된다. 실제 중요기능을 담당하는 고위직 공무원을 우대하여 승진에의 동기부여를 기하려는 것이다.

 * **하후상박형** 하위직의 보수는 기업체 임금에 비해 상대적으로 높으나, 상위계급에서는 기업체 임금에 비해 상대적으로 낮다.

(5) 근속가봉(勤續加俸 ; longevity) : 근무기간이 늘어남에 따라 승급액을 크게 하거나 승급기간을 짧게 함으로써 장기근속자를 우대하는 것이다. 또한 직업공무원제의 확립에 기여하며, 우리나라는 교육직에 적용된다. 그러나 승진의욕이 감퇴되며, 공직이 침체되기 때문에 계급정년제에 의해 보완되거나 승진이 어려운 직위에 적용해야 한다.

(6) 수당 : 모든 공무원이 일률적으로 받는 금액을 말하는 것이 아니라 일부 공무원이 타(他)와 사정을 달리하는 경우에 지급된다. 대체로 계급제 국가와 보수행정이 합리화되어 있지 않은 곳에서 수당의 종류가 늘어난다.

(7) 계급제와 직위분류제의 보수표 비교

구 분	계급제	직위분류제
종 류	생활급	직무급
형 태	동일계급 동일보수	동일직무 동일보수
등급 간 중첩	발생(등급의 수가 줄어 듦)	발생하지 않음.
등급의 수	적다.	많다.
등급의 폭	크다.	적다.
수당의 종류	많다.	적다.
보수의 합리화	용이하지 못함.	용이
연 금	비기여제(국가부담)	기여제(국가+공무원)

🖊 대표유형문제 ··

공무원의 보수수준의 결정과 관련한 설명 중 틀린 것은?

① 공무원 보수를 지나치게 높게 책정하면 사회 다른 부문의 우수한 인재를 빼앗아 오게 되어 사회전체의 효용을 떨어뜨리게 된다.

② 신국정관리(New Governance)관점을 활용함으로써 시장가격의 적용이 용이하다.

③ 근무성과에 따라 보수를 지급하는 것이 합리적이다.

④ 직무에 따라 기업의 평균 임금을 그 기준으로 삼아 보수를 결정하는 것이 직무급이다.

해설 공무원 보수는 공무원의 근무 대가나 경제적 가치를 화폐나 시장가치로 환산하기 곤란하기에 비시장성(非市場性)을 지닌다.

보수와 관련된 제도

1. 총액인건비제도(2005. 7. 시행)

2005년 7월부터 일부 중앙행정기관(중앙인사위, 행정자치부, 기획예산처 등)을 대상으로 인건비 총액의 범위 안에서 보수결정의 자율성을 부여하는 총액인건비제를 시범운영하였다. 이 경우 보수지급기관, 연봉제 적용대상공무원에 대한 성과연봉지급률 등에 있어서 예외를 인정하도록 하며, 총액인건비제를 시범운영하는 중앙행정기관에는 보수조정심의위원회를 두도록 하였다. 현재는 전반적으로 이 제도를 도입·운영하고 있는 실정이다.

총액인건비제도는 행자부가 국가공무원의 총정원수와 각 부처별 정원의 상한선만 관리할 뿐 구체적인 정원책정, 채용규모 및 채용형태는 각 부처가 자율적으로 정하게 된다.

① 인건비 총액 한도 내에서 계급에 따른 인력규모의 조정과 기구설치에 대한 재량권이 인정된다.

② 보수 중 성과상여금과 같은 성과향상 항목에 대해서는 지급액의 증감이 인정된다.

③ 국(局) 단위 이상 기구는 현행직제 규정대로 운영하되 과(課)단위기구만 자율성이 인정된다.

④ 총정원과 국단위 이상 기구는 현행 직제규정대로 운영하되 과단위기구와 3·4급 이하의 계급별·직급별 정원에 대해서는 자율권이 인정된다. 총정원의 경우 직제(대통령령)상 규정된 정원의 3%범위 안에서는 자율적으로 증감운영이 가능하지만 어디까지나 총정원은 대통령령에 규정되어 통제를 받는다.

⑤ 생산성 제공에는 도움이 되나, 총정원만 관리하므로 무분별한 상위직의 증설로 직급인플레가 발생할 수도 있다.

2. 임금피크제(pay peak system)

(1) 임금피크제란 정년 전까지 연공서열에 따라 계속 임금이 상승하는 종전의 연공서열급과 달리, 생계비가 가장 많이 드는 중·장년기에 가장 많은 보수를 지급하다가 일정연령을 지나면 보수가 감소하는 제도이다. 가장 생계비가 많이 드는 중·장년기에 임금을 많이 주고 정년 직전 노쇠하여 근로성과가 감퇴하는 것을 임금에 반영시키는 제도로서, 라이프사이클에 따라 실질적인 생계비를 보장받을 수 있도록 보수를 생계비와 연동시킨 제도이다.

(2) 일정연령을 넘은 근로자에 대해 고용을 정년까지 보장하지만 급여 수준을 낮추는 '임금피크제'를 공직사회에 도입키로 하고 공기업에 우선적으로 적용하는 방안을 추진 중이다. 이 제도는 국가공무원법상 신분이 보장된 공무원에게는 바로 적용하기 어려운 만큼 시범적으로 공기업에 우선 도입을 추진하기로 하였다.

(3) 현재 신용보증기금은 58세까지 정년을 보장하되 55세부터는 임금이 점차 낮아지고 58세 이후엔 개인에 따라 계약직으로 전환해 60세까지 일할 수 있는 '임금피크제'를 도입해 시행 중에 있다.

(4) 임금피그제 모양은 종모양을 하고 있다.

1. 현행 총액인건비제에 대한 설명으로 옳지 않은 것은?

① 인건비 총액 한도 내에서 계급에 따른 인력규모의 조정과 기구설치에 대한 재량권이 인정된다.
② 보수 중 성과상여금과 같은 성과향상 항목에 대해서는 지급액의 증감이 인정된다.
③ 국단위 이상 기구는 현행직제 규정대로 운영하되 과단위기구만 자율성이 인정된다.
④ 총정원과 계급별 직급별 정원에 대해 자율권이 인정된다.

정답 ④

해설 총정원과 국단위 이상 기구는 현행 직제규정대로 운영하되 과단위기구와 3·4급 이하의 계급별·직급별 정원에 대해서는 자율권이 인정된다.

2. 총액인건비제도의 운영 목표와 가장 거리가 먼 것은?

① 민주적 통제의 강화
② 성과와 보상의 연계 강화
③ 자율과 책임의 조화
④ 기관운영의 자율성 제고

정답 ①

해설 2005년 7월부터 일부 중앙행정기관(중앙인사위, 행정자치부, 기획예산처 등)을 대상으로 인건비 총액의 범위 안에서 보수결정의 자율성을 부여하는 총액인건비제를 시범운영하였다. 이 경우 보수지급기관, 연봉제 적용대상공무원에 대한 성과연봉지급률 등에 있어서 예외를 인정하도록 하며, 총액인건비제를 시범운영하는 중앙행정기관에는 보수조정심의위원회를 두도록 하였다. 현재는 전반적으로 이 제도를 도입·운영하고 있는 실정이다. 총액인건비제도는 총액인건비 범위 내에서는 인사운영의 자율성을 부여하기 위한 제도로 민주적 통제보다는 기구·인력·예산·정원운영상 자율성을 부여하여 자율과 성과와 책임을 조화시키려는 인사제도이다.

3. 임금피크제(pay peak system)에 대한 다음 설명 중 틀린 것은?

① 55세부터는 임금이 점차 낮아지고 58세 이후엔 개인에 따라 계약직으로 전환해 60세까지 일할 수 있는 제도이다.
② 임금곡선이 J자 모양을 이루게 된다.
③ 생계비가 가장 많이 드는 중·장년기에 가장 많은 보수를 지급하다가 일정연령을 지나면 보수가 감소하는 제도이다.
④ 라이프사이클에 따라 실질적인 생계비를 보장받을 수 있도록 하는 보수를 생계비와 연동시킨 제도이다.

정답 ②

해설 J자모양의 곡선은 전통적인 연공급 보수곡선에 해당한다. 임금피크제는 종모양의 형태를 지닌다.

제 **05** 장

공무원의 근무규율

01 공무원의 정치적 중립

🥄 정치적 중립의 의의

1. 정치적 중립의 개념

　공무원은 국가의 봉사자로서 공무를 수행함에 있어서 비당파성·비정치성·공평성을 유지·준수해야 하며, 정당은 공무원에 대한 정치활동의 강요 및 보복이 금지되어야 한다. 공무원의 정치활동금지를 통하여 행정의 중립성을 확보하고 하는 제도이다.

2. 정치적 중립의 필요성

　(1) 행정에 대한 부당한 정치적 간섭배제와 공익증진에 전념
　(2) 부정부패의 방지(정치권력과 밀착방지), 국민의 신임 확보
　(3) 행정의 안정성·지속성 유지(정치권력의 개입방지)
　(4) 실적주의와 행정의 능률성·전문성 확보, 정치체제의 세력균형
　(5) 어느 정당이 집권하더라도 관료는 중립적 도구로서 공평하게 봉사해야 한다는 것

3. 각국의 정치적 중립의 내용

　(1) 미국
　① 엽관주의의 폐해가 심해지자 1883년 펜들턴법에서 공무원의 정치적 중립을 최초로 규정하였다.

② 1939년 제1차, 1940년 제2차 해치법에 의해 공무원의 정치적 중립을 구체화하고 공무원의 정치활동을 광범위하게 제한하였다.

③ 1974년 연방선거운동을 계기로 공무원의 정치적 중립이 완화되었다.

> * **해치법(Hatch Law)의 주요 내용**
> 1. 모든 공무원들의 공무원 신분으로서 선거 시 입후보 금지 2. 특정정당에의 선거자금제공 금지 3. 특정정당의 직위보유 금지 4. 선거운동 금지 5. 공무원단체의 정치활동 금지 등

(2) 영국

① 법적 장치보다 윤리적 차원에서 요청되고 있으며, 미국에 비해 상당히 완화되어 있다.

② 1853년 노스코트·트레빌리안보고서 이후 1948년 마스터맨위원회, 휘틀리협의회의 활동이 영국 공무원의 정치적 중립에 결정적 영향을 미쳤다.

③ 행정집행계급의 정치활동 금지, 서기(중급) 계급의 입후보 금지(이외 정치활동은 허용), 하위직에 대해서는 정치활동의 자유허용 등을 규정하고 있다.

🍡 우리나라 공무원의 정치적 중립

1. 현황

(1) 헌법 제7조는 '공무원은 국민 전체에 대한 봉사자이며 국민에 대하여 책임을 진다. 공무원의 신분과 정치적 중립성은 법률이 정하는 바에 의하여 보장된다.'고 규정하고 있다.

(2) 국가공무원법 제65조에서는 공무원의 정치운동 금지에 관한 내용을 다음과 같이 규정하고 있다.

① 공무원은 정당, 기타 정치단체의 결성에 관여하거나 이에 가입할 수 없다.

② 공무원은 선거에 있어서 특정정당 또는 특정인의 지지나 반대를 하기 위하여 다음의 행위를 하여서는 안 된다.

  ㉠ 투표를 하거나 하지 아니하도록 권유운동을 하는 것

  ㉡ 서명운동을 기도·주제하거나 권유하는 것

  ㉢ 문서 또는 도서를 공공시설 등에 게시하거나 게시하게 하는 것

  ㉣ 기부금을 모집 또는 모집하게 하거나 공공자금을 이용 또는 이용하게 하는 것

  ㉤ 타인으로 하여금 정당, 기타 정치단체에 가입하게 하거나 또는 가입하지 아니하도록 권유운동을 하는 것

③ 공무원은 다른 공무원에게 ①, ②항에 위배되는 행위를 하도록 요구하거나 또는 정치적 행위의 보상 또는 보복으로서 이익 또는 불이익을 약속하여서는 아니된다.

2. 정치적 중립의 한계

(1) 민주정치의 원리와 모순 : 공무원에 대한 참정권의 제한은 민주정치의 원리와 모순된다. 정치적 중립은 그 사회에서 정치적 의식도 높고 전문성도 보유한 집단인 공무원의 정치적 기본권을 침해하고, 공무원을 정치적 무능력자로 만들 수 있다.

(2) 관료제의 폐쇄집단화(대표관료제 저해) : 공무원들의 정치적 중립은 이념적·정책적 무관심을 초래하고, 정부관료제를 환경의 변화나 국민의 요구에 민감하게 대응하지 못하는 폐쇄집단으로 만들 우려가 있다.

(3) 참여적 관료제의 발전 저해 : 공무원의 정치참여를 제한하는 것은 공무원 집단의 이익이 경시되는 결과를 초래할 수 있고, 중하급 공무원들의 정책형성에 대한 참여 기회 및 대내외적 의사표현 기회를 넓혀 주는 참여적 관료제의 발전을 저해한다.

(4) 행정책임 강조와의 모순 : 현대 행정국가에서 행정에 대한 공무원들의 자율적 책임 등 행정책임을 강조하면서 정치적 활동을 제한하는 것은 논리적으로 모순된다. 지나친 정치적 중립은 관료제의 책임회피·무사안일을 야기한다.

(5) 실질적인 정치적 중립의 가능성 문제 : 공개경쟁에 의한 공무원의 충원은 특정집단, 가령 중산층 이상의 사회경제적 배경을 가진 사람들 중심으로 이루어져 실질적인 정치적 중립이 가능한가의 문제가 제기된다.

3. 정치적 중립의 확립요건

(1) 실적주의와 직업공무원제도의 확립   (2) 공직윤리로의 정착화

(3) 국민의 정치의식 향상과 민중통제 강화   (4) 공무원 신분의 공평성·대표성 확보

(5) 권력가치에 집중된 가치체계의 분화   (6) 정치풍토의 건전화·정상화 등

✎ 대표유형문제 ···

1. 다음 중 공무원의 정치적 중립이 필요한 근거가 아닌 것은?

① 공무원의 개인들의 정치성을 완전히 배제하기 위해서이다.

② 정치로부터 행정이 부당하게 영향을 받지 않도록 하기 위함이다.

③ 특정정당으로부터의 구속을 배제하기 위함이다.

④ 정권교체에 관계없이 국민들에게 공평무사한 봉사를 하기 위해서이다.

정답 ①

해설   공무원의 정치적 중립은 공무원이 정권의 봉사자가 아니라 국민전체의 봉사자로서 역할하게 하도록 하기 위하여 필요하다. 특정 정당에 치우치지 않는 것을 요구하는 것으로, 행정에서 정치성을 완전히 배제하고자 하는 것은 아니다.

2. 공무원의 정치적 중립을 확보해야 할 필요성으로 옳지 않은 것은?

① 행정의 안전성 확보 　　　　　　　② 행정의 공평성 확보

③ 공무원의 신분보장 　　　　　　　④ 공무원의 대표성 확보

정답 　④

해설 　공무원의 대표관료제는 사회적인 소외자에게 기회를 주려는 보상적 인상정책이다. 따라서 세력간의 균형을 유지하려는 정치적 중립이나 실적주의와는 상충된다고 볼 수 있다.

---

02 ｜ 공직윤리와 공직부패

 공직윤리

1. 공직윤리의 의의

(1) 공직윤리의 개념

공직윤리란 공무원이 국민 전체에 대한 봉사자로서 공무수행과정이나 공무원의 신분으로서 지켜야 할 가치기준이나 행동규범을 말한다.

(2) 공직윤리의 중요성

① 행정기능의 양적·질적 변화로 행정관료의 영향력이 확대되었다.

② 행정권력의 비대화에 따른 권력남용으로 부정부패가 우려되고 있다.

③ 행정관료의 재량권이 확대되고 있다.

> **＊ 공무원의 충성** 　명문의 규정은 없으나 공무원에게 요구되는 높은 차원의 행동규범으로, 민주주의 국가에 있어서 충성은 어느 개인이나 특정 정치세력의 이익과 결부된 충성이 아닌 국가의 기본적 정치이념, 국민전체의 보편적 이익에 대한 헌신을 의미한다.

2. 공직윤리의 내용

(1) 자율적 규제

① 공무원이 직업윤리로서 행동규범을 도덕적·양심적 통제에 의하여 자율적으로 확립하고 이에 따라 규범을 준수하는 것이다.

② 1980년 12월 29일 공무원윤리헌장을 선포하여 새로운 공무원상의 도덕적·윤리적 행동규범을 마련하였다(㉠ 국가에는 헌신과 충성을, ㉡ 국민에겐 정직과 봉사를, ㉢ 직무에는 창의와 책임을, ㉣ 직장에선 경애와 신의를, ㉤ 생활에는 청렴과 질서를).

(2) 법적 규제

① 기본적 의무 : 성실의무

② 직무상 의무 : 법령준수의무, 직장이탈금지의무, 친절·공정의 의무, 영리업무 및 겸직금지 의무, 복종의무, 청렴의무

③ 신분상 의무 : 비밀엄수의 의무, 품위유지의 의무, 영예수여허가의무, 집단행위·정치운동 금지의무

④ 공직자윤리법(1981년 제정)

　　㉠ 재산등록 및 공개의무 : 4급 이상은 재산을 등록하고 변동사항을 매년 신고하도록 하고 있으며, 1급 이상(일반직은 국가 및 지방공무원, 이에 상당하는 공무원 및 정무직 공무원, 정부투자기관의 장과 부기관장, 감사 등)은 등록된 재산을 공개하도록 하고 있다. 단, 세무·병무 등 비리소지가 높은 분야는 하위직(8급 이상)도 재산을 등록해야 한다.

　　㉡ 선물 : 3만원 이상을 받지 못하도록 규정(2003. 7)되어 있다.

　　㉢ 퇴직자공무원의 취업제한 : 공무원은 퇴직일로부터 2년간은 퇴직 전 5년 이내에 담당하였던 업무와 밀접한 관련이 있는 영리기업체에 취업할 수 없다(비리공무원의 취업제한 은 5년).

⑤ 헌법상 의무로는 (명문규정은 없으나) 충성의무가 있다.

🖋 대표유형문제

행정윤리의 개념 및 특징으로 보기 어려운 것은?

① 행정윤리란 공무원이 행정업무를 수행할 때 준수해야 할 행동규범을 의미한다.

② 행정윤리는 행정업무와 관련된 윤리를 의미한다.

③ 공무원은 국민일부나 특수계층의 봉사자가 아니라 국민전체에 대한 봉사자이다.

④ 행정윤리의 개념은 이를 넓게 해석하여 공무원의 부정부패와 관련된 적극적인 측면으로 이해되기도 한다.

정답 ④

해설 행정윤리는 소극적으로는 부정부패에 빠지지 않아야 한다는 것이며, 적극적으로는 가치관과 능력면에서 바람직한 행정인상(行政人像)의 정립과 구현을 위한 행동규범이다(Kaplan). 즉, 바람직한 가치관(봉사자 자세)이 확립되어야 하고, 능력과 기능면에서 전문지식 함양 의무, 그리고 정책내용 자체가 윤리적이어야 하는 포괄적 개념이다. 따라서 부패척결은 공직윤리 확립을 위한 소극적 측면(필요조건)이지 적극적 측면이 아니다.

3. 공무원의 공직윤리 확립의 저해요인과 확립방안

저해요인	확립방안
① 권위주의적 · 법규만능적 · 폐쇄적 · 무사안 일주의적 행정행태와 관직사유관 팽배 ② 보수수준의 비현실적, 관존민비사상 ③ 불합리한 정실인사, 신분보장 불안 ④ 민중통제의 약화, 행정권의 확대 · 강화 등 ⑤ 낮은 정치발전 수준 ⑥ 과도한 정부규제 및 비현실적 법규	① 국민의식 수준의 향상과 민주통제의 강화 ② 보수수준의 현실화 · 적정화 ③ 인사행정의 합리화와 신분보장 ④ 부정부패 척결을 위한 위정자의 정치적 결단 ⑤ 공공정신 정착, 정치풍토의 쇄신 ⑥ 신상필벌제도(信賞必罰制度)의 확립 ⑦ 정부윤리위원회의 설치, 내부 · 외부통제의 강화 ⑧ 공무원단체의 인정 등

🔵 공직부패

1. 공직부패의 개념

공직부패란 공무원이 자신의 직무와 직 · 간접적으로 관계된 권력을 이용하여 사회규범, 법률, 윤리 등을 저버리고 사익 또는 특수이익을 도모하거나, 공권력을 남용하여 사적 이익을 추구하는 행위를 말한다.

2. 부패를 유발하는 요인

(1) 사회적 · 정치적 · 경제적 여건   (2) 발전행정 · 정부팽창 · 행정국가화의 영향

(3) 공무원들의 직업윤리 타락   (4) 시민의식의 미발달

(5) 통제기준의 비현실성, 비일관성, 차별적 적용 문제

(6) 부적절한 처우, 신분과 장래에 대한 불안, 공직에 대한 사회적 신망의 저하 등

3. 공직부패의 원인분석 모형

(1) 거시적 분석 : 행정제도의 결함과 미비, 행정통제의 부적합성이 원인

(2) 구조적 분석 : 공직자들의 권위주의적 가치관과 행정행태에 의한 부패

(3) 맥락적 분석 : 기능주의 시각(부패의 순기능을 인정하며 부패는 자기소멸적인 것임)에 의 한 발전의 종속변수로서 부패를 필요악으로 봄.

(4) 권력문화적 분석 : 공직의 사유관과 권력남용에 의한 부패 유발

(5) 시민문화의 환경적 분석 : 건전한 시민문화의 결핍과 도덕성과 합리성이 부족한 시민들이 부패유발인자, 공급자라는 측면에서 부패 유발

(6) 군사문화적 분석 : 정치문화의 미성숙과 군사문화의 구조화로 인한 권위주의와 수직적 지배문화에 의한 부패원인

(7) 정치·경제학적·정경유착적 분석 : 성장 이데올로기의 합리화에 근거한 정치와 경제 엘리트들 간의 야합, 이권개입에 의한 공직의 타락과 부패 유발

(8) 체제론적 분석 : 부패는 그 나라의 문화적 특성, 제도상의 결함, 구조상의 모순 등 다양한 복합체

4. 공직부패의 모형

(1) 백색부패 : 이론상으로는 일탈행위로 규정될 수 있으나 구성원의 다수가 어느 정도 용인하는 관례화된 부패로써 사익을 추구하려는 기도가 없는 선의의 부패를 말한다.

　예 우리 사회에서 흔히 '떡값'이라는 명목으로 관용되는 적은 액수의 뇌물수수관행이 이러한 유형의 부패에 속한다.

(2) 회색부패 : 사회체제에 파괴적인 영향을 미칠 수 있는 잠재성을 지닌 부패로서 사회구성원 가운데 일부 집단은 처벌을 원하지만 다른 일부 집단은 처벌을 원하지 않는 경우의 부패이다. 회색부패는 과도한 선물의 수수와 같이 공무원 윤리강령에 규정될 수는 있지만, 법률로 규정하는 것에 대하여 논란이 있는 경우는 회색부패에 해당된다.

(3) 흑색부패 : 사회체제에 명백하고 심각한 해를 끼치는 부패로 구성원 모두가 처벌을 원하는 부패이다.

　예 부실공사를 눈감아 주는 대신 검은 돈 수수(授受)

(4) 우발적 부패 : 사건자체의 연속성이 없으며 구조화되지 않은 부패이다.

(5) 제도적 부패(G.E.Caiden) : 행정체제 내에서 부패가 실질적인 규범의 위치를 차지함으로써 조직의 본래적 임무수행을 위한 공식적 행동규범이 예외적인 것으로 전락한 상황에서의 부패이다.

　예 민원처리 과정에서 소위 '급행료'가 당연시되는 관행은 제도화된 부패에 해당된다.

(6) 정치부패와 관료부패(정치권력이 부패의 주체) : 정치부패는 권력이 개재된다는 의미에서 권력형 부패라고도 불리운다. 정치부패는 관료부패보다 훨씬 더 암묵적이고 겉으로 드러나지 않으며, 주로 정책결정 이전단계에서 그 영향력을 발휘한다는 점에서 관료부패와 그 성격이 다르다.

(7) 기타

① 사기형 부패 : 공금 유용 및 횡령이나 회계부정은 거래를 하는 상대방 없이 공무원에 의해 일방적으로 발생하는

② 후원형 부패 : 관료가 정실이나 학연 등을 토대로 불법적으로 특정단체나 개인을 후원하는 부패

③ 직무유기형 부패 : 시민이 개입되지 않는 관료 개인의 부패로서 자신의 직무를 게을리하는 데에서 오는 부작위적 부패

④ 거래형 부패 : 뇌물을 매개로 이권이나 특혜를 불법적으로 제공하는 가장 전형적인 부패

🖋 대표유형문제

다음 중 공직의 부패를 방지하기 위한 방안과 거리가 먼 것은?

① 정부의 사회적 규제를 강화하여 사회통제 수준을 높인다.

② 행정정보의 공개를 통해 행정의 투명성을 확보한다.

③ 시민단체의 정부활동 감시기능을 강화한다.

④ 국민들이 정부활동에 대한 불만사항을 제기할 수 있는 제도적 장치를 강화한다.

정답 ①

해설 공직부패를 방지하기 위해서는 무엇보다 공무원의 올바른 의식과 투명성이 선결되어야 할 것이다. 수단적 차원에서는 제도적 정비와 절차가 개선되어야 한다. 사회적 규제는 정부의 개입이 강화되고 관료의 권한이 확대되어 권력남용이나 공직부패 소지가 그만큼 높아질 가능성이 높다. 따라서 사회적 규제는 국민 삶의 질의 제고라는 긍정적 측면도 있겠으나, 본질적으로 정부개입 강화가 부패를 방지한다고 볼 수는 없기 때문에 정답은 ①번이 된다.

부패방지 및 국민권익위원회의 설치와 운영에 관한 법률 – 2008.2.29제정

제5장 부패행위 등의 신고 및 신고자 등 보호

1) 부패행위의 신고 : 누구든지 부패행위를 알게 된 때에는 이를 위원회에 신고할 수 있다.

2) 공직자의 부패행위 신고의무 : 공직자는 그 직무를 행함에 있어 다른 공직자가 부패행위를 한 사실을 알게 되었거나 부패행위를 강요 또는 제의받은 경우에는 지체 없이 이를 수사기관·감사원 또는 위원회에 신고하여야 한다.

3) 신고자의 성실의무 : 신고자가 신고의 내용이 허위라는 사실을 알았거나 알 수 있었음에도 불구하고 신고한 경우에는 이 법의 보호를 받지 못한다.

4) 신고의 방법 : 부패행위를 신고하고자 하는 자는 신고자의 인적사항과 신고취지 및 이유를 기재한 기명의 문서로써 하여야 하며, 신고대상과 부패행위의 증거 등을 함께 제시하여야 한다.

5) 위원회는 접수된 신고사항에 대하여 조사가 필요한 경우 이를 감사원, 수사기관 또는 해당 공공기관의 감독기관(감독기관이 없는 경우에는 해당 공공기관을 말한다. 이하 "조사기관"이라 한다)에 이첩하여야 한다. 다만, 국가기밀이 포함된 신고사항에 대하여는 대통령령으로 정하는 바에 따라 처리한다.

6) 위원회에 신고가 접수된 당해 부패행위의 혐의대상자가 다음 각 호에 해당하는 고위공직자로서 부패혐의의 내용이 형사처벌을 위한 수사 및 공소제기의 필요성이 있는 경우에는 위원회의 명의로 검찰에 고발을 하여야 한다.

1. 차관급 이상의 공직자 2. 특별시장·광역시장 및 도지사 3. 경무관급 이상의 경찰공무원
4. 법관 및 검사 5. 장관급 장교 6. 국회의원

7) 위원회는 접수된 신고사항을 그 접수일부터 60일 이내에 처리하여야 한다. 그러나 보완 등을 위하여 필요하다고 인정되는 경우에는 그 기간을 30일 이내에서 연장할 수 있다.

8) 조사결과의 처리 : ① 조사기관은 신고를 이첩받은 날부터 60일 이내에 감사·수사 또는 조사를 종결하여야 한다. 다만, 정당한 사유가 있는 경우에는 그 기간을 연장할 수 있으며, 위원회에 그 연장사유 및 연장기간을 통보하여야 한다.

9) 재정신청 : 혐의대상자의 부패혐의를 위원회가 직접 검찰에 고발한 경우, 그 고발한 사건과 동일한 사건이 이미 수사 중에 있거나 수사 중인 사건과 관련된 경우에는 그 사건 또는 그 사건과 관련된 사건에 대하여 위원회가 검사로부터 공소를 제기하지 아니한다는 통보를 받았을 때에는 위원회는 그 검사 소속의 고등검찰청에 대응하는 고등법원에 그 당부에 관한 재정을 신청할 수 있다.

10) 신분보장 등 : ① 누구든지 이 법에 따른 신고나 이와 관련한 진술 그 밖에 자료 제출 등을 한 이유로 소속기관·단체·기업 등으로부터 징계조치 등 어떠한 신분상 불이익이나 근무조건상의 차별을 받지 아니한다. ② 누구든지 신고를 한 이유로 신분상 불이익이나 근무조건상의 차별을 당하였거나 당할 것으로 예상되는 때에는 위원회에 해당 불이익처분의 원상회복·전직·징계의 보류 등 신분보장조치와 그 밖에 필요한 조치를 요구할 수 있다. ③ 누구든지 신고로 인하여 인·허가 등의 취소, 계약의 해지 등 경제적·행정적 불이익을 당한 때에는 위원회에 원상회복 또는 시정을 위하여 인·허가, 계약 등의 잠정적인 효력유지 등 필요한 조치를 요구할 수 있다. ④ 제2항 또는 제3항에 따른 요구가 있는 경우 위원회는 조사에 착수하여야 한다.

11) 불이익 추정 : 신고자가 이 법에 의하여 신고한 뒤 위원회에 원상회복 등을 요구하거나 법원에 원상회복 등에 관한 소를 제기하는 경우 해당 신고와 관련하여 불이익을 당한 것으로 추정한다. 신고사항을 이첩 받은 조사기관의 종사자는 신고자의 동의 없이 그 신분을 밝히거나 암시하여서는 아니 된다.

12) 신변보호 등 : ① 신고자는 신고를 한 이유로 자신과 친족 또는 동거인의 신변에 불안이 있는 경우에는 위원회에 신변보호조치를 요구할 수 있다. 이 경우 위원회는 필요하다고 인정한 때에는 경찰청장, 관할 지방경찰청장, 관할 경찰서장에게 신변보호조치를 요구할 수 있다. ② 신변보호조치를 요구받은 경찰청장, 관할 지방경찰청장, 관할 경찰서장은 대통령령으로 정하는 바에 따라 즉시 신변보호조치를 취하여야 한다. ③ 신고자가 신고를 이유로 피해를 입거나 입을 우려가 있다고 인정할 만한 상당한 이유가 있는 경우 해당 신고와 관련한 조사 및 형사절차에서 보호를 받는다. ④ 누구든지 보호되고 있는 부패행위신고자 등이라는 사정을 알면서 그 인적사항 또는 부패행위신고자 등임을 미루어 알 수 있는 사실을 다른 사람에게 알려주거나 공개 또는 보도하여서는 아니된다.

행정윤리와 관련된 의무

자율규제윤리		공무원윤리헌장
헌법	① 공무원은 국민에 대한 봉사자이며 국민에 대해 책임을 진다. ② 공무원의 정치적 중립과 신분은 법률로 보장된다.	
국가 공무 원법	① 성실의무 : 법령을 준수하며 성실히 직무 수행 ② 복종의무 : 상관의 정당한 직무상 명령 ③ 직장이탈금지의무 ④ 친절·공정의무 ⑤ 종교중립의 의무 (2009.1) ⑥ 비밀엄수의무 ⑦ 청렴의무 ⑧ 영예 등의 수령규제 ⑨ 품위유지의무 ⑩ 영리행위 및 겸직금지 ⑪ 집단행위금지 ⑫ 정치활동금지 ⑬ 선서의 의무	

법령적·강제적 규제윤리	공직자 윤리법	① 재산등록 및 공개의무
		  ·재산등록의무 : 4급 이상(고위공무원단 포함)공무원과 이에 상당하는 공무원, 정무직, 공기업 등의 장과 부기관장, 감사 등은 본인·배우자·직계존비속의 보유재산을 등록
		  ·재산공개의무 : 1급 이상, 정무직, 공기업의 장·부기관장, 감사 등은 이를 공개해야 한다.
		② 선물수수의 신고·등록의무
		③ 취업제한의무 : 재산등록의무자이던 공직자 등은 퇴직 전 3년 이내에 담당했던 직무와 관련 있는 기업체에 퇴직일로부터 2년간은 취업할 수 없다.
		④ 이해충돌방지의무 : 공직자의 이해와 관련되어 공정한 업무수행이 곤란치 않도록 해야 함
		⑤ 주식백지신탁의무 : 재산공개대상자와 기재부·금융위 소속공직자는 일정금액 이상의 주식을 매각 또는 백지신탁하여야 한다.

	부패방지및국민권익위에설치·운영에관한법률	공직내부비리 발견시 신고할 의무
	공직자 등의 병역사항 신고 및 공개에 관한 법률	정무직, 4급이상 공직자, 법관, 검사 등과 공직후보자 중 병역신고의무자는 본인과 18세 이상인 직계비속의 병역처분, 군복무사실, 병역면제 등에 관한 사항을 소속기관에 신고해야 한다.

13) 협조자 보호 : 이 법에 의한 신고와 관련하여 신고자 외에 진술 그 밖에 자료제출 등의 방법으로 신고내용의 감사·수사 또는 조사에 조력한 자의 신분보장 및 신변보호를 한다.

14) 책임의 감면 등 : ① 이 법에 의한 신고를 함으로써 그와 관련된 자신의 범죄가 발견된 경우 그 신고자에 대하여 형을 감경 또는 면제할 수 있다. ② 제1항은 공공기관의 징계처분에 관하여 이를 준용한다. ③ 이 법에 의하여 신고한 경우에는 다른 법령, 단체협약 또는 취업규칙 등의 관련 규정에 불구하고 직무상 비밀준수의무를 위반하지 않는 것으로 본다.

15) 포상 및 보상 : ① 위원회는 이 법에 따른 신고에 의하여 현저히 공공기관에 재산상 이익을 가져오거나 손실을 방지한 경우 또는 공익의 증진을 가져온 경우에는 신고를 한 자에 대하여 상훈법 등의 규정에 따라 포상을 추천할 수 있으며, 대통령령으로 정하는 바에 따라 포상금을 지급할 수 있다. ② 부패행위의 신고자는 이 법에 따른 신고로 인하여 직접적인 공공기관 수입의 회복이나 증대 또는 비용의 절감을 가져오거나 그에 관한 법률관계가 확정된 때에는 위원회에 보상금의 지급을 신청할 수 있다. 이 경우 보상금은 불이익처분에 대한 원상회복 등에 소요된 비용을 포함한다.

  * 미국의 내부고발자보호제도   부정부장법(부정폭로법 ; false claim act)에 규정

✎ 대표유형문제

1. 내부고발에 대한 설명으로 가장 타당한 것은?

① 퇴직 후의 고발은 내부고발이 아니다.
② 조직 내의 비정치적 행위를 대상으로 한다.
③ 내부적인 이의제기 형식과는 다르다.
④ 내부고발은 공직사회의 응집력을 강화시킨다.

정답 ③

해설 내부고발이란 조직 내의 불법, 부당, 부도덕한 행위를 조직 밖으로 폭로하는 것이므로 내부적인 이의제기와는 다른 것이다. ① 퇴직 후의 고발도 내부고발에 포함 됨 ② 조직 내의 정치적 행위(불법·부당·부도덕한 행위)를 대상으로 함 ④ 내부고발은 공신력을 떨어뜨리고 내부 구서우언간의 불신풍조가 팽배하여 공직사회의 응집력을 약화시킬 우려가 있다.

2. 다음 중 국가공무원법에서 규정하고 있는 행정윤리에 관련된 의무에 포함되지 않는 것은?

① 청렴의 의무   ② 정치운동의 금지

③ 비밀엄수의 의무   ④ 선물신고의 의무

정답 ④

해설 선물 수수 신고의 의무는 공직자윤리법에 규정되어 있다.

---

03 공무원의 신분보장

◈ 신분보장의 의의

1. 신분보장의 개념

(1) 공무원이 자신의 의사에 반하여 신분상 불이익처분을 받지 않도록 하는 것이다.

(2) 국가공무원법 제68조 : 공무원은 형(刑)의 선고·징계처분 또는 이 법에 정하는 사유에 의하지 아니하고는 그 의사에 반하여 휴직·강임 또는 면직을 당하지 아니한다. 다만, 1급 공무원은 그러하지 아니한다.

2. 신분보장의 필요성

(1) 행정의 안정성·지속성 확보, 능률성·합리성·전문화에 기여한다.

(2) 부당한 압력이나 자의(自意)를 배제하고, 부정부패를 방지한다.

(3) 공무원의 사기앙양(공무원의 개인적 이익보호)에 도움이 된다.

(4) 직무에는 창의를, 국가와 국민에게는 헌신적인 봉사와 충성심을 확보한다.

(5) 자신에게 주어진 직무에 자율적으로 최선을 다해 책임을 완수한다.

◈ 신분보장에 대한 제한제도

1. 징계제도의 의의

(1) 징계제도의 개념

법령 등의 위반에 대한 처벌로서 공무원 신분을 변경·상실하게 하는 것이다.

(2) 징계사유(국가공무원법 제78조)

① 이 법 및 이 법에 의한 명령에 위반하였을 때

② 직무상의 의무에 위반하거나 직무를 태만할 때

③ 직무의 내외를 불문하고 그 체면 또는 위신을 손상하는 행위를 할 때

(3) 징계의 종류

견책(譴責)	전과(前過)에 대하여 훈계하고 회개하게 하는 것으로 공식적 징계절차에 의하고 인사기록에 남게 된다. 가장 가벼운 징계이며 사용빈도가 높다. ⇨ 6개월간 승급 제한
감봉(減俸)	1개월 이상 3개월 이하의 기간 동안 보수의 1/3을 감하는 징계처분 ⇨ 12개월간 승급 제한
정직(停職)	1개월 이상 3개월 이하의 기간 동안 공무원 신분은 보유하지만 직무에 종사하지는 못하며 보수의 2/3를 감하는 징계처분 ⇨ 18개월 동안 승급 제한
강등(降等)	1개월 이상 3개월 이하의 기간 동안 보수의 2/3를 감하는 징계처분 ⇨ 18개월간 승급 제한되며, 직무수행은 3개월 정지된다. 직위의 등급이나 계급이 낮아짐 예 4급 서기관 ⇨ 5급 사무관, 경찰서장 ⇨ 경찰서 과장, 교장 ⇨ 교감
해임(解任)	강제퇴직의 한 종류이며, 3년간 임용자격이 제한된다. 공금횡령 및 유용 등으로 해임된 경우 퇴직급여의 1/8 내지는 1/4이 지급 제한됨
파면(罷免)	공무원을 강제퇴직시키는 처분으로 5년간 임용자격이 제한되고, 경력이 5년 미만인 경우는 퇴직금의 1/4 삭감하고, 경력이 5년 이상인 경우는 퇴직금의 1/2 삭감한다.

* 금품 및 향응 수수, 공금의 횡령·유용으로 인한 징계처분(견책, 감봉, 정직)의 경우 승급정지기간이 각각 3개월씩 가산됨

✎ 대표유형문제

현행 「국가공무원법」에 규정된 징계처분에 관한 설명으로 옳지 않은 것은? 2013. 행정사 기출

① 징계의 종류는 파면·해임·강등·정직·직위해제·감봉·견책으로 구분한다.

② 파면과 해임은 징계위원회의 의결을 거쳐 각 임용권자 또는 임용권을 위임한 상급 감독기관의장이 한다.

③ 강등은 공무원 신분은 보유하나 3개월간 직무에 종사하지 못하고 그 기간 중 보수의 분의 2를 감한다.

④ 정직은 1개월 이상 3개월 이하이며, 정직 기간동안 공무원의 신분은 유지하되, 직무에 종사하지 못하고 보수의 3분의 2를 감한다.

⑤ 징계의결 등의 요구는 징계 등의 사유가 발생한 날부터 3년(금품 및 향응 수수, 공금의 횡령·유용의 경우에는 5년)이 지나면 하지 못한다.

정답 ①

해설 직위해제는 징계의 종류에 포함되지 않고 한 사람에게 부여된 직책이 해제되는 것이다. 공무원의 징계에는 견책·감봉·정직·강등·해임·파면이 있다.

　* **직위해제** : ①국가공무원법 제73조의2는 ⊙ 직무수행능력이 부족하거나 근무성적이 극히 불량한 자, ⓒ 징계의결이 요구 중인 자, ⓒ 형사사건으로 기소된 자(약식명령이 청구된 자는 제외), ⓔ 고위공무원단에 속하는 일

반직 공무원으로서 적격심사를 요구받은 자에 대해서는 직위를 부여하지 아니한다고 규정하고 있다. 이와 같은 사유로 직위해제 된 자에 대하여는 3개월 이내의 기간대기를 명하고 승진 최저연수와 경력평정 대상기간에서 제외한다. ② 대기발령이라는 속칭으로 악용·남용되는 경우가 많다.

2. 징계제도의 유형

(1) 직위해제

① 국가공무원법 제73조의2는 ㉠ 직무수행능력이 부족하거나 근무성적이 극히 불량한 자, ㉡ 징계의결이 요구 중인 자, ㉢ 형사사건으로 기소된 자(약식명령이 청구된 자는 제외), ㉣ 고위공무원단에 속하는 일반직 공무원으로서 적격심사를 요구받은 자에 대해서는 직위를 부여하지 아니한다고 규정하고 있다. 이와 같은 사유로 직위해제된 자에 대하여는 3개월 이내의 기간대기를 명하고 승진 최저연수와 경력평정 대상기간에서 제외한다.

② 대기발령이라는 속칭으로 악용·남용되는 경우가 많다.

(2) 대기명령제

① 대기명령제는 직위해제된 자에 대해 3개월 이내의 대기명령을 내리고, 능력의 회복이나 태도의 개선을 위해 교육훈련이나 특별한 연구과제의 부여 등 필요한 조치를 취하는 것이다.

② 대기명령받은 자에 대해서는 3개월 기간 내에 직위를 재부여할 수 있는데, 이 기간 중 능력향상이나 개전(改悛)의 정(情)이 없다고 인정되면 징계위원회의 동의를 얻어 직권면직이 가능하다.

(3) 직권면직

공무원이 다음에 해당할 때에는 임용권자는 직권에 의해 면직시킬 수 있다(국가공무원법 제70조).

① 직제와 정원의 개폐(改廢) 또는 예산의 감소 등에 의하여 폐직(廢職) 또는 과원(過員)이 되었을 때

② 휴직기간의 만료 또는 휴직사유가 소멸된 후에도 직무에 복귀하지 아니하거나 직무를 감당할 수 없을 때

③ 대기발령을 받은 자가 그 기간 중 능력 또는 근무성적의 향상을 기대하기 어렵다고 인정된 때

④ 전직시험에서 3회 이상 불합격한 자로서 직무수행능력이 부족하다고 인정된 때

⑤ 징병검사·입영 또는 소집의 명령을 받고 정당한 이유 없이 이를 기피하거나 군복무를 위하여 휴직 중에 있는 자가 군복무중 군무를 이탈하였을 때

⑥ 당해 직급에서 직무를 수행하는 데 필요한 자격증의 효력이 상실되거나 면허가 취소되어 담당직무를 수행할 수 없게 된 때

⑦ 고위공무원단에 속하는 공무원이 부적격결정을 받을 때

1. 우리나라 내부임용제도에 대한 설명으로 옳지 않은 것은?

① 승급은 같은 계급 또는 등급 내에서 호봉이 높아지는 것을 말한다.

② 전보는 동일한 직급 내에서 보직을 변경하는 것을 말한다.

③ 파면은 연금법상의 불이익은 없으나, 3년 동안 공무원 피임용권을 박탈하는 것을 말한다.

④ 직권면직은 폐직 또는 과원발생 등의 경우 임용권자가 직권에 의해 공무원의 신분을 박탈하는 것을 말한다.

정답 ③

해설 파면은 공무원의 징계의 종류 중 가장 무거운 것으로 공직임용제한이 5년이다. 3년 동안 공무원 피임용권을 박탈하는 것은 해임이다. 파면은 경력이 5년 이하에 대해서는 퇴직금의 3/4을 지급하고 경력이 5년 이상일 때는 퇴직금의 1/2만 지급한다.

---

04 | 공무원단체

🥚 공무원단체의 의의

1. 공무원단체의 개념

공무원단체란 공무원의 권익을 옹호하고 근무조건을 개선하기 위하여 조직되는 단체·조합을 의미한다.

2. 공무원단체의 필요성

(1) 공무원의 집단의사표시 통로, 일체감 형성과 사기앙양

(2) 일반공무원의 실태파악과 행정관리·제도상의 개선에 기여

(3) 관리층과 직원과의 상호이해증진과 대내 민주화

3. 공무원단체의 활동내용

(1) 단결권 : 공무원이 단체를 구성하고 거기에 가입하는 것으로 대부분의 국가에서는 헌법과 법률이 정하는 바에 의하여 공무원단체를 구성할 수 있도록 인정하고 있다.

(2) 단체교섭권 : 약자인 공무원이 자신들에게 영향을 미치게 될 중요한 인사행정상의 문제, 보수, 근무조건 등의 개선에 관해 공무원조합이 관리층과 협의하여 해결하고자 하는 것이

다. 단체교섭권은 단체구성원을 인정하고 있는 국가에서는 대부분 인정하고 있다.

(3) 단체행동권 : 단체교섭권이 순조롭게 진행되지 않을 경우 공무원단체가 파업이나 태업 등으로 실력행사를 하는 것이다. 단체행동권의 허용은 공공의 이익에 대한 침해가 너무 클 우려가 있기 때문에 대다수의 국가들은 이를 금지 또는 제한하고 있다.

🍮 공무원단체의 효용과 비판

1. 공무원단체의 효용론

(1) 공무원도 일종의 근로자인데, 사기업 근로자에게는 노동단체를 인정하고 공무원에게만 인정하지 않는 것은 사기업 근로자와의 균형을 상실하게 된다.

(2) 공무원의 근무조건 등에 대한 불만은 공무원단체를 통하여 그 원인을 파악하고 치유할 수 있다.

(3) 공무원도 근로자인 것으로 국민과 특별권력관계에 있지 않다.

(4) 실적주의와 조화관계로 인식(공무원단체를 인정한 많은 나라에서 실적제에 대한 상승효과가 일어남)한다.

2. 공무원단체에 대한 비판론

(1) 공무원은 주권자인 국민의 공복이라는 이념에 반한다.

(2) 사기업과 달리 정부는 해산할 수 없다.

(3) 일반 사기업과 달리 공무원의 사기진작, 공무원 복지를 위하여 법적으로 많은 수단이 존재(교섭, 고충처리, 중재제도)한다.

(4) 국가공무원은 특수한 지위(특별권력)에 있으므로, 일반 근로자와 같이 근로권을 보장하기 힘들다.

🍮 우리나라의 현황

1. 법적 근거

(1) 헌법 제33조 제2항 : 공무원인 근로자는 법률이 정하는 자에 한하여 단결권·단체교섭권 및 단체행동권을 가진다.

(2) 국가공무원법 제66조 : 공무원은 노동운동 기타 공무 이외의 일을 위한 집단적 행위를 하여서는 아니된다. 다만, 사실상 노무에 종사하는 공무원은 예외로 한다(그러나 사실상 노무에 종사하는 기준이 모호하며, 이들 중에서도 서무, 인사, 기밀업무, 경리, 운전, 보안업무에 종사하는 공무원은 제외된다).

2. 공무원직장인협의회

(1) 의의 : 공무원직장협의회의 설립·운영에 관한 법률(1998. 2. 20)에 근거하여 1999. 1. 1.부터 공무원의 근무환경 개선, 업무능률 향상 및 고충처리 등을 목적으로 공무원들이 설립·운영하는 협의회이다.

(2) 구성 : 국가기관, 지방자치단체 및 그 하부기관별로 하나의 협의회 설립이 가능하다.

   * 협의회의 구성 및 운영에 관한 세부사항은 시행령(대통령령)으로 정함.

(3) 가입범위 : 6급 이하의 일반공무원 및 이에 준하는 연구, 특수기술 기능의 일반직 공무원, 별정직 공무원, 기능직, 고용직 공무원, 특정직 공무원 중 6급 이하의 외무공무원(단, 현재 공무원노조가 인정되는 현업직 공무원이나, 지휘·감독직 공무원, 인사·예산·경리·물품출납·비서·기밀·보안·경비업무종사자·군인·경찰·소방·교정직 공무원은 대상에서 제외)

(4) 기능
   ① 당해 기관 고유의 근무환경 개선에 관한 사항
   ② 업무능력향상에 관한 내용
   ③ 소속공무원의 공무와 관련된 일반적 고충에 관한 사항
   ④ 기타 당해기관의 발전에 관한 사항

공무원단체 공표(2005. 1. 27)

1. 제정 이유

헌법의 규정에 의한 공무원의 노동기본권을 보장하기 위하여 공무원의 노동조합 설립 및 운영, 단체교섭, 분쟁조정절차 등에 관한 사항을 정함으로써 공무원의 근무조건의 개선과 사회적·경제적 지위의 향상을 기하려는 것임.

2. 주요 내용

(1) 공무원노동조합 설립의 최소단위 : 공무원노동조합은 국회, 법원, 헌법재판소, 선거관리위원회, 행정부, 특별시, 광역시, 도, 시, 군, 구 등을 최소단위로 하여 설립할 수 있도록 함.

(2) 공무원노동조합 가입 범위 : 공무원 노동조합에 가입할 수 있는 공무원의 범위를 6급 이하 일반직공무원 등으로 하되, 다른 공무원에 대하여 지휘, 감독권을 행사하는 공무원, 노동

조합과의 관계에서 행정기관의 입장에 서서 업무를 수행하는 공무원 등에 대하여는 노동조합의 가입을 금지함.

(3) 노동조합의 전임자의 지위 : 공무원은 임용권자의 동의를 얻어 노동조합의 업무에만 종사할 수 있도록 하되, 그 전임기간에 대하여 국가나 지방자치단체는 전임자에 대하여 그 전임기간 중 보수를 지급하지 않으며, 휴직을 명함으로써 무급휴직(無給休職)으로 처리한다. 전임자임을 이유로 신분상 불이익(승진이나 승급 등)을 받지 아니하도록 한다.

(4) 대표자의 교섭 및 단체협약 체결권 : 공무원 노동조합의 대표자는 노동조합에 관한 사항 또는 공무원의 보수·복지 그 밖의 근무조건에 관한 사항에 대하여 국회사무총장, 행정자치부장관 등 정부측 교섭대표와 교섭하고 단체협약을 체결할 권한을 가지도록 하되, 정책결정에 관한 사항이나 임용권의 행사 등 그 기관의 관리, 운영에 관한 사항으로서 근무조건과 직접 관련 없는 사항은 교섭대상이 될 수 없음을 명시함.

(5) 단체협약의 효력 등 : 단체협약의 내용 중 법령, 조례 또는 예산에 의하여 규정되는 내용은 단체협약으로서의 효력을 인정하지 아니하고, 이 경우 정부측 교섭대표에 대하여 단체협약의 이행을 위하여 성실히 노력할 의무를 부과함.

(6) 정치활동 및 쟁의행위의 금지 : 공무원 노동조합과 그 조합원은 다른 법령에서 금지하는 정치활동을 할 수 없으며, 파업·태업 등 업무의 정상적인 운영을 저해하는 일체의 행위를 할 수 없도록 함.

3. 시행일 : 2006년 1월 27부터 시행)

---

* **노동조합의 전임자(專任者)**
 1. 단체협약이나 사용자의 동의에 의하여 근로자로서 신분을 유지하면서도 노동조합의 업무에만 종사하는 자를 말한다.
 2. 판례는 노조전임자의 법적 지위를 휴직상태에 있는 근로자와 유사한 지위에 있는 자로 보고 있다.
 3. 노조법은 노동조합의 전임자는 그 전임기간 동안 사용자로부터 어떠한 급여도 지급 받아서는 안 된다고 규정하고 있는데 사용자로부터 임금을 지급받으면 노조의 자주성이 결여되기 때문이다.

제 6 편

재무행정론

제 01 장

재무행정의 일반이론

1. 예산의 개념

(1) 일반적 개념 : 예산은 1회계연도 동안 국가의 수입·지출의 예정적 계획이다.

(2) 실질적 개념 : 예산의 내용과 성질중심의 개념으로 국가의 재정수요와 이에 충당할 재원을 비교하여 배정한 1회계연도 동안의 세입·세출의 예정적 예산이라고 정의할 수 있다.

(3) 형식적(법률적) 측면 : 예산은 헌법이나 국가재정법에 의하여 행정부가 일정한 형식과 절차에 따라 편성하고 입법부가 이를 심의·의결을 거쳐 확정된 1회계연도 동안의 재정계획을 말한다.

(4) 행정관리적 측면 : 예산은 관리상 능률성을 중시하며, 장래 일정기간에 걸쳐 정치적·법률적으로 허용된 모든 사업계획을 체계화한 최고관리층의 종합적 계획으로 재정적·수량적 용어로 표현된다.

2. 예산의 기능

(1) 정치적 기능(A. Wildavsky)

예산의 편성, 심의 및 집행과정은 입법부, 행정부, 정당, 압력단체 등이 자기의 의사를 관철시키기 위하여 끊임없는 조정·투쟁·접촉·설득을 하는 정치과정이다.

(2) 경제적 기능(Musgrave)

① 경제안정기능 : 국민의 경제생활을 균형있게 유지하며, 재정정책의 도구로서 경제안정화
　장치(소득세 및 실업수당)에 기여하는 전략적 기능을 수행한다.

② 경제성장촉진기능 : Keynes 등이 강조한 것으로 개발도상국가에서 경제성장을 위한 자본
　형성의 기능으로 중시된다.

③ 소득재분배기능 : 세율조정(상속세, 누진세)이나 사회보장적 지출을 통하여 소득재분배
　기능을 한다.

④ 자원배분기능 : 시장경제가 자원배분에 실패할 경우 정부가 이를 치유하는 것으로 예산은
　투자수익분석의 결과에 따라 국가 자원배분의 우선순위를 정한다.

(3) 법적 기능

입법부가 승인한 예산의 용도와 액수를 집행기관인 행정부가 준수해야 하는 법적 기능은, 주
로 세출예산에 관계하는 기능으로써 지출의 구속성을 뜻한다. 예산이 법률의 형식을 갖는 국가
는 미국과 영국이고, 우리나라는 예산이 법률의 형식을 갖지 않고 의결형식을 취한다.

(4) 행정적 기능(A. Schick 강조)

① 재정통제기능(1920~30년대) : 오늘날 예산제도가 통제중심의 예산제도에서 관리·계획지
　향적인 예산제도로 발전되어 예산의 기획기능이 중요시되고 있지만, 아직도 예산은 국민
　의 대표기관인 입법을 통하여 행정부를 통제하는 통제기능을 가지고 있다.

② 관리적 기능(1950년대) : 성과주의예산(PBS)이 대표적이며, 행정부가 가능자원을 효과적으
　로 동원하여 최대의 경제성과 효율성을 고려하면서 이를 관리하는 기능이다.

③ 계획기능(1967~71년대) : 계획예산제도(PPBS)가 대표적

④ 참여적 관리기능(1970년대 초 이후) : 목표관리(MBO)가 대표적이며, 구성원의 참여를 중시한다.

⑤ 감축기능(1970년대 말 이후) : 영기준예산(ZBB)이 대표적이며, 자원난에 대비한 예산기능
　이 중시되었다.

💠 예산의 원칙

1. 예산원칙의 의의

(1) 예산의 원칙이란 예산제도를 운영함에 있어서 준수해야 할 바람직한 기준으로서, 예산의
　기능과 예산제도를 구체적으로 결부시키는 것이다.

(2) 전통적 예산원칙은 입법부 우위의 예산원칙으로서 통제지향적이며, 현대적 예산원칙은 행정부의 예산집행을 용이하게 하기 위한 행정부 우위의 관리지향적 예산원칙이다.

(3) 전통적 예산원칙 중 가장 대표적인 학자는 Sundelson과 Neumark, Say(최초예산원칙 제시) 등이 있다. 현대적 예산원칙의 대표적인 원칙은 Smith원칙이 준용된다.

2. 전통적 예산원칙과 현대적 예산원칙 비교

구 분	전통적 예산원칙	현대적 예산원칙
시 대	19C 입법국가의 예산원칙	20C 행정국가의 예산원칙
주창자	Sundelson, Neumark, Say	H. Smith
목 적	· 행정부의 낭비 · 부조리를 제거 · 위법 · 부당한 지출을 방지 · 국민의 조세부담 경감이 목적	행정부에 재량권을 부여함으로써 예산집행의 효율성 제고가 목적
성 격	통제지향적 성격	행정관리적 성격
행정이념	민주성과 관련	능률성과 관련
예산집행	재정통제	신축성 유지

(1) 전통적 예산(Neumark)의 원칙 – 입법부 우위

① 공개성의 원칙 : 심의 · 의결된 예산과 결산은 모두 공개해야 한다. 즉 국가의 예산은 편성부터 회계감사에 이르기까지 모두 국민에게 공개되어야 한다.

> 예외 신임예산(의회는 총액만 결정하고 구체적인 용도는 행정부의 자유재량에 맡기는 예산으로 영국, 캐나다에서 제1 · 2차 세계대전 때 사용, 국방비, 외교활동비, 정보비 등에 이용), 우리나라 일부 국방비와 정보비

② 명료성의 원칙 : 모든 국민이 이해할 수 있도록 명료해야 한다.

> 예외 순계예산, 기금, 총액계상예산, 안전보장 관련 예비비

③ 완전성의 원칙 : 예산에는 세입 · 세출이 모두 계상(計上 : 예산편성에 넣음)되어야 한다는 원칙이다.

> 예외 순계예산(경비를 공제한 순세입 또는 순세출만을 계상하는 예산), 기금(基金), 수입대체경비, 현물출자(동산, 부동산, 채권, 유가증권, 특허권 등 금전 이외의 재산에 의한 출자형태를 말한다.), 외국차관의 전대(국내 거주자에게 전대할 것을 조건으로 기획재정부장관을 차주로 하여 외국의 금융기관으로부터 외환자금을 차입하는 것), 국가연구개발사업의 대가(중앙관서의 장은 출연금이 지원된 국가연구개발사업의 개발성과물 사용에 따라 대가를 기획재정부장관과의 협의를 거쳐 세입세출예산 외로 사용할 수 있다.)

④ 단일성의 원칙 : 국가의 예산을 체계적 · 종합적으로 명백히 하고 양적 · 질적으로 균형을 유지하기 위해서는 복수예산이 아닌 하나로 존재해야 한다는 원칙이다.

> 예외 특별회계예산, 추가경정예산

⑤ 한정성의 원칙 : 예산 각 항목 간에는 명확한 한계를 지녀야 한다는 원칙이다.

  ㉠ 예산의 목적 외 사용금지　　예외 이용, 전용, 조상충용(繰上充用)

ⓒ 회계연도를 경과한 지출금지 　예외 이월, 계속비

ⓒ 계상된 금액 이상의 지출금지 　예외 과년도 수입·지출, 예비비 등

⑥ 통일성의 원칙 : 특정한 세입과 특정한 세출을 직접 연결시켜서는 안 되며, 전체 세입으로 전체 세출을 충당해야 한다는 국고통일주의를 말한다. 즉 모든 수입은 국고로 납입되고 거기에서 모든 지출체계가 마련되어야 한다는 원칙이다. 자동차세를 도로공사에만 사용해서는 안 된다는 논리와 같다.

　예외 특별회계예산, 목적세(⊙ 국세–교육세, 교통·에너지·환경세, 농어촌특별세, ⓒ 지방세–지역자원시설세, 지방교육세), 기금

⑦ 사전의결의 원칙 : 예산집행 전 국회의 의결을 받고 승인범위 내에서 집행한다.

　예외 준예산, 예비비 지출, 사고이월, 전용, 재정상 긴급배정, 신임예산

⑧ 정확성(엄밀성) 원칙 : 예산추계(預算推計 : 추정하여 계산)가 가능한 한 정확하도록 예산과 결산은 가급적 일치해야 한다.

　예외 과년도 이월, 불용액, 예비비지출, 총괄예산제도, 목(目)간 전용, 적자예산, 흑자예산

⑨ 균형성의 원칙 : 세입과 세출은 서로 균형을 이루어 예산이 남거나 모자라지 않게 하여야 한다.

　예외 적자예산(赤字豫算), 흑자예산(黑字豫算)

사고이월과 명시이월

구 분	사고이월	명시이월
사전의결원칙	예외	적용
재차이월	금지	가능
예산형식	포함 안 됨	포함
사전예측	예외적으로 가능	가능
실 적	많음	적음

(2) 현대적 예산원칙(Smith의 원칙) – 행정부 우위

① 기획의 원칙 : 예산은 행정부의 사업계획을 충실히 반영시켜야 한다.

② 예산책임의 원칙 : 행정부는 예산을 집행함에 있어 합법성·효과성·합목적성·경제성을 추구해야 한다.

③ 예산보고의 원칙 : 예산은 각 기관으로부터 들어오는 재정 및 업무보고에 기초를 두어야 한다.

④ 적절한 수단구비의 원칙 : 재정통제와 신축성 유지를 위한 적절한 수단(제도)이 조화적으로 마련되어 있어야 한다.

⑤ 다원적 절차의 원칙 : 사업의 성격별로 예산의 절차를 다양하게 할 필요가 있다.

⑥ 시기융통성의 원칙 : 사업계획의 실시시기를 행정부가 신축성 있게 조정할 수 있어야 한다.

⑦ 행정부 재량의 원칙 : 예산을 세목이 아닌 총괄사업으로 통과시키고 집행상의 재량을 최대한 행정부에 부여해야 한다.

⑧ 상호교류적 예산의 원칙 : 중앙예산기관과 각 부처 예산기관 간의 상호간 의사전달협력체계를 구축해야 한다.

장(章), 관(款), 항(項), 세항(細項), 목(目)

[융통(이용) – 입법과목] [융통(전용) – 행정과목]

---

* **이체(移替)** 정부조직 등에 관한 법령의 재정·개정 또는 폐지로 인하여 그 직무와 권한에 변동이 있을 때 예산집행에 관한 책임소관을 변경시키는 것
예 기획예산위원화+재정경제부 ⇨ 기획재정부

✎ 대표유형문제

1. 전통적 예산원칙의 예외로 연결이 잘못된 것은?

① 사전의결의 원칙 – 준예산
② 국회예산 회기독립의 원칙 – 추가경정예산
③ 한정성의 원칙 – 이용, 전용
④ 통일성의 원칙 – 특별회계, 목적세

정답 ②

해설 전통적 예산의 단일성 예외는 추가경정예산과 특별회계가 있으며, 회계연도 독립의 원칙의 예외는 이월, 계속비 등이 있다.

2. 전통적 예산 원칙에 대한 설명 중 가장 옳지 않은 것은?

① 예산 단일의 원칙은 특정한 세입과 특정한 세출을 직접 연계시켜서는 안 된다는 원칙이다.
② 예산 공개의 원칙은 예산 운영의 전반적인 내용이 국민에게 공개되어야 한다는 원칙이다.
③ 예산 사전 의결의 원칙은 예산이 집행되기 전에 입법부의 의결을 거쳐야 한다는 원칙이다.
④ 예산 완전성의 원칙은 모든 세입과 세출이 예산에 계상되어야 한다는 원칙이다.

정답 ①

해설 단일성이란 국가의 예산을 체계적·종합적으로 명백히 하고 양적·질적으로 균형을 유지하기 위해서는 복수예산이 아닌 하나로 존재해야 한다는 원칙이다. 예외로는 특별회계와 추가경정예산이 있다. ①은 단일성의 원칙이 아니라 통일성의 원칙에 해당한다.

(3) 우리나라의 예산원칙

1961년 제정된 예산회계법은 전통적인 예산원칙을 따르고 있으나 예산집행의 신축성을 유지하기 위하여 많은 예외를 인정하고 있다.

① 회계연도 독립의 원칙, ② 예산총계주의의 원칙, ③ 건전재정운영의 원칙, ④ 수입의 직접 사용금지의 원칙, ⑤ 예산의 목적 외 사용금지의 원칙, ⑥ 예산의 공개 및 사전의결의 원칙, ⑦ 기업회계의 원칙

02 | 예산의 종류

일반회계예산과 특별회계예산 및 기금 - 정부총지출을 중심

1. 일반회계예산

일반적인 국가활동에 관한 세입·세출을 포괄적으로 편성한 예산으로서 그 세입을 주로 조세 수입으로 충당하고, 세출은 국가의 존립과 유지를 위한 기본적 지출로 구성한다. 따라서 일반 회계예산은 항구적이며 현금주의 원칙에 입각하여 구성된다.

2. 특별회계예산

(1) 특별회계예산의 의의

특별회계는 국민의 세금이 아닌 별도의 특정한 수입이 재원이 된다. 특별회계예산의 형식은 예산총칙, 계속비, 자본계정, 추정손익계산서, 국고채무부담행위, 명시이월비 등이다.

(2) 특별회계예산의 설치요건(예산회계법 제9조 제2항에 의거)

① 국가에서 특정한 사업을 운영할 때

② 특정한 자금을 보유하며 운영할 때

③ 기타 특정한 세입으로 특정한 세출에 충당함으로써 일반회계와 구분하여 계리(計理)할 필 요가 있을 때 법률로 설치

(3) 특별회계예산의 특징

① 기업예산회계법이나 별도의 특별회계설치에 관한 법률이 적용된다.

② 일반회계에는 규정이 없는 사업경영성과 및 재정상태를 명백히 하기 위해 재산의 증감 및 변동을 발생사실에 따라 계리하는 발생주의를 원칙으로 한다.

③ 원가계산과 감가상각 및 예산관계서류를 제출한다.

④ 수입금마련지출제도(이익자기처분의 원칙)를 두어 초과수입은 그 수입에 관련된 직접비에 사용할 수 있고, 목(目) 간 전용을 완화하여 기획예산처장관의 사전승인 없이도 목 간 전 용이 가능하다.

(4) 특별회계예산의 장점

국가가 사업을 추진하는 경우 수지를 명백히 할 수 있으며, 행정기관의 재량권을 광범위하게 인정하여 능률의 향상과 경영의 합리화를 도모한다.

447

(5) 특별회계예산의 단점

예산구조가 복잡하고 국가재정의 전반적인 상호관련성이 불분명하며, 정부의 재정팽창을 통제하기 곤란하고 입법부의 예산통제 및 국민의 행정통제가 어렵다.

(6) 특별회계예산의 유형

① 국가가 특별한 사업을 운영하고자 할 때(양곡, 우편사업, 우체국예금, 조달, 책임운영기관)
② 국가가 특별한 자금을 보유·운영하고자 할 때(재정융자특별회계, 자금관리특별회계, 군인연금특별회계)
③ 기타 특정한 세입으로 특정한 세출에 충당할 때(교도작업특별회계, 국유임야관리특별회계, 사법시설특별회계, 교통시설특별회계, 국가균형발전특별회계 등)

3. 정부기금(fund)

1) 정부기금의 의의

정부기금은 세입세출예산에 의하지 않고 예산외로 운영되며, 국가가 특정한 목적을 위하여 특정한 자금을 신축적으로 운영할 필요가 있을 때 법률로써 특별히 설치할 수 있는 자금으로 예산원칙의 일반적인 제약에서 벗어나 좀 더 신축적으로 운용될 수 있도록 보유·운용하는 특정자금으로 볼 수 있다. 우리나라는 기금의 규모가 일반회계의 2배에 이른다.

2) 정부기금의 내용

(1) 예산외로 운용되는 기금의 규모가 커지고 국민경제에 큰 영향을 미치게 됨에 따라 기금의 효과적인 운용을 위해 1991년 기금관리기본법이 제정되어 기금운용법정주의를 취하였으나 2007년부터 발효된 국가재정법에 의해 기금관리기본법이 폐지되었다. 최근 재정운영의 방향은 일반회계, 특별회계, 기금을 통합적으로 운용하는 방식을 취하고 있다.
(2) 기금은 조세가 아닌 일반회계로부터 전입금이나 정부출연금 등에 의존하며 유상적 급부가 원칙이다. 이러한 점에서 조세수입을 재원으로 하고 무상적 급부를 원칙으로 하는 예산과 구별된다.
(3) 금융성기금(신용보증기금, 주택금융신용보증기금 등 금융적 성격의 기금으로 30% 범위 내에서 국회의 심의·의결 없이 주요 항목에 대한 지출금액의 변경이 가능하도록 하여 기금운용계획 변경 범위에 대한 탄력성 부여)도 모두 국회의 심의·의결을 거치며, 통합예산에서는 제외된다. 비금융성기금은 청소년육성기금, 과학기술진흥기금, 문화예술진흥기금 등 금융성기금을 제외한 기금을 말한다.

(4) 금융성기금은 11개에서 9개로 개정(2004 .1. 1)되었으며, 기금을 신설하고자 하는 경우 기금신설에 관한 계획서를 제출하여 기획재정부장관의 심사를 받도록 한다.

(5) 기획재정부장관은 3년마다 전체 재정체계를 고려하여 기금의 존치여부를 평가하도록 하여 기금존치여부의 평가를 강화하였다.

(6) 정부는 회계연도 개시 90일전까지 기금운용계획안을 국회로 제출하며, 국회는 회계연도 개시 30일전까지 의결해야 한다.

(7) 기금관리주체(중앙관서의 장)는 회계연도마다 기금운용계획안을 수립하여 기획재정부장관의 협의·조정을 거쳐 국무회의 심의, 대통령의 승인을 거친 다음 국회로 제출한다. 또한 기금주체는 안정성, 유동성, 수익성 및 공공성을 고려하여 기금자산을 투명하고 효율적으로 운용하여야 한다.

(8) 기금관리주체는 매년 1월 31일까지 당해 회계연도부터 5회계연도 이상의 기간 동안의 신규사업 및 기획재정부장관이 정하는 주요 계속사업에 대한 중기사업계획서를 기획재정부장관에게 제출하여야 한다.

(9) 기금관리주체는 기금결산보고서를 기획재정부장관에게 제출(다음해 5월 31일까지)하며, 기획재정부장관은 이를 토대로 정부기금결산서를 작성, 감사원의 감사를 거친 후 회계연도 개시 120일전까지 국회에 제출해야 한다.

(10) 기금은 정부가 직접 기금을 조성하거나 민간이 조성·운영하는 기금에 출연하는 방식, 정부출연금, 민간부담금, 차입금, 운용수입 등이 주된 재원이 된다.

(11) 국회는 정부가 제출한 기금운용계획안의 주요항목 지출금액을 증액하거나 새로운 과목을 설치하고자 할 때에는 미리 정부의 동의를 얻어야 한다.

3) 기금의 특수성

(1) 기금은 특정수입과 지출의 연계가 가능하다.

(2) 집행단계에서 예산에 비해 자율성과 탄력성이 크다(일반기금 20%, 금융성기금 30% 범위내에서 국회 의결 없이 주요 항목에 대한 지출금액의 변경이 가능하다)

(3) 예산과 달리 회계연도 내 운용해 남은 자금은 적립이 가능하다

(4) 기금의 성격과 관련하여 재원의 특수성과 탄력적 운영의 필요성을 인정하여 재정민주주의의 예외라는 시각과 조성된 재원의 상당 부분이 정부 출연이나 민간 부담금 등 공적 재원이므로 민주주의 예외가 되어서는 안 된다는 시각이 대립하고 있다.

1. 특별회계를 설치하는 이유로 타당하지 않은 것은?

① 국가에서 특정사업을 운영하고자 할 때

② 특정 목적의 자금을 보유·운영하고자 할 때

③ 특정한 세입으로 일반의 세입·세출과 구분하여 운영할 필요가 있을 때

④ 책임운영기관을 설치할 때

⑤ 예산팽창을 예방하고자 할 때

정답 ⑤

해설 특별회계는 목적세와 함께 입법부의 완화된 예산감시와 통제를 이용하여 정부예산 팽창의 중요한 원인이 되므로 ⑤는 틀리다. 특별회계는 ①②③의 이유로 설치할 수 있으며, ④의 책임운영기관도 기업형기관의 경우 기업예산회계법에 의한 정부기업(기업특별회계)으로 간주되어 특별회계가 적용된다.

2. 우리나라 기금에 대한 설명으로 옳지 않은 것은?

① 기금관리주체는 안정성, 유동성, 수익성 및 공공성을 고려하여 기금자산을 투명하고 효율적으로 운용하여야 한다.

② 기금관리주체는 매년 1월 31일까지 당해 회계연도부터 5회계연도 이상의 기간 동안의 신규사업 및 기획재정부장관이 정하는 주요 계속사업에 대한 중기사업계획서를 기획재정부 장관에게 제출하여야 한다.

③ 국회는 정부가 제출한 기금운용계획안의 주요항목 지출금액을 증액하거나 새로운 과목을 설치하고자 할 때에는 미리 정부의 동의를 얻어야 한다.

④ 정부는 주요항목 단위로 마련된 기금운용계획안을 회계연도 개시 60일 전까지 국회에 제출하여야 한다.

정답 ④

해설 기금도 예산과 같이 정부는 예산안과 마찬가지로 주요항목 단위로 마련된 기금운용계획안을 회계연도 개시 90일 전까지 국회에 제출하여야 하고 국회는 30일 전까지 의결하여야 한다.

4. 일반회계, 특별회계 및 기금과 투자기관 관계

구분	예산		기금	투자기관 (법인형 공기업)
	일반회계	특별회계		
관리책임	기획재정부장관	중앙관서장(기획재정부 지침)	중앙관서장(기획재정부와 협의)	투자기관사장(기획재정부 지침)
목적(사유)	국가고유의 일반적 재정활동	·특정사업운영 ·특정자금운영 ·특정세입으로 특정세출 충당	특정목적을 위해 특정자금운영을 신축적으로 운용할 필요성이 있을 때	공공성·수익성

근 거	국가재정법	기업예산회계법	국가재정법	정부투자기관관리기본법
국회승인여부	필요	필요	필요(의회의 심의·의결)	불필요(이사회 승인)
재 원	조세수입, 무상 급부제공 원칙	자체수입, 전입금	유무상 급부(부담금, 출연금 등 다양한 수입원을 토대로 융자사업 등 유상적 급부를 제공하는 경우가 많음.)	자체수입(독립채산제)
	통일성 원칙	세입과 세출연계		
운 영	예산과정		기금운용계획	이사회 결정
	통합예산 포함		비금융성기금은 통합예산포함 (금융성기금 제외)	통합예산에 포함 안 됨
	국회심의와함법성에 기초한 통제			신축적 운영

* 지방자치단체도 법률 또는 조례로 특별회계나 기금설치 가능

📝 대표유형문제

기금, 일반회계, 특별회계에 대한 다음 설명 중 가장 적절하지 않은 것은?

① 일반회계는 국가고유의 일반적 재정활동을, 기금은 특정한 세입으로 특정한 사업을 운용하기 위해 설치된다.
② 특별회계는 일반회계와 기금 운용 형태가 혼재되어 있다.
③ 기금과 예산 모두 국회 심의 및 의결·확정절차를 따른다.
④ 기금과 특별회계는 특정수입과 지출이 연계되어 있다.
⑤ 기금은 주요항목 지출금액의 20% 이상 변경운용 시 국회의 의결이 필요하다.

정답 ①
해설 특정한 세입으로 특정한 사업을 운용하기 위해 설치되는 것은 특별회계이며, 일반회계는 국가고유의 일반적 재정활동을, 기금은 특정한 자금을 신축적으로 운용할 필요가 있을 때 설치한다.

🔴 본예산·수정예산 및 추가경정예산 – 예산의 성립시기에 다른 분류

1. 본예산(本豫算)

정부는 회계연도마다 예산안을 편성하여 회계연도 개시 90일전까지 국회에 제출하고 국회는

회계연도 개시 30일전까지 이를 의결하여 예산을 확정하는 데(헌법 제54조 제2항), 이렇게 정상적인 예산편성과 심의를 거쳐 최초로 확정된 예산을 본예산이라 한다(수정예산·추가경정예산은 본예산의 변경임).

2. 수정예산(修正豫算 - 국무회의 심의 ⇨ 대통령 승인 ⇨ 국회 제출)

정부가 국회에 예산안을 제출한 후 아직 예산이 성립·확정되기 전에 정부가 제출한 예산안을 수정한 예산을 말한다. 예산금액의 감소, 예산목적의 변경, 예산총칙의 변경 등 예산 전반에 걸친 수정을 의미할 때도 있다. 그러나 예산의 수정은 예산금액의 합계를 증가시키지 못한다. 우리나라는 1980년의 추가경정예산안, 1981년 본예산에서 2회 활용한 적이 있다.

3. 추가경정예산(追加更正豫算 - 편성절차는 원칙적으로 본예산과 동일)

(1) 예산이 국회를 통과하여 성립한 다음에 생긴 사유로 인하여 이미 성립된 예산의 내용에 변경을 가할 필요가 있을 때 사용되는 것으로 거의 매년 편성하고 있다.

(2) 본예산과 추가경정예산은 각각 별도로 성립하여 집행되나 추가경정예산이 일단 성립하면 본예산과 추가예산을 통산하여 전체로서 실시하게 된다.

(3) 추가경정예산안을 제출할 때에는 첨부서류의 전부 또는 일부를 생략할 수 있다.

(4) 금액을 추가하는 추가예산과 비목 간 조정을 하는 경정예산이 합쳐진 것으로 사용횟수에 대해서는 규정이 없다.

🐚 잠정예산·가예산 및 준예산(예산불성립시의 예산집행)

1. 잠정예산(暫定豫算)

(1) 잠정예산이란 회계연도 개시일부터 최초의 수개월분 일정금액 예산을 국고에서 지출을 허가하는 제도로서 원칙적으로 기간제한은 없다.

(2) 영국과 캐나다의 잠정예산은 상례적으로 예산의 편성제출과 당해 회계연도 간의 시차를 단축시키기 위하여 고의적으로 사용되는 반면 일본의 잠정예산은 부득이한 사정에만 예외적으로 사용되는 것이 특색이다.

(3) 영국·미국·일본은 국회의결을 요하나 독일은 국회의결 없이 자동적으로 잠정예산을 사용한다.

2. 가예산(假豫算)

우리나라는 제1공화국 당시 가예산제도를 사용하였다. 제1공화국 당시 9차례에 걸쳐 가예산이 의결되었고, 실질적으로 6차례가 사용되었다. 영국, 일본, 캐나다 등의 잠정예산과 유사한 예산제도이나, '1개월 이내'라는 제한이 있다는 점에서 잠정예산과 차이가 있다. 또한, 국회가 반드시 예산을 의결하여야 사용할 수 있다는 점에서 준예산과 차별된다.

3. 준예산(準豫算)

(1) 예산이 회계연도 개시일까지 의결되지 못한 경우에 정부는 국회에서 예산안이 의결될 때까지 다음의 목적을 위한 경비는 전년도 예산에 준하여 지출할 수 있다.

① 헌법이나 법률에 의하여 설치된 기관 또는 시설의 유지 또는 운영

② 법률상 지출의무의 이행

③ 이미 예산으로 승인된 사업의 계속을 위한 경비

(2) 준예산제도는 서독의 기본법에서 모방해 온 제도로서 1960년의 제3차 개헌 시에 우리나라 헌법에 도입되었으며, 예산사전의결의 원칙에 예외인 제도이다.

(3) 우리나라 중앙정부에서는 한번도 편성해본 적이 없으나, 지방정부의 경우는 2003년 전북 부안군이 유일하게 사용한 적이 있다.

(4) 준예산에 의하여 집행되는 예산은 해당 연도의 예산이 성립되면 그 성립된 예산에 의하여 집행된 것으로 간주된다.

(5) 회계연도 개시 30일전까지 국회가 본예산을 의결하지 않을시 준예산을 준비하고 있다가 회계연도가 개시되어도 본예산이 국회에서 통과되지 않으면 준예산이 적용된다.

예산불성립시의 예산집행제도 비교

구 분	기간제한	국회의결 여부	지출항목	주요 채택국가	우리나라의 적용 여부
준예산	무제한	불필요	한정적	우리나라, 독일	1960년 이후 채택, 사용경험 없음.
잠정예산	무제한 (보통 4~5개월)	필 요	전반적	영 국, 미 국, 일 본, 캐나다	채택하지 않음.
가예산	1개월	필 요	전반적	프랑스 (제3·4공화국)	정부수립 이후~1960년, 사용경험 많음.

예산에 대한 설명으로 옳지 않은 것은?

① 추가경정예산은 국회에서 확정되기 전에 정부가 미리 배정하거나 집행할 수 있는 예산을 의미한다.

② 본예산은 매 회계연도 개시 전에 국회의 심의·의결을 거쳐 성립되는 예산을 의미한다.

③ 수정예산은 예산안 편성이 끝나고 정부가 예산안을 국회에 제출한 이후 국회 의결 전에 기존 예산안 내용의 일부를 수정하여 다시 제출한 예산안을 의미한다.

④ 준예산은 새로운 회계연도 개시 전까지 국회에서 예산안이 의결되지 못할 때 정부가 일정한 범위 내에서 전 회계연도의 예산에 준해 집행하는 잠정적 예산을 의미한다.

정답 ①

해설 ① 수정예산은 국회가 예산을 심의·확정하기 전에 시행하는 것이며, 추경예산은 예산이 국회를 통과하여 확정된 후 천재지변이나 국가의 비상사태에 갈음하여 변경하는 것을 말한다.

🖋 총계예산, 순계예산, 통합예산, 신임예산

1. 총계예산(總計豫算 ; gross budget)

(1) 세입과 세출은 모두 예산에 편입하여야 한다는 총계주의에 입각한 예산이다.

(2) 국가의 모든 수입·지출을 예산에 편성함으로써 수지의 균형을 도모한다.

(3) 예산을 통하여 국회나 국민의 비판·감독을 용이하게 한다.

(4) 예산집행에 대한 책임소재를 명확히 하려는 것으로 대부분의 국가는 총계예산제도를 채택하고 있으며 우리나라도 채택하고 있다.

　　* 예산총계 일반회계와 특별회계를 기계적으로 단순히 합한 예산규모이다.

2. 순계예산(純計豫算 ; net budget)

예산을 계상함에 있어서 필요경비를 제외한 순세입(기금, 현물출자, 징세비 등 중간경비를 제외한 순수입만을 예산에 배정)·순세출만을 계산한 차액예산주의에 입각한 예산이다. 전통적 예산원칙 중 명료성 원칙과 완전성 원칙의 예외이다.

* 예산순계 일반회계＋특별회계－중복분

3. 통합예산(統合豫算 ; unified budget)

(1) 통합예산이란 한 나라의 정부부문에서 1년 동안 지출하는 재원의 총체적인 규모로 법정예

산제도를 그대로 유지하면서 재정활동을 종합적으로 파악하고 재정과 국민소득계정, 통화 및 국제수지와의 연결을 통한 재정의 국민경제적 효과분석, 정책수립의 능률화, 재정지표의 국제비교를 쉽게 할 수 있도록 한 새로운 예산분류방식이다.

(2) 통합예산은 전반적인 재정활동을 세입·세출뿐만 아니라 보전재원(補塡財源) 상황까지도 명확하게 식별할 수 있는 정부예산총괄표이다(예산단일성 원칙).

(3) 공산국가들은 철저한 통합예산을 사용하고 있고, 미국은 1969년부터 이를 도입하였다. 우리나라도 국제통화기금(IMF)의 권고에 따라 1979년부터 연도별로 통합재정수지를 작성하였고, 1994년부터는 분기별로, 1999년 7월부터는 월별로 작성·공표하고 있다.

4. 신임예산(信任豫算 ; Votes of Credit)

(1) 입법부가 행정부를 신임하여 행정부에 재량권 및 예산집행의 신축성을 부여한 예산으로 영국에서 시작되었다.

(2) 신임예산은 입법부가 예산의 총액만을 정해주고, 구체적인 용도의 결정은 행정부의 재량에 맡긴다.

(3) 전쟁상황 등 용도를 밝힐 수 없는 국가비상사태의 경우에는 총액의 결정마저 행정부의 재량에 맡긴다.

예 제1·2차 세계대전시 영국과 캐나다의 국방비

🖋 대표유형문제

예산절차상의 특징에 따른 예산의 유형에 관한 설명으로 옳은 것은?   2013. 행정사 기출

① 본예산은 정기국회의 심의를 거쳐 확정된 최초의 예산으로 당초예산이라고도 한다.

② 수정예산은 예산이 국회를 통과한 이후 예산집행과정에서 다시 제출되는 예산이다.

③ 추가경정예산은 예산안이 제출된 이후 국회의결이전에 기존안의 일부를 수정해 제출한 예산이다.

④ 준예산은 새로운 회계연도가 시작되는 날로부터 최초 수개월분의 일정한 금액의 예산을 정부가 집행할 수 있게 허가하는 제도이다.

⑤ 잠정예산은 회계연도개시 전에 예산이 의결되지 못하는 경우를 대비해 의회가 미리 1개월분 예산만 의결해 정부로 하여금 집행할 수 있도록 하는 예산이다.

정답 ①

해설 본예산은 회계연도 개시 30일전까지 정기국회의 심의를 거쳐 확정된 최초의 예산이다. ②는 추가경정예산. ③은 수정예산. ④는 잠정예산 ⑤는 가예산에 대한 설명이다.

03 | 예산의 분류

1. 예산분류의 목적-버크헤드(J. Burkhead)

(1) 사업계획의 수립과 능률적인 예산심의 . 기능별·조직별·사업계획별·활동별 분류

(2) 예산집행의 효율화. 조직별·품목별 분류

(3) 국가활동의 경제적 효과분석. 경제성질별 분류

(4) 회계책임의 명확화. 품목별 분류

2. 기능별 분류

(1) 기능별 분류의 의의

① 세출예산은 정부의 주요 기능에 따라 분류하며, 시민을 위한 분류

② UN이 1951년 세계 각국의 예산을 통일적으로 분류하는 방법으로 권고

③ 조직별 분류보다 범위가 더 넓은 대분류 방법

(2) 우리나라 세출예산의 기능별 분류

우리나라는 종래에 유엔편람, 에카페(ECAFE)권고안, ECAFE 제1차 전문위원회보고서 등에 준하여 예산의 기능별 분류를 행하였으나, 1971년 이후 폐기하고 다음과 같은 새로운 기능별 분류를 사용하고 있다.

① 교육비, ② 경제개발비 ③ 방위비 ④ 지방재정지원, ⑤ 사회개발비 ⑥ 일반행정비 ⑦ 채무 상환 및 기타

(3) 기능별 분류의 장단점

① 장점

㉠ 행정부의 예산정책 수립을 용이하게 하고 입법부의 예산심의를 용이하게 한다(기능별 분류를 활용하는 주된 목적).

㉡ 행정부의 예산집행에 신축적이다.

㉢ 국민들에게 정부활동에 대한 정보제공으로 국민의 이해를 증진시킨다.

㉣ 예산집행의 책임소재를 명확히 할 수 있다(지출의 효과성 제고).

㉤ 정부의 사업계획·활동의 변동파악에 유리(장기적으로 연차적 분석)하다.

㉥ 정부 간의 사업계획·행정활동을 비교하는 데 활용도가 높다.

② 단점

  ㉠ 지출목적을 명백히 밝히기 곤란(회계책임의 불명확으로 예산에 대한 입법부의 효율적인 통제 곤란)하다.

  ㉡ 예산의 전반적인 경제적 효과파악이 곤란하다.

  ㉢ 조직활동의 전반적인 성과나 사업계획의 효과를 평가하기 곤란하다.

  ㉣ 공공사업은 정부기획과 관련시켜야만 의의를 찾을 수 있다(공공사업을 별개의 범주로 삼지 않음). 예 교량건설

  ㉤ 정부활동이 하나 이상의 기능에 속하는 경우가 많다(중복성).

대표유형문제

다음 중 기능별 예산분류제도의 단점이 아닌 것은?

① 시민들이 정부사업을 쉽게 이해하기 힘들다.

② 정부예산의 유통과정을 쉽게 파악하기 힘들다.

③ 회계책임이 명확하지 않다.

④ 예산에 대한 입법부의 효율적 통제가 어렵다.

정답 ①

해설 시민들이 정부사업을 쉽게 이해하기 용이한 시민을 위한 분류이다. ② 주체별로 안 되어 있어 정부예산의 유통과정을 쉽게 파악하기 힘들다. ③④의 경우 품목별로 되어 있지 않아 회계책임이 명확하지 않고 예산에 대한 입법부의 효율적 통제가 어렵다.

3. 조직별 분류

(1) 조직별 분류의 의의

① 예산을 부처별·기관별·소관별로 주체에 따라 분류하는 방법이다.

② 예산의 분류방법 중 가장 오래되고 기본적인 분류방법이다.

③ 이 분류방법은 세입·세출예산 모두에 적용되며 의회의 예산심의, 재정통제에 가장 의의있는 방법이다.

(2) 우리나라의 조직별 분류

재정경제부는 '예산개요' 및 '예산심의자료'에서 기본적인 분류의 하나로서 조직별(소관별) 분류를 사용하고 있다.

(3) 조직별 분류의 장단점

① 장점

ㄱ 의회의 예산심의 및 예산통제에 가장 효과적이다.

ㄴ 예산과정의 흐름과 단계를 명확히 파악할 수 있다.

ㄷ 예산운동의 주체가 명확하여 경비지출의 책임소재를 분명히 할 수 있다.

② 단점

ㄱ 경비지출의 목적을 명확히 규명하기 곤란하다.

ㄴ 전체적인 조직활동의 성과나 사업계획의 성과를 평가·측정하기 어렵다.

ㄷ 예산의 전체적인 경제적 효과의 체계적 분석이 곤란하다.

4. 품목별 분류

(1) 품목별 분류의 의의

① 지출의 대상·성질을 기준으로 세출예산의 금액을 분류한다.

② 행정부의 세출예산을 엄격히 통제하는 통제중심의 예산분류방법이다.

③ 조직별로 분류된 예산을 다시 품목별로 재분류한다.

　　예 인건비(급여, 연금, 여비, 수당), 물건비(임차료, 시설비, 차량 및 선박비 등)

④ 예산집행을 감독하여 경비사용의 적정을 기하기 위해 필요하다.

⑤ 세출예산과목(장, 관, 항, 세항, 목) 중 '목(目)'에 해당한다.

(2) 품목별 분류의 장단점

① 장점

ㄱ 의회의 우위를 확보한다.

ㄴ 회계책임이 명확(회계검사 용이)하다.

ㄷ 봉급·여비 등의 항목은 인사행정에 유용한 자료, 정보를 제공한다.

ㄹ 공무원의 자유재량권을 제한하여 민주적 통제가 용이하다.

ㅁ 합법성에 치중하는 회계검사가 용이하다.

② 단점

ㄱ 예산운용에 신축성·탄력성이 적다.

ㄴ 예산을 어떤 목적, 사업에 사용했는지 파악이 불가능하다.

ㄷ '목(目)'의 수를 몇 개로 할 것인가는 예산운용에 있어서 통제와 탄력성의 조화가 문제된다.

ㄹ 총괄계정의 목적에 부적합하다.

5. 경제성질별 분류

(1) 경제성질별 분류의 의의

예산이 국민경제(소득, 소비, 생산, 가격, 저축, 투자 등)에 미치는 영향을 기준으로 하는 분류방법

(2) 경제성질별 분류의 장단점

① 장점

　　㉠ 정부예산이 국민경제에 미치는 영향 파악, ㉡ 재정정책, 경제정책의 수립에 도움, ㉢ 국
　　가 간 예산경비의 비중 비교가 가능, ㉣ 인플레이션과 디플레이션의 방지, ㉤ 국민경제 동
　　향 파악이 용이

② 단점

　　㉠ 경제성장별 분류 자체가 경제정책이 될 수 없다.

　　㉡ 경제활동에 대한 정부 영향의 일부만 측정이 가능하다.

　　㉢ 세입·세출 이외의 요인에 의한 영향은 파악이 곤란하다.

　　㉣ 정책결정을 하는 고위공무원에게만 유용하다.

　　㉤ 소득배분에 대한 정부활동의 영향 파악이 곤란하다.

　　㉥ 다른 분류방법과 병행할 때 효과가 있으나, 단독적으로는 사용하기 힘들다.

6. 기타의 분류 방법

(1) 활동별 분류 : 사업계획분류를 다시 세분

(2) 성과별 분류 : 사업성과에 중점

(3) 통합적 분류 : 법정예산제도 유지, 종합적

✎ 대표유형문제

예산분류방식이 잘못 설명된 것은?

① 우리나라에서 일반회계의 세입예산은 수입원에 따라 조세수입과 세외수입으로 분류한다.

② 품목별 분류는 지출대상·구입물품의 종류를 중심으로 분류한다.

③ 기능별 분류는 전문적이어서 일반시민이 이해하기 힘들다.

④ 경제성질별 분류를 통해 정부활동이 국민경제에 미치는 영향을 기준으로 한다.

정답 ③

해설 예산의 분류는 조직별 분류, 기능별 분류, 경제성질별 분류, 품목별 분류 등이 있다. 기능별 분류는 정부활동에 관한 개략적인 정보를 일반시민에게 제공하기 때문에 시민이 국가예산을 가장 잘 이해할 수 있다는 점에서 '시민을 위한 분류'라고 불리기도 한다.

중앙예산기관의 의의

1. 중앙예산기관의 개념

중앙예산기관이란 각 부처의 사업계획을 검토하고, 정부의 예산을 편성·제출하여 예산을 관리하는 기관을 말한다. 국가경제여건을 전망하고 국민의 요구를 수렴하여 예산정책을 수립할 뿐만 아니라 각 부처의 예산요구를 사정하여 예산안을 편성한다. 예산을 입법부에 제출하고 실무책임을 지며, 예산이 성립한 뒤에는 예산집행을 관리·통제한다. 우리나라의 중앙예산기관은 기획재정부이다.

2. 중앙예산기관의 기능

(1) 기획·관리기능 : 합리적 목표달성을 위하여 각 부서를 조정하고 지도·관리

(2) 각 부처의 예산사정 기능 : 지도·감독기능

(3) 의회에 대한 기능 : 회계연도마다 예산안 편성, 의회제출

(4) 대국민 홍보기능 : 국민에게 보고, 정보제공

(5) 예산집행의 감독기능 : 모든 정부기관의 예산집행을 감독

3. 기획재정부(중앙예산기관이자 국가기획기관)

(1) 기획재정부의 의의

① 기획재정부는 기획예산처와 재정경제부를 통합한 것으로 예산권을 쥐고 있어 막강한 영향력을 행사한다(기획재정부장관을 중심으로 하는 단독제 기관).

② 기획재정부는 종합막료기관이고, 기획재정부장관은 국무위원이며 국무회의에 참석한다.

(2) 기획재정부의 주요 기능

① 예산 및 기금편성지침의 시달

② 예산의 편성과 국회에 예산안 제출기능

③ 각 부처에 예산사정기능

④ 각 중앙관서에 예산배정기능

⑤ 예산의 집행감독 및 예비타당성조사

⑥ 예비비의 관리

⑦ 국민에 예산공개기능

⑧ 관리·기획에 따른 효율적인 자원배분기능

    Ⓐ 관리·기획기능 : 효율적인 자원배분기능   Ⓑ 각 부처에 대한 기능 : 예산사정기능

    Ⓒ 국회에 대한 기능 : 예산안 제출기능   Ⓓ 국민에 대한 기능 : 예산공개기능

⑨ 국고수지총괄기능 : 중앙의 징세·재정·금융·회계·결산·자금관리·국고금 지출 등 국가의 수입·지출을 총괄하는 기관이다.

⑩ 중·장기 경제사회발전방향 및 연차별 경제정책방향의 수립과 총괄 조정

⑪ 전략적인 재원 배분과 배분된 예산의 성과평가

⑫ 조세정책 및 제도의 기획·입안 및 총괄·조정

⑬ 국고, 국유재산, 정부회계, 국가채무에 관한 정책의 수립과 관리 총괄

⑭ 외국환 및 국제금융에 관한 정책의 총괄

⑮ 대외협력 및 남북경제교류협력 증진

⑯ 공공기관 운영에 관한 관리·감독

(3) 기획재정부의 내부조직 전면개편(2008. 2. 29)

기획재정부는 종전의 기획예산처의 '3실 2본부 3기획단체제'에서 복수차관을 두어 '3실 7국 15관'으로 변경하였다.

05 | 예산회계의 법적 기초

🔹 예산회계 관련법률

1. 국가재정법(2006. 10. 4. 공포 - 2007. 1. 1. 시행)

1961년 제정된 예산회계법과 1991년 제정된 기금관리기본법을 통합하여 국가 재정운용의 기본법을 제정함으로써 새로운 재정운용의 틀을 마련하여 재정의 투명성과 효율성, 자율성 및 건전성을 확보하려는 것이다.

(1) 재정운용의 효율성 제고

① 선진 재정운용방식의도입

    ㉠ 국가재정운용계획의 수립 : 매년 당해 회계연도부터 5회계연도 이상의 기간에 대한 국가재정운용계획을 수립, 예산안과 함께 국회제출을 의무화

ⓛ 예산총액배분·자율편성(Top-down) 제도의 도입 : 각 중앙관서의 장으로 하여금 매년 1월 31일까지 5회계연도 이상의 중기사업계획서를 기획예산처장관에게 제출하도록 하는 한편, 기획재정부장관은 주앙관서별 지출한도를 포함한 예산편성지침을 4월 30일까지 통보할 수 있도록 하였다.

ⓒ 예산 및 결산 순기 조정

예산 순기		
구 분	예산회계법	국가재정법
사업계획서 제출 (각부처 ⇨ 기획처)	2회 말	1월 말
예산안 편성지침 통보 (기획처 ⇨ 각부처)	3월 말	4월 말
예산요구처 제출 (각부처 ⇨ 기획처)	5월 말	6월 말
예산안 국회 제출	10월 2일	좌 동

결산 순기		
구 분	예산회계법	국가재정법
결산보고서 제출 (각부처 ⇨ 재경부)	다음연도 2월 말	다음연도 2월 말
정부결산 제출 (재경부 ⇨ 감사원)	다음연도 6월 10일	다음연도 4월 10일
결산검사 보고서 송부 (감사원 ⇨ 재경부)	다음연도 8월 20일	다음연도 5월 20일
정부결산 국회 제출	다음연도 9월 2일	다음연도 5월 31일

ⓔ 회계·기금 간 여유재원의 신축적 운용 : 국가재정의 효율적인 운용을 위하여 회계와 기금 간, 회계상호 간 및 기금 상호간 전입·전출하여 활용할 수 있도록 하여 그 내용을 예산안 또는 기금운용계획안에 반영하여 국회에 제출하도록 하였다.

ⓜ 중·장기 재정운용계획 : 각 부처는 중·장기 재정운용계획수립 및 국회제출 의무화

② 성과 중심의 재정운용

ⓞ 성과중심의 재정운용 강화 : 중앙관서의 장과 기금관리주체에게 예산(기금)요구시 각 부처는 성과계획서 및 성과보고서 제출을 의무화함으로써 성과관리제도를 도입하였다.

ⓛ 예산낭비사례에 대한 종합적 대응시스템 구축 : 예산낭비사례에 대한 각 부처의 시정조치 제도화

ⓒ 예비타당성조사 및 타당성 재검증 제도 실시근거 마련 : 대상사업 및 선정방식 등 규정

ⓔ 프로그램 예산제도 근거 마련 : 품목중심에서 정책중심으로 전환하여 성과관리가 용이하도록 함.

(2) 재정의 투명성 제고

① 재정정보의 공개 확대 : 중앙정부와 지방정부의 재정 정보를 매년 1회 이상 인터넷, 인쇄물로 공표

② 불법 재정지출에 대한 국민감시제도 도입 : 일반국민 누구나 해당부처장관에게 시정요구

(3) 재정의 건전성 유지

① 추가경정예산편성 요건 강화 : 국가재정의 건전성을 높이기 위해 추경편성요건을 다음과 같이 구체화시켰다. ⓐ 전쟁이나 대규모 자연재해가 발생한 경우, ⓑ 경기침체·대량실업 등 대내·외 여건의 중대한 변화가 발생하였거나 발생할 우려가 있는 경우, ⓒ 법령에 따라 국가가 지급하여야 하는 지출이 발생하거나 증가하는 경우로 한정하였다.

② 세계잉여금을 국가채무 상환에 우선 사용한 후 추경재원으로 사용토록 의무화 : 세계잉여금은 세입세출의 결산상 잉여금 중 법률에 따른 지출과 이월액을 공제한 금액을 말하는데 이의 상요순서는 ⓐ 지방교부세 및 지방교육재정교부금의 정산, ⓑ 공적자금상환기금에의 출연, ⓒ 국가채무상환, ⓓ 추가경정예산의 편성 순으로 하고 그 사용 시기는 정부결산에 대한 대통령의 승인 이후로 정하도록 하였다.

③ 국가채무관리계획의 수립 : 기획재정부 장관은 국가채무관리계획을 10월 초 국회에 의무적으로 제출하여야 한다.

④ 조세감면의 엄격한 관리 : 기획재정부 장관의 조세지출예산서 작성 및 국회제출이 의무화

(4) 기타 제도개선

① 독립기관의 예산 : 독립기관 예산요구액을 감액하고자 할 때에는 국무회의에서 당해 독립기관의 장의 의견을 구하여야 한다.

② 성인지(性認知) 예산·결산 제도 신설 : 예산이 여성과 남성에게 미치는 효과를 평가하고, 예산편성에 반영하기 위하여 이를 예산의 원칙에 명문화 하였다. 성인지 예산서와 예산이 성차별을 개선하는 방향으로 집행되었는지를 평가하여 정부는 예산이 성별에 미치는 영향을 분석한 보고서(예산서 및 결산서)를 작성하여 국회에 제출하여야 한다. 호주에서 1984년 처음 시작되어 스웨덴, 프랑스 등 OECD의 많은 국가들에게로 확산되었으며, 우리나라는 2010년 회계연도부터 예산·결산작성을 의무화하도록 하여 적용하였다. 국가재정의 기본법에 성인지 예산제도를 명시한 것은 우리나라가 최초다.

③ 예산총계주의 원칙의 예외 : 국가의 현물출자, 외국차관의 전대(轉貸)와 국가연구개발사업의 개발 성과물 사용에 따른 기술료 등에 대하여 예산총계주의원칙의 예외를 인정하여 예산에 계상하지 아니하도록 하되, 기술료의 수입·지출내역에 대해서는 국회 예산결산특별위원회에 보고하도록 하였다.

④ 기금운용계획의 변경 가능 범위 : 기금운용계획변경시 국회에 제출하지 아니하고 자율적으로 변경할 수 있는 주요 항목 지출금액의 범위를 비금융성기금은 현행 30%에서 20% 이하로, 금융성기금은 현행 50%에서 30% 이하로 축소함.

⑤ 예비비의 계상 한도 등 : 사용목적이 지정되지 않은 일반예비비의 규모를 일반회계 예산총액의 1% 이내로 하여 그 한도를 설정하는 강제규정을 두었으며, 목적예비비를 공무원의 보수인상을 위한 인건비충당에는 사용할 수 없도록 하였다.

⑥ 조세지출예산제도의 도입 : 조세감면 등의 재정지원의 추정금액을 기능별·세목별로 작성한 조세지출예산서를 예산안과 함께 국회에 제출하도록 한다.(2011년부터 시행)

* 국가재정법의 요약
1. 국가재정운용계획의 수립
2. 성과중심의 재정운용
3. 주요 재정정보의 공표 의무화
4. 회계 및 기금 간 여유재원의 신축적인 운용
5. 성(性)인지 예·결산제도 도입(2010)
6. 일반예비비의 계상한도 설정
7. 조세지출예산 제도의 도입(2011)
8. 예산총액배분 및 자율편성제도의 도입
9. 국가채무관리계획의 국회 제출
10. 총사업비관리제도 및 예비타당성조사 등의 도입
11. 예산총계주의 원칙의 예외 인정(현물출자, 차관의 전대 등)
12. 결산의 국회 조기제출
13. 추가경정예산안 편성사유의 제한
14. 세계잉여금을 국가채무 상환에 우선 사용토록 의무화
15. 불법 재정지출에 대한 국민감시제도의 도입
16. 기금운용계획의 변경 가능범위 축소
17. 국세감면 한도제도 도입

2. 기업예산회계법(企業豫算會計法)

(1) 기업예산회계법의 의의 및 제정목적

① 1961년 제정하였다.

② 우체국예금, 우편사업, 양곡관리, 조달사업에 실시(정부부처형 공기업)한다.

③ 공공성과 수익성의 조화가 목적이다.

④ 일반회계를 통한 경영기능을 확립함으로써 정부기업의 능률을 증진시킨다.

⑤ 정부기업의 기업성을 높이고자 하는 욕구를 충족시킨다.

(2) 기업예산회계법의 특징

① 발생주의 회계원칙 : 재산의 증감 및 변동을 발생의 사실에 따라 계리하는 방식이다.

② 원가계산제도 : 사업능률의 증진, 경영관리 및 요금결정의 기초를 제공하기 위하여 대통령령이 정하는 바에 의하여 원가계산을 하여야 한다.

③ 감가상각제도 : 고정자산 중 감가상각을 필요로 하는 자산에 대하여는 매 회계연도마다 감가상각을 하여야 한다.

④ 손익계산서의 명확화 : 감가상각 및 발생주의에 근거하여 손익계산을 명확히 한다.

⑤ 예산집행의 신축성 부여   ⑥ 정부기업의 특성을 살린 예산요구 서류의 명시

⑦ 수입금마련 지출제도

3. 국가회계법(2009.1.1시행)

(1) 제정이유

국가회계의 투명성과 신뢰성을 높이고 재정에 관한 유용한 정보를 생산·제공하도록 하기 위하여 중앙관서 등에 복식부기 및 발생주의 기반의 회계방식을 도입하는 근거를 마련하고, 국가회계의 처리기준과 재무보고서의 작성 등에 관한 사항을 정하려는 것임.

(2) 주요내용

① 회계책임관의 임명 : 소속 중앙관서의 내부통제 등 회계업무에 관한 사항과 소속 중앙관서의 회계·결산 및 분석에 관한 사항 등을 담당

② 국가회계제도심의위원회 설치 : 국가회계 업무의 수행과 관련하여 기획재정부장관의 자문에 응하도록 하기 위하여 기획재정부에 국가회계제도심의위원회를 설치

③ 국가회계의 처리기준 마련 : 중앙관서의 장과 기금관리주체는 회계업무 처리의 적정을 기하고, 재정상태 및 재정운영의 내용을 명백히 하기 위하여 기획재정부령으로 정하는 회계에 관한 세부 처리기준에 따라 회계업무를 처리하도록 함.

④ 복식부기 및 발생주의 회계방식 도입 : 국가의 재정활동에서 발생하는 경제적 거래 등은 그 발생 사실에 따라 복식부기 방식으로 기록 하도록 함.

⑤ 중앙관서재무보고서의 작성 및 제출 : 중앙관서의 장은 회계연도마다 그 소관에 속하는 일반회계·특별회계 및 기금을 통합하여 해당 중앙관서의 재무보고서를 작성하고, 다음 회계연도 2월 말일까지 기획재정부장관에게 제출하도록 함.

⑥ 국가재무보고서의 작성 및 제출 : 기획재정부 장관은 회계연도마다 중앙관서재무보고서를 통합하여 국가의 재무보고서를 작성하고, 국무회의의 심의를 거친 후 대통령의 승인을 받아 다음 회계연도 4월 10일까지 감사원에 제출하도록 하며, 감사원은 기획재정부장관이 제출한 국가재무보고서를 검사하고, 그 보고서를 다음 회계연도 5월 20일까지 기획재정부장관에게 송부하도록 하며, 정부는 감사원의 검사를 거친 국가재무보고서를 다음 회계연도 5월 31일까지 국회에 제출하도록 함.

🌑 현금주의와 발생주의

1. 의의

(1) 회계관리방식에는 현금주의와 발생주의가 있다.

① 현금주의 : 전근대적 방식으로 현금의 수납사실을 기준으로 회계관리를 하는 형식주의 방식으로 정부예산에 활용한다.

② 발생주의 : 자산의 변동·증감·발생사실을 기준으로 회계관리를 하는 근대적인 방식 (채권채무주의·실질주의)으로 최근에 중시되고 있다.

(2) 원래 공공부문에는 현금주의 적용이 원칙이었으나, 최근 성과중심의 행정관리체제가 강조되면서 공공부문에도 발생주의 도입이 적극 강조되고 있다.

2. 발생주의 회계

(1) 발생주의 회계는 비용과 수익을 그것이 발생한 사실에 근거하여 계상하는 손익계산상의 원칙으로 일명 채권채무주의, 실질주의라고도 한다. 발생주의에서는 대차대조표가 핵심이며, 대차대조표의 구성요소는 자산, 부채, 자본(자산부채)이다. 왼쪽 차변에는 자산의 증가, 부채·자본의 감소·손실의 발생을 기입하고, 대변에는 자산의 감소, 부채·자본의 증가, 이익의 발생을 기입한다.

(2) 우리나라의 경우에는 정부투자기관 및 정부기업, 민간기업, 기업예산회계법이 적용되는 철도, 조달, 양곡관리, 우편사업, 우체국예금 등 사업성격이 강한 회계부문에 적용되고 있다. 발생주의나 복식부기는 별도 작업이 필요 없이 항상 최근의 총량 데이터를 확보할 수 있으며, 정책결정자에 유용한 정보를 적시에 제공할 수 있는 점이 장점이다. 그리고 대차평균원리와 내부통제기능에 의해 데이터의 신뢰성이 높아지고, 계정과목 간에 유기적 관련성이 있기 때문에 상호검증(cross check)이 가능하여 부정이나 오류를 발견하기 쉽다. 또한 결산과 회계검사의 효율성과 효과성을 높일 수 있으며, 회계정보의 이해가능성이 증대되어 대국민 책임성을 확보할 수 있다.

(3) 대차대조표와 손익계산서

대차대조표				손익계산서	
차 변	대 변			차 변	대 변
자금의 운용형태	자금의 조달원천			자산의 감소 차입금의 감소	순자산의 증가
자 산	자본	부 채 (타인의 자본)		비용손실	수익발생 현금(자산)의 감소
		자기 자본	자본(기초)	당기순이익	
			당기순이익		

제01편

🖋️ **대표유형문제** ··

정부회계를 복식부기의 원리에 따라 기록할 경우 차변에 위치할 항목은?

① 차입금의 감소　　　　　　　　　　② 순자산의 증가

③ 현금의 감소　　　　　　　　　　　④ 수익의 발생

정답　①

해설　복식부기는 자산, 부채, 자본(순자산)을 집계하여 대차대조표를 작성하고, 비용, 수익을 집계하여 손익계산서를 작성한다. 대차대조표와 손익계산서는 아래와 같다.

···

3. 단식부기와 복식부기

(1) 단식부기 : 단식부기는 현금수입 10만원, 현금지출 10만원 식으로, 거래가 이루어지는대로 거래 사실을 그대로 기재하는 방식이다. 단식부기 시스템은 거래의 수가 적고 규모가 작은 경우에는 편리하고 알아보기 쉽게 사용할 수 있다. 그러나 단식부기에 의하면 수익, 비용, 현재 재산상태 등을 알 수 없어 성과측정 등이 어렵다는 한계가 있다. 현재 우리 정부는 단식부기를 사용하고 있다.

(2) 복식부기 : 복식부기는 하나의 거래를 두가지로 구분하여 기재한다. 현금수입 10만원(기자재판매 10만원), 현금지출 10만원(전기요금 10만원)의 식으로 하나의 거래에 두가지 사항이 대변과 차변에 동시에 기재된다. 대차대조표, 손익계산서 등 재무제표 작성의 기본이 되는 기재방식이다. 복식부기는 복잡하여 훈련을 받지 않은 사람은 작성 및 평가가 불가능하다는 문제점이 있다. 그러나 수익, 비용, 현재 재산상태 등을 바로 파악할 수 있고, 기재하는 과정에서 오류가 있는지를 자동적으로 알 수 있는 오류검증기능이 있다. 현대기업은 복식부기방식을 사용하고 있다.

4. 현금주의와 발생주의의 비교

구 분	현금주의	발생주의
개 념	현금의 수납사실을 기준으로 회계정리하는, 즉 현금이 들어오거나 나갈 때에 수입과 지출이 계상되는 방식	현금의 입출에 관계없이 수익과 비용이 발생하는 시점을 기준으로 이를 계상하는 방식(자산의 변동 및 증감의 발생사실에 따라 회계정리)
적 용	① 단식부기 ② 형식주의	① 복식부기, 사업투자(기업회계방식) ② 실질주의(채권채무주의)
법 률	국가재정법 적용	기업예산회계법 적용

적용 영역	① 사업적 성격이 없는 일반행정부분 에 적용 ② 정부회계·정부특별회계의일부, 정부기금의 일부	① 공기업(정부투자기관 및 정부기업) 및 민간기업 등 기업적 성격이 강한 회계부문 ② 정부특별회계 중 기업예산회계법이 적용되는 특 별회계(조달, 우편사업, 우체국예금, 양곡관리) ③ 정부기금(사업적 성격이 강한 부문적용)
장 점	① 이해와 통제가 용이하며 운영경 비절감 ② 절차가 간편하고 작성이 용이 ③ 현금의 영향이나 파악이 용이하 고 회계처리의 객관성을 지님	① 재정적 성과 파악이 용이 ② 자산가치의 증감에 관한 정보 제공 ③ 부채규모파악으로 재정의 건전성 확보 ④ 자기검증능력이 높아 회계오류 시정 ⑤ 재정성과에 대한 정보공유로 재정의 투명성· 신뢰성 제고 ⑥ 현금기준이 아니므로 출납폐쇄기한 불필요
단 점	① 자본의 감가상각비, 자본이자, 내 재적 비용부담 등을 고려하지 않 아 경영성과 파악이 곤란 ② B/C분석 등 성과 측정이 곤란 ③ 단식부기에 의한 조작가능성 ④ 거래의 실질이나 원가 미반영	① 자산가치의 실질적 증감파악이 번거로움 ② 의회통제의 회피가능성 높음 ③ 절차가 복잡하여 숙련된 회계공무원이 필요 ④ 화폐금융(현금)에 대한 재정활동의 영향을 파 악하기 곤란 ⑤ 예산항목의 조작으로 적자재정을 은폐할 소지 ⑥ 자산가치나 감가상각 평가시 평가자자의 주관 개입우려가 높다.

5. 현금주의와 발생주의의 비교

구 분	현금주의	발생주의
거래의 해석과 분류	현금의 수입과 지출의 측면	쌍방흐름(거래의 이중성) 측면
수익비용의 인식기준	현금의 수취·지출	수익의 획득·비용의 발생
선급비용·선급수익	수익·비용으로 인식함	자산과 부채로 인식함
미지급비용·미수수익	인식이 안 됨	부채와 자산으로 인식함
감가상가, 대손상각, 제품 보증비, 퇴직급여충당금	인식이 안 됨	비용으로 인식함
상환이자지급액	지급시기에 비용으로 인식	기간별 인식
무상거래	인식 안됨	이중거래로 인식
정보활용원	개별자료우선	통합자료우선
추가정보요구	별도작업 필요	기본 시스템에 존재
적용 예	가계부, 비영리공공부문	기업, 일부 비영리 부문

* **중앙정부** : 발생주의·복식부기를 2005년도 이후 12개 부처 시범운영하였으며, 2009년도부터 중앙정부에 전면 도입 추진하기로 하였으나 현재 부분적으로 현금주의를 가미하고 있음.
* **지방정부** : 발생주의·복식부기를 부천시와 서울 강남구가 시범 실시하였고, 2007년도부터 모든 자치단체가 재무보고서 작성시 이를 의무화하였다.

1. 발생주의 회계방식에 관한 설명 중 옳지 않은 것은?

① 자산의 변동 및 증감의 발생사실에 따라 회계를 정리한다.

② 정확한 부채규모의 파악으로 건전성을 확보할 수 있다.

③ 현재 우리나라 중앙정부나 지방정부의 일반행정부문에 적용된다.

④ 예산편성과 집행의 자율성을 제고할 수 있다.

정답 ③

해설 회계방식에는 현금주의와 발생주의가 있다. 현금주의는 현금이 유입되면 수입으로, 현금이 유출되면 지출로 인식하여 기록한다. 발생주의는 현금을 발생시키는 경제적 사건이 실제로 발생했을 때 거래로 인식하여 기록한다. 우리나라 정부 일반회계의 회계방식은 현금주의이고, 기업의 회계방식은 발생주의이다.

2. 정부회계에서 발생주의에 의한 복식부기제도의 장점으로 보기 어려운 것은?

① 정부자산의 감가상각의 적절한 반영이 가능하다.

② 재정활동의 책임성 확보가 용이하다.

③ 재정활동 기록의 보존과 관리가 간편하다.

④ 정부활동의 성과관리에 필요한 적절한 정보를 제공한다.

정답 ③

해설 ③은 현금주의 및 단식부기의 장점이다. ① 감가상각에 의한 자산의 재평가가 실시되며, ②의 경우 발생주의에 의한 복식부기를 도입하면 정부재정활동의 효율성, 투명성 및 책임성이 확보된다(윤영진외). ④의 경우 성과중심의 정보작성·공유로 재정활동에 대한 성과파악이 용이하고, ⑤의 경우 부채의 정확한 파악으로 재정건전성 평가도 유리하다.

3. 현금주의에서는 인식되지 않지만 발생주의에서는 이중거래로 인식되는 것은?

① 미수수익   ② 대손상각

③ 감가상각   ④ 무상거래

정답 ④

해설 무상거래는 현금주의에서는 인식되지 않지만 발생주의에서는 이중거래로 인식된다.

　① 미수수익이란 실현되지 않은 수익(미실현채권)으로 현금주의에서는 인식되지 않지만 발생주의에서는 자산으로 인식된다.

　② 대손상각이란 회수하지 못한 융자금 등을 말하는 것으로 현금주의에서는 인식되지 않지만 발생주의에서는 비용으로 인식된다.

　③ 감가상각이란 자산가치의 감소를 비용처리하는 것으로 현금주의에서는 인식되지 않지만 발생주의에서는 비용으로 인식된다.

　⑤ 제품보증비는 현금주의에서는 실제지출된 비용이 아니므로 인식되지 않지만 발생주의에서는 비용으로 인식된다.

제 06 편

제 **02** 장

예산제도

01 │ 점증주의와 합리주의의 예산결정방법

점증주의(현실적 · 실증적 접근방법)

1. 점증주의의 개념

(1) 점증주의의 예산결정방식은 전년도의 예산액을 기준으로 다음 연도의 예산액을 결정하는 방법으로 C. F. Lindblom과 A. Wildavsky가 대표적인 학자이다. 예산사업의 대부분이 전년도의 사업과 밀접한 관련을 맺고 있어 혁신적이고 쇄신적인 결정보다는 보수적이고 현상유지적이며 단편적인 결정이 이루어진다고 본다.

(2) 점증주의 예산제도는 다원주의를 배경으로 하기에 경제적 합리성보다는 정치적 합리성을 통한 상호조정을 중시한다.

2. 점증주의의 특징 (Thomas R. Dye)

(1) 예산과정은 보수적, 정치적, 단편적, 현상유지적이다.

(2) 예산은 사업중심보다는 품목중심으로 편성되어 있으며, 예산결정은 점증적·답습적이다. 선택기준은 다원주의에 입각한 정치적 합리성을 갖는다.

(3) 목표와 수단의 구분을 꺼리며 한계적 가치, 또는 한정된 몇 가지 대안만을 고려의 대상으로 한다.

(4) 정책의 선택은 연속적인 과정을 가지며, 비합리적이고 주먹구구식 성향이 강하다.

(5) 점증주의는 국가경제가 안정되고 순조롭게 성장할 때에는 많이 활용되나, 재원부족이 심각하게 대두되는 불황 시에는 합리주의의 필요성이 강조된다.

(6) 사회후생함수가 알려져 있다고 가정하고 사회후생의 극대화를 꾀한다.

(7) 수단에 따라 목표가 바뀔 수 있다.

(8) 연속적이고 한계적인 비교과정과 상호조정과정을 통하여 결정되기 때문에 그 결과는 소폭적인 증감으로 나타난다는 것이다.

🍃 합리주의(총체주의)

1. 합리주의의 개념

(1) 합리주의는 예산결정과 관련된 모든 요소를 종합적으로 고려하여 관리과학적인 분석기법을 활용하는 예산결정방법이다. 점증주의 예산배정이 정치적 흥정 위주로 경제적인 합리성이 간과되어 비용과 효용 면에서 프로그램이나 정책대안을 체계적으로 검토하지 못했다는 비판을 제기하면서, 규범적·총체적·경제적 접근방법을 통한 예산결정방식을 강조한 것이 합리주의(총체주의)이다.

(2) 과학적 분석기법을 대안의 평가수단으로 삼고 있는 계획예산제도(PPBS), 목표관리(MBO), 영기준예산(ZBB) 등이 합리주의적 예산결정방식에 속한다.

2. 합리주의의 특징

(1) 집권적 제도화된 사업별 예산주의로 목표의 명확한 정의가 이루어진다.

(2) 예산결정에 관련된 모든 요소를 종합적이고 체계적으로 검토한다.

(3) 목적과 수단을 분리하며, 정부의 정책이 의식적·명시적으로 선택된다.

(4) 모든 대안의 비용과 편익 또는 경제성을 비교하여 선택한다.

(5) 새로운 프로그램이나 사업비용의 최소화를 기하는 완전한 합리성(경제적 합리성)이 기준이 된다.

(6) 예산의 증감은 체계적이며 대폭적이고 통합적·총체적·규범적 접근방법을 갖는다.

(7) 예산은 한계효용개념을 이용한 상대적 가치에 의해 결정된다.

(8) 효율적인 자원배분을 통해, 예산의 규모는 사회후생 극대화 기준에 의해서 결정된다.

합리주의와 점증주의 예산

구 분	합리주의(경제원리)	점증주의(정치원리)
목 적	효율적인 자원배분(파레토 최적)	공정한 몫의 분배(균형화)
이 론	총체주의	점증주의
방 법	비용편익분석(분석적 기법)	정치적 타협이나 협상
초 점	예산상 총이득 극대화	예산상 이득을 누가 얼마만큼 향유하는가
행동원리	최적화(시장)	원리균형화(게임)원리
적용분야	국방과 같은 순수공공재, 분배정책, 신규사업에 적용가능성 높음, 미시적·기술적 문제	준공공재, 재분배정책, 계속사업에 적용가능성이 높음, 거시적 문제

✎ 대표유형문제 ··

1. 예산정책결정이론 중 합리적 분석에 의한 과정(합리모형)에 관한 설명으로 적합하지 않은 것은?

① 이러한 접근의 예산편성방법은 계획예산(PPBS)과 영기준예산(ZBB)을 들 수 있다.

② 정치적 합리성의 가치를 간과하기 쉽다.

③ 보수적 성향의 예산담당관은 합리모형에 입각한 예산결정에 긍정적이다.

④ 항상 계량화의 문제가 발생한다.

정답 ③

해설 합리주의는 예산결정과 관련된 모든 요소를 종합적으로 고려하여 관리과학적인 분석기법을 활용하는 예산결정 방식이다. 새로운 프로그램이나 사업비용의 최소화를 기하는 완전한 합리성(경제적 합리성)이 기준이 됨으로 정치적 합리성을 간과하기 쉽다. 또한 분석을 통한 계량적 접근을 시도함으로써 잠재성, 무형성, 형평성, 민주성 등을 적용하는 데는 많은 문제가 있다. 점증모형의 실무자들이 보수적, 현실적인 성격을 지닌다면 합리모형의 실무자들은 이상과 개혁을 추구한다고 볼 수 있다.

2. 예산결정 이론은 크게 총체주의와 점증주의로 구분할 수 있다. 다음에 제시된 총체주의와 점증주의에 관한 설명 중 가장 적절하지 않은 것은?

① 총체주의 : 목표에 대한 사회적 합의가 도출되지 않은 경우에도 적용할 수 있다는 장점을 가지고 있다.

② 총체주의 : 예산담당관이 보수적 성향을 가질 경우 합리적 모형에 따른 예산결정은 현실적으로 힘들어진다.

③ 점증주의 : 예산결정은 예산배분을 둘러싼 이해당사자들의 갈등을 완화하고 해결한다는 의미의 정치적 합리성을 특징으로 한다.

④ 점증주의 : 행정개혁의 시기에서는 소극적인 측면에서 저항 혹은 관료병리로 평가될 수도 있다.

정답 ①

해설 총체주의는 합리주의예산으로서 목표수단분석을 전제로 하기 때문에 목표에 대한 사회적 합의가 도출될 수 있다는 가정하에 가능한 제도이다.

··

🌰 품목별 예산제도(LIBS)

1. 품목별 예산제도의 의의

(1) 품목별 예산제도(Line-Item Budgeting System)는 예산의 편성·분류를 인건비·인쇄비·여비·수당 등과 같이 정부가 구입 또는 지출하고자 하는 물품이나 용역별로 지출총액을 정하고 운용하는 예산방식을 말한다. 이는 예산의 행정적 기능 중에서 통제적 기능의 중점을 두어 행정부의 예산지출의 부정을 방지하고자 하는 데 주요 목적을 두고 있다.

(2) 품목별 예산제도는 영국에서 19세기 이후에, 미국은 1907년 뉴욕시에서 처음으로 시작하였는데, 이는 입법부가 행정부를 불신하고 예산의 심의·의결을 통한 행정통제를 강화하던 시대의 산물이라고 할 수 있다.

(3) 우리나라의 예산과목에는 '장(章)·관(款)·항(項)·세항(細項)·목(目)이 품목별 예산에 해당되며, 인건비, 물건비, 경상이전비(보조금, 출연금, 배상금, 보상금 등), 자본지출(시설비, 토지매입비 등), 융자·출자, 보전재원(차입금을 상환하기 위한 지출항목), 정부내부거래(정부내부 회계 또는 계정 상호간에 유·무상으로 지원되는 지출), 예비비 및 기타 등으로 구분된다.

2. 품목별 예산의 특징 및 장점

(1) 예산담당 공무원들의 행정재량을 제한할 수 있다. 따라서 입법권이 상대적으로 강화된다.

(2) 종합적이고 개별적인 통제가 가능하고, 회계책임이 명확하다.

(3) 차기예산안을 사정할 수 있는 기준을 마련해 주며, 환류기간이 매우 짧다.

(4) 행정부 고위층과 중앙예산기관에 의하여 지출 전의 통제를 가능하게 한다.

(5) 의회와 중앙감사기관의 외부통제를 용이하게 하며, 통제는 통일적이며 종합적이다.

(6) 품목별 통제는 특히 지출의 주종을 이루는 급여나 재화 및 용역의 구매에 효과적이다.

(7) 통제는 치밀하고 정규적으로 이루어진다. 품목별 예산에서는 구입대상품목이나 금액이 애매한 경우는 드물다.

(8) 전년도 예산을 기준으로 하기에 자원배분을 둘러싼 마찰과 갈등이 적다.

3. 품목별 예산제도의 문제점(단점)

(1) 지출에 대해서만 관심을 두며, 지출에 따른 효과나 성과에 대해서는 무관심하므로 예산절감의 효과를 기대하기가 곤란하다.

(2) 점증주의적 답습결정방식으로 평가에 대해 무관심하다.

(3) 통제중심의 예산제도로 관리기능이 매우 취약하다.

(4) 1년주의 예산방식으로 장기적 계획수립이 곤란하다.

(5) 예산집행결과 얻어지는 산물의 전체적인 성과를 알 수 없다.

(6) 대안을 체계적으로 분석하지 않아 예산이 필요 이상으로 배분되어 예산액만 계속 점증되기 쉽다.

(7) 지나친 세분류는 행정활동을 제약하며 지출의 신축성이 없다.

(8) 구입할 물건을 명시하지만 왜 정부가 구입하는가를 표시하지 않는다.

🖋 성과주의 예산(PBS)

1. 성과주의 예산의 의의

(1) 성과주의 예산의 개념

입법부에 의한 외부통제를 상당부분 포기하고 행정부 관리자에게 재량권을 넘겨주어 예산을 통제수단으로 보지 않고 관리수단으로 활용할 수 있게 하는 것이므로 예산편성과 집행의 관리가 용이하다.

① 성과주의 예산(PBS ; Performance Budgeting System)이란 20C 초 행정국가의 등장과 더불어 중시된 관리지향적 예산에 입각하고 있으며, 작업의 과정에 주요 관심을 둔다. 비용회계, 과학적 관리법, 기계공학적 능률 모델 등을 중시한 예산이다.

② 주요 사업을 몇 개의 사업으로 나누고 사업을 다시 몇 개의 세부사업으로 나눈 다음 각 세부사업별로 '단위원가×업무량=예산액'으로 표시하여 편성하는 예산이다.

　　예 도로포장 1km당 10억×5km= 50억

(2) 성과주의 예산의 구성요소

① 사업 : 주요사업(기능), 세부사업(활동)

② 단위원가 : 업무측정단위 1개를 산출하는 데 드는 비용 ⇨ 능률성

③ 업무량 : 업무측정단위에 의해 표시된 업무의 양 ⇨ 효과성

④ 업무측정단위 : 활동(방범순찰의 건수), 최종산물(건설된 도로의 길이, 완공된 주택 수, 건조된 선박의 톤 수 등)

(3) 성과주의 예산의 특징

① 투입중심인 "정부가 무엇을 구매하느냐? 를 보여주는 것이 아니라 그 사업이 달성하려는 산출(성과)에 관하여 "왜 구매하느냐? 를 보여주는 산출중심의 예산제도로서 투입과 산출을 동시에 고려한다.

② 재정적인 타당성의 확보보다는 능률성 증대에 주 목적이 있다.

③ 사업단위별로 원가계산을 통하여 예산을 편성하는 사업중심·관리중심·원가중심의 예산이다.

성과주의 예산제도의 도표

장	관	항	세목	업무량	단위원가	예산액
기능별	사업별		활동별			
보건사업	병원사업	재활병원	재활병원 신축	5,000평	100만원	50억
			의료요원 양성	200명	300만원	6억
			도로포장	1,00m²	20만원	2억
			H의약품 구입	3,000병	10만원	3억

*'의료요원 양성사업'의 경우   단위원가는 300만원, 업무량은 200명, 성과단위는 사람

2. 성과주의 예산의 발달

(1) 1913년 뉴욕시의 리치몬드구에서 원가기초예산을 시도하였다.

(2) 1912년 '절약과 능률에 관한 위원회'(Taft위원회)는 사업에 치중하는 예산을 강조하였다.

(3) 1934년 농무성이 사업별 예산을 편성하였다.

(4) 1934년 테네시계곡개발청(T.V.A)이 사업과 세부사항을 중심으로 예산을 분류하였다(성과주의 예산과 유사제도 실시).

(5) 1946년 해군성이 1948년도 예산으로서 종래의 품목예산과 함께 성과주의 예산을 편성하여 제출하였다.

(6) 제1차 Hoover 위원회는 '예산과 회계'에 관한 보고서에서 성과주의 예산의 필요성을 강조하였다.

(7) 1950년 Truman 대통령은 성과주의에 입각하여 편성된 최초의 행정부 예산안을 의회에 제출하였다.

(8) 1955년 제2차 Hoover위원회는 성과주의 예산제도를 더욱 확대하였다.

(9) 우리나라에서는 1961년 국방부, 농림부, 보사부, 건설부 등에서 채택하였고, 그 후 1962년에는 비교적 성과측정이 용이한 몇 개의 부처의 사업에 적용되다가 1964년 중단되었다.

(10) 2003년부터 서울시는 성과주의 예산을 전면적으로 실시하였다.

> *** 주요 국가의 성과주의 예산제도**
> 1. 영국은 1982년 Financial Management Initiative(FMI)
> 2. 호주는 1983년 Programme Management and Budgeting(PMB)
> 3. 성과중심 예산개혁의 전형이라고 소개되는 뉴질랜드는 1989년에 Public Act
> 4. 미국은 Chief Financial Officers(CFO) Act of 1990과 정부성과평가법(GPRA, Government Perfromance and Results Acts-1993)의 제정을 통해 정부업무를 평가하는 기본적 체계를 갖추었다.

3. 1990년 이후 새롭게 등장한 신성과주의(NPBS) 예산

(1) 관리중심의 예산이 아니라 결과중심의 예산이다.

(2) 성취해야 할 목표설정, 집행부서에게 예산범위 내에서 자유재량 부여, 성과측정의 결과를 책임 추궁과 연계하여 목표의 효율적 달성을 도모한다.

(3) 우리나라도 1999년 행정기관에 대한 민간기관의 경영진단을 토대로 하여 성과측정의 방법으로 기관목표설정 ⇨ 전략계획수립 ⇨ 성과지표 및 측정지표개발 ⇨ 성과보고 및 평가체제 및 성과협약제도 등의 절차를 도입하였으며, 성과측정의 결과와 심사평가·성과급 지급 등 유인체계와의 연계를 도모하고 있다.

전통적 성과주의와 신성과주의의 비교

구 분	전통적 성과주의	신성과주의(NPBS)
시 대	1950년대	1980년대
국 가	행정국가	탈행정국가(신행정국가)
범 위	예산과정에 국한	국정전반의 성과관리에 연계
초 점	원가예산 등 예산편성과정	실제 달성된 결과
자율과 책임	자율보다는 통제와 감독	자율과 책임이 유기적으로 연계
성과관리	단순한 성과 관리	성과의 제고
재량권	중간 정도	매우 높음.
성과 정보	투입과 산출	산출과 결과(효과성)
성과 책임	정치적·도덕적	구체적·보상적 책임
성과관점	정부(공무원) 관점	고객(만족감)관점 회계방식
경로가정	투입은 자동적으로 성과로 연결	투입이 반드시 성과를 보상해 주지 않는다고 봄.

* 신성과주의는 세부적인 지출용도는 자율에 맡기나(분권), 총괄목표금액을 하향적으로 설정하여 집권적으로 운영됨.

4. 성과주의 예산제도의 장단점

(1) 장점

① 국민과 입법부에게 어떤 특정 문제에 관하여 구체적으로 어떤 일이 행하여져야 하는가를 납득시킬 수 있다.

② 행정기관의 관리층에게 강력한 유인과 효율적인 관리수단을 제공한다(계획과 통제를 통합적으로 활동).

③ 기획의 중요성과 필요성을 인식시키며 기획을 개선시킨다.

④ 업무측정단위의 선정과 단위원가의 산출에 의하여 예산편성에 있어 자원배분의 합리화를 기할 수 있다.

⑤ 예산의 집행이 신축성을 띨 수 있으며, 품목별 예산의 한계를 극복한다.

⑥ 행정부의 정책수립과 정책결정을 용이하게 하며 또한 입법부의 예산심의를 효율화한다.

⑦ 행정통제를 합리화시키며 실적의 평가를 용이하게 하고 실적의 분석을 통하여 얻게 되는 자료를 다음 회계연도의 예산편성에 직접 반영시킬 수 있다(객관적인 측정기준을 마련함으로써 주관적인 판단 제거).

⑧ 명확한 정보의 제공에 의하여 시민에 대한 정부의 공공관계(PR) 개선에 이바지한다.

⑨ 의사결정의 분권화와 권한책임의 일체화를 촉진시킨다.

(2) 단점

① 총예산계정에는 유용하지 못하며 성과별 분류의 대상은 부(部)·국(局)수준이다.

② 정책이나 사업계획에 중점을 두게 되므로 행정부에 대한 입법부의 엄격한 통제가 곤란하다.

③ 권한의 분산, 세출구조의 간소화를 강조하고 또한 순수하게 예산목적 혹은 비용자료에 기초를 두는 예산에 중점을 두는 것이기 때문에 기능의 통합을 지나치게 확대시킬 우려가 있다.

④ 현금지출의 주체와 회계책임이 모호하게 되고 공금관리의 확보가 곤란하게 될 우려가 있다.

⑤ 정확한 단위원가계산과 성과단위의 선정이 기술적으로 곤란하다.

⑥ 사업의 우선순위 분석이나 정책대안의 선택에는 도움을 주지 못한다.

⑦ 장기 국가발전계획에 대한 지원기능이 미약하다.

5. 성과주의 예산의 도입상 문제점

(1) 업무측정단위의 선정문제 : 성과주의가 도입되기 위해서는 업무가 ① 동질성, ② 성과 계산과 표시가 가능, ③ 영속성, ④ 가능한 단수, ⑤ 이해하기 쉬운 것이어야 한다. 그러나 정부의 업무가 이와 같은 구비조건을 갖추는 것은 현실적으로 어렵다.

(2) 단위원가 산출의 곤란 : 회계상 전문성의 결여 시 단위원가 산출 곤란, 발생주의가 아닌 현금주의회계는 감가상각이 어렵다.

(3) 정부관료제 내의 여건 : 낮은 행정관리 및 보수적·현상유지적인 관료들의 저항시 어렵다.

✎ 대표유형문제

1. 다음 중 성과주의 예산의 장점으로 적합하지 않은 것은?

① 사업계획과 예산을 연계한다.　　　　② 재정사용의 투명성을 증대한다.
③ 정치지도자의 예산개입을 약화시킨다.　④ 관리자의 조직관리능력을 향상시킨다.

정답 ③

해설 성과주의 예산은 예산운영에 있어서 중앙예산기관이나 최고관리자의 역할이 증대되며, 예산에 관한 계획과 통제를 내제적으로 활용하기 적합한 제도이기 때문에 행정지도층의 훌륭한 관리수단이 된다. ②의 경우 정부가 무슨 사업을 하는지 국민이 이해하기 쉽기 때문에 예산의 투명성이 증대되고, ⑤의 경우 성과주의 예산은 사업간의 중복을 방지하고 관리상의 비능률을 제거함으로써 낭비를 억제하고 비용절감 효과를 유발한다.

2. 결과기준 예산제도의 단점에 해당되지 않는 것은?

① 억울한 책임　　　　　　　　　② 성과비교나 책임의 애로
③ 목표·성과기준 설정의 애로　　④ 정보 부족

정답 ④

해설 결과기준 예산제도란 신성과주의(NPBS)를 말한다. 신성과주의는 성과에 대한 책임을 제고하고 시민여망에 부응할 수 있으며, 능률성과 효율성을 증진시킬 수 있는 장점이 있다. 하지만 성과지표를 개발하기가 매우 어렵고, 성과측정이나 성과비교의 애로가 있으며, 집행자의 통제 밖 요인들이 영향을 미치고 정보의 과다로 분석에 애로가 있다.

🥄 계획예산(PPBS)

1. 계획예산의 의의

(1) 계획예산(PPBS ; Planning-Programming Budgeting System)이란 장기적인 기본계획수립과 단기적인 예산편성을 프로그램 작성을 통하여 유기적으로 연결시켜 합리적 자원배분과 의사결정의 일관성을 기하려는 예산제도이다.

(2) PPBS는 우리나라에서는 공식적으로 활용한 적은 없으나 국방부 예산에서 변형하여 활용한 적은 있다. PPBS는 공공부문에서 B/C(비용편익분석)가 제일 먼저 도입되었으며, 대안의 검토를 위하여 비용편익분석, 비용효과분석 및 체제분석 등의 기법을 사용한다.

(3) 1940년대 이후 국가발전에 있어 장기계획과 예산을 유기적으로 관련시켜 예산편성을 합리화하려는 움직임으로 발전하였다.

(4) 계획중심의 예산제도의 대표적인 예로는 자본예산(CBS), 미국의 PPBS, 프랑스 RCB(선택합리화 예산으로서 예산결정, 집행 및 통제과정을 일관성 있게 합리화하여 나가는 예산)가 있다.

계획예산의 사례(1970년대 말 미국 Johnson 행정부의 발전사업 예산 수정)

Planing	Programming								Budgeting(1976)
	Category	Sub-category	Element	1976	1977	1978	1979	1980	· 부지선정 예산 · 용지매수 예산 · 철거 및 보상 · 본관신축 예산 · 내부시설 예산 · 시험가동 예산
발전사업	발전사업	원자력 발전	부지선정	0					
			용지매수	0					
			철거 및 보상		0				
			본관신축			0	0		
			내부시설				0		
			시험가동					0	

2. PPBS의 이론적 기초와 장단점

(1) PPBS의 이론적 기초

① 목표지향성 : 모든 사업계획과 예산사업은 국가목적에 적합하도록 행해져야 하며, 또한 국가목표의 구체적 실현이라는 측면에서 파악되어야 한다.

② 경제적 합리성 : PPBS는 전통적인 예산제도가 추구하는 정치적 합리성보다는 체제분석기법을 통하여 비용효과 및 비용편익분석을 강조하는 경제적 합리성을 강조한다.

③ 비교선택성 : PPBS는 소정의 목적을 달성하기 위한 대안을 마련하고 비용과 효과의 측면에서 평가하여 최적이라 생각되는 하나를 선택하는 특징을 가지고 있다.

④ 효과성 : 계획예산제도는 목표달성을 위한 각종 대안이 검토되는 과정에서 효과성이 중요한 문제로 강조된다.

⑤ 능률성 : 효과성을 확보하기 위해 능률성을 중시한다.

⑥ 과학적 객관성 : PPBS는 의사결정시 체제분석이나 비용편익분석을 통해 주관이나 편견을 배제하고, 과학적 객관성을 중시한다.

⑦ 장기적 안목 : PPBS는 적절한 기간에 걸쳐 활동의 산출과 이것에 소요되는 모든 비용을 예측하여 장기적 안목에서 프로그램을 선택하고 예산결정을 한다.

(2) PPBS의 장점

① 의사결정의 일원화 : 기획과 예산에 관한 의사결정의 일원화

② 자원배분의 합리화 및 능률과 절약 : 경제원칙 준수

③ 장기적 사업계획의 신뢰성 : 장기에 걸쳐 효과와 비용을 분석·평가

④ 조직의 통합적 운영 : 대안의 분석·검토를 통한 활발한 의견교환과 이해

⑤ 계획과 예산의 괴리 배제 : 양자를 조화시키려는 입장

⑥ 사업목표의 설정 및 실시방안의 선택에 있어 과학적 객관성이 기대

⑦ 계획의 실시를 측정·평가

⑧ 쇄신적 행정관리의 분위기

(3) PPBS의 단점

① 간접비의 배분 문제 : 둘 이상의 사업에 공통적으로 사용된 간접비 배분이 곤란하다.

　　예 우주선 발사에 발사대의 비용은 어느 우주선에 얼마나 포함시킬 것인가?

② 목표설정의 곤란 : 목표의 다기성(多岐性)의 대립으로 목표설정이 곤란하다.

③ 경제적 계량화 곤란 : 정부의 사업은 개별적인 공적 산출단위가 없다.

④ 중앙집권화에 대한 우려 : 상의하달적(하향적) 구조로 부하의 참여가 배제된다.

⑤ 환산작업의 곤란 : 프로그램 중심의 예산이므로 부서구분이 안 되어 있고 PPBS의 과목구조와 예산과목 간의 차이로 예산집행상 매년 복잡한 환산작업이 요구됨에 따라 전산화가 되지 않고서는 환산이 불가능하다.

⑥ 정치적 합리성의 무시 : 의사결정의 형평성이 결여되어 있다.

⑦ 의회 지위의 약화 : 계획예산제도는 주관적 편견이나 정치적 이해관계가 배제되고 통제지향적 예산이 아니어서 의회의 심의기능을 약화시킨다.

3. PPBS와의 비교

(1) MBO와 PPBS의 비교

구 분	MBO(목표관리)	PPBS(계획예산제도)
발생의 근원	관리기술의 일환	예산제도개혁의 일환
기 획	부분적이고, 보통 1년, 때로는 5년	종합적이고, 보통 5년
구 조	분권적이고, 계선기관에 치중(상향적 결정)	집권적이고 막료기관에 치중(하향적 결정)
전문기술	일반적 관리기술	통계적 관리기술
프로그램	내적이고 산출량에 치중	외적이고 실용·편익에 치중
예산범위	부분적, 개별적	종합적 자원배분

✎ 대표유형문제 ·············

1. 기획예산제도(PPBS)의 특성에 해당하는 것은?

① 예산이 조직의 일선기관들에 의하여 분산되어 편성되기 쉽다.

② 투입중심의 예산편성으로 인해 목표가 불명확하다.

③ 장기적인 안목을 중시하며 비용편익분석 등 계량적인 분석기법의 사용을 강조한다.

④ 정책결정단위가 정책결정패키지를 작성함에 있어 신축성을 가지며, 체제적 접근을 선호한다.

정답 ③

해설 PPBS는 단기적인 예산과 장기적인 기획을 프로그램을 통해 유기적으로 연결시키는 예산제도로서, 장기적(보통 5년)인 안목을 중시하며 비용편익분석 등 계량적인 분석기법의 사용을 강조한다. ①예산은 분산이 아니라 집권적으로 운영되며, ② PPBS는 투입, 산출, 목표를 모두 고려하고 ④의 경우 PPBS는 사업단위만을 의사결정단위로 활용하기 때문에 조직단위까지를 의사결정단위로 활용하는 ZBB에 비하여 예산운용의 신축성과 융통성이 부족하다.

2. 계획예산제도(PPBS)에 관한 설명으로 옳은 것은?

① 품목별 예산은 하향식 예산과정을 수반하지만 계획예산제도는 하향식 접근을 선택할 수 있게 해준다.

② 프로그램 예산 형식을 취하고 있으며 예산편성에서 계량기법의 도입에 대해서는 적극적이지 못했다.

③ 부서별로 일정하게 배분되는 시스템으로 개별부서들은 예산확보를 위해 사업에 대한 영향을 분석할 필요성을 느끼지 못하며, 구조화된 분석의 역할은 중시되지 않는다.

④ 미국 연방정부 차원에서 도입되었으나 전반적으로 실패한 것으로 평가되고 있다.

정답 ④

해설 1965년 Johnson행정부 때 미국 연방정부에 도입되었던 PPBS가 전반적으로는 실패한 예산으로 평가받았던 이유는 너무 집권적으로 경직되어 환경대응능력을 상실했으며, 행정부의 독단으로 입법부나 사법부를 무시하고 공식적이고 객관적인 측면에 너무 치우쳤기 때문이다. ①은 반대로 설명하고 있으며, ② 비용편익분석 등 계량적 기법의 도입에 적극성 PPBS는 보였다. ③ PPBS는 자원의 합리적 배분을 위하여 부서별 구분(장벽)을 없애고 예산을 프로그램 중심으로 분석하였다.

(2) 예산제도 간의 비교

품목별 · 성과주의 · 계획예산의 비교

구 분	품목별 예산	성과주의 예산	계획예산
예산의 기능	통제기능	관리기능	계획기능
직원의 기능	경리(회계학)	관리(행정학)	경제(경제학, 관리과학)
정보의 초점	품 목	기능 · 활동 · 사업	목표 · 정책
예산의 중심단계	집행단계	편성단계	편성 전의 계획단계
예산기관의 역할	통제 · 감시	능률향상	정책에의 관심
결정의 흐름	상향적	상향적	하향적
결정의 유형	점증모형	점증모형	합리모형
행정관	비체제(非體制)	비체제(非體制)	체제(體制)
행정기능관	소극적(지출억제)	적극적(능률적 집행)	적극적(합리적 정책)
결정권의 소재	분권화	분권화	집권화
예산과 세출예산의 구별	동 일	동 일	따로 수립
세출예산과 조직의 관계	직 접	직 접	간접(환산 필요)

영기준예산(ZBB)

1. 영기준예산의 의의

(1) 영기준예산(ZBB ; Zero Base Budgeting)은 점진주의 · 증분주의적 예산에서 탈피하여 조직체의 모든 사업과 활동(기존의 사업이나 신규사업)을 총체적으로 분석 · 평가하여 우선순위를 결정한 뒤 이에 따라 예산을 결정하는 것이다(백지상태에서의 예산 작성).

(2) 영기준이란 전년도 예산을 기준으로 하지 않고 Zero 수준에서 출발하여 모든 목적, 방법, 자원의 평가 등을 실시하여 예산을 편성하는 것으로 감축관리 예산제도의 일환이다(목표 달성이나 사업평가 중점).

2. 영기준예산의 발달과정

(1) 영기준예산은 1969년 Texas Instrument 회사에서 피이르(Peter A. Pyhrr)에 의해서 개발되었으며, 조지아 주지사 카터는 이 제도를 도입하기로 결심하고 1973년 회계연도의 주정부 예

산편성에 피이르의 도움을 받아 ZBB를 처음으로 채택하였다. 그 후 여러 기업체와 주 및 지방정부에서 채택하게 되었다. 카터 대통령 취임 후 1976년에 'The Goverment Economy Spending Reform Act'가 제정되고 이에 따라 1979년 회계연도 예산부터 적용하게 되었다.

(2) 우리나라에서는 1983년도에 영기준예산이 적용된 적이 있다.

3. 영기준예산의 편성절차

(1) 의사결정단위(decision unit) : 타 활동과 중복됨이 없이 충분히 상호 비교하여 의미 있는 의사결정을 내릴 수 있도록 나누어진 개개의 활동단위·비용단위를 말한다.

(2) 의사결정항목(decision package) : 조직의 활동에서 의미 있는 요소 또는 사업을 말하는 것으로 관리자가 업무의 타당성을 간단명료하게 밝힌다.

① 대안패키지(선택적 항목 : alternative package) : 사업수행방법 중 가장 좋은 방법을 선택

② 점증패키지(점증적 항목 : incremental package) : 사업수행수준 중 가장 효율적인 비용·노력 수준을 결정

(3) 우선순위의 결정(ranking) : 업무수행 및 예산편성의 결정권을 갖는 단위(1순위, 2순위, 3순위)이다.

(4) 실행예산의 편성 : 결정단위의 결정은 상급관리자의 직책에 속한다. 1순위는 우선적 편성, 2순위는 작년도 수준, 3순위는 감축(삭제)이다.

영기준예산 편성절차의 도표

의사결정 단위(decision unit)		한강수질오염측정
의사결정항목 (decision package)	대안 패키지 (선택적 항목 : alternative package)	·대안1 : 시청에 실험실 설치 ·대안2 : 민간연구소에 용역 ·대안3 : 구청별로 자체적 측정 후 종합
	점증 패키지 (점증적 항목 : incremental package)	대안 3에 대하여 ·폐지 : 전년도는 구청에 5곳을 설치하였는데, 모두 폐쇄 (효과 0, 비용 0) ·최저수준 : 전년도는 구청에 5곳을 설치하였는데, 2곳만 설치(효과 80, 비용 75) ·현행수준 : 전년도와 같이 5곳만 설치(효과100, 비용 100) ·최고수준 : 각 구청에 모두 설치(효과 160, 비용 175)
우선순위 결정(ranking)		하의상달식(상향적)으로 점증패키지에 대하여 우선순위 결정
실행예산 편성		구체적 업무수행을 위한 예산편성

4. 영기준예산의 장단점

(1) 장점

① 재원의 합리적 배분과 사업의 효율성 향상

② 재정운영·자금배정의 탄력성

③ 예산에서 정책의 정기적·포괄적·체계적 재평가(재정립)가 가능

④ 계선관리자의 참여 확대로 전문지식과 통찰력의 활용 및 하의상달의 의사소통 촉진

⑤ 직원의 근무실적 평가로 고위직은 적절한 관리수단을 가짐.

⑥ 조세부담 증가의 방지 및 감축예산을 통한 자원난 극복

(2) 단점

① 법제상 제약 등의 이유로 실질적으로 사업의 축소·폐지가 곤란

② 관리자의 세부사항 몰두로 목표설정기능·계획기능의 위축

③ 관료들의 자기방어, 소규모 조직 희생

④ 많은 시간·노력·인력의 소요로 전면적인 분석·평가의 곤란

⑤ 미국의 경우 실질적인 성과가 매우 낮음.

⑥ 정치적 요인으로 공무원의 가치가 무시되고 하위직의 업무부담 가중

5. 각 예산제도와의 비교

(1) 점증예산과 영기준예산의 비교

구 분	점증적 예산	영기준예산(ZBB)
예산기준	전년도 예산	영(0)에서 새로 시작
예산 책정방법	효율성이 낮아도 예산이 책정됨	사업의 우선순위에 따라 신축성 있는 예산편성
예산의 운영방법	조직 총체적으로 새로운 운영방법이 개발되지 않음	새로운 운영방법 개발, 시도
심사대상 사업의 범위	신규사업	계속사업 포함, 모든 사업이나 활동

(2) 계획예산과 영기준예산의 비교

비교기준	계획예산(PPBS)	영기준예산(ZBB)
사업운영수단의 제공	일선관리자에게 효과적인 관리 수단을 제공하지 않음	사업계획의 효율적 운영수단이 됨

사업성과의 평가	구체적인 사업계획평가에 직접적 도움 곤란	사업의 활동목표, 비용, 효과, 수행방법 등에 도움
예산의 중점	정책, 계획수립, 목표	목표달성과 사업평가
관리자의 참여범위	최고관리자와 측근 막료	모든 상하관리자
결정의 흐름	하향적, 개방체제	상향적, 폐쇄체제
기존의 예산	고려 함	고려 안함
기존사업	고려 안함	고려 함

* 계획예산은 기존의 조직구조보다는 프로그램을 우선하기 때문에 조직의 경계에 구애받지 않는 반면, 영기준예산은 기존의 조직구조를 토대로 해서 모든 활동이 이루어진다. 따라서 계획예산은 포괄적이며 개방체제의 성격을 띠지만 영기준예산은 폐쇄체제의 성격을 띤다.

(3) 예산제도의 비교

비교기준	품목별예산 (LIBS)	성과주의예산 (PBS)	계획예산 (PPBS)	목표관리 (MBO)	영기준예산 (ZBB)
시 대	1920~1930	1930~1960	1960~1970	1970~1976	1976~
중 점	통 제	관 리	기 획	관 리	의사결정
범 위	투 입	투입·산출	투입·산출·효과·대안	투입·산출·효과	투입·산출·효과·대안
기 능	회 계	관 리	경제학·기획	관리상의 상식	관리와 기획
중요정보	지출대상	기관활동	기관목적	사업계획의 효과성	사업계획의 목적 또는 기관의 목적
정책결정	점증적	점증적	체제적	분권적·참여적	신중하게 체계적 방식
기획책임	일반적으로 부재	분산적	중 앙	포괄적이지만 배분적	분권화
예산기관의 역할	재정적 적절성	능 률	정 책	사업계획의 정책의 역할	효과성과 능률 우선순위화

1. 일몰법의 의의

일몰법(sunset laws)이란 특정한 사업이나 조직을 정해진 기간이 지나면 자동적으로 폐지되도록 하는 법률을 말한다(1976년 미국 Colorado주에서 처음 제정된 이후, 실제적으로 미국의 많은 주가 일몰법을 제도화하고 있음). 구체적으로 말한다면 일몰법이란 행정기관의 사업·권한·조직에 관하여 ① 이미 목적을 달성하여 현재로서는 불필요하거나 부적절한 것, ② 원래의 목적을 달성하는 데 실패한 것, ③ 상황의 변동 등으로 존재이유가 희박해진 조직 등을 의회가 사업시행 후 일정기간이 경과한 시점에 있어서 재검토하고 폐지하는 제도적 장치를 말한다(매년 증대하는 재정규모에 대처하기 위한 세출제한 방식으로 대두).

일몰법은 동태적 보수주의를 극복하려는 강제적 감축개혁장치이며, 우리나라의 규제일몰법, 규제 등록제도 등도 일몰법과 관련한다. 오늘날 조직, 예산, 규제, 정책 등에서 그 적용범위가 확대되고 있으며, Down-Sizing의 한 방법으로 감축을 실시할 때는 조직적인 별도의 검토 작업이 필요하다.

2. 일몰법과 ZBB의 공통점

일몰법이나 ZBB는 모두 사업의 능률성과 효과성을 검토하여 사업의 계속 여부를 결정하기 위한 재심사라는 점, 자원의 합리적 배분을 기할 수 있다는 점, 그리고 자원난 시대에 대비하여 감축관리(cutback management)의 국면이라는 점에서 공통점이 있다.

3. 일몰법과 ZBB의 차이점

(1) ZBB가 예산편성에 관련된 행정적 과정이라 말할 수 있는데 반해, 일몰법은 예산에 관한 심의·통제를 위한 입법적 과정으로 행정부의 사업에 유효기간 동안 권한을 부여하는 법률을 규정하는 점에서 차이가 있다.

(2) 일몰법은 행정의 상위계층의 주요 정책을 심사하기 위한 것이며 검토의 중심은 법률규정의 효력 종결, 즉 사업의 종결 여부이다.

(3) 일몰법은 예산심의과정과 관련을 가지고 있으면서도 입법과정에 중심을 두므로 예산편성과 어느 정도 독립되어 있다. 이에 비해 ZBB는 주로 예산편성에 관련된 예산과정이라 할 수 있다.

(4) 일몰법은 검토의 주기가 3년 내지 7년의 장기적이나, ZBB는 매년 실시되므로 단기적이다.

일몰법과 ZBB의 비교

구 분	일몰법(sunset law)	영기준예산(ZBB)
차이점	① 예산의 심의·통제를 위한 입법적 과정 ② 행정의 최고관리층에 유효한 관리도구 ③ 검토의 주기가 3~7년	① 예산편성과 관련된 행정적 과정 ② 중·하위계층까지도 심사 ③ 매년 검토(1년 예산)
유사점	① 기존사업의 재검토·재심사 ② 감축관리의 방안 ③ 합리적인 자원배분을 위한 제도	

✎ **대표유형문제** ....

다음 중 영기준예산(ZBB)의 특징이 아닌 것은?

① 의사결정패키지가 3개로 구성되어 있으며, 모든 부서에서 3가지 결정패키지를 분석해야 한다.
② 의사결정의 최종판단은 주관적이다.
③ 기대되는 계획과 목적을 달성하는 데 필요한 정책대안과 지출을 묶어 모든 활동들을 평가한다.
④ 적용시 계획과 예산을 분리한다.

정답 ④

해 설 계획과 예산의 연계에 대하여 영기준예산은 ZBB이론에서 강조되는 내용과 일관성 있게, 연방정부의 계획과 예산은 동시에 단일 과정으로 추진된다. ①의 경우 영기준예산에서 모든 부서는 세 가지 패키지를 준비해야 한다. (기본 수준 패키지, 현행 서비스 패키지, 증액된 패키지) ②의 경우 실제 영기준예산은 프로그램 지식이나 성과정보에 기초한 분석이라기보다는 대안적인 재원 수준을 규명하는 데 임의적으로 선택된 비중을 사용했다. ③의 경우 ZBB는 기대되는 계획과 목적을 달성하는 데 필요한 정책대안과 지출을 묶어 모든 활동들을 평가하고 실체를 상세히 규명한다.

....

💿 자본예산(CBS)

1. 자본예산의 개념

자본예산(CBS ; Capital Budget System)이란 경상지출과 자본지출로 구분하고 경상지출은 경상수입으로 충당시켜 균형예산을 도모하고, 자본지출은 적자재정과 공채발행으로 충당하는 불균형예산(복식예산)을 편성하는 것을 말한다.

2. 자본예산의 발달과정

(1) 스웨덴

① 1930년대 경제공황과 불경기의 극복을 위해서 시작되었다.

② 1937년 G. Myrdal은 순환적 균형예산을 채택하였다.

③ 자본계정(資本計定)과 경상계정(經常計定)의 이중예산체제를 지니고 있다.

(2) 미국

① 1930년대 시정부에서 도시계획과 공공시설의 확충을 위해 채택하였다.

② 공채발행과 적자예산의 편성, 장기계획이 필요하였다.

③ 수익자 부담의 원칙을 활용하였다.

④ 2차 대전 후에는 자원개발, 지역사회개발을 목적으로 발전하였다.

(3) 발전도상국

① 발전도상국가에서는 경기회복이나 실업자의 구제보다는 경제성장을 이룩하기 위해 자본예산이 필요하였다.

② 경제성장을 위한 정부의 노력은 정부예산에서 자본형성을 위한 지출이 차지하는 비중에서 나타난다. 따라서 투자지출이나 경상지출의 구분이 요구된다.

(4) 우리나라

① 우리나라는 1963년 1월부터 경제개발 5개년 계획의 효과적인 수행을 위하여 경제개발특별회계(1963~1976)를 설치하였다.

② 경제개발특별회계는 경제성장을 높이기 위한 정부의 노력으로 이에 소요되는 재원을 동원하거나 특별히 분석·사정·심의하였던 것은 자본예산과 유사하다. 현재는 폐지된 상태이다.

3. 자본예산의 특징

(1) 불경기에는 공채를 발행(정부가 공채를 발행하여 적자재정을 편성하더라도 그 차입금으로 자산의 취득 등 자본적 지출에 사용된다면 결과적으로 자산의 증가를 의미하게 되어 국가의 순자산에는 변동이 없게 된다. 따라서 자본적 지출을 위한 공채의 발행은 건전재정의 원칙에 위배되는 것이 아니라는 점을 전제로 함)하여 적자예산을 편성하고, 경기가 회복되면 흑자예산을 편성한다.

(2) 공공사업의 자금조달을 공채나 차관에 의존하게 되며, 이에 정당성이 확보된다.

(3) 경상수지는 균형예산을 편성하고 자본수지는 불균형예산을 편성한다. 하지만 장기적으로는 균형을 중시한다.

경상계정과 자본계정

재정구분	특 징	재 원	비 고
경상계정	지출효과가 1년 이내인 연례적 경비	경상수입(조세 등)	균형재정
자본계정	지출효과가 1년 이상 장기간 지속되는 경비 (간접자본, 자산 취득 등)	공채발행	불균형재정

4. 자본예산의 장단점

(1) 장점

① 정치가·공무원 및 일반납세자로 하여금 국가재정의 기본구조에 대한 명확한 판단이 가능하게 한다.

② 경상지출과 자본지출을 구분함으로써 자본지출에 대한 특별한 사정과 분석을 가능하게 한다.

③ 정부의 순자산상태의 변동파악 가능, 상가 계정을 사용함으로 정부의 순자산상태의 변동을 파악하는 데 도움이 된다.

④ 불경기 때 유효수요를 증가시켜 고용증대와 경기회복에 기여한다.

⑤ 장기적 재정계획수립에 도움이 된다.

⑥ 지출의 효과가 장기간 지속되는 자본지출은 오히려 공채를 발행하여 장래의 납세자가 부담하도록 하거나 수익이 발생하는 사업의 자본투자를 통해 이용자가 비용을 부담하도록 하는 수익자부담의 원칙을 구현한다는 점에서 비용부담의 균등화를 기한다.

⑦ 국민의 조세는 기복이 없는 일상적인 경상지출에만 충당이 되므로 국민의 조세부담이 매년 거의 일정하게 된다.

⑧ 자본적 지출이 경상적 지출과 구분되므로 보다 엄격히 심사 및 분석을 할 수 있다.

(2) 단점

① 경상지출의 적자재정 은폐수단으로 악용된다.

② 부채를 동원하여 적자예산을 편성하는 데 치중한다.

③ 현 경제주체의 재정부담이 안되므로 자칫 선심성 공공사업에 지나치게 치중할 우려가 있고, 불경기를 극복하기 위하여 무리하게 자본재에만 투자할 가능성이 높다. 즉 수익이 있는 사업에만 치중하고, 그렇지 않는 학교나 사회복지사업은 등한시하게 된다.

④ 불경기를 극복하기 위하여 정부가 팽창정책을 폄으로써 인플레이션을 유발한다.

⑤ 정부예산을 경상계정과 자본계정으로 구분하지만 두 계정의 구분이 명확하지 않다.

⑥ 민간자본을 정부부문으로 전환하여 사용 시 그 효율성이 의문시된다.

⑦ 계획수행과 자원배분의 우선순위 선정 시 왜곡의 우려가 있다.

✎ 대표유형문제 ··

자본예산제도의 장점과 가장 거리가 먼 것은?

① 국가의 자산상태를 명확하게 파악할 수 있게 한다.

② 자본적 지출에 대한 특별한 사정과 분석을 가능하게 한다.

③ 인플레이션기에 적정한 예산제도로 경제안정에 도움을 준다.

④ 수익자의 부담을 균등화시킬 수 있다.

정답 ③

해설 자본예산은 특히 인플레이션의 경우에 곤란하다. 시설재를 위한 투자는 국채발행에 의하여 충당하여도 좋다는 관념이 지나치면 인플레이션 시기에 그것을 더욱 조장할 우려가 있다.
··

🏛 최근 예산제도의 개혁내용

1. 정치관리형예산(BPM : budgeting as political management)-D. Stoockman

(1) 정치관리형예산의 의의

① 종래의 예산은 대통령과 의회가 공동결정하는 것으로 보았으나, 현실적으로는 집행부 중심으로 기계적으로 편성되는 경향이 두드러지게 되었다. 이러한 행정부 우위의 예산에 대한 불만으로 1980년대 중반 의회 우위를 확보하기 위해서 레이건 정부에서 추진하였다.

② 예산과정에 대통령이나 OMB의 장 등 중앙에서 일방적으로 부처별 목표를 제시하고 그 범위 내에서 각 부처가 예산을 자율적으로 운영하는 하향적·집권적 예산제도이다.

③ 경직성 경비와 연방정부의 재정지출을 억제하여 전통적·상향적 예산제도를 지양하고 합

리주의를 지향하며, 의회기능의 약화를 초래한 PPBS에 대한 반발로서 대두되었다.

(2) 정치관리형예산의 특성

① 중앙예산기관은 지출·사업계획목표의 설정권한을 가지고 있고, 기관장에게는 예산관리 권이 부여되고 있다.

② 성과주의예산, 계획예산, 영기준예산의 특성을 포괄하고 있으며, 영기준예산 이후 현재까지 사용되어 온 예산제도로서 예산과정의 주기성과 신축성을 강조하고 있다.

③ 행정부와 입법부가 서로의 입장을 이해하면서 예산을 편성·심의할 수 있다.

④ 예산과정의 신축성과 예산절약을 기할 수 있다.

⑤ 전통적·상향적 예산편성체제의 약점을 극복할 수 있고 경직성 경비를 억제(삭감)하여 점증형을 탈피할 수 있다.

⑥ 중앙행정기관의 과대한 예산요구를 억제할 수 있는 목표기준예산의 기술을 활용하고 있다.

⑦ 의회 우위 확보, 목표중심의 예산(TBB : Target Based Budget, 주정부에서 채택)

⑧ 영기준예산에 비해 기획책임이 집권적이며, 통일되고 단일화된 전체목표를 강조한다.

2. 운영예산(operating budget)

(1) 기존의 행정경비에 해당하는 독립적인 경비들을 운영경비로 통합하고, 이렇게 통합된 운영경비의 상한선 범위 내에서는 관리자가 이를 재량껏 사용할 수 있도록 하여 재정운영의 탄력성을 강화하는 제도이다.

(2) 운영예산은 1987년 호주정부로부터 비롯되었다.

3. 조세지출예산(조세지출보고서)제도 - 2011년부터 정식 도입

(1) 1959년 서독에서 처음 발표되었고 1967년에 도입되었다. 미국에서는 1968년에 비공식적으로 시안이 마련되었고 1974년에 도입하였다. 현재 우리나라는 불완전하나마 중앙정부에서는 조세지출예산제도가 도입되었다고 보아야 하며, 매년 정부가 작성·발표하는 1999년부터 '조세지출보고서'를 '조세지출예산'으로 볼 수 있다. 완전한 형태의 조세지출예산제도는 2011회계연도부터 시행하고 있다.

(2) 조세지출예산이란 조세면제나 감면과 같은 조세지출의 구체적인 내역을 예산구조에 밝히고 국회의 심의의결을 받도록 함으로써 행정부에 위임되어 있는 조세감면집행을 국회차원에서 통제하는 것으로 재정민주주의에 기여하는 효과가 있다. 조세지출예산제도는 정부가 특정목적을 달성하기 위해 당연히 징수해야 할 세금을 거두지 않는 세제상의 특혜

적 지원책으로 통상적 예산에 나타나는 직접지출(direct expenditure)에 대비되는 간접지출의 개념이다. 조세특혜(tax preference), 합법적 탈세(tax loophole) 혹은 숨겨진 보조금(hidden subsidies)이라고도 하는 조세지출은 정부가 징수해야 할 조세를 받지 않고 그만큼 보조금으로 지불한 것과 같다는 의미이다. 현재 우리나라에서는 지방세에 대해서도 조세지출예산제도를 적용하고 있다.

(3) 조세지출(tax expenditure)이란 '조세감면'을 의미하는 것으로 '특례규정에 의한 조세감면'을 의미하며 재정지출(직접 지출)에 대응하여 사용되는 개념이다. 조세지출제도는 세목별(품목별) 분류를 이용하고 그 다음으로 기능별 분류, 수혜자별 분류, 기타 산업부문별 분류를 사용한다.

(4) 형식적으로는 조세의 일종이지만 실제로는 지출의 성격을 갖는 것으로, 감추어진 보조금의 일종이다. 정부의 조세지출이 지나치면 자원배분의 비효율성이 야기될 수 있다.

(5) 조세지출보고서는 특정부문에 대한 조세지출(조세감면) 집중과 지나친 조세지출 억제 등 재정운용의 효율성 제고를 위해 작성하는 것이다.

(6) 국가재정법에 따르면 기획재정부장관은 조세감면·비과세·소득공제·세액공제·우대세율적용 또는 과세이연 등 조세특례에 따른 재정지원의 직전 회계연도 실적과 당해 회계연도 및 다음 회계연도의 추정금액을 기능별·세목별로 분석한 보고서(조세지출예산서)를 작성하여야 한다고 규정하고 있다.

(7) 조세지출예산의 장점
① 재정활동에 소요되는 재정규모의 정확한 파악 - 감면이나 비과세(非課稅)를 통하여 지원되는 재정지출의 수준과 성격을 파악하는데 도움이 된다.
② 조세제도 및 행정의 개선 - 법정세율과 실효세율의 차이를ㄹ 구체적으로 알려 줌으로써 국민의 조세부담과 조세의 정확한 구조를 이해할 수 있게 해 주며, 세법 단순화 및 조세행정의 개선에 도움을 줄 수 있다.
③ 재정부담의 형평성 제고 - 조세특혜 대상을 정확히 파악하고 심의함으로써 불공정하게 운영될 수 있는 소지를 제거 하여 재정부담의 형평성을 높인다.
④ 재정민주주의 실현 - 전체적으로 재정규모가 분명히 밝혀지고 조세지출항목에 대한 평가를 통해 의회의 예산심사권이 충실화되어 재정민주주의에 기여한다.
⑤ 각종 정책수단의 효과성 파악 - 조세감면과 성과를 객관적으로 평가하고 평가결과를 조세감면 범위의 조정과정에 반영할 수 있어, 특정 정책목표를 달성하기 위한 각종 정책수단의 상대적 유용성을 평가할 수 있는 효과가 있다.

⑥ 정책의 효율성 수립 - 조세지출(간접지출)을 통해서도 민간활동을 지원할 수 있음을 인식하는 것이 정부의 예산지출(직접지출)을 통한 것과 마찬가지의 효고가 있어 정부개입축소와 정책의 효율적 수립을 위해 필요하다.

⑦ 세수 인상을 위한 자료 확보 및 부당하고 비효율적인 조세지출축소 - 조세지출의 필요성이 없어진 후에도 관성적으로 존속하는 방만한 조세지출을 방지할 수 있다.

(8) 조세지출예산의 단점

① 조세지출예산은 특정기업에게 특혜를 주기에 경쟁관계에 있는 다른 외국계 기업에게 불이익을 줄 수 있어 무역마찰의 소지가 있다.

② 조세지출이 법률에 따라 집행됨으로 탄력성이 없어 경직성 초래가 불가피하다.

✎ 대표유형문제

1. 다음 중 조세지출예산의 내용이 아닌 것은?

① 국회 차원에서 조세감면의 내역을 관리·감독하는 것이다.

② 미국에서 처음 도입하였으며, 우리나라도 1999년부터 이를 도입하였다.

③ 숨겨진 보조금의 일종으로 간접지출에 해당한다.

④ 조세지출이란 개인이나 기업의 특정 활동을 지원하기 위한 세제상의 보조 및 장려활동이다.

정 답 ②

해 설 조세지출예산제도는 1959년 서독에서 처음 발표되었고, 1967년에 도입되었다. 우리의 경우 초보적인 형태나마 1999년 이후 '조세지출보고서'를 도입·운영하고 있으며, 완전한 형태의 조세지출예산제도는 2011회계연도부터 시행하도록 되어 있다. 국가재정법에서는 재정경제부장관은 조세감면·비과세·소득공제·세액공제·우대세율적용 또는 과세이연 등 조세특례에 따른 재정지원의 직전 회계연도 실적과 당해 회계연도 및 다음 회계연도의 추정금액을 기능별·세목별로 분석한 보고서(조세지출예산서)를 작성하여야 한다고 규정하고 있다.

2. 다음 중 조세지출에 대한 설명으로 가장 적절하지 않은 것은?

① 조세지출이란 정부가 받아야 할 세금을 받지 않고 포기한 액수를 의미한다.

② 현재 우리나라에서는 조세지출예산제도를 도입하여 실시하고 있다.

③ 조세지출은 행정부에 의해 탄력적으로 운영될 여지가 많다.

④ 조세지출예산제도는 조세감면 등의 정책효과를 판단하기 위해 필요한 제도이다.

정 답 ③

해 설 조세지출이란 조세감면에 의한 간접지출로서 정부에 의하여 탄력적으로 운용될 가능성이 높다기보다는 경직되게 운영될 가능성이 높고, 통제를 받지 않기 때문에 공정하게 운영되지 못하고 자의적이고 불공정하게 운영될 가능성이 높다. 엄밀히 말하면 조세지출은 탄력적으로 운영된다기보다는 예산이 아닌 법률에 의하여 지출이 이루어지므로 가시성이 낮고 경직되게 운영될 가능성이 높다. 조세지출은 법률(세법)에 규정이 되므로 일단 법에 규정되면 관심을 가지지 않는 한 지속적으로 조세감면의 혜택이 이루어진다. 따라서 이처럼 기득권화 내지는 만성화될 가능성이 높은 조세지출을 보다 투명하고 공정하게 운영하고 국회차원의 통제를 강화하자는 차원에서 도입된 제도가 조세지출예산이다.

3. 조세지출예산제도(tax expenditure budget)의 특징으로 옳지 않은 것은?

① 조세지출은 법률에 따라 집행되기 때문에 경직성이 강하다.
② 조세지출의 주된 분류방법은 세목별 분류로서 의회의 예산심의를 완화하기 위한 제도이다.
③ 조세지출은 세출예산상의 보조금과 같은 경제적 효과를 초래한다.
④ 과세의 수직적·수평적 형평을 파악할 수 있기 때문에 세수인상을 위한 정책판단의 자료가 된다.

정답   ②
해설   조세지출예산은 일차적으로 세목별(품목별) 분류를 이용하고 그 다음으로 기능별 분류, 수혜자별 분류, 기타 산업 부문별 분류를 사용하지만, 전체적으로 재정규모가 분명히 밝혀지고 조세지출항목에 대한 평가를 통해 의회의 예산심사권이 강화되어 재정민주주의에 기여하는 효과가 있다.

4. 지출통제예산제도(expending control budgeting)

(1) 지출통제예산이란 개개의 항목에 대한 통제가 아니라, 예산총액만 통제하고 구체적인 항목별 지출에 대해서는 집행부에 대해 재량을 확대하는 성과지향적 예산제도의 한 유형이다.

(2) 전통적인 종래 예산은 회계담당자의 불신에서 출발해 통제 위주의 운영이었다. 그러나 지출통제예산은 총액의 규모만을 매우 간단하고 핵심적인 숫자로 표시한다. 그리고 구체적인 집행에 대해서는 과감하게 권한을 이양하고 융통성을 보장한다. 이는 총괄예산이나 캐나다의 지출대예산(envelope budget)의 맥락에서 이해된다.

(3) 공공서비스의 품질을 개선하려는 신공공관리주의 행정개혁의 일환으로 널리 소개되고 있는데 특히 품목별 예산(LIBS), 성과주의 예산(PBS), 계획예산(PPBS), 영기준예산(ZBB) 등과 같이 관료적 절차를 바꾸는 노력이 아니라, 담당자의 정신을 바꾸는 새로운 체제로서 도입되고 있다. 지나치게 세분화되어 있는 예산항목을 통합하고 특히 운영경비의 항목 간 전용을 용이하게 해 주는 운영예산제도도 이 범주에 포함된다.

(4) 이 제도를 도입하면 예산절감의 효과와 예산집행에서의 창의적인 아이디어 창출과 활용이 가능하고 환경변화에 대한 정부예산의 신축적인 대응효과도 있다. 하지만 예산운영과정에 대한 지나친 재량의 허용이 자금의 오용이나 유용을 유발할 수 있다.

✎ 대표유형문제

성과지향적 예산제도의 한 유형으로 개개의 항목에 대한 통제가 아니라 예산 총액만 통제하고 구체적인 항목별 지출에 대해서는 집행부에 대해 재량을 확대하는 예산제도는?

① 지출통제예산   ② 조세지출예산제도
③ 통합예산   ④ 잠정예산

5. 총괄배정예산

(1) 구체적인 비목구분이 없이 포괄적인 용도에 따라 중앙예산기관이 전체 총액만 결정하고 그 범위 내에서 각 부처로 하여금 분야별 재원범위 내에서 사업순위에 따라 예산을 편성하도록 한다.

(2) 그 이후에 다시 중앙예산기관이 이를 최종적으로 조정하는 제도로서, 캐나다의 정책 및 지출관리예산제도가 이에 해당된다.

6. 산출예산제도(OB ; Output Budget)

(1) 1989년 뉴질랜드정부에서 실시한 제도로 공공서비스의 생산과정을 투입-산출-효과단계로 구분할 경우, 이 중 재화 및 서비스의 산출에 모든 초점을 맞춰 예산을 편성하는 제도로서 신성과주의의 핵심이다.

(2) 비목의 사전승인 대신 자율성을 인정하고 성과나 산출을 평가·통제하는 예산이다.

(3) 산출예산은 기업이 아닌 정부 각 부처가 생산물의 독점공급자이므로 산출물에 대한 시장가격이 형성될 수 없기 때문에 나온 개념이다. 산출예산은 근본적으로 성과중심의 재무행정관리를 확립하기 위한 것이며, 실제 수입 및 지출의 정확한 파악을 위하여 발생주의 회계방식이 사용된다.

7. 다회계연도예산제도

회계연도를 2년 이상으로 하는 것으로 연도 말에 예산의 낭비 방지, 시간과 노력 절감, 사업의 계속성 보장기능을 한다.

8. 효율성배당예산제도

영국, 호주, 스웨덴, 덴마크, 아일랜드 등에서는 운영예산에 의한 총액통제에 추가하여 효율성배당(efficiency dividend)이라는 경비절감통제를 시행하고 있다. 중기재정계획은 공공자금의 효과성과 대응성을 증진시키기 위한 다년도예산을 말한다. 이는 관리자의 자원선택에 관한 융통성(flexibility)을 제공해주며 중기에 걸친 지출계획의 안정성(stability)을 높여준다.

예산의 탄력적 운영을 위한 접근방법의 비교

국가명	운영예산	효율성배당	불용액이월
호 주	부처별 운영경비통합, 정원한 도통제에서 운영경 비총액통 제로 전환	3년단위 예산에서 매년 운영 경비의 1.25% 이상 감축 요구	전체 운영경비 예산의 10% 이내
캐나다	호주와 동일	없음	운영경비의 2% 이내
뉴질랜드	부처단위의 산출항목별로 운 영경비 통합, 운영 경비의 산출 항간 전용은 5%로 제한	없음	불인정
영 국	호주와 동일	매년 2% 이상 운영경비절감 의무화	무제한 허용(1993년까 지는 0.5%만 허용)

이렇게 지출총액은 강력하게 통제하면서 운영상의 권한의 위임과 융통성을 부여하는 분권적 예산접근방법은, ① 이월이나 전용에 융통성을 부여하면서 인센티브제를 도입하고(이윤공유제 도, 운영예산제도) 삭감관리를 제도화함으로써(효율성배당제도), 일단 예산만 확정되면 능률·비능률을 따지지 않고 다 쓰고 보자는 소비지향적 예산지출 행태를 변화시켜 결과적으로 예산 절감과 예산사용의 효율성제고에 기여하였고, ② 프로그램의 관리자로 하여금 정책우선순위와 결과에 관심을 기울이도록 함으로써, 성과와 책임지향의 조직문화 정착에 기여하였다는 점에서 기업가적 예산의 특징을 발견할 수 있다.

9. 예산협의 제도(2004. 7월 기획예산처 도입)

(1) 종전의 예산협의

① 종전의 예산협의과정은 행정 각 부처(중앙행정기관)에서 예산계획서를 기획재정부에 송부하고, 예산기획처에서 문의사항이 있는 경우 행정 각 부서의 예산담당관을 불러 질의하는 형태였다.

② 기획재정부가 예산을 사정할 때 기획재정부의 사정관은 예산의 타당성을 검토하여 이를 삭감하려 하고 해당부처 공무원은 이를 방어하고 설명하는 상호의사소통과정이다.

(2) 찾아가는 예산협의

① 기획재정부는 '찾아가는 예산협의'로 고객중심의 혁신활동을 수행하고 있다.

② 찾아가는 예산협의는 예산기획처의 실무자가 직접 담당기관을 찾아가 예산요구 또는 기금사업 설명을 듣고 주요 쟁점사항을 논의하는 형식이다. 각 부처에서는 직접 기획재정부를 찾아가서 설명해야 했던 기존방식보다 시간이 절약되고, 집중적인 설명과 논의가 가능해지면서 업무의 효율성이 제고되었다.

10. 세계잉여금

(1) 세계잉여금이란 매 회계연도 세입세출의 결산상 생긴 잉여금(예산회계법 제47조 제1항)으로써, 결산시 세입액에서 세출액을 차감한 잔액이다. 그리고 세계잉여금에서 다음 연도 이월액을 차감한 잔액을 순잉여금이라 하며, 이 순잉여금은 법정용도로 실제 처분가능한 금액으로서 다음 연도의 세입에 이입하여야 한다.

(2) 예산이 1년전에 편성되기 때문에 불확실한 미래에 대한 예측을 근거로 하고 있으며, 따라서 예산과 결산이 정확하게 일치할 수 없는 한계를 인정해야 한다.

(3) 세계잉여금은 매년 같은 이유로 반복적으로 발생하고 있으며, 이것이 추가경정예산의 편성사유가 되는 등 예산운영의 파행을 초래한 측면이 있기 때문에 이에 대한 전면적인 검토가 필요하다. 원래 추가경정예산은 헌법 제56조에 의해 예산에 변경을 가할 필요가 있을 때나, 예산회계법 제33조에 의하면 후에 생긴 사유로 인하여 이미 성립된 예산에 변경을 가할 필요가 있을 때에 한하여 편성하도록 되어 있다.

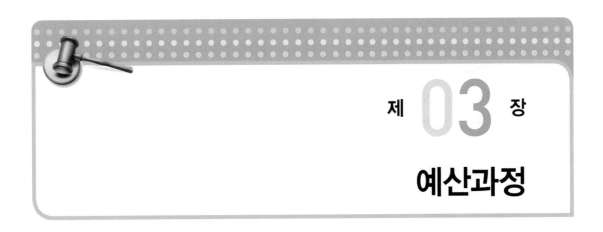

제 **03** 장

예산과정

01 | 예산과정의 의의

예산의 과정

1. 의의

(1) 예산안이 준비되어 의결과 집행을 거쳐 회계심사를 마칠 때까지의 전 과정을 예산과정이라 한다. 예산의 편성·심의·집행·결산 및 회계검사의 4단계로 이루어진다.

(2) 자원배분에 관한 의사결정과정(정치성, 합리성, 동태성, 순환적 성격)이다.

(3) 서로 이해가 다른 다양한 참여자가 공식적·비공식적으로 참여한다.

(4) 편성부터 검사까지 3년을 단위로 하는 주기적·순환적·계속적 과정이다.

2. 회계연도

(1) 회계연도의 개념 : 회계연도(FY ; Fiscal Year)란 일정 기간에 있어서의 수입과 지출을 구분·정리하여 그 관계를 명확히 하기 위한 예산의 유효기간이다. 대부분의 국가가 회계연도를 1년으로 책정하고 있다.

(2) 회계연도 독립의 원칙 : 각 회계연도의 경비는 그 연도의 세입으로써 충당하여야 한다(예산회계법 제3조)는 원칙이다. 이 원칙의 예외로는 예산의 이월(移越), 계속비, 과년도 수입·지출 등이 있다.

(3) 각국의 회계연도

① 1월 1일~12월 31일 : 우리나라, 프랑스, 이탈리아, 아르헨티나, 스위스, 브라질, 네덜란드, 중국, 독일 등
② 3월 1일~2월 말 : 터키
③ 4월 1일~3월 말 : 일본, 캐나다, 영국, 파키스탄, 인도 등
④ 7월 1일~6월 말 : 스웨덴, 필리핀, 대만 등
⑤ 10월 1일~9월 말 : 미국

🍃 예산의 편성

1. 예산편성의 의의

(1) 예산편성의 개념 : 다음 해에 정부가 수행할 정책이나 사업을 금액으로 구체화하는 과정으로 고도의 정치적 성격을 지니며, 정책결정과정, 사업계획의 조정 등의 성격을 띤다.

(2) 예산의 형식(구조)-국가재정법

예산편성형식

예산총칙	세입·세출예산, 명시이월비, 계속비, 국고채무부담행위에 관한 총체적 규정 외에 국채 또는 차입금의 한도액, 재정증권의 발행과 일시차입금의 최고액 등 규정
세입·세출예산	예산의 핵심이며 한 회계연도에 있어서 수입·지출의 추계
명시이월비	세출예산 중 연도 내에 지출을 필하지 못할 것이 예측될 때, 미리 국회의 승인을 얻어 다음 연도에 이월하여 사용할 수 있는 경비
계속비	완성에 수년도를 요하는 공사, 제조, 연구개발사업에 있어서, 완성까지의 경비총액과 연부액을 정해 미리 국회의결을 얻어 수년도에 걸쳐 지출하는 경비로, 국회의결을 거쳐 5년 이상 연장할 수 있음.
국고채무부담행위	법률에 의한 것과 세출예산금액 또는 계속비총액의 범위 안에서 지출할 경비 외에 국가부담행위채무를 부담하는 행위로 국회의 사전승인 필요

예산의 구성형식(내용) 간의 비교

구 분	국고채무부담행위	계속비	세출예산
유효기간	통상 2년(국방부, 외교부는 제외)	통상 5년(수년)	당해회계연도(1년)
이월사용	불가능	체차이월(遞差移越) - 완성연도까지	명시이월비로 계상되거나 사고 이월요건 해당
장 점	재원·사업의 탄력적 운영	재원의 안정적 확보	
단 점	차기년도 재원부담	고정적 경비화	

우리나라의 국고채무부담행위에 대한 설명으로 옳지 않은 것은?

① 예산총칙, 세입세출예산, 계속비 및 명시이월비와 함께 예산의 한 부분을 구성한다.

② 예산으로써 국회의 의결을 사전에 얻어야 한다.

③ 필요한 이유를 명백히 하고 채무부담의 금액을 표시하여야 한다.

④ 법률에 따른 것과 세출예산금액 또는 계속비의 총액의 범위 이내로 한정한다.

정답 ④

해설 국고채무부담행위란 법률에 의한 것과 세출예산금액 또는 계속비총액의 범위 안에서 지출할 경비 외에 국가부담 행위채무를 부담하는 행위로 국회의 사전승인이 필요하다. 국고채무부담행위는 통상 2년(국방부나 외교통상부는 제외), 이월사용이 불가능하다. 국가재정법상 국고채무부담행위는 예산총칙, 세입·세출예산, 계속비, 명시이월비 와 함께 예산의 한 부분을 구성한다.

* 예산확보의 전략
  1. 보편적 전략
     (1) 수혜자를 동원하는 방법, (2) 신뢰를 확보하는 방법, (3) 사업의 중요성을 강조하는 방법
  2. 상황적 전략
     (1) 사업의 우선순위를 조정하는 방법(인기 있는 사업보다는 인기가 없는 사업을 쟁점화시켜 예산을 더 많이 확보하려 는 것), (2) 역점사업 활용, (3) 기존예산 삭감저지 방법(기득권 보호방법), (4) 양보와 획득방법, (5) 자료 및 정보를 이용하 는 방법, (6) 신규사업을 추가하는 방법, (7) 맹점(정보격차)을 이용하는 방법, (8) 언론매체의 지원을 얻는 방법, (9) 기관장 간의 정치적 해결방법(상급자에 호소), (10) 정치쟁점화와 정치인들의 동원, (11) 기존예산보다 조금 더 예산을 확보하는데 만족, (12) 인맥(인간관계)을 활용하는 방법, (13) 문제가 있거나 새로운 사업을 반드시 필요한 다른 사업들과 연계하여 끼 워팔기식 예산편성을 시도

2. Top-Down예산편성방식(총액배분자율예산편성제, 사전재원배분제, 총액배 분, 거시적·하향적)

(1) 의의

자율예산편성제(Top-Down방식)는 예산을 정해서 내려 보내는 제도가 아니라 재정당국(기획 예산처)이 국정목표와 우선순위에 따라 장기(5개년) 재원배분계획을 수립하면 국무위원들이 토 론(국무회의)을 통해 분야별, 부처별 지출한도를 미리 설정해주는(Top-Down) 것이다. 각 부처 는 할당금액의 범위 내에서 사업의 우선순위에 따라 예산을 편성(중앙관서의 장에게 예산편성 의 자율성을 주는 것)·제출하여(bottom-up) 협의 조정하며, 재정당국이 이를 심사하여 정부예 산안을 최종 확정하는 제도이다. 우리나라는 캐나다의 총괄예산배정제도와 동일하다.

정부는 개별사업별 검토중심의 현행 예산편성방식을 탈피하고 2005년도 예산부터 사전에 국 가재원을 정책과 우선순위에 입각하여 전략적으로 배분하고 이에 따라 각 부처가 예산을 자율 적으로 편성하는 방식으로 예산편성방식을 전면 혁신하기로 하고 2004년 편성과정(2005년도 예 산)부터 이를 적용하였다. 지출한도는 일반회계와 특별회계 및 기금을 포괄하여 설정한다.

(2) 기대효과

① 예산에 대한 이해 증진 : 예산총액과 예산배분의 부문별 증감을 쉽게 이해할 수 있다.

② 예산과 재원배분의 투명성과 자율성 및 효율성 제고

　　㉠ 부처의 자율성 제고를 통한 부처의 전문성을 발휘할 수 있게 한다.

　　㉡ 분야별, 부처별 재원배분 계획을 국무회의에서 함께 결정하게 되어 투명성이 제고(예산 사용분야가 정해져 있기 때문에 예산사용에 투명성 제고)된다. 전체 재정규모, 분야별·부처별 예산규모 등 중요 정보를 편성기간 중에 각 부처와 재정 당국이 공유하게 되기 때문이다.

③ 부처별 지출한도가 사전에 제시됨에 따라 각 부처가 예산규모를 미리 파악하고 자율적으로 배분할 수 있는 장점이 있다. 따라서 예산요구에서 가공성이 제거[각 부처 과다요구 ⇨ 대패식 삭감(재정당국의 대폭 삭감) 관행 소멸]될 수 있다.

　　* 2004년 일반회계 요구증가율은 30%였으나, 2005년 자율예산편성제도가 실시된 후로는 일반회계 요구증가율은 11.7%였다.

④ 예산의 주된 관심이 금액에서 정책으로 전환 : 부처 내에서 자율배분을 결정할 경우 돈을 위주로 펼쳐졌던 예산게임이 앞으로 정책 합리성 위주로 펼쳐짐으로써 기획재정부의 악역 연기가 부처 예산담당관으로 이동하게 된다.

⑤ 각종 예산칸막이 장치들이 무용화 : 각 부처가 일반회계, 특별회계, 기금 등 총재정규모에 대해 한도(ceiling)가 주어지기 때문에 칸막이 식 재원을 확보하려는 유인이 축소된다.

　　㉠ 스웨덴 : Top-Down 제도에 기금을 포함함으로써 기금제도를 폐지

　　㉡ 한국 : 제도 정착 3년 후에는 기금+일반회계+특별회계를 부처가 통합적으로 관리

⑥ 중기적 시각에서 재정규모를 검토함에 따라 재정의 경기조절 기능이 강화된다.

3. 예산의 편성

(1) 중기사업계획서의 제출 : 각 중앙관서의 장은 매년 1월 31일까지 당해 회계연도부터 5회계연도 이상의 기간 동안의 신규사업 및 기획재정부장관이 정하는 주요 계속사업에 대한 중기사업계획서를 기획재정부장관에게 제출하여야 한다.

(2) 예산안편성지침의 통보

　　① 기획재정부장관은 국무회의의 심의를 거쳐 대통령의 승인을 얻은 다음 연도의 예산안 편성지침을 매년 4월 30일까지 각 중앙관서의 장에게 통보하여야 한다.

　　② 기획재정부장관은 국가재정운용계획과 예산편성을 연계하기 위하여 예산안편성지침에 중앙관서별 지출한도를 포함하여 통보할 수 있다.

(3) 예산안편성지침의 국회보고 : 각 중앙관서의 장에게 통보한 예산안편성지침을 국회 예산 결산특별위원회에 보고하여야 한다.

(4) 예산요구서의 제출

① 각 중앙관서의 장은 제29조의 규정에 따른 예산안편성지침에 따라 그 소관에 속하는 다음 연도의 세입세출예산·계속비·명시이월비 및 국고채무부담행위 요구서(이하 "예산 요구서"라 한다)를 작성하여 매년 6월 30일까지 기획재정부장관에게 제출하여야 한다.

② 예산요구서에는 대통령령이 정하는 바에 따라 예산의 편성 및 예산관리기법의 적용에 필요한 서류를 첨부하여야 한다.

③ 기획재정부장관은 제출된 예산요구서가 예산안편성지침에 부합하지 아니하는 때에는 기한을 정하여 이를 수정 또는 보완하도록 요구할 수 있다.

(5) 예산안의 편성 : 기획재정부장관은 예산요구서에 따라 예산안을 편성하여 국무회의의 심의를 거친후 대통령의 승인을 얻어야 한다.

(6) 예산안의 국회제출 : 정부는 제32조의 규정에 따라 대통령의 승인을 얻은 예산안을 회계연도 개시 90일 전까지 국회에 제출하여야 한다.

4. 우리나라 예산편성의 문제점과 개선방안

(1) 예산편성의 문제점

① 예산단가의 비현실성(예산단가가 현실 물가보다 지나치게 낮아 예산충당을 위해 예산의 전용등 비정상적인 행위 만연)

② 전년도 답습의 예산편성으로 창의성·탄력성·쇄신성 부족

③ 예산액 배분의 불합리성, 계획 무시, 예산사정 내용이 비공개

④ 예산편성이 품목별 예산중심으로 통제지향주의적 성격이 강함.

⑤ 각 부처가 예산을 많이 확보하려는 목적에서 예산요구액을 가공(架空)

⑥ 국민들의 관심저하로 민중통제의 미약

(2) 예산편성의 개선방안

① 통제지향적 예산에서 관리·기획지향적 예산제도 도입

② 예산액 삭감이나 사업계획의 합리적 평가를 위한 예산사정기간의 적정화

③ 예산인상폭을 객관적 기준에 의해 책정

④ 예산단가의 현실화

⑤ 정책효과분석과 비용효과분석 등의 관리기법의 활용과 결산자료의 환류

제01편
제02편
제03편
제04편
제05편
제06편
제07편

⑥ 국민의 참여보장, 예산편성과정의 투입강화 및 국민의사의 적극적 반영

대표유형문제

1. 총액배분·자율편성예산제도에 관한 설명으로 가장 옳지 않은 것은?

① 하향식으로 자원을 배분한다.

② 이 제도를 통하여 재원배분의 자율성은 제고되나 효율성은 저하된다.

③ 단기적 시각의 예산편성방식이 갖는 문제를 해소하고 장기적 시각의 재정운영을 도모한다.

④ 개별 부처는 지출한도 내에서 사업의 우선순위를 확정하고 자체 예산편성을 한다.

정답 ②

해설 자율예산편성제(Top-Down방식)의 주된 목적은 투명성, 자율성, 효율성 확보라고 볼 수 있다. 이 제도는 예산을 정해서 내려보내는 제도가 아니라 재정당국(기획예산처)이 국정목표와 우선순위에 따라 장기(5개년) 재원배분계획을 수립하면 국무위원들이 토론(국무회의)을 통해 분야별, 부처별 지출한도를 미리 설정해 주는(Top-Down) 것이다. 각 부처는 할당금액의 범위 내에서 사업의 우선순위에 따라 예산을 편성(중앙관서의 장에게 예산편성의 자율성을 주는 것) 제출하여(bottom-up) 협의·조정하며, 재정당국이 이를 심사하여 정부예산안을 최종확정하는 제도이다. 우리나라는 캐나다의 총괄예산배정제도와 동일하다.

2. 총액배분 자율편성 예산제도(Top-down Budgeting)의 특징이 아닌 것은?

① 정부 각 기관에 예산 자율권을 부여하는 예산관리모형이다.

② 점증주의적 예산관행을 바꾸는 데 기여할 수 있다.

③ 각 부처에서 예산을 과다 요구하는 관행에서 어느 정도 벗어날 수 있다.

④ 부처별 개별사업을 집중적으로 검토하는 예산편성이다.

정답 ④

해설 ④는 전통적인 품목별예산제도의 특징이다. 자율편성제도는 전략적인 국가재정운용계획과 연계하여 성과 중심으로 예산을 운영하기 위하여 지출한도를 정해주고 그 한도 내에서는 각 부처의 예산편성 자율성을 인정해주는 제도로서 종래의 투입중심, 개별사업 중심, 단년도 중심의 예산제도의 문제점을 타파하기 위하여 도입된 제도이다.

3. 예산안 편성과정에 대한 다음 설명 중 옳지 않은 것은?

① 각 중앙관서의 장은 매년 1월 31일까지 당해 회계연도부터 5회계연도 이상의 기간 동안의 계속사업에 대한 중기사업계획서를 국무회의에 보고해야 한다.

② 기획재정부장관은 국무회의의 심의를 거쳐 대통령의 승인을 얻은 다음 연도의 예산안편성지침을 4월 30일까지 각 중앙관서의 장에게 통보해야 한다.

③ 기획재정부장관은 각 중앙관서의 장에게 통보한 예산안편성지침을 국회예산결산특별위원회에 보고해야 한다.

④ 정부는 대통령의 승인을 얻은 예산안을 회계연도 개시 90일 전까지 국회에 제출해야 한다.

정답 ①

해설 각 중앙관서의 장이 기획재정부장관에게 중기사업계획서를 제출하면 기획재정부장관이 국가재정운용계획을 작성하여 국무회의에 보고하도록 되어 있다.

예산심의

1. 예산심의의 의의

(1) 행정부에서 편성된 예산이 의회에 제출되어 심의·확정되는 과정

(2) 국민의사를 예산결정에 반영시키는 과정으로 입법부의 행정부에 대한 통제절차로 발달

(3) 국가·사업계획의 수준 결정, 재정정책의 결정, 행정부 통제, 한정자원의 합리적 배분 역할을 수행한다.

(4) 예산심의는 정책결정(형성)이자, 행정부에 대한 감독(관리통제기능)이다.

2. 예산심의 절차

(1) 국정감사 : 1988년부터 부활된 국정감사는 20일간 실시되는데, 국정전반에 걸쳐 감사를 실시하여 정부운영의 현황을 파악하고 예산심의를 위한 자료를 수집한다.

(2) 대통령의 시정연설 : 회계연도 개시 90일전에 예산안이 국회에 제출되면 본회의에서 대통령이 정치·경제적 배경 및 예산정책에 대해 시정연설을 한다. 시정연설의 내용은 추상적이며 구속력은 갖고 있지 않으나, 예산심의과정에서 정부의 국정운영방향에 대한 참고자료로 활용되고 있다.

(3) 예비심사(상임위원회별 심사) : 각 상임위원회는 소위원회를 구성하여 소관장관의 신년도 정책설명(제안설명)을 듣고, 소속 전문위원의 예산검토 내용에 대한 보고를 받은 후 장관을 상대로 정책질의를 한다. ⇨ 예산안 심사

(4) 예산결산특별위원회의 종합심사 : 기획재정부장관의 예산안 제안설명을 듣고 모든 각료가 참석한 가운데 총 정책질의 및 답변 ⇨ 부별심의 ⇨ 소위원회의 계수조정(부별심사를 위해서 세입·세출예산안이 부처별로 쪼개어져 심사된 예산액을 다시 통합하고, 세입·세출예산액을 일치시키는 작업) ⇨ 전체회의에서 소위원회안 채택

* 예산결산특별위원회는 상임위원회가 의결한 예산안을 삭감하고자 할때는 상임위원회의 동의를 거쳐야 한다.

(5) 본회의 의결

① 종합심사가 끝나면 예산안은 본회의에 상정되어 의원들의 질의토론을 거쳐 의결된다.

② 본회의는 예산결산특별위원회안을 큰 수정 없이 채택된다.

③ 회계연도 개시 30일전까지 의결한다. 만약 회계연도 개시 전까지 예산안이 의결되지 못했을 때는 준예산에 의해 예산집행된다.

* 독립기관의 예산의 감액　국회, 대법원, 감사원, 헌법재판소, 중앙선거관리위원회 등의 독립기관의 세출예산요구액을 감액할 때에는 국무회의에서 당해 독립기관의 장의 의견을 구하여야 한다. 정부는 국회에 예산안을 제출할 때 독립기관의 예산요구액을 감액하였을 때는 그 삼감이유와 당해 독립기관의 장의 의견을 들어 제출하여야 한다.

행정 각 부처에서 제시한 예산계획서를 예산기획처에 송부하고 예산기획처에서는 검토하는 중에 문제
가 있는 경우 행정 각 부의 예산담당관을 불러 질의하는 절차는?

① 예산협의   ② 예산심의

③ 예비심사   ④ 부처심사

정답 ①

해설   예비심사, 부처별 심사, 종합심사를 하는 예산심의는 각 부처를 담당하는 사정관들에 의해 조정이 이루어지는 것
       으로, 국회에서의 예산과정을 말한다.

3. 예산심의의 특징

(1) 정부예산안이 큰 수정 없이 채택된다.

(2) 우리나라는 예산을 법률과 구별하므로 법률안이 아닌 예산안(의결형식)으로 성립한다. 예
    산은 정부와 국민 간의 권리의무를 규정하는 것이 아니고 정부를 구속하는 법적 효력을
    가질 뿐이다. 국회의결주의를 취하고 있다.

(3) 국회는 정부의 동의 없이 정부가 제출한 지출예산 각 항의 증액 또는 새로운 비목 설치가
    불가능하다.

(4) 단원제이므로 신속하고 복잡한 문제는 없으나 양원제에 비해 신중한 예산심의가 이루어
    지지 않는다.

(5) 예산심의과정에 있어 예산결산특별위원회의 역할이 매우 중요하다.

   * 예산결산특별위원회는 연중 가동되는 상설기구이나 상임위원회는 아니다.

의결주의와 법률주의

1. **의결주의(예산주의)** : 예산과 법률은 성립요건이 달라 상호간의 개폐·수정이 불가능하다. 예
   산이 법률과는 다른 예산이라는 독특한 형식을 취한다. 세입예산은 영구세주의이기 때문에 법
   률적 구속을 받지 못하고 단순한 세입의 예상견적을 기재한 참고자료에 불과하나 세출예산
   만은 법률적 구속을 받게 된다(세입은 예산안이 아니라 조세법에 따라 징수된다. 1년마다 변
   하는 예산과 달리 영구적인 법률에 의하여 징수되므로 영구세주의라 한다).

2. **법률주의(영·미)** : 예산이 법률과 동일한 형식으로 의회에서 제정한 세입예산법과 세출예산
   법이 법률적 구속을 받는다. 조세법은 세입예산과 함께 매년 국회의 의결을 얻게 되어 일년세
   주의이다.

   * 미국은 현재 대통령이 특별예산은 거부권 행사가 가능하지만, 세출예산법안에 대하여는 거부권이 인정되지 않
     고 있다.

3. 의결주의와 법률주의의 비교

구 분	주요 내용	채택국가	조세제도
의결주의	행정부가 편성한 예산을 매년 국회가 의결하고 법률이 아니므로 세입은 단순한 참고자료에 불과	한국, 일본	영구세주의
법률주의	세입과 세출예산을 매년 의회가 법률로서 확정하며, 세입과 세출이 모두 구속력을 지님.	미국, 영국	일년세주의

✎ 대표유형문제 ·······

예산의 법 형식은 크게 법률주의와 예산주의로 나누어 볼 수 있다. 이에 대한 설명으로 옳지 않은 것은?

① 미국은 세입법(Revenue Act)을 의회에서 제정한다.

② 한국은 예산 계정을 위한 근거법을 필요조건으로 하고 있지는 않다.

③ 미국은 잠정예산을 제외한 모든 예산에 대하여 대통령이 거부권을 행사할 수 있다.

④ 한국은 예산에 의해 법률을 개폐할 수 없다.

정답 ③

해설 ③의 경우 미국은 현재 특별예산은 거부권 행사가 가능하지만 세출예산 법안에 대해서는 거부권을 행사할 수 없다. 미국은 1974년에 예산에 관한 대통령의 권한을 제한하고 의회 예산절차를 강화하기 위한 "의회예산 및 지출거부통제예산법(Congressional Buget and Impoundment Control Act)"에 의하여 세출예산에 대한 대통령의 거부권을 전면 제한하여 오다가 1996년 의회가 항목별 거부권을 인정함으로써 클린턴 대통령 시절 종종 거부권이 행사된 적이 있다. 그러나 1998년 대법원의 위헌판결로 세출예산 법안에 대한 거부권이 폐지되었다.

---

4. 각국의 예산심의 비교

(1) 대통령중심제(大統領中心制)와 내각책임제(內閣責任制)

① 미국과 같은 대통령중심제 하에서는 예산심의가 비교적 엄격

② 영국·일본 같은 내각책임제 하에서는 거의 수정 없이 통과

③ 우리나라는 대통령중심제이지만 삭감 폭은 극히 적음.

 * 우리나라의 의원내각제적 요소
  1. 대통령의 법률안 제출권
  2. 각료의 국회출석 발언권
  3. 국회의 국무총리, 국무의원 해임건의권
  4. 의원의 겸직 가능

(2) 예산과 법률

① 미국·영국 등은 예산이 법률형식이고 일년세주의(조세법은 세입예산과 함께 매년 국회의 의결을 얻게 됨)이다.

② 우리나라·일본 등은 예산을 법률과 구별하여, 법률의 하위인 의결형식으로 한다.

제01편
제02편
제03편
제04편
제05편
제06편
제07편

(3) 예산안의 수정

① 영국은 국회의 예산안 삭감권만 인정

② 일본은 국회의 예산안 증액수정권 인정

③ 미국은 국회의 예산안 삭감, 새 비목 설치 등 적극적 수정권 인정

(4) 단원제(單元制)와 양원제(兩院制)

① 영국은 하원의 예산선의권 인정, 상원은 수정권·부결권은 없고 30일간의 지연권만 가짐.

② 일본은 중의원(하원)의 예산선의권(豫算先議權-양원제의 국회에서 하원이 상원보다 먼저 예산안의 제출을 받아 심의할 수 있는 권한) 인정, 상원인 참의원이 예산안을 받은 후 30일 이내에 의결하지 않으면 중의원의 의결이 국회의결이 됨.

③ 미국은 상·하원의 대등한 권한 인정

(5) 위원회중심제(委員會中心制)와 전원중심제(全院中心制)

① 우리나라·미국·일본 등은 예산위원회에서 심의

② 영국은 모든 의원들로 구성되는 전원위원회에서 심의

(6) 예산불성립시

① 미국·영국·일본·캐나다 등은 잠정예산제도 채택

② 우리나라·독일 등은 준예산제도 채택

5. 우리나라 예산심의의 문제점과 개선방안

(1) 예산심의의 문제점

① 예산심의에 대한 전문성 결여

② 국회의원들의 국민대표의식 부족, 개인의 이권이나 출신구의 이해관계에 주로 관심

③ 국민의 무관심(여론투입의 취약성, 유권자의 원내 활동에 무관심)

④ 짧은 심의기간(60일, 미국은 10개월)

⑤ 삭감기준의 비합리성(동일비율에 의한 획일적인 삭감)

⑥ 정책심의가 약하고 형식적

(2) 예산심의의 개선방안

① 예산전담기관을 국회직속 상설기관으로 설치

② 국민의 정치의식 수준 향상

③ 국회의원의 민주적 가치관 확립

④ 충분한 심의기간을 두고 신중하게 다뤄져야 함.

⑤ 예산요구의 정당성·타당성을 검토한 예산삭감이 이루어져야 함.

⑥ 예산결산특별위원회의 전문성이 더욱 요구됨.

* 예산배분의 왜곡요인

1. 투표의 교환(Log-rolling) : 담합을 통하여 개인의 선호를 변질시켜 결정을 왜곡시키기도 하며, 정치세계에서 어떤 대안이 채택되도록 하는 현실적인 정치전략 또는 기술

2. 날치기통과 : 예산을 물리적·일방적으로 통과시키는 행위

3. 돼지구유통(Pork Barrel) : 특정집단이나 선거구에게 유리하도록 예산이 배분되는 현상

4. 포획이론(Capture) : 정책당국이 공익보다는 이익집단의 요구에 호응하고 동조

5. 지대추구(Rent Seeking) : 정부에 이익집단이나 개인이 극비리에 로비활동을 함으로써 관료의 올바른 결정을 방해되는 것

6. 하위정부모형(철의 삼각) : 이익집단, 국회상임위원회, 행정관료집단 등이 자신들의 이익에만 급급

7. 도덕적 해이(Moral Hazard) : 일종의 대리손실로서 국민의 이익보다는 관료의 자신의 이익추구에 중점을 둠.

📝 대표유형문제

1. 우리나라 예산심의에 대해서 잘못 기술한 것은?

① 예산심의가 본회의가 아닌 상임위원회와 예결위 중심으로 이루어지고 있다.

② 국회는 독립적으로 예산안에 대한 총액보장권을 행사한다.

③ 우리나라 예산은 법률보다 하위효력을 가지고 있다.

④ 예산심의가 정치적 협상의 수단이 되는 경향이 있다.

정답 ②

해설 국회는 독립적으로 예산안에 대한 총액보장권을 행사할 수 없다. ③ 우리나라 예산은 법률과는 다른 형식으로 운영되며 법률보다 하위효력을 가지고 있다. 그러나 양자의 관계가 상하계층관계는 아니며 예산과 법률은 상호간에 변경·수정이 불가능하며 상호구속성이 인정된다.

2. 예산심의에 대한 설명으로 옳지 않은 것은?

① 예산심의는 사업 및 사업수준에 대한 것과 예산총액에 대한 것으로 나누어 볼 수 있다.

② 재정민주주의를 실현하는 과정이다.

③ 예산결산특별위원회의 예비심사 후, 상임위원회의 종합심사와 본회의 의결을 거쳐 예산안을 확정한다.

④ 구체적인 정책결정의 기능으로 이해할 수 있다.

정답 ③

해설 예산심의는 국정감사(20일)-대통령의 시정연설(주로 국무총리에게 대독시킴)-예비심사(국회상임위원회)-종합심사(예산결산특별위원회)-본회의 의결로 이뤄진다.

3. 우리나라의 예산심의에 대한 설명으로 옳지 않은 것은?

① 예산은 본회의 중심이 아니라 상임위와 예결위 중심으로 심의된다.

② 우리나라는 미국과 같이 예산의 형식으로 통과되어 법률보다 하위의 효력을 갖는다.

③ 국회는 정부의 동의 없이 새로운 비목을 설치하지 못한다.

④ 예결위의 심의과정은 예산조정의 정치적 성격이 강하게 반영되는 특징이 있다.

정답 ②

해설 우리나라는 법률보다 하위의 개념인 의결형식이므로 미국의 법률형식과 차이가 있다.
하지만 미국은 예산이 의결이 아닌 법률의 형식으로 통과되므로 예산이 법률과 동등한 효력을 갖지만 우리나라는
예산이 의결의 형식으로 통과되어 법률보다 하위의 효력을 갖는다.

예산집행

1. 예산집행의 의의

(1) 예산집행의 개념

① 예산에 계상된 세입·세출뿐 아니라 예산성립 후에 일어날 수 있는 세입·세출 전부를 포함한 국가의 모든 수입·지출을 실행하는 행위이다.

② 국고채무부담행위나 지출원인행위의 실행도 포함된다.

(2) 예산집행의 목적

입법부에서 정해준 재정적 한계를 지키면서, 예산성립 후 여건변동에 대응하기 위한 신축성을 보유하는 것을 목적으로 한다. 즉, 재정통제와 신축성 유지의 조화를 목적으로 한다.

2. 재정통제(예산집행통제)를 위한 제도

(1) 재정통제의 의의

국회의 의도를 구현하기 위해 예산의 목적 외 사용이나 초과지출을 금지하는 재정통제가 필요하다. 그러나 이는 행정의 경직화와 신축성을 저해할 우려가 있다.

(2) 재정통제의 수단

기록과 보고 (지출원인행위의 통제)	각 중앙관서장은 지출원인행위보고서와 수입·지출에 관한 보고서, 기타 회계에 관한 보고서를 매월 기획재정부장관에게 보고하고, 기획예산처장은 이를 분기별로 종합
국고채무부담 행위의 통제	정부가 예산 이외에 무책임하게 채무를 부담하는 것을 방지하기 위하여 예산의 국회 사전의결을 요함(계약연도와 지출연도가 다른 경우 대비).
정원·보수통제	공무원 정원령, 공무원 보수규정에 의한 통제로 행정안전부 및 기획재정부장관과 합의

예산의 배정	기획재정부장관이 각 중앙관서장에게 각 분기별로 집행할 수 있는 금액과 책임소재를 명확히 하는 절차로서 예산재배정과 마찬가지로 지출영역과 시기를 통제하는 것
예산의 재배정	·중앙관서장이 배정받은 예산액의 범위 내에서 산하기관에 예산을 다시 배정해 주는 것 ·중앙관서장으로 하여금 각 기관의 예산집행상황을 감독·통제하고 재정적 한도를 엄수하게 하려는 목적
총사업비의 관리	완성에 2년 이상 소요되는 대규모 사업에 대하여 그 사업규모, 총사업비, 사업기간을 미리 정하여 기획재정부장관과 협의하게 하는 제도로서 총사업비 증액의 폐습을 막기 위하여 기획재정부가 총사업비를 관리한다.
예비타당성 조사	대규모개발사업의 신중한 착수와 재정투자의 효율성을 높이기 위하여 사전에 경제적 타당성 측면에서 당해 사업뿐 아니라 국가재정 전반에 걸쳐 기획재정부가 수행하는 조사제도이다.

* 재정진단제도(지방재정운영에 대한 사후평가제도), 예산안 편성지침(예산편성준칙의 시달), 의회에 의한 통제(예산심의의결, 결산심의) 등

3. 신축성 유지를 위한 제도

(1) 신축성 유지의 의의

예산성립 후 여러 경제사정이나 여건변동에 효율적으로 대응하여 경비를 절약하고 경제안정화를 촉진시키기 위하여 행정기관의 재량권을 인정하는 예산의 신축성이 필요하다.

(2) 신축성 유지의 수단

① 예산의 이용
  ㉠ 입법과목인 각 기관 간, 각 장(章)·관(款)·항(項) 간의 융통
  ㉡ 계획된 사업의 변경이나 규모의 변경을 뜻하므로 국회의 사전승인을 얻어야만 가능

② 예산의 전용
  ㉠ 행정과목인 각 기관 세항, 목 간의 융통
  ㉡ 국회의 동의 없이 가능

③ 예산의 이체
  ㉠ 정부조직 등에 관한 법령의 제정, 개정, 폐지 등으로 인해 그 직무의 변동이 있을 때 예산 집행에 관한 책임소관을 변경·이동시키는 것

ⓛ 이체받을 중앙관서장이 이체해야 할 중앙관서장과 협의하여 이체과목과 금액을 명백히 한 서류를 기획예산처장에게 제출하여 승인을 얻어야 함.

④ 예산의 이월

　　㉠ 연도 내에 사용하지 못한 당해 회계연도의 예산을 다음 연도 예산으로 넘겨서 사용하는 것으로 회계연도 독립의 원칙의 예외

　　㉡ 명시이월 : 세출예산 중 연도 내에 그 지출을 필하지 못할 것이 예측되는 경우 예산에 명시하여 사전에 국회 승인을 얻어 다음 연도에 이월하여 사용하는 것

　　㉢ 사고이월 : 연도 내에 지출원인행위를 하고 불가피한 사유로 연도 내에 지출하지 못한 경비와 지출원인행위를 하지 아니한 부대경비를 다음 연도에 지출하는 것으로, 국회의 사전의결은 필요 없으나 중앙관서장은 재정경제부장관, 감사원에 그 사실을 통지하여야 함.

　　㉣ 사고이월은 명시이월보다 행정기관에 의해 자주 사용되며, 명시이월은 1회에 한해 사고이월이 가능하나, 한 번 사고이월한 경비는 재차 사고이월이 불가능

⑤ 예비비(豫備費)

　　㉠ 예비비의 개념 : 예측할 수 없는 예산 외 지출 또한 예산초과지출에 충당하기 위해 정부는 예비비로서 국가재정법에서는 일반 예비비일 경우 세출예산의 100분의 1 이내의 금액을 세입·세출예산에 계상할 수 있다. 또한 예비비는 특정목적을 위해 봉급, 급량비, 재해대책비, 공공자금 등으로 나누어 국회의 사전의결을 거쳐 설치한다.

　　㉡ 예비비의 예외적 원칙 : 계상된 금액 이상의 지출금지를 위반한 예산한정성의 원칙 예외, 사전의결원칙의 예외(예비비 총액은 사전의결 필요, 예비비 개별비는 사전의결 불필요)에 해당된다.

　　　　* **목적예비비** 목적예비비는 예산운용상의 신축성과 효율성을 제고하기 위하여 특정한 법적 근거 없이 관행적으로 운용해 오고 있다. 목적예비비는 예비비 제도 본래의 취지에 반한다고 할 수 있다.

　　　　ⓐ 추가경정예산안의 편성과 같은 절차를 밟을 수 없을 경우 활용

　　　　ⓑ 봉급과 같은 법정경비, 재해대책비와 같은 예측할 수 없는 필요불가결한 경비 등의 최소한의 소요재원을 확보하고자 할 때 활용

　　㉢ 예비비의 사용절차 : 각 중앙관서의 장은 예비비의 사용이 필요한 경우 기획예산처장에게 신청, 기획예산처장관이 심사한 후 필요하다고 인정할 경우 국무회의 심의와 대통령의 승인이 필요하다.

　　㉣ 예비비 관리자 : 예비비는 예산회계법에 의하여 기획예산처장관이 관리한다.

　　㉤ 예비비 사용의 제한 : ⓐ 예산성립 전에 이미 발생한 이유, ⓑ 국회에서 이미 부결한 용도, ⓒ 국회의 개회 중에는 거액의 예비비 지출을 할 수 없음(이 경우는 추가경정예산을 활용).

* **예비금(豫備金)** 예비금은 헌법상 독립기관의 자율성을 보장하기 위하여 국회법, 헌법재판소법, 법원조직법, 선거관리위원회법에 근거를 둔 예비적 경비를 말한다. 일반회계 해당소관 예산에 설치·운용되며, 지출절차는 각 개별법에서 규정하고 있다. 예비비의 지출은 사후에 별도 국회의 승인절차를 요하나 예비금은 당해 소관의 세출결산에 포함하여 세입세출결산으로 처리한다. 자체예비금 부족시 일반회계의 예비비를 사용할 수 있다.

✎ 대표유형문제

1. 예산의 신축적 집행을 위한 제도에 대한 설명으로 옳지 않은 것은?

① 이체(移替) : 기구·직제 또는 정원에 관한 법령이나 조례의 제정 또는 개폐로 인하여 그 직무와 권한의 변동이 있을 때 그 변동내용에 따라 예산을 이동하여 집행하는 것

② 이월(移越) : 회계연도 단년도주의의 단점을 극복하기 위하여 미집행예산을 다음 회계연도에 넘겨서 사용할 수 있도록 허용하는 것

③ 전용(轉用) : 예산의 입법과목에 대해서 그 집행용도를 조정하여 사용하는 권한을 부여하는 것

④ 사고이월(事故移越) : 지출원인행위를 하였으나 불가피한 사유로 회계연도 종료시까지 지출하지 못한 경비와 지출원인행위를 하지 아니한 부대경비를 다음 회계연도에 넘겨서 사용하는 것

정답 ③

해설 예산의 입법과목에 대해서 그 집행용도를 조정하여 사용하는 권한을 부여하는 것은 전용(轉用)이 아니라 이용(移用)에 해당한다.

2. 예산집행의 신축성을 보장하기 위한 제도에 대한 설명 중 가장 옳은 것은?

① 예산의 이용은 입법과목 간 융통을 의미하는 것으로, 예산 집행상 필요에 따라 미리 예산으로써 국회의 의결을 얻은 때에는 기획재정부장관의 승인을 얻어 이용할 수 있다.

② 예산의 이체는 정부조직 등에 관한 법령의 제정·개정 또는 폐지로 인하여 중앙관서의 직무와 권한에 변동이 있을 때 이루어지는 것으로 국회의 승인이 있어야 한다.

③ 예산의 이월은 당해 회계연도에 집행되지 않은 예산을 다음 연도의 예산으로 사용하는 것으로 각 중앙관서의 장이 자유롭게 이월 및 재이월할 수 있다.

④ 계속비는 원칙상 5년 이내로 국한하지만 필요하다고 인정하는 때에는 기획재정부장관의 승인을 통해 연장할 수 있다.

정답 ①

해설 ②의 이체는 국회의 별도 승인이 필요 없으며, ③의 경우 명시이월은 중앙관서의 장이 자유롭게 이월하는 것이 아니라 국회의 사전의결이 필요하다. ④의 경우 계속비는 5년 이내가 원칙이지만 국회 의결이 있을 경우 기간 연장이 가능하다.

⑥ 계속비

  ㉠ 완성에 수년을 요하는 공사나 제조 및 연구개발사업은 경비총액과 연부액을 정하여 미리 국회의결을 얻어 수년도에 걸쳐 지출 가능, 회계연도 독립의 원칙의 예외

  ㉡ 원칙적으로 5년 이내에 한하도록 되어 있으나, 필요시 국회의결을 얻어 그 연한의 연장가능

⑦ 긴급배정 : 기획예산처장은 필요한 경우에 대통령령이 정하는 바에 의해 회계연도 개시 전에 예산배정 가능(정보비, 외국에서 지급하는 경비, 여비, 경제정책상 조기집행을 필요로 하는 공공사업비, 범죄수사 등 특수활동비, 교통이나 통신이 불편한 지방에서 지급하는 경비, 각 관서에서 필요한 부식물의 매입경비, 선박의 운영·수리 등에 소요되는 경비 등)

(3) 그 외의 신축적 유지방법

① 총괄예산(구체적으로 용도를 제한하지 않고 포괄적인 지출을 허용하는 예산제도)

② 긴급배정, 당겨배정(연간배정에 관계없이 배정을 해당분기 도래 전에 실시), 수시배정(필요에 따라 연간배정에 관계없이 수시로 배정), 조기배정(연간 예산을 상반기에 집중 배정하는 것), 감액배정(분기별 연간 배정계획서보다 배정잔액 재원을 삭감된 액수로 배정하는 것), 배정유보(재정관리의 효율성을 제고하기 위하여 기획재정부장관으로부터 배정받은 각 기관의 예산액 중 일부를 재배정하지 않고 유치·보유하는 것) 등

③ 수입대체경비(收入代替經費) : 지출이 직접 수입을 수반하는 경비를 말한다. ㉠ 국가가 특별한 역무(役務)를 제공하고 그 제공을 받은 자로부터 비용을 징수하는 경우의 당해 경비, ㉡ 수입의 범위 안에서 관련 경비의 총액을 지출할 수 있는 경우의 당해 경비이다. 대체경비의 예로는 대법원의 등기소등기부 등·초본 발행경비, 외교통상부의 여권발급경비, 교육인적자원부의 대학입시경비, 각 시험연구기관의 위탁시험연구비 등을 들 수 있다.

④ 조상충용(繰上充用) : 당해연도의 세입으로 세출을 충당하지 못한 경우 다음연도의 세입으로 미리 당겨 충당·사용하는 것이다.

⑤ 신성과주의 예산 : 다회계연도예산, 총괄배정예산제도, 지출통제예산제도, 운영예산 등

4. 우리나라 예산집행의 문제점과 개선방안

예산집행의 문제점	예산집행의 개선방안
① 통제지향적 예산제도의 운영 ② 자금의 적기공급 곤란 ③ 예산집행의 신축성 결여 ④ 예산과목의 지나친 세분화 ⑤ 행정인의 책임성·윤리성 미약 등	① 관리·기획지향적 예산제도의 운영 ② 예산배정과 자금공급의 일원화 ③ 신축적 예산집행 ④ 행정인의 책임성·윤리성 확립 등

✎ 대표유형문제 ··········

국고채무부담행위를 설명하는 내용으로 잘못 제시된 것은?

① 세출예산금액 범위 이외의 영역이 대상이 된다.

② 국회의 사전의결이 필수적이다.

③ 법률에 의해 부담하게 되는 채무도 해당 영역이다.

④ 중앙관서의 장은 5월 31일까지 요구서를 기획예산처장관에게 제출해야 한다.

⑤ 예산회계법에 근거를 두고 있다.

정답 ③

해설 국고채무부담행위는 법률에 의한 것과 세출예산금액 또는 계속비의 총액의 범위 안의 것 이외에 국가가 채무를 부담하는 행위를 할 때에는 미리 예산으로서 국회의 의결을 얻어두는 것을 말한다. 따라서 법률에 의해 부담하게 되는 채무는 이에 해당하지 아니한다. ④의 경우 국고채무부담행위를 하고자 하는 중앙관서의 장은 예산요구서와 함께 전년도 5월 31일까지 기획예산처장관에게 그 내역을 제출해야 한다(단, 2007년 1월부터는 6월 31일까지 기획예산처장관에게 제출). ⑤의 경우 국고채무부담행위는 예산회계법 제24조에 그 근거를 두고 있다. 주의할 것은 2007년 1월부터 예산회계법과 기금관리기본법이 통합된 국가재정법이 시행됨으로 국고채무부담행위도 국가재정법이 적용된다.

🥟 결산

1. 결산의 의의

(1) 결산의 개념

① 1회계연도 동안의 국가의 수입·지출 실적을 확정적 계수로 표시하는 행위로, 예산운용결과를 사후적으로 확인하고 심사하는 사후적 재정보고이다.

② 예산과 결산은 원칙적으로 일치하여야 하지만, 전년도 이월, 예비비 지출, 당해연도의 불용액, 다음 연도에의 이월, 신축적인 예산집행 등으로 인해 완전히 일치하지는 않는다.

(2) 결산의 기능

① 사업의 성과를 평가하여 차기의 예산운영에 반영하도록 참고자료를 제공하는 기능을 한다.

② 정부의 재정활동에 대한 사후확인을 한다.

③ 예산의 범위 내에서 재정활동을 했는가를 파악한다.

④ 지출의 적법성을 파악한다.

⑤ 입법부의 의도가 구현되었는가를 확인한다.

(3) 결산의 효과

① 정부의 위법·부당지출이 있더라도 그 지출행위를 무효·취소시키는 법적 효력을 가지는 것은 아니다.

② 국회의 결산 확정으로 정부의 예산집행에 대한 정치적 책임은 해제되나, 관계공무원의 부정행위에 대한 형사·변상책임까지 해제되는 것은 아니다.

제01편

제02편

제03편

제04편

제05편

제06편

제07편

2. 결산제도의 절차

(1) 출납기한

현실적으로 세입·세출이 한 회계연도 내에 완결되지 못하므로 다음 연도 2월 10일까지 세입·세출의 출납에 관한 사무를 종결해야 한다. 이로써 결산금액은 확정되며 그 뒤에는 정정이 인정되지 않는다.

(2) 결산보고서의 작성 제출

각 중앙관서의 장은 매 회계연도마다 그 소관에 속하는 결산보고서를 작성하여 다음 연도 2월 말까지 기획재정부장관에게 제출하여야 한다.

(3) 결산의 작성

기획재정부 장관은 회계연도마다 중앙관서의 장이 제출한 세입세출 결산보고서, 예비금사용 총괄명세서에 따라 결산(성과보고서 첨부)을 작성하여 국무회의 심의를 거친 후 대통령의 승인을 얻어 다음 연도 4월 10일까지 감사원에 제출하여야 한다.

(4) 감사원의 결산 검사

① 감사원은 기획재정부가 제출한 세입·세출결산서과 첨부서류를 검사하고 국가의 세입·세출을 확인하여 검사보고서를 다음 연도 5월 20일까지 기획재정부에 송부하여야 한다.

② 감사원의 결산검사는 적법성·정확성에 근거한 결산의 최종적·확정적 검증행위이며, 결산을 국회에 제출하기 위한 전제조건이다. 위법·부당한 내용 발견 시에도 이를 무효·취소할 수 없다.

(5) 결산의 국회 제출

정부는 감사원의 검사를 거친 결산 및 첨부서류를 다음 연도 5월 31일까지 국회에 제출하여야 한다.

(6) 국회의 결산심의

국회에 제출된 예산은 본회의 보고, 상임위원회 예비심사, 예산결산특별위원회 종합심사, 본회의 심의를 거쳐 최종적으로 확정·승인된다. 국회는 결산(기금결산)에 대한 심의·의결을 정기회 개회 전까지 완료해야 한다.

3. 결산제도의 문제점 및 개선방안

(1) 결산의 문제점

① 결산자료가 비전문가로서는 이해하기 어려운데, 국회의원들의 결산과 관련된 전문성이 부족하다.

② 결산에 대한 자료가 불충분하며 검토시간이 부족하다.

③ 관료와 국회의원들의 결산에 대한 인식이 부족하여 예산과 별개의 것으로 생각한다.

④ 각자 이해관계에 따른 예산확보에만 중점을 두어 결산에 관한 책임추궁에는 소극적이다.

(2) 결산의 개선방안

① 결산의 환류과정을 통해 적극적 기능을 활성화해야 한다.

② 국회의 심사를 강화하기 위하여 결산심의 전담의 상설위원회가 설치되어야 한다.

③ 결산자료가 전문가가 아닌 한 이해하기 어렵게 작성되어 있어 전문성이 낮은 국회의 심의를 형식화시키므로, 국회의 전문성이 강화될 필요가 있다.

④ 결산의회와 예산의회의 구분은 현행 9월의 정기국회에서 예·결산을 모두 하고 있으나, 6~7월 중 결산이 가능하므로 결산절차의 개선이 필요하다.

02 | 회계검사

회계검사의 의의

1. 회계검사의 개념

행정기관의 수입·지출의 결과에 관한 사실을 확인·검증하고 그 결과를 보고하기 위하여 장부와 기타 기록을 체계적으로 검사하는 과정이다.

2. 회계검사의 성격

(1) 회계검사대상은 회계기록이며, 제3자에 의해 행해져야 한다.

(2) 회계기록의 사실 여부에 대한 검증절차이며, 지출의 합법성 여부를 따지는 적부검사이다.

(3) 검증결과에 대한 검사인의 의견이 표시되는 비판적 검증이다.

3. 회계검사의 목적

(1) 행정의 합법성을 확보하고자 함이다.

(2) 재정낭비 방지 및 부정을 적발·시정하기 위함이다.

(3) 회계검사결과를 행정관리개선과 정책수립에 반영하고자 함이다.

회계검사기관의 유형

1. 소속별 유형

(1) 입법부형(영·미형) : 회계검사기관을 입법부에 소속시키는 유형

예 영국, 미국의 회계검사원, 오스트리아, 벨기에, 이스라엘 등

　(2) 행정부형(대륙형) : 회계검사기관이 행정부에 소속되는 유형

　　예 우리나라의 감사원, 과거 프랑스의 회계검사원, 제2차 대전 이전 일본의 회계검사원, 포
르투갈 등

　(3) 독립형 : 회계검사기관이 입법·행정·사법의 어느 3부에도 속하지 않는 유형

　　예 현재 프랑스, 일본, 독일의 회계검사원 등

　(4) 기타

　　① 대만은 통치기구로서 입법, 행정, 사법원 이외에 고시원과 회계검사기관인 감찰원을 둠

　　② 인도네시아는 국민협의회, 행정부, 최고자문회의, 입법부, 사법부 이외에 회계검사기구
를 둠

2. 형태별 유형

　(1) 헌법기관 : 헌법에서 회계검사기관에 대한 규정을 두고 있는 경우로 우리나라, 일본, 독일
등 대부분 국가가 이에 해당

　(2) 비헌법기관 : 헌법에 회계검사기관에 대한 규정이 없는 경우로 미국과 성문헌법이 없는 영
국 등이 이에 해당

3. 단독제와 합의제

　(1) 단독제 : 미국, 영국 등의 회계검사기관은 단독제기관

　(2) 합의제 : 일본, 네덜란드 등의 회계검사기관, 우리나라 감사원의 경우 제도 면을 충실히 해
석하고자 하는 입장을 취하는 학자들은 합의제기관으로 보고 있다.

회계검사 비교 및 직무감찰과 차이

1. 전통적 회계검사와 현대적 회계검사 비교

구 분	전통적 회계검사	현대적 회계검사
회계검사 대상	회계검사	업무감사·정책검사
회계검사의 기준	합법성	경제성·능률성·효과성
회계검사의 기능	적발기능·비판기능	지도기능·환류기능
책임성의 확보	회계책임	관리책임, 사업·정책책임
전산화	미실시	전산감사의 확대
직무감찰과의 관계	분리원칙	구분이 모호

2. 회계검사와 직무감찰의 차이

구 분	회계검사	직무감찰
기 원	의회의 재정통제 차원	국왕의 관리규찰
초 점	합법성	행정운영의 개선(합법성, 합리성, 타당성)
대 상	재무적 활동, 국가의 예산을 사용하는 모든 기관	비재무적 활동, 행정부 내부의 각 기관에 국한
헌법상 지위	헌법상 기관	비헌법상 기관
독립성	강함.	약함.

회계검사방법

서면검사	각 검사대상기관에서 제출한 서류를 세밀하게 검사
실지검사	감사원에게 직원을 현지에 파견하여 회계검사
일반검사	공금관리를 담당하는 공무원의 개인적 회계책임을 밝히는 검사로 공기업을 제외한 대부분의 정부기관에 적용됨.
상업적 검사	공기업 등에 대해 대차대조표나 손익계산서의 내용 확인
종합검사	내부통제제도를 확립하고 있는 정부기관의 전반적인 회계제도에 대한 합법성·경제성·능률성 등을 검사
사전검사	지출이 있기 전에 미리 그 적법성을 승인하는 방법으로 일반적으로 기구 내부에서 자체검사를 통해 이루어짐.
사후검사	지출이 행해진 후 지출의 합법성과 회계의 정확성을 검사하는 방법으로 우리나라를 포함한 대부분 국가에서 채택
정밀검사	모든 수입·지출을 세밀하게 검사하는 전면 검사
발췌검사	표본유출에 의해 선택적으로 하는 검사
내부검사 (위임검사)	그 기관의 자체검사기구(부처의 감사관실 또는 감사담당관실)가 담당
외부검사	외부의 회계검사기관이 담당(감사원)

우리나라의 감사원

1. 감사원의 지위

헌법기관이며, 대통령 직속기관으로 직무·인사·예산·규칙제정상 독립성이 인정된다.

(1) 직무상 독립성 : 직무를 수행함에 있어서 정치적 간섭을 받지 않는다.

(2) 인사상 독립성 : 감사위원은 4년 임기동안 신분을 보장받는다.

(3) 예산상 독립성 : 감사원의 세출요구액을 감액할 때는 감사원장의 의견이 필요하다.

(4) 규칙제정상 독립성 : 감사원은 감사절차와 내부규율에 관한 규칙을 제정할 수 있다.

2. 감사원의 조직

(1) 감사원장을 포함하는 7인의 감사위원으로 구성된 감사회의와 사무처로 조직되어 있다.

(2) 감사원장은 국회의 동의를 얻어 대통령이 임명, 감사위원은 감사원장의 제청으로 대통령이 임명한다.

(3) 감사원장과 감사위원의 임기는 4년이다.

3. 감사원의 기능

(1) 결산확인 : 감사원은 회계검사를 통해 국가의 세입·세출결산을 확인한다.

(2) 회계검사(지출의 적법성 여부에 중점)

① 필요적 회계검사 : 감사원이 당연히 해야 할 검사로 국가, 지방자치단체, 한국은행, 국가나 지방자치단체가 50% 이상 출자한 기관(정부투자기관, 지방공단, 지방공사), 타 법률에 의해 감사원의 회계검사를 받도록 규정된 단체의 회계이다.

② 선택적 회계검사 : 감사원이 필요할 때와 국무총리의 요구가 있을 때 하는 검사이다.

(3) 직무감찰 : 직무감찰은 공무원의 비위를 시정·방지하고 행정운영의 개선에 기여하는 내부통제활동이다. 감찰의 결과 처리에 있어 감사원은 징계의 요구와 고발을 할 수 있다.

(4) 감사결과의 처리 : 변상책임의 판정, 징계요구, 시정 등의 요구, 고발 등의 조치를 취한다.

(5) 의견진술 : 회계관계법령의 제정·개정·해석에 관한 의견진술을 할 수 있다.

(6) 정책검사 : 정책의 평가·시정을 촉구·유인·강제하는 것이다.

4. 우리나라 회계검사의 문제점 및 개선방안

우리나라의 회계검사는 사후검사, 정밀검사, 일반검사, 서면검사, 실지검사, 외부검사를 원칙으로 하고 있다. 1980년대 초부터 효율성 위주의 감사(회계검사와 직무감찰 포함)·정책감사의 중요성을 강조하였으나, 현실적으로는 여전히 전통적인 감사위주의 소극적 경향을 탈피하지 못하고 있는 실정이다.

(1) 회계검사의 문제점

① 회계검사의 비합리성

② 감사원 기능의 이질성과 독립성의 제약

③ 결산처리의 형식화

④ 회계검사기능의 소극적 성격

(2) 회계검사의 개선방안

① 합리적 회계검사

② 형식적인 결산처리의 개선을 위해 국회 내 상설화

③ 소극적인 회계검사의 지양, 능률성·효과성 위주의 회계검사와 회계검사기능의 전문성 확보

④ 회계검사기능과 감찰기능의 분리, 감사원의 독립적 지위 확보

🖋 대표유형문제

현행 「감사원법」상 회계검사기관인 감사원에 관한 설명으로 옳지 않은 것은? 2013. 행정사 기출

① 감사원은 국가의 세입·세출의 결산과 공무원직무에 관한 감찰을 위해 대통령 소속하에 설치된 기관이다.

② 감사원은 직무에 관해 독립된 지위를 유지하며 그 직무수행상 정치적 압력이나 간섭을 받지 않는 특징이 있다.

③ 감사원장은 국회의 동의를 얻어 대통령이 임명하며, 감사위원의 경우는 감사원장의 제청으로 역시 대통령이 임명한다.

④ 감사원장의 임기는 4년이며, 원장을 포함해 9인의 감사위원으로 구성한다.

⑤ 감사원은 감사절차 및 내부 규율과 감사사무처리에 관한 규칙을 제정할 수 있다.

정답 ④

해설 감사원법에 의거 감사원장의 임기는 4년이며, 원장을 포함해 7인의 감사위원으로 구성한다. 헌법에는 감사원장을 포함한 5~11인 이하로 감사위원으로 구성한다고 규정하고 있다. 혼돈이 없어야 한다. 그리고 감사원장이나 감사위원 모두 대통령이 임명한다.

제**06**편

Memo

제 **7** 편

행정환류론

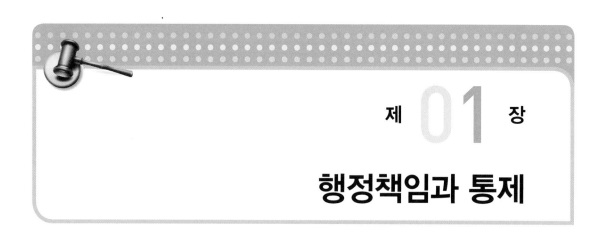

제 01 장

행정책임과 통제

01 행정책임

행정책임의 의의

1. 행정책임의 개념

행정책임(administrative responsibility)이란 행정인 또는 행정기관이 공익과 국민의 요구·기대 그리고 직업윤리나 행정 관계법령이 규정한 행동기준에 따라 행동해야 할 의무를 말한다. 즉 행정관료가 도덕적·법률적 규범에 따라 행동해야 하는 의무를 말한다. 여기에는 행정행위의 내용에 대한 결과책임 뿐만 아니라 절차에 관한 과정책임도 포함된다. 책임의 유형은 ①도덕적·윤리적 책임(responsibility)과 ②법적인 책임(accountability), 그리고 ③국민에 대한 대응성(responsiveness) 등으로 나눌 수 있다. 행정책임은 행정인 또는 행정기관이 행정조직 내부에서 상관 또는 감독기관에 대해 책임을 지는 내재적 책임과, 행정인 또는 행정기관이 대외적으로 입법부·사법부 또는 국민에게 책임을 지는 외재적 책임으로 나누어 볼 수 있다.

2. 행정책임의 필요성

(1) 행정권의 강화와 재량권의 확대로 인한 외부견제의 한계
(2) 행정수요의 복잡화·다양화로 행정의 전문화·기술화
(3) 정부주도형 경제발전(개도국)의 추진과 행정부의 막대한 예산권 행사

(4) 국민통제·입법통제·사법통제의 미약

(5) 자원관리량의 증대 및 정부부문의 국가적·사회적 영향력의 증대

3. 행정책임의 특징

(1) 행정상 일정한 권한과 의무를 전제(임무를 수행해야 할 의무, 부여된 권한을 실천)로 한다.

(2) 행정행위의 결과를 토대로 이루어진다(행정행위의 내용뿐만 아니라 행정행위의 절차 포함).

(3) 행정통제와 국민의 행정참여를 통해 보장된다.

(4) 공익, 수익자 집단의 요구, 작업집단의 윤리성·기술성에 대한 것이다.

(5) 개인적 요구보다 공익적 요구에 충실(외연성, externality)해야 하며, 자기가 정하지 않은 어떤 상위적 기준에 따라야 하는 것이다.

(6) 행정인에게 일정한 자율성·재량권이 있는 경우를 전제(행정인의 재량이 없으면 남용의 위험도 없으며, 책임의 소재도 물을 필요가 없음)로 한다.

(7) 행정책임은 행정통제의 목적이며, 행정통제는 행정책임의 보장을 위한 수단으로서 표리(表裏)관계이다.

(8) 행정책임은 유동성(시대에 따라서 책임의 구성요소의 상대적 비중이 달라짐. - 19세기의 외재적 책임에서 20세기 내재적 책임으로 전환)과 대인적 성격(국민과 관료와의 관계에서 이뤄짐.)을 지닌다.

4. 행정책임의 기준

(1) **명문규정이 있는 경우(강제적·법령적 기준) – 객관적**

① 명문규정상 의무 : 선언의무, 성실의 의무, 직무상 의무, 신분상 의무 등

② 합법성 : 법령, 명령, 규칙 등

(2) **명문규정이 없는 경우(자율적·추상적 기준) – 주관적**

공익, 직업윤리, 행정이념, 국민·이익단체의 요구, 행정조직의 목표나 정책달성도 등

✎ 대표유형문제 ···

행정책임의 기준으로 볼 수 없는 것은?

① 분권화 정도   ② 공 익   ③ 행정인 윤리기준   ④ 이익단체의 요청

정답 ①

해설 분권화의 정도와는 무관하다. ④의 이익단체의 요청은 고객의 요구로 보아야 한다.

🖋 행정책임의 유형

1. 외재적 책임과 내재적 책임

(1) 외재적 책임

① 외재적 책임의 개념 : 행정인이 자신의 내면적 판단기준보다 외부적인 입법부, 사법부, 국민의 힘에 의한 통제를 통해서 확보되는 책임을 말한다.

    ㉠ 국민에 대한 응답적 책임 : 국민의 정서나 감정, 요구 등에 부응해야 할 도의적·윤리적·정치적·민주적 책임

    ㉡ 계층구조에 대한 책임 : 사회에는 각계각층이 존재(하류층, 중류층, 상류층 등)하며 이들의 요구에 대응하는 책임

    ㉢ 합법적 책임 : 제도화된 공식적 규범이 판단기준이 되는 공식적·객관적·강제적 책임

    ㉣ 의회나 사법부에 대한 책임 : 의회나 사법부 등 제도적 방법에 의하여 확보되는 책임

② Finer

    ㉠ 외부통제의 효율성과 외재적 책임을 중시(19C 근대 의회민주주의 입장), 책임을 조직이나 사회 전체차원에서 접근하여, 관료 개인에 대한 외부통제가 필요하다고 본다.

    ㉡ Finer는 '민주정부에 있어서 행정책임'이라는 논문에서 관료의 책임은 어떠한 조직·개인이든 간에 자기 스스로의 행동에 대하여서는 심판관이 될 수 없다고 하여 자율적 통제의 한계를 지적하면서 사법·입법 등의 외부적인 힘에 의한 통제를 강조하였다.

(2) 내재적 책임

① 내재적 책임의 개념 : 행정인이 행정조직 내부에서 상관, 상급감독기관, 조직목표, 지침에 대하여 지는 책임(법률적 책임과 권능적 책임이 있으며, 이 중 Friedrich는 후자를 강조)으로서 외부적인 힘이 아닌 관료자신의 내면적 양심에 의해서 지는 책임이다.

    ㉠ 전문지식 및 기술이 판단기준이 되는 관료적·직업적·기능적 책임을 말한다.

    ㉡ 관료의 양심이나 직업윤리와 같은 주관적·심리적·자율적·재량적인 내적 충동이 판단기준이 된다.

    ㉢ 내재적 책임은 전문가집단의 능력에 의한 기능적 책임과 시민참여를 통한 정치적 책임을 중시한다.

② Friedrich

    ㉠ 내부통제의 효율성과 내재적 책임을 중시(20C 현대행정국가의 입장)하고, 책임을 공무원 개인차원에서 접근하여 외부통제가 불필요하며, 자율적·기능적·권능적 책임을 강조한다.

ⓒ Friedrich는 「공공정책과 행정책임의 성질」이라는 논문에서 책임 있는 행위는 행정인 개인의 자신의 마음속에 있는 책임감의 촉진을 통하여 가능하다고 하는 등 도의적 책임과 같은 행정책임에 관한 내부적 접근방법을 강조하였다.

ⓒ Friedrich는 책임 있는 행위는 통제되거나 집행되기보다는 유도되는 것이라고 주장한다.

③ 최근 행정의 전문성·복잡성으로 인해 책임의 중점이 외재적 책임에서 내재적 책임으로 전환되고 있다.

2. 법적 책임과 도의적 책임

(1) 법적 책임(Accountability)

① 가장 내부적·지엽적이고 명확한 책임으로서 주로 하위직에 요구되는 책임이다.

② 타인이 대신해서 질 수 없는 책임이고, 공식적 관계를 강조한다.

③ 법규에 의한 규정이나 명령계통을 따르는 계층적 질서를 통해 확보한다.

④ 비판과 처벌의 대상이 되며, 공무원에게 가장 일반적으로 인식되는 행정책임이다.

(2) 도의적 책임(Responsibility)

① 공식적 지위, 권한과 관계없이 부담하는 책임이다.

② 주관적이고, 내재적인 양심과 관련된다.

③ 국민의 수임자 또는 공복으로서의 직책과 관련된 광범위하고 포괄적인 책임이다.

④ 타인이나 부하를 대신해서 질 수 있는 책임이다.

⑤ 법적 요구도에 충족되어도 책임을 지는 경우이다.

3. 순환구조에 따른 책임 유형

행정책임은 국민과 관료의 관계에서 발생경로에 따라 4단계 순환구조(임무 ⇨ 응답 ⇨ 변명 ⇨ 제재)를 갖는데 임무적 책임과 응답적 책임은 도의적 책임과 관련되고, 변명적 책임과 제재적 책임은 법적 책임과 관련된다.

(1) 임무적 책임

① 응답적 책임보다 더 구체화된 직무적(내재적) 책임이며 개인적인 책임

② 자신에게 부여된 업무를 성실히 수행해야 할 책임

③ 직업적 책임, 기능적 책임, 관료적 책임, 내재적 책임 등으로 주로 중간관리자가 지는 책임

(2) 응답적 책임

① 개인에게 부과된 구체적 책임이라기보다는 매우 포괄적인 책임으로서 국민의 요구에 부응해야 할 정치적, 도의적, 외재적, 윤리적 책임이다.

② 자신의 잘못이 없더라도 발생하는 책임으로서 주로 기관장 등 상위직에 요구되는 책임이다. 국민의 여망이나 국민의 의사가 판단기준이 된다.

③ 행위자가 명령자의 요구나 명령 소명에 응답해야 하는 책임이다.

(3) 변명적 책임

Accountability에 해당하는 것으로 행위자가 문책되었을 때 그 행위의 외적 결과가 소명자가 지시한 규율과 기준에 합치된다는 것을 변명·설명해야 하는 책임

(4) 제재(수난)적 책임

Liability에 해당하는 것으로 국민이 관료행위를 납득할 수 없을 때 관료가 자신에게 주어진 비난과 제재를 감수해야 할 책임

4. 기타의 유형

(1) 합법적 책임

행정활동이 법규, 규칙에 위배되지 않도록 하는 책임(who에 대한 책임)

(2) 재량적 책임

행정활동이 공익을 확보, 증진하고 윤리적 기준에 위배되지 않도록 하는 책임(what에 대한 책임)

(3) 정치적 책임(민주적 책임)

행정조직이나 행정인이 국민의 의사에 반하지 않고 충실히 대변하였는가에 관한 책임

(4) 직업적 책임(기능적 책임)

① 행정인이 전문직업인으로서 주어진 직책을 직업윤리에 따라 성실히 수행해야 하는 기술적 차원에서의 책임

② 직업상 윤리강령에 대한 책임

③ 모든 공무원들이 사명감을 통해 일하는 자세를 갖고자 할 때의 책임

(5) 전망적 책임

앞으로 일정한 행동기준에 따라야 할 의무를 지고 있는 책임, 장래에 비난을 받을 가능성이 있음을 전제

행정통제의 의의

1. 행정통제의 개념

(1) 행정책임을 보장하기 위한 사전적·사후적 제어수단으로, 행정목표가 효과적으로 달성되고 행정이 국민을 위해 수행되도록 업무수행과정 또는 결과를 조정·시정하여 환류시키는 것을 말한다.

(2) 외부통제(민주통제)와 내부통제로 나뉘어 지는데, 현대행정국가에서는 내부통제방법이 중시된다.

(3) 행정책임은 행정통제를 통해 보장되며, 행정통제는 행정책임 확보를 위한 수단이 된다.

(4) Gilbert는 행정통제자가 행정조직내부에 있는가, 밖에 있는가에 따라 내부통제와 외부통제로, 공식화된 기구와 절차에 의존하는가, 아닌가에 따라 공식통제와 비공식통제로 구분하였다.

2. 행정통제의 필요성

(1) 행정재량권의 확대로 행정관료의 권한·책임 확대

(2) 행정성과의 종합적 분석·평가·반영

(3) 행정권의 남용가능성 우려, 행정의 민주성·능률성 보장

(4) 행정운영에 대한 종합적·포괄적 파악

(5) 행정책임의 보장과 행정계획의 효과적 수행 등

3. 행정통제의 전제

(1) 사회적 다원성 : 자율성을 갖는 다양한 집단 존재

(2) 기본적인 합의 : 상대방에 대한 존중, 알권리, 선거결과에 대한 승복 등 민주주의에 대한 기본적 합의

(3) 시민의 참여 : 참여를 통한 민주 의식의 제고

(4) 자유로운 정치활동 : 집회 및 결사의 자유, 참정권, 선거를 통한 정권교체 등 민주체제의 여건 조성

(5) 사회적 교화(규범, 관습, 지식) : 다양한 방법을 통해 국민에게 규범과 지식을 전달하고 국민을 교화시킴

(6) 엘리트의 순환 : 엘리트의 채용 등으로 공직의 신진대사 촉진

(7) S. M. Lipset : 심리적 안전, 소득의 평준화, 교육의 보편화를 주장

(8) 재정적 독립 : 행정통제주체들이 통제대상집단으로부터 재정적 독립성 확보가 필요

✎ 대표유형문제

행정에 대한 통제를 어렵게 하는 요인으로 볼 수 없는 것은?

① 행정부로부터 통제 주체들의 재정적 독립   ② 행정규모의 팽창과 권위주의적 행정문화

③ 준공공부문의 확대   ④ 최고 국정책임자의 지시에 따른 정책

정답 ①

해설   오늘날 행정통제가 필요한 이유는 행정의 전문화와 기술화 등으로 행정부가 비대해지고 행정권이 남용됨으로써 국민의 권리나 이익이 무시되고 있기 때문이다. 따라서 이에 대한 적절한 통제를 확보하기 위해서는 사회적 다원성을 통한 자율성 보장, 국민의 기본적 합의, 시민의 자유로운 정치활동 보장, 사회적 교화, 엘리트의 순환, 행정통제의 공정성과 객관성을 높이기 위한 통제 주체들의 행정부로부터 재정적 독립이 필요하다. 따라서 ① 행정통제 주체들의 재정적 독립은 행정통제를 강화하기 위한 방안이 된다.

🐚 행정통제의 특성과 원칙

1. 행정통제의 특성

(1) 목표달성의 수단으로서 목표달성의 극대화를 목표로 한다.

(2) 행정통제는 계획과 불가분의 관계를 맺고 있으며, 행정책임을 확보하기 위한 수단이다.

(3) 행정통제는 직무수행과 관련되고, 행정통제는 단절적이 아닌 계속적인 과정이다.

(4) 내향성(행정인의 윤리의식), 불확실한 상황에서 통제와 환류를 해나가는 인공두뇌학적 과정(Cybernetics)이다.

(5) 시정조치를 위한 일종의 환류과정(Feedback)이다.

(6) 짧은 기간 내에 집중되는 '강조주간적 통제운동(소나기만 피해가면 된다는 식)'은 통제의 면역증 치료(불감증 치료)에 도움이 되지 못한다.

2. 행정통제의 원칙

행정통제의 원칙을 준수하지 못하면 행정통제의 실책이 발생한다.

(1) 적응성(신축)의 원칙 : 예측하지 못한 사태에 대한 신축성 있는 대응이 요구된다.

(2) 즉시성의 원칙 : 계획이 실천단계에 들어가면서 신속히 착수되어야 한다.

(3) 적량성의 원칙 : 지나치거나 못 미치는 일이 없도록 하여야 한다(과소통제나 과잉통제는 효율성을 떨어뜨린다).

(4) 비교성의 원칙 : 통제에 요구되는 모든 서류와 숫자, 문서는 본래 기준과 비교되어야 한다.

(5) 예외성의 원칙 : 전체를 통제하는 것은 어려우므로 통제의 효율성을 위해서 특별히 예외적인 사항만을 통제한다.

(6) 일치성의 원칙 : 피통제자의 권한과 책임에 일치하는 범위 내에서 이루어져야 한다.

(7) 이해가능성의 원칙 : 조직의 모든 관리자가 통제의 동기·목적·방법 등에 대하여 이해하여야 한다.

(8) 경제성의 원칙 : 경제적 효율성을 높일 수 있는 통제가 되어야 한다.

(9) 균형성의 원칙 : 측정이 용이한 것과 용이하지 못한 것의 통제가 균형을 이루어야 한다.

외부통제(민주통제)

1. 외부통제의 의의

(1) 행정의 민주화를 확보하기 위해서 행정의 외부에서 행해지는 통제이다.

(2) 입법부에 의한 입법통제, 사법부에 의한 사법통제, 옴부즈맨(Ombudsman)제도, 비공식적 통제로는 국민의 여론이나 이익단체에 의한 민중통제 등이 있다.

2. 공식적 외부통제

(1) 입법통제

① 개념 : 국민의 대표기관인 의회가 입법기능을 통하여 행정부를 감독·통제하는 것으로 입법활동과 예산심의, 행정에 대한 비판·감시·조사, 해임건의·탄핵소추·임명동의 등을 통해 제도적 민주통제의 역할을 담당한다. 입법통제는 제한되기는 하지만 사전적 통제를 하는 중요한 통제방법이다.

② 방법
　　㉠ 입법활동에 의한 통제 : 법률에 의해 정부조직을 신설·폐지, 입법기능인 법률제정, 행정·정책의 목표와 방향을 제시·변경
　　㉡ 국가재정에 의한 통제 : 예산의 심의·의결 및 수정, 예비비설치 동의 및 지출의 승인, 조세징수에 관한 동의 등

ⓒ 일반행정에 대한 통제 : 국정감사, 의원질의, 탄핵소추, 임명동의, 불신임결의 등

ⓔ 사전통제(입법권, 예산심의권), 사후통제(국정감사, 조사권)

ⓜ 국정감사권과 국정조사권에 의한 통제

③ 장점 : 가장 민주적인 통제이자 객관적인 외부통제이며, 통제의 제도화로 민중통제의 한계를 극복하고 집단적 통제를 할 수 있다.

④ 한계

ⓐ 행정의 전문화·기술화와 행정재량권의 확대

ⓑ 의원들의 특수이익 추구

ⓒ 국정에 대한 정보 부족, 적절한 통제체제의 미비 등

(2) 사법통제

① 개념 : 국민의 권익이 행정업무수행상 위법·부당하게 침해되는 경우 이를 구제하고, 행정명령이나 처분의 위헌·위법 여부를 심사하여 행정부를 통제하는 것이다.

② 방법

ⓐ 행정소송의 심판

ⓑ 행정명령·처분·규칙의 심사 등

③ 한계

ⓐ 소극적인 사후구제 수단, ⓑ 많은 시간과 비용소요, ⓒ 전문성에 의한 제약, ⓓ 공무원의 부작위나 부당한 재량행위에 대해서는 판정 곤란 등

(3) 옴부즈만제도(Ombudsman)

① 개념

ⓐ 국회에서 선출되는 당파성 없는 입법부 소속 공무원으로 행정감찰관적 성격을 띤다.

ⓑ 정부에서 높은 지위에 있으면서 공무원의 위법·부당한 행정행위 또는 부작위에 불만을 가진 시민이 제소하는 불평을 조사하여 관계기관에 시정을 권고함으로써 국민의 권리구제를 한다.

ⓒ 1809년 스웨덴 헌법에서 채택하여 핀란드·노르웨이·덴마크 등 북유럽 국가에서 발전하였다. 뉴질랜드·영국·미국 등도 도입하여 실시하고 있다.

② 목적

행정권한의 남용이나 부당하게 국민의 권익을 침해한 결과를 행정기관에 통보하고, 적절한 조치를 취하지 않을 경우 언론기관에 공표하고 의회에 보고함으로써 행정권의 위법·부당한 행사를 사후적으로 통제하는 것을 목적으로 한다.

③ 특징
- ㉠ 국회에서 선출되는 입법부 소속의 행정감찰공무원(여, 야 추천)
- ㉡ 당파성이 없는 조사직으로 기능적 전문화, 정치적 독립성을 지님.
- ㉢ 불법성을 띤 행정행위라도 취소·무효화·변경시킬 수는 없으며, 법원·행정기관에 대한 직접적 감독권도 없다.

  불평과 고발의 대상이 되는 행위사실을 조사해서 이유가 있다고 인정될 때는 관계기관에 시정조치를 건의하고, 불시정시 의회보고 또는 신문에 공표하는 등 간접적으로 통제(준입법권과 준사법권 없음.)
- ㉣ 비공식적 절차 및 공개적 조사(신속한 업무처리와 저렴한 비용)
- ㉤ 시민의 고발에 의해 활동을 개시하는 것이 보통이나, 때로는 여론이나 신문기사 등 정보를 토대로 자발적으로 직권조사를 행하기도 함.
- ㉥ 합법성뿐만 아니라 합목적적 문제도 조사·처리
- ㉦ 헌법기관(옴부즈만제도가 헌법에 규정)
- ㉧ 작은 규모의 조직에서 유용하게 활용
- ㉨ 공무원의 권력남용 방지수단
- ㉩ 권고·비판·건의·공표 등 통제의 간접성
- ㉪ 외부통제의 보완 수단(입법·사법통제의 결함을 보완)
- ㉫ 의회와 지방정부 간의 완충역할

④ 기능
- ㉠ 국민의 권리구제기능 : 행정기관의 위법·부당한 행정처분, 처리지연, 비능률, 부정행위, 태만, 신청에 대한 불응답, 결정의 편파성 등의 국민의 고충을 신속하게 처리하게 함으로써 국민의 권리를 구제한다.
- ㉡ 민주적 행정통제기능과 개혁기능 : 시정내용을 국민에게 공개하고 동일·유사한 사안에 대한 시정기준의 제시와 재발을 방지하는 등 민주적으로 통제하는 기능을 수행한다.
- ㉢ 갈등해결 기능 : 해결시간이 오래 걸리고 절차의 복잡성과 소요비용이 많은 사법제도와는 달리 무료, 간이 신속한 절차로 국민의 신뢰와 이해를 높이며, 공익과 사익 간의 갈등을 해결한다.
- ㉣ 사회적 이슈의 제기 및 행정정보공개 기능 : 조사과정에서 적극적으로 정보를 공개하고 사회의 제반문제에 대한 이슈를 제기하고 이의 해결을 촉진한다.

ⓜ 민원안내 및 민원종결기능 : 다른 기관에서 처리하여 구제할 절차 등에 대하여는 친절하게 안내하고 신중하고 적절한 결정의 방법을 통하여 민원인을 이해, 승복시켜 고질적이고 반복적인 민원에 대한 종결기능을 수행한다.

ⓗ 간접통제 기능 : 옴브즈만은 직접 취소·변경·소멸권이 없음으로 하자 있는 행정작용에 대한 취소 및 변경을 관계기관에 요청 또는 권고할 수 있을 뿐이다.

⑤ 옴브즈만의 장점과 단점

장 점	단 점
· 행정관료에 대한 국민의 책임 추궁	· 시정조치에 강제권이 없어 실효성에 의문
· 정부와 국민 간의 완충역할 수행	· 제약된 활동범위
· 행정의 능률성 향상, 공정한 법 집행 확보	· 마찰과 낭비의 가능성 큼.
· 입법·사법통제의 한계 보완	

⑥ 우리나라의 국민권익위원회

㉠ 헌법이 아닌 법률[부패방지및국민권익위원회에관한법률(2008.2.29)]에 의한 기관이므로 법률개정으로도 옴부즈만을 개폐할 수 있어 안정성이 부족하다.

㉡ 국무총리 소속하에 설치되어 있으나 직무상으로는 독립성과 자율성이 보장되며, 공식적 내부통제수단이다.

㉢ 신청에 의한 조사만 가능하며, 직권조사기능이 없다. 국민의 권익을 보호하고 관할사항이 광범위하다(위법·부당한 행정처분뿐만 아니라 접수거부, 처리지연 등 소극적인 행정행위 및 불합리한 제도나 시책도 모두 취급한다).

㉣ 15인으로 구성(위원장 1인, 부위원장 3인, 상임위원 3인, 비상임위원 8인으로 구성)되고 과반수 찬성으로 의결된다. 위원회의 사무처리를 위하여 사무처를 두고 있으며, 전문적인 연구·조사를 위하여 전문위원을 두고 있다.

㉤ 임기는 3년이며 1차에 한해 연임 가능하고, 복잡한 절차나 형식이 생략되며 처리절차가 간편하다.

㉥ 신청대상 : 행정기관의 위법, 부당하거나 소극적인 행정행위 및 불합리한 행정제도로 인해 국민의 권리를 침해하거나 국민에게 불편을 주는 사항에 관한 민원

㉦ 위원회의 기능

ⓐ 민원사항에 관한 안내 및 상담

ⓑ 고충민원에 관한 조사, 처리

ⓒ 고충민원에 관한 조사 결과, 위법부당한 처분 등에 대한 시정조치의 권고

ⓓ 고충민원의 처리과정에서 관련 행정제도 및 운영의 개선이 필요하다고 판단되는 경우 이에 대한 권고 또는 의견표명

ⓔ ⓒ호 및 ⓓ호의 사항에 관한 관계 행정기관의 조치결과의 통보요구

◎ 위원회의 관할범위 제외사항

ⓐ 고도의 정치적 판단을 요하거나 국가기밀 또는 공무상 비밀에 관한 사항

ⓑ 국회·법원·헌법재판소·선거관리위원회·감사원·지방의회에 관한 사항

ⓒ 감사가 이미 착수된 사항이나 행정심판·소송 등 다른 법률에 의하여 불복절차가 진행 중인 사항

ⓓ 공무원 또는 직원에 관한 인사 행정상의 행위에 관한 사항

ⓔ 사인(私人) 간의 권리관계 또는 개인의 사생활에 관한 사항

ⓕ 수사 및 형집행에 관한 사항

ⓩ 고충민원의 조사 제외사항

ⓐ 신청인이 당해 고충민원과 직접 이해관계가 없는 사항

ⓑ 당해 고충민원에 관계되는 사실이 발생한 날부터 1년이 경과한 사항, 다만 위원회가 조사함이 필요하다고 인정하는 경우에는 그러하지 아니한다.

ⓒ 고충민원의 내용이 허위이거나 정당한 이유가 없다고 인정되는 사항

⑦ 옴부즈만제도의 장단점

장 점	단 점
· 법원의 경우와는 달리 신속히 처리되며 비용이 저렴하다. · 시민의 접근이 용이하다. · 제도수립에 있어 고도의 융통성과 적응성을 지닌다. · 대민행정량이 적고 인구의 규모가 적은 사회에서 유용하다. · 행정운영의 개선 및 정치발전의 계기가 된다. · 국민의 피해의식을 줄이고 시민참여의식을 향상시킨다.	· 국회 및 기존의 타 기관·타 제도와 기능상의 중복을 초래할 우려가 있다. · 직접통제, 감독권이 없다. · 대규모 조직에 부적합하다.

⑧ 옴부즈만의 유사제도

㉠ 감사원의 직무감찰제도·심사청구제도 : 감사원의 주된 기능은 공무원의 비위(非違)를 시정·방지하고 행정운영의 개선·향상을 위한 직무감찰과 감사를 받은 자의 직무에 관하여 이해관계인으로부터 심사청구가 있을 때 이를 심사하여 결정을 관계기관의 장에게 통지하는 기능을 가진다.

㉡ 행정민원상담실(시민상담실) : 국민의 실질적인 권리침해 구제는 기대할 수 없으나 정부합동민원실을 비롯하여 각 민원상담실과 행정상담위원제 등은 민원처리에 많은 기

여를 하고 있다.

ⓒ 대통령 민원비서실 : 대통령의 참모기관이면서도 권력의 핵심부에 설치되어 있어 많은 민원업무가 집중되어 왔다.

ⓔ 국회(지방의회)의 청원제도 : 국회와 지방의회에 대한 청원을 통하여 민원이 처리되고 있으나 성과는 미약한 편이다.

ⓜ 인권상담실(각 지방검찰청 및 지청에 설치)

ⓗ 정부합동민원실 등

✎ 대표유형문제

1. 옴부즈만(Ombudsman) 제도의 일반적 특징에 관한 설명으로 옳지 않은 것은?

① 행정결정을 취소·변경할 수 있는 권한은 없지만, 법원·행정기관에 대한 직접적 감독권을 갖고 있다.

② 입법부에 속해 있지만, 직무 수행 시는 정치적 독립성을 지닌다.

③ 국민으로부터 민원 제기가 없어도 언론내용 등을 토대로 옴부즈만 자신의 발의에 의해 조사 할 수 있다.

④ 옴부즈만이 조사할 수 있는 행위는 불법행위뿐만 아니라 공직의 요구에서 이탈된 모든 행위라 할 수 있다.

정답 ①

해설 옴부즈만 제도는 직권조사권이나 신청주의는 가능하지만 행정결정을 무효로 하거나 취소·변경할 수 있는 권한이 없을 뿐 아니라 법원·행정기관에 대해서도 간접적 통제권(watchdog without teeth)을 가진다.

2. 국민권익위원회에 관한 설명으로 옳지 않는 것은?   2013. 행정사 기출

① 국무총리 소속 기관이다.

② 국민권익위원회 위원의 임기는 3년이며, 연임할 수 없다.

③ 국민권익위원회 위원은 재직 중 지방의회의원직을 겸임할 수 없다.

④ 고충민원의 조사와 처리 및 이와 관련된 시정권고 업무를 수행한다.

⑤ 정당의 당원은 국민권익위원회 위원이 될 수 없다.

정답 ②

해설 ② : 부패방지 및 국민권익위원회의 설치와 운영에 관한 법률의 규정에 근거하면 제16조(직무상 독립과 신분보장)
② 위원회는 그 권한에 속하는 업무를 독립적으로 수행한다.
② 위원장과 위원의 임기는 각각 3년으로 하되 1차에 한하여 연임할 수 있다.

3. 비공식적 외부통제(민중통제)

(1) 민중통제의 개념

① 일반 국민이 선거, 국민투표, 국민발안, 국민소환, 이익집단, 여론과 언론기관, 정당, 시민참

여 등을 통하여 행정을 비공식적·간접적으로 통제하는 시민통제이다.

② 입법·사법통제와 옴부즈맨제도 등을 통한 공식적 외부통제의 결함을 보충한다.

③ 국민의 높은 정치의식수준이 전제되어야 한다.

(2) 민중통제의 방법

① 선거권 행사, 국민투표에 참여, 심의회·반상회

② 이익집단(압력단체)에 의한 통제(선진국에서 효과적)

③ 여론과 언론기관에 의한 통제(언론의 자유보장, 언론기관의 중립성 확보, 매스컴 보급 확대)

④ 가장 실질적 영향력을 행사하는 정당에 의한 통제(정당제도의 발달 전제)

⑤ 시민단체(NGO)의 활동과 시민참여

⑥ 정책공동체(전문가 집단)에 의한 통제

⑦ 지식층이나 대학생의 비판 기능

4. 외부통제의 문제점과 개선책

문제점	개선책
① 입법부의 행정부에 대한 견제기능 미약 ② 사법권의 독립 미확립 ③ 국민의 낮은 정치의식 수준, 시민의식·공민의식 결여 ④ 이익단체가 행정에 예속 ⑤ 언론기관의 자율성 약화	① 정치의식 수준 향상 ② 건전한 정당정치의 기반 ③ 사법부 독립의 확립 ④ 적극적인 시민의 행정참여 ⑤ 공정·신속한 국민의 권리구제, 우리 실정에 맞는 옴부즈맨제도 도입 ⑥ 행정통제의 행사 다원화

🖋 대표유형문제

아래의 행정통제 유형 중 외부통제 방안을 전부 포함한 것은?

ㄱ. 입법부에 의한 통제	ㄴ. 사법부에 의한 통제	ㄷ. 감사원에 의한 통제
ㄹ. 청와대에 의한 통제	ㅁ. 중앙행정부처에 의한 통제	ㅂ. 시민에 의한 통제
ㅅ. 여론과 매스컴	ㅇ. 옴부즈만 제도	

① ㄱ, ㄴ

② ㄱ, ㄴ, ㄷ

③ ㄱ, ㄴ, ㄷ, ㄹ, ㅁ

④ ㄱ, ㄴ, ㅂ, ㅅ, ㅇ

정답 ④

해 설 감사원에 대한 통제, 청와대에 의한통제, 중앙행정부처에 의한 통제 등은 공식적 내부통제 수단이다.

제01편
제02편
제03편
제04편
제05편
제06편
제07편

🌱 내부통제(관리통제)

1. 내부통제의 의의

(1) 행정의 능률성을 확보하기 위하여 행정활동이 처음 기획대로 수행되고 있는지 확인하고 성과를 비교하여, 차이가 있으면 그 원인을 규명하여 제거하는 등 적절한 시정조치를 취하는 것이다.

(2) 행정수반에 의한 통제, 정책·기획통제, 운영통제, 요소통제, 절차통제, 감찰통제 등과 비공식적 통제인 자율적 통제가 포함된다.

2. 내부통제의 방법

(1) 공식적 내부통제

① 행정수반에 의한 통제 : 고급공무원임명권, 행정입법, 행정기구 개혁, 정치적 지도력 발휘, 보좌기관 활동 등의 통제

② 정책·기획통제 : 종합적인 기획·정책수립과 조정·통제(국무조정실, 국무회의, 차관회의 등의 통제)

③ 요소통제 : 행정수행에 필요한 구성요소인 인사(중앙인사위원회의 인사감사)·물자(조달청의 물자관리)·예산(기획예산처의 예산사정)·법제(법제처의 법제심사)·기구 및 정원통제(행정자치부의 정부조직 개편 및 정원 조정)·회계·구매 등의 통제

④ 절차통제 : 행정수행절차인 보고제도·품의제도·장부 등의 통제

⑤ 운영통제 : 업무진행관리와 활동·성과평가인 업무의 심사분석, 시정조치를 통한 각 부처 단위에서의 가장 포괄적인 통제

⑥ 감찰통제 : 공무원의 직무감찰과 행정감사, 회계검사를 포함하는 통제

⑦ 자율적 통제 : 내부통제 수단 중 가장 중요한 것으로 직업윤리에 의한 자율적 통제, 직무상 자발적·자율적으로 행동기준을 설정하고 이에 따라 행동하도록 스스로 규율하는 통제

⑧ 공무원 노조에 의한 통제 : 부정부패에 대한 내부견제

⑨ 계층에 의한 통제 : 위계질서에 의하여 상급자가 하급자에 행하는 통제

(2) 비공식적 내부통제

① 행정인의 윤리의식 : 전체 행정통제에서 가장 중요한 통제로서 행정인의 심리적·양식적인 자발적 통제

② 대표관료제, 리더십 등에 의한 통제

제01편

제02편

제03편

제04편

제05편

제06편

제07편

(3) 전략통제의 기준설정

① 통제기준이 설정되더라도 실제의 통제과정에서는 단시간에 전체상황을 파악할 수 있는 전략적 지점이 설정되어야 한다.

② 전략적 통제기준(통제점) 선정시 고려요소

ㄱ 적시성 : 통제의 필요성(책임규명)을 신속히 발견할 수 있어야 한다.

ㄴ 경제성 : 통제를 통해 가장 효과적으로 경비절약을 할 수 있도록 해야 한다.

ㄷ 균형성 : 행정이 전체적으로 균형 있는 성과를 거둘 수 있도록 하기 위해서 한쪽으로 통제가 치우쳐서는 안 된다.

ㄹ 포괄성 : 통제효과가 모든 조직단위에 미치도록 해야 한다.

ㅁ 사회적 가치성(유의성) : 사회적으로 의미 있고 중요한 부분을 통제점으로 선정해야 한다.

3. 내부통제의 과정

(1) 전략지점통제의 기준설정 : 통제기준이 설정되더라도 실제의 통제과정에서는 단시간에 전체상황을 파악할 수 있는 전략적 지점이 설정되어야 한다.

(2) 평가(기준과 성과의 비교)와 보고 : 성과를 측정하고 그것을 목표와 기준에 따라 비교·평가하는 단계이다.

(3) 시정조치 : 통제성과를 기준과 비교하여 그 편차를 찾아내 시정조치하는 마지막 과정이다.

4. 내부통제의 문제점과 개선방안

문제점	개선방안
① 공무원의 공복으로서의 윤리의식 미확립 ② 통제기준의 설정곤란, 설정기준 불명확 ③ 심사분석의 한계 ④ 환류기능 미약 ⑤ 형식적 통제가 될 우려	① 사실에 입각한 객관적 통제에 중점 ② 공무원의 통제과정에의 참여 보장 ③ 통제결과의 환류 ④ 사전적·계속적 과정

✎ 대표유형문제

1. 행정통제의 실책과 관련한 설명 중 옳지 않은 것은?

① 측정이 용이한 것에 치중한 통제는 행정목표의 왜곡을 초래한다.

② 과소통제와 과잉통제는 모두 행정효율을 저하시킨다.

③ 절차의 규칙성 확보와 부정방지에 치중한 통제는 공무원의 피동화와 업무수행의 소극화를 조장한다.
④ 짧은 기간 내에 집중되는 '강조주간적 통제운동'은 통제의 면역증 치료에 도움이 된다.

정답 ④

해설 행정통제는 행정책임을 보장하기 위한 사전적·사후적 제어수단으로 행정목표가 효과적으로 달성되고 행정이 국민을 위해 수행되도록 업무수행과정 또는 결과를 조정·시정하여 환류시키는 것을 말한다. 행정통제의 실책은 행정통제의 원칙을 준수하지 않기 때문에 발생한 것으로 ④의 경우 짧은 기간 내에 집중되는 '강조주간적 통제운동'은 단회성 통제로 통제의 지속성이 없을 뿐만 아니라 임시적으로 문제를 피해가면 된다는 식의 논리가 되기에 행정통제의 불감증이나 면역증 치료에 도움이 되지 못한다.

2. 행정통제에 관한 설명으로 옳지 않은 것은?

① 길버트(E. Gilbert)에 의하면 행정통제의 방법은 통제자가 행정조직 내부에 위치하는가 그렇지 않은가에 따라 공식적 통제와 비공식적 통제로 구분된다.
② 프리드리히(C. Friedrich)는 행정국가의 불가피성과 외부통제의 어려움으로 인해 내부통제가 더 강조되어야 한다고 보았다.
③ 정치행정이원론적 입장에 따르면 외부통제가 더 바람직하다.
④ 사법부에 의한 통제는 일차적으로 사후적 조치라는 점에서 한계를 지닌다.
⑤ 옴부즈만제도는 융통성과 비공식성이 높은 제도이며 법적이라기보다는 사회적·정치적 성격이 강한 제도이다.

정답 ①

해설 Gilbert는 행정통제자가 행정조직내부에 있는가, 밖에 있는가에 따라 내부통제와 외부통제로, 공식화된 기구와 절차에 의존하는가, 아닌가에 따라 공식통제와 비공식통제로 구분하였다.

3. 행정 통제를 크게 외부 통제와 내부 통제로 분류할 때 다음 중 그 분류가 다른 것은? 2013. 행정사 기출

① 사법부에 의한 통제
② 시민단체에 의한 통제
③ 감사원에 의한 통제
④ 선거권의 행사에 의한 통제
⑤ 주민참여제도에 의한 통제

정답 ③

해설 감사원은 헌법기관이고 대통령 소속기관으로서 공식적 내부통제이다. 나머지는 외부통제방안이다. ① 사법부에 의한 통제는 공식적 외부통제이고 ② 시민단체에 의한 통제는 비공식적 외부통제이며 ④ 선거권의 행사에 의한 통제는 비공식적 외부통제 ⑤ 주민참여제도에 의한 통제는 비공식적 외부통제이다.

*행정통제의 유형

	공식적	비공식적
내부통제	관리통제, 기획, 절차나 요소통제, 행정수반, 감사원, 국민권익위원회, 계층제(상관), 심사평가, 교차기능조직, 근무성적평정, 행정심판 등	행정인의 윤리의식, 대표관료제, 공익, 리더십
외부통제	입법부, 사법부, Ombudsman제도	일명 민중통제라고도 함, 시민참여, 시위, NGO, 정당, 이익집단, 언론매체, 국민(선거)투표, 국민발안, 국민소환

제 **02** 장

행정개혁론

01 행정개혁

행정개혁의 의의

1. 행정개혁의 개념

　행정개혁(行政改革)이란 행정을 현재 상태보다 나은 방향으로 유도하려는 의도적·계획적 과정을 말하는 것으로, 공적 상황 내지 정치적 상황하에서 이루어진다.

2. 행정개혁의 특징

　행정개혁은 정치적 성격과 더불어 기술적 성격을 지니며, 계획적 변화와 저항이 수반되고 목표지향성, 계속적 과정, 동태적·개방적·행동지향적·포괄적·연관적인 성격 등을 가진다.

3. 행정개혁의 발생동기

　(1) 정치이념의 변화 : 중앙정부가 새로운 철학을 추구할 때
　(2) 과학·기술의 발달 : 컴퓨터의 등장은 행정의 전산화를 가져와 행정운영 및 조직의 변화를 초래
　(3) 정치적 사태 : 전쟁, 혁명, 쿠데타 등에 의한 정치사태

(4) 인구구조의 변화 : 여성의 사회진출 증가, 청소년 비행·범죄, 노인층 인구의 증가, 농촌의 젊은 층의 부재 등

(5) 행정기능의 중복방지 : 비능률을 제거(미국의 Hoover위원회, 영국의 Northcote and Trevelyan위원회, Haldane위원회)

(6) 공공영역의 축소에 대한 기대 : 정부의 규제나 간섭의 범위가 줄어들 때 공공영역은 축소되고 그에 따라 행정기구도 줄여야 하므로 행정개혁이 요구

(7) 국제환경과 질서의 변화 : 세계화·지방화에 따른 세계질서의 변화

📀 행정개혁의 접근방법

1. 구조적 접근방법

(1) 개념
공식구조의 내부구조 개선에 중점을 둔 접근방법으로서 원리전략과 분권화의 방법이 대표적이다.

(2) 특징
① 1900년대 초 미국의 행정개혁(1920년 과학적 관리론의 영향을 받은 절약과 능률에 관한 위원회, 1940년대 Hoover위원회 등)과 관련
② 합리적·공식적 조직에 중점을 두는 전통적 접근방법
③ 기구·제도의 간소화와 기능중복의 제거
④ 행정사무의 적절한 배분과 권한, 책임의 명확화
⑤ 집권화 또는 분권화의 확대, 의사소통체계의 개선
⑥ 대부분 우리나라의 행정개혁은 구조적 접근방식을 취함.

(3) 한계
인간적 요인이나 동태적 성격과 환경적 요인을 충분히 고려하지 않는다.

2. 관리·기술적 접근방법

(1) 개념
과학적 관리기법에 근거하여 업무수행과정에 치중하면서 관리기술의 개선에 중점을 두는 방법이다.

(2) 특징

① 행정이 수행되는 과정을 중시하고 과학적 관리, 관리기술·장비·수단을 개선

② 관리과학, OA(사무자동화), OR(운영연구), MIS, 체제분석, EDPS, Re-engineering, BPR (business process re-engineering), 문서양식, 절차의 개선, 정원관리 등을 활용하여 행정성과 향상 도모

③ 계량화 모형에 의존, 사무관리기법 강조

(3) 한계

계량적 기계모형으로 현실세계를 단순화시켜서 파악하며, 기술과 인간성의 갈등관계를 과소평가한다.

3. 인간관계적·행태적 접근방법

(1) 개념

민주적·분권적·상향적 접근으로, 행정인의 가치관·태도 등을 조작적 전략이나 실험실훈련(감수성훈련), 조직발전(OD), 집단토론 등에 의해 인위적으로 변혁시켜 행정전체의 개혁을 도모하려는 방법이다.

(2) 특징

① 조직목표와 개인목표의 통합을 추구한다.

② 조직발전의 기법을 활용하기 때문에 개도국에 적용이 가능하다.

③ 조직구성원의 자발적인 참여를 필요로 한다.

(3) 한계

신생국의 경우 원활한 의사소통과 참여가 불충분하며, 폐쇄적인 국가에서는 이 방법이 곤란하다.

4. 종합적·체계적 접근방법

행정의 모든 부분에 걸쳐 위 세 가지 접근방법을 상호보완적으로 행하는 것이 가장 효과적·이상적이다. 즉 세 가지 개혁을 체계적으로 연관시켜 종합적 사고와 틀을 통한 개혁을 하는 것이 가장 바람직한 개혁이라 할 수 있다.

제07편

행정개혁의 구조적 접근방법에 해당되지 않는 것은?

① 기능중복의 제거   ② 의사전달체계의 수정
③ 관리과학의 활용   ④ 책임의 재규정

정답 ③

해 설   관리과학기법은 구조적이 안니 기술적·공리적 관점의 접근이다.
··

✍ 행정개혁의 과정

1. 개혁안의 필요성 인식

(1) 객관적 요인
① 정치적 개혁 및 행정을 행하는 수단의 변화
② 사회적 요청에 따른 행정목표의 변경과 새로운 행정수요의 발생
③ 행정통제에 내재하는 기능의 중복·낭비·비능률의 제거 등

(2) 주관적 요인
객관적 요인과 같은 객관적 환경을 개혁목표로 인정하는 개혁주체 혹은 개혁역군의 인식

2. 개혁안의 작성

개혁안을 내부자가 마련하는 경우 실천가능성이 높지만 관료이익을 우선시할 우려가 있고, 외부자가 마련하는 경우 객관적이고 국민의 지지를 얻기 쉬우나 경비와 시간이 많이 소요된다.

(1) 국외자(局外者)가 작성한 경우 – 비행정가(민간 주도)
① 많은 시간과 경비를 필요로 한다.
② 보다 종합적이며 객관적이나, 극단적이고 과격하다.
③ 실천하기 위하여 국내자의 협조가 필요하다.
④ 국민의 지지를 얻기 쉽다.
⑤ 근본적인 권력구조의 재편성에 유리하다.
⑥ 보고서의 내용이 길고 소상하며 교과서적이다.
⑦ 전문적이며, 정치권력의 변동 등 개혁의 정치적 측면을 충분히 고려할 수 있다.

(2) 국내자(局內者)가 작성한 경우 – 행정가(정부 주도)

① 경비가 적게 들고, 권력구조의 개편보다 관리·기술분야에 치중한다.

② 보다 간명하고 집중적이며 집행이 용이하고 신속하다.

③ 정치적·행정적 실현가능성에 많은 관심을 둔다.

④ 조직 내부인들의 이익에 보다 많은 관심을 둔다.

⑤ 개혁안의 신속한 결정과 집행이 가능하나 객관성과 전문성이 결여될 위험이 있다.

⑥ 직원의 복지나 현실여건을 감안할 수 있고, 이미 알려진 내용이나 특수한 것에 집중할 수 있다.

⑦ 사소한 사무관리 과정이나 기술·절차에 치중하여 현실안주나 보수주의에 빠진다.

개혁전략별 장단점

구 분	전 략	장 점	단 점
개혁의 방향	명령적·하향적	· 리더의 권위존재 시 유리 · 신속하고 근본적인 변화 필요 시 유리	· 개혁 지속화의 한계 · 저항이 유발
	참여적·상향적	· 지속적 효과 보장 · 구성원 의견반영으로 저항 최소화 · 구성원의 사기와 책임감 제고	· 신속한 변화 곤란 · 시간과 비용이 많이 듦
개혁의 속도	점진적·부분적	· 조직의 안정감 확보 · 저항 감소, 성공가능성 높음 · 정책의 일관성 유지	· 신속한 변화 유도 곤란 · 개도국에서 불리
	급진적·전면적	· 신속한 변화 도입 가능 · 개도국에서 유리 · 유능한 개혁지도 세력 존재 시 유리	· 조직의 안정성 저해 · 정책의 일관성 저해 · 저항 유발

✎ **대표유형문제** ·········

행정개혁이 갖는 일반적 특징이 아닌 것은?

① 행정개혁은 행정을 인위적·의식적·계획적으로 변화시키려는 것이므로 불가피하게 관련자들의 저항을 수반한다.

② 행정개혁의 성공을 위해서는 정치적 요소를 최대한 배제하고 총체적 계획하에 신속하게 수행·완료하여야 한다.

③ 행정체제는 변화하는 환경 속에서 생성, 발전, 소멸하는 생태적인 속성을 가지고 있다.

④ 행정개혁은 조직관리의 기술적인 속성과 함께 권력투쟁, 타협, 설득이 병행되는 사회심리적 과정을 포함한다.

정답 ②

해설 행정개혁은 정치적 성격(타협·흥정·갈등·대립·참여·양보·권력투쟁·다양한 전술 등)과 더불어 기술적 성격을 지니며, 계획적 변화와 저항이 수반되고 목표지향성, 계속적 과정, 동태적·개방적·행동지향적·포괄적·연관적인 성격을 지니기에 급진적 보다는 점진적 개혁이 바람직하다.

🍃 행정개혁의 저항원인과 그 대책

1. 행정개혁의 저항원인

(1) 기득권의 침해, 개혁내용의 불명확성, 피개혁자의 능력부족

(2) 관료제의 경직성과 보수적 경향

(3) 비공식적 인간관계의 과소평가

(4) 참여부족과 국민의 무관심, 정치적·사회적 요인

(5) 계선과 참모 간의 불화, 이익단체·압력단체에 의한 저항

2. 행정개혁의 저항에 대한 대책

(1) 강제적 전략 : 상급자의 권한행사, 물리적인 제재나 압력 사용, 의식적인 긴장 조성

(2) 규범적·사회적 전략 : 참여의 확대, 의사소통의 촉진, 집단토론과 교육훈련 실시, 충분한 시간의 부여, 카리스마나 상징의 활용

(3) 기술적 전략 : 개혁의 선택적·점진적 추진, 적절한 시기의 선택, 개혁안의 명확화와 공공성 강조, 개혁방법·기술의 수정, 적절한 인사배치

(4) 공리적 전략 : 손실의 방지 및 최소화, 손실의 보상

(5) 기타

  ① 사회·문화적 세력의 반영

  ② 단순한 외국제도나 기술의 모방에서 벗어난 개혁안 작성

  ③ 가외성에 대한 고려

  ④ 저항세력에 대한 정확한 진단이 요망

🍃 감축관리 개혁

1. 감축관리의 의의

감축관리(Cutback Management)란 행정개혁의 실천적 접근방법의 일환으로서 특정 정책·조직·사업 등을 의도적·계획적으로 정비하여 자원활용에 있어서의 총효과성의 극대화를 기하고자 하는 것을 말한 것으로, 이는 1960년대와 1970년대의 낙관주의적·팽창주의적 행정관리에 대한 반성에서 출발하여 1980년대 자원부족난에 대처하기 위한 관리전략으로 대두되었다.

(1) 감축관리의 본질 및 기본정신

정책결정의 측면으로는 정책종결과 정책형식의 결합으로서, 관리적 측면으로는 예산의 절감으로서 파악된다. 감축관리의 기본정신은 낭비의 제거(불필요한 것을 제거함으로서 능률 제고), 총효과성 추구(소극적인 절약보다는 적극적이고 능동적인 총효과성의 제고가 목적), 무위(無爲)의 철학(시장에 개입하지 않는 것이 미덕), 쇠퇴의 관리(작은 것이 좋다는 축소폐지의 미덕), 수비범위론(Downsizing에 의한 조직 감량으로 작은 정부 실현) 등이다.

(2) 감축관리방안

① 영기준예산제도(ZBB)의 실시 : 우선순위가 낮은 사업 폐기
② 일몰법(日沒法)의 실시 : 3~7년이 지나도 국회에서 재보증을 얻지 못하면 자동폐기
③ 정책결정의 강조, 정책종결 : 기능적 종결(인력, 예산, 사무 감축), 구조적 종결(조직개편, 대국대과제, 조직동태화)
④ 탈규제화의 지향 : 불필요한 규제 제거
⑤ 조직과 정원의 정비 : 소수정예주의에 입각, 불필요한 조직이나 기구 및 정원 정비
⑥ 사업계획의 합병 : 문어발식 운영이 아닌 합병을 통한 효율성 제고
⑦ 제3부문(third sector)의 활용 : 시민단체, 공익연구조사단체 등
⑧ 재집권화(Re-centralization) : 필요한 부분만 집권화하여 능률성 제고
⑨ M&A(Merger & Acquisition) : 합병, 매수
⑩ 사업시행의 보류

(3) 감축관리의 원인 및 저해요인

① 감축관리의 원인
  ㉠ 문제의 고갈 : 인구의 이동, 문제의 재정의, 정책의 종결
  ㉡ 사회변동의 가속화 : 정책 유효성의 변화로 프로그램이 아무 의미 없게 됨.
  ㉢ 환경의 entropy : 환경적 세력이 약화
  ㉣ 정치적 취약성 : 내부갈등, 리더십의 변동, 전문성의 부족으로 감축요구
  ㉤ 조직의 위축 : 조직이 존재해야 할 정당성 상실
  ㉥ 자원의 한정성 : 새로운 행정과 재정수요 증대에 따른 자원 한정성
② 감축관리의 저해요인
  ㉠ 심리적인 저항   ㉡ 조직의 항구성
  ㉢ 감축반대를 위한 정치적 연합   ㉣ 소요비용의 과다
  ㉤ 이해관계자의 반대   ㉥ 절차의 복잡성

제01편
제02편
제03편
제04편
제05편
제06편
제07편

ⓢ 동태적 보수주의(목표달성이 불가능한 경우 조직은 새로운 목표를 발견하거나 환경개
  조를 시도하는 것)

2. 효과적 감 관리의 전제조건 및 방향(Levine의 주장)

(1) 감축관리의 전제조건

① 권한의 보유 : 최고관리층이 기구축소 및 예산과 인력의 감축권한을 보유하여야 감축관리
  가 가능

② 최고관리층의 지속적인 관심 : 감축관리는 수년 간에 걸쳐 이루어지는 경우가 많으므로 최
  고관리층의 지속적인 관심이 요망

③ 신속하고 정확한 환류 : 불확실한 환류로 인한 예산절감, 프로그램의 효과 및 성공 여부가
  불투명하므로 신속하고 정확한 환류가 요망

④ 예산신축성의 확보 : 예산의 이용(장·관·항의 융통), 전용(세항·목의 융통)을 포함하는
  예산신축성 확보가 요망

⑤ 동기부여 : 유능한 관리자에 대한 동기부여가 요망

⑥ 감축대상의 한정 : 감축관리가 실효성을 거두기 위해서는 특정한 기관이나 사업만을 감축
  의 대상으로 삼을 수 있도록 해야 함.

(2) 감축관리의 기본방향

① 조직·정책의 재조정·정비

② 조직의 총효과성 극대화

③ 가외성의 고려 및 조화

④ 행정과 환경과의 상호교환작용(환경변동에의 대응)

✎ 대표유형문제 ··

감축관리 방안으로 적절하지 않은 것은?

① 영기준예산(ZBB) 도입
② 일몰법(sunset law) 시행
③ 위원회(committee) 설치
④ 정책종결(policy termination)

정답 ③

해설 위원회의 남설은 행정국가때 정부기구 팽창의 요인으로 작용하였으며, 감축관리기조하에서는 오히려 남설된 위
원회를 통합·정비하려는 움직임을 보였다.

··

제01편

제02편

제03편

제04편

제05편

제06편

02 | 주요 국가의 행정개혁

🌰 미국의 행정개혁

1. 국정성과평가팀(NPR ; National Performance Review)

Clinton 대통령은 1993년 2월에 취임한 후 연방공무원 10만명 감축지시를 내리고, Gore 부통령에게 정부를 완전히 새롭게 재창조(Reinventing Government) 하기 위한 방안을 강구하도록 하였다. Gore 부통령의 NPR은 개혁작업에 착수하면서 이론에 의존하기보다는 아이디어에 근거한 실천을 중시하였으며, 장기계획보다는 신속한 조치결과를 추구하는 전략을 취하였다. NPR이 강조하는 핵심적 아이디어는 절차와 규정을 단순화시키고 직원들에게 권한을 부여해 주는 것이었다.

1) 기본원칙

① 작지만 보다 생산적인 정부로 재창조해 나가기 위한 "Works Better&Costs Less"구현
② 형식적 절차주의(red tape) 제거, 고객우선주의 실현, 결과중심의 관리개혁, 불필요하고 중복된 사업과 기능 배제 및 경비절감, 정부수입 증대 등 종합적 접근

2) 주요내용

(1) 탄력적 관리체제구축 : 1만 페이지에 달하는 연방인사편람의 폐기 등 연방정부 내부의 관리규정 가운데 64만 페이지 감축, 인사관리권한의 대폭적 위임을 위한 공무원법 개정안 의회제출, 조달구매절차의 간소화 및 위임 등
(2) 민간의 규제부담완화 : 정부규제를 수록한 연방규정집의 1만 6천 페이지 삭제 및 3만 1천 페이지 단순화, 민간의 보고부담경감을 위한 서류작업감축법의 개정, 파트너십에 입각한 규제대안 개발
(3) 고객우선주의 실현 : ① 200여개 기관에서 3,500여 개의 서비스기준 발표, ② 사업에 필요한 모든 정보를 인터넷으로 접근할 수 있는 'U.S. Business Advisor' 개발, ③ 전자수단을 활용한 사회보장급여 지급, ④ 고객의 의견존중과 선택권 부여, ⑤ 서비스의 경쟁유도, ⑥ 시장경제의 원리 중시, ⑦ 문제해결에의 시장메커니즘 활용
(4) 조직 및 사업개편 : 주제상무위원회(ICC) 폐지, 불필요한 사업 200개 폐지, 농무부·노동부 등의 2,000여 개 지방사무소 통·폐합 및 onestop 서비스 제공, 관세청·국세청·내무부·에너지부·주택도시개발부 등의 본부인력 축소 및 일선기구 증강, 교통부·노동부 등의 지방

보조금사업 통합, 국립기상청·연방항공국(FAA)의 민영화, 조달청(GSA)의 조달기능 및 인사관리처(OPM)의 인사관리기능의 위임 및 관련 기구와 인력 축소

(5) 파트너십의 형성 : 중앙정부와 지방정부간, 정부와 공무원노조간, 정부와 국민·기업간 동반자적 협력

(6) 정보기술의 활용과 '전자정부'(electronic government) 구현 : '첨단 네트워과 디지털정보의 정보기술을 전략적으로 활용하여 표준화된 정보의 공동활용에 의한 고객지향적이고 열린 고객감상적 정부'

(7) 성과중심의 관리체제 구축

2. 오바마(Barack Obama) 행정부의 주요개혁 정책

1) 경제정책 : 정부역할 증대, 중산층 및 서민경제 활성화

2) 통상 및 조세정책 : 무역불균형해소, 보호무역 및 상호주의, 고소득층 증세

3) 사회정책 : 총기류 규제 강화, 온실가스 배출규제

4) 보건정책 : 정부지원확대, 저소득층 보험가입 의무화

5) 교육정책 : 학업성취도가 낮은 학교 매년 1,000개씩 폐교하여 총 5,000개 폐교

6) 금융정책 : ① 은행(상업)이 헤지펀드, PEF, 그리고 소비자와 관련 없는 자기매매 기관을 소유, 투자, 또는 후원하는 것에 대한 금지 - 오바마는 이를 Volcker Rule이라 명명 ② 최대 규모 금융기관들에게서 부채의 과도한 증가(시장 점유율 측면에서)가 일어나는 것에 대한 제한

* 헤지펀드(hedge fund) - 투자 위험 대비 높은 수익을 추구하는 적극적 투자자본을 말하는 것으로 투자지역이나 투자대상 등 당국의 규제를 받지 않고 고수익을 노리지만 투자위험도 높은 투기성자본이다. '헤지'란 본래 위험을 회피 분산시킨다는 의미이지만 헤지펀드는 위험 회피보다는 투기적인 성격이 더 강하다.

* PEF(사모투자펀드; Private Equity Fund) - 특정기업의 주식을 대량 인수해 경영에 참여하는 방식의 펀드이다. PEF는 전형적으로 경영권을 확보한 뒤, '바이아웃(Buy Out)'의 투자 전략을 취한다. 미국, 유럽 등 선진국에서 1990년대 이후 성장하기 시작했으며 국내에는 기업과 금융 구조조정에 활용해 선순환을 불러오고 자본시장을 활성화해 동북아 금융허브로 도약하기 위한 목적으로 도입되었다.

🌀 영국의 행정개혁

1. 1980년대 이후 영국의 개혁

오랜 경제불황과 높은 실업률에 시달려 온 영국은 1979년 보수당의 대처(Thatcher) 수상 취임을 계기로 OECD 국가 중 제일 먼저 정부개혁을 시도하였다. 당면한 경제적·재정적 위기의 원인을 전후 노동당의 사회복지정책과 정부경영의 비효율성에 있다고 판단하고, 시장경제의 원리에 입각한 '작고 효율적인 정부'로 되돌아가야 한다는 신보수주의 정치이념과 강력한 리더십을 바탕으로, 대대적인 민영화 정책과 과감한 정부혁신작업을 추진하였다. 공공부문의 영역을 최소화하고 민간기업의 경영방식을 정부부문에 도입하려는 혁신적 노력을 단계적으로 추진함으로써 각국의 개혁추진에 많은 영향을 주었다. 영국의 정부관리개혁은 Thatcher 정권의 능률성 진단(efficiency scrutiny, 1979년), 재무관리개혁(financial management initiative, 1982년), Next Steps(1988년)에 의한 책임집행기관(executive agency)화 그리고 Major 수상에 의한 시민헌장(Citizen's Charter, 1991년), 공무원제도의 개혁과 능률계획제도 시행(1994년) 등으로 대표된다.

2. 대처의 개혁(M. Thatcher)

(1) 능률성 진단(effciency scrutiny) - 1979년

Thatcher 수상은 내각사무처 내에 민·관이 혼합된 소수(14명)의 능률팀(efficiency unit)을 구성하여 부처별로 주요 업무에 대한 능률성 진단(efficiency scrutiny)작업을 추진(비용가치의 제고, 서비스의 질 향상, 조직 및 관리의 효과성 제고)하도록 함으로써 불필요한 직무의 폐지·축소·민간이양, 절차 및 서식의 개선·간소화, 내부감사의 강화, 공무원의 정원관리의 강화 등을 추진하였다.

(2) 재무관리개혁(Financial Management Initiative) - 1982년

1982년에 영국정부는 재무관리개혁(FMI)에 착수하였다. FMI의 목적은 종래의 각 부처에 대한 중앙(대장성)의 강력한 예산통제를 완화하여 정원상환(staff celling) 및 총괄운영예산(total running costs)의 한도 내에서 자율적으로 운영해 나가도록 재무관리권한을 각 부처와 관리자에게 폭넓게 허용해 주되, 모든 관리자들에게 자신의 업무목표를 설정하도록 하고 실적에 대한 비용효과성을 평가함으로써 재원의 최적 활용여부에 대한 개인적 책임을 지도록 하는 것이다.

(3) Next Steps개혁 - 1988년

1988년에 능률팀에서 작성한 Next Steps 보고서는 공무원제도와 정부조직을 개혁하는 데 있어서 가장 혁명적인 계기를 마련해 준 것으로 평가되고 있다. Next Steps개혁의 주된 내용은 1997년까지 10년간을 목표기간으로 설정하고 중앙부처에서 담당하고 있는 집행 및 서비스 전달기능을 정책기능으로부터 분리하여 집행기관(executive agencies)이라는 새로운 형태의 책임경영조직으로 전환해 나간다는 것이다.

3. 메이져(J. Major)개혁

J. Major는 1991년 시민헌장, 1994년 '열린정부백서(국민접근, 기관별 능률향상)', 1995년 '고위관리직 공무원제(개방임용·계약제)', 1996년 '전자정부청서' 등의 개혁을 단행했다. 1991년 Major 수상에 의하여 주창된 시민헌장제도는 행정서비스의 질적 향상을 목표로 하는 향후 10년 간의 개혁프로그램이다. 능률성 진단과 Next Steps 등의 개혁조치가 주로 경제성과 효율성이라는 두 가지 개념에 초점을 맞추고 있다고 한다면, 시민헌장제도는 열악한 상태의 대민 서비스문제에 눈을 돌려 효과성 개념에 중점을 둠으로써 행정의 궁극적인 목표인 고객서비스의 질을 향상시키는 것을 목표로 삼고 있다. 시민헌장제도는 행정서비스의 기준을 향상시키고 공무원의 얼굴을 변화시키기 위한 6가지 원칙을 부과하고 있다.

① 서비스기준 설정 및 이를 시민의 권리로 인정
② 서비스기준의 공표 및 정보 제공
③ 시민만족도 조사 및 서비스제공자 간의 경쟁촉진으로 시민의 선택권 확대
④ 친절과 도움
⑤ 잘못된 서비스에 대한 불만제기권 부여 및 시정장치 마련
⑥ 일반납세자에 대한 비용가치의 구현 등이 포함 : 이러한 시민헌장제도는 행정기관이 약속한 질 높은 서비스의 제공을 시민이 요구할 수 있는 권리로서 인정해 준다는 데에 커다란 의미가 있다. 이로 이하여 시민들은 종래의 수동적인 수혜자의 입장에서 적극적인 선택권자의 입장으로 바뀌게 되었다.

(1) 공무원제도의 개혁

전통적으로 공직 내부에서 폐쇄적으로 임용되어 오던 고위공무원들을 집행기관의 책임자와 같이 공개모집을 통하여 선발하는 계약제임용방식이 도입되고, 이들에 대한 계급제도가 폐지되었다. 또한 고위직의 보수수준도 업무책임도에 따라 폭넓게 책정된 보수등급의 범위 내에서 각 부처의 사무관이 개인별로 결정하게 된다. 다만, 부처 간 형평성을 도모하기 위하여 중앙에서 각 부처의 운영상황을 감시하고 인건비 총액을 통제하는 방법을 사용하고 있다.

4. 블레어(T. Blair) 개혁

(1) 1996년 '일하는 복지 및 보다 나은 정부' 주창

(2) '제3의 길'을 주창하며 종래의 보수주의와는 구별되는 진보정치를 강조(계급 간의 갈등과 편견에 기초한 지난 세기의 좌·우파의 보수주의 통치를 불식시키고 합리적 정책결정, 정보화정부, 사회적 약자를 보호하는 정부, 고객대응 행정서비스, 질 높은 행정서비스 강조)

(3) 종전의 시민헌장제도를 '서비스 제일주의'로 개칭

(4) 1997년 정보자유법 제정

(5) 1997년 12월 「번영을 위한 파트너십의 구축」이라는 백서를 발표하면서 지방자치단체의 의무경쟁입찰제도를 폐지하고 자발적 민관파트너십으로 정책전환 시도

(6) 민관으로 구성된 헌장마크 심사단의 심사를 거쳐 우수기관에는 3년 보유의 헌장마크 수여

🌑 우리나라의 행정개혁(1999년 이후)

① 정부기능의 재검토(Restructuring Government Functions) : 정부부문의 비대와 과다개입에 따른 비능률 반성 ⇨ 정부기능 정밀진단, Executive Agencies 등

② 성과중심의 관리체제(Performance Based Management) : 결과(Results) 및 산출물(Output)에 대한 강조 ⇨ 목표설정, 책임배분, 성과측정 및 환류

③ 관리권한의 위임(Delegation of Management Responsibilities) : 중앙 ⇨ 지방, 기관 내 상층부 ⇨ 각 부서장 또는 팀장(Line Managers)

④ 시장원리의 도입(Adopting Market Principles) : 비용-개념(Value for money), 능률, 경쟁의 일상화 ⇨ 목표관리제, 성과평가제 및 다양한 민영화, 민간위탁(Public-Private Partnership)의 도입

⑤ 서비스 질의 개선(Improving Service Quality) : 고객개념의 도입, 서비스전달체제의 개선 ⇨ 행정서비스 헌장의 추진

🌑 행정서비스 헌장제도

(1) 행정서비스 헌장의 도입배경

① 공공서비스 생산성 증대를 위한 여러 개혁방안은 서비스의 불친절, 공무원들의 책임성과 대응성 부족이라는 근본문제는 제거하지 못했다. 이러한 결과는 공공서비스의 질과 고객만족 및 성과향상에 관한 부정적 인식과 함께 행정불신의 대상이 되었다.

② 일반적인 성과관리방식은 고객의 욕구를 무시한 소수 전문가에 의한 권위주의적 관리방식을 초래함으로써 공공서비스의 궁극적 목적이라 할 수 있는 고객의 욕구에 부응하는 양질의 서비스를 제공하는 데 실패하였다. 정부 조직단위의 능력을 증진시키면서 공무원들로 하여금 친절하게 편리한 서비스를 고객에게 제공하도록 동기부여를 하기 위해서는 보다 장기적인 공공서비스 개선을 위한 새로운 관리실천과 연계된 기본적인 관리체계의 변동이 요청되었다.

(2) 행정서비스 헌장의 의의

① 개념 : 행정서비스 헌장은 행정기관이 제공하는 서비스 중 주민생활과 밀접히 관련되어 있는 서비스를 선정하여 이에 대한 서비스 이행기준과 내용, 제공방법, 절차, 잘못된 상황에 대한 시정 및 보상조치 등을 정해 놓고, 이의 실현을 주민들에게 문서로서 약속하는 행위이다. 따라서, 이를 실천에 옮기는 행정서비스 헌장제도는 주민들의 가장 기본적인 필요에 부응하고 모두에게 가능한 최고수준의 서비스를 제공하는 것을 기본이념으로 하고 있다.

② 적용대상 : 중앙행정기관 및 그 소속기관에 적용함을 원칙으로 한다. 지방자치단체, 법령에 의하여 행정권한을 가지고 있거나 위임 또는 위탁받은 법인·단체 및 그 기관은 이를 준용할 수 있다.

③ 공개 : 행정기관의 장은 헌장을 제정하거나 개선한 때에는 이를 국민이 충분히 알 수 있도록 관보 등에 게재하거나 일정한 장소에 게시하여야 한다.

④ 서비스 기준의 설정

　　㉠ 행정기관의 장은 서비스의 제공에 드는 비용과 그 서비스로부터 고객이 얻을 수 있는 편익을 비교·형량하여 합리적인 기준이 설정될 수 있도록 노력하여야 한다.

　　㉡ 서비스의 기준은 선언적이고 추상적인 내용보다는 구체적이고 계량화된 내용을 제시하여야 한다.

　　㉢ 행정기관의 장은 유사한 서비스를 제공하는 민간기업이나 외국기관의 우수사례를 조사하여 이와 대등한 수준의 서비스가 제공될 수 있도록 노력하여야 한다.

(3) 행정서비스 헌장제도의 특징

① 공공서비스 자체가 일반국민과의 계약

② 암묵적인 계약(공무원과 국민과의 모호한 계약)을 명시적인 계약으로 전환

③ 공공기관에 의무조항을 명시하고 일반국민이 당연히 누려야 할 권리 명시

④ 제공될 서비스의 수준을 규정하여 불이행시 일반국민들의 시정조치 요구

⑤ 도덕적 의무가 강력한 법률적 의무로 변모한 것

⑥ Norman Lewis는 행정서비스 헌장을 정부활동의 철학인 동시에 수단이라고 봄.

⑦ 서비스는 고객의 입장과 편의를 최우선으로 고려하는 고객중심

⑧ 행정기관이 제공하는 가장 높은 수준의 서비스를 제시하고, 비용과 편익이 합리적으로 고려된 서비스를 제시

⑨ 여론 수렴, 유관기관과 협력, 형평성 있는 서비스 제공 등

(4) 우리나라의 행정서비스 헌장제도 운영실태

1998년 6월 대통령훈령으로 '행정서비스 헌장제정지침'을 발령하여 중앙부처의 소방, 철도 등 10개 헌장이 시범제정·운영되기 시작하였고, 이후 행정기관별, 분야별 행정서비스 헌장제도를 확대 운영하게 되었다. 현재 우리나라가 도입 운영하고 있는 행정서비스헌장의 모델은 영국의 시민헌장을 원용하고 있다. 현재는 거의 모든 중앙부처와 지방자치단체가 행정서비스 헌장제도를 채택하고 있다.

예 공기업고객 헌장제도, 우편서비스 헌장제도, 항만서비스 헌장제도 등

① 행정활동에 대한 평가단 운영 : 대전시의 '공직자 친절도 민간평가단', 서울 동대문구의 '주부평가단'

② 공무원에 대한 인센티브 부여 : 울산시의 '친절점수제', 경북의 '친절저울대'

③ 공무원의 자체적 행태개선노력 : 전남의 행정서비스 질 제고를 위한 직원워크 및 토론회, 구미시의 부서별 친절서비스 사례의 연극 공연 등

예 영국의 시민헌장제도, 미국의 고객서비스 기준, 캐나다의 서비스 표준안 등과 유사

역대 정부조직개편 주요 내용

문민 정부 14부 5처 14청	국민의 정부 18부 4처 16청	참여 정부 18부 4처 18청	이명박 정부 15부 2처 18청
문화체육부 - 문화부, 체육청 소년부 상공자원부 - 상공부, 동력자원부 재정경제원 - 경제기획원, 재무부 체신부 - 정보통신부 환경처 - 환경부 수산업무 - 해양수산부 농림수산부 - 농림부	기획예산위원회 - 대통령 직속기구 - 나중 기획예산처 법제처, 국가보훈처 - 차관급 국무총리실 재정경제원 - 재정경제부 외무부 - 외교통상부 부총리급 - 경제 및 교육부서 여성부 신설	조직개편 최소화 보건복지부 보육서비스 - 여성가족부 기획예산처 행정개혁 - 행정자치부 소방방재청 신설 방위사업청 신설 철도청 공사화 행정중심복합도시건설청 - 한시적 기구	부총리제 폐지 법제처, 국가보훈처장 - 차관급으로 조정 기획재정부 - 기획예산처, 재정경제부 보건복지부, 여성가족부 금융위원회 신설 지식경제부 신설 방송통신위원회 신설 특임장관 신설

박근혜 정부의 조직 내용(17부 2원 3처 17청 5위원회)

구 분	내 용
신 설	미래창조과학부, 해양수산부, 경제부총리제
개 편	① 지식경제부 → 산업통상자원부로 변경 ② 행정안전부 → 안전행정부로 변경 ③ 식품의약품안전청 → 총리소속 식품의약품안전처로 이관 ④ 교육과학기술부 → 교육부로 변경 ⑤ 국토해양부 → 국토교통부로 변경 ⑥ 농림수산식품부 → 농림축산식품부로 변경 ⑦ 외교통상부 → 외교부로 변경
폐 지	① 특임장관실　　② 국가과학기술위원회

부 처	주요 개편 내용
미래창조과학부	과학기술과 ICT융합 촉진 및 창조경제 선도를 위해 장관 직속 창조경제기획관 신설
교육부	교육분야 핵심 대선 공약사항인 공교육 정상화를 위해 공교육진흥과 신설
안전행정부	재난안전 기능 보강을 위해 재난안전실을 안전관리본부로 개편. 정부 3.0추진을 위해 조직실을 창조정부전략실로 개편
문화체육관광부	문화정책과 예술정책의 전문성 강화를 위해 문화예술국 분리
산업통상자원부	통상 기능과 산업자원협력 기능을 융합하여 통상정책국, 통상협력국, 통상 교섭실 신설
국토교통부	교통 및 물류정책 기능 융합 연계를 위해 교통물류시설 신설
해양수산부	수산정책 강화를 위해 어촌양식정책관 신설

출처 : 안전행정부

* 박근혜 정부 3.0 시대가 도래 했다. 박근혜 당선인이 공약한 '정부 3.0'은 **공개, 소통, 공유**, 협력을 통해 개인별 맞춤정보와 서비스를 지향하는 **개방형 정부 운영체제**를 말한다. 정부 <u>1.0은 일방주도, 2.0은 쌍방향</u>이 특징이라고 할 수 있다.

* 17부 2원 3처 17청 5위원회(공정거래위원회, 금융위원회, 국민권익위원회, 원자력안전위원회, 방송통신위원회)

* **정부조직법에 근거하면 16청이 됨** - 행정중심복합도시건설청은 특별법에 근거하므로 정부조직법에 들어가지 않음. 즉 일반적으로 정부조직도는 17부 17청이지만 정부조직법에 근거해서 물어보면 17부 16청이 됨

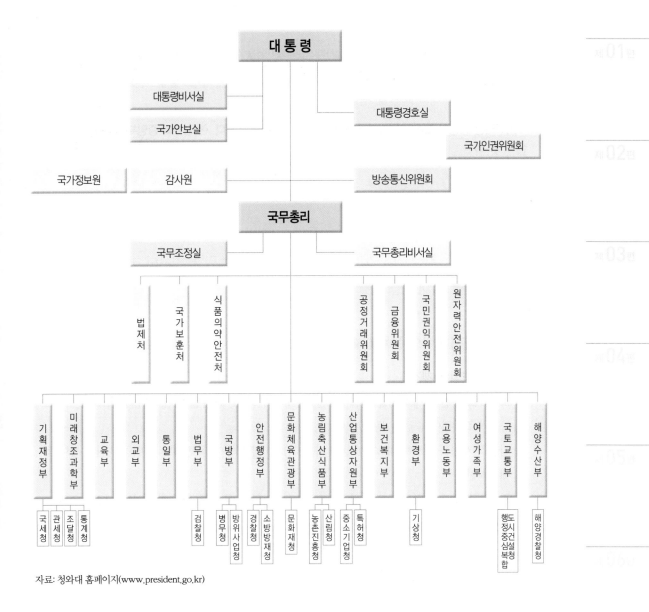

대통령

대통령비서실
국가안보실

대통령경호실
국가인권위원회

국가정보원　　감사원　　방송통신위원회

국무총리

국무조정실　　국무총리비서실

법제처
국가보훈처
식품의약안전처
공정거래위원회
금융위원회
국민권익위원회
원자력안전위원회

기획재정부
미래창조과학부
교육부
외교부
통일부
법무부
국방부
안전행정부
문화체육관광부
농림축산식품부
산업통상자원부
보건복지부
환경부
고용노동부
여성가족부
국토교통부
해양수산부

국세청
관세청
조달청
통계청
검찰청
병무청
방위사업청
경찰청
소방방재청
문화재청
농촌진흥청
산림청
중소기업청
특허청
기상청
행정중심복합도시건설청
해양경찰청

자료: 청와대 홈페이지(www.president.go.kr)

✎ 대표유형문제 ···

1. 시민헌장제도와 관련한 설명 중 옳지 않은 것은?

① 성과평가의 한 지표가 될 수 있다.
② 조직운영의 표준화·구체화를 통해 비용을 절감할 수 있다.
③ 관료들이 자율적으로 업무를 진행할 수 있다.
④ 서비스 수준의 표준화로 인한 기대를 형성할 수 있다.
⑤ 서비스의 내용, 불이행시 조치와 보상을 구체화 할 수 있다.

해설 시민헌장제도는 서비스의 품질과 제공절차의 표준화로 비용을 절감하고 조직의 성과평가 기준을 제공한다는 장점이 있지만, 공공서비스의 무형성으로 인하여 질을 구체화·객관화하기가 어렵고, 모든 행정오류를 금전으로 연계시켜 보상하려는 편협한 경제적 논리에 젖어 있다는 점과 지나치게 서비스기준을 표준화·구체화시킨 나머지 공무원의 자율성·창의성과 행정의 유연성을 저해한다는 비판이 따른다.

2. 우리나라는 정권이 교체될 때마다 일부 중앙부처가 변경되어 왔다. 현 정부의 중앙부처 명칭으로 옳지 않은 것은?

2013. 행정사 기출

① 기획재정부　　　　　　　　　　② 미래창조과학부
③ 안전행정부　　　　　　　　　　④ 교육인적자원부
⑤ 해양수산부

정답 ④

해설 박근혜 정부는 교육인적자원부가 아닌 교육부라고 해야 맞다. 과거에 교육부에서 교육인적자원부–교육과학기술부–교육부로 다시 복원되었다. 따라서 우리나라 개혁은 대부분이 암묵적인 인가의 의식적 전환보다는 제도나 구조적 개편에 치중하는 경향이 강했다.

우리나라 행정개혁의 문제점과 과제

(1) 행정개혁의 문제점

① 조직구조개편 중시 : 행정인의 가치관·행태의 변화 및 인간관계 개선의 측면보다는 주로 조직구조개편에 중점을 둔다.

② 집권적 개혁과 비밀주의 : 개혁안의 마련·평가·집행 등에 국민이나 하위공무원의 참여를 배제시킨다.

③ 권력구조개편을 위한 수단 : 형식적으로는 행정의 능률화를 추구하면서도 실질적으로는 권력구조의 재편성을 위한 수단으로 개혁이 단행된다.

④ 즉흥성과 정치성 : 전문성과 대표성이 없는 즉흥적·단기적 시각에서 이루어졌고, 정치적 효과만을 노리는 개혁이 단행되었다.

⑤ 유능한 개혁담당자의 미확보 : 이론과 조직진단에 정통한 전문지식을 갖춘 유능한 개혁담당자를 별로 확보하지 못하였다.

(2) 행정개혁의 과제

성공적인 행정개혁을 위해서는 ① 참여의 활성화, ② 행정개혁기관의 상설화, ③ 기구개편 위주의 행정개혁 지양, ④ 행태변화를 수반하는 종합적 접근방법, ⑤ 개혁에 대한 철저한 평가 등이 이루어져야 한다.

제01편

제02편

제03편

제04편

제05편

제06편

03 | 정부혁신과 관련된 제 유형

1. 비정부조직(NGO : Non Governmental Organization)

(1) NGO의 개념

비정부조직(NGO)은 시민의 자발적 참여에 의해 결성되는 민간단체이며, 공익추구를 목적으로 비영리적 활동을 하는 단체이다.

(2) NGO에 대한 이론적 배경

① 공공재이론 : 공공재를 생산하는 데 있어서 시장과 정부는 각각 내재적인 한계가 있다. 시장과 정부 이외의 다른 조직이 필요하다.

② 계약실패이론 : 정부가 특정 재화에 대해 완전한 정보를 얻지 못하기 때문에 사회적으로 바람직한 재화의 공급이 이루어지지 못할 수 있다. 민간의 정보를 활용하기 위하여 NGO가 유용할 수 있다.

③ NGO의 생성요인에는 정부실패(정부관료제의 한계)와 시장실패가 동시에 나타나는 현대사회에서 공익추구의 민간단체들로서 시장실패와 정부실패, 정부의 정책, 새로운 행정수요 발생, 복지국가의 위기, 서비스 공생산 노력의 확산 등이 주요 요인으로 작용했다고 볼 수 있다. 이들의 역할은 서비스 공급과 조정, 협력, 정책과정에서의 참여자 및 압력집단으로서 기능을 하게 된다.

(3) NGO의 속성

① '제3영역'의 조직 : NGO는 정부의 영역이나 시장의 영역과 구별되는 '제3영역'에서 활동하는 민간의 조직이다. 정부실패와 시장실패로 인한 공백을 채우는 역할을 한다.

② 자발적 조직 : 자발성에 기초한 조직이다. 즉, 시민의 자발적 참여에 의해 형성·운영되는 조직이다. 참여자의 자격제한은 별로 없으며, 조직의 경계는 느슨하다.

③ 비영리조직 : 조직구성원들을 위해 이윤획득과 배분을 추구하지 않으며 공익을 추구한다. NGO의 이러한 특성을 이타성(利他性) 또는 편익의 비배분성이라고 한다.

④ 자치조직 : 결성과 운영에 관한 결정을 자율적으로 할 수 있는 내부장치를 가지고 있다. 정부 등 환경적 세력들과 교호작용을 하는 과정에서 자율성의 제약을 받을 수는 있다. 그러나 정부가 완전히 통제하는 조직은 NGO라 하지 않는다.

⑤ NGO는 사회의 다양한 분야에서 사회·정치·경제 등의 복합적인 목적을 위해 활동하고 있

다. NGO의 본질은 집합적 서비스를 생산하며 기존의 시장 및 공공부문과 독립된 자발성이 강한 민간기구이다. 자발적 기관, 준자율적 비정부단체, 대중적(풀뿌리) 조직, 지역공동체기구, 민중적 기관, 자조적 기관 등을 포함한 개념으로서 Salamon은 "(제3섹터적)연합조직의 혁명(associational revolution)"이라 칭하고 있다.

⑥ 정부정책을 감시하고, 정보제공을 통해 시민의 정치참여를 장려하여 인권, 환경, 보건, 성차별 등의 특정이슈를 추구하기도 하며, 문제의 발굴, 문제에 대한 관심의 환기, 여론형성, 대안제시 등을 통하여 정책제언자(Advocacy)로서의 역할을 한다.

(4) NGO의 역할

NGO는 몇몇의 뜻있는 사람이 외부의 지원유무나 제도화와는 무관하게 특정의 활동을 시작할 수 있다. 따라서 시장의 실패가 존재하는 경우 NGO는 정부보다 신속하게 개입할 수 있다. 특히 그러한 문제가 국지적으로 발생한다면 정부보다는 NGO에 의한 문제해결이 보다 효과적일 수 있다. 그리고 정부의 개입은 NGO의 활동이 실패하는 경우나 불충분할 경우 이루어진다.

예를 들어 비영리단체의 재벌감시나 통제는 NGO가 신속하게 문제를 인식하고 사회의제화할 수 있으나 NGO 조직의 능력, 정보 그리고 제제수단의 한계 때문에 곧 정부에서 그 일을 맡게 되는 경우가 있을 수 있다.

(5) NGO의 실패모형(Salamon)

NGO의 실패이론은 시장의 실패이론과 정부의 실패이론을 다른 시각에서 바라본 것이다. 정부의 개입을 이끄는 NGO의 실패이유들은 다음과 같은 것들이 있다(Salamon, 1987).

① 박애적 불충분성 : NGO는 활동에 절대적으로 필요한 자원을 지속적이고 안정적으로 획득하는 데 많은 어려움이 있다. 우선 NGO는 내·외부에 대한 강제성이 없기 때문에 충분한 양의 자원을 지속적으로 동원하기가 어렵다. 부분적으로 이것은 무임승차의 문제이기도 하다.

② 박애적 배타주의 : NGO가 제공하는 서비스가 도움을 필요로 하는 모든 대상에게 전달되지 않는다. 특정종교, 인종단체 등을 배경으로 한 NGO는 그 활동영역과 주요 서비스공급대상이 한정되어 있는 경우가 많다. 물론 이것이 NGO의 장점으로 작용할 수도 있으나, 사회적으로 도움을 필요로 하는 모든 집단을 공평하게 도울 수 없는 구조적인 약점을 갖고 있다.

③ 박애적 온정주의 : NGO의 활동내용과 방식을 결정하는 것은 NGO에게 가장 많은 자원을 공급하는 집단의 결정에 의하여 좌우될 수 있다. 사설 자선단체가 유일한 재원공급원인 NGO의 경우 무엇을 누구에게 봉사하는가에 대한 결정이 전적으로 자원을 독점적으로 제공해주는 자선단체의 자의적인 결정에 따라 정해질 수 있다. 그 결과 NGO의 활동은 NGO

가 봉사하는 공동체의 선호를 반영하는 것이 아니라 몇몇 지역유지의 의지를 반영하는 결과를 가져올 수 있다.

④ 박애적 아마추어리즘 : 사회문제의 해결이나 서비스의 제공은 전문적인 지식을 필요로 하는 경우가 많다. 도덕적·종교적 신념에 바탕을 둔 일반적 도움은 한계가 있다. 예를 들어 직업교육이나 의료, 법률서비스의 무료제공을 위하여는 이들 분야의 전문가의 도움을 필요로 한다. 의사나 법률가 또는 관련분야의 전문가의 자발적인 참여나 자원봉사로 일부는 공급을 할 수 있으나 NGO의 부족한 재원으로는 이러한 전문성을 지속적이고 충분하게 확보하기 어려운 것이 사실이다.

(6) NGO의 기여와 한계

오늘날 NGO의 증가는 세계적인 추세이며 우리나라에서도 NGO가 급속히 팽창되고 그 역할이 커지고 있다. 정부기능의 민간화 촉진, 소외계층에 대한 사회적 관심의 증대, 정부규제 완화, 기업의 사회적 기여 증가, 행정수요의 증가와 다양화, 반부패운동에 대한 인식확산 등이 NGO 세력확산의 중요한 동인이라 할 수 있다. 그러나 NGO의 역할이 커진 만큼 그에 대한 비판도 커지고 있다.

① NGO의 기여 : NGO는 행정에 대한 시민참여를 촉진하고 효율화하며 정부와 시민 사이의 파트너십 발전에 기여하는 등 여러 가지 역할을 수행한다.

㉠ 공공서비스의 공급 : 공공서비스를 생산·전달하는 역할을 수행한다. 이러한 역할수행에 의해 정부와 시장을 보완한다.

㉡ 견제와 지원 : 정부와 시장을 견제하거나 공공정책의 형성과 집행을 돕는다.

㉢ 시민참여의 통로 : 민주적 참여의 장을 마련한다. 행정에 대한 시민참여의 효과적인 통로가 된다.

㉣ 분쟁 조정 : 사회적 분쟁을 조정하는 중재자의 역할을 수행한다.

㉤ 이념전파의 매체 : 이타주의와 같은 사상과 이념을 전파하는 매체가 된다.

㉥ 시민교육 : 민주시민에게 필요한 태도와 능력을 함양하는 시민교육에 기여한다.

② NGO의 한계 : NGO는 우리나라의 현실에서 여러 한계에 봉착하고 병폐를 노정하기도 한다.

㉠ 참여부진 : 시민의 참여부진으로 인한 인적·물적 자원부족과 전문성 결여의 문제가 있다. 일반시민의 참여가 활발하지 않기 때문에 '명망가 중심의 시민운동', '이목끌기식 운동'이라는 비판을 받고 있다.

㉡ 높은 의존성 : 정부 등 자원공급자들에게 지나치게 의존적이다. 제도화된 언론에 대한 의존도 역시 높다. 이러한 의존성은 NGO의 자율성·독자성을 저해한다.

ⓒ 중앙집중화 : 조직과 활동이 중앙(서울)과 본부에 집중되어 있다. 따라서 활동기반이 좁고 취약하다.

ⓔ 행태적 병리 : 내부운영의 관료화, 그리고 일탈적 행태가 비판되고 있다. 일탈적 행태의 예로 조직내·외에 걸친 주도권 다툼, 정치적으로 편향된 활동, 사익 추구와 품위손상 등을 들 수 있다.

✎ 대표유형문제 ··

비정부조직(NGO)에 관한 다음 설명 중 타당하지 않은 것은?

① 신국정관리(New Governance)에서는 정부-NGO간 협력체계를 중시한다.
② NGO는 의회, 정당 또는 행정부의 기능을 일부 보완할 수 있다.
③ 정부실패, 시장실패 등의 경제학 이론은 NGO의 존립근거를 설명하는 이론이 될 수 있다.
④ NGO의 전문성·책임성 부족 현상은 Salamon의 NGO 실패유형 중 '박애적 불충분성'에 해당한다.
⑤ NGO는 자율적 통제와 신뢰에 바탕을 둔다.

정답 ④

해설   NGO은 시민의 자발적 참여에 의해 결성되는 민간의 단체이며, 공익추구를 목적으로 비영리적 활동을 하는 단체이다. 시장실패와 정부실패에 대응하기 위한 새로운 국정관리 방식으로 기능한다. Salamon은 NGO의 실패이유로서 박애적 불충분성, 박애적 배타주의, 박애적 온정주의, 박애적 아마추어리즘을 제시하고 있는데, 보기 ④의 전문성·책임성 부족현상은 박애적 아마추어리즘에 해당된다.

··

2. 시장성테스트(MKT : Market Testing)

시장성테스트란 영국정부가 1991년(품질을 위한 경쟁, Competing for Quality)이라는 시책에서 강조한 것으로 정부기능을 원점에서부터 재검토하여 이를 적정히 축소하려는 신공공관리론의 주요 프로그램이다. 이 제도의 핵심은 중앙정부부처의 개별 조직단위 기능의 수행주체를 선정할 때 당해 업무를 수행하던 공무원조직과 이 업무수행을 민간위탁방식에 의해 하고자 하는 민간부문회사들과의 공개경쟁입찰을 통해 최종 결정하는 것이다. 정부의 모든 기능을 매 5년마다 검토하여 그 기능의 존폐여부 및 기능의 수행주체를 결정한다. 이를 '사전적 대안분석'(Prior Options Review)이라고 하는데 다음과 같은 절차를 통하여 공공부문 내의 기존사업들을 전반적으로 검토하여 폐기, 민영화, 전략적 외부위탁, 시장성평가, 내부구조조정 등의 여부를 판단하는 기능검토 절차를 의미한다.

(1) 공공서비스 분야에 경쟁성을 도입하기 위한 방법으로 민간과의 경쟁 또는 정부기관 간의 경쟁을 시험적으로 도입해 보고, 그 결과에 따라 내부시장화 또는 민간화 등을 결정하려는 절차이다.

(2) 시장성 검증의 대상으로 될 수 있는 업무영역은 자원집약적 업무, 구획이 가능한 업무, 전문가적 업무나 자원적 업무, 업무수행기술이 자주 변동하는 업무, 급변하는 시장환경 속에서 수행되는 업무 등이다.

① 현재 그 기능은 필요한 기능인가? ⇨ 불필요 시 폐지

② 필요하다면 그 기능은 공공부문이 꼭 책임져야 할 기능인가? ⇨ 공공보다 민간책임이면 민영화

③ 정부가 책임을 져야 한다면 공공부문이 그 기능을 직접 수행하여야 하는가? ⇨ 정부가 직접 수행이 불필요하면 민간위탁(전략적 외부위탁)

④ 정부나 민간 모두가 수행 가능하다면 공무원과 민간 간 상호경쟁을 시키는 입찰실시(시장성테스트) ⇨ 공무원조직이 낙찰되면 내부계약, 외부민간회사가 낙찰되면 외부계약(이 경우 당해 공무원은 민간사원으로 신분변동, 따라서 공무원의 저항 없이 자연스러운 구조조정 가능)

⑤ 정부가 반드시 직접 수행해야 한다면 가장 효율적인 조직구조와 절차 추구(자체효율화 도모) ⇨ 책임운영기관, Re-structuring, Re-engineering 등 내부구조 조정

※ 시장성 테스트는 의무적 경쟁 입찰(CCT ; compulsory competitiveendering)제도이다.

3. 책임운영기관

(1) 책임운영기관의 의의

① 책임운영기관이란 정부가 수행하는 사무 중 공공성을 유지하면서도 경쟁원리에 따라 운영하는 것이 바람직한 사무에 대하여 책임운영기관의 장에게 행정 및 재정상의 자율성을 부여하고, 그 운영성과에 대하여 책임을 지도록 하는 행정기관을 말한다.

② 우리나라는 영국의 Next Program의 Executive Agency(책임집행기관) 영향을 받아 Hive-in 방식을 취하고 있으나, 뉴질랜드는 Hive-out 방식에 의하여 민간기구로 운영되고 있다.

③ 우리 정부는 1999년 1월 1일 「책임운영기관의설치·운영에관한법률」을 제정하여 동년 7월 1일부터 시행하여 정부를 생산적이고 효율적인 정부로 전환해 나가고 있다.

④ 책임운영기관은 정부투자기관과는 달리 법인이 아니며, 그 직원의 신분은 여전히 공무원으로서 국가공무원법과 지방공무원법이 적용되어 신분보장이 된다.

⑤ 책임운영기관은 결정과 집행을 분리하고, 민간기업형 경쟁을 도입한 제3부문이 아닌 행정기관이며, 최종적 책임은 주무부장관이 진다.

(2) 책임운영기관을 도입해야 할 필요성이 있는 분야

① 성과측정이 용이하고 성과에 대한 책임관리가 용이한 분야

② 유사기능을 수행하는 기관 상호간의 경쟁을 통하여 내부시장을 창출할 수 있는 분야

③ 사용료나 수수료 등을 징수할 수 있는 분야

④ 국가의 공신력이 필요하거나 민영화나 공사화가 곤란한 분야

⑤ 중앙정부와 지방정부 간에 서비스를 통합하여 제공할 필요가 있는 분야

(3) 책임운영기관의 대상사무 선정기준

① 사업적·집행적 성질의 서비스

② 자체적으로 재정수입의 일부 또는 전부를 확보할 수 있는 사무(예측가능한 재정수입이 필요)

③ 공공성이 강하여 민영화가 곤란한 사무

④ 국가와 지방 간 사무의 소관을 분리하기가 곤란한 사업(통합이 요청되는 사무)

　　예 국립의료원, 면허시험장, 국도유지관리, 영상물간행제작, 국군홍보 등

⑤ 권한위임이 가능한 기관(장관과 업무의 책임한계를 명백히 할 수 있도록 함)

⑥ 내부시장화가 필요하고, 성과측정기준의 개발·측정이 가능한 사무

(4) 책임운영기관의 운영원리

① 독립성 : 모조직(母組織)과 독립해 있다.

② 개방성 : 소속 중앙행정기관장이 공개모집절차(개방형)에 따라 5년 이내의 계약직으로 책임운영기관장을 임용한다.

③ 목표성 : 기관장은 소속장관과 기관의 목표와 사업계획을 계약에 의하여 합의한다.

④ 자율성 : 인사(책임운영기관장에게 직원에 대한 임용권 인정), 상여금 차등지급권 인정, 조직관리, 예산·회계관리 면에서는 책임운영기관 특별회계를 설치하고, 예산운용에 대한 자율성, 탄력성을 부여하기 위하여 예산의 이용·전용 및 이월을 폭 넓게 인정하고 있다.

⑤ 책임성 : 성과에 따라 보상과 책임(1차 성과평가 - 각급 행정기관에 설치된 운영심의회, 2차 성과평가 - 행정안전부에 설치된 평가위원회)을 진다.

(5) 책임운영기관의 운영실태

① 설치 : 행정안전부장관은 기획재정부 및 해당 중앙행정기관의 장과 협의하여 책임운영기관을 설치할 수 있으며 책임운영기관은 소속 중앙행정기관의 장이 부여한 사업목표를 달성하는 데 필요한 기관운영의 독립성과 자율성이 보장된다.

② 인사

    ㉠ 기관장은 소속 중앙행정기관장이 내외전문가 중에서 공개모집절차(개방형임용)에 따라 5년 이내의 계약직공무원으로 채용하고 연봉을 지급한다.

    ㉡ 책임운영기관 소속공무원에 대한 일체의 임용권은 주무부장관이 가지되 책임운영기관장에게 임용권을 위임할 수 있으며, 기관장에게 상여금 차등지급권도 인정한다.

    ㉢ 「책임운영기관설치·운영에관한법률」 제19조(임용시험)에 의하면 "책임운영기관 소속공무원의 임용시험은 책임운영기관장이 실시한다. 다만, 기관장이 단독으로 실시하기 곤란한 경우에는 중앙행정기관의 장이 실시할 수 있으며, 다른 시험실시기관의 장과 공동으로 실시하거나 대통령령으로 정하는 다른 기관의 장에게 위탁하여 실시할 수 있다."고 규정하고 있다.

③ 재정

    ㉠ 책임운영기관의 재정은 일반회계와 특별회계로 운용하고 이용·전용·이월을 폭넓게 인정하는 한편 기업예산회계법이 준용되는 정부기업으로 간주된다.

    ㉡ 책임운영기관의 특별회계는 책임운영기관 계정별로 주무부장관이 운용하고 기획예산처장관이 통합하여 관리한다.

    ㉢ 기획재정부는 예산안편성지침을 작성할 때, 책임운영기관의 기업적 특수성을 반영할 수 있도록 관계 중앙행정기관의 장의 의견을 들어 이를 따로 정할 수 있다.

④ 성과관리

    ㉠ 중앙행정기관장은 책임운영기관의 재정의 경제성 제고, 서비스수준의 향상, 경영합리화 등에 관한 사업목표(성과목표)를 기관장에게 부여하고, 기관장은 사업운영계획을 수립하여 중앙행정기관장의 승인을 받는다.

    ㉡ 행정안전부에 설치된 평가위원회(2차평가)와 각 행정기관에 설치된 운영심의회(1차평가)가 성과평가 담당한다.

책임운영기관과 일반행정기관의 차이

① 조직·정원: 일반행정기관과 달리 부령(직제시행규칙) 및 훈령(기본운영규정)으로 규정하여 기관 자율에 따라 신축적인 조직관리가 가능합니다.

② 인사관리: 기관장을 공개모집에 의해 계약직으로 채용하여 임기를 보장(2~5년)하고, 직원의 인사권을 기관장에게 대폭 위임된다.

③ 예산·회계: 일반행정기관에 비해 예산의 이월·전용의 폭이 넓고, 기관별 초과수입금을 자체 활용하거나 일부기관은 기탁물품 접수가 가능하다.

---

(6) 책임운영기관의 종류

2011년 11월 현재 우리나라는 38개 책임운영기관이 운영되고 있으며, 주요사무의 성격에 따라 6개 유형으로 분류·관리하고 있습니다. 유형별 책임운영기관은 아래와 같다.

유 형		기관명	유 형	기관명
조사 연구형 (16개)	조사 및 품질 관리형 (8개)	국립종자원, 국토지리정보원, 경인지방통계청, 동북지방통계청, 호남지방통계청, 동남지방통계청, 충청지방통계청, 항공기상청	문화형 (6개)	국립중앙과학관, 국립과천과학관, 국방홍보원, 국립중앙극장, 국립현대미술관, 한국정책방송원
	연구형 (8개)	국립과학수사연구원, 국립수산과학원, 국립생물자원관, 통계개발원, 국립문화재연구소, 국립원예특작과학원, 국립축산과학원, 국립산림과학원	의료형 (9개)	국립서울병원, 국립나주병원, 국립부곡병원, 국립춘천병원, 국립공주병원, 국립마산병원, 국립목포병원, 국립재활원, 경찰병원
교육훈련형 (2개)		국립국제교육원, 한국농수산대학	시설 관리형 (4개)	울산지방해양항만청, 대산지방해양항만청, 국립자연휴양림관리소, 해양경찰정비창
기타(1개)		·특허청		

(7) 사무의 성격에 따라 기업형기관과 행정형기관으로 구분

① 기업형기관 : 자체수입이 1/2 이상인 기관(국립중앙극장 등 19개 기관)

　　예 특허청, 품질관리단, 국립의료원, 국립중앙극장, 국방홍보원, 경찰병원, 운전면허시험관리단, 국립자연휴양림관리소, 국립중앙과학관, 국제교육진흥원, 국립재활원, 지방해양수산청(2개), 국립병원(7개) 등

② 행정형기관 : 자체수입이 1/2 미만인 기관(지방통계사무소 등 25개 기관)

　　예 통계개발원, 항공기상대, 지방통계청(5개), 국립과학수사연구소, 국토지리정보원, 국립문화재연구소, 국립종자관리소, 국립현대미술관, 영상홍보원, 원예연구소, 축산연구소, 통계사무소(7개), 국립수산과학원 등

　　* 기업형기관은 기업예산회계법이 적용, 특별회계로 운영되며, 정부기업으로 간주되나 행정형기관은 일반회계로 운용하도록 하되, 기업형기관에 준하는 운용상의 자율성을 보장함.

(8) 각국의 책임운영기관의 실태

① 미국 : 1995년 이후 Clinton행정부의 NPR로 건의된 성과중심조직(PBO : Performance Based Organization)

② 영국 : 1988년 이후 Next Steps에 의하여 설치된 책임집행기관(Executive Agency)

③ 캐나다 : 1990년 이후 설치된 특별사업기관(SOA : Special Operating Agency)

④ 뉴질랜드 : 1988년 이후 각 부처로부터 독립된 독립사업기관(Crown Entities)

⑤ 호주 : 1988년 이후 설치된 책임운영기관(Statutory Authority)

⑥ 일본 : 1997년 이후 행정혁신심의회의 검의로 설치된 '독립행정법인' (단, 공권력과 무관한 기능)

⑦ 우리나라 : 1999년 이후 설치된 책임운영기관

(9) 책임운영기관의 장점과 단점

① 장점

    ㉠ 정부조직의 경직성 타파와 국민위주의 행정서비스 공급

    ㉡ 운영기관들의 실적 목표 제고

    ㉢ 행정서비스의 질 향상

    ㉣ 인사행정상의 봉급체계와 구조, 직급체계 변화

    ㉤ 직접충원과 외부충원의 비율 증가

② 단점

    ㉠ 단기적 실적은 증가하나, 장기적 실적의 상승은 여전히 문제로 남아 있다.

    ㉡ 수익자부담원칙의 적용에 의해 사회적 약자인 저소득층이 행정서비스의 수혜대상에서 제외될 가능성이 있다.

    ㉢ 책임운영기관은 정책과 운영을 구분하였으나 실제 장관, 부처 그리고 집행기관 간에 책임의 중첩이 발생한다.

    ㉣ 직업공무원제가 아닌 계약직 공무원제로 인해 정치적 중립성이 저해될 가능성이 있다.

    ㉤ 공무원노조의 지위를 약화시킬 우려(정부와 공무원 노조와의 임금 및 근로조건 등에 대한 전국적 계약의 중요성을 축소시킴)가 있다.

    ㉥ 정부부문의 특수성에 의한 기술적인 제약, 이용 가능한 데이터 부족 등으로 성과지표의 개발이 곤란하다.

✎ 대표유형문제 ....

우리나라 책임운영기관에 대한 설명이 올바르지 않은 것은?

2007. 대전시

① 영국 Agency에서 유래한 집행적·사업적 성격이 짙은 행정기관이다.

② 일본의 독립행정법인과도 유사한 이념에 따라 지정한 행정기관이다.

③ 기관의 조직정원과 구성원의 보수 등에서 일정한 범위의 자율성이 인정되고 행정성과에 따른 책임성이 더욱 요청된다.

④ 이들은 각각 국가가 전액 출자하여 설립한 공법인이다.

4. 행정의 경영화 기법

1) 벤치마킹(Benchmarking)

(1) 의의

어느 특정분야에서 우수한 상대를 표적으로 삼아 자기 기업과의 성과 차이를 비교하고, 이를 극복하기 위해 그들의 뛰어난 운영프로세스를 배우면서 부단히 자기혁신을 추구하는 경영기법으로 미국의 「포춘지」가 '쉽게 아이디어를 얻어 새 상품 개발로 연결시키는 기법'이라며 벤치마킹이라고 이름 붙였다. 벤치마킹을 성공적으로 활용하기 위해서는 벤치마킹의 적용분야, 벤치마킹의 상대, 성과 측정지표, 운영프로세스라는 벤치마킹의 4가지 구성요소에 대한 명확한 이해가 필요하다.

(2) 주요 특징

① 지속적인 모방을 통한 자기혁신

② 유사기능의 선도업체를 기준으로 목표나 성과수준을 정하고 그 기업의 조직과 경영기법을 자기 기업에 적극 받아들여 응용함으로써 경쟁력을 제고하려는 방법

③ 최초로 제록스사가 캐논사를 모방하여 성공

2) 다운사이징(Downsizing)

(1) 의의

IBM 왓슨 연구소 직원인 헨리 다운사이징의 이름에서 따온 것으로 감량경영, 조직을 야위게 (lean) 만드는 기법을 말하는 것으로 Slim화를 통해 능률의 증진을 추구하자는 것이다.

(2) 주요 특징

① 고객과 최종 의사(공급)결정자를 정보기술로 직결시켜 고객이 있는 현장에서 즉결처리되도록 함으로써 고객과 최종공급자의 중간계층이 간접 인력을 축소하여 서비스와 창조활동업무에 재배치할 수 있게 하는 것이다.

② 정부의 비대화에 따른 비효율에 대한 대용으로서 정부의 인력과 기구 및 기능의 감축을 의미하여, 일선으로의 권한의 위임, 즉 분산처리를 강조한다.

3) 아웃소싱(Outsourcing)

(1) 의의

외부조달 또는 외주, 비용절약과 조직본연의 핵심역량 강화와 특수한 분야의 기술축적을 통한 관련 산업분야의 활성화, 경쟁력 있는 핵심사업을 정해 집중적으로 투자하고 그렇지 않은 부문들은 외부의 전문적이고 효율적인 용역기관에 맡기는 기법이다.

(2) 주요 특징

① 행정업무의 질적 개선

② 비용의 경제성 확보(감축관리)

③ 조직의 탄력적 운용

④ 업무 및 서비스의 내실화 추구

4) 프로슈머 마케팅(Prosumer Marketing)

생산자(producer)와 소비자(consumer)를 합성한 말이 프로슈머인데 이러한 개념을 중시한 마케팅 전략이 프로슈머 마케팅이다. 프로슈머 마케팅은 '고객만족'의 단계를 뛰어 넘어 소비자가 직접 상품의 개발을 요구함과 동시에 아이디어를 제안하고 기업이 이를 수용하는 방식이다. 즉, 소비자와 생산자가 동일체로 바뀐 형태의 이 마케팅은 컴퓨터, 가구, 의류업체 등에서 흔히 채용되고 있는 것으로 소비자 만족이 성공의 열쇠라는 인식에서 비롯된 전략이다.

5) Re-engineering(업무과정의 재설계 : 분업의 부정)

(1) 의의

'업무재구축'이라는 말로 번역되는 비즈니스리엔지니어링은 인원삭감, 권한이양, 노동자의 재교육, 조직의 재편 등을 함축하는 말로써, 비용·품질·서비스와 같은 핵심적인 경영요소를 획기적으로 향상시킬 수 있도록 경영과정과 지원시스템을 근본적으로 재설계하는 기법이다. 한마디로 기업의 근본적인 체질개선을 위해 기업공정을 획기적으로 다시 디자인하는 것을 말한다. 마이클 해머 박사가 1990년 「하버드 비즈니스 리뷰」지에 이 개념을 처음으로 소개해 전세계 기업의 경영혁신운동의 새 장을 열었다.

(2) 특징

업무절차의 최소화, 통제의 최소화와 동기부여의 극대화, 고객지향적, 구성원에 의한 의사결정, 서류절차단계를 축소, 선택적 분권화(상황에 따라 집권과 분권 활용), 백지상태에서 사고, 기업전체의 이익중시, 세계제일주의 추구 등

6) 총체적 품질관리(TQM : Total Quality Management)

(1) TQM의 의의

① 제품이나 서비스의 품질뿐만 아니라 경영과 업무, 조직구성원의 자질까지도 품질 개념에 넣어 관리해야 한다는 개념으로 TQC(Total Quality Control)가 발전한 것인데 미국의 저명한 품질관리 대가인 Edward Deming 박사가 2차 대전 직후 일본에 초빙되어 가서 일본 제품의 품질을 개선하는 데 결정적인 기여를 함으로써 세계시장을 석권하는 길을 열게 되었다.

Deming 박사는 "조직 전체의 문제에 대한 책임 중 고작 15% 정도가 직원들 몫이며, 나머지 85%는 대개 시스템의 몫"이라고 말했으며 14가지 원리(㉠ 제품과 서비스의 지속적 향상을 위한 목표의 항구성, ㉡ 새로운 철학의 채택, ㉢ 대량검사에의 의존타파, ㉣ 구입자재의 품질향상, ㉤ 생산시스템(공정)의 개선, ㉥ 직장 내 훈련의 제도화, ㉦ 감독과 리더십, ㉧ 두려움의 제거, ㉨ 각 부서 간의 장벽의 파괴, ㉩ 수치로 나타낸 목표와 슬로건의 제거, ㉪ 작업표준과 쿼터의 제거, ㉫ 자존심 회복, ㉬ 교육과 훈련의 실시, ㉭ 변혁을 위한 조치)를 제시하기도 했다.

그러한 성과에 힘입어 품질관리 철학과 이론은 미국으로 역수입되어 그 영향력을 확대하면서 TQM이라는 새로운 경영관리의 기법으로 자리매김하였다.

TQM은 기본적인 정신이나 사고방식을 소홀히 한 채 단순히 지엽적인 제도나 기법에만 매달려서는 품질경영의 진정한 효과를 얻기 어렵고, 오로지 품질 위주의 기업문화를 창조하여 조직구성원의 의식을 개혁해야만 궁극적으로 기업의 국제경쟁력을 높일 수 있다고 강조한다.

② Cohen & Brand의 정의
  ㉠ Total은 고객욕구식별에서 고객만족평가까지 모든 면을 조사 적용
  ㉡ Quality는 고객의 기대수준을 충족시킬 뿐만 아니라 그것을 초과하는 것
  ㉢ Management는 제품의 질을 향상시키기 위하여 조직의 능력을 개발하는 것

③ 공공부문에는 서비스의 다양성과 무형성으로 인하여 품질에 관한 기법이 그대로 적용되기 곤란하다는 의견이 많지만 최근 선진국에서는 공공부문에도 TQM의 도입이 시도되고 있다. 미국 정부의 경우 대통령 직속 중앙예산기관인 관리예산처(OMB)가 '국가품질상(National Quality Award)'제도를 제정하여 운영하고 있다. 우리나라의 경우 한국생산성본부 등이 이와 유사한 국가고객만족도지수(NCSI)를 통해 매년 고객만족도를 조사 발표하고 있고 자치단체별로는 시민평가가 실시 중이다.

④ TQM의 3가지 경영철학

  ㉠ 고객만족   ㉡ 전사적(全社的), 전직원(全職員)의 참여   ㉢ 지속적 개선

⑤ TQM의 기본적 메시지

  ㉠ 품질을 개선한다.   ㉡ 고객을 섬긴다(역피라미드형 조직선호).

  ㉢ 고객의 요구를 만족시킨다.   ㉣ 직원에 의한 혁신을 권장한다.

  ㉤ 정보의 자유로운 흐름을 지원한다.   ㉥ 시스템(직원이 아니라)을 손본다.

  ㉦ 직원의 긍지와 팀워크를 고취시킨다.

  ㉧ 혁신과 지속적 개량의 분위기를 조성하라는 것이다.

(2) TQM의 특성

① 고객중심주의 : 고객요구와 만족에 부응, 고객이 품질의 최종적 결정자

② 통합주의 : 능동적 참여, 기능연대, 집단적 노력

③ 합리주의 : 통계적 자료와 과학적 절차 및 분석기법의 활용

④ 총체주의 : 조직활동 전체에 대한 적용

⑤ 끊임없는 개선활동 : 고객의 불만을 줄이기 위해 지속적 개선 노력

⑥ 사전적·통계적 품질관리 중시 : 무가치한 업무, 과오, 낭비 불허

⑦ 장기적 측면을 중시하고 소비자수요를 중시

⑧ 산출과정 초기에 품질이 정착되고, 서비스의 지나친 변이성 방지

(3) TQM과 제이론과의 비교

① 전통적 관리와 TQM의 비교

구 분	전통적 관리	TQM(총체적 품질관리)
조직구조	통제에 기초한 수직적, 집권적	참여를 통한 수평적 구조, 직원에 권한 위임
의사결정	불확실한 가정과 직감에 근거	통계적 자료와 과학적 절차에 근거
고객욕구측정	전문가들이 측정	고객에 초점을 두어 규명
자원통제	기준을 허용하지 않는 한 낭비를 허용	무가치한 업무, 과오, 낭비불허
품질관리	문제점을 관찰 후 사후 수정	문제점에 대한 예방(사전적)적 관리 중시
서비스의 양과 질	서비스 양을 중시	서비스 질을 중시
시 계	단기적, 미시적 안목	장기적, 거시적 안목

② 리엔지니어링과 TQM의 차이

구 분	리엔지니어링	TQM
차이점	태도문화보다는 절차 개선	구성원의 태도 및 조직문화의 변화 강조
	합리적(rational) 접근	규범적(normative) 접근
유사점	·관료제 등 전통적 조직모형에 반기 ·고객지향적이며, 변화지향적, 혁신적 관리	

③ MBO와 TQM의 비교

구 분	MBO	TQM
보 상	개인별 보상	총체적 헌신
중 점	사후관리(평가 및 환류)	예방적 관리
본 질	관리전략	관리철학
안 목	폐쇄적	개방적
추 구	목표지향	고객지향
초 점	결과지향(성과지향)	과정지향(가치관과 태도변화)
양과 질	양	질

(4) TQM의 운영과정

운영과정	내 용
업무의 기술(記述)과 확인	업무담당자들이 자기업무를 측정하고 기술하며 개선되어야 할 작업과정을 확인
결함과 그 원인 확인	업무수행과정에서 결함, 지연, 재작업이 자주 발생하는 곳이 어디인지를 확인하고 그 원인을 규명
개선안의 시행	업무과정을 개선하기 위해 입안한 작은 규모의 파일럿 프로젝트를 시행(시험적으로 실시)한다.
개선안의 채택과 실시	개선안의 시험적 실시가 성공적이면 이를 조직전체에 도입
반 복	위 개선 작업단계들을 결점이 없어질 때까지 되풀이하여 업무수행을 지속적으로 개선

✎ 대표유형문제 ···

신공공관리론(NPM)의 정부혁신전략으로 옳지 않은 것은?
2007. 군무원

① Market Testing – 공공부문의 사업에 대한 민영화 검토
② TQM – 장기적·전략적인 품질관리
③ 시민헌장제도 – 공공서비스를 시민의 권리로 공표
④ Downsizing – 업무프로세스를 근본적으로 재설계하는 기법

7) 균형성과관리(BSC : Balanced Scorecard)

(1) 균형성과관리의 의의

① 균형성과관리란 균형성과표 또는 통합성과관리라고도 한다.

② 유형자산과 무형자산을 연결하여 가치창조 전략들을 기술하기 위한 새로운 틀을 만드는 것이 균형성과표(BSC)다. 균형성과표는 조직의 전략달성을 촉진하고 균형된 성과평가, 책임경영 구현, 조직변화 촉진, 의사소통 활성화 및 기업의 신뢰도 확보 등의 도입목적을 가지고 있다.

③ 기존의 재무분석은 이미 과거의 현황을 보는 것이므로 현시장이나 미래의 시장환경에 적응하는 데는 적합하지 않고, 재무특유의 특성으로 인해 왜곡현상이 발생하는데 이러한 문제점을 해소하기 위하여 BSC가 나오게 되었다.

(2) 균형성과관리의 주요 특징

① BSC는 조직의 비전과 전략으로부터 도출된 평가지표들의 조합이다. 목표나 측정지표들은 비전과 전략을 실행할 수 있는 언어이다.

② BSC는 재무와 비재무, 결과지표와 성과동인, 후행지표와 선행지표가 균형을 이루므로, 단기적 재무성과에 치중하지 않고 전략성과에 대한 피드백이 가능하다.

③ BSC는 가치사슬의 모든 측면을 이해하고 측정할 수 있다. 따라서 사업의 전체 균형을 회복하고 관리자들의 협력을 증진시킬 수 있으며, 전략적 자원할당이 가능하다.

④ 우리나라 균형성과관리(BSC)는 기존에 사용해오던 목표관리(MBO)의 한계를 보완하기 위하여 사용하고 있는 성과평가제도로서 기존의 MBO가 구체적인 성과지표나 책임확보 장치가 없이 미시적, 상향적, 단기적이고 고객에 대한 배려가 없는 성과중심의 제도라면 BSC는 구체적인 성과지표 및 성과계약에 의하여 운영되는 거시적, 하향적, 장기적이며 고객에 대한 관점과 process(절차)까지를 고려하는 균형 있는 균형성과(통합성과)관리 체제이다. 따라서 우리나라 BSC는 MBO와 연계·보완된 형태로 도입되었다고 볼 수 있다.

(3) 균형성과관리의 구성요소

균형성과관리라는 것은 기업의 목표 또는 전략을 다음 4개의 관점으로 균형 있게 관리하여 기업의 과거, 현재 및 미래를 동시에 관리해 나가는 전략적인 성과관리이다.

BSC에서의 4가지 관점은 기업의 가치창출의 근원에 대한 시각을 제시해 주게 되며, BSC에서 설정한 관점을 통해 기업이 추구하는 가치의 원천이 어디에서 오는지 파악할 수 있게 해준다. '우리의 조직 가치는 어디에서 오는가?', '그 가치 원천들을 어떻게 지속적으로 유지시킬 수 있는가?'에 대한 답변을 통해 4가지 관점이 정립된다.

① 재무적 관점(Financial Perspective) : 이해관계자의 관점으로부터 표출되는 것으로, 위험, 성장, 수익에 대한 전략
② 고객관점(Customer Perspective) : 고객의 관점에서 차별화와 가치를 창출하는 전략
③ 내부 비즈니스프로세스관점(Internal business Process Perspective) : 이해관계자와 고객에 대한 가치를 창출하는 다양한 프로세스에 대한 전략적 우선순위
④ 학습과 성장관점(Learning& Growth Perspective) : 조직의 변화, 혁신, 성장을 지원하는 분위기에 대한 우선순위

🖋 대표유형문제

1. 우리나라 정부에서 추진하고 있는 BSC(balanced score-card) 성과평가에 대한 설명으로 옳은 것은?

2008. 국가직 9급

① MBO와 연계하여 사용하는 성과평가   ② NGO가 개발하여 적용하는 성과평가
③ PPBS의 수단으로 사용하는 성과평가   ④ ZBB를 대체하여 적용하는 성과평가

정답 ①

해설   우리나라 균형성과관리(BSC)는 기존에 사용해오던 목표관리(MBO)의 한계를 보완하기 위하여 도입되었다고 볼 수 있다.

2. 행정개혁의 한 수단으로 공공부문에 도입된 TQM의 효과성을 높이기 위한 전략으로 옳지 않은 것은?

① 공공부문의 품질개선 노력들을 체계적으로 지원할 기구나 조직이 필요할 수 있다.
② 개혁차원에서 효과성을 극대화하기 위해 수직적 명령계통을 최대한 활용하는 전략이 필요하다.
③ 품질경영의 철학을 이해할 수 있는 지도자들의 적극적 관심과 이해 및 노력이 매우 중요하다.
④ 우수부서 및 직원에 대한 각종 인사 및 경제적인 보상을 시행할 필요가 있다.

정답 ②

해설   TQM은 조직구성원의 폭넓은 참여와 효과적인 의사소통에 기초하여 고객의 기대에 부합하기 위해 지속적으로 개선과정을 유지하려는 관리기법이다. 따라서 TQM은 수직적이고 집권적인 구조보다는 수평적 구조를 중시한다.

---

04   정보화 사회

1. 정보화사회의 특징

(1) 정보처리와 통신의 결합인 정보통신 또는 뉴테크놀로지의 발전이 강조된다.

(2) 최적 소비·최적 만족체제와 부가가치의 창조성원리로 전환, 수용시장화, 범위의 경제성, 네트워크화가 강조된다.

(3) 정보의 사회적 중요성이 강조된다.

(4) 물질·금전보다 개인의 내면적 가치를 창출한다.

(5) 경제사회구조가 정보통신의 발달에 따라 변화한다.

2. DSS와 ES

(1) DSS(Decision Support System)

비정형적인 업무나 프로그램화할 수 없는 문제에 대해서 의사결정자로 하여금 전략적인 문제해결과 올바른 의사결정의 지원을 위해 도입된 시스템이다. 의사결정자는 시스템에서 제공되는 정보자료를 활용하여 문제와 대안을 분석하고 그 과정에서 자기의 경험과 판단 그리고 통찰력을 적용시킴으로써 문제해결을 극대화한다.

① 의사결정지원체제로서 최고관리층과 관련되며, 예측이나 결정업무에 활용된다.

② MIS에 비해서 상위고급단계에 해당한다.

③ 구조적·정형적 의사결정에서보다는 반구조적·비구조적 의사결정시 필요하다.

④ SAS(Statistics Analysis System), SPSS(Statistics Package for the Social Science)와 같은 컴퓨터 통계처리 프로그램기법에 의한 통계패키지와 의사결정자의 경험·판단을 필요로 한다.

(2) ES(Expert System)

① 특정영역의 문제해결을 위해 필요한 전문가 또는 기술자의 지식과 경험을 체계적으로 컴퓨터시스템에 입력시켜 사용자가 전문가처럼 의사결정을 할 수 있도록 지원하게 하는 시스템이다. 특정분야에 한 전문가가 가지고 있는 지식을 조직으로 끌어들여 전문가가 희소한 지역에서도 고도의 지식을 요구하는 업무를 수행할 수 있도록 하여 신속한 의사결정뿐만 아니라 의사결정의 질을 높일 수 있는 장점이 있다.

② 쌍방적 의사교환과 스스로의 추론과 판단을 중시하는 정보시스템이다.

③ 컴퓨터는 지속적으로 학습해 가는 능력을 갖춘 전문가처럼 역할을 하도록 프로그램화 된다(컴퓨터는 사용자에게 문제에 관한 질문도 하고 그에 따라 스스로 추론하면서 해결방안을 결정한다).

DSS와 ES의 차이

구 분	DSS	ES
목 적	의사결정을 지원	전문가 역할을 대신
데이터 처치방법	계량적	상징적
문제처리 유형	임시적	반복적
문제영역 성격	복잡하고 광범위	좁은 범위
설명능력	제한적	있음
질의(質疑)방향	인간 ⇨ 기계	기계 ⇨ 인간

☞ 전자정부

(1) 전자정부(Electronic Government)의 개념

본래 전자은행 업무에서 처음 대두된 구상을 확장하여 행정에 원용한 용어이다. 전자정부는 '첨단 네트워크와 디지털 정보의 정보기술을 전략적으로 활용하여 표준화된 정보의 공동활용에 의한 주민위주의 업무를 수행하는 고객지향적이고 열려있는 고객응답적 정부'를 의미한다.

(2) 전자정부의 특징

① 정보통신기술에 바탕을 둔 미래지향적 정부 : 첨단 네트워크와 디지털 정부기술의 활용

② 작고 생산적인 정부 : 보다 적은 비용으로 보다 향상된 업무를 수행하는 정부

③ 고객감성적 열린정부 : 국민위주의 업무 수행

④ 결과에 책임을 지는 열린정부 : 규칙중심에서 탈피, 일선행정기관으로 대폭적 권한이양을 통해 환경에 능동적으로 대응

⑤ 원스톱(One-Stop) 행정서비스 제공 : 행정내부적 정보의 공동활용을 통하여 국민이 단 한 번의 신청으로 단일기관과 단일창구에서 각종 인·허가나 민원업무의 요구 등을 처리받을 수 있는 제도

⑥ 논스톱(Non-Stop) 행정서비스 제공 : PC통신, Internet, 각종 전화 및 FAX 등을 활용하여 시민들에게 24시간 어느 때고 편리한 시간대에 중단 없는 균질의 서비스를 국민이 원하는 곳에서 받을 수 있는 제도

　예 주민등록등본 등을 은행의 현금인출기와 같은 장치를 통해 시간에 구애됨이 없이 제공하는 방법

⑦ 관할구역의 탈피 가능 : 국민은 구역관할 관청소관의 업무와 관계없이 가장 편리한 곳에서 서비스 발급

⑧ 전자결재 및 전자문서유통(EDI : electronic data interchange) : 서류교환의 필요 없이 컴퓨터끼리 전자문서를 교환하는 것으로 행정의 효율성에 초점을 둔다.

(3) 전자거버넌스 발달단계(UN)

① 전자정보 : 전자정부(정부웹사이트)를 통해 국민에게 정보공개
② 전자자문 : 시민과 선거직 공무원간에 소통과 청원 및 직접적인 토론이 이루어지고 피드백되는 단계
③ 전자결정 : 시민의 의견이 정책과정에 반영되는 단계

(4) 전자정부의 목적 및 원칙

종 전	개 정
·국민편익 중심의 원칙 ·업무혁신 선행의 원칙 ·전자적 처리의 원칙 〈삭제〉 ·행정정보 공개의 원칙 ·행정기관 확인의 원칙 ·행정정보 공동이용의 원칙 ·소프트웨어 중복개발 방지 원칙 ·개인정보 보호의 원칙 ·기술개발 및 운영 외주의 원칙 〈삭제〉 ·소프트웨어 중복개발 방지 원칙 ·개인정보 보호의 원칙 ·기술개발 및 운영 외주의 원칙 〈삭제〉	·대민서비스의 전자화 및 국민편익의 증진 ·행정업무의 혁신 및 생산성·효율성의 향상 ·행정정보의 공개 및 공동이용의 확대 ·행정기관 확인의 원칙 ·중복투자의 방지 및 상호운용성 증진 ·개인정보 및 사생활의 보호 ·정보시스템의 안전성·신뢰성 확보 〈신설〉 ·정보기술아키텍처를 기반으로 하는 전자정부 구현·운영의 원칙 〈신설〉 ·행정기관 보유 개인정보 당사자의사에 반하여 사용 금지 〈신설〉

(5) 전자정부 발달단계

전자정부 발달단계는 분류기관에 따라 여러 가지 구분기준이 있으나 일반적으로 다음 3단계로 구분한다.

① 통합1단계 : 전자정부 서비스가 출현하는 초기 단계로서 정부가 온라인으로 각종 행정정보를 일방향적으로 제공하는 단계이다.
② 통합2단계 : 정보제공자와 이용자 간에 상호작용이 이루어진다. 정보제공자가 온라인상에 제공하는 정보를 이용자가 수동적으로 볼 수 있을 뿐만 아니라, 직접 질문하고 답을 받아볼 수 있다.
③ 통합3단계 : 제공자와 이용자 간에 좀 더 적극적인 상호거래가 이루어진다. 여권이나 비자를 온라인으로 발급 받는다든지, 출생·사망·면허 등의 신고 및 관련서류를 발급받을 수 있는 단계이다.

구 분	UN	세계은행	가트너그룹	OECD
통합 1단계	자동 출현	출현	출현	정보
	출현 조정			
통합 2단계	상호작용	상호작용	상호작용	상호작용
통합 3단계	상호거래	상호거래	상호거래	상호거래
	연계(통합)		전환	전환

✎ 대표유형문제

1. UN에서 제시하는 세 가지 전자적 참여형태에 해당하지 않는 것은?　2011. 국가직 9급

① 전자정보화(e-information) 단계　　　② 전자자문(e-consultation) 단계

③ 전자결정(e-decision) 단계　　　　　④ 전자홍보(e-public relation) 단계

정답　④

해설　UN이 제시한 전자적 참여(전자거버넌스)의 발달단계는 ①②③ 순이다. ④는 해당되지 않는다.

2. 전자정부로의 개혁이 가져오는 행정관리구조의 변화로 보기 어려운 것은?　2010. 지방수탁 9급

① 관리과정 및 정책과정의 투명성 제고　　② 저층화된 구조의 형성

③ 규제지향적인 행정절차의 확대　　　　　④ 이음매 없는 조직의 구현

정답　③

해설　전자정부는 불필요한 절차나 규칙·단계 등을 갖는 번문욕례를 지양(止揚)하고 규제지향적인 행정절차를 축소하는 것을 주요 골자로 한다. 따라서 전자정부는 one stop service나 non stop service를 통한 시간과 비용을 절감하고 국민 편익을 증진시키는데 주력한다.

3. 현행 「전자정부법」상 행정기관이 전자정부의 구현·운영 및 발전을 추진할 때 우선적으로 고려해야 하는 사항으로 옳지 않은 것은?

① 대민서비스의 전자화 및 행정기관 편의의 증진

② 행정업무의 혁신 및 효율성의 향상

③ 정보시스템의 안정성·신뢰성의 확보

④ 행정정보의 공개 및 공동이용의 확대

정답　①

해설　대민서비스의 전자화 및 국민편익의 증진 원칙이라야 맞다.

고객관계관리(CRM; customer relationship management)

(1) 정의

① CRM(customer relationship management)은 기업이 고객 관계를 관리해 나가기 위해 필요한 방

법론이나 소프트웨어 등을 가리키는 용어로서 고객정보를 바탕으로 업무프로세스, 조직, 인력을 정비하고 운용하는 전략을 말한다.

② 현재의 고객과 잠재 고객에 대한 정보 자료를 정리, 분석해 마케팅 정보로 변환함으로써 고객의 구매 관련 행동을 지수화하고, 이를 바탕으로 마케팅 프로그램을 개발, 실현, 수정하는 고객 중심의 경영 기법을 의미한다.

(2) CRM의 특징

① CRM은 단순히 제품을 팔기보다는 '고객과 어떤 관계를 형성해나갈 것인가', '고객들이 어떤 것을 원는가' 등에 주안점을 둔다.

② 이런 고객 성향이나 취향을 먼저 파악한 뒤 이를 토대로 고객이 원하는 제품을 만들고 마케팅 전략을 개발한다.

③ 신규고객 창출보다는 기존고객의 관리에 초점을 맞추고 있다는 것도 CRM의 특징이다. 기존고객을 잘 관리해 고객들의 욕구를 수용하고 이들로부터 기업이 원하는 수익 등을 얻는 것이다.

④ 또한 오프라인 상의 CRM을 넘어 온라인상에서의 고객행동과 고객성향 등을 분석해 고객만족을 극대화하는 e-CRM(electronic CRM)이 새로이 각광받기 시작했다. 통상 CRM은 고객들의 행동패턴, 소비패턴 등을 통해 고객들이 원하는 것을 알아내야 하는 경우가 많아 고도의 정보분석기술을 필요로 한다.

* 정보기술아키텍쳐를 위한 정부참조모델(GRM)은 1) BRM(Business Refernce Model) : 업무참조모델 2) PRM(Performance Refernce Model) : 성과참조모델, 3) TRM(Technology Refernce Model) : 기술참조모델, 4) SRM(Service Refernce Model) : 서비스참조모델, 5) DRM(Data Refernce Model) : 데이터참조모델 등이 있다.

지역정보화의 개념과 특징

(1) 개념

지역정보화는 정보시스템의 도입과 같은 하드웨어 기반 정비뿐만 아니라 지역의 행정, 산업, 생활 분야의 총체적인 정보화의 의미로 이해되고 있는데, 우리나라(행정자치부, 2005)에서는 지역정보화를 '지방자치단체나 지역 주민이 주체가 되어 지역의 문제 해결이나 지역의 발전을 위해 단위지역 내 정보통신 기반시설을 조성하고, 다양한 정보통신 네트워크를 구축·활용하는 것'으로 정의하고 있다.

(2) 특징

· 국가정보화에 대한 상대적인 의미로서 일정 지역 단위에 국한된다는 점에서 일반적인 정보화와 구분된다.

· 지역정보화는 낙후지역의 정보화를 의미한다. 즉 정보화를 통해 전국토 균형 발전을 꾀하는 것으로 산업화 과정에서 드러난 지역 간 격차를 해소하는 데 중점을 두고 있다.

· 지역정보화는 지역정보 데이터베이스를 구축하는 데 초점을 둔다. 지역은 주민등록, 자동차 등 국가기반 자료를 보유하고 있기 때문이다.

(7) 전자정부의 구현방법

① 정부고위층의 의지   ② 공무원의 교육

③ 법과 제도의 정비   ④ 정부의 업무처리방법 및 절차의 변화

⑤ 초고속정보통신망의 구축(우리나라 : 1994~2015년까지 계획)

⑥ 행정정보공동이용을 위한 Data Base 구축

⑦ 대민서비스 업무의 개발   ⑧ 행정정보의 디지털화

⑨ 각 부처의 이해관계 조정   ⑩ 추진체계의 체계적 정립

✎ 대표유형문제 ···

1. 전자정부에 관한 설명으로 옳지 않은 것은?

2013. 행정사 기출

① 전자정부의 기반 기술 패러다임은 유비쿼터스 컴퓨팅과 네트워크 기술에서 모바일 기술로, 다시 모바일 기술에서 인터넷 발전으로 진화하고 있다.

② 국민을 위해 언제 어디서나 한 번에 서비스가 제공되고 24시간 처리가 가능한 ONE STOP 전자민원서비스를 제공한다.

③ 전자정부는 정부 내 공문서나 자료가 전자적으로 처리되어 종이 없는 행정을 구현한다.

④ 행정정보가 풍부한 정보네트워크를 통해 국민과의 소통이 원활하게 되어 국민과 하나가 되는 정부를 구현하는데 기여한다.

⑤ 전자정부는 정보공개를 촉진하며, 인터넷, 키오스크 등 다양한 매체를 활용하여 정부가 보유한 정보에 쉽게 접근할 수 있도록 하여 국민의 알 권리를 충족시키는데 기여한다.

정답   ①

해설   전자정부의 발전의 흐름은 인터넷기반 전장정부(1.0 전자정부) → 모바일 기술기반 전자정부(2.0 전자정부) → 유비쿼터스 컴퓨팅과 네트워크 기술기반(3.0 전자정부)으로 발전하며 진화해 왔다. 전자정부는 창구를 단일화하는 ONE STOP 전자민원서비스, 한번만 방문하거나 방문하지 않아도 자동으로 서비스를 실행해 나가는 NON STOP 전자민원서비스가 특징이기도 하다.

2. 현행 『전자정부법』상 행정기관이 전자정부의 구현·운영 및 발전을 추진할 때 우선적으로 고려해야 하는 사항으로 옳지 않은 것은?

2011. 국가직 7급

① 대민서비스의 전자화 및 행정기관 편의의 증진

② 행정업무의 혁신 및 효율성의 향상

③ 정보시스템의 안정성·신뢰성의 확보

④ 행정정보의 공개 및 공동이용의 확대

정답   ①

해설   대민서비스의 전자화 및 국민편익의 증진 원칙이라야 맞다.

···

유비쿼터스(Ubiquitous) 정보기술

(1) 유비쿼터스의 개념

① 유비쿼터스 정보기술이란 컴퓨터, 전자장비, 센서·칩 등의 전자공간이 종이, 사람, 집 및 자동차 등의 물리공간에 네트워크로 통합되어 사용자가 언제, 어디서, 어떠한 기기든지 상관없이 네트워크에 접속할 수 있도록 하는 것이다.

② 기존의 정보기술패러다임인 인터넷은 사무실·쇼핑몰·도서관 등 우리의 현실세계인 물리공간의 기능들을 가상세계인 전자공간으로 옮겨 놓음으로써 물리공간이 갖는 시간적·공간적 제약점을 극복한 아주 획기적인 기술이다. 하지만 인터넷 역시 많은 제약점을 갖고 있는데, 인터넷에 접속할 경우 시간과 장소의 제약 그리고 접속 시 필요한 장비의 휴대가 어렵다는 점 등의 한계를 갖고 있다.

(2) 유비쿼터스의 특징

① 유비쿼터스 정보기술과 현재의 기술기반 비교

  ㉠ 기존의 협대역 네트워크가 광대역 네트워크로 변화되었다.

  ㉡ 기존의 유선망이 무선·모바일망으로 정보기술기반이 변화하는 것이다.

  ㉢ 기존과 달리 센서·칩 네트워크가 기반이 되는 정보기술을 말한다.

② 유비쿼터스 정보기술의 3가지 특성

  ㉠ 네트워크에 접속되는 기기가 증대되면서 언제, 어디서라도 네트워크에 접속이 가능하다.

  ㉡ 유통컨텐츠가 대용량화되어 화상회의 등이 가능해지는 등 기존의 커뮤니케이션 방법이 변화하게 되었다.

  ㉢ 네트워크와 이용자 간 관계성이 다양화되면서 네트워크와 사용자 간의 관계가 일방향에서 쌍방향으로 변화하게 된다.

  ㉣ 나아가 위의 세 가지 특성은 복합적인 상호작용을 이루게 되면서 우리 생활방식에 보다 본질적인 변화를 가져오는 데 첫째, 모든 사람과 사물의 상태감시와 위치추적이 가능해짐에 따라 개인에게 맞춤서비스가 가능해지고, 둘째, 지금의 네트워크에서는 전달될 수 없었던 고도의 지식이 교환·공유되며, 셋째, 네트워크가 모두 연결되어 커뮤니티의 파워를 증대시킨다. 결국 이러한 본질적인 변화로 인해 시민들은 정부에 대하여 기존과는 다른 다양한 수요를 요구하게 될 것이고, 이는 지금의 e-Government와는 다른 u-Govern-ment로의 전환의 필요성을 증가시키게 될 것이다.

③ U-행정의 5Any 전략 : Any time, Any body, Any where, Any network, Any device

제01편
제02편
제03편
제04편
제05편
제06편
제07편

(3) u-Government의 등장과 서비스부문

최근 새로이 출현하고 있는 정보기술패러다임인 유비쿼터스 정보기술의 출현은 정부가 지금의 e-Government에서 u-Government로 새로운 변화를 모색할 가능성을 제시해 주고 있다. u-Government 시행 시 유비쿼터스 정보기술이 도입·적용될 정부서비스 부문을 제시할 수 있는데, 기존의 e-Government 서비스부문과 비교·검토하면 다음과 같다.

부문별 e-Government와 u-Government 서비스의 차이점

부 문	e-Government	u-Government
보건·의료	인터넷을 이용한 의료정보의 제공, 진료정보 공동 활용, 원격의료 등이 제공되고 있으나 진료정보 공동활용, 원격의료 등은 초기단계	재택의료와 원격진단이 일상화되고, 노인·장애인의 상태를 모니터링하는 센서기술을 통하여 서비스요청이 없이도 자동적으로 정확한 치료를 제공. 이를 통해 현장에서 근무하는 공무원에 대한 수요를 감소시킴.
조 세	신고·고지·납부 전 과정을 인터넷을 통해 24시간 종합적 처리, e-mail을 통한 전자고지	상품구입이 이루어지는 즉시 세금이 자동적으로 지불되고 납세자의 정보가 자동적으로 갱신
자동차·면허	행정안전부·경찰청·국세청 등 관련기관 간 자동차 관련 정보의 공동 활용 체계를 구축·운영 중에 있으며, 인터넷을 통한 자동차 민원행정 처리시스템을 개발 중	자동차가 지능화되고 차량만기일을 자동적으로 인식, 차량의 상태를 평가하여 등록을 승인하고, 등록을 위한 지불액을 즉각적으로 송달하는 센서기술을 통하여 자동차량등록을 자동적으로 갱신

🔹 전자상거래방식(B2B, C2B, P2P, B2C)

(1) 인터넷상에서 물건을 거래하는 전자상거래(EC) 시장이 해마다 높은 성장률을 보이고 있다.

(2) 우리나라 역시 전자상거래 시장이 가파른 성장세를 보이고 있다. 전자상거래 방식은 기업과 소비자 간(B2C), 기업 간(B2B), 소비자와 기업 간(C2B), 개인과 개인 간(P2P) 등이 있다. 가장 일반적인 전자상거래 방식은 네티즌들이 인터넷 쇼핑몰에서 물건을 주문하고 배달받는 B2C이다. B2C 시장규모는 해마다 엄청난 속도로 증가되고 있다.

(3) 하지만 가장 빠르게 성장하고 있는 분야는 기업과 기업이 자재를 대규모로 사고 파는 B2B이다. B2B 시장은 B2C 시장보다 더 빠르게 초고속 성장한 것으로 나타났다.

(4) C2B는 역경매, 공동구매를 중심으로 펼쳐지고 있다. 역경매는 소비자를 중심으로 다양한 기업들이 상품의 가격을 낮게 제시하고 경쟁하는 체제로, 전통적인 유통시장에서는 찾기 어려운 새로운 형태의 서비스이다.

정보화가 행정에 미치는 효과

1. 레비트(H. Leavitt)와 휘슬러(T. Whisler)

(1) 정보화로 인해 조직은 전통적인 피라미드 구조로부터 '종 위에 럭비공을 올려놓은 것과 같은 형태'로 변한다고 하였다. 즉, 일상적인 의사결정은 컴퓨터가 수행하고 중요한 의사결정은 대부분 최고관리층에서 수행함으로써 중요한 정보의 처리·판단·결정이 중앙으로 집중된다는 것이다.

(2) 이에 따라 단기적으로 중하위계층의 업무에 진공상태가 발생하며, 이를 극복하기 위하여 상위계층에 속하던 결정권을 하위계층으로 폭포수처럼 내려주는 소위 '폭포현상(Cascade Effect)'이 발생한다는 것이다(중간관리계층이 상대적으로 축소한다고 본다).

2. 정보화의 영향

(1) 작고 효율적인 정부구현을 통한 경쟁력 강화

(2) 삶의 질 향상에 기여

(3) 인접지역서비스의 강화와 창구서비스의 종합화에 기여

(4) 행정서식의 다종화에서 표준화로 전환

(5) 민원사무처리에 있어서 1회 방문이 가능

(6) 정보관리자(Chief Information Officer)의 필요성 증대

(7) Toffler는 정보화사회와 더불어 생산자와 소비자가 바로 연결되는 프로슈머(producer +consumer)시대가 시작된다고 주장

(8) 계층구조의 변화, 즉 중간관리계층의 축소로 8자형의 계층구조(모래시계조직)가 도래

(9) 산업사회는 정글의 법칙인 Win/Loss관계에 있으나, 정보화사회는 황금률의 법칙인 Win/Win관계가 성립

(10) 역삼각형의 조직구조가 나타나고 신지식인이 중시

3. 정보화사회의 효과

(1) 긍정적 효과
① 행정적 효과
- ㉠ 행정업무의 비용절감 : 인력, 경제, 시간·공간절감효과, 자원의 공동활용 및 중복투자 방지로 자원·예산 절감
- ㉡ 행정정책지원효과 : 정책결정의 최적화(계획관리), 정보의 종합, 체계화, 정보이용의 고도화, 작고 효율적인 정부구현
- ㉢ 행정서비스의 향상 : 대기시간단축(신속화), 서비스의 질적 향상(다양화, 고도화, 정확화)
- ㉣ 기타 효과 : 횡적 행정 달성, 조직간소화, 근무환경 개선, 행정혁신의 원동력, 부정·비리의 감소, 균형적인 지역발전에 기여, 권력의 분산, 행정결정 과정에의 참여 확대, 폐쇄체제에서 개방체제로 전환

② 산업·경제적 효과 : 정보산업의 육성 및 수요창출, 국가전산자원의 활용 증대

③ 사회·문화적 효과
- ㉠ 국민의 컴퓨터마인드 형성 : 정보화사회에 대한 국민의식 제고, 교육효과, 신용사회 형성
- ㉡ 지역사회의 균형발전 : 정보의 지역적 분산, 균형배분

(2) 부정적 효과
① 발전의 격차확대 가능성
② 개인주의의 발달로 공동생활의 감소
③ 권력의 남용이 가능, 중앙의 통제 강화
④ 개인의 사생활 침해와 인간성 상실
⑤ 찰나주의(순간주의)관계 형성
⑥ 정보과잉 상태로 인한 심리적 혼란의 발생과 오염정보의 확산
⑦ 정보의 Gresham's law 대두(좋은 정보는 저장되고 불필요한 정보만 유통)
⑧ 마타이 효과(정보의 빈익빈 부익부 현상초래)

> *** 마타이 효과(Mathai Effect)**
> 1. 정보의 부익부 빈익빈 현상 초래(일본의 우정성 자료에서 보고)　　2. 정보의 종속이론
> 3. 계층 간의 정보격차 초래　　4. 정보의 비대칭성 초래
> 5. 문화지체 현상　　6. 도시와 농촌의 계층 간 디지털 격차

제01편

제02편

제03편

제04편

제05편

제06편

지식정보화 행정

지식이란 조직 내의 암묵적 지식(Tacit Knowledge)과 명시적(형식적) 지식(Explicit Knowledge)으로 구분되며, 이들은 외재화, 내재화, 사회화, 결합화 등의 상호전환과정을 거치면서 개인지식에서부터 조직지식으로 발전해 나간다. 암묵적 지식이란 어떤 유형이나 규칙으로 표현하기 어려운 주관적이자 내재적인 지식을 말하며 개인이나 조직의 경험, 이미지 혹은 숙련된 기능, 조직문화 등의 형태로 존재한다. 명시적(형식적) 지식은 누구나 이해 또는 전달할 수 있는 객관적 지식이며 문서, 규정, 매뉴얼, 공식, 컴퓨터 프로그램 등의 형태로 표현될 수 있다. 지식행정관리에서는 암묵지를 형식지로 전환시켜 조직의 지식을 증폭시키는 것이 중요하지만 어디까지는 조직의 지식은 암묵지에서부터 출발하며 형식지와 암묵지는 상호보완적·순환적 관계에 있으며 상호간에 영향을 미친다.

암묵지와 형식지

구 분	암묵지	형식지
정 의	언어로 표현하기 힘든 주관적 지식	언어로 표현가능한 객관적 지식
획 득	경험을 통해 몸에 밴 지식	언어를 통해 습득된 지식
전 달	다른 사람에게 전수하기가 어려움.	다른 사람에게 전수하는 것이 상대적으로 용이함.
축 적	은유를 통한 전달	언어를 통한 전달
예	시집(詩集)을 만드는 것	컴퓨터 매뉴얼

기존행정관리와 지식행정관리의 차이

구 분	기존행정관리	지식행정관리
정책목표	고객이 불분명한 효율성	고객만족을 위한 효과성
조직구조(성격)	관료적 피라미드(계층적) 구조	유기적 수평(flat)구조, 학습조직기반 구축
정책결정방식	top-down	middle-up & down
형식지와 암묵지	형식지가 강함	암묵지가 강함
지향점	내부지향	외부지향
지식소유	지식의 개인 사유화	지식의 조직 공동 재산화
운영원칙	관료주의(bureaucracy)	지본주의(intelligency)
정책수단	규제와 권한에 기초	지식에 기반
주요지식	자원과 투입에 관한 지식	과정과 산출에 관한 지식
조직 구성원의 능력	조직구성원의 기량과 경험이 일과성으로 소모	개인의 전문적 자hi질 향상
지식활용	정보, 지식의 중복 활용	조직의 업무 능력 향상
지식공유	조직 내 정보 및 지식의 분절, 파편화	공유를 통한 지식가치 향상 및 확대 재생산

제07편

1. 다음 중 지식행정의 원리에 해당하지 않은 것은?

① 연성조직의 강화 　　　　　　　　　② 의사소통의 공식화

③ 인적 자본의 강조 　　　　　　　　　④ 암묵지의 기능에 대한 강조

정답 ②

해설　지식행정은 다양한 형태의 의사소통으로 지식의 공유와 순환을 중시한다. 따라서 공식적인 의사소통만으로는 지식의 완전한 순환과 공유를 기대하기 힘들다. ③의 경우 지식은 구성원의 내면에 있는 암묵적 지식으로부터 나오므로 지식행정에서는 암묵지와 인적 자본을 중시한다.

2. 다음 중 지식관리의 효과가 아닌 것은?

① 조직구성원의 전문적 자질 향상 　　　② 지식공유를 통한 지식가치의 확대 재생산

③ 지식 조직의 공동재산화 촉진 　　　　④ 조직프로세스의 리엔지니어링 촉진

⑤ 학습조직의 기반 구축

정답 ④

해설　④ 조직프로세스의 리엔지니어링 촉진은 지식관리효과와 무관하다.

저자소개

조석현 교수

※ 주요경력
- 한양대 행정학 박사
- 전) 강남박문각 행정고시학원 행정학 전임강사
- 전) 노량진 서울고시학원 행정학 전임강사
- 전) 노량진 남부행정고시학원 행정학 전임강사
- 전) 서울종로행정고시학원 행정학 전임강사
- 현) 수원행정고시학원 행정학 강사
- 현) 신림동 하우패스 고시학원 행정학 강사
- 2004~2005 EBS 행정학 강사
- 2006년 방송통신대학 행정학 강사
- 2006~2008 Eduspa 전국위성방송 행정학 강사
- 2007~2008 서울 은평구청 기획실무 강의
- 2009~2010 대전대학교 소방방재학과 소방행정학 교수
- 2005~2011 서울시립대, 국민대, 경북대, 경남대, 전북대 행정학 특강 강사
- 2007~2012 서울시 5급 사무관 승진 출제위원(도시행정)

※ 주요저서
- 행정학, 법론사, 1998.
- EBS 행정학개론, 화학사, 2004.
- EBS 행정학 문제집, 화학사, 2004.
- 행정학 핵심정리, 박문각, 2004.
- EBS 행정학개론, 화학사, 2005.
- EBS 행정학 문제집, 화학사, 2005.
- Network 행정학개론, 박문각, 2006~2008.
- 특채 행정학개론, 정훈사, 2010.
- Network 행정학개론, 정훈사, 2011.
- Network 행정학개론, 한옥당, 2012.

남정집 교수

※ 주요경력
- 행정학박사
- 공무원시험 출제위원
- 서울신문 명강사 소개
- EBS교육방송공무원강의
- EBSi교육방송 행정사강의
- 부산대, 전남대, 전북대, 충북대, 한양대학교 고시반 강사
- 서울사이버대학교 정책학부주임교수
- 서울사이버대학교 교무처장
- 서울특별시 성동구청 승진교수
- RTN부동산경제 TV 행정사 입문 패널
- 단국대학교 대학원 외래교수
- 한국고시신문 기획시리즈 연재담당
- 공무원저널 전국모의고사 담당
- 이그잼고시학원

※ 주요저서
- EBS 행정학개론[화학사]
- 맥행정학[서울고시각]
- 패스넷 참행정학[새롬]
- 쉽게 풀어쓴 행정학 개론[탑]
- EBSi행정사 행정학개론[에듀픽스]
- EBSi행정사 핵심요약집[에듀픽스]
- 7.9급 행정학[에듀윌]
- 행정사[에듀윌]
- 단원별 기출문제집[고시월보]
- WIN – WIN 행정학개론 문제집[서울고시각]
- 1300제 행정학[탁월]
- EBS 문제집[화학사]
- EBSi행정사 문제집[에듀픽스]
- EBSi행정사 최종모의고사[에듀픽스]
- 기막힌 모의고사[서울고시각]
- 에듀윌 7,9급 행정학 문제집[에듀윌]
- 에듀윌 9급 행정학 문제집[에듀윌]

행정학개론

2013년 10월 25일 초판1쇄 인쇄
2013년 10월 30일 초판1쇄 발행

저　자　조 석 현 · 남 정 집
펴낸이　임 순 재
펴낸곳　**한올에듀올**

|1|2|1|-|8|4|9|

주　　소　서울시 마포구 성산동 133-3 한올빌딩 3층
전　　화　(02) 306-1508
팩　　스　(02) 302-8073
정　　가　30,000원